THE WAR
IN WESTERN
EUROPE
1944—1945

黎明的炮声

THE GUNS
AT LAST
LIGHT

从诺曼底登陆到
第三帝国覆灭
1944—1945

三届普利策奖得主 14年心血巨著

[美] 里克·阿特金森 著
Rick Atkinson

小小冰人 王祖宁 任小红 译
徐 进 审校

新世界出版社
NEW WORLD PRESS

U0103732

本书中文简体字版通过 **Grand China Publishing House**（中资出版社）授权新世界出版社在中国
大陆地区出版并独家发行。未经出版者书面许可，本书的任何部分不得以任何方式抄袭、节录或翻印。

北京版权保护中心引进书版权合同登记号：图字01-2020-3774号

图书在版编目（CIP）数据

黎明的炮声 /（美）里克·阿特金森著；小小冰人，
王祖宁，任小红译 . -- 北京：新世界出版社，2021.1
（二战史诗·解放三部曲）
ISBN 978-7-5104-7114-8

Ⅰ . ①黎… Ⅱ . ①里… ②小… ③王… ④任… Ⅲ .
①第二次世界大战战役－通俗读物 Ⅳ . ① E195.2-49

中国版本图书馆 CIP 数据核字 (2020) 第 157758 号

黎明的炮声

作　　者：[美] 里克·阿特金森（Rick Atkinson）
译　　者：小小冰人　王祖宁　任小红
策　　划：中资海派
执行策划：黄　河　桂　林
责任编辑：贾瑞娜
特约编辑：羊桓汶辛　张　帝　林　晖
责任校对：宣　慧
责任印制：王宝根
封面设计：安宁书装
出版发行：新世界出版社
社　　址：北京西城区百万庄大街 24 号　（100037）
发 行 部：(010) 6899 5968　(010) 6899 8705（传真）
总 编 室：(010) 6899 5424　(010) 6832 6679（传真）
http ://www.nwp.cn　　http ://www.nwp.com.cn
版 权 部：+8610 6899 6306
版权部电子信箱：frank@nwp.com.cn
印　　刷：深圳市精彩印联合印务有限公司
经　　销：新华书店
开　　本：787mm×1092mm　1/16
字　　数：800 千字　　印　张：42
版　　次：2021 年 1 月第 1 版　　2021 年 1 月第 1 次印刷
书　　号：ISBN 978-7-5104-7114-8
定　　价：89.80 元

里克·阿特金森（Rick Atkinson）

二战史诗·解放三部曲简体中文版震撼上市
三度普利策奖获得者
耗时 14 年谱写最恢宏的二战巨著！

二战史诗·解放三部曲（The Liberation Trilogy）：

《破晓的军队》(*An Army at Dawn*)

《战斗的日子》(*The Day of Battle*)

《黎明的炮声》(*The Guns at Last Light*)

二战史诗·解放三部曲影响力：

亚马逊二战历史类畅销图书榜首

《纽约时报》畅销图书榜首

《纽约时报》百本最值得关注的好书

《华尔街日报》年度最佳图书

《华盛顿邮报》年度十大好书

作者凭此系列书再度拿下含普利策历史奖在内的多个重量级奖项

里克·阿特金森是美国最著名的军事历史学家，二战史诗·解放三部曲是其最具影响力的作品。此系列书的创作花费了阿特金森 14 年的时间，记录了二战中欧洲及北非战场的重大战役。阿特金森从普通士兵的视角出发，展现了现代战争的惨烈、残酷与血腥。《纽约时报》、美联社等著名媒体认为，很难想象有比这套著作更扣人心弦、更具张力、更客观公正和文笔优美的作品，因此这套著作堪称前无古人，后无来者。

里克·阿特金森于1952年出生在德国慕尼黑的一个美国军人世家，幼年曾随父亲辗转世界各地。他先后在《匹兹堡太阳早报》《堪萨斯城时报》《华盛顿邮报》担任记者和编辑，负责内容涉及国防、外交、情报等。其中，他在《华盛顿邮报》担任特约撰稿人和编辑更是长达25年。阿特金森在历史领域著作甚丰，主要作品有《与士兵同战》*(In the Company of Soldiers)*、《漫长的灰线》（*The Long Gray Line*）等。

作为目前美国最著名的军史专家，阿特金森已获得16项与新闻报道、军事历史有关的重量级奖项：

★ 1982年普利策国内报道奖

★ 1983年利文斯顿新闻奖

★ 1984年冠军媒体奖

★ 1989年乔治·波尔卡新闻奖

★ 1989年莫顿明茨新闻调查奖

★ 1990年玛莎·阿尔勃朗特别奖

★ 1999年普利策优异公众服务奖

★ 2003年普利策历史奖

★ 2003年军事史学会杰出图书奖

★ 2003年联邦政府历史学会亨利·亚当斯奖

★ 2007年杰拉尔德·福特杰出报道奖

★ 2009年阿克塞尔·施普林格奖

★ 2010年普利兹克军事图书馆文献奖"终身成就奖"

★ 2013年诺威治大学军事史名誉博士

★ 2014年塞缪尔·艾略特军事历史"终身成就奖"

★ 2014年美国米德兰作家协会"年度最佳非虚构图书奖"

更多资讯，请登录本书官网：http://liberationtrilogy.com

权威推荐

《纽约时报》书评

"二战史诗·解放三部曲"系列展示了一幅气势恢宏、绚丽多彩的画面。在洋洋洒洒数千页中,作者研究细致入微、眼光独到,细节无一疏漏,可读性极强。

《时代》周刊

"二战史诗·解放三部曲"花费了阿特金森14年时光,所花时间是战争本身的两倍之多。他在恢宏的三部曲中以悲悯的视角和冷厉的笔锋对战争进行了毫不留情的批判。前无古人,后无来者。

美联社

这本厚达数百页的军事历史书籍用引人入胜的小说式剧情,以及故事大师都难以创造的精彩人物俘获了读者的心。在描写那段改变人类历史进程的11个月的著作中,很难想象有比这本更扣人心弦、更具张力、更客观公正和文笔优美的作品了。

《纽约新闻报》书评

《黎明的炮声》是"二战史诗·解放三部曲"的巅峰之作,里克·阿特金森笔下的美军在欧洲战场上的英勇行动,堪比谢尔比·富特笔下的精彩的美国内战情节。

阿特金森是极少数能将历史学家的眼光与记者的文笔完美结合的人，其作品同时展现了战斗的细节与恢宏的场面，能充分引起广大历史爱好者和研究者的阅读兴趣。

《华盛顿时报》

《黎明的炮声》是对二战类书籍的重要补充。

《华尔街日报》

这是一部恢宏巨著……阿特金森绝对是研究二战题材的专家。

《波士顿环球报》

该系列著作令人振奋不已、难以忘怀……它在文学史上取得的成就，与书中所描绘的军事胜利在现代史上的意义不相上下。

《华盛顿邮报》

阿特金森在散文诗般的宏大叙事中加入了大量生动细节，重现了从诺曼底登陆到第二次世界大战西线胜利的那段历史。

《洛杉矶时报》

这是一部不朽之作。作为一名成功的记者，阿特金森对他搜集的素材了若指掌，能够为各种复杂的情景和人物提供精辟独到的分析。本书是一部结合了深度报道和动人故事的杰作。

《今日美国》

里克·阿特金森的"二战史诗·解放三部曲"中的最后一部，人物性格鲜明，细节生动。再次证明他是讲故事的高手，很少有人能企及他这般高度。

《里士满时讯报》

阿特金森描绘了一幅波澜壮阔的画面。他引述士兵和军官的经历，构成了一次超乎想象的冲突。他的作品中，在非人道的环境下，人类的一丝人性得以幸存。书中的大量段落，用优美的文风描绘了人类的勇气和堕落，需要读者在阅读过程中，停下来慢慢思索……他的书是对人性最恰如其分的礼赞。

《名利场》

娴熟的叙事技巧完美地呈现了精心安排的、史诗般的战斗进程。伟大的一代几乎消失殆尽……"二战史诗·解放三部曲"是名副其实的不朽之作。

《芝加哥论坛报》

《黎明的炮声》一书与为阿特金森赢得普利策奖的《破晓的军队》一样，属于上乘之作；其一贯的细致研究与高超的叙事风格，在本书中得到了淋漓尽致的体现。本书讲述了二战最后一年，从诺曼底登陆到德国投降期间广为流传的故事。

《费城问询报》

《黎明的炮声》意义深远，研究翔实；它包含了各种宏伟场面，描述了暴行和沉痛的牺牲。与前两部作品一样，它也为逝去的一代人虔诚地祷告。

《迈阿密先驱报》

阅读本书真是一大享受！阿特金森一直追踪那群在二战中浴血奋战的士兵们的线索。通过挖掘他们的日记和信件，创作了这部极为人性化的作品。

《圣迭戈联合论坛报》

本书翔实地记录了第二次世界大战最后一年的战况，其中包括激动人心的诺曼底登陆和阿登战役。

《科克斯书评》

阿特金森为"二战史诗·解放三部曲"画下了一个完美的句点。这是通俗历史读物中的不朽之作，他充分发扬了威廉·曼彻斯特和布鲁斯·卡顿的精神。

《匹兹堡论坛评论报》

《黎明的炮声》是史诗般的"二战史诗·解放三部曲"的收官之作,讲述了人类对自由的不断追求。该书必将位于畅销书之列,而此三部曲也无疑将成为日后衡量二战类书籍的标准。

《陆军》杂志

"二战史诗·解放三部曲"的每一部都兼具出色的研究和写作水准。高水准的创作从第一部书的序言开始,一直延续到最后一部书的结语。

《华盛顿独立评论书评》

阿特金森的新作叙事风格简洁明了,他对人物和事件进行了大量调研,提出了鞭辟入里的分析。本书可能是描述从诺曼底登陆到德军投降那段历史的最佳书籍……里克·阿特金森则是一位描写二战的诗人。

美国国防传媒网

《黎明的炮声》架构宏大,视角全面,细节丰富,充满莎士比亚式的戏剧张力。阿特金森表示,他写作"二战史诗·解放三部曲"是为了向当前和未来的年轻一代,生动真实地展现二战前线部队的故事。而他的确做到了这一点。

《军事历史》杂志

阿特金森的研究热情和他对史实的探究精神,并未使本书变得艰涩难懂。不仅因为他曾获奖无数,更因为读者在阅读时体会到的畅快淋漓感。数百页的历史书籍,很少能像这本一样,让人想一口气读完!

《出版人周刊》

《黎明的炮声》涵盖面之广让人惊叹。阿特金森用时而真实生动,时而像抒情散文般的文笔,将我们带回了广袤的战场,从诺曼底海滩一路深入德国腹地。很难想象在描写二战西线最后阶段的书籍中有比它更出色的了。

目录

第 3 章
解　放　127

希特勒曾明言下令："绝不能让巴黎落入敌人手中，除非是一片废墟。"但即便如肖尔蒂茨这样的硬汉，也无法下令毁灭这座"光明之都"。他选择了抗命。戴高乐回到 4 年前出逃的巴黎，诸事一如往昔。1944 年 8 月 25 日，巴黎光复。德军节节败退，隆美尔元帅被秘密赐死，龙德施泰特为他宣读了虚伪的悼文。但盟军也并非诸事顺利。敌人顽抗、英美罅隙，欧洲战场迷雾重重，胜败一线。

第 4 章
追　击　191

"龙骑兵行动"姗姗来迟，德军一溃再溃，盟军开始呈追击之势。但丘吉尔并不高兴，眼瞧美国盟友日渐强大，他心浮气躁却又无可奈何。燃料储存因追击而骤减。"给我 40 万加仑汽油，我保证在两天内把你带入德国。"巴顿的豪言壮语也未能给他带来更多的燃料配给。一路猛进的盟军枪口直指德国军工命脉——鲁尔区。德军退无可退，欧洲虽大，但再退一步便是德国。命运的战场来到了比利时，血战一触即发。

第 5 章
兵临"西墙"　237

西线的战事已经蔓延到德意志帝国本土，被德国人称为"西墙"的齐格菲防线是矗立在莱茵河畔的最后一道壁垒。对希特勒来说，严峻的形势已经没有任何回旋的余地。他下达了"必须充分利用国家的每一座掩体、每一片城市街区和每一个乡镇作为御敌的壁垒"的命令。而盟军方面，"市场花园行动"全面展开，"胸有成竹"的蒙哥马利向艾森豪威尔表示，他已经胜券在握。可只有真正身先士卒的将领们才知道，这次行动有多么失败。

第 6 章
迷失森林　299

100 多年来，德国城市亚琛从未被占领过，如今却面临盟军重兵压境。为了遵从希特勒的指令，亚琛守军准备决一死战。物资匮乏、泊位奇缺，艾森豪威尔下令首先拿下安特卫普港，却遭到蒙哥马利的挑衅，以使战事不利。而第一集团军最艰巨的任务是通过许特根森林突破齐格菲防线，这座险象环生的森林很快就吞噬了 3 万多条人命。然而，最糟糕的时刻还未到来。

第 7 章
骚动的羽翼　337

曾经四处响彻《卡门》之音的港城安特卫普，瞬间被数千枚野兽般的 V-1 火箭剥夺了生机。"女王行动"的残酷让士兵们在"向前冲的生理恐惧和当逃兵的道德忧虑之间"徘徊，备受折磨。战场上，盟军一直拥有制空优势，但集中攻击什么目标才能尽早取得胜利？"石油"还是"城镇"？"精准轰炸"的威力能够在多大程度上鞭挞德意志大地？

何和解？而此时，再光明的前景，对于瑞士边界到北海前线的百万将士而言都是虚无。在冰寒的战野之上，他们尸横遍野，还有必要问他们"为什么要打仗"吗？

第 11 章
飞渡莱茵河　547

战争当中没有真正的荣耀可言。盟军一边向莱茵河高歌挺进，一边趁乱打劫，堕入醉生梦死的末日氛围中。然而飞渡莱茵河的计划困难重重，他们只能通过雷马根仅存的一座桥攻破防线。德军负隅顽抗，用 1 400 磅炸药等着在盟军过桥时炸毁桥梁。但希特勒已无法阻止盟军前进的脚步，后者将撕开德军的防线，来一场血雨腥风的报复行动。

第 12 章
凯　旋　591

战争可以把人性的丑恶推向极致——美军将搜刮到的大批财宝、设备和技术人员秘密转移到国内；在臭名昭著的集中营中，饥饿的俘虏从死尸身上挖出内脏充饥；柏林的噩梦也开始了，强奸、烧杀、掳掠，一片乱象；即使到了签订投降协议之时，盟国之间也不乏利益纷争。战争同时也发人深省，即使以天空为纸，以海水为墨，也无法记叙那深沉的苦难，以及带着血水与污点的荣誉——唯有沉默。

盟国指挥系统
1944 年 6 月 6 日，突击部队，"霸王行动"

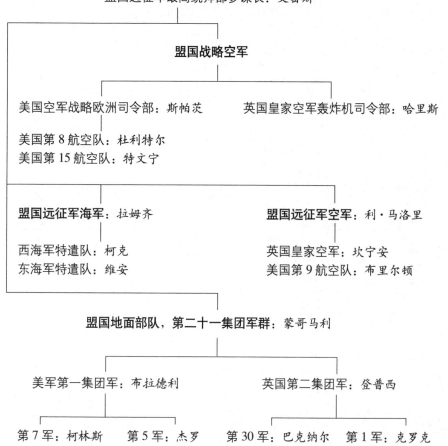

盟国远征军最高统帅：艾森豪威尔

盟国远征军最高副统帅：特德

盟国远征军最高统帅部参谋长：史密斯

盟国战略空军

美国空军战略欧洲司令部：斯帕茨　　　　英国皇家空军轰炸机司令部：哈里斯

美国第 8 航空队：杜利特尔
美国第 15 航空队：特文宁

盟国远征军海军：拉姆齐　　　　　　**盟国远征军空军**：利·马洛里

西海军特遣队：柯克　　　　　　　　　英国皇家空军：坎宁安
东海军特遣队：维安　　　　　　　　　美国第 9 航空队：布里尔顿

盟国地面部队，第二十一集团军群：蒙哥马利

美军第一集团军：布拉德利　　　　　英国第二集团军：登普西

第 7 军：柯林斯　　第 5 军：杰罗　　第 30 军：巴克纳尔　第 1 军：克罗克

标准单位换算表

1 英尺 =0.304 8 米	1 英寸 =2.54 厘米
1 英里 =1.609 34 千米	1 华氏度 = - 17.22 摄氏度
1 加仑 =3.785 43 升	1 节 =1.852 千米 / 小时
1 平方英里 =2 589 988.11 平方米	1 平方英尺 =0.09 平方米
1 盎司 =28.349 523 克	1 品脱 =0.568 升
1 磅 =0.453 592 千克	1 立方英尺 =0.03 立方米
1 平方码 =0.836 平方米	1 码 =0.914 4 米
1 寻 =2.67 米	1 英寻 =1.828 8 米
1 英亩 =4 046.856 平方米	1 海里 =1.852 千米
1 美制蒲式耳 =35.238 升	1 英制蒲式耳 =36 升
1 立方码 =0.765 立方米	1 卡 =4.186 焦耳

序 幕

登陆日之前

1944 年 5 月中旬，一场严酷的霜冻袭击英国，导致李树与浆果类作物大面积枯萎。更罕见的是，英国各地久旱不雨。酒店在浴缸内贴上标志温言劝诫："第八集团军穿越沙漠时每人每天仅可获得 1 品脱水。请节约用水，水深勿超 3 英寸。"据英国报纸报道，连国王"也在浴缸内绘有上限，尽管他每周仅沐浴一次，但仍保持整洁的仪表"。虽然间或有一队 B-17"空中堡垒"机群拖着鸵鸟羽毛般长长的航迹云，掠过欧洲大陆的上空，但是北风狂暴肆虐，致使盟军从英国东部和中西部起航的大多数轰炸机半途迫降。

据一名美国游客记录，这场战争已持续将近 5 年，英国各大城市"就像满口蛀牙般污秽狼藉、凌乱不堪"。他发现："当人们说到'战前'时，仿佛是指某个地方，而不是指某段时间。"这个国家到处弥漫着烟雾、廉价煤炭和士兵作训服散发的阵阵异味。从伯明翰到普利茅斯，野花开始在被炮火夷为平地的废墟间生根发芽，苦菜花、千里光及植株高大、开着紫色花朵的柳兰往往偏爱在灾难后丛生。但以下景象却毫无田园诗意可言：在伦敦长达 3 000 英里的下水道中，不计其数的老鼠蜂拥而过，灭鼠部门不得不向下水道中抛撒 60 吨掺有磷酸锌的香肠和浸泡过碳酸钡的干面包。

就像四处弥漫的恶臭一样，物资匮乏现象也在英国蔓延。英国男人平均每 20 个月购买一件新衬衫，家庭主妇们甚至将烟斗的通条拧成发夹用。在炮火的蹂躏下，铁制的围栏和格栅早已面目全非，就连墓地也毫无遮挡。钢笔、婚戒、床单、削皮器和鞋带都成了稀缺品。为了劝说人们勤俭持家，一些海报将铺张浪费者称作"奢侈虫"，那是一幅政治漫画中描绘的一种身上带有纳粹"卐"字纹的啮齿动物。伦敦《泰晤士报》在分类广告中恳请人们募捐现金和"多余的假牙"，以救助苏联受伤的战马。"西夫"家政服务公司也在一则广告中表示可以"清洗在轰炸中受损的坐垫和地毯"。

此外，官方还在布告上发出劝诫："不要浪费粮食，因为粮食就是武器。"1940年6月，英国开始实行粮食配给制度，直至1954年才彻底废除。在此期间，每人每月仅可获得2盎司奶酪。很多孩子从未见过柠檬，只能依靠"萝卜水"来补充维生素C。粮食部开始推广味同嚼蜡的"简易面包"和用橡子冲泡的"胜利咖啡"。所谓"伍尔顿馅饼"，就是将胡萝卜、马铃薯、洋葱和面粉混合在一起，据说吃完后"就像在胸口上压了一块石头"。但是对于肠胃强大的人来说，羊头、从当地水库里抓到的鳝鱼及筋多肉少用于代替禽肉的烤鸬鹚不在限量之列。

1940年以来，5万多英国平民在纳粹德国的空袭中丧生，其中许多人死于1944年1月德国卷土重来发动的"小型闪电战"。由于已是强弩之末，这场旷日持久的空袭在闪电战前已逐渐平息。德国空军的校射飞机向袭击目标投下降落伞式照明弹，在照明弹坠落前，一幢幢大楼和低空云层都沐浴在深褐色的光线中。

5月10日，有人在日记中写道："随着'利剑般的巨型探照灯'指明敌机方位，高射炮的弹片像冰雹一样噼里啪啦地落在屋顶。"在最近一次空袭中，温布尔登网球俱乐部也遭到了袭击，导致中场严重凹陷，看门人只好用绳子修补支离破碎的球网。每到夜间，成千上万人躲进地铁站避难，79座站台堆满了层层叠叠的床铺，散发出的味道臭不可闻。雕刻家亨利·莫尔甚至将战时地下拥挤的栖身之所比作"运奴船的货舱"。据说有些年幼的孩子（多半就是那些从未见过柠檬的孩子）从来没有在自己的床上睡过一晚。

即使是在5月中旬昼长夜短的夏天，伦敦也要实行严格的灯火管制。一位作家写道："这座城市一片漆黑，仿佛人心也都黯淡无光。"在黑暗的笼罩下，末日情绪滋长了人们的淫邪之念。

虽然英国国土面积尚不及美国俄勒冈州，但是这里却盘踞了大约350万盟军士兵，从而进一步加剧了淫乱的状况。一名加拿大士兵说："每到傍晚，海德公园和格林公园就变成巨大的交欢场。"一位随军牧师也在报告中称，美国士兵和妓女经常裹在军用雨衣里站着苟合，并将这种姿势称为"大理石拱门式"。一名美国中尉在写给母亲的信中说："入夜后，皮卡迪利广场就像一座疯人院，但凡有男人走过，就会遭到几十个女人的围攻。"据说号称"皮卡迪利突击队"的妓女们先在黑暗中摸索他们的肩章和袖口，然后才报出价格：士兵 10 先令（约合 2 美元）一次，军官 1 英镑一次。

但英国人却傲骨嶙嶙，即使身处丑恶的战争中也仍然坚守文明。在牛津街上的坎伯兰酒店外，当一架绞弦琴演奏起《我的母亲是一位淑女》时，大批民众投入地齐声歌唱："如果杰克还在这里，你怎敢对我如此轻侮……"

当年 5 月，伦敦西区的电影院放映加里·库珀和英格丽·褒曼主演的《战地钟声》。老顾客们还可以看到约翰·吉尔古德主演的《哈姆雷特》或者诺埃尔·考沃德编剧的《天伦之乐》，后者已经连续 3 年在公爵夫人剧院上映。5 月 14 日星期天，数以千计的观众骑车来到爱斯科赛马场，观看绰号"一流种马"的"金士威"风驰电掣般超过"商船队"和"神出鬼没"。由于最近寒流来袭，皇家地理协会还出资举办了一场题为《湖泊与河流中冰的形成》的讲座。

在伦敦的酒吧和街头，五颜六色的制服随处可见，为了无生气的战争岁月平添不少色彩。挪威、印度、比利时、捷克、约克郡、威尔士和美国士兵的军装异彩纷呈，争奇斗艳。在描述这种阵势时，一名伦敦人写道：

> 法国海军身着条纹衬衫，帽子上饰有红色绒球；荷兰警察穿着黑色的制服，镶有银灰相间的穗带；波兰军官戴着方顶帽，看起来活像一个个龙骑兵；加拿大救护队的灰色服装也格外惹眼；新来的伞兵们大红色的贝雷帽上镶着天蓝色的滚边……各团士兵的野战帽五彩斑斓，颜色艳丽；英国护士的外套下露出绯红的衬里；英联邦自治领的空军身着铁蓝色制服。此外，还可以看到浅褐色的丛林帽、棕色的包头巾、皇家空军蓝色的军装及苏联军队浅绿色的制服。

萨维尔街专门有裁缝承做定制军装，包括束腰外衣和长裤等。一些穿着考究的军官还可以到巴宝莉购买英国的军用雨衣，到登喜路购买银质的便携酒壶。就连那些刚从地中海战场返回的士兵也为这里增添了一抹浓重的色彩，由于抗疟疾药物的作用，他们的皮肤变成南瓜般的黄色。

最后一次高层密会

然而，最令人印象深刻的还是 5 月 15 日星期一的早晨伦敦西区哈默史密斯路上军人的制服。在二战打响后的第 1 720 天，英美两国军队举行秘密会议，准备就一次致命行动进行预演，以摧毁希特勒的第三帝国。大批海军上将、陆军元帅、后勤部长及军界高参走下轿车，阔步来到一座红砖赤瓦的哥特式建筑内。人称"雪花莲"的美国宪兵戴着白色头盔、皮带、护胫和手套，仔细检查一个月前发出的146 封雕花邀请函和安全通行证。随后，6 名身穿制服的引座员陪伴这些鼎鼎大名的来宾进入沙盘室。

这座阴冷昏暗的礼堂内横列着黑色的栏杆，长凳坚硬而狭窄，据说是为了让年轻学子保持清醒的头脑。德国空袭炸毁了圣保罗学校的 700 多扇窗户，学生们已被疏散到伯克郡郊外。但仍有很多亡魂在这座英国上层社会的神龛内流连，其知名校友包括诗人约翰·弥尔顿、天文学家爱德蒙·哈雷、作家塞缪尔·佩皮斯及第一代马尔巴罗公爵约翰·丘吉尔。据推测，约翰·丘吉尔有关军事战略的基础知识就是从该校图书馆的一本书中获得的。1649 年，塞缪尔·佩皮斯从这里逃学到刑场观看查理一世的斩刑。

沙盘室四周摆满了绝密的图表和地图。从 1 月起，这所学校就成了英国第二十一集团军群的总部，盟军就是在这里制订了登陆法国的"霸王行动"的详细计划。高级将领的座位大都位于 B 到 J 排。为了抵御严寒，有人在膝头盖上了毛毯，还有人裹紧了身上的大衣。在第一排，14 把扶手椅依次排开，大人物们正陆续入座。首相温斯顿·丘吉尔穿着黑色双排扣大衣，像平日一样叼着一根哈瓦那雪茄，和盟军最高司令官德怀特·D. 艾森豪威尔将军一同步入会场。当乔治六世从走廊缓步走进时，虽然没有人鼓掌欢呼，但是与会者全体起立致意。丘吉尔向国王鞠了个躬，然后继续抽雪茄。

这些大权在握的显赫名流正在等待上午 10 点的钟声敲响。他们完全有理由为业已取得的胜利欢欣鼓舞，并期望获得更大的成功。几乎所有的高级指挥官都曾在地中海作战，并自称"地中海人"。艾森豪威尔曾经表示："地中海战区永远与我血肉相连。"对于这一观点，他们深有同感。从 1942 年 11 月登陆北非起，他们就开始血溅疆场。英美联军一举战败法国维希傀儡政权不堪一击的守军，继续向东穿越风雪交加的阿特拉斯山进入突尼斯。在阿拉曼大捷后，英国第八集团军从埃及向西挺进，与英美联军共同抵抗德意军团。经过 5 个月的激战，1943 年 5 月中旬，25 万轴心国士兵缴械投降。2 个月之后，英美联军直捣西西里岛，在 6 个星期的时间里便大获全胜，并于 9 月初攻入意大利本土。墨索里尼的法西斯政权垮台后，罗马新政府宣布放弃轴心国签订的《钢铁条约》，转而与盟军同仇敌忾。

但那不勒斯南部萨莱诺的一场殊死搏斗预示着一系列艰苦卓绝的冬季战役即将打响。在北上 200 英里后，盟军与负隅顽抗的德国军队在圣皮耶特罗、奥尔托纳、拉皮多河、卡西诺和安奇奥等地进行了残酷的较量。在战斗期间，以艾森豪威尔为首的许多将领先后返回英国，为"霸王行动"运筹帷幄。他们只能寄望于 5 月 11 日发起的春季攻势（代号"王冠"），望其能够打破意大利中部古斯塔夫防线的僵局，让饱受磨难的盟军队伍早日攻入罗马，并乘胜追击。

从 1944 年起，盟军在其他战区所向披靡，大大增强了人们必胜的信心。但是没有人怀疑，未来的战斗将比此前的所有战役都更加残酷。盟军的海上与空中力量已经控制了大部分海域。美国在太平洋中部与西南部接连发起两次突袭，而日本则节节败退。

在收复吉尔伯特和马绍尔群岛后，当年夏天，美军对马里亚纳群岛（即塞班岛、提尼安岛和关岛）发起了进攻，并一路向菲律宾逼近。随后，美军占领了多座机场，将其作为新型远程轰炸机 B-29"超级空中堡垒"的基地，用以对日本本土发动空袭。日本在从缅甸穿过印度边境进入南阿萨姆邦时严重受挫。随着美国海军主力抵达

指挥"霸王行动"的盟军最高军事统帅部正在伦敦举行会议。前排从左至右分别是：空军上将阿瑟·W.特德爵士、艾森豪威尔、伯纳德·L.蒙哥马利将军。后排站立者从左至右分别是：奥马尔·N.布拉德利中将、海军上将伯特伦·H.拉姆齐爵士、空军中将特拉福德·利·马洛里、艾森豪威尔的参谋长沃尔特·比德尔·史密斯中将。

太平洋，与近 1/3 的陆军师及 6 个海军陆战师兵合一处，日本帝国开始摇摇欲坠。

柏林在东欧建立起的庞大帝国同样岌岌可危。1941 年，德国进犯苏联时兵力逾 300 万，但截至 1944 年初，德军的伤亡人数已经超过 350 万，苏军的伤亡人数甚至相当于德国的 4 倍。随着苏联收复克里米亚、西乌克兰以及列宁格勒（现称彼得格勒）和爱沙尼亚之间的领土，战局发生了逆转，耗尽了德国的元气。迄今为止，第三帝国在东线和东南欧的兵力是 193 个师，在意大利 28 个师，在挪威和丹麦 18 个师，在法国和低地国家 59 个师。虽然纳粹德国将近 2/3 的部队被困在东线，但其国防军仍在西北欧集结了 2 000 辆坦克和装甲车。

然而，面对盟军的空袭，第三帝国变得愈发不堪一击。1944 年 5 月，从英国起飞的盟军飞机向轴心国的袭击目标投掷了 7 万吨烈性炸弹，相当于前一年平均月投弹量的 4 倍。尽管英国皇家空军和美国陆军航空队为此付出了惨重的代价，损失了大量飞机和飞行员，但最终赢得了欧洲的制空权。只有从德国手中夺走空中与海上的优势，正在英国集结的盟军地面部队才能成功地登陆欧洲。

1941 年，当英国、美国和苏联首次结为同盟对抗轴心国时，诚如丘吉尔所言："唯一的方案就是坚持到底。"正是因为锲而不舍，在德国占领法国与低地国家 4 年之后，他们才得以与敌军展开鏖战，在希特勒的欧洲大本营将其彻底击溃。美国早就主张尽快与德军主力正面交锋，但英国的战略学家却不认同这种咄咄逼人、"磨刀霍霍"的做法，而是倾向于从外围发动袭击，逐渐削减轴心国力量。然而，正是这一战略导致地中海的战斗持续了 18 个月之久。现在，随着决一死战的重大时刻即将来临，战场开始向北转移，而英国与美国将一起枕戈待旦。

★★★

俗语云，时势造英雄。5 月 15 日星期一上午 10 点整，艾森豪威尔起立，向 145 名即将率领盟军反攻欧洲堡垒的将领致意。在沙盘室内，他的身后放着一个诺曼底沿岸的巨型石膏沙盘，塞纳河正是从这里流入大西洋的。沙盘宽 30 英尺，比例为 6 英寸比 1 英里，安放在一个倾斜的平台上，因此从后排也可以看得十分清楚。沙盘上用醒目的色彩标出了部分河流、村庄、海滩和山地，这些地点即将成为全世界最著名的战场。一位穿着防滑袜、拿着指示棒的准将以举枪姿势在一旁站立，准备向众人指出那些很快就会变得家喻户晓的地点：瑟堡、圣洛、卡昂和奥马哈海滩。

艾森豪威尔并没有像往常那样露齿而笑，而是略带笑意地向众人致意。他简短地提到了一位已故的美国海军上将，并祝愿"逝者的灵魂安息"。他欢迎英王和战友们"在大战前夕"莅临此地，对 2 年前就开始策划的登陆方案进行最后的审核。

一个星期前，他已经选定 6 月 5 日作为登陆日。艾森豪威尔声音低沉地说："无论是谁发现这项计划存在漏洞，我认为他都有责任毫不犹豫地指出来。对于任何不能容忍批评的人，不管他是否身居高位，我都会表示反对。我们此行的目的就是达成最佳方案。"在随后的数周里，这位最高司令官将专注于"霸王行动"的海上和空中需求及名目繁多的政治活动，因此他委托另一名军人策划和指挥规模宏大的诺曼底登陆战役，这名军人正准备解说作战计划。

此人精瘦矮小，军装和棉鞋纤尘不染，他手执教鞭，腾地一下站起来。这张面孔瘦削狡狯，但在英国却无人不识。无论是在克拉里奇酒店还是在斯特兰德大道，都会有人驻足观望或者为他喝彩。伯纳德·L. 蒙哥马利将军尚未开口，门外忽然传来一阵急促的越来越近的嗒嗒声。一名美国宪兵猛地推开沙盘室的大门，只见小乔治·S. 巴顿将军昂首阔步走了进来。这位面色红润、生性暴躁的美国将军穿着萨维尔街定制的大衣、裤子和军靴，从不放过每一次亮相的机会。这一次，他乘坐一辆黑色的大型帕卡德轿车穿越伦敦来到会场，车身上不仅饰有三星将军的标志，还装有两只灰狗巴士喇叭。

在蒙哥马利的怒视下，巴顿旁若无人地走到第二排坐了下来，迫不及待地想要加入这场登陆战役。但在此前，他曾经漫不经心地将其斥作"该死的混账行动"。巴顿曾对妻子比阿特丽斯说："出名是一件令人愉快的事情，也许对身心有害。"

蒙哥马利嗖地甩了一下教鞭，移步来到沙盘前。参会前他刚刚结束在苏格兰高地的徒步旅行。每天晚上，他都会在"轻剑"号专列上就寝，然后到斯佩河钓鲑鱼，但最后总是空手而归。即便如此，还是有崇拜者说他"就像磨尖了的火石一样锐不可当"。与弥尔顿和马尔巴罗公爵一样，蒙哥马利也曾在圣保罗学校就读，但当初他只是一名足球和橄榄球运动员，并没有任何过人之处。在学生训练队里，他的军衔甚至从未超过列兵。在那 4 年中的每个清晨，他都会到这座大厅聆听拉丁文祷告。现在，他在校长的套房里办公。他说，在学生时代，他从未受邀进入过这套房间。

蒙哥马利扫了一眼笔记，共有 20 条之多。信纸上没有画线，虽然字迹潦草，但是书面整洁。他用尖厉的声音开始解说，每一个字都像他的裤缝一样干脆利落。他说："有 4 支部队听我指挥。"其中 2 支部队负责登陆诺曼底，另外 2 支援军负责扩展滩头阵地。"我们必须在海滩上杀出一条血路，在敌人调来足够的后备力量，企图将我们赶出去之前，我们必须站稳脚跟。在登陆日，装甲纵队必须迅速深入腹地，从而扰乱敌方的计划并拖延时间，以便我们积蓄力量。我们必须尽快夺取阵地，并在内陆安营扎寨。"

塞纳湾位于英国 200 座战斗机机场的航程内，由于地势平坦、海滨多沙且临近瑟堡，一年多前就被定为登陆地点，而瑟堡则是盟国运送登陆部队的重要港口。不可否认，虽然加来港距离更近，但"在战略上不够稳妥"，因为小型海滩不仅容易遭到海峡风暴的袭击，而且那里是法国防守最严密的堤岸。

英国中将弗雷德里克·E. 摩根素以干练闻名，在他的率领下，这次战役的策划者考察了从布列塔尼到荷兰的其他登陆地点，但它们全都有所欠缺。于是，盟军在月黑之夜出动微型潜水艇开展秘密行动，以侦察"霸王行动"登陆海滩的地形。虽然英国皇家海军认为这次行动"过于鲁莽"，但它却打消了人们对流沙沼泽及其他危险的顾虑。作为证明，突击队员用水桶、试管甚至杜蕾斯牌避孕套带回了沙子的样本。

5 个月前，蒙哥马利从意大利返回，随即将"霸王行动"进攻的区域从原计划的 25 英里扩展到 50 英里。按照原定计划，将由 3 个师从海上率先发动攻击，但蒙哥马利将其增加到 5 个师：2 个美国师位于西侧，3 个英国和加拿大师位于东侧。还有 3 个空降师将提前 7 小时夺取滩头阵地，从侧翼援助机械化部队向内陆进逼。此外，"霸王行动"还需要 230 艘增援舰和登陆艇，其中包括坦克登陆舰。事实证明，在西西里岛、萨莱诺和安奇奥战役中，坦克登陆舰发挥了极为重要的作用。但集结大型舰艇就意味着要将诺曼底登陆从 5 月推迟到 6 月初，登陆法国南部的行动更是遥遥无期，而按照原定计划，这一行动将与诺曼底登陆同时进行。

蒙哥马利一边讲解，一边在沙盘旁踱来踱去。他低着头，两手背后，目不转睛地盯着石膏做的海滩和小村庄，只是偶尔会用手捏住左侧的脸颊，或者用手摁着某个地方。每当此时，人们知道他一定是陷入了沉思。他经常重复自己刚说过的话以示强调，并且在重申时提高嗓门。蒙哥马利手下的一名军官说："他好为人师，因此喜欢专心致志的听众。"但没有哪位听众比他自己更加全神贯注，其他军官只是裹着毯子坐在硬邦邦的长凳上，伸长脖子听他讲话。只有丘吉尔数次打断蒙哥马利，低声抱怨登陆部队中车辆过多而精锐步兵过少。随后，他问蒙哥马利："大部队中有 2 000 名文书记录战地情况，这是真的吗？"

蒙哥马利继续向众人解说。目前，希特勒所谓的"大西洋壁垒"由蒙哥马利昔日劲敌、德国陆军元帅埃尔温·隆美尔坐镇。从当年 10 月起，德国在西欧的兵力从 37 个师增至近 60 个师，几乎翻了一倍。正因如此，蒙哥马利才坚持要求大军压境。他接着说道:"去年 2 月，隆美尔攻占了从荷兰到卢瓦尔河一带。现在，他的意图十分明显，即防御所有突破口。'霸王行动'有可能在海滩上功亏一篑……隆美尔是一个精力旺盛、意志坚决的统帅，自从他占领上述地区后，形势已经今非昔比。他最擅长破坏性进攻，他的强项是制造混乱……他将不遗余力地让我们重蹈敦刻尔克大撤退的覆辙，他的策略并非在他选定的地方开展装甲战，而是通过阻止我们的坦克登陆并推进他们自己的坦克，从而彻底避免装甲战。"

盟国远征军最高司令部的一些军官认为，由于内部虚弱，德国的抵御有可能一触即溃，届时"霸王行动"将迅速占领该地。蒙哥马利对此持有异议，并画出了敌军可能发起反击的地点。包括第 21 装甲师在内的 5 个德国师将在登陆日与盟军短兵相接。当天黄昏前，德军另外 2 个装甲师也将加入战斗。在登陆次日，德军还有 2 个师的兵力将前往增援。也就是说，共有 9 个德国师与 8 个盟军师在岸上对垒。

"盟军要在海上长途跋涉，并在陌生的海岸登陆，因此军队的凝聚力将会有所削弱。"蒙哥马利一边说，一边猛地拍桌子。盟军是否能够拼死一搏、积蓄作战力量，将决定这场战役的胜负:根据"霸王行动"的计划，盟军的增援部队将以每天 1.3 个师的速度登陆。如此一来，战斗持续七八天后，24 个德国师就会轻而易举地将 18 个盟军师赶回海中。

蒙哥马利还设想在海滩以外开展战斗，由左翼的英国和加拿大第二集团军与德军的防御主力搏斗，右翼的美国第一集团军攻打瑟堡。登陆约 3 周后，巴顿将军带领的第三集团军将火速杀入法国，穿过布列塔尼半岛占领更多港口，接着在登陆后第 90 天左右，即行动开始 3 个月后，转向塞纳河。盟军很可能在仲秋时节解放巴黎，从而在塞纳河与卢瓦尔河之间获得一处落脚点，随后向德国发起致命打击。

对远征军最高统帅部的参谋长来说，很难预料这场大规模决战将如何开展。艾森豪威尔在华盛顿和伦敦的上级——被他私下称作"一群蠢材"的联合参谋长委员会——指示他从诺曼底向德国的工业中心、东北方向的鲁尔河谷进发。最高司令部认为，鲁尔河谷失守"将予以德国致命一击"。敌军将不得不在该地区加强防御，届时盟军就可以将其一举歼灭。艾森豪威尔还支持另一个方案，即盟军向南部内陆的次级工业区萨尔河谷推进。5 月初，他在发给陆军部的电报中称，如果两股力量呈掎角之势发动进攻，"将迫使敌军分散兵力"。45 个盟军师和 11

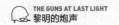

个大型补给站将在比利时安特卫普以南和法国东部的防线上集结,从而为在登陆后第 270 天(即 1945 年 3 月初)在德国中部展开的决战积蓄力量。

但决战之日尚遥遥无期,当务之急是抵达彼岸。如果"霸王行动"大功告成,进攻诺曼底将只不过是解放欧洲的丰功伟绩中的一段插曲;反之,如果"霸王行动"功败垂成,盟军的这场宏伟战役将一溃千里。美国陆军的官方历史也会写道,这次失败始于"一个名叫英吉利的险恶海峡"。古希腊地理学家托勒密将其称为"英国海",而 16 世纪荷兰制图师则称之为"英吉利海峡",其最窄处仅 21 英里。1785 年,有人乘热气球首次成功横渡英吉利海峡,还有人分别于 1821 年乘汽船和 1875 年游泳穿越海峡。

但是在将近 1 000 年的时间里,每当有登陆军渡过英吉利海峡,他们都将面临一个险象环生的海滩。他们遇到的更多是挫折,而不是赞颂。一名英国谋士打趣说:"唯一的解决方案,就是将攻打下来的海滩拖到对岸。"美国陆军部甚至考虑在海底挖掘隧道。一份详细的研究报告显示,该计划是"可行的",但需要一年时间和 1.5 万人挖掘 5.5 万吨泥土。因此,有识之士对这项工程的"战略价值和实用性"提出了质疑。例如,德国的第七集团军绝不会坐等第一个挖通隧道的人现身。这项研究最终被束之高阁。

蒙哥马利目光灼灼,完成了全部 20 条计划的讲解。他宣布:"我们必须出兵奋力一战,任何事情都不得加以阻拦。如果按照上述方案出兵,我们必将克敌制胜。"他的豪言壮语让丘吉尔的参谋长黑斯廷斯·伊斯梅中将想起《亨利五世》描述的阿金库尔之战:"面对这次战争惴惴不前的人,尽可以离去。"

但是没有人离开。其他高级将领陆续简要陈述了海军的登陆计划、空军在作战区域及穿越第三帝国领土的计划、后勤运输计划及诺曼底民政事务的管理计划。每次讲解结束后,都有一群参谋匆匆进出,一面撤走旧的图表,一面展开新的地图。下午一点半午间休息,众人到圣保罗学校的餐厅就餐。巴顿坐在丘吉尔对面,丘吉尔问他是否记得他们上次在地中海见过面,巴顿点了点头,于是首相为他点了一杯威士忌,以庆祝两人别后重逢。在提到巴顿时,他的一名密友写道:"在其他人的印象里,他是一个善于伺机而动的人。"然而,在最近写给妻子的一封信中,巴顿却不无忧虑:"我担心还没派我上阵,战争便宣告结束,但谁能料到呢?大多数事件都逃不开命运和上帝之手。"

下午 2 点 30 分,众人返回沙盘室,继续聆听报告、观看图表和研究诺曼底的地形。这一次，由负责登陆的战术指挥官进行汇报，其中包括参与"霸王行动"的美国陆军高级将领奥马尔·N. 布拉德利中将。汇报结束后，艾森豪威尔起身向大家致谢，戏谑地称希特勒"本可以仅用一枚炸弹摧毁盟军的最高司令部，但他却错过了唯一一次机会"。丘吉尔也手握衣领，简短地向大家告别。他说："我们不要期望一切都能按计划进行。灵活的头脑是决定胜负的因素之一，我们必须敢于冒险。"随后，他祝大家马到成功。"对于这场战役，我已经下定决心。我在此重申，我们将决一死战。"他们从未像现在这样同仇敌忾、意志坚决。众人纷纷起立，昂首挺胸地从大厅大踏步走向等在哈默史密斯路上的轿车，奔赴英国各地的战地指挥所。迎接他们的将是战争史上最恢宏的战役。

不安的最高统帅

　　下午 6 点刚过，艾森豪威尔乘坐凯迪拉克私人轿车穿过伦敦，向西南方向驶去。他深吸了一口烟。每逢这种令人忧虑的时刻，他差不多每天都要抽上 80 根骆驼牌香烟，从而加重了咽部不适和呼吸道感染。整个春天，他都饱受疾病的困扰。除此以外，他还患有高血压、头痛和一侧耳鸣。他甚至开始对红肿的双目进行热敷。5 月中旬，他的海军副官、海军中校哈里·C. 布彻写道："艾克（*蒙哥马利对艾森豪威尔的称呼。——译者注*）看起来憔悴而疲惫，精神压力已经影响了他的健康。从我开始追随他起，他从未像现在这样苍老。"当时，这位最高统帅已经 53 岁。

　　当轿车驶过阴暗的郊区时，丘吉尔临行前在圣保罗学校的一番言辞仍在艾森豪威尔的耳畔回荡。"对于这场战役，我还没有下定决心。"丘吉尔也不愿为了横渡英吉利海峡而损兵折将，他从未掩饰自己的这一顾虑及对安奇奥前车之鉴的气馁，因此艾森豪威尔对会上所做的承诺和种种疑虑感到忧心忡忡。4 个月前，在攻入安奇奥后，由于物资奇缺，大批英美联军被困在滩头堡，日复一日地遭受炮火攻击。但"霸王行动"已成定局，艾森豪威尔已经从联合参谋长委员会那里接到了一份寥寥数字的命令："你将挥师欧洲大陆，与其他国家部队开展联合行动，直捣德国的心脏，彻底摧毁其军队。"正如艾森豪威尔所言，"现在是我们横戈跃马的时候了"。

　　数年来，他一直在思考如何成功登陆欧洲大陆。从一开始的陆军部谋士，到 1942 年春夏交替之际的美军高级将领，再到登陆北非、西西里岛和意大利本土的总指挥，一路走来，艾森豪威尔从未松懈过。至于现在，他已经成为盟国远征军的最高统帅，没有人比他更了解其中的风险；没有人比他更清楚，在西西里岛、萨莱诺和安奇奥登陆的盟军曾先后三次险些被德国人赶回海里。

登陆战役的策划者们甚至将盟军所面临的种种困难汇总为一个主题：PINWE，即"进入欧洲西北部的难题"（Problems of the Invasion of Northwest Europe）。在圣保罗学校集会时，有人已经提出了一些问题，但除此之外仍有不计其数的困难亟待解决。虽然艾森豪威尔认为其中有些只不过是小题大做的"废话"，但身为最高司令官的他却不得不做出回应。例如，美国陆军参谋长乔治·C.马歇尔将军抱怨，如果根据相关提议成立"英美联合影片策划委员会"，针对登陆行动的摄制工作就会偏重英国，从而有失公允。

在这份长长的问题清单上，除了这些鸡毛蒜皮的小事之外，还有一些较为重要的事项：一项代号为"瑟肯"（CIRCON）的行动要求宪兵队和地方警察逮捕数以百计在英国境内游荡的、擅离职守的军人；艾森豪威尔亲自调研了机场，一名工作人员告诉他，用火焰驱散机场跑道的雾霭实际上非常浪费，每小时就要消耗6万加仑汽油；军方还用专业军人取代了平民工人以组装军用滑翔机，滑翔机对登陆行动至关重要。在此之前，因为后者组装的滑翔机粗制滥造，62架中有51架都被判定"无法起飞"，另外几百架滑翔机由于组装方式错误被狂风严重损毁。

类似的问题接连不断。在牛津，一批军官正在研究诺曼底城的建筑结构，以确定"哪个部分最容易起火"——由于救火设备供应不足，掌握相关情况有利于准确发放物资。情报人员正在拟订一份名单，该名单列出了18个"目前驻扎在法国、适合行刺的德国高级军事将领"，其中包括隆美尔。考虑到这些达官显贵身边总是戒备森严，盟国远征军最高统帅部秘密下令，通过"刺杀德国民用铁路相关部门官员"破坏敌军的运输系统。随后，将有人把刺杀目标的详细信息暗中交给抵抗组织，并指示后者"将精力集中在这一类人身上"。

登陆行动在即，人们变得越来越不安。一名线人报告，德军计划向英国各大城市投掷数千只携带鼠疫病菌的老鼠。最高统帅部甚至高价收购老鼠尸体，以确认是否真的存在病菌感染迹象。另一名潜伏在法国的特工报告，德国科学家正在诺曼底一座经过改造的甜菜加工厂培育肉毒杆菌，而这只是他们发动的化学战的一部分。

最近，一名被马歇尔将军派往英国的军官向艾森豪威尔汇报了制造原子弹的绝密计划——"曼哈顿计划"。据该军官报告，德国有可能针对"霸王行动"使用"放射性毒素"，这又引发了新一轮恐惧。为此，最高统帅部不得不在伦敦安装了大批盖革计数器。5 月初，各地军医接到命令：立即上报所有"未知原因引起的 X 光片阴影或雾斑"，密切监控"某种病因不明的传染病"，其症状包括恶心、呕吐及白细胞数量锐减。

针对以上情况，人们的反应或许有些过激，但以下担忧却不无道理：希特勒有可能在盟军最不堪一击的时候使用毒气，港口登船和在诺曼底海滩登陆对于他来说都是绝佳的时机。虽然最高统帅部一致认为"德国不太可能发动化学战"，但第一次世界大战的可怕遭遇仍然历历在目：从德国 1915 年 4 月对伊普尔发动氯气战开始，交战双方共使用了 20 多种毒气，造成 100 多万人伤亡。

在英国，1 500 名平民接受了净化毒气的训练。美国储备了 16 万吨化学武器，很有可能将其用在欧洲和地中海。对此，最高统帅部还制订了一项秘密计划，经艾森豪威尔批准，向从圣洛到勒芒地区的电话交换台、驻法德军防区及凡尔赛和阿夫朗什等地的铁路交会点发动报复性空袭，投掷光气弹和芥子气炸弹，还声称这场袭击甚至"有可能危及平民"。另外，盟军将对十几处德军指挥部和西北欧地区的桥梁发动袭击，以尽量减少平民伤亡。截至当时，英国两座机场的地下仓库里已经储存了 1 000 枚芥子气炸弹和 500 多枚光气弹。

"所有人都越来越不安，"艾森豪威尔在一封写给他朋友的信中说，"对于这项行动来说，幽默感与坚定的信念至关重要，没了它们，我们的想象力就会丧失殆尽。"说是这么说，但事已至此，他唯有继续厉兵秣马。

离开圣保罗学校 30 分钟后，这位最高司令官的凯迪拉克缓缓驶过一座岗亭，穿过了布希公园的大门。在泰晤士河的 U 形转弯处，一堵 10 英尺高的石墙环绕着这座古老的皇家园林。高大的栗子树一直延伸到汉普顿宫，这座由克里斯托弗·雷恩设计的建筑有一种君临天下的气派，内部设施齐全，连鹿圈、鸡舍和羊脚池都有。建筑外部被迷彩网和绿色油漆掩饰，还有一营伪装过的士兵在此待命。临时搭建在砖石平台上的营房破旧不堪，屋顶是用镀锡薄钢板做成的。防空洞狭窄而拥挤，很难用于藏身。

这里就是同盟国远征军最高统帅部的中央司令部，代号"宏翼"（WIDEWING）。

在成百上千名参谋中，有大批佩戴着第一次世界大战勋饰的上校。他们个个"身宽体胖、两鬓灰白、暮气沉沉"，绞尽脑汁地应对有关登陆西北欧的各色难题。

无论是窗户上的塑料贴膜，还是裂开的油毡和矮墩墩的火炉，都无法抵御河谷的潮气。大多数军官都穿着长内衣和双层袜子。C 区的将官餐厅只接待少将军衔以上的军官，其他人只有到附近一所夜校上法语课时才有机会享受片刻的温暖。

艾森豪威尔办公室的门牌号为 C-1，由众多宪兵把守。房间里配有壁炉和皮革安乐椅，地板上铺着褐色地毯，胡桃木办公桌上放着他母亲、妻子和儿子的照片。墙上悬挂着一面四星将军的旗帜、一面米字旗和一面星条旗。

有时候，来访者会看到艾森豪威尔假装在地板上打高尔夫球，但是现在他可没这个心情。他坐在办公桌前的转椅上，看着公文格里堆积如山的文件，眉头深锁。一本褐红色皮革封面的日志记录着当天的电报和情报摘要。每天晚上，这些文件都令他忙得团团转。随着烟灰缸里的烟头越堆越高，他眉宇间的皱纹也越来越深。

黄昏时分，艾森豪威尔来到了金斯顿路上一座都铎王朝风格的平房前。这座石板屋顶的平房占地 10 英亩，共有 5 个房间。前门附近建有一个防空洞，一名参加过第一次世界大战的独臂老兵正在那里站岗。这座"电讯屋"是艾森豪威尔在英国唯一可以稍事休憩的地方。在这里，他可以趿着在马尼拉担任军官时穿的那种草鞋走来走去，当时他还年轻，是道格拉斯·麦克阿瑟的下属。除此之外，他还会打打桥牌和羽毛球，翻阅一下艾比利尼高中 1909 届的年鉴。附近的里士满公园里开满了紫色的杜鹃花，到处都是布谷鸟的啁啾啼声。艾森豪威尔喜欢这美景，所以偶尔会和他美貌的司机兼秘书凯·萨默斯比小姐一同骑马外出。这些活动招来了人们的闲言碎语，因此这位来自爱尔兰的美丽姑娘总说自己是一个"坏女人"。当天晚上，一摞描写牛仔的通俗小说正在那里等着艾森豪威尔。他告诉萨默斯比，这些亡命之徒单枪匹马闯天涯的故事让他心驰神往，阅读的时候可以"不再思考任何事情"。

每逢深夜，艾森豪威尔还是会不由自主地思考一些事情。当年 4 月，他在给妻子的信中写道："无数年轻将士一去不返，战争使人们变得越来越铁石心肠。"当时，英国在战争中伤亡的人数已经超过 50 万。丘吉尔的后备力量仅有蒙哥马利手下的 16 个师，其中还包括加拿大和波兰的部队。英国利用"埃维茨比率"公式推算出了可能伤亡的人数，以此将战争的激烈程度划分为平静、一般和激烈三个等级。但考虑到即将在诺曼底爆发的鏖战，策划者们不得不在上述三个等级之外增加了第四个等级——惨烈。英国的一份研究报告显示，如果敌军对一片面积达 200 码乘 400 码的海滩开火，2 分钟内就可以重创一个突击连，造成其中40% 的人员伤亡，残酷程度不亚于 1916 年的索姆河战役。

美国也根据一个名为"洛夫表格"（Love's Tables）的复杂公式进行了推算。结果显示，在登陆当天，突击部队的伤亡人数有可能达到 12%。如果爆发毒气战，这个比例甚至会更高。据预测，在"最糟糕"的情况下，于奥马哈海滩登陆的先头部队第 1 步兵师的伤亡人数比例最高可能达到 25%，其中近 1/3 的人阵亡、被俘或失踪。负责在犹他海滩指挥炮兵的海军上将也向各舰舰长发出警告："我们有可能失去 1/3 到 1/2 的船员。"在 6 月的战斗中，美军可能溺水身亡的人数（不包括伞兵）将达到 16 726 人，形势极为严峻。此外，为了搜索阵亡者的遗骸和失踪者，由最高统帅部副官掌管的搜索队将扩编至 300 人。由于计算过程极其烦琐，该部门使用了还处于雏形状态的计算机，并利用打孔卡进行运算。

当时部队的演练情况也不容乐观。从 1 月开始，在英国各河湾和峡湾驻扎的部队陆续转入浅滩。一名舰长对此做出了解释："将我们容易遭受攻击的部队转移到陆地上。"另一个名叫伊夫林·沃的英国军官后来写道："有时候，他们占据海滩，将想象中防御阵地的敌人逼入山中；有时候，他们将假想的来犯者赶回海中……还有的时候，他们与假想敌争夺主干道，并将其击退。"

但是在代号为"鸭子""水獭""野鸭"的一系列演习中，他们经常表现得十分拙劣。"其中代号为'河狸'的演习更是令所有参与者都感到失望"一份秘密评估中写道，"海军、陆军和空降师完全摸不着头脑。"在一次演习中，28 架飞机上的 529 名伞兵没有跳伞就返回了机场，虽然军事法庭认为他们"在面临敌军时做出了错误反应"，但实际上，他们压根儿没有见到敌军的踪影。

4 月 28 日，在"猛虎"演习中，盟军遭到假想敌"真实"的打击。调查人员断定，由于"一系列失误与误解"，T-4 护航队在向德文郡南岸的斯拉普顿沙洲进发时几乎毫无掩护可言。在此之前，由于地形与诺曼底相似，斯拉普顿被选为演习地点。凌晨 2 点，9 艘德国鱼雷艇躲过了距离岸边 12 英里的英国护卫舰，用鱼雷击中了 3 艘美国海军坦克登陆舰。由于敌军的火力非常猛，在那些毫发无损的舰艇上，船员们也以为自己遭到了攻击。目击者称，火势"迅速从舰艏蔓延到舰尾"。两艘舰艇先后沉没，其中一艘仅用了 7 分钟。很多船员曾经猜测，由于坦克登陆舰吃水较浅，鱼雷将从其下方通过，但事实证明这种猜测是错误的。

黎明时分，舰艇上的幸存者唱起了《美丽的清晨》，但这个清晨其实并不美好。数百具身着美军军装的尸体随着潮汐四处漂荡，海上营救队用钩头篙把他们从海里打捞了上来。40 辆卡车载着这些尸体来到伦敦附近的一座公墓，由 23 名持有执照的尸体防腐师（二战时期，这个职业尚未在英国流行。——译者注）协助下葬。这些尸体被防水布包裹后，埋葬在一片雪松林下。在随后的数周里，陆续有溺水身亡者的尸体被冲到岸上，最终的死亡人数将近 700 人。潜水员一直在寻找遇难者的遗骸，直到确认十几名了解"霸王行动"整体计划的失踪军官均已身亡，搜寻行动才告一段落。时至今日，斯拉普顿海滩的伤亡人数仍然是个谜。

让艾森豪威尔感到悲痛的不仅有阵亡的将士，还有沉没的坦克登陆舰。这种运输艇在登陆行动中至关重要，现在却悉数化为乌有。"这件事情令人十分不安。"他在写给马歇尔的信中说道。

这位最高统帅经常引用拿破仑对军事天才的定义，即"当身边所有人都失去理智时仍然表现正常的人"。大约 18 个月前，由于突尼斯凯塞林山口之战的惨败，艾森豪威尔认为自己有可能被解除职务，甚至被永远降为中校。但他始终表现得镇定自若，从而挽救了自己的命运，成为"霸王行动"中不可或缺的人选。艾森豪威尔的威望如日中天，一名好莱坞经纪人甚至开价 15 万美元购买他生平写下的所有作品的版权（并为他的妻子、母亲和岳父每人开价 7 500 美元）。登陆行动开始前，蒙哥马利在日记中写道："他生性慷慨，备受拥戴，我对他的信任至死不渝。"还有人认为，艾森豪威尔不仅擅长交际、能言善辩，而且为人正直、胸怀坦荡。他的海军司令、海军上将伯特伦·H. 拉姆齐爵士高度概括道："他是一个伟人。"在指派艾森豪威尔担任"霸王行动"总指挥时，富兰克林·D. 罗斯福表示，他是"行伍之中最杰出的政治家，也是一位天生的领袖，能够感染他人，令他们忠心追随"。

然而，并不是所有人都认为他是一位伟大的领袖。作为一名总指挥，除了要具备空间和时间两方面审时度势的能力，凭直觉感知敌人的意图之外，还要能够让所有反对者屈服于自己钢铁般的意志。蒙哥马利认为艾森豪威尔的人品完美无缺，却并不完全肯定其军事才能。私下里，他对艾森豪威尔既有赞美也有抱怨："一旦开战，艾克就会分不清圣诞节与复活节。"就在艾森豪威尔于"电讯屋"心不在焉地翻阅西部通俗小说的那天晚上，英国陆军元帅、帝国总参谋长艾伦·布鲁克爵士在日记中对这位最高司令官做出了评价：

> 他并不能在思想、计划、力量或其他方向上引导人们，所以他不是一位真正的领导者，只能算是一个协调者——个善于团结朋友、支持盟国间合作的人。在这些方面，很少有人能望其项背。但仅有这些就足够了吗？

或者说，根本不可能有人能集所有指挥官应有的品质于一身？

艾森豪威尔察觉到了人们的怀疑，或许他心中也暗藏着一丝疑虑。他喟叹，英国报纸竟然将他描述成一个管理者，而不是战地指挥官。"他们不愿相信我具备任何与作战有关的特殊本领。在谈到我时，他们不会使用'积极主动'和'英勇无畏'这些词语，"艾森豪威尔写道，"他们总认为我优柔寡断，那是因为我要做的事情往往十分危险，甚至几近疯狂。"

次日将是繁忙的一天，艾森豪威尔需要休息。清晨，他要到布希公园参加会议。接着，他将离开宿营地，登上"刺刀"号（这是艾森豪威尔在长途旅行时乘坐的装甲列车，人称"怪物"。车身由两节车厢组成，搭载五辆大轿车、两辆吉普车，还有配备了汤米冲锋枪和布伦轻机枪的小型武器库，餐车可以容纳32人。——译者注），前往战地视察。他计划在月底之前视察20多个师、20多个机场，以及不计其数的战舰、仓库和医院。运气好的话，他会遇到另一名来自堪萨斯州的士兵，与此人相逢总能让艾森豪威尔春风满面。

虽然已经历尽了千难万险，但仍然有更多危险在前方等着他。艾森豪威尔既不是一位思想家，也不是一位军事理论家。但他认为，极少有指挥官能够正确对待那些在他看来"能够触及人类灵魂的东西——抱负、理想、信仰、情感和仇恨"。尽管这种观点并不高明，但在随后的几个星期乃至几个月里，他的统帅之职及即将开展的战役将受到上述标准的检验。因为，比起人类其他任何活动，战争往往更能体现一个人的英雄气概。

奔赴法国就是奔向和平

数以万计的士兵陆续涌入英国。自1月以来，美国士兵的人数已经翻了一番，共计150万人，远高于1942年初首批抵达的4 000人。美国陆军的89个师中，有20个师已抵达英国境内，另外还有37个师正在赶往英国的途中或准备奔赴欧洲战场。他们大多数都从格拉斯哥和临近的格林诺克登陆，其他部队则分别从利物浦、斯旺西、加迪夫、贝尔法斯特、埃文茅斯和纽波特登陆。仅在4月，就有10万余名士兵以1.5万人为单位分批次乘坐"伊丽莎白王后"号和"玛丽王后"号抵达英国。每艘轮船每次可运载一个师，从纽约出发，横渡大西洋只需5天，

其速度甚至超过了德国的 U 型潜艇。

当士兵们走下船时，会有人拿着笔记板一一核对他们的姓名。每一个士兵都头戴钢盔，身穿野战外套。外套上缀有一粒大号的赛璐珞纽扣，纽扣的不同颜色代表士兵在船上所属的不同区域。为了给货物留下空间，每人仅能携带四条毯子，但也有军官设法蒙混过关，把折叠椅、枕套和网球拍带上了船。一支军乐队和几名苏格兰风笛手正在码头上欢迎他们。孩子们纷纷举起手臂，摆出代表胜利的 V 字形手势。那些已经完成作战任务的战斗机飞行员正在等候登船返回故土，他们大声喊道："趁早回国吧！"或者"你老婆的电话号码是多少？"所有抵达英国的外国部队都会被列入一本名为《钢铁名册》的原始记录中，而《营地预告》记载了每一个连队暂时的露营地点。士兵们排成四路纵队，齐步走上了码头附近的运兵车。即使没有看过《营地预告》，他们也知道，前方等待着他们的绝非坦途。

"芸芸众生中，你非常渺小。"诗人兰德尔·贾雷尔毫不夸张地写道。在过去的两年里，美国陆军和海军一共征召了 800 多万名士兵，平均每天征召 1.1 万人。这些美国士兵大都出生于第一次世界大战结束之际，平均年龄 26 岁。由于兵源紧缺，部队越来越年轻化。1944 年在欧洲作战的美国士兵将近一半都是不足 20 岁的少年，其中 1/3 的人只有小学学历，1/4 的人获得了高中文凭，只有 1/10 的人读过大学。陆军部手册 21-13 向他们保证，他们是"全世界待遇最好的士兵"。一名列兵每个月有 50 美元的薪俸，上士有 96 美元。其中表现英勇且获得荣誉勋章的美国士兵，每个月的薪水还可以增加 2 美元。

这些士兵平均身高 5.8 英尺，体重 144 磅。因为如果不降低体格标准，很多年轻人就会被拒之门外。如果一个人的裸眼视力只有 20/400（视力正常的人可以看到距离自己 400 英尺处摆放着的东西，被测者只能在距离 20 英尺处看到。——译者注），但至少有一只眼的视力可以矫正到 20/40，那么他就有可能被招募入伍。为此，军方特地生产了 230 万副眼镜。

曾经有人开玩笑说，陆军征兵根本不检查视力，只是数人头，这则笑话在当时变成了现实。即使一只眼睛失明，或者一侧耳聋，或者失去了两侧外耳，甚至没有大拇指或缺少扣动扳机的食指的人，也仍然有可能被征召入伍。二战初期，要求应征入伍者至少有 12 颗完整的牙齿，但是在当时，即使牙齿全部掉光也没有关系。为此，当局招募了美国 1/3 的平民牙医。二战期间，他们一共拔掉了1 500 万颗牙齿，填补了 6 800 个龋洞，制作了 250 万副假牙，以确保每一名美国士兵都能达到军方的最低要求——"能够嚼得动军用口粮"。

　　此外，军方正着手修改征兵的精神与性格健康标准。1944 年 4 月，陆军部颁布命令，应征入伍者只要"有可能"适应军队生活即可。精神科医师接到建议，密切观察 20 多种"性格反常"的表现，包括傻笑、闷闷不乐、桀骜不驯及有别于美国普通青少年的其他特征。军方甚至接受"适度"的强迫症患者与口吃者，但不接受恶性肿瘤患者、麻风病人及可以证明的精神病患者。1944 年初，随着一种名为"青霉素"的灵丹妙药问世，每个月都有 1.2 万名性病患者通过体检应征入伍，其中大部分都感染了梅毒。

　　然而，与艾森豪威尔缔造和平的理想和内心的信仰相比，士兵们又是怎样一种状态？很少有人表现得雄心万丈，像一名真正的军人。一名军官认为，大多数人只不过是"暂时加入行伍之中的外行"。当年 4 月，有人在英国对新兵做了一次调查，询问他们如果有机会，想要问艾森豪威尔什么问题。调查结果中，至少有一半人的问题就连最高司令官也无法回答："我们什么时候才能回国？"第 101 空降师的一名伞兵写道："我始终不习惯由他人为我思考一切。几个月过去了，我骨子里仍然是一个平民。"几个月后，这名伞兵殒命荷兰。

　　负面情绪在军中泛滥，怀疑和嘲讽就像摄像机上的两个镜头，完整记录了士兵们的军旅生活。一名美国士兵在莎士比亚的故乡，埃文河畔的斯特拉特福观看了《皆大欢喜》（*As You Like It*）后，在剪贴簿里引用了第二幕中的一段话："逆境自有其妙处 / 就像一只蟾蜍……头上却顶着一颗珍珠。"他还在旁边添加了注释："一语道出了我对军队的态度。"士兵们的俚语往往能反映出很多信息，但随着时间的推移，这些俚语花样百出的同时，变得越来越粗俗不堪。

　　士兵们有一句口头禅，简写为"SOL"（shit out of luck），意为"倒了血霉了"；他们用"山姆的马戏团"（Sam's circus）指代美国军队，将步兵简称为"脚"（foot）；另外，还有一句"SFA"（sweet fuck-all），最早是由澳大利亚人说起来的，意即"什么他 × 的都没有"；"两栖部队"（amphibious force）在大家口中变成了"模棱两可的闹剧"（ambiguous farce）。一名军官甚至写道："没有冷嘲热讽，就没有战争。"尽管如此，大部分人都还努力克制着自己，不至于愤世嫉俗。一个名叫欧文·肖的通信兵兼小说家写道："我已经预料到，这支军队也会像其他所有军队一样，被腐败无能、暴戾恣睢和挥霍无度等不良风气笼罩。而且事实已经证明我说的是对的，只是程度远没有我之前想象的那么严重。"还有一名士兵兼小说家弗农·斯坎内尔认为，在那些参加过北非与西西里岛战役的老兵当中，"某种荒谬的狂热心理一触即发……几近疯狂"。

战斗机飞行员塞缪尔·海因斯说："如果你身处疆场，需要关注的事情只有一件，那就是战争。"借用滑翔机步兵兼诗人路易斯·辛普森的话来说——即使是那些认为自己"即将创造历史"的士兵也毫不怀疑这位诗人的看法："面对这些由我们一砖一瓦建造起来的金字塔，我看到的只是一个个拎着灰浆桶的埃及奴隶。"很少有人赞成美国再次出兵西北欧，因为他们认为那是一个"动辄家反宅乱的大洲"。对驻英部队最近的一次调查显示，超过 1/3 的士兵偶尔会怀疑参与这场战争的价值。与 1943 年 7 月相比，这一比例翻了一番，但所幸没有继续增加下去。

这些士兵互相信赖，情同手足。正如斯坎内尔所言："在这个褐色的世界里，充斥着无聊、寒冷、疲惫、污秽、单调和丑恶。人们缺乏隐私，经常对未来感到忧虑。"仅存的同袍之情成了他们的精神支柱。就像在凯塞林山口或卡西诺战役中一样，就像在葛底斯堡或默兹－阿尔贡战役中一样，为了战友，士兵们不惜牺牲自己的一切。当一名曾在意大利作战的日裔美籍士兵再次前往法国参战时，他告诉自己的兄弟："我为爱与恨、生与死、偏见与友爱、毁灭与重建、背叛与勇气及上帝那看不见的力量而深深折服。"这正是他们的精神所在。

在码头，他们四个四个登上列车，分别奔赴英伦三岛的 1 200 座营地与 133 座机场。"这个国家总是让人联想起托马斯·哈代。"一名受过高等教育的中尉在给母亲的信中写道。但事实上，这里就像白天鹅的故乡，村民们大都骑着自行车前往古老的教堂。正如记者埃里克·塞瓦赖德的报道：人们个个举止古板、从容不迫，只是面无表情地碰碰礼帽以示问候。1940 年，前往各教堂祈祷的人们仍然会默诵："请主保佑我们深爱的土地免遭入侵。"但地方志愿军已经无力继续使用破旧的步枪或长矛在多佛尔抵抗德国人。二战初期，为了迷惑敌军伞兵，当局拆除了一些路标。但美国的卡车司机抱怨，由于迷路浪费了太多汽油。因此，这些路标后来又被放回原处。

美国士兵分散住在近 40 万座预制营房和 27.9 万顶帐篷里，甚至还借用了英国 11.2 万座建筑物和累计面积达 2 000 万平方英尺的储藏室。由美国陆军卫生学校提供的用于焚烧粪便的燃煤焚化炉经常散发出阵阵恶臭，因此他们将这些新的宿营地称作"垃圾场"。虽然后勤条件有所改善，但混乱场面屡见不鲜。美国一共向英国运送了 2 300 万吨军用物资，其中大多数都是通过货轮横渡大西洋，但是由于军队搭乘的"伊丽莎白王后"号和"玛丽王后"号速度较快，这些物资大都是在他们登陆几天甚至几个月后才陆续运抵。

因此，卡车司机找不到卡车、鼓手找不到鼓槌、随军牧师找不到圣餐杯的情况时有发生。成千上万的货物积压在港口，不是因为抵达时清单已经难以辨认，就是丢失了送货地址，或者仅有 GLUE（该代码通行于英国南部）、BANG（该代码通行于北爱尔兰）或 UGLY（使用地区未知）代码。当年 5 月，交通部为美军舰艇分配了 120 个锚位，但随后又有 38 艘多出来的货轮陆续抵达。虽然白宫与白厅之间就此进行了协商，但仍有一大半运送地点不明的货物堆在港口以外，其中包括 5 000 吨花生和 5.5 万台便携式电台，最终都不见了踪影。有人不禁揶揄，也许美军正在严打官僚作风，只不过效果适得其反。

事实证明，在这场战争中，没有哪个民族比讲英语的民族更朝气蓬勃、坚韧不拔，但美军在英国大片土地上安营扎寨却使两者之间的手足之情变得脆弱不堪。陆军部手册劝诫美国士兵："你们也许会把英军当作敌人，但是我们可没有时间为了宿怨再兴刀兵。"这本手册上还详细罗列了英美两国词语的差别，比如 chemist/druggist（药剂师），geyser/hot water heater（热水器）及 tyre/tire（轮胎）等。除此之外，两国士兵的薪水也存在很大差异：美国列兵的月薪是英国列兵的 3 倍，而一名美国上士的月薪为 96 美元，与一名英国上尉的月薪相同。为了掩饰这一差别，美国士兵每半个月发一次薪水。

当时的英国一贫如洗，酒馆甚至要求顾客自带啤酒杯。由于肥皂奇缺，英国仿佛到处都蒙上了一层洗不掉的灰尘，英格兰也被美国士兵戏称作"羊格兰"。此外，英国军需处仅提供 18 个尺码的鞋子，而美军可以提供 105 个尺码。美国政府教育士兵宽以待人并心存感激，为此，《大不列颠简介》中写道："批评主人是一种失礼的行为，羞辱盟友更是愚不可及。"更为重要的是，英国生产商向美国的储藏室和补给仓库供应了 2.4 亿磅土豆、1 000 副蛋糕模具、240 万根帐篷桩、1 500 万个避孕套、26 万块碑石、8 000 万袋饼干和 5 400 万加仑啤酒。

尽管调查显示，仅有不到一半的英国民众对美国人持友好态度，但英国人仍表现得十分克制。"他们经常让人恼怒，但又很难用语言表达，"一名家庭妇女抱怨道，"他们大嗓门、夸夸其谈、大言不惭、自以为是、品行低下、虚荣伪善。"

在伦敦出版的一本名为《认识美国人》的手册中，有些章节的标题为"酒、性与脏话"以及"他们是我们的手足吗？"人类学家玛格丽特·米德专门为英国军队撰写了一篇文章，试图解释"美国人为什么看起来如此幼稚"。乔治·奥威尔也在报纸上发牢骚说："如今，英国已经被占领了。"有时候，某些人的行为的确加深了英国人对美国人粗野无礼的印象。在纽卡斯尔附近，国王避暑行宫里的皇家天鹅成了美国士兵的盘中餐。如果托马斯·哈代在世，必定会瞠目结舌。

第 101 空降师的伞兵向私人池塘投掷手榴弹，捕猎其中的鱼类。一些无聊的士兵还会架起干草堆，并用曳光弹将其点燃。虽然陆军部表示，"性行为节制的人们由于养精蓄锐往往会更加强壮"，但仍有许多英国妇女怀上了美国士兵的孩子。因此，美国政府不得不同意将这些"混账的诉讼案"移交当地法庭。法庭判决：在这些英美混血儿 13 岁前，其抚养费为每周 1 英镑，13 岁至 20 岁之间为每周 5 至 20 先令。有些路标上写道："全体美国士兵注意：请谨慎驾驶，因为前方冲出来的可能是你的孩子。"

然而，无论是在战场上还是在后方，双方仍然保持着横跨大西洋的友好关系。一名英国将军将其喻为"一株脆弱的温室花朵，必须精心呵护才能避免凋谢"，因为西方文明的生死存亡有赖于此。大批美国士兵陆续乘船涌入英国"垃圾场"般的营地。一名英国少校道出了许多同胞的心声："他们的作用至关重要……如果没有他们，我们就不可能打赢这场战争。"

★ ★ ★

5 月 4 日，人们开始往准备登陆彼岸的舰艇上装载物资，并不断加快这一工作的进程，打算在月底前完成任务。从外科手术刀到反坦克火箭筒等 7 000 多种物资必须在最初的 4 小时内抵达诺曼底海滩。随后几天里，还将有数万吨物资陆续运抵。负责装船的三个军事机构分别为 MOVCO（交通指挥）、TURCO（转向指挥）和 EMBARCO（装载指挥），这不禁让人联想到喜剧演员马克斯三兄弟。在伦敦塞尔福里奇百货商场附近一间与世隔绝的地下室内，货船船长在一张巨大的桌子上摊开了甲板与货舱的蓝图，设计装船方案。他们把代表着吉普车、榴弹炮和集装箱的木质模型推来推去，好像下棋一样不断演练，以确保万无一失。士兵们也在营地的地板上摆出了与实物尺寸相同的甲板模型，练习推动卡车和大炮上下甲板。

22 座英国港口都是一派繁忙景象，码头搬运工人吊起运货板和装卸网，将它们推入货舱或放在甲板上，装运来自宾夕法尼亚州的无线电设备、来自得克萨斯州的润滑油和来自马萨诸塞州的步枪。美国军方为"霸王行动"囤积了 30.1 万辆汽车、

1 800 个火车头、2 万节车厢、260 万件轻武器、2 700 门大炮、30 万根电话线杆和 700 万吨汽油、石油和润滑油。最高统帅部甚至计算出了这次战役中每人每天的物资消耗量为 41.298 磅，其中包含了燃料、弹药和口香糖等。此外，6 000 吨口粮也被运上了船，这些食物足够全军支撑一个月，每包重达 500 吨。

被称作"战争公寓"的美军大型轨道车负责将坦克和推土机拖至码头。弹药在从波士顿、纽约和巴尔的摩征收来的汽车轮渡上堆积如山。将与第二批物资一同登陆奥马哈海滩的摄影师罗伯特·卡帕，目睹了这些"巨大的玩具"被吊在半空中的景象，他写道："远远望去，所有这些看起来都像是某种新型的秘密武器。"

分别来自 10 座不同制图机构的卫兵将仅登陆日当天就需要的 3 000 吨地图送上了船，这是将运往欧洲的 2.1 亿份地图中的第一批，其中大部分都是由 5 种颜色印刷的。除了普通地图之外，还有 28 万幅水文测量图、100 万张侦察机在 2.5 万英尺高空中拍摄的德国防御工事的航空照片、不计其数的村镇小型地图（主要是瑟堡与圣洛等村镇。——译者注），以及用水彩绘制的风景画（登陆艇艇长用于辨认登陆海滩的具体位置。——译者注）。法国地图的复印件上除了标明历史遗迹与文化胜地的所在地之外，还附有艾森豪威尔的命令，要求登陆军在制造混乱的同时"保持克制并遵守纪律"。

美国第一集团军在"霸王行动"中的作战计划甚至比小说《飘》（Gone With the Wind）还要长。仅对第 1 步兵师而言，第 35 号战役令就包含 15 个附件和 18 个附录，并不厌其烦地提醒众人"在路上靠右侧行驶"。一系列暗语被汇编成册，从发动进攻的那一刻到登陆后第一天的凌晨 2 点，盟军将使用"粉色清单"上的代号，随后就要开始使用"蓝色清单"上的代号。如果"蓝色清单"暴露，盟军将启用"白色清单"，但前提是有人在无线电中提到"吞咽"一词。对于如此浩繁的暗语系统，普通士兵只能望洋兴叹。

登陆战役所需的军用物资被运抵各个码头，它们品目众多，清单冗长到了壮观的地步：数以千计的无线电晶体管、数百只信鸽、100 枚银星勋章、300 枚紫心勋章及 1 万个"哈金森包裹"。这种包裹实际上就是装有塑胶炸药的帆布袋，由英国各地的修帆工在阁楼里缝制而成。按照合同，一家公司需要向英国输送 1 万个金属十字架，而它却没能如期交付，墓葬登记处只能用木制十字架临时代替。军方预计，在法国战场上，每 375 名士兵中就会有一人阵亡，并根据这个数字购买了一批棉布床罩作为裹尸布。但事实证明，这个预测过于乐观。当年 7 月，由于补给吃紧,军需处不得不从海上另外运进了 5 万条棉布床罩。

4 艘医疗船已经准备就绪。它们"通体雪白……船身和船板上印着鲜红的十字架"。记者玛莎·盖尔霍恩写道。为了及时抢救伤员,每一艘两栖登陆艇都将搭载至少 2 名医生与 20 名海军医护兵。手术室建在露天舱位的甲板上,活像一个"冰冷肮脏的陷阱"。蒸汽保温餐桌被用于加热消毒罐。"霸王行动"一共需要 8 000 名军医、60 万支青霉素、10 万磅磺胺制剂和 80 万品脱血浆。出于谨慎,这些血浆按照捐献者的肤色分开保存。每个重达半吨的货盘里装满了各种药品,将被拖过海滩,这样的货盘多达 1 600 个,里面的药品足够维持两周。

新的《治疗手册》上增添了新的医疗知识——这些大都是从地中海战役中总结出来的。但还有一些问题没能得到解决,例如怎样避免吗啡的毒性,被注射吗啡的伤员毒发身亡的情况在意大利战场时有发生。再比如,英国的二氧化碳罐与美国的氧气罐表面都刷着绿色油漆,麻醉师不小心弄混,从而导致至少 8 名伤员死亡。此外,人们还认识到,用全血(*医学术语,将人体内血液采集到采血袋内形成的混合物,包括血细胞和血浆的所有成分。——译者注*)补充血浆对救治重伤员极为有效,因此军方计划为"霸王行动"第一阶段储存 3 000 品脱全血,平均每2.2 个伤员 1 品脱,比意大利战役中的储存量增加了 4 倍。

但是全血最多仅能保存两个星期。随着 5 月最后一周的到来,登陆日近在眼前,医用血浆被装进印有鲜明标记的大型罐子里,运抵英国。

★ ★ ★

5 月 23 日星期二,大批突击部队迅速奔赴英国海岸,驻扎在沿岸的十几个地区。美军占据了西南岸,英国与加拿大军队位于南岸,登陆前最后一个阶段就由他们开始。车队以每小时 12.5 英里的速度行进,车辆之间保持 60 码的间距。每两小时,车队就会停下来,休息 10 分钟。宪兵上臂佩戴的袖章全都经过特殊处理,可用于检测毒气。他们挥舞手臂,指挥队伍穿过那些可能会有埋伏的十字路口和村庄。在看到路旁"单行道"的标志时,士兵们大都付之一笑,以掩饰心中的不安。

"我们坐在一座山顶上,向下望去,山谷里十几条道路上,不计其数的车辆和士兵浩浩荡荡地行进,一路向南。"陆军历史学家弗里斯特·C. 波格中士写道。他这番话不禁令人想起亚瑟·柯南·道尔描写奔赴战场的将士的句子:"当军队从温彻斯特向狭窄的海域进发时,整条古道都笼罩在一片白茫茫的尘土之中。"

母亲们站在人行道上，高高举起手中的孩子，观看这场浩大的行军。一名英国上尉在报告中记载，一位老人"弯腰的幅度和回力镖有得一拼"，他推着一辆木车，大声喊道："祝你们好运，孩子们！"士兵们用粉笔在坦克和卡车上写下自己心上人的名字，几乎每辆坦克或卡车都有一位女性保护神。一夜之间，各式各样的军装从伦敦街头消失，这座城市重新变得人烟稀少。有人在报告中写道："餐厅和夜总会里空荡荡的，出租车很容易就能找得到。"一家美国军官为了幽会情人经常光临的客栈，现在已经被人戏称为"勾栏哀歌"。

临近周末，所有营地都封闭了起来。哨兵们接到命令，对潜逃者格杀勿论。防护栏上挂着"禁止四处游荡"和"平民不得与军人交谈"的警告标志。一群身着敌军制服、手持德国武器的美军士兵在营地间游走，他们这样做的目的只是为了使盟军熟悉敌军的外貌特征。"这次登陆行动越来越像一场过火的演习。"通信兵艾伦·穆尔黑德抱怨道。匪夷所思的流言不胫而走：英国突击部队已经拿下了瑟堡；柏林有意进行和谈；为了牵制敌军，盟军将牺牲一支特别部队；纳粹国防军掌握了某种可怕的光学武器，能瞬间将大片土地化为灰烬，并且研制出了一种巨型的冷冻设备，能在英吉利海峡制造冰山以阻挡盟军的进军脚步。

为了安抚惊惶不安的士兵，《星条旗》报表示："震惊只会让伤员更加疼痛。"还有人在专栏里发表文章，忠告大家："如果一个法国人走上前来亲吻了你，请不要感到意外。这并不代表他是同性恋，只能说明他感情丰富。"

保密问题仍是重中之重。盟国远征军最高统帅部断定，如果敌军在行动开始前 48 小时听到任何风声，"霸王行动"成功的机会将变得十分渺茫。"如果这个时间再早一些，我们将满盘皆输。"因此，丘吉尔要求采取"严格、广泛和绝对的"保密措施。4 月初，英国政府颁布禁令，严禁游客靠近北海、布里斯托尔海峡与英吉利海峡沿岸地区。陆军方面派出了 2 000 名反间谍特工，防止任何人走漏消息。通晓 22 种语言——包括乌克兰语和斯洛伐克语的审查人员用美工刀拆开士兵的信件，检查其中是否有泄露机密的语言。出于谨慎，5 月 25 日，所有寄往外地的邮件都被暂时搁置，10 日后再寄出。

为防止德国侦察机发现部队已经大规模迁徙，巡警伪装成士兵穿梭于英格兰南部，让敌军以为盟军部队仍然驻扎在英国。新建的公路被数万吨煤渣和油泥掩盖。帐篷和临时营房均被伪装起来，迷彩网成了抢手货，仅英国就需要 100 万平方码。医疗担架和手术器具盒也被刷上了色彩黯淡的油漆，不是标准迷彩色 1A

（深褐色）就是 SCC15（草绿色）。所有车辆只要停下超过 10 分钟，就必须在车身以外撑起迷彩网进行遮盖。

骗术与伪装相得益彰。在这次战役中，最大规模的一场骗局"附件 Y"后来被正式命名为"坚忍"。联合参谋长会议要求，盟军要"诱骗敌军做出错误的战略部署"。盟军派出 1 500 名专业情报人员，利用虚假的无线电通话暗示德军，苏格兰的 8 个师即将联合苏联人袭击挪威，并将于 7 月中旬登陆加来港，大规模入侵法国——此地距"霸王行动"计划登陆的海岸仅 150 英里。从 5 月 20 日起，盟军有意将 280 吨"大块头"（一种用帆布和油桶制作的登陆艇模型。——译者注）作为诱饵，部署在泰晤士河的入海口。此外，仿制的发报机不断制造嘈杂的声音，好让敌军相信，美军第一集团军群的 15 万人将在错误的月份进攻错误的海滩。

英国的情报人员都是天生的骗术高手，他们开始设置陷阱，利用一批被策反的德国间谍向德军传递虚假情报。在英国的间谍网络中，一批代号类似"垃圾工"或"三轮车"之类的双面间谍也展开了行动。他们将 500 多份虚假无线电报发给潜伏在马德里的德国间谍首脑，通过他把电报传往柏林。

"坚忍"骗局无疑是成功的，它让德国人产生了幻觉。纳粹的分析人员断定，驻扎在英国的 79 个盟军师实际上只有 52 个。截至 5 月底，包括英国通过拦截和破译德国密码电报获得的"厄尔特拉"（Ultra，即超级机密。——译者注）在内，盟军的情报中没有任何迹象显示"敌军已经掌握了我们袭击的主要地点"。在得知这一消息后，艾森豪威尔如释重负。

皇家陆军财务队的克里夫顿·詹姆斯中尉外貌酷似蒙哥马利，他花了大量时间研究后者的行为举止。5 月 26 日，在登陆行动前的最后一场骗局中，詹姆斯头戴一顶黑色的贝雷帽，先后飞往直布罗陀与阿尔及尔，并接连数日趾高气扬地出现在公众场合。盟军希望传递给柏林方面一个错误的信息：蒙哥马利还在地中海优哉游哉，盟军不会立即横渡英吉利海峡发动袭击。

5 月渐尽，6 月来临，进攻前的准备工作愈发紧张起来。按照要求，每一辆即将在法国沿岸登陆的坦克和卡车都要能够在 54 英寸深的水中正常行驶，因此需要在车身上涂抹一种由润滑油、石灰和石棉绒混合而成的胶状物。为防止引擎进水，人们还在排气管上装了长长的漏斗，"直挺挺的，就像鹬鹟的尾巴"。仅仅对一辆谢尔曼坦克进行防水处理就需要 300 个人工作一小时，如果 5 个人一组，则需要一星期。5 月 29 日，最高统帅部下令，盟军 1.1 万架飞机两侧的机翼上必须绘制三道宽阔的白色条纹，作为识别标志。盟军凑齐 10 万加仑白色涂料和 2 万把刷子时正值圣灵降临节，英国政府不得不动员油漆业工人加班。一些机组成员甚至用推帚在机翼上涂上了白色条纹。

由于需要携带晕船药、呕吐袋、救生衣及其他随身物品，步兵们的作战装备平均重达 68.4 磅，远远超出了突击部队的推荐重量 43 磅。位于多塞特的第 116 步兵师即将进攻奥马哈海滩，其中一名连长在报告中称，他的手下"一边背着背包绕营地慢跑，一边发出刺耳的声音。他们之所以要发出这种驴叫似的声音，是因为他们要像蠢驴一样驮着沉重的装备行军"。6 月 2 日，士兵们穿上了"臭鼬制服"。这种制服不仅质地僵硬，而且恶臭扑鼻，但可以抵御毒气的侵袭。

"现在我们已经万事俱备，"5 月 30 日，第 4 步兵师的小西奥多·罗斯福准将在给妻子埃莉诺的一封家信中写道，"一只黑鸟对他的兄弟说：如果这是你的绝唱，那就放声唱吧，因为你也许再也无法歌唱。"就像蜕去旧皮与过去作别一样，所有士兵都要把个人物品交给军需处，放入一个 12 英寸长、8 英寸宽、4 英尺高的盒子，这些盒子会被存放在利物浦的一座仓库里。此后，他们将踏上列车，奔赴法国战场。在这个夏天接下来的日子里，他们的目标只有一个，那就是和平。

"我是一个无牵无挂的自由人，所以没有任何事情需要隐瞒，"谢尔曼坦克上的一名英国炮手在日记中写道，"今天的地位是我努力的结果。"这群勇士们即将开始歌唱，他们会在战场上一鸣惊人。一名在诺曼底牺牲的士兵曾写信给家人："如果我在这场战争中死去，我希望我的家人（特别是我的父亲）知道，为了和平——这个在我看来值得为之奋斗的目标，我已经竭尽全力。"另一名在战争中幸存的上尉也在信中告诉自己身在韦科镇的父母："人生目标是一件难以捉摸的事情。"

★★★

6 月 2 日星期五，艾森豪威尔离开了布希公园，前往代号为"削笔刀"的战时营地。在朴次茅斯港西北 5 英里处的索亚尔林地内，除了山鹬、犬蔷薇和毛地黄以外，到处都是拖车和帐篷。艾森豪威尔的"帅帐"内只有一张床铺和一张办公桌，像平时一样，桌上放着几本西部通俗小说和三部电话，其中红色的连接着华盛顿，绿色的连接着丘吉尔在白厅的地下地图室。

沿着煤渣路向南走大约一英里，就可以看到一栋乔治王时代风格的宅邸。宅邸正面呈弓形，排列着一排爱奥尼亚柱。这里曾被皇家海军征用，建立了一所航海学校，航海天文年历仍然摆在书橱里。现在，这栋绍斯威克庄园宅邸成了海军上将拉姆齐的总部，也是艾森豪威尔视察"霸王行动"的前哨站。

在过去的一周里，"种种负担有增无减。"艾森豪威尔在日记中写道。6 月 3 日，哈里·布彻注意到，最高司令官在登陆日前显得格外紧张。的确，有很多事情都令人不安。每天清晨，情报官员都会仔细地看一遍新的侦察照片，有一次他们发现诺曼底沿岸出现了大量障碍。他们将有关评估送往绍斯威克宅邸，并在巨幅地图上标出了每一座地堡和每一片雷区。更加令人恐慌的是，一份"厄尔特拉"情报显示，敌军派遣了一个师加强对将被进攻地区西部边缘的防守。5 月 26 日，最高统帅部的一份行动备忘录显示，德军有 3 个师占领了至关重要的科唐坦半岛，其中包括 60 辆坦克和一个伞兵团。此外，还有一个师死守在瑟堡等战略要地。

有证据表明德军正在调动部队，似乎准备突袭仅配备有轻型武器、计划漂流到科唐坦半岛的美国空降师。这一变故让"霸王行动"的高级空军指挥官特拉福德·利·马洛里中将心惊肉跳。一名英国军官表示，利·马洛里根本不具备指挥官的资质，就是"一个自负的傻瓜，尤其擅长误导大家"。5 月 29 日，利·马洛里请求艾森豪威尔取消第 82 和第 101 空降师的空降计划，否则将损失至少一半伞兵和 1/3 的滑翔机。一天以后，两人私下会面，这位空军中将得寸进尺，威胁道："这次大规模行动简直就是一场毫无意义的屠杀。如果执意开展这次行动，无异于让两个空降师去送死，还会损失掉 70% 的滑翔机。"

艾森豪威尔却认为必须铤而走险。他独自走进帐篷，一支接一支地吸烟，权衡利弊。他认为，在登陆日当天，伞兵能够扰乱德军在东科唐坦半岛的反击，一旦取消空降行动，于犹他海滩登陆的突击部队就会遭受重创。虽然空军在北非和西西里战役的空降行动中的惨重伤亡让一些军官开始怀疑伞兵的作战能力，但艾森豪威尔仍然认为，如果能够集中力量对敌军进行垂直包围，就能令伞兵发挥出惊人的威力。几天前，他已经把第 82 空降师计划降落的地区向东移动了 12 英里，以便与第 101 空降师的作战区域紧密相连。这两个空降师会合在一起，就可以在犹他海滩附近集结 6 个伞兵团，约 1.3 万人的兵力。

从帆布帐篷里出来后，艾森豪威尔已经做出了决定。他打电话给利·马洛里，下达了命令：坚决执行两年前就开始制订的计划。他还命令所有指挥官，要仔细检查"可能减少风险的所有事项"。"对该地区发动空降袭击是整个行动中必不可少的一环"，艾森豪威尔接着说，"因此必须继续执行。"

史上最重要的天气预报

绍斯威克宅邸附近有一座山，山顶上草木葱茏，站在上面，山下的景色便尽收眼底。索伦特海峡就在不远处，这里气候宜人、少有风雨，将怀特岛与英国陆地分隔开来。上千艘战舰浩浩荡荡，正准备从斯皮特黑德与索伦特海峡出发。参与"霸王行动"的战舰多达 7 000 艘（其中还包括登陆艇和驳船），从北海费利克斯托到威尔士米尔福德的所有港口都已经爆满，挤不下的船只只能停泊在亨伯湾、克莱德湾和贝尔法斯特湾等距离稍远的港口。

时值晚春，气候转暖，羊毛般的云朵从灰色的海堤和教堂的尖顶上缓缓飘过，空气中夹杂着海水的咸味和木馏油的香气。柔和的海风中，三角形的海军军旗猎猎飘舞，码头周围的罂粟花轻轻摇曳。舰艇和海滩上的信号灯不停闪烁，交相呼应。不计其数的银色阻塞气球掠过一个个锚地，驱逐舰行驶在平静的海面上，掀起一朵朵白色的浪花。

士兵们背着沉重的装备踏上跳板，排着队钻进了两栖运输艇。他们有人高声叫嚷，有人窃窃私语，脸上的表情形形色色。"伙计们，祝你们一路顺风。"皮肤黝黑粗糙的码头工人喊道。一些觉得围观不够过瘾的工人挤进了驳船，向一艘艘正准备起锚的运兵舰靠来。一名士兵大声警告道："如果你们当中谁敢再靠近我一点，就得跟我结婚！"英国士兵在甲板上生起火，加热可可和牛尾汤。一名排长惊叹道："今天船上竟然供应真正的白面包，我们已经有好几年都没有见过了。"

普利茅斯是一个具有特殊意义的港口。著名的大海盗弗朗西斯·德雷克就是在这里打完保龄球后扬帆出海，打败了西班牙的无敌舰队。这里还是"五月花"号探索新大陆的起航地。士兵们祈祷，希望在这个地方起航能给自己带来好运。

不少舰艇都并排拴在一起，它们船舷挨着船舷。"人们可以从一个甲板跳到另一个甲板上，一直走到半英里外的塔马尔河。"一名美国中尉在报告中写道。有人用油漆在"克莱拉·巴顿"号军舰的船头上绘制了几个丰腴的女人头像。"我没有问过哪个才是克莱拉。"一名炮兵在日记中写道。

一如往常，美国陆军与海军总是能够找到争吵的借口。对于不同兵种，同一艘坦克登陆舰的编号都不一样，所以很多美国士兵晕头转向，不知道自己登上的究竟是 516 号还是 487 号，而实际上它们就是同一艘舰艇。长达 61 页的手册《海外行动须知：短途海上航行》规定，所有部队必须提供 40 份登船名册，但很

1944 年 6 月 1 日，英国西南海岸的布里克瑟姆，一支赶赴诺曼底的炮兵部队正将他们的装备搬上登陆艇，包括从手术剪到"巴祖卡"火箭筒在内的 7 000 多种作战必需品。这些物品将在发起进攻的 4 小时内运抵法国海滩。

少有人能够遵守这一规定。11 个小时后，海军军官发现有 18 艘坦克登陆艇负载过重，要求卸掉部分货物。为此，船员们不得不用佶屈聱牙的术语向其他士兵解释："两栖登陆艇载重上限为 500 吨，每负载 33 吨吃水 1 英寸。如果现在载重 800 吨，他们将不得不在途中卸掉部分车辆，否则就会增加约 10 英寸的吃水深度，轻则被海水淹没引擎，重则船毁人亡。"

的确，这些登陆艇已经超载。一艘登陆艇限载 400 人，而准备开赴犹他海滩的第 7 军中，已经有 600 人登上了同一艘坦克登陆舰。除士兵之外，超重的部分还包括 40 名战地记者，他们被唐·怀特黑德称作"一群只会故弄玄虚而且令人讨厌的流浪汉"。这些记者是军方从伦敦各个酒馆里秘密召集来的，其中最著名的是厄尼·派尔。在报道西西里战役时，派尔让奥马尔·布拉德利一举成名。为了表达谢意，布拉德利为派尔在指挥舰"奥古斯塔"号上提供了一个铺位。但派尔不愿和太多高级军官待在一起，所以选择登上停靠在法尔茅斯港的第 353 号坦克登陆舰。很快，他就和船尾的炮手们打成一片，并用油漆和刷子在一门防空炮的炮管上留下了自己的名字。

"只有和战士们出生入死才会令我感到满足。"派尔坦言。但当一位士兵从背包里掏出了他的著作《悲伤的勇士》(Unhappy Warrior)，并请他在书上签名时，派尔才真切感受到大战前夕那种压抑的气氛。"如果再让我听到哪个士兵说'他×的'，我他×就要刎颈自杀了。"他抱怨道。派尔是传染源，而恐惧就是一场疫病，很快感染了人们。在听取"霸王行动"的进攻计划后，派尔双目圆睁、辗转反侧，直到凌晨 4 点才蒙眬睡去。"现在木已成舟"，他后来写道，"即使再怎么胆战心惊，也悔之晚矣。"

福里斯特·波格曾这样描写派尔："他头发稀疏灰白，憔悴的脸上总是挂着友善的笑容。他又矮又瘦，却喜欢穿那种大得离谱、几乎要将他吞没的连体工作服。宽松的衣摆下，他那双大脚反而显得格外突出。"作为随行记者之一，波格的旅行包里装着 11 瓶烈酒、一些护身符、一台雷明顿便携打字机和一份普利策奖获奖通知。一个月前，由于对地中海战役的出色报道，他刚刚获此殊荣。他在给朋友的信中写道："我要做的就是喝酒、工作和等待。"而现在，大战在即，他已无须等待。

士兵们挤在封闭的船舱里，就像罐头里的鲱鱼。一名士兵在日记中惨兮兮地写道："我喜欢我的战友，但并不是所有人都讨人喜欢。"每艘舰艇上都充斥着掷骰子和摔纸牌的声音，"一种由扑克牌演变而来的名为'高低扑克骰'的疯狂游戏最受欢迎，赌注是 5 法郎"。记者 A.J. 利布林写道。在"奥古斯塔"号上，水兵们围在一架钢琴旁边，唱起了《爱尔兰的微笑》。低级军官的餐厅里播放着希区柯克的电影《怒海孤舟》(Lifeboat)，在这样的境况下播放这样的电影实在令人惊异。

没有人大张声势地宣布起航，只有信号灯断断续续地闪烁着。水手们解开了缆绳，一艘艘舰艇向茫茫大海中驶去。螺旋桨发出低沉的轰鸣，对那些到过非洲、萨莱诺或安奇奥的老兵来说，这种声音再次触发了他们"昔日的惊恐"。

★ ★ ★

英国境内散布着 500 多座气象站，其中大多数每小时预报一次天气。在西大西洋，8 艘美国海军舰艇专门负责收集气象数据。此外，配备气象监测设备的侦察机每天都会从苏格兰、康沃尔和直布罗陀起飞，收集更多、更精准的数据。另外，58 座海浪观测站的监测人员每 3 分钟记录一次海浪的高度，每天做三次通报，并将报告发往海浪预报站。6 位英国知名气象预报员每天都会通过电话，就风向、云层、海浪与潮汐进行磋商，并经常为此争得面红耳赤。

天气对盟军来说是至关重要的因素。适合不同兵种展开行动的天气状况各不相同。当离岸风连续 3 天低于 4 级（每小时 13 至 18 英里），并伴有一定级别的潮汐时，两栖部队才能登陆。云幕高度（最低一层具有 4/8 以上云量的云层的云底高度。——译者注）不低于 2 500 英尺，能见度不低于 3 英里时最适合运输机飞行。重型轰炸机飞行员最喜欢总云量不超过 50% 的多云天气。伞兵的空降条件更为苛刻，要求海面风速低于每小时 20 英里，能见度至少要达到"从 30 度仰角可以看到半形月"的要求。但诺曼底沿岸地区 6 月份的天气连续 72 小时内同时满足上述条件的概率有大约 0.76%。

艾森豪威尔反复摩挲着口袋里的 7 枚幸运硬币，幸运女神却没有眷顾他。在摩洛哥和西西里岛，登陆部队饱受狂风骤雨的困扰。而现在，另一场暴风雨正威胁着"霸王行动"。气旋已经影响了洛基山脉一带的天气。气象预报员称，有 4 个低气压中心"威胁性很大"，它们两两之间只相隔约 1 400 英里，并开始向东越过大西洋。北极圈外的一个大高压环正从北向南释放冷空气。"气象预报的结果很糟，" 6 月 3 日星期六，凯·萨默斯比在日记中写道，"艾克感到忧心忡忡。"

6 月 4 日星期天，凌晨 4 点半的时候，在绍斯威克宅邸高大宽敞的图书馆里，艾森豪威尔、蒙哥马利、拉姆齐、利·马洛里及其他六七名高级将领齐聚一堂。他们面色阴沉地坐在沙发或安乐椅上。玻璃门上罩着厚厚的帘子，对面的墙上挂着一张绘有英国南部和诺曼底地区的巨幅地图，上面布满了代表不同舰队和师团的各色图钉和神秘符号。两名身着制服的办事员站在地图两侧，不时爬上活梯调整这些图钉和符号的位置。一个高个子军官局促不安地站在艾森豪威尔面前。他叫 J.M. 斯塔格，是一名皇家空军上校，也是一位地磁学与太阳辐射学专家。此人胸骨突出，还长了一张长脸，发际到颏裂中间隔着很长的距离。他遗憾地告诉众人："作为盟国远征军最高统帅部的首席气象专家，我认为，本就不容乐观的天气变得更加糟糕了。"

"大西洋上，一系列低压正在迅速向东移动"，斯塔格说，"这些低压将会影响英吉利海峡和登陆区域的天气。"从气象图来看，当时更像是隆冬时节，而非初夏。低压 L5 在向设得兰群岛移动的过程中，形成了英伦三岛自 20 世纪以来 6 月份的最低气压。几小时内，英国南部就被阴云笼罩，云幕高度只有 500 英尺，西风的风速将高达每小时 30 英里。6 月 5 日登陆日的气象状况已经从"不容乐观"变为"令人绝望"。

艾森豪威尔向众人征求意见。利·马洛里认为，"所有空中支援计划都无法执行"。拉姆齐沧桑的脸仿佛被海风削过，这位久经沙场的水兵也同意利·马洛里的观点:"一旦刮起 6 级以上的大风,海浪就会达到 6 英尺,甚至更高。"艾森豪威尔点了点头:"我们需要空军创造所有优势,假如空军无法作战,我们必须暂停行动。"几位军官中,只有蒙哥马利表示反对:"情况固然严峻,但并非毫无胜算。"他主张放手一搏,却无人响应。

就在这时,图书馆的灯突然灭了。几名副官匆匆跑了进来,点亮蜡烛。摇曳不定的烛光照亮了艾森豪威尔的面孔。据空军少将 E.J. 金斯顿·麦克劳里回忆,当时艾森豪威尔一脸愠怒,冲蒙哥马利吼道:"上帝! 过去三四个月里你一直对我们说,'霸王行动'必须要有足够的空中掩护,空降行动更是必不可少,而现在你却说没有它们也可以?! 不行,我们必须将'霸王行动'推迟 24 个小时。"

会议不欢而散。艾森豪威尔怒气冲冲地返回拖车,他翻开星期日的报纸,过了一会儿就打起盹儿来。时至中午,大团灰色的阴云呼啸而来,倾盆大雨不久便下了起来。怒号的狂风刮得树梢和阻塞气球不住颤抖。在南汉普顿,"飞腾的浪花拍打着岸边"。"阿斯特丽公主"号上一名军医写道,波特兰岛的帆船比赛"乱作一团,海面上涌起了金字塔般的巨浪"。在收到宣布行动延期一天,代号为"角笛舞斜桅杆"的加密无线电信息时,很多英国舰队尚未起航。从法尔茅斯出发的舰艇刚刚驶出反潜网半英里,岸上的信号灯就疯狂闪烁起来,向它们下达立即返航的命令。

但是,对于从贝尔法斯特和克莱德湾出发的轰炸中队来说,返航变成了大麻烦,因为他们不得不面对爱尔兰海黑压压的惊涛骇浪。更为糟糕的是,U 部队(准备于犹他海滩登陆的作战部队,U 为"犹他"英文 Utah 的首字母。——译者注)已经于前一天夜间从康沃尔和德文郡出发,沿英吉利海峡向东进发。有消息称海上即将刮起"风向偏左(对于船舷来说。——译者注)45°的大风",这则消息很快传遍了所有舰艇。虽然很多旱鸭子从未听说过这个术语,但是当舰队沿船舷左舷方向驶入一片狭窄险峻的海域时,他们立刻明白了其中的含义。他们挤在冰冷的甲板上,异常凄惨,但比起甲板下面的士兵,他们可就走运多了。

在那里,空气中弥漫着呕吐物和堵塞马桶散发的恶臭,所有人挤在一起,场面混乱不堪。与此同时,U-2A 舰队的 247 艘舰艇正以每小时 6 海里的速度疾驰,因此没有看到返航信号。在行驶了一半路程时,两艘从普利茅斯出发的驱逐舰将它们拦下并勒令返航。直到晚上 9 点,最后一批舰艇才迎着巨浪躲进了韦茅斯湾。海军方面在报告中称,U 部队"已经四散分离,局面失控"。

舰艇陆续抛锚,紧绷的神经令人们口角不断,甚至拳脚相向。为了不让士兵们无所事事，军官们分发了陆军部的手册《法国袖珍指南》，其中对为什么解放这个国家做出了解释。通过阅读，士兵们还得知"诺曼底的形状看起来与俄亥俄州无异"，"100 升相当于 22 加仑"，以及"法国人'生性健谈，擅长烹饪'"等。一些士兵还拿出法语词汇手册，低声朗读"Encore une verre du vin rouge, s'il vous plaît, mademoiselle"（请再来一杯红酒，小姐），并希望这句话有朝一日能派上用场。有意思的是，很多人错把"mademoiselle"读成了"mama-oiselle"。

甲板下，很多美国士兵正在做礼拜。在"贝菲尔德"号军舰的主餐厅里，陆军士兵和水兵们放声高歌《神圣的主啊，我们赞颂你的名字》。一名随军牧师读起了《罗马书》第 8 章中的一段话："上帝的圣光将替我们驱散阴霾，指引我们所向披靡。"然而此时此刻，这种神学经典却无助于安抚人们的情绪。大家渐渐松懈下来，掷骰子和打扑克的声音再次响起。一名军医还记得，他曾经跟总部和连队的军官打"21 点"，"一注 20 美元，要么赢得盆满钵满，要么输个精光，两者又有什么区别？"第 1 师的一名士兵一边翻阅伏尔泰的小说《老实人》（Candide），一边抱怨道："伏尔泰经常使用同一个玩笑。书中的人物总是遇害，可是读到后来你就会发现他们根本没有死。"英国伞兵正在观看莱娜·霍恩与胖子沃勒主演的音乐剧《暴风雨》，而美国一个空降炮兵部队正在集体观看爵士乐领唱泰德·路易斯主演的电影《大家都快乐吗？》。战地工兵们也开始争论，"D-day"（登陆日）里的"D"是否代表着"死亡"（death）。

★ ★ ★

在这个本就不平静的星期天（6 月 4 日），突至的狂风暴雨令人更加烦躁。下午四点半，丘吉尔迈着沉重的步伐走进了绍斯威克宅邸，执勤的皇家海军警卫看到他后，"啪"的一声立正站好。由于刚刚和夏尔·A.J.M. 戴高乐将军发生龃龉，丘吉尔气得满面通红。他怒斥戴高乐是一个"老谋深算的破坏者"。为了让自己平静下来，丘吉尔"猛灌了一通威士忌"，却根本不起作用，他的脸反而因为酒精变得更红了。这场不快是这样发生的：

> 最近，自命"法兰西共和国临时政府总理"的戴高乐结束了流亡生涯，重返欧洲。他从阿尔及尔出发，来到伦敦。在戴高乐到达朴次茅斯北部的德罗克斯福德时，丘吉尔早已在此等候多时。为见证戴高乐重返欧洲这一

伟大时刻，一大清早，丘吉尔就乘坐专列赶往此地。他在铁轨旁热情拥抱了戴高乐，并邀请他进入车厢，享用精致的午餐。然而，戴高乐的情绪非常激动，他为英美两国将他排除在"霸王行动"之外，以及华盛顿拒绝承认"法兰西共和国临时政府"等行为气愤不已。

谈话气氛急转直下。据说丘吉尔的法语讲得非常流利，但其实几乎听不懂什么。他威胁戴高乐，如果有必要，将遣送他"返回阿尔及尔的牢房"。戴高乐身高 6.6 英尺，无论是站着还是坐着都比丘吉尔高。他气得跳脚，大声宣布，丘吉尔是一个纯粹的"恶棍"。

谈话就此破裂，两人不欢而散。丘吉尔到达绍斯威克后，戴高乐紧随而至。由于体形高大，他被美国人戏称为"戴高个儿"。他"毫不掩饰满面怒容，昂首挺胸地走了进来"。

对于这两人之间的龃龉，艾森豪威尔倒是略有耳闻。他把戴高乐请进作战室，向他透露了有关"霸王行动"的一些信息，其中包括登陆地点、作战计划及行动延迟 24 小时的最新动态。在得知将于法国开展的大部分军事行动已经成为事实后，戴高乐气愤难平。他反对在法国境内流通"伪造的纸条"（盟国为登陆行动颁发的纸币，被很多士兵当作赌博的筹码。——译者注），并谴责这是"伪币"。在他看来，"国家主权已经遭到了盟国的侵犯，即使在德军占领期间，法国也没有受过如此羞辱"。戴高乐还拒绝批准数百名法国联络官与盟国远征军一同登船，除非艾森豪威尔能向他说明，这些联络官在行动中的职责及其隶属编制的详细信息。

艾森豪威尔认为戴高乐的要求是无理的，因为美国政府并未承认其政权的合法性。在此之前，艾森豪威尔分别用荷兰语、佛兰德语、挪威语、丹麦语、法语和英语录制了一段主题为"盟军解放法国"的演讲，在电台循环播放。他可不会为了戴高乐的一时任性，再次发表演讲呼吁法国同胞顺从这些"不合法的解放者"。

在宣布"我不会听命于艾森豪威尔"后，戴高乐拂袖而去。在返回伦敦的车上，他兀自坐在后座上闷闷不乐。丘吉尔曾经说过："在战争中要时刻保持理智，千万不能被愤怒和怨恨左右了思想。"但是现在，他已将这句格言抛在脑后，在心里咒骂着戴高乐，说他是"在战争最紧要的关头背信弃义的家伙"。他甚至在脑海中构思了一张黑名单，命名为"青蛙佬档案"（"青蛙佬"是对法国人的蔑称。——译者注），戴高乐的名字将会第一个出现在上面。一个英国人曾讽刺戴高乐："他的主食就是那只用来吃饭的手。"首相也在给外交部的信中写道:"要记住,这个人毫无慷慨可言。"艾森豪威尔也曾在日记中喟叹:"此事的确令人遗憾。"他本来希望戴高乐能够摆脱自己的"圣女贞德情结",但事到如今,他只好告诉手下:"让他见鬼去吧,要是他不能兑现承诺,我们就另请高明。"

晚上九点半,艾森豪威尔再次来到图书馆。炉中噼啪作响的烈火与从斯塔格传来的重大消息令房间里的阴霾一扫而空。"事情的进展有些出人意料。"气象学家斯塔格说。皇家海军护卫舰"霍斯特"号向爱尔兰以西行驶了 700 英里,及时反馈了天气情况,"大气压强正在逐渐上升。"不利于战势的大西洋低气压——包括带来暴风骤雨的低压 L5 正在快速移动。这表明,次日天气将暂时转晴,并一直持续到 6 月 6 日星期二。"我肯定,今晚冷锋过后,即将出现短暂的晴好天气。"

艾森豪威尔再次征求部下的意见。他认为继续推迟行动很可能会贻误战机,因为同样适合部队登陆的潮汐两周后才会再次出现。但利·马洛里仍然持怀疑态度,认为轰炸行动"存在风险",因为敌军炮火非常隐秘,不易发现。拉姆齐表示"无须担心"。最高统帅部参谋长、绰号"甲壳虫"的沃尔特·比德尔·史密斯中将说:"这是一场豪赌,而且很明显,胜利女神站在我们这边。"

听完众人的意见,艾森豪威尔轻轻点了点头,扭头看了看蒙哥马利:"你认为我们可以按照原计划行动吗?"蒙哥马利眼神凌厉,瘦削的脸上没有任何表情,他穿着厚厚的毛衣和条绒裤子,不假思索地答道:"我认为可以行动。"

一分钟显得无比漫长,房间里鸦雀无声,只能听到雨水拍打在玻璃门上发出的声响。艾森豪威尔神情茫然地注视着远方,揉着脑袋问道:"问题是,好天气能维持多久? 万一再出意外呢?"他思忖片刻,斩钉截铁道:"我必须下达命令,事已至此,我们已经别无选择。"6 月 5 日星期一黎明前,他们将再次集会,听取斯塔格最新的天气预报。"好吧,我们行动吧。"艾森豪威尔下达了命令,旋即转向斯塔格,笑容可掬地说:"不要再带来任何坏消息了。"

起 航

"起锚了!"一声庄严的呐喊在这个躁动不安的黎明响起,舰队从港口和河湾冲了出来。从索尔科姆到普尔,从达特茅斯到韦茅斯,从泰晤士河到深黑海峡再到鲸须沼泽,这支舰队浩浩荡荡地驶向白茫茫的英吉利海峡。59 艘舰艇上搭载着近 20 万水兵和船员、13 万士兵、2 000 辆坦克和 12 000 辆机动车。"舰艇在灰色的波浪间沉重地喘息。"艾伦·穆尔黑德写道。

星期一（6 月 5 日），清晨的阳光洒在海面上，照耀着小型快艇、轻巡洋舰、护卫舰、货轮、渡轮、拖网渔船、油轮、猎潜舰，还有那些用于设立标记、布设电缆、制造烟幕、冷冻物品、牵引车辆及储存食物的船只。轰炸中队从爱尔兰海出发，环绕"天涯海角"（Land's End）飞行，为海面上一列列威武雄壮的纵队护航。

这些纵队由巡洋舰、战列舰、驱逐舰和翻新过的无畏舰组成。其中美国军舰"内华达"号就是在珍珠港之战后重新改造的，英国皇家海军铁甲舰"厄瑞波斯"号是在第一次世界大战期间建造的，专门用来轰炸德国的防御工事，但舰上两门 15 英寸火炮的精确度却值得怀疑。"厄瑞波斯"号的桅杆上升起了纳尔逊将军曾经在特拉法尔加也升起过的旗帜，上面写着："英国希望每一个人都恪尽职守。"作为回应，美国重型巡洋舰"塔斯卡卢萨"号用旗语答道："我们生龙活虎。"在经过埃迪斯通灯塔附近时，"贝菲尔德"号上的士兵向"霍金斯"号和"恩特普赖斯"号上的皇家海军士兵欢呼致意。

当天上午，海面风平浪静，海水也从青灰色变回了蔚蓝色。在英国葱茏湿润的田野上，出现了一道七彩斑斓、璀璨夺目的彩虹。彩虹背后，一轮红日光芒万丈，照亮了肯特郡的白垩峭壁，使它看起来仿佛一张巨大的白色幕布。美国军舰"昆西"号上的一名海军军官写道："我认为，战争有利于增强人们发现美的能力，就像战争有利于让和平变得更加长久一样。"在舰艇沿着汉布尔河顺流直下时，一名风笛手靠在船头的斜桅上，吹起了《通向英伦之路》。在索伦特湾登船的士兵们站在船舷旁，为他欢呼喝彩。然而，最振奋人心的还是一则来自英国广播公司的报道："经过长期激战，盟军终于攻克了罗马。"这条捷报很快就传遍了整个舰队。

扫雷舰作为先头部队，位居舰队的最前方。它们将开展海军历史上最大规模的一次扫雷行动。255 艘扫雷舰首先开始清扫 Z 区（怀特岛下方一片直径约 10 英里的环形海域，被戏称为"皮卡迪利广场"。——译者注）的水雷，并从这里开始，分别沿 8 条航道前往英吉利海峡中部一个雷区。一个星期以前，皇家海军舰艇在水深 30 英寻（海洋测量中的深度单位，1 英寻 = 2 码 = 6 英尺。——译者注）处秘密设置了水下声波浮标。当电子计时器于星期日启动后，这些浮标的光亮能够将扫雷舰准确地引入 10 条宽度为 400 至 1 200 码的航道。扫雷舰将沿着这些航

道航行 35 英里，清理沿途水域，直到诺曼底塞纳湾的 5 个海滩为止。但高达 7 英尺的巨浪以及每小时 3 海里的水流速度令舵手们手忙脚乱。为了确保不偏离航线，他们与风浪展开了较量。

就在扫雷舰清除水雷的同时，另外一些舰艇紧随其后，每隔一英里便在航道两侧各设置一个发光的浮标，右侧为红色，左侧为白色。"这些浮标看起来就像一盏盏指引我们前往法国的街灯。"一名记者写道。在向 Z 区进发的过程中，登陆舰艇的适航性受到了英吉利海峡的种种考验。底部平坦的坦克登陆艇一路上摇摇晃晃，体形较小的步兵登陆艇也表现欠佳。但最糟糕的还是坦克登陆艇，它在英吉利海峡中的航行速度约为每小时 6 海里，在迎浪行驶的情况下速度还要减半。就连海军方面也承认："坦克登陆艇设备结构存在缺陷，导致其适航性差、速度缓慢，不适合在海里航行。"其中一个重大结构缺陷在于，登陆艇主体的三个部分是用螺栓固定连接在一起的，这令人们"产生了某种不祥的预感，总觉得自己有责任用搭扣对连接部分进行加固"。登陆艇上的士兵们处境悲惨，互相交流应对晕船的诀窍。一名水兵建议同伴"吞下一块系着绳子的猪排，然后再把它拽出来"。

事实上，第 16 步兵师当天除了供应猪排之外，还有冰激凌，但晕船令大部分人都没有了胃口。前往奥马哈海滩的第 116 步兵师登上"托马斯·杰斐逊"号以后，每天都有"享用不尽的火腿和鸡蛋"。士兵们有的填装手榴弹，有的磨砺刺刀，还有的再次拆卸检查自己的步枪。一名海军军医建议他们用海绵好好洗个澡，以防皮肤滋生细菌。美国士兵们引吭高歌："登陆日快乐，亲爱的阿道夫·希特勒，登陆日快乐。"英国士兵则更喜欢一首名为《耶路撒冷》的歌曲，这是由威廉·布莱克的一首慷慨激昂的诗歌改编而成的："上帝赐予我们燃烧的金色之弓。"

士兵们升起了战旗，将餐桌改造成手术台，进入备战状态。在"内华达"号甲板下面的防水隔间里，船员们收起了自己的礼服、瓷器、玻璃杯、书籍、桌布、办公室档案、扫帚和镜子等私人物品。一名海岸警卫队中尉在日记中写道："扩音器传出刺耳的声音，命令某某人到某某舱去见某某人。"在美国军舰"塔斯卡卢萨"号上，犹他海滩轰炸中队的指挥官，海军少将莫顿·L. 德约正在客舱内击打沙袋。

为了鼓舞士气，军官们慷慨激昂地宣读了艾森豪威尔和蒙哥马利传来的信息，并陈述了自己的预测和建议。第 16 步兵师的乔治·A. 泰勒上校在"塞缪尔·蔡斯"号上对记者说："最初的 6 个小时是最艰险的，敌军会连续向海滩开火。我们的计划非常简单，顶住火力，不停地冲锋，直到打开缺口为止。"即将在星期二（6月6日）清晨登陆奥马哈海滩的乔治·诺曼·D. 科塔准将在"查尔斯·卡罗尔"号上的军官面前发表了演说：

> 你们将发现战场一片混乱，各种情况都有可能发生。登陆艇没有按计划抵达，支援在错误的地点登陆，甚至很多人根本无法登陆……我们必须懂得随机应变，同时咬紧牙关、坚持到底，绝不能失去理智，更不能违反命令，忙中添乱。

一名坦克营营长言简意赅："为了这一刻，政府已经耗资 50 亿美元，就是死也值了。"奥马尔·布拉德利站在"奥古斯塔"号的前甲板上，"他虽然孑然一身，但格外显眼。"一名上校回忆道。布拉德利向所有正破浪前行的坦克登陆艇发出了 V 字信号（V 代表"victory"，即"胜利"。——译者注），祝愿他们凯旋。而后，他返回了自己的客舱，躺倒在一把扶手椅上，开始阅读《阿丹诺之钟》（*A Bell for Adano*）。

"我们即将开展一场大规模冒险行动"，特德·罗斯福在美国军舰"巴尼特"号上写信给妻子埃莉诺，"甲板下面拥挤不堪，还有人在甲板上闲逛。几乎没有人参加过战斗。"在登陆行动开始后的前几个小时里，56 岁的罗斯福俨然是犹他海滩资历最老、军衔最高的军官。他参与过一战，还在二战中参与过奥兰和杰拉两地的登陆战，可谓久经沙场。他告诫众人：

> 我们都曾拥有美好的人生，而且我相信将来还有更多美好的事情等着我们。但是，假如我们没有这个机会去体验，至少可以问心无愧地说，在我们并肩作战的岁月里，并没有虚度生命。我们见证了欢笑与悲哀、成功与失败，所有这些都值得珍藏……我们致力于一项伟大的事业，即使不幸牺牲，也没有遗憾。

返回甲板后，罗斯福对第 8 步兵师的士兵们说："明天早上六点半，我们海滩上见。"

★　★　★

滑翔机部队和 2 万名伞兵分布在英国各地的十几座机场上，已经准备就绪。

英国第 6 空降师的士兵们用茶壶底上的煤烟灰把脸抹成黑色，他们一边等待登机命令，一边用粉笔在机身上画下身材窈窕的女郎。"我狠狠地跺了跑道旁边的土地一脚。"一名列兵在报告中写道。

美国伞兵也用可可、亚麻籽油和燃烧过的木炭把皮肤涂黑。有些活宝甚至模仿演员艾尔·乔尔逊的滑稽动作，开玩笑说他们这一跳"价值万金"，因为根据政府的保险政策，他们的死亡抚恤金最高为 10 000 美元。一名随军牧师高声祈祷，却被一名士兵打断："别废话了，我才不会死呢。"所有人都不堪重负：从钢盔网上缠着的粗麻布条，到塞进靴子里的军刀，还有降落伞、救生衣、工兵铲、口粮、杀伤手榴弹、发烟手榴弹、起爆雷管、TNT 炸药包、黄铜袖珍指南针、"蟋蟀"响板、雨衣、毛毯、子弹带、步枪、整条的香烟及吗啡注射剂。信鸽被塞进多余的袜子里，用夹子固定在跳伞服上，鸽子的头部可以从袜子脚趾部分挖开的小洞中钻出来。为了能够多带几发子弹，一些军官甚至剪掉了地图的边缘。

"除了满身的口袋和鼓鼓囊囊的裤子之外，我们身上唯一可以看到的部分就是两只手，"诗人兼滑翔机士兵路易斯·辛普森写道，"有些人拿起纸笔，开始写信。"第 82 空降师副师长詹姆斯·M. 加文准将是一位 37 岁的父亲，他在寄给年幼女儿的信中写道："今天下午，我努力想要睡上一会儿，却根本做不到。即将到来的跳伞行动很可能成为我一生中遇到过的最为艰险的事情。"加文在西西里岛战役中表现英勇，在地中海，其卓越战绩可谓尽人皆知。但这一次，他在日记中直言不讳地写道："这次行动要么会成为第 82 空降师历史上最辉煌的壮举，要么会演变成另一场小大角河战役。总之，这将是一场极为残酷的战斗。"

艾森豪威尔不顾利·马洛里的警告，向法国派遣了两个美国空降师。在登陆前的几个小时里，他非常担心这次行动将演变成另一场小大角河战役。在目送英国军队从朴次茅斯的南巡游码头登上步兵登陆艇后，他返回了代号"削笔刀"的临时营地。为了消磨时光，他与布彻在西洋棋盘上玩起了"狐狸和猎犬"的游戏。随后，他坐了下来，开始起草认责书。"我们没能在瑟堡－阿弗尔地区拿下令人满意的据点，因此我下令撤回了部队"，艾森豪威尔写道，"如果这次行动有任何闪失，责任都将由我一人承担。"由于过度疲劳和连日焦虑，他在纸上签下了错误的日期——7 月 5 日。他把这张纸对折，塞进了钱夹，以作应急之用。

下午 6 点，艾森豪威尔乘上了由凯·萨默斯比驾驶的凯迪拉克，车子保险杠上的四星将军标志被罩了起来。车子向北疾驰，另外三辆负责保护的汽车紧紧尾随。

一个半小时后，他们驶上了一条挤满了军用卡车的狭窄公路。"如果你担心自己下达的命令会让一名士兵送命，你就很难直视他的眼睛。"艾森豪威尔告诉萨默斯比。伯克郡丘陵的格林汉姆公地机场位于古镇纽伯里郊外，第101空降师的总部就设在那里。艾森豪威尔随意吃了些晚餐，便急匆匆地乘车来到飞机跑道前。他双手插袋，在那些已经被人用白色油漆刷了三道条纹的C-47运输机间漫步。

士兵们涂黑了自己的脸，头发蓬乱，看起来很像莫霍克人。他们在降落伞绳索的桎梏下不安地扭动身体，同时不忘好好品尝临行前的最后一杯咖啡。"我的秘诀就是保持移动。如果你停了下来，或者胡思乱想，注意力就会分散"，艾森豪威尔告诉一名来自堪萨斯的年轻士兵，"相信我，集中注意力的最好方法就是保持移动。"

艾森豪威尔登上了第2716号飞机，和麦克斯韦·D.泰勒少将握手，并祝愿他大获全胜。随后，艾森豪威尔返回总部大楼，爬上屋顶，想最后再看一眼自己的部下。"他们的眼中斗志昂扬。"艾森豪威尔在给乔治·马歇尔的信中写道。但他却向萨默斯比坦言："我真希望清楚自己究竟在做什么。"

晚上10点过6分，太阳已经落山，红绿相间的导航信号灯不停地在丘陵间闪烁。苍茫的暮色中飘荡着阵阵歌声："给我一些勇敢的男人／为了他们所珍视的权利／他们将不惜一战……"歌声突然被一阵刺耳的吼声打断，伞兵们高高举起军刀，做好了浴血奋战的准备。他们迈着沉重的步伐走进机舱，跪下身来，把笨重的装备放在椅子上。香烟的微光和机舱灯柔和的红色光线照亮了他们的面孔。"鼓起勇气吧，"一名士兵开始祈祷，"让我鼓起勇气吧。"飞机的引擎隆隆作响，螺旋桨迅速转动起来，机长猛地关上舱门。"现在振翅高飞吧，你这只大屁股小鸟。"一名士兵大声喊道。

白昼即将过去，最后一缕微光照在铝制的机身上。"但愿阳光不要消失，"一名年轻的士兵喃喃自语道，"永远不要消失，这样我们就永远到不了诺曼底了。"

★★★

但阳光还是消失了。在英吉利海峡深处，59艘黑漆漆的舰艇经过一排排光亮黯淡的浮标，悄无声息地行进着，慢慢组成了战斗阵形。"指挥中心一片死寂。"海军少将德约在"塔斯卡卢萨"号上写道。"昆西"号上的一名军官说："这就好像趁众人熟睡之际溜进某个房间一样。"

小型舰艇在风浪中颠簸。"海浪冲上了甲板，很多人都晕船了，"一艘坦克登陆艇的日志上记录着这些文字，"炉火已经熄灭，没有任何食物，炸药也泡湿了，而且无法晾干。"两根绳索在颠簸中断掉，海浪涌进了引擎室内，溅湿了士兵们的隔间。为了保持航向，舵手们将舵逆风偏转了30°。舰艇喘着粗气，在海浪中挣扎。信号灯闪烁着，发出了一条仅有两个字的信息："晕船。"

舰队涌入了那10条已经被扫雷舰清扫干净的航道，其中两条留给了将于犹他、奥马哈、金滩、朱诺和剑滩五地登陆的部队。大小舰艇的尾流像辫子一样交织在一起、分开，然后又交织在一起。琥珀色的满月挂在天空中，被薄薄的阴云笼罩。大海低吟浅唱，浪花飞快地掠过船身。他们即将驶向一个更加美好的世界。哈利路亚，大海唱道。哈利路亚，哈利路亚。

1944年6月5日，艾森豪威尔在伯克郡丘陵的格林汉姆与第101空降师的伞兵们在一起。他建议道："最好的做法是保持移动。"身穿深色军装的高个子军官是艾森豪威尔的海军副官哈里·C.布彻中校。

THE
GUNS
AT
LAST
LIGHT

第 1 章　武装登陆

　　1944 年 6 月 6 日，随着美军第 101 空降师在云堤和炮火中实施空降，"霸王行动"拉开序幕。黑压压的盟军舰队缓缓驶入塞纳湾，士兵们在登陆艇上列队，突击队员们跃跃欲试。第一拨登陆的勇士们以身躯为利刃，狠狠楔进了德军在奥马哈海滩上布下的严密防线。然而，驻扎在法国内陆的德军还未意识到，盟军的这次行动会逆转整场战争……

遥远的彼岸

随着诺曼底的海岸线越来越近，歌声也逐渐消歇。星星在夜空中闪烁着银色的微光，800架飞机组成长长的纵队，载着1.3万名美国伞兵奔赴战场。飞机降低高度向南方飞去，掠过墨黑的英吉利海峡，缓慢爬升，在根西岛与奥尔德尼岛之间急转向东。月光照耀着寂静的科唐坦半岛，这里素以养牛闻名，但是与德国人的关系十分紧张。在引擎的轰鸣声中，指导员喝令士兵准备跳伞。一阵咔嗒声过后，机舱内十六七名伞兵都纷纷把降落伞扣到了头顶的拉绳上。

1944年6月6日星期二，凌晨1点刚过，飞机舱门缓缓打开，一名上尉迎着气流站在门口向下望去，白色的波涛拍打着海岸。"向法国问好吧！"他大声喊道。红灯开始闪烁，提醒士兵们距抵达跳伞区域仅剩4分钟。其中3个椭圆形区域是率先抵达的第101空降师的跳伞区，另外3个是紧随其后的第82空降师的跳伞区。

法国消失了。灰色的云堤正悄无声息地逼近。由于云层很厚，飞行员几乎看不清飞机的翼尖。一架架飞机，乃至全部机群很快就被这道云堤吞没了。为避免撞机，C-47达科塔运输机时而攀升、时而俯冲，整个编队的队形很快就乱了。一片片黑魆魆的土地偶尔显现出来，但霎时就会隐没在夜空中。据一名目击者说，德军的防空炮弹就像"无数个点亮了的网球一样"刺入云层。驾驶舱仿佛被敌军的探照灯光束和照明弹发出的灼热光线淹没，耀眼的强光晃得人睁不开眼睛。尽管有命令禁止飞机为躲避炮火急转方向，一些初出茅庐的飞行员仍然不顾一切地左躲右闪。高射炮在夜空中发出阵阵闪光，曳光弹穿插其间，散发出"滚滚浓烟，烟厚得简直可以在上面行走"，一名伞兵在报告中写道。炮弹穿过铝制的机身，轰然炸裂，仿佛"有人向飞机一侧扔了一桶铁钉"。一架飞机的机身被撕开了一个 2 英尺宽的口子，机身冒出阵阵浓烟，3 名美国士兵当场阵亡。机舱内的地板上污物横流，滑得难以行走，其他十几个人摔得东倒西歪，没有跳伞就返回了英国。

虽然东侧的云堤较为稀薄，但机组成员仍然不知所措，误把法国的一个村庄当成了另外一个。1 个小时前，一批探路者已经在附近着陆，但其中有些人没有找到跳伞区。按照约定，他们本应使用 7 盏信号灯围出的一片 T 字形跳伞区，并通过电子发射机通知其他伞兵在跳伞区内降落。一些探路者着陆后，发现附近有大批敌军出没。尽管情况混乱，机舱内绿色的跳伞指示灯还是陆续开始闪烁。可是有些飞机的亮灯时间过早或过晚，导致很多伞兵哀号着落入海中。还有一些飞机上，成捆的货物卡在机舱门口，伞兵们不得不排队等候。等险情排除，飞机已经超出跳伞区 2 英里甚至更远的距离。

还有的飞机未能降低到 500 英尺的指定跳伞高度，或者未能将速度减缓到每小时 110 英里。在地心引力的作用下，一些降落伞被撕裂，"尽管口袋底部经过了加固，但跳伞裤里的东西还是噼里啪啦地冲了出来"，一名伞兵回忆道。口粮、手榴弹、内衣和咕咕低鸣的信鸽在空中纷纷扬扬地散落。猛烈的炮火"就像一堵熊熊燃烧的火墙"。整个降落过程虽然只有半分钟，"但是像一千年那样漫长"，一名列兵后来告诉自己的家人。一顶降落伞不知怎么挂到了一架飞机的垂直稳定翼上，拼命挣扎的伞兵很快就被夜色吞没。在降落伞余烬未熄的碎片间，另一名伞兵奋力向东冲了过去。一些伞兵在着陆前未能成功打开降落伞，坠地时发出的声音听起来就像"从卡车后面掉落的西瓜"，一名伞兵回忆道。

"我一直抱紧自己的膝盖，尽可能地缩小身体体积，以免成为袭击目标"，第 507 伞兵团的一名伞兵写道，"然后拉动操纵带，以便尽快逃离身旁的大火。"一架 C-47 达科塔运输机的腹部被炮火击中后，火舌迅速喷进机舱，士兵们慌不择路，疯狂向舱门冲去。飞机的左翼突然擦地，导致引擎熄火，机身撞毁。虽然大多数伞兵得以幸存，机组成员却无一生还。在圣科姆迪蒙附近，一栋大楼被炮弹击中起火。火光照耀下，一名营长、一名副营长和一名连长尚未踏上法国土地，就在德国守军密集的火力下阵亡。此外，还有 3 名连长被俘。

第 101 空降师即将开展的"奥尔巴尼行动"，目标是夺取从犹他海滩到科唐坦半岛的 4 条增强堤道，每条堤道间相距约 1 英里。美国的战争策划者们得知，为了将登陆军阻隔在海岸线以外，德国工兵向海沙丘后的沼泽地灌注了 2 至 4 英尺深的海水，并且用卵石和树枝堵塞了 8 条溪流。然而盟军并不知道，敌军蓄积洪水是为了更大的野心。一些可以追溯到拿破仑时代的运河、水坝及科唐坦半岛东南部的水闸排干了杜沃河与梅德列河的河水，致使该流域变成了当地著名的奶牛牧场。

从 1942 年初开始，德国占领军关闭了部分防洪闸，打开了另外一些水闸，汹涌的潮汐形成了一个长 10 英里、深 10 英尺的碱水湖。由于当地芦苇和杂草丛生，盟军侦察机拍摄的 100 多万张航空照片没能显示出泛滥的洪水。对于这一点，没有人比从半空跳下的伞兵更惊讶。在抵达法国沿岸前，他们已经在机舱内脱掉了救生衣，由于背负着沉重的装备，所以无论他们怎样挣扎，最终都葬身于这片略带咸味的碱水湖。

凌晨 4 点，当数以千计迷失方向或散落四处的伞兵在黑暗中跌跌撞撞前行时，52 架滑翔机"就像一群乌鸦般"呼啸而至，一个德国人描述道。其中大都是 50 英尺长的韦科滑翔机，机身单薄得"可以用一支箭将其射穿"，就像一名上尉承认的那样。这批滑翔机均未安装机头盖帽，虽然盟军早在 2 月就已经订购，但至今仍未运抵。很多飞行员都从未在夜间飞行过，当滑翔机离开牵引机向地面滑行时，他们什么都看不清，只能凭感觉寻找陆地。与此同时，无数子弹穿透了机身单薄的外壳，那声音就像"打字机键敲打在松软的纸张上一样"，一名飞行员回忆道。一些士兵找到了位于布洛斯维尔的着陆区，而另外一些却在着陆时碰到了石墙、树干、睡梦中的家畜及大片危险的木桩。这些木桩是为防止滑翔机着陆特地埋设的，人称"隆美尔的芦笋"。

在一次坠机事故中，第 101 空降师外科手术队的 8 名成员全部负伤。一架机鼻上印有巨大"1"字的韦科滑翔机跌落山坡，在潮湿的草地上滚过 800 英尺后撞向一棵坚硬的枫树，导致驾驶员和副驾驶员双腿骨折。在货舱内，第 101 空降师副师长唐·F. 普拉特准将由于颈部折断而气绝身亡，看起来就像睡着了一样。死里逃生的人们踢破滑翔机的外壳，"像蜜蜂从蜂巢中钻出来一样"，一名目击者在报告中写道。随后，他们开始搜集散落在诺曼底的小型推土机、反坦克炮和医疗设备。

星期二（6 月 6 日）清晨，第 101 空降师的 6 000 多名伞兵中只有不到 1 000 人在袭击目标附近降落。约有 1 500 名伞兵飘到了着陆区 8 平方英里以外，其中大部分被俘或遇难。只有少数人靠法国农民从电话簿上撕下的地图安全抵达指定区域。一半以上补给物资由于掉入河边草原的水底而无法使用，大量无线电设备和迫击炮被毁，12 门 75 毫米口径驮载榴弹炮中就有 11 门被淹。

一名中士向谷仓里望去，只见"人们横七竖八地躺在稻草上，身上裹着血迹斑斑的降落伞，黢黑的脸上缠着满是血渍的绷带"。即便如此，那些英勇的士兵仍然一边高歌，一边集合起来继续前行。一名军官敲响了农户的家门问路，并用字正腔圆的法语宣布："盟军已经抵达。"有人在二楼应声道："太好了。"第 101 空降师师长泰勒少将拔出手枪，另一只手拿着一按就出声的金属玩具，一瘸一拐地在黑暗中摸索，搜寻迷失方向的伞兵。当一个法国农夫拿出一把老式步枪请泰勒替他"干掉一个德国鬼子"时，泰勒婉言谢绝。晨光熹微，他可以隐约看到圣玛丽迪蒙一座 11 世纪的教堂。高耸入云的石塔上，矗立着一尊张牙舞爪的滴水兽雕塑。当伞兵和德军在钟楼内及忏悔室旁交火之际，泰勒向东侧的普皮维尔派出小股军队，赶跑了那里的守军，夺取了通向犹他海滩堤道最南端的通道。此地以北 3 英里外，第 502 伞兵团第 3 营也占领了北侧的两条堤道。在诺曼底着陆 5 小时后，伞兵们已在沙垄上排成一队，等待 U 编队从海面上现身。在他们的下方，沙丘的后面就是洪水泛滥的沼泽。

★★★

1940 年 6 月，第一批德军部队在骑着马的军官带领下，唱着《我们要远征英格兰》，来到了圣梅尔埃格利斯镇。尽管德军没有继续挺进英格兰，但作为诺曼底的占领者，他们的日子过得相当惬意。不仅当地时间要以柏林时间为准，而且为确保"优等民族"能享受到足够的黄油和奶油，德军还向诺曼底居民发放定量供应卡。市政厅外悬挂着一面"卐"字旗，据传旁边的喷泉能治愈百病，因此经常有人前来朝圣。当地的教堂历史悠久，不仅装有哥特式的对窗，栏杆上还雕刻有四叶草花纹。德军入侵 4 年后，每逢赶集的日子，在教堂对面的栗子树和菩提树下，仍然有农夫出售羊毛和谷物。

一小队由奥地利高射炮兵组成的守军就驻扎在附近。他们驾驶的卡车以木材为燃料。司令官已经上了年纪，据说他曾经是维也纳一家报纸的音乐评论家，但现在，他最喜欢做的事情就是一醉方休。对于即将到来的盟军，德国人越来越不安。当年春天，德军就开始紧张地埋设"隆美尔的芦笋"（隆美尔发明的防空降障碍物，在特别适合着陆的地点打上木桩，并用铁丝相连，挂上地雷。——译者注），并对收听 BBC 电台的人们处以重罚，其慌乱程度从中可窥一斑。

对第 82 空降师来说，再没有哪个袭击目标比圣梅尔埃格利斯镇更重要。第 101 空降师空降 1 小时后，该师 6 000 名伞兵将迅速登陆诺曼底。圣梅尔埃格利斯镇不仅是各条道路的交会点，连接北部瑟堡和南部卡朗唐的电缆干线也经过此地。

如果不能拿下该镇，第 82 空降师"对梅德列河及其以西地区的进攻行动几乎毫无胜算"，一份军事研究报告称。因此，盟军在 5 月底突然改变了第 82 空降师的着陆地点，计划将这座沉寂的、仅有 1 000 名居民的中世纪要塞团团包围。

悲哀的是，波士顿空降行动比"奥尔巴尼行动"的情况更混乱。伞兵的着陆地点远远偏离了指定区域，有的向北偏离了 15 英里，有的向南偏离了 25 英里，还有人由于过于偏东或偏西，在坠入大西洋后很快就消失得无影无踪。滑翔机紧随其后，但其中只有不到一半在着陆区方圆 1 英里的范围内降落。很多滑翔机遭到重创，反坦克炮和其他重型装备也损失惨重。

詹姆斯·加文准将曾经担心，这场战役将成为另一场小大角河战役。6 月 6 日凌晨，在落入一座苹果园后，他手持 M-1 步枪，集结散落四处的士兵，向拉菲和谢迪蓬的要塞梅尔德雷桥逼近。月光下，士兵们脱得一丝不挂，跳入沼泽中寻找失落的装备。一列满载诺曼奶酪和空瓶的德国火车穿过密林，驶入谢迪蓬站。梅德列河沿岸的交火很快演变成了一场激战，伞兵们纷纷开枪射击，除了敌军士兵，还有不少躲在牲口棚里的家畜也中弹死亡。一名中尉率领侦察队将三个受伤的德国人逼到了一条土路上，但他"认为自己无力羁押任何俘虏"，侦察队的报告上写道，"因此遣散了他们。"但战争的凶残已经初露端倪。

在该师 3 个空降步兵团中，只有第 505 团成功在位于圣梅尔埃格利斯镇西北的预定地点降落。一枚嘶嘶作响的照明弹引发了一场大火，惊醒了镇子里的居民与德国守军。随着教堂司事拉响塔楼的警钟，村民们纷纷拿起帆布水桶，从牲口市场的水泵取水，为教堂广场对面那座熊熊燃烧的住宅灭火。与此同时，一队 C-47 达科塔运输机肩并肩呼啸而至，突然出现在圣梅尔埃格利斯镇上空。大批伞兵从空中跳下，一边紧张地拉动降落伞吊带，一边竭力躲避身旁的火焰与德军的枪炮。

一些美国士兵在降落前就死于非命，其中包括一名年轻的伞兵。他挂在树枝上"向下望去，眼睁睁地看着自己身上的弹孔"，圣梅尔埃格利斯镇镇长写道。但仍有飞行员在炮火中穿行盘旋，找到了正确的降落地点，数以百计幸运的伞兵在着陆时毫发无损。人称"炮弹"的第 3 营营长爱德华·C. 克劳斯中校集结了手下仅剩的 1/4 个营的兵力，在一名自愿担任向导的法国醉鬼的指引下，从西北方向潜入圣梅尔埃格利斯镇。他们走街串巷，挨家挨户搜寻德兵。为避免暴露行踪，他们接到命令不得开枪，只能使用军刀、刺刀和手榴弹。

德军已经在圣梅尔埃格利斯镇盘踞了 4 年之久。在守卫该镇的过程中，10

名德国士兵死于非命，但大多数逃之夭夭，仅有部分士兵在睡梦中被活捉。在距离教堂广场 400 码的地方，克劳斯亲手切断了连接瑟堡的电缆。侦察兵在镇外用反坦克地雷和装有塑胶炸药的加蒙手榴弹设置了路障。6 名阵亡的伞兵仍然悬挂在栗子树上，为了把他们放下来，葬礼队不得不割断了降落伞的绳索。

市政厅前，克劳斯从帆布背包里取出了一面美国国旗，在一根颤巍巍的旗杆上升了起来。1943 年 10 月 1 日，当该营率先进入那不勒斯时，克劳斯就在当地升起了这面国旗。由于无线电设备已经在空降过程中全部丢失或损坏，凌晨 5 点，克劳斯派遣传令兵向师长马修·B. 李奇微少将报告："我已进入圣梅尔埃格利斯镇。" 1 小时后，另一名传令兵再次传出捷报："我已拿下圣梅尔埃格利斯镇。"这是美国人解放的第一座法国城镇。拂晓时分，816 架飞机和 100 架滑翔机载着 1.3 万名美国士兵抵达欧洲大陆。仅有 21 架飞机被击落，这一数字远远低于空军中将利·马洛里的预计。然而，6 个团中只有 1 个在预定地点降落，该团 3 个营的兵力已经损失过半，却是唯一一支建制较为完整的作战力量。空军司令没有提前出动气象侦察机，对诺曼底 6 月份常见的低空云层发出预警，可谓疏于职守。对于仅仅配备步枪和手榴弹的美国士兵来说，由于兵力分散，战斗力大大削弱。

但是，就像在西西里岛时那样，这种杂乱无章的布局"并非一无是处"。美国陆军的官方历史中写道："分散的兵力让敌我双方全都晕头转向。"在科唐坦半岛的各个地方，不时传来电话和电报线被切断的刺耳咔啦声。美军命令被俘的德国人脚掌相抵，呈放射状平躺在地上，等着被送到战俘营。很多德国士兵在伏击中中弹身亡，横七竖八地倒在地上。天色尚未放亮，一架美国轻型轰炸机首次飞赴欧洲上空，执行夜间照相侦察任务。在 8 000 英尺的高空，侦察机炸弹舱内那盏亮度为 2 亿标准烛光的电灯就像一个小型太阳，照亮了整个诺曼底地区。在用掉了 180 张胶片后，飞机折回英国，分析人员逐帧查看，寻找德国坦克的踪迹。毫无疑问，德国必定会对科唐坦半岛发起反击。

★ ★ ★

距此 50 英里以东，英国第 6 空降师已经越过了法国的海岸线，急于一雪 5 年前的旧耻。英国士兵手持五花八门的"武器"——刻着脏话的砖头、绘有希特勒头像的足球及从埃克塞特酒馆偷来的驼鹿头标本——跳出运输机的舱门，准备将德国人杀死在睡梦中。近 5 000 名士兵或跳伞或乘坐滑翔机紧随其后。

两个伞兵旅负责夺取奥恩河和位于卡昂东北方的运河，打通 5 英里以东流向大致相同的迪沃河，以确保"霸王行动"左翼的安全。在科唐坦半岛，曾经困扰美国士兵的种种问题如今同样困扰着英国人：一半以上的探路者在错误的地点降落，电子信号浮标和信号灯大都受损或遗失，还有的由于被误置在麦田里，被高高的麦子遮住，从空中根本看不到。在飞机左右躲闪的过程中，很多伞兵都失去了平衡，不得不推迟跳伞。其中一个机群里，91 架飞机中仅有 17 架在正确的地点着陆。一枚高射炮弹穿透机身，冲击波将第 3 旅的一名少校掀了下去。由于双腿被强制开伞拉绳缠住，他足足在机身下悬挂了半个小时后才被拽回机舱，虽然衣衫不整，但好在安然无恙。返回英国后，他于 6 月 6 日晚些时候再次乘滑翔机抵达法国。

相比之下，那些坠入大西洋或水流湍急的迪沃河中的伞兵更加不幸。一名浑身湿透的旅长花了整整 4 个小时，才到瑟堡的河堤上。他缝在作战服里的 60 个茶包也全部毁于一旦。"我们亲眼看见，降落伞的顶篷在光滑如镜的波纹中凹陷下去"，一名军官在报告中写道。此后 50 年里，迪沃河里不断有尸体被打捞出来。

种种磨难过后，盟军终于迎来了一次大捷。6 架霍莎式滑翔机载着以前牛津市警察约翰·霍华德少校为首的 181 名士兵抵达法国。这种滑翔机以一位撒克逊王后的名字命名，由于在硬着陆时一不留神就会粉身碎骨，因此被戏称为"会飞的停尸房"。士兵们苦中作乐，一边在茶壶中兑入朗姆酒，一边唱起了《牛仔摇摆》和《蒂珀雷里之歌》（第一次世界大战期间蒂珀雷里郡士兵出征时唱的军歌。——译者注）。当飞行员高喊"解开缆绳"，并拉回与前方哈利法克斯式重型轰炸机相连的绳索时，士兵们的歌声戛然而止。整整 3 分钟，霍华德和手下鸦雀无声，他们挽着彼此的手臂，十指紧握，只有狂风在舱外呼啸而过，发出凄厉的声音。

以"和平女神"为首的三架霍莎式滑翔机一路向西飞行。一名飞行员发现了目的地，突然喊道："天哪，桥就在那里！准备着陆！"滑翔机开始以每小时 100 英里的速度在地面上滑行，风的声音就像"一张巨大的床单被撕裂"，一名列兵描述道。起落架的轮子很快就完全磨损，三架霍莎式滑翔机弹回空中后，启动了制轮器着地。橘色的火光四处飞溅，一些士兵误以为那是德国的曳光弹。霍华德及其手下虽然惊魂未定，但是全都毫发无损。他们拖着斯特恩轻机枪和装满手榴弹的帆布桶，奋力扭动身躯，从滑翔机上大大小小的洞眼中挤了出来。

"和平女神"的机鼻遭到重创，距离机身不到 50 码的地方就是卡昂运河，河上就是矮墩墩的贝努维尔桥。一名哨兵见状立即转身，一边仓皇逃窜，一边惊恐地大声呼喊。一枚华利照明弹在空中引爆，照亮了黑漆漆的河面。50 名敌军士兵——大都隶属于德国从东欧招募的"东线部队"——跌跌撞撞地向西侧的引桥冲去，枪声在桥梁和栏杆上乒乓作响。但一切都为时已晚，霍华德的手下已经用机枪和手榴弹杀开了一条血路。为了保持队形，3 个排高喊着自己的代号——"埃布尔""贝克""查利"。"只要看到有东西在动"，一名英国士兵后来承认，"我们就会开枪射击。"

在敌军的炮火下，一名排长中弹身亡。15 分钟后，英军占领了贝努维尔桥。负责守桥的德国指挥官那辆装满内衣和香水的汽车也不慎跌入沟中。被俘后，为了保存颜面，这名指挥官要求盟军枪毙自己，但这显然是徒劳。随后，德军驾驶三辆摇摇晃晃的法国坦克向贝努维尔桥驶来，但其攻势很快就被反坦克炮摧毁。两辆坦克逃之天天，在一名失去了双腿的士兵从舱口爬出来后，第三辆坦克足足燃烧了一个小时。没过多久，霍华德少校得到消息，他手下另一股人马已经夺取了位于朗维尔附近的奥恩河桥。于是，他下令用加密无线电播发出了这则振奋人心的捷报，然后便开始挖掘战壕，以迎接敌人更加顽强的反击，同时等待援军到来。

变幻莫测的风向导致飞机在空中相撞，越来越多的滑翔机放下残缺不全的起落架，在奥恩河和迪沃河漫滩上紧急着陆，还有一些则骤然跌落。据说，一架霍莎式滑翔机穿过农舍，驮着一张双人床出现在众人面前，而床上的法国夫妇仍然裹在羽绒被里。在苍茫的夜色中，号角声四起，军官们开始集结四散奔逃的部队。一场激烈的交火过后，一名情绪失控的年轻伞兵喊道："他们打死了我的战友！他们打死了我的战友！"随着士兵们不断阵亡，一座座桥梁被夷为平地。盟军俘虏了奥恩河上的敌兵，炸毁了迪沃河上的四座桥梁。

最危险的任务落在了伞兵团第9营的肩上。他们奉命摧毁梅尔维尔沿岸的炮台，因为其射程据说可以达到"霸王行动"最东端的剑滩。在护栏、地雷、带刺的铁丝网、灌木丛和战壕的环绕下，大口径火炮和200名炮手藏在重重铁门和6英尺厚的水泥墙后，他们的上方是厚达12英尺的泥土屋顶。750名伞兵参与了这次行动，但仅有150人在集结地点附近降落。按照计划，盟军需要60节爆破筒（即装满炸药的金属管），以突破带刺的铁丝网，但截至凌晨3点，他们只找到了16节。

盟军原定要在铁丝网上炸开四个缺口，但他们只炸开了两个。一批伞兵匍匐前进，徒手排除了地雷和诡雷的绊发线。为牵制敌军力量，突击队在大门处发动了攻击，消灭了数十名德国士兵，卸下了敌方大炮的炮栓。一名通信官把信件绑在信鸽身上，将这则消息传往英国。事实证明，这里只有两门75毫米口径大炮，而不是四门，其威力和数量远低于盟军的预计。虽然解除了梅尔维尔炮台的威胁，盟军却为此付出了高昂的代价。"有 150 人和我一起进入了该地区，"第 9 营营长汇报称，"但只有 65 人活着回来。"

在呈新月形的登陆地点两翼，空降部队伤亡惨重。在 4 800 名抵达法国的英军中，有近一半士兵因为降落的地点过远或伤势严重，而无法参加 6 月 6 日的战斗。这个数字甚至超过了西侧美军不能参与战斗的士兵人数。尽管黎明尚未到来，但这些从天而降的勇士们却让这一天被永远载入了史册。虽然从一开始他们就被厄运和混乱所困扰，但仍然完成了大多数既定的任务。接下来，战争的胜负就要取决于那些乘风破浪、从海上登陆的勇士了。

第一次冲锋

参与"霸王行动"的舰艇一艘接着一艘，从墨黑宽广的入海口驶入塞纳河。开路的扫雷艇在波光粼粼的海面上设置了闪烁的浮标，辟出了一条条迷宫般复杂的航道。水手和士兵们惊讶地发现，在瑟堡东部，巴夫勒尔的灯塔仍然亮着。这座灯塔是世界上最高、最引人注目的灯塔之一，它发出的旋转双闪光可以照亮方圆 30 英里。据说前方漆黑的海岸就是诺曼海盗出没的地方。海盗把灯笼挂在牛角上，模仿轮船发出的闪光，如果有船只上当而撞上暗礁，他们就会剥下溺水身亡者手指上的戒指。

远处，在科唐坦半岛和奥恩河港口停泊的船上，可以看到有金灿灿、红彤彤的光芒在闪烁——空降部队显然已经找到了作战目标。在一架 P-51"野马"战斗机上，一名飞行员看着浩浩荡荡的舰队从波涛汹涌的海面上驶过，道出了一个由来已久的、肮脏的秘密："短期来看，战争在这种情况下是一件绝妙好事。"

然而，在下方颠簸的甲板上，人们很难感受到这种壮志豪情。英国皇家海军舰艇"鲍德温王子"号和"利奥波德王子"号是两艘长期在英吉利海峡服役的蒸汽轮船，驾驶室翼桥上的步兵严阵以待，提防着船舷波前方的水雷。"恐惧也是一种强烈的感情"，第 88 号步兵登陆艇上的一名海岸警卫队员沉思道。"贝菲尔德"号上的一名军医承认，由于喝了"太多咖啡，他的心脏每跳动四五下才会收缩一次"。

来自弗吉尼亚州的一名老兵在登上"塞缪尔·蔡斯"号后写道："等待的过程是最痛苦的。人们很容易胡思乱想。"大战来临前夕，每个人都开始浮想联翩。"马克，"第 16 步兵团一个年轻的士兵问身旁的战友，"如果我被射中，子弹会不会直接穿透身体？"一位随军牧师无意间瞥见，英国皇家海军舰艇上的一名军官正在翻阅贺拉斯的《讽刺诗集》："如果我过于轻谑，还请多多包涵。"

凌晨 2 点，美国军舰"塞缪尔·蔡斯"号的扬声器响起，打断了船舱里士兵们的扑克游戏，通知他们到餐厅就餐。身穿白色上衣的服务生端出了薄饼和香肠。一些较小的餐厅供应的是冷三明治和乌拉圭产的罐装牛肉。在英国皇家海军舰艇"达娜厄"号上，一名军官打开了他"爷爷 1821 年收藏的一瓶 1812 年产的白兰地，品质绝佳"，并与众人分享。在"帝国宝刀"号上，一名英国陆军军官对皇家海军的突击队员说："不要担心你们是否会在进攻中阵亡，因为我们还有大批援军会前仆后继。"

盟军方面并不清楚敌人对登陆舰队了解多少。德军的雷达网从挪威一直延伸到西班牙，在北海和英吉利海峡沿岸地区之间，每隔 10 英里就有一座大型监测站。但在过去的一个月里，这些监测站已经被盟军悉数摧毁。最近，盟军还出动战斗轰炸机，对加来港和瑟堡之间 47 个地区的 120 座军事基地进行轰炸，并实施了开战以来最大规模的电子干扰。据推测，德国早期预警系统的防范能力已被削弱到原来的 5%。盟军还上演了各种骗术，包括向非作战区域部署了 36 只装有雷达反射仪的气球，假装舰队即将从此地大举登陆。

此外，盟军有意保留了加来港附近一座德军雷达站，并出动飞机向空中抛撒名为"窗户"的金属碎屑，模拟轰炸机编队飞往法国北部发出的电子信号。在勒阿弗尔和布洛涅以西，盟军的飞机一边沿着精心计算的椭圆形航线飞行，一边向空中抛撒金属碎屑，如此一来，就会令德军雷达感知到这样的信号：两支海军舰队正以每小时 8 海里的速度向法国沿岸逼近，每支舰队可以覆盖大约 200 平方英里。

实际上，参与"霸王行动"的舰队正在开展一场空前复杂的电子战，这种战术预示着 21 世纪新型战争的到来。为了避开敌军炮台的搜索并干扰火控雷达，盟军共设置了 603 台干扰机，其中包括在奔赴对岸的坦克登陆艇和其他小型舰艇上安装的 240 部发射机，以及 120 部大功率干扰机，以确保大型战舰的安全。晚间 9 点 30 分，在第一批舰艇距离巴夫勒尔灯塔尚有 15 英里时，盟军就启动了干扰措施。

最令人担心的是滑翔炸弹的问题。德国飞行员可驾驶飞机在舰队上空投放这种炸弹，并通过操纵杆和无线电发射器加以引导。1943 年 8 月，纳粹空军首次使用名为"弗里茨 -X"的滑翔炸弹击沉了意大利的"罗马"号战列舰，并差点儿在萨莱诺炸沉美军巡洋舰"萨凡纳"号。为抵御登陆盟军，希特勒囤积了大量"弗里茨 -X"和与之类似的 Hs-293 滑翔炸弹。英国破译的绝密情报"超级机密"显示，

145 架装有无线电控制系统的轰炸机已从法国机场起飞。但盟军已经不再像在地中海战场时那样毫无防备，舰长甚至命令手下打开所有电动剃须刀，以扰乱纳粹空军的无线电信号。在塞纳河入海口处的海湾，盟军设置了十几种不同型号的、包括专门用于对付滑翔炸弹的干扰机。在美国军舰"贝菲尔德"号狭窄的前甲板上，示波仪操作员目不转睛地盯着屏幕，分辨滑翔炸弹的蛛丝马迹。"一段向上直立的脉冲，看起来就像男人勃起的生殖器。"一名水兵打趣说。在确定敌机的准确频率后，一支反制小队有望于 10 秒钟内开始实施干扰。

子夜时分，盟军加强了轰炸攻势。"每当我们在夜间惊醒，总会有人说'盟军登陆了'，但每次希望都落了空，"美国 B-17 轰炸机飞行员伯特·斯泰尔斯写道，"直到 6 月 6 日，登陆才变成了现实。"当天凌晨，1 000 余架英国重型轰炸机对沿岸的炮台和内陆目标发动了袭击，在诺曼沿岸留下了大大小小的弹坑。防空炮弹就像一道道珍珠帷幕，被击中的盟军飞机喷出条条火舌，挣扎着返回英吉利海峡对岸。一名加拿大飞行员在无线电中说，他已经开始下降，在撞向法国陆地前，他发送了最后一条信息："晚些时候，请为我点一份下午茶。"在"奥古斯塔"号上，人们惊恐地看到，一架轰炸机在被击中后，四部引擎冒出熊熊火焰，径直向舰艇冲来。随后，飞机在"奥古斯塔"号右舷一个急转，在距离船尾 1 英里的地方坠入大海。

美国 1 635 架轰炸机紧随英军之后。由于科唐坦的伞兵正向半岛东缘的公路逼近，一群 B-26"掠夺者"轰炸机在 6 000 英尺的高空沿着海岸线飞行，并极为准确地在犹他海滩沿岸投掷了 4 414 枚炸弹。

但美国的主力部队——第 8 航空队的 1 350 架 B-17"空中堡垒"轰炸机和 B-24"解放者"轰炸机在投弹时却没有达到如此精确的程度。它们从英国出发，沿着一条宽约 10 英里的航道呼啸而来。导航飞机每隔 1 英里就会抛出一枚照明弹，仿佛夜空中燃烧的面包屑。第 8 航空队的袭击目标是沿岸的防御工事，它们大多处于从东部剑滩到西部奥马哈海滩之间涨潮线的范围之内。由于重型轰炸机的飞行高度为 1.6 万英尺，因此很难精确投弹，即使在最理想的条件下，也仅有不到一半的炸弹在袭击目标方圆 1/4 英里的范围内坠落。盟军的主要目标不是摧毁敌人的防御工事，而是瓦解负隅顽抗的德国人的军心。

但情况显然并不尽如人意。当 6 个飞行中队组成的轰炸机编队沿着与海岸垂直的航线准备着陆时，天空阴云密布。一个星期前，艾森豪威尔已经同意，在必要的情况下实施"盲目投弹"，即在阴雨天气时利用 H2X 雷达分辨海岸线并确定大致的投弹位置。6 月 5 日夜，经第 8 航空队请求，他再次改变计划：为避免意外击中正在逼近法国沿岸的登陆舰队，轰炸机的投弹手将在越过投弹点 5 至 30 秒钟后再投掷炸弹。在一个半小时里，300 吨炸弹将诺曼地区变成了一座地狱、一片焦土。内陆的雷区、电话线和火箭坑全部毁于一旦，但仅有不到 2% 的炸弹击中了袭击目标，几乎没有炸弹落在滨海或沿岸的防御工事上。由于上级反复警告不要自相残杀，"其结果是让大多数投弹手变得畏首畏尾"，第 8 航空队后来在分析报告中总结道。一些人不仅按照规定"推迟投弹"半分钟，甚至擅自延长了"许多秒"。几乎所有炸弹都在距离海岸一两英里甚至更远的地方被投掷，数以千计的炸弹白白浪费，躲在水泥巢穴内的敌军毫发无损。至于他们是否会被熊熊燃烧的烈火和地动山摇的声音吓倒，只有等第一批登陆部队登岸后才能见分晓。

★ ★ ★

滂沱的大雨敲打着塞纳湾里的锚链筒。随着一艘艘舰艇陆续抛锚，海面浪花四溅，铁锚迅速在人们的视野中消失。黑漆漆的甲板上传来一个痛苦的声音："看在上帝的分上，我们为什么不能给德国佬拍个电报，好让他们知道我们到了？"另一个声音喊道："长官，已在水下 17 英寻处抛锚。"

在距离剑滩 6 英里的地方，"阿斯特丽德公主"号的扬声器响起："全体列队！全体列队！"要求突击队员到住舱的甲板上集合。美国第 116 步兵团的舰艇停泊在距奥马哈海滩 11 英里的地方，士兵们排成一列纵队，穿过双层遮光帷幕，来到露天甲板上。一艘艘登陆艇就像一个个"大号的金属鞋盒"，在吊柱旁摇摆不定，等待美军登船。在舰艇下方，还有一些登陆艇空空如也，水手们在船身一侧展开吊货网，士兵们依次爬下，跳入登陆艇中。"贝菲尔德"号上一名海岸警卫队中尉在日记中匆匆写道，士兵们"一边整理背包，把刺刀装上步枪，一边吞云吐雾，仿佛这是他们的最后一根烟。到处都是一片死寂。所有人都感到，他们即将走向无边无际的地狱"。

6 月 6 日凌晨 5 点 16 分，太阳从东侧地平线以下 12 度的地方冉冉升起，诺曼底的海面上终于被一线曙光照亮。在接下来的 42 分钟里，直到 5 点 58 分，随着天色破晓，海面上出现了敌军雷达没有搜索到的景象。在维耶维尔附近，一名德国士兵看到，盟军的舰队突然出现，就像一座漂浮着的"巨大的城市"。在格朗康，一个法国男孩向窗外望去，只见"海面上布满了舰艇"。

扫雷艇小心翼翼地向岸边靠近，为紧随其后的 140 艘战舰开辟航道，准备对沿岸地区发起猛攻。在距离英国海岸 2 英里的地方，闪烁的信号灯显示，敌军毫无动静，而奥马哈海滩也同样风平浪静。但凌晨 5 点 30 分，在接近犹他海滩时，黑色的巨浪撞上了英国皇家海军舰艇"黑王子"号和美军舰艇"昆西"号高耸的船头和船尾。紧接着，远处的岸边传来了轰隆隆的炮声。两艘驱逐舰在距离海岸 3 英里处起火，一艘扫雷艇在被圣瓦斯特的炮弹击中后逃回海中。5 点 36 分，海军上将戴约下令出动 P-51"野马"战斗机和"喷火"校射飞机，寻找德军炮口的准确位置，"开始进行反炮兵轰炸"。

很快，800 门舰炮在长达 50 英里的战线上齐声发出怒吼。水手们在耳朵里塞进棉花，巨大的冲击力让他们身上的制服也跟着瑟瑟抖动。"就连空气也在震动。"记者唐·怀特黑德写道。弹药车轰鸣着升到顶端，炮弹砰的一声坠入输弹槽，被猛地推进填炮口。炮塔开始向陆地方向转动，威风凛凛。两声尖锐的蜂鸣意味着"预备！"一声蜂鸣即"开火！""无烟火药的黄色烟雾腾地向上蹿起"，A.J. 利布林写道。他站在 88 号步兵登陆艇上，望着不远处的"阿肯色"号战列舰。

"无论是炮口蹿出的浓烟，还是随后发出的吼声，都像勇猛的雄狮一般。""阿肯色"号和"得克萨斯"号两姊妹曾经战功赫赫，轰鸣的舰炮射出一枚枚 12 英寸和 14 英寸的炮弹，那声音"就像被抛向天际的列车"发出的，欧内斯特·海明威写道。作为一名战地记者，他登上了英国皇家海军舰艇"帝国铁砧"号，手持蔡司望远镜观看战况。在炮管的炙烤下，"内华达"号船身上的油漆纷纷脱落，露出里层青色的钢铁。水兵们正将软木制成的炮弹套和烧焦了的火药袋抛入大海。在美国军舰"塔斯卡卢萨"号上，时任战略情报局特工、后来出任美国驻 3 个欧洲国家大使的戴维·K.E. 布鲁斯在日记中写道：

> 陆地和岸边的炮火齐发……空气中充斥着火药的刺鼻味道，破碎的纤维填料就像火山灰一样，纷纷落在我们身上……甲板在我们脚下不停地颤抖，舰艇的连接处咯吱作响、越拉越紧……巨大的冲击将螺丝震出了插孔，将灯泡震成了碎片。

德军的炮弹在海湾上空划出一道道深红色的弧线。"弧线的尽头看上去似乎就是'昆西'号"，眼看炮弹越来越近，一名军官说，"我错了，但这是个令人愉快的错误。"舰艇左躲右闪，桅杆上的旗帜猎猎作响，船尾的波浪变成了白色，就像沸腾了一样。久经沙场的水兵可以根据喷溅水花的高度测算敌军炮弹的尺寸，包括从圣马尔库炮台发射的炮弹。该炮台由 3 门口径为 210 毫米的大炮组成。"对我们自己的领土开火本来是一件可怕而又怪异的事情，"法国巡洋舰"蒙特卡姆"号上的一名海军上将告诉手下，"但是今天我希望你们这样做。"居住在法国沿岸的一名妇女在日记中写道："钢铁从天而降，窗户纷纷爆裂，地板不停地震动。空气中的火药味令人窒息。"随后，她把孩子和被褥塞进马车，匆忙逃往内陆。

为阻挡德军炮手的视线，盟军飞机开始向航道四周释放白色烟雾。美军驱逐舰"科里"号仅在 1 小时内就发射了 400 枚炮弹，当水兵们给咝咝作响的 5 英寸炮管浇水降温时，舰艇暂时放慢了速度。一阵微风吹散了烟幕，圣马尔库的炮台趁机发射了 4 枚炮弹，命中了距离港口 150 码的地方。在此之前，"科里"号船长刚刚下令以每小时 25 海里的速度右满舵行驶，突如其来的爆炸将船上的所有人都掀了起来，差一点儿就跌下船去。

"我们被震得几乎离开了海面"，一名水兵后来回忆道，"一道巨大的裂纹穿过主甲板，穿过舰身。"强烈的爆炸让这艘驱逐舰如蛋壳般裂了开来，龙骨和烟囱之间出现了一个 1 英尺宽的缺口，轮机舱和锅炉房内顿时洪水滔天。锅炉炸裂后喷出的灼热蒸汽烫死了数名水兵，断裂的舱壁和残骸将其他人困在了甲板下面。由于供电中断，舰艇上一片漆黑，方向舵突然卡死。"科里"号背部严重受损，船尾和船头高高翘起。船上的水手用旗语发出"请求援助"的信号。

舰艇上大多数水兵都以为，是岸上德军的炮火对他们发出了致命一击，但后来的报告显示，造成这场灾难的是一枚水雷。事故发生后，盟军才出动了 80 艘扫雷艇，对通向犹他海滩的区域展开了拉网式搜索，排除了 200 枚水雷，但没有发现位于卡登奈沿岸登陆艇航道两侧的敌营。绝密情报"超级机密"早就对该地区的水雷进行过警告，并转告了美国海军的高级将领，但后者"显然对此麻痹大意"，英国的一份情报报告后来分析道。

第一次爆炸发生 8 分钟后，主甲板上的积水已经深及膝盖，"科里"号的舰长下令弃船。无线电密码被绑上负重袋抛入海中。2 个小时后，当救援船抵达时，幸存者们正在 54 华氏度（约 12.2 摄氏度）的海水里挣扎。一名海军少尉试图用军装上的领带将自己系在救生艇上，但最终还是死于冻伤。德军一直在猛轰"科里"号的残骸，不仅摧毁了后者的发烟器，还引爆了多枚 40 毫米的炮弹，造成了更多人员伤亡。当舰艇沉没到水下 6 英寻时，船上的美国国旗仍在迎风飘扬。由于时值低潮，从岸上 3 英里以外的地方仍然可以看到船艏和主桅杆。本次事故导致 22 人丧生，33 人负伤。在接下来的 10 天里，在卡登奈沿岸，还有 5 艘舰艇被击沉，24 艘舰艇遭到重创。根据太平洋战场的经验，面对敌人强大的临海防御，海军的轰炸应当持续数日甚至数周才能发挥作用。但两个战场的情况存在天壤之别，前者是包抄某座与世隔绝的孤岛，而后者是从水深较浅、狭窄逼仄的英吉利海峡对法国漫长的海岸进行炮轰，敌军在内线作战，可以迅速加强增援。此外，德国炮塔的四壁和顶部均由水泥砌成，厚达 12 英尺，使盟军的轰炸变得更加困难。

最终，为了配合登陆部队，盟军仅对"霸王行动"中美军负责攻打的海滩进行了不足半小时的轰炸。6 月 6 日当天，盟军舰艇共发射了 14 万枚炮弹，但几乎没有摧毁任何一座敌军炮塔。根据相关记录，对准乌尔加特炮台发射的 218 枚巨型炮弹和近 1 000 枚 6 英寸的炮弹中，只有一枚直接命中目标。德军共有 28 座炮台，111 门大炮的火力范围可以覆盖犹他海滩，但在黎明时分的轰炸行动中，盟军未能彻底捣毁其中任何一座炮台。尽管盟军出动了 3 艘战列舰、1 艘重型巡洋舰及各式轻型舰艇对圣马尔库炮台发起猛攻，但令人丧气的是，直至 6 月 12 日才将其攻克。就像此前发动的空袭一样，这次海上进攻究竟对德军造成了多大打击，要到登陆日才能见分晓。

★ ★ ★

小西奥多·罗斯福（特德·罗斯福）准将虽然患有先天性弱视和轻微的斜视，但他仍然打算亲眼看看敌军的防御到底有多强大。由于英吉利海峡的潮汐变幻莫测，所以 5 个滩头的登陆需要在 1 个小时内完成。盟军将首先在最西侧的犹他海滩登陆，罗斯福一马当先，与第 4 步兵师的 20 艘突击艇首先登陆。在美国军舰"巴尼特"号上，他突然发现自己的救生带不见了，顿时怒气冲冲。"我已经给了你两条了。"一名副官恼火地抱怨道。罗斯福踢了被海水打湿的栏杆一脚，拍了拍身上的枪套，声音低沉地说道："我只带手枪、弹匣和拐杖，有这些就足够了。"

当一名士兵弯下腰，从左摇右晃的登陆艇上伸出手来，罗斯福猛地拍开了他的手："你给我让开，我自己能跳上去。要知道，我不比你们任何人差。"只见他纵身一跃，跳进了离船帮 5 英尺的地方。当有人转动绞盘，将登陆艇放到波涛起伏的海面上时，他借助拐杖站稳了身躯。罗斯福一边看着水手解开缆绳，一边取笑身旁脸色苍白、面露惊恐的士兵，就像他曾写信告诉埃莉诺的那样："一旦他们停止思考，恐惧就会出现在心头。"所有登陆艇均已驶离"，上面传来一个声音。冰冷的海水拍打着这 30 名士兵们的脚踝，他们像鲱鱼一样挤在长度仅有 36 英尺的船上，浑身发抖并开始呕吐。一名舵手加大柴油发动机的油门，猛地调转沉重的船头，驶入汹涌的海浪之中。特德·罗斯福终于重返战场。

虽然他曾与突击队一起，在阿尔及利亚的奥兰和意大利的杰拉出生入死，并曾在第一次世界大战期间荣获杰出服役十字勋章；虽然他在突尼斯的盖塔尔，面对德国坦克时勇不可当，并被 A.J. 利布林形容为"就像一个天生的男子汉般无所畏惧"，但他怎么看都不像是一个开路先锋。罗斯福个头矮小，外形粗犷，长着一双罗圈腿，看起来就像一个"疲惫不堪的老兵"。1918 年，由于在坎提尼吸入毒气，他的双目和肺部都受到了损伤。随后，他在苏瓦松一役中中弹，从此走起路来一瘸一拐。就在前不久，他还因为肺炎从地中海返回，并在英国住院 3 周。他总是在背包里装一本约翰·班扬的《天路历程》(*The Pilgrim's Progress*)，并喜欢引用其中的一句话："我将带走满身的创伤和疤痕。"然而，他没有告诉过任何人，在光鲜耀眼的绶带下，他的胸口经常疼痛不堪。

罗斯福的母亲说，他最大的愿望是"取得与父亲一样伟大的成就"。他的父亲是美国第 26 任总统西奥多·罗斯福，曾身穿布鲁克斯兄弟的骑兵服，带着 12 副钢框眼镜用作备用，在圣胡安冲锋陷阵，从此声名大振，成了儿子的榜样。虽然特德没有像父亲那样，在拉什莫尔山上竖立起自己的总统雕像，但考虑到他只是康涅狄格州制毯厂的一名纺织工人，并差一点儿因为成绩不及格而从哈佛大学退学，他所取得的成就已经足以令人赞叹。

30 岁时，他就已经是一名富有的投资银行家，并先后担任海军助理部长、美国运通公司董事长、驻菲律宾总督和波多黎各总督。在波多黎各期间，他学会了西班牙语，解决了该岛的卫生保健问题，并自费出资 10 万美元，成功阻止了银行垄断的状况。此外，他还出版了包括《印度支那三国》在内的不少著作，海明威也在《历史名家战争叙事合集》中编入了他一战时期的逸事。他曾与欧文·柏林、罗伯特·弗罗斯特、奥维尔·莱特、鲁德亚德·吉卜林和巴比·鲁思等人有过书信往来。1924 年，他在竞选纽约州长时输给了阿尔·史密斯，从此仕途就颇为不顺。特德的远房堂兄富兰克林·罗斯福的妻子也叫埃莉诺，富兰克林曾与他在竞选活动中针锋相对，并乘坐一辆大型卡车环游全州。卡车的外形酷似一把冒着热气的茶壶，以讽刺他卷入了"茶壶山丑闻"，但实际上特德是清白的。

"谁会不羡慕你的胆识？"1917 年，西奥多在法国写信给儿子特德。事实证明，无论过去还是现在，军旅生涯自始至终都是特德"首要的和最佳的归宿"，一名仰慕者写道。1941 年，他终于重返军营，担任第 1 步兵师副师长。但由于对纪律涣散、惯于横冲直撞的部下过于宽容，罗斯福惹恼了奥马尔·布拉德利。

西西里战役即将结束时，罗斯福和第 1 师师长特里·拉·梅萨·艾伦均被撤职。罗斯福一面为此"痛心疾首"，一面立即开始谋求东山再起。"只要能让我上前线，"他写道，"我还有的是力气。"在反复游说艾森豪威尔的参谋长比德尔·史密斯却无功而返后，他恳请妻子向乔治·马歇尔求情，并辩称"如果你想要从事的工作比过去更加危险……就算要走后门也没有关系"。埃莉诺私下拜会了马歇尔，后者却不为所动。无奈之下，她给马歇尔寄了一张字条："难道事情真的这么严重，他再也没有机会率兵出征了吗？"

时任陆军参谋长的马歇尔终于做出了让步。同年初春，罗斯福加入了第 4 步兵师，并立即要求率军攻打犹他海滩，但两次遭到师长——绰号"水桶"的雷蒙德·O. 巴顿少将拒绝。5 月 26 日，罗斯福再次向巴顿递交了一份包括 6 点内容的备忘录，指出"只有先发制人，才能在行动上占据主动"。他还表示："如果有将军同行，他们就会认为，这次行动并没有那样危险。"巴顿终于被他打动。清晨 6 点 30 分，登陆艇的跳板在距离岸边 100 码的地方缓缓落下。虽然浑身早已被冷水浇透，罗斯福还是异常兴奋，迎着扑面而来的海浪，踏过齐腰深的海水，登上了法国的陆地。

事实上，他来到了错误的海滩。这里的海岸线本就十分平坦，空中弥漫的灰尘和海军的轰炸掩盖了仅有的几处陆标。两艘导航船负责为这支由众多小艇组成的舰队引路，但其中一艘的螺旋桨突然被绞住，另一艘的船艏左舷被卡登奈沿岸的水雷炸开了一个洞而沉没。因此，罗斯福及其率领的先头部队未能在对岸的 3 号通道和与沼泽地毗邻的堤道上登陆，而是在将近 2 000 码以南的 2 号通道上岸。

更为糟糕的是，8 艘坦克登陆艇上装载着 32 辆谢尔曼坦克，它们本可以借助配备的推进器和可充气帆布气囊轻松登陆，但其中一艘绊上了水雷，耽搁了时间。"她腾空而起，跃起的高度甚至超过了艇身，"海军上将德约在"塔斯卡卢萨"号上写道，"然后缓慢转了个身，船尾向下跌入海湾。"4 辆坦克随之沉没，约 20 名士兵葬身海底。剩余的谢尔曼坦克未能在突击步兵登陆后立即抵达，20 分钟后才姗姗到来。

就算罗斯福眼神再怎么不好，也不得不承认自己已经身陷困境。他一瘸一拐地登上沙丘，向北望去，看到了远处的一座风车和其他建筑物。"这不是我们应该上岸的地方，"他对第 8 步兵团团长詹姆斯·A. 范·弗利特上校说，后者也已于上午 7 点抵达，"看到我们右前方的那座砖石建筑了吗？我们在航空照片中经常可以看到它们，但它们总是在照片的左侧……我敢肯定，我们向南偏离了一两英里。"

值得庆幸的是，他们误打误撞登上的海滩并不太危险，几乎见不到任何防御工事、障碍物和敌军炮台。面对突如其来的空袭和海上袭击，德军似乎不知所措。随着一拨又一拨登陆艇陆续上岸，海滩上很快就人满为患，这不禁让海明威联想起"中世纪的长矛兵"。罗斯福在登陆艇旁往来奔波，"一手挂着拐杖，一手拿着地图边走边看，仿佛在考察某处房产"，一名中士回忆说。偶尔也会有敌军的炮弹在沙丘上爆炸，发出震耳欲聋的声音，就像"一记沉重的铁拳"，海明威写道。但很少有炮弹命中目标。"小伙子们，你们觉得这片海滩怎么样？"罗斯福扯开嗓门，对刚刚抵达的第 12 步兵团喊道，"今天可是杀敌的好日子。很高兴你们都成功上岸了！"

大批工兵涌向岸边，用"地狱之箱"（Hell Box）火药炸毁海滩上的障碍物，在石砌的防波堤上打开一个个缺口。"卧倒！"的吼声此起彼伏。爆破队原计划在 12 小时内清除海滩上的障碍，但在罗斯福涉水上岸 90 分钟后，他们就通知所有登陆艇可以安全登陆，而且"不用担心被尖桩刺穿"。

数以千计的美军和 3.2 万名 U 编队第一批士兵穿过沙丘和海滨公路，用手榴弹、冲锋枪和坦克炮将敌人的巢穴夷为平地。在谢尔曼坦克的履带下，一名德国士兵的尸体"就像连环画里的人物一样被压得扁平"，盟军的一名参谋说，"灰色制服的袖子向右压在扁平的衣服上，黑色的靴子和靴子里的双腿又瘪又瘦，仿佛是从肮脏的硬纸板上剪下来的。"盟军必须在 6 月 6 日攻克通往科唐坦内陆的 4 条公路，其中一条公路上的积水深达 1 英尺。为避免堵塞本已十分狭窄的公路，第 12 步兵团会游泳和不会游泳的士兵结成对子，一起穿过洪水泛滥的地区。"在我挥手示意后，"第 12 步兵团团长在报告中写道，"3 000 名荷枪实弹的步兵跳入了人工湖内。"

枪炮声在长达 3 英里的战线上不断回响，猩红的曳光弹迅速掠过水面，仿佛一块块灼热的石头。士兵们一面挥动手中橘色的布条，一面透过烟雾向西望去，等待第 101 空降师也通过挥动布条做出回应。远在南侧的 1 号通道附近，一名中尉跳下谢尔曼坦克，想要救起一个受伤的伞兵，却不幸触发地雷，双脚被炸飞。最后，他的部下只好用绳子将两人拖到安全地带。一名阵亡的德国兵上身裸露，剃须膏仍然残留在两颊。其他敌兵不是被击毙就是被活捉，包括 50 名操纵 3 门 88 毫米口径马拉大炮的炮手。一名敌兵在被喷火器烧伤后逃到了岸边，已经形同焦炭、浑身水泡，但仍然一息尚存。"为了干掉德国人，我们无疑需要付出巨大的代价"，一名海岸警卫队中尉在日记中写道。美国士兵从敌军的袖子上剪下袖标，交给情报人员进行分析。

在普皮维尔以东，出于谨慎，第 101 空降师的一个班叫来了公路对面第 4 师的侦察员。"哪里在打仗？"一名第 8 步兵团士兵问道。一名伞兵指了指内陆，模棱两可地答道："从这里往前的某个地方。"没过多久，罗斯福就开着自己刚刚运抵的吉普车"莽骑兵"疾驰而来。在听到前方的炮声后，他冲一名军官喊道："嘿，小子，他们在那儿开炮呢！"随后咯咯笑了起来，并迅速向炮声方向驶去。

上午 9 点 45 分，在距离岸边 11 英里的美国军舰"贝菲尔德"号上，U 编队的海军司令唐·P. 穆恩少将发来了一份振奋人心的报告：26 个波次的军队中已有 15 个波次成功登陆；障碍物已经被全部清除；作战车辆正向内陆挺进。穆恩的消息虽然鼓舞人心，却同时掩盖了一个令人不安的事实：由于"科里"号等舰艇在卡登奈沿岸被击沉，他不得不推迟 7 批突击队的登陆时间，并决定暂时终止登陆行动，直到扫雷艇将所有浅滩筛查完毕。

50 岁的穆恩将军深谋远虑。他的父亲是印第安纳州的一名律师。1916 年，他以优异的成绩毕业于安纳波利斯海军学院"军械、枪炮和工程"专业。随后，他又前往芝加哥大学深造，对弹道学进行研究，并成功在"马里兰"号和"内华达"号上开展实验。此外，他还写了不少短篇小说，获得过刀片支架的专利，曾在进攻摩洛哥期间指挥驱逐舰中队，"在战场上表现英勇、率军有方"。在华盛顿担任参谋 1 年后，他被擢升为将级军官，并在"霸王行动"的登陆海滩从三处增加到五处后负责指挥 U 编队。在下属眼里，他一向"勤奋刻苦，不苟言笑"。有时候，他还会问起手下的军官："你都有哪些长处？你是做什么的？" 4 月底，在"猛虎行动"中，700 人在他的眼皮底下阵亡，他几乎为此发狂。"穆恩突然失声痛哭。"一名参谋在报告中写道。随后，他暗下决心，决不能让悲剧在这里重演。

在"贝菲尔德"号临时办公室里，穆恩冷不防地向陆军第 7 军军长透露，要停止登陆的计划。J. 劳顿·柯林斯少将长着一头浅黄色的头发和一副稚气的面孔，是一名来自瓜达尔卡纳尔岛的老兵，人称"闪电乔"。一旦 U 编队抵达岸边，他将负责科唐坦半岛的所有行动。柯林斯早就发觉穆恩"过于谨小慎微"，此事虽在他意料之中，但他仍然深感震惊。

少将在 5 月中旬写给妻子的家书中说："在我认识的人里，他是第一个下毛毛雨时就要穿雨鞋的海军将领。"柯林斯既坚定刚强，又和蔼可亲。他向穆恩简要陈述了盟军必须继续向前推进的原因：犹他海滩的敌军力量薄弱，第 4 师仅有 200 人伤亡，部队正在稳步向内陆地区挺进。海军的损失虽然令人痛心，但相对在可接受范围内。更为重要的是，第 101 空降师急需增援，第 82 空降师仍然没有任何消息。"我必须当机立断，说服穆恩将军。"柯林斯后来回忆道。

他的确说服了穆恩。后者虽然顾虑重重，但最终还是向柯林斯妥协，并强打起精神，在旗舰上发表了简短的声明。"值得庆幸的是，U 编队已经成功登陆，所有事情只要计划周全，就一定能成功，"他说，"我们初期的行动已经旗开得胜。"

地狱海岸

在犹他海滩东南 15 英里处，诺曼沿岸的地势陡然上升，在海水的侵蚀下，形成了一处名为"拉科特杜卡尔瓦多斯"的高地。这个名字源于一艘名为"萨尔瓦多"号的西班牙大帆船。1558 年，西班牙无敌舰队厄运连连，据传"萨尔瓦多"号就是在此触礁沉没的。在盟军不同的作战计划中，这片位于峭壁下的新月形海滩分别被称作 46 号海滩、313 号海滩和 X 海滩。而现在，这片海滩已经为世人所知，并且将被永远铭记，它就是"奥马哈"。

奥马哈海滩长约 5 英里，在狂风暴雨的冲刷下，沙子已经被冲走，只剩下无数碎石。在高达 500 英尺的断崖下，海滩上仅有 5 条通道，每条通道后均有一条狭窄的水道，沿着这些水道向内陆地区前行 1 英里，就可以看到 4 座村庄，村庄里到处都是墙壁厚实的农舍。每年 6 月都会有从南方吹来的温煦和风从这里经过，但在这个令人不安的早晨，西北风以每小时 20 海里的速度呼啸而来，扬起高达 6 英尺的海浪，海水的流速从每小时 2 海里增加到了每小时 3 海里，流向也随着潮汐的涨落时而向东、时而向西。

诺曼底地区的潮水就像一股无形的力量，但在此前的登陆行动中始终被人们忽略。这里的海水每天涨潮两次，可以迅速淹没海滩上的所有东西。海浪高达 23 英尺，平均每 8 分钟上涨 1 英尺，再以每秒近 1 英寸的速度落潮。一般来说，落潮时可以露出长约 400 码的空地，但 6 小时后，低潮标记将下降 20 多英尺。

为了在登陆过程中应对这一现象，军事策划者选择在 6 月 6 日涨潮时发动袭击，由 O 特遣队的 3 万名突击队员率先登陆，B 特遣队的 2.6 万多名士兵紧随其后。这样一来，登陆艇就可以尽可能地载着突击部队深入海滩，而不至于在落潮或退潮时搁浅。6 月 6 日当天，将有 1 万名战地工兵与步兵一起登陆，但是正如历史学家约瑟夫·巴尔科斯基所言，在涨潮吞没登陆艇之前，第一批地雷工兵只有半个小时的时间排除海滩上的障碍并开辟通道。

按照"霸王行动"的计划，9 个步兵连队将同时分段对奥马哈海滩发起袭击，并将这几段海滩分别命名为：道格、伊西、查理和福克斯。但三处失误注定使这场战役演变成一场悲剧，其中一处失误的责任大部分在海军，另外两处应归咎于陆军：其一，为尽可能降低德军在岸上开火造成的风险，各海军舰长下令将运输舰停泊在 11 英里开外，从而使登陆部队不可避免地受到风向、水流和混乱局面的影响；其二，陆军司令官坚持要求将海军的轰炸时间缩短为 35 分钟，以出其不意、攻其不备。这虽然足以让德军闻风丧胆，但考虑到盟国空军经常无法准确击中目标，因此不足以克敌制胜。此外，陆军没有加强对悬崖地区的渗透，以便从侧翼包抄敌人的据点，而是选择对奥马哈海滩狭窄的隘口发起猛攻，而那里正是敌军防御最强的地方。

德国的防守令人望而生畏。85 座机枪掩体的杀伤范围完全覆盖了"奥马哈"，超出了英军登陆的 3 处海滩面积的总和，被美国士兵称为"杀人的洞穴"。与犹他海滩上的障碍物不同，奥马哈海滩潮坪上的 3 700 根木桩和铁栅栏上大都扎着地雷，"就像越橘一样密密麻麻"，一名海军军官描述道。在盟军登陆的 5 处海滩中，奥马哈海滩可谓独一无二。35 座碉堡和 8 座巨型地堡守卫着海滩的 5 个通道，大多数碉堡"就像新英格兰的市政厅一样宽敞"，一名记者写道。18 个反坦克据点、6 个火箭发射井和 4 座炮台覆盖了整片海滩。这些枪炮几乎可以射中海滩上的每一粒沙子，却隐藏在混凝土和泥制的防爆屏障后，不仅无法从海上看到，甚至瞒过了盟军的空中侦察。由于德军使用了无烟无闪光的火药，并且禁止在这里使用曳光弹，因此盟军"很难察觉"敌军的火炮掩体，一份海军的分析报告中写道。

对盟军的突击队来说，同样出人意料的还有德国的增援力量。5 月中旬，隆美尔从距此 20 英里的内陆城市圣洛调来了第 352 步兵师，将其中的两个团和战斗力较弱的第 716 步兵师中的两个团派往奥马哈和黄金海滩，并将第 352 步兵师的另一个团调到巴约待命。无论是犹他海滩还是内陆地区的情报人员都没有察觉到这项部署。直到 6 月 4 日，奥马尔·布拉德利第一集团军的总部才得到有关德军增援部队的情报，但一切为时已晚。在无线电中断的情况下，盟军无法向四散分离的舰队发出警告。

在过去几周，第 352 步兵师的 1.3 万名官兵通过运货马车将木材从瑟里西拉福雷拉到"奥马哈"，以加强大西洋壁垒的防御。为了增强士兵体质，纳粹国防军向法国农民征收了大量牛奶。士兵们不仅个个年轻力壮，而且机动灵活、异常骁勇。在得知科唐坦南部有伞兵出没后，第 352 步兵师近一半兵力，其中包括两个自行车营，在黎明前被调去抗击盟军。但后来事实证明，其中一些空降部队只不过是"能够发出巨响的模型"。成百上千安装了噪声发生器的傀儡模型从天而降，与此同时，一些擅长使诈的英国士兵一边抛出闪光弹，一边用留声机播放枪声。

虽然盟军利用骗术牵制了敌人，使支援"奥马哈"的德军减少到了 3 个营，但他们远比驻守在长达 50 英里的前线上的一个团要危险。大多数美国士兵都认为这些家伙更难对付。由于奥马哈海滩易守难攻，在向内陆推进时，敌我伤亡的比例从 3∶1 变成了 3∶5。一开始，这片海滩在盟军的作战计划中不过是一连串普普通通的数字，随后变成了一个平淡无奇的代号，但是很快，它将赢得一个个令人刻骨铭心的称谓，其中包括"血色奥马哈"和"地狱海滩"。

★ ★ ★

这是一场伟大而崇高的战役，但对于当天的幸存者来说，他们的记忆就像奥马哈海滩一样千疮百孔。他们只记得，海浪不停地拍打着钢铁的舰身，晕船的士兵对着雨披呕吐不止，发出"异常可怕的声音"，甚至堵塞了舱底的水泵。青色的海水冲过船舷的上缘，舵手们只等海浪涌起，将登陆艇送过沙洲，再"咣当"一声放下跳板，大声祝福道："去吧，现在看你们的了！"

他们记得，炮弹坠入浅滩后溅起猩红的浪花，机枪子弹"仿佛狂风吹落的冰雹般"穿透海面，撕裂了已经上岸的登陆艇。一名士兵回忆道："士兵就像从传送带上掉下来的玉米棒一样，争先恐后地涌了出来。"铲刀大小的迫击炮弹弹片掠过岸边，切断无数四肢和脖颈。这些"杀人的洞穴"让奥马哈海滩血流成河。钢铁包裹的子弹扬起了阵阵沙尘，看起来"就像某种邪恶的生物"，一名记者写道。

子弹"成群结队地"掠过人们头顶，发出"嗡嗡的哀鸣"，后来成为小说家的士兵弗农·斯坎内尔说。那些曾经高声唱着"登陆日快乐，亲爱的希特勒"的士兵，如今就像受惊的野兽一样瑟瑟发抖。他们不顾一切地用饭盒里的汤勺和鲜血淋漓的手指在沙滩上挖出浅浅的战壕，并满脸惊恐地张大嘴巴，以免震耳欲聋的炮声撕裂他们的耳膜。

他们记得，英勇的战士们面色凝重地向前进军，仿佛"正迎着狂风前行"，福里斯特·波格写道，直到子弹"砰"的一声将他们击倒在地。他们记得，在一片喧闹声中，负伤战友的凄厉号叫与战场上的哀号声交织在一起，BBC记者戴维·豪沃思写道。这是"一种恐怖的垂死尖叫，其中不仅充满了恐惧和痛苦，还有诡异、惊愕和疑惑"。他们记得，很多死尸已经面目全非，横七竖八地倒在沙滩上。每当潮水涌上岸边，它们就像海面上漂浮的垃圾一样不停地翻滚，救生衣仍然系在身上。他们不会忘记眼前这片满目疮痍的海滩，而这片海滩的名字叫"奥马哈"。

★ ★ ★

陆军和海军的工兵拖着28吨炸药，本应在步兵先头部队登陆3分钟后上岸，在3个区域的潮间带障碍之间炸开16个宽50码的豁口。但情况显然不尽如人意：一些工兵单独上岸，不是太早就是过晚。由于水流变化和导航失误，几乎所有人都向东偏离了1英里，跑到了原定登陆海滩的左侧。一枚88毫米口径的炮弹击中了第14小队的登陆艇，舵手被掀入海中，致使艇上的海军爆破队全体阵亡。一名士兵被弹片截断的双腿"浮在水面上，摆出象征胜利的V字，真是可悲"，一名水兵说。

炮弹击中了橡皮艇，第11小队中的7人当场遇难。第15小队有40人

1944年6月6日清晨，一艘登陆艇上的美军士兵涉水冲向奥马哈海滩和海滩后的峭壁。

66

阵亡,只有 4 人死里逃生,但也都身负重伤。随后,一枚迫击炮弹击中了第 12 小队,引燃了 TNT 导火索和炸药包,导致 19 名工兵伤亡。这次爆炸来势凶猛,三条腿的钢制菱形拒马(一种可以移动的障碍器材。——译者注)像雨点般砸了下来,"仿佛一根根长矛从天而降",一名幸存者在报告中写道。

爆破队员或爬上木桩,或站在同伴的肩膀上,摘下地雷并放好炸药,射出紫罗兰色的烟幕弹,示意即将引爆。但是,工兵们刚刚装上导火索,敌军的炮火就会将其打断,其中一枚地雷突然爆炸,差点儿炸断一名工兵所有的手指。当工兵们边踢边喊,发誓无论如何也要炸掉这些地雷时,惊魂未定的步兵们"就像一群蜜蜂一样"躲在德军设置的障碍物后。上午 7 点,当上涨的潮水逐渐淹没障碍物时,这 3 个区域的 16 个突破口中只有 6 个被清理完毕。盟军为此付出了惨重的代价,截至中午,已经有超过一半的工兵阵亡、负伤或失踪。

随后,事态进一步升级。谢尔曼坦克配有可充气帆布气囊和双螺旋桨,本应适于海上航行,但是在放下跳板后,登陆艇上的坦克竟"扑通扑通"地坠入海中,"仿佛一只只跌落池塘的蟾蜍。"历史学家约翰·基根后来写道。湍急的海水深达 6 英尺,而谢尔曼坦克的干舷高度仅有 9 英寸。每个营拥有 32 辆谢尔曼坦克,平均有 27 辆在穿越 6 000 码的开阔水面时沉没,并损失了 9 名军官和 137 名士兵。

"你必须浑身是胆",BBC 的豪沃思写道,"每艘坦克登陆艇上,第二、第三和第四辆坦克的车长眼睁睁地看着前面的坦克没入水中,但军令如山,他们必须发动坦克。"在距离他们较远的西侧,一名海军上尉意识到,重达 33 吨的两栖坦克不适合在汹涌的海面航行,便下令由坦克登陆艇载着另一个装甲营登陆。然而,登陆艇不幸被炮弹击中,导致 8 辆谢尔曼坦克沉没,但其余 24 辆终于成功登岸。

此外,炮兵也在如何将大炮运到岸边的问题上遇到了困难。第 111 野战炮兵营的 12 门 105 毫米口径榴弹炮被装上 DUKW "鸭子"两栖战车,但每辆战车还载有 14 名士兵、50 枚炮弹和 18 个用于防御的沙袋,因此"根本不适于在海上航行"。但直到后来,陆军方面才承认这一点。其中 8 门大炮在下水后立即沉没,还有 3 门在上岸前被海浪卷走或被炮弹击中。"时至今日,我仍然能听到那些战士求救的喊声",一名军士长后来回忆道。

当天一早,第 5 军突击师辖下的两个步兵团登上了"地狱海滩"。第 116 步兵团位于西侧,该团的士兵大都来自弗吉尼亚州的乡下。南北战争期间,他们曾有过一段光辉历史,其前身是 1861 年成立的"石墙旅"。作为第 29 步兵师的一部分，第 116 步兵团在英国训练了 20 个月，被英国人戏称为"自己人"。有军官命令登陆艇上的士兵在靠近岸边时低下头，"这样他们就看不到战场上的情况，也就不会丧失勇气"，一名中尉解释道。但他们所目睹的一切足以令他们丧失勇气。

在登陆范围右侧，德军的炮火迅速将道格绿区的海滩变成了一座屠宰场。10 分钟内，A 连还没来得及射出一枪一弹，就已经"群龙无首、无法行动"。半小时后，该连损失了 2/3 的兵力，其中包括小弗兰克·德雷珀中士。一枚反坦克炮弹射中他的左肩，撕开他的身体，露出鲜红的心脏，当他由于失血过多而气绝时，心脏仍在跳动。该连共有 22 人在诺曼底阵亡，他们全都来自弗吉尼亚州的小镇贝德福德。德雷珀"没有杀死任何人"，他的妹妹后来哀叹道。一名活下来的军官在报告中说，他的部下就像"稻草遇到镰刀那样"，纷纷倒地身亡。

德军机枪发出的声音就像"有人猛地把百叶窗拉了上去"，一名美国士兵形容道。海滩上到处都是坑坑洼洼，子弹杀死了大量伤兵，还击中了很多已经牺牲的士兵。在第 1015 号登陆艇上，包括艇长在内的 32 名官兵全部遇难。一名中尉在头部中弹后继续指挥着手下的人马，直到"他坐下来，抱着头气绝身亡"，一名幸存者回忆道。伤兵们有的为自己注射吗啡，有的尖声呼叫医护人员。一名军医不得不使用安全别针缝合伤员腿上的伤口。"我前面一个人被子弹击穿了喉咙，另一个人被击穿心脏，而我只能一路狂奔。"一名生还者回忆说。另一名精神错乱的士兵坐在沙滩上，一边轻声啜泣，一边把石子丢入水中。"我们已经一败涂地。"一名军官宣布。

距此 1 英里以东，第 16 步兵团同样溃不成军，这些第 1 步兵师的老兵曾在非洲和西西里半岛登陆。第一批上岸的部队向东偏离了原定的登陆地点。抵达岸边后，L 连的兵力从 187 人减少到了 123 人。医护人员发现，"死者大部分都是头部中弹"。无论是军官还是士兵，都开始用潮湿的沙子覆盖住钢盔上的徽记，以迷惑敌军的狙击手。"大大小小的物品全都着了火。"E 连一名士兵回忆道。面对如此疯狂的火力，一名中士估算，"每分钟至少有 2 万枚子弹和炮弹"射向海滩。罗伯特·卡帕蜷缩在伊西红区一辆烧焦的谢尔曼坦克后，默默念叨着他在西班牙内战中学会的一句话："这可不是闹着玩的。"他从防水油布中拿出随身携带的康泰时相机，拍下了第二次世界大战战场上最令人难以忘怀的一组照片。

在抵达伊西红区和福克斯绿区之间的海滩后，重达 400 吨的第 85 号步兵登陆艇放下了左侧跳板。当士兵们开始上岸时，敌军的 47 毫米和 88 毫米口径炮弹炸穿了跳板的前端，导致 15 人阵亡、47 人负伤。海岸警卫队队员立即后撤，向西疾驰数百码，灼热的烈焰再次扑面而来。20 多枚炮弹撕裂了舰艇，点燃了士兵们的舱房，甲板上顿时血流成河。一个医疗连被炮弹击中后，白色的绷带纷纷扬扬地在硝烟中飘落。船长站在驾驶台上向上级报告："我们可以通过传声筒听到人们尖叫的声音。"第 85 号步兵登陆艇燃烧着熊熊的火焰，拖着长长的血迹，倾斜着向地平线方向驶去。在登陆艇头朝下沉没前，所有阵亡者和伤员都被撤离。

上午 8 点 30 分，对奥马哈海滩的突击被迫停顿。上涨的潮水迅速淹没了盟军刚刚攻克的一小片海滩，吞噬了那些行动不便、充满恐惧的伤员。由于已经没有位置停泊更多舰艇，一名海军登陆指挥官只得将船停在较远的地方，命令士兵弃船登岸。"我向下望去，无论是哪个方向，"第 16 步兵团的一名军医后来写道，"活的、死的和受伤的人们密密麻麻挤作一团，就像烟盒里的香烟。"

两艘大型舰艇在道格白区的浅滩上燃起了熊熊大火。第 91 号步兵登陆艇上载有 200 名士兵，由于油箱中弹，整个井形甲板都陷入了火海。至少有 24 人被烧成了焦炭，其他人纷纷跳海逃生。其中一名士兵的靴底也着了火，看起来就像一把明亮的火炬。时隔不久，第 92 号步兵登陆艇在硝烟中寻找掩护时，左舷船艏绊上了水雷。爆炸将两名士兵"像香槟酒的软木塞一样"从舱门弹了出去，约有 40 多人被困在了甲板下面。"一股火焰穿过指挥塔前的 1 号货舱，向空中喷射，火舌高达 30 英尺，"一名水兵报告说，"令人心惊胆寒。"随后，德军的炮火彻底摧毁了这艘登陆艇。一名步兵军官手忙脚乱地游到岸上，最终得以生还。他后来承认，由于没有了武器，与其说他是一名步兵军官，不如说他是"一名失事船只上的无助幸存者"。

在奥马哈海滩以西 4 英里，随着陡坡逐渐变成悬崖，当天清晨的突击行动也有了一丝转机。第 2 游骑兵营的 3 个连冒着枪林弹雨，翻越了奥克角。一开始，他们只能徒手攀登，随后开始使用迫击炮管射出抓钩和辫带式钢索。在此之前，战士们还把借用的伦敦消防局的梯子用 DUKW "鸭子"两栖战车运了过来。

现在，他们可以站在梯子上进行火力掩护。这个海岬完全暴露在炮火之下，在"得克萨斯"号 14 英寸大炮 250 枚炮弹的轰击下，只剩下"一片焦土"，一名军官说。突击队奋力攀上峭壁边缘，使用铝热剂手榴弹摧毁了岸边的 5 门大炮。德军曾将这些大炮从炮台上拆掉，藏在一座苹果园里。但胜利转瞬即逝，他们很快发现，自己已经处于敌人的包围之中。在接下来的 36 个小时里，德军重新集合起来，试图将他们逼到悬崖下面。

在奥马哈海滩，数千名瑟瑟发抖的士兵正四处寻找掩护，等待敌军从悬崖上发起反击，将他们赶回海里。"他们会蜂拥而下，向我们杀过来的。"唐·怀特黑德小声咕哝道。一名中尉看到，潮水正悄无声息地上涨，海面上的尸体越积越多。他后来写道："我们向后望了几眼，就决定再也不回头看了。"约瑟夫·T.道森上尉也和其他人一起蜷缩在海滩上。他身材瘦削，有一双黑色的眼睛，是第16步兵团G连的一名老兵。1小时前，道森刚刚从登陆艇跳上伊西红区的海滩，一枚炮弹在登陆艇上炸响，他身后的33人全部罹难。"有限的生命就这样戛然而止，"他在寄往得克萨斯州的家信中写道，"在这个世界上，没有人是不可或缺的。"

★ ★ ★

在美国指挥舰"奥古斯塔"号灰色的甲板上，人们还蒙在鼓里。在法国沿岸，弥漫着一股灰尘和烟雾组成的褐色瘴气，看起来异常诡秘，似乎撕扯不破。只有战列舰上樱红色的炮弹才能穿透它，向内陆飞去。第一集团军狭窄的作战室设在"奥古斯塔"号的后甲板上。作战室长20英尺、宽10英尺，门是用防水帆布做的，金属墙上固定着一张法国米其林的地图和一只玻璃挂钟，挂钟的表面被胶带粘住，以防被炮弹震落。在其他地图上，人们用红笔标出了敌军可能的位置，并用同心圆画出了沿岸德军大炮的射程。通信兵戴着头戴式耳机，有的正在接收无线电信息，有的正用力在打字机上敲击。但奥马哈海滩只传来一些支离破碎的信息，似乎双方正在猛烈交火，有舰艇已经沉没。附近的另一艘舰艇收到了一封急电："我们就像一群肥猪，正在任人宰割。"

在作战室中央的一张测绘桌旁，坐着一名高个子军官。他身穿缀着三颗将星的野战外套和救生衣，戴着钢盔和眼镜。他反复询问："现在是什么情况？"但得到的答复十分有限，大多数情况下，回答者只能带着歉意耸耸肩。在年轻时，奥马尔·布拉德利曾多次研究过1915年土耳其的加里波利之战。在这场战役中，英国为攻占君士坦丁堡付出了惨重的代价。近来他还仔细研究了来自意大利安奇奥的报告。这两次两栖作战只说明了一个道理，布拉德利总结道，那就是"必须迅速登陆"。"奥马哈"到底发生了什么？可回答他的只有对方无奈的耸肩。

他本来预计，两个突击团能在上午8点30分前深入内地1英里。但现在，他甚至不确定他们是否已经登陆法国。布拉德利开始思索，如果这两个团被困在海滩，下一步他将作何打算。想到这里，他顿时心惊肉跳，甚至还觉得有些荒唐。今天早上，这位集团军司令还在向众人展示他鼻子上的大号绷带。在此之前，他

照片上是奥马哈海滩后方的一个临时停尸处，地上躺着等待埋葬的美军和德军阵亡者。奥马哈海滩一役中，有 4 700 名美军士兵负伤、阵亡或失踪，超过登陆日盟军伤亡总数的 1/3。

刚刚在医务室切开了一个疖子，并禁止摄影师为他拍照。

在布拉德利成功指挥一个军登陆非洲和西西里岛后，媒体对他进行了狂热的报道。最近一期《时代》杂志甚至将他誉为"一个林肯式的人物……虽然貌不惊人、朴实无华，但坚定沉着，具有过人的才智和鲜明的个性"。厄尼·派尔写道，"他说话温文尔雅，稍远一些便听不到了。"利布林也形容他"额头宽阔，头顶略秃，头发灰白而稀疏。他长着一副坚实厚重甚至略微突出的下巴。在黑色的眉毛下，他双目深陷，有些远视，目光中充满了强烈而友善的好奇心"。时至今日，他头顶所戴的军帽的衬里上仍然印着"O.N. 布拉德利中校"的字样，被人们视作谦逊的象征。但事实上，中校是他的永久军衔。

布拉德利的一生历经磨难。他的父亲是密苏里州的一名农夫和小学教师，月薪 40 美元。后来，他与自己的一名学生结了婚，他妻子在小奥马尔 13 岁那年过世。布拉德利加入了一支无往不胜的陆军橄榄球队，并多次登上报纸头条，例如"西点军校队力克圣母大学队"。上学期间，他与一位同学成了挚友，而后者现在既是他的上级，也是他最崇拜的人。此人正是"艾森豪威尔"，布拉德利经常带着浓重的鼻音说道。升任中尉后，他被派往蒙大拿州的铜矿，手持装有刺刀的步枪监督劳工，以防有人煽动叛乱。在西点军校教授数学的同时，他还在业余时间从事建筑工作，为熊山桥梁公司安装绳索。随后，他跳过上校军衔，成为西点军校 1915 届第一批升任将军的 59 个人之一。

33 岁之前，布拉德利是一个严格的禁酒主义者，几乎滴酒不沾。西西里岛战役期间，他甚至没有打开部队分发的烈酒。登上"奥古斯塔"号后，他把部队发给他的一品脱威士忌和两瓶白兰地也放了起来。布拉德利对自己的枪法极为自负。有一次，他告诉一名记者："只要有小鸟出现在射程之内，我可以百发百中。"在突尼斯作战时，他驾驶的吉普车轧上了一枚地雷，但幸运的是地雷并没有爆炸。从此以后，他开始相信天意。"我认为自己受到了上帝的指引，"他后来说道，"仿佛我注定要在这场战争中发挥重要的作用……我能够幸免于难，这不能不算是一个奇迹。"

事实或许的确如此。但也有人怀疑他还不足以担任将军之职，对他的提拔超出了他的能力。也许在内心深处，他仍然是"O.N. 布拉德利中校"。在地中海战役中，巴顿将军曾是他的司令官，但是在法国，前者反而成了他的下属。1943 年 9 月，在对布拉德利的领导能力进行评估时，巴顿给他的打分是"优秀"，但在私下却称他为"碌碌之辈"。巴顿还在日记中含糊其辞地写道："他性格坚毅、极有见地，但沉默寡言。我认为他可以算作我们的良将之一。"登陆"奥马哈"的作战计划大部分都是布拉德利构思的，包括海军方面有限的火力支援。对于一些人关于盟军可能损失惨重的预言，他不屑一顾地将其斥作"胡说八道"。

但现在他却不敢确定。从前线传来的消息仍然只有只言片语，其中包括"海滩遍布地雷，清障进展缓慢"。一名副官乘坐鱼雷艇前去打探消息，1 小时后，他浑身湿透、垂头丧气地返回营地，向布拉德利报告说，突击部队现在动弹不得。另一名海军军官带回的消息更加明确："我的上帝，这简直是一场大屠杀！"有人告诉布拉德利，对于数艘军舰被击沉的消息，穆恩将军表现得极为紧张。于是，布拉德利向第 7 军军长柯林斯下令："我们必须在岸边集结力量，即使这他 × 的意味着要用舰艇铺平英吉利海峡的海底也在所不惜。"按照计划，另外 2.5 万名士兵和 4 000 辆战车将在第二次涨潮时登陆"奥马哈"。现在他是否应当将这股兵力调往犹他海滩，或者英军即将登陆的海滩？此举是否会导致已经上岸的部队全军覆没？

布拉德利这位曾在高中毕业年鉴上被誉为"精于计算"的将军蓦地掀开作战室的帆布门，登上"奥古斯塔"号的指挥台，遥望着灰蒙蒙的海滩，心中权衡着各种情况。

★ ★ ★

几小时后，布拉德利得知，将近正午时，从道格白区开始，奥马哈海滩的战势出现了转机。诺曼·科塔准将绰号"荷兰人"，他的父亲是个法裔加拿大人，是一名铁路报务员，后来移民到了新英格兰。在通向维耶维尔海滩的通道半英里以东的地方，有一道高约 5 英尺的木制防波堤。科塔将军刚刚赶到这里。那些在涨潮时幸存下来的士兵像藤壶一样在堤后挤成一团，紧紧抱住防波堤旁突出的木头支柱。

"我们必须因地制宜、坚持到底，千万不能惊慌失措。"在动身前往诺曼底时，这位将军告诉第 116 步兵团的军官。而现在，他不得不"因地制宜、坚持到底"。科塔下颌突出，有一双浅蓝色的眼睛和一只鹰钩鼻。他紧紧咬着一根尚未点燃的雪茄，摸索着沿防波堤向西行进。在看到一群缩成一团的士兵后，他厉声质问："这成何体统？如果你们他 × 的还算是游骑兵，那就站起来，给大家带路……我知道你们不会让我失望……我们必须让这些人撤离这片该死的海滩。"一枚"班加罗尔鱼雷"爆破筒穿过两道带刺的铁丝网，在防波堤后的海滩公路上炸开了一个缺口。但敌军的机枪撂倒了第一个闯进突破口的美国士兵。"医护兵，我中弹了。"他大声喊道，一边啜泣一边呼唤母亲的名字，直到气绝身亡。随后，包括科塔在内的其他战士迅速穿过了柏油路和路旁烈焰滚滚的沼泽。

随后，他们排成一列纵队攀上悬崖，用白色的工兵胶带、香烟和干粮袋里的食物碎屑标出了地雷所在位置。烟雾帮他们躲过了德军的狙击手，却熏得他们不住地流泪，最后他们只好戴上了防毒面具。迫击炮击中了科塔身旁 3 名士兵，他的报务员也身负重伤。科塔虽然被震翻在地，但毫发无伤。这位将军站起身来，跟上迤逦而行的队伍，向山顶进发。行军途中，他们看到一些被俘的德军，伸展手脚，呈"大"字躺在地上。接着，他们迅速翻越山脊，经过一片矮小的松林，穿过尚未收割的麦田。科塔大声喊道："你们有什么本事，现在统统给我使出来！"数名美国士兵拖着一架刚刚缴获的 MG-42 机枪，将下垂的弹链缠到脖子上，子弹像雨点般射向敌军的战壕和向内陆仓皇逃窜的敌兵。

上午 10 点，盟军拿下了维耶维尔，敌军只剩下一些狙击手还在负隅顽抗。在一家制鞋店外的路上，倒着几匹战马的死尸，后面还系着纳粹国防军用于运送物资的马车。惊恐万分的居民从窗户里偷偷探出头来，向外望去，发现路上到处都是碎石和瓦砾。随后，另一个步兵连也来到了这座小村庄。他们看到，科塔正把手枪套在一根手指上快速旋转。"你们都他 × 的到哪里去了？"他问。

一名目击者称，奥马哈海滩"激发了人类最后、最顽强的勇气"。在沿岸其他地方，绝望的人们在悬崖上发现了更多裂缝。"虽然极不情愿"，第 29 师的一名士兵回忆道，"但我不得不拖着沉重的身躯继续走下去。"在通往崖顶的斜坡上，走到一半时，一名失去了一条小腿的士兵一边坐下来抽烟，一边神经质地摆弄着膝盖上的止血带。"当心"，他警告说，"这里有防步兵地雷。"G 连上尉乔·道森

73

下令将阵亡将士的尸体作为通过雷区的垫脚石。"到处都火光熊熊",一名少校把信封当作日记本,在上面匆匆写道:"我只能不停地祈祷。"一名德国兵先佯装举手投降,之后突然掷出一枚手榴弹,将一名游骑兵中尉炸得内脏开花。这名军官阵亡后,他的部下个个怒火中烧,立即举枪击毙了这个德国兵。据说经过他身旁时,"每个人都向尸体开了七八枪"。因为过于靠近海滩,12艘驱逐舰中有几艘的龙骨擦到了海底。它们往返于近海各个港口,向陆军用曳光弹标出的目标开火。一名士兵看到,炮弹的弧光穿过悬崖,并在报告中称:"当时有人就站在那里,炮弹的弧光仿佛触手可及。"随后,有人在科勒维尔一座11世纪的教堂钟楼里发现了一名德军炮兵侦察员。美国军舰"埃蒙斯"号试射了12枚炮弹,以确定目标的具体位置,第13枚炮弹直接将钟楼轰进了教堂正厅和旁边的墓地。圣洛朗也出现了相似的一幕,但第一枚炮弹就击碎了教堂的尖顶。在"得克萨斯"号上,舷侧炮火齐射,发出了震天动地的响声。一名负责确定这艘舰艇方位的英国皇家空军飞行员坐在"喷火"战斗机的驾驶座舱里情不自禁地喊道:"干得漂亮!"

据陆军官方历史记载,截至正午时分,盟军一共在敌军的防线上打开了6个突破口,而这6个突破口"巧合地聚集在一起"。虽然盟军已有多艘登陆艇因触到地雷而遭遇不幸,两个新团——第115步兵团和第18步兵团——在落潮前仍然继续涌向伊西红区。随后,第26步兵团也奉命前往海滩,第1师自1918年以来,再次登陆法国。下午3点左右,约5000名步兵翻过了悬崖,他们虽然避开了头顶的火力,但仍然躲不开前方和两侧的炮火。前方陆续传来消息,一名上校乘坐DUKW"鸭子"两栖战车返回后表示:"据信我们的部队已经登岸……战况出现了转机。"直到下午1点,一直在"奥古斯塔"号旗舰上踱来踱去的奥马尔·布拉德利才从第5军那里得知,突击部队即使尚未反败为胜,也已经扭转了颓势。"最初,部队被困在伊西红区、伊西绿区和福克斯红区,但现在正在向海滩后的高地推进。"

对科塔来说,这一天可谓逢凶化吉。他从掩体里拽出5名俘虏,命令他们引路,帮助自己穿过雷区。他们从维耶维尔出发,沿着狭窄的山谷来到了道格绿区。"有种给我下来,你们这些婊子养的。"他对躲在山坡上放冷枪的狙击兵喊道。在一处巨大的间歇泉旁,工兵用1000磅炸药摧毁了一道9英尺高、6英尺厚的反坦克墙。装甲铲车清除了维耶维尔的残骸,为坦克、战车和机械化重型卡车解放诺曼底、法国乃至整个欧洲开辟了道路。

★ ★ ★

现在只剩下英国和加拿大的军队还在为攻克南侧的 3 个海滩而浴血奋战。为了第二集团军的 3 支突击部队能顺利登陆，他们做出了几处战术上的变动。首先，他们将在距离海滩 7 英里的地方，而不是像美军那样在距离海滩 11 英里的地方发动登陆艇。其次，英国皇家海军的轰炸时间相当于美国海军的 4 倍。再者，某些过于复杂或不适合在美军登陆海滩上使用的设备，如装甲火焰喷射器和安装在坦克前方的扫雷装置等 6 种未被美军使用的设备，却在英国和加拿大军队登陆时派上了用场。

其他方面，盟军在"这个狗 × 的地方"（the bitches，与"海滩"一词的英文 the beaches 读音相近。——译者注）——英国士兵对黄金海滩、朱诺滩和剑滩的称呼——所采取的战术与在犹他海滩和奥马哈海滩大致相同，但情况不如犹他海滩那样顺利，却也没有"奥马哈"那样艰险。此外，英国还别出心裁，动用了两栖谢尔曼坦克，但其中一些沉入了海底。由于漏洞和干舷较低，许多坦克登陆艇的轮机舱灌满了海水。像运载美国榴弹炮的 DUKW"鸭子"两栖战车一样，负责运送"半人马座"坦克的登陆艇同样不适合在海面航行，共有数十艘登陆艇先后沉没。

人们普遍认为，参与"霸王行动"部队的东翼尤为薄弱。在 5 艘巡洋舰和 15 艘驱逐舰的护卫下，两艘战列舰和一艘铁甲舰上 15 英寸口径的大炮从 2 000 码开外向当地发起了猛攻。数千枚火箭直插云霄，向内陆疾驰，"就像大群乘风而去的松鸡"，一名旅长在报告中写道。在长达 28 英里的海岸上，一共有 90 门大炮和 8 个德军营，但士兵大多是从波兰、捷克和乌克兰招募来的，因此他们对纳粹德国的忠诚并不可靠。德军 1/10 的迫击炮、1/5 的机枪和 1/3 的大炮被英国海空军摧毁，剩下的则被其惊慌失措的士兵们丢弃。即便如此，据说英国的突击步兵仍然有些失望，因为他们本以为"能将德国人杀得尸横遍野，而不仅仅是溃不成军"。

在柴油发动机的轰鸣声和隆隆炮声中，战士们一边向海滩进发，一边高声吟诵起《亨利五世》中著名的台词。很多人开始猛灌朗姆酒，它们"浓稠得像糖浆，醇厚得像黑夜"，英国皇家海军的工兵这样形容道。成千上万只使用过的呕吐袋在海浪中上下翻滚。在颠簸的登陆艇上，不时可以听到人们由衷地唱起《耶路撒冷》的片段。一辆摩托艇的扬声器里还传出了《啤酒桶波尔卡》的乐曲声。

"前进，前进，你们是最高贵的英国人！"距离"奥马哈"最近的是黄金海滩，在长 3.5 英里的海岸上，敌军一共设置了 2 500 处路障。涨潮时，工兵们仅仅设法清理出了两条水道供舰艇通过。直到当天晚些时候，勒阿梅尔坚固的堡垒才在爆破筒和手榴弹的强攻下失守。"也许我们打扰了他们，"一名士兵打趣道，"这可是一片私人海滩。"随后，英国皇家海军陆战队对"奥马哈"边界上的渔村贝森港发起了猛攻。为了将敌军中的顽固分子赶出此地，在最初 48 小时里，英军的伤亡人数多达 200 人。6 月 6 日下午，第 50 师的 4 个旅已全部登岸，开始迅速向内陆挺进，直逼德军侧翼。

在盟军滩头堡东缘，英国第 3 师正通过一条狭窄的道路攻打剑滩，希望尽快杀入距此 9 英里的内陆城市卡昂。"放下跳板！全体登岸！"舰艇上的水兵大声喊道。士官们的咆哮也在风中回响："给我冲啊！给我冲啊！"但敌军的迫击炮和机关枪疯狂向海滩射击，在第一次涨潮时，英国工兵未能清除海滩上的任何障碍。英国士兵"就像拳击手那样耸起肩膀，准备随时开展肉搏战"，《每日邮报》的一名记者写道。他们踏着海浪向前挺进，"脚下到处都是痛苦地扭动着四肢的人们，仿佛一张看不见的地毯"。据突击队中的一名中士报告，海水已被染成了一片深红，"人们仿佛就要被淹没在自己的鲜血之中"。

国王利物浦团的一名中尉在日记中写道："整个海滩变成了一座尸横遍野的屠宰场……菲尔不幸阵亡。"西北风将高潮线刮到了距沙丘仅 30 英尺的地方，使本已十分逼仄的海滩变得更加拥挤，扰乱了原定的登陆计划，后备团直到下午 3 点左右才登上海岸。身着苏格兰短裙的风笛手比尔·米林中士把匕首绑在腿上，一边踏过浅滩，一边吹起了《高地上的少年》。有人冲他喊道："给我趴下，你这个疯狂的混球，你会把敌军吸引过来！"在《边境的蓝绒帽》尖厉的风笛声中，米林与突击队员一起"雄赳赳、气昂昂地"前行，搜寻把守奥恩河桥的英国滑翔兵。

朱诺滩位于黄金海滩和剑滩之间，狂风吹起了汹涌的巨浪，使加拿大第 3 师在登陆过程中也困难重重。300 艘登陆艇中，有近 1/3 或失踪或沉没，每 40 艘登陆艇中只有 6 艘成功登岸。库尔瑟勒港沿岸爆发了激烈的巷战。在伯尼尔斯厚达 12 英尺的防波堤后，到处都是经过加固的房屋，大批加拿大炮兵和战车堵在了海滩上。信鸽携带着路透社的新闻报道，本应穿越英吉利海峡返回英国，却从朱诺滩飞向南方，有人在地上愤怒地高喊："叛徒！该死的叛徒！"

尽管加拿大军队屡受挫折，约有 1 000 人阵亡或负伤——相当于预计伤亡人数的一半——当天上午，皇家温尼伯步枪团和女王步枪团仍然向内陆推进了 2 英里。在英国与加拿大的滩头阵地，当盟军攻克了沿岸的防御工事后，德国部队仓皇逃窜，所有村庄的十字路口几乎无人把守。下午 2 点，风笛手米林和以旅长洛瓦特勋爵为首的突击队穿过了约翰·霍华德少校及其滑翔兵把守的贝努维尔桥。

洛瓦特戴着一顶绿色贝雷帽，身穿白色运动衫，挥舞着一根橡木手杖。至此，空降部队和海运部队已经在敌军两翼连接起来。当天中午，在距此 15 英里以西的维利耶尔勒塞附近，盟军的战斗轰炸机向由 2 500 名德国士兵组成的反突击团及其 22 座突击炮发起突袭。下午 3 点，从黄金海滩赶来的英军力挽狂澜，杀死了德国指挥官，杀得敌军落花流水。记者们事先得到消息，英国军官将于下午 4 点在卡昂举行新闻发布会，却未能如愿以偿。由于受到地雷和重炮袭击，第 3 师的先头部队被困在该市以北 3 英里的地方。英国皇家沃里克团的士兵配备有自行车，他们奉命"跟在谢尔曼坦克后面，疯狂地驶向卡昂"。但是他们发现，在迫击炮的攻击下，自行车无疑是一种"完全不合时宜的装备"。卡昂和通向巴约的公路仍然处于德军的控制之下，这着实令盟军一筹莫展。

但当天的战况并非毫无希望。加拿大部队继续向法国内陆深入了 6 英里。据报告，英国士兵也已抵达巴约郊区。虽然狙击手仍然埋伏在附近的灌木林中，不时开火阻碍行军，但天色擦黑前，工兵们已经开始在克雷蓬修建加油机场。机场的跑道长 1 200 英尺，全部用夯实的泥土铺成。俘虏们拖着沉重的步伐走向海滩的收容地，为防止他们逃跑，盟军剪掉了他们的裤扣，并让他们在行进中高举自己的裤子。

与此同时，一些法国妇女跑出地窖，满怀喜悦地亲吻这些解放者。她们的脸上抹着锅底灰和胡麻油作为伪装。盟军军官操着半生不熟的法语问她们："德国佬在哪？"但得到的回答往往是一通乱指和一连串难以理解的诺曼方言。在一所农舍外，一名年轻女子拿出一部古老的留声机和锡制喇叭，一遍又一遍播放着《马赛曲》。虽然乐曲声音沙哑，但是没人误解其含义："前进！前进！祖国的儿郎！那光荣的时刻已经来临！"

征服者的天堂

一辆黑色的霍希敞篷车从德国边境驶入法国，一路向西疾驰，风驰电掣，仿佛在追赶落日一般。汽车从兰斯出发，沿马恩河谷飞驰，再转向巴黎北部塞纳河右岸。从 5 月初起，盟军的战斗机和轰炸机摧毁了从法国首都到英吉利海峡的河流上的所有桥梁，共 26 座。前往诺曼底的旅途本来令人心旷神怡，现在却变得迂回曲折、令人烦恼。这辆霍希敞篷车的车身光滑如镜，散热器上方装了一枚翼状铬合金装饰，前挡泥板下还配有两个备用轮胎。

汽车驶过沉寂的山村和农庄时，招来了人们惊异的目光。然而，引人注意的不仅仅是这辆汽车，还有坐在前排的那名德国军官。此人身穿皮大衣，额头狭窄而倾斜，长着一副明显的双下巴，膝盖上还铺着一张地图。他是希特勒手下最年轻但最著名的陆军元帅，就连法国的农夫也认得出这张脸。当敞篷车从他们身边疾驰而过时，他们不禁大声喊道："那是隆美尔！"

此人正是隆美尔。此前一天，为了给即将迎来 50 岁生日的妻子露西·玛丽亚一个惊喜，他带着一双购自巴黎的灰色麂皮鞋返回德国西南赫尔林根的家中。他本来打算等事情结束后，到位于阿尔卑斯山脚下贝希斯加登的别墅去，与元首商讨战情，并针对修建大西洋壁垒的人员和物资严重短缺的现象抱怨一番。但星期二（6 月 6 日）一早，当有关盟军在诺曼底登陆的报告传来后，他意识到了情况的严峻，立即动身赶回法国。"快点！"他不停地催促司机道，"快点！"隆美尔转过头去，对后座上的一名副官说："如果现在由我担任盟军司令，我可以在 14 天内结束战争。"

晚上 9 点 30 分，当漫长的白天过去，夜幕即将降临时，身穿迷彩服的哨兵挥手示意霍希轿车继续前行。拉罗舍居伊翁城堡位于巴黎以西 40 英里，是塞纳河旁的一座村庄，村子里到处坐落着红色屋顶的建筑。在经过圣参孙教堂和 16 棵四面锯切的菩提树后，汽车一个右转，穿过了一道装有尖钉的铸铁门，在一座石砌庭院内猛地停了下来。从 12 世纪起，拉罗舍居伊翁城堡就负责管理因塞纳河在此地环绕而形成的圆形地带。自 3 月起，这里成了隆美尔 B 集团军群的司令部。这位元帅紧握着他那两端包银的元帅权杖拾级而上，来到一扇大门前。他决心力挽狂澜，扭转当天的败局。

"世界似乎如此平静，"4 月底，隆美尔在日记中写道，"人们却对我们充满了仇恨。"正如一名德国将军所言，如果法国真是"征服者的天堂"，那么拉罗舍居伊翁城堡就是隆美尔在这天堂中的世外桃源。在塞纳河畔，绚丽的罂粟和鸢尾花田随风起伏，旁边有一座 19 世纪的吊桥，歪七扭八地躺在河底。1885 年夏，塞尚和雷诺阿曾一起在这里作画。在他们之前，印象派大师卡米耶·毕沙罗也到过此地。1909 年，立体主义画家乔治·布拉克曾用米黄色和蓝色临摹了这座城堡。

走上 250 级陡峭的台阶后，可以看见一道垛墙，垛墙下就是这座中世纪城堡的圆形主楼，隆美尔就住在这栋主楼里。在郊外射猎野兔或与达克斯猎犬散步后，每当暮色降临，他就会站在楼上，望着装满燃料和军火的驳船匆匆驶过。

在塞纳河北岸，拉罗舍居伊翁城堡胡椒磨形状的房顶上，是一道道白垩悬崖，悬崖上矗立着一排高射炮。为了在此安营扎寨，又不破坏公爵的橘子园和地下历代诸侯的遗体，隆美尔下令炸出深深的隧道给部队当军营。现任公爵身材纤弱瘦削，是一个纳粹同情者。对于与德军共处一地，他并没有表现出不安。4 月 20 日，公爵夫人还特意捐赠了 4 瓶 1900 年的上好红酒，以庆祝元首诞辰。城堡祖先祠的天花板是木制的，四壁悬挂着家族先人的肖像，现在成了隆美尔手下的乒乓球室。在这位陆军元帅的寝室内，有 4 扇装有顶篷的高 15 英尺的窗户，窗外的阳台上栽满了芬芳馥郁的玫瑰，可以从这里俯瞰塞纳河的美景。

隆美尔登上宽大的台阶，匆匆穿过台球室来到位于客厅的办公室，耳边不时传来打字机清脆的"咔嗒"声。留声机正在播放瓦格纳歌剧，由销钉固定的镶木地板在他脚下嘎吱作响。房间里原先挂着四幅巨型挂毯，上面画着犹太皇后以斯帖的故事，如今被暂时挪进了储藏室。在 25 英尺宽的天花板上，名家绘制的白云栩栩如生。此外，还有一张桌子被镶嵌在地板上。1685 年，废除《南特敕令》的文件就是在这张桌子上签署的，而它现在成了隆美尔的专用物品。他双手紧扣，背在背后，站在那里听参谋讲述 6 月 6 日发生的事情。"不出众人所料，他面色铁青，"炮兵部队的一名军官写道，"但他异常镇定。"

让隆美尔面色铁青的事情很多。由于盟军实施了电子干扰，切断了德军的电话线，德军很难得到任何准确消息。数以千计的舰艇竟然在他们毫无觉察的情况下渡过了英吉利海峡。6 月 1 日至 5 日，德国空军没有出动任何一架侦察机。6 月 5 日，由于天气恶劣，海军巡逻队的巡弋任务也被临时取消。当第 101 空降

驻法国的德国 B 集团军群司令，陆军元帅埃尔温·隆美尔，1940 年拍摄。4 年后他在盟军战斗机的一场扫射袭击中身负重伤。

师从英格兰出发时，德军截获并破译了一封密电。该密电显示，盟军有可能在接下来的 48 小时内登陆法国。但星期一（6 月 5 日）晚间，德国位于西欧的司令部在报告中宣布："迄今为止，没有迹象显示盟军即将入侵。"

星期二一早，除了隆美尔之外，德军还有 4 名高级指挥官在西线，但其中两人离开了岗位。一些驻扎在诺曼底的校级军官也驱车来到布列塔尼半岛的雷恩，进行图上演习。子夜前夕，虽然有报告称卡昂附近和科唐坦半岛有伞兵出现，加来港附近的第十五集团军也为此进入了警戒状态，但隆美尔 B 集团军群的另一部分，即占领诺曼底的第七集团军，直到凌晨 1 点 30 分才发出紧急警报。即便如此，凌晨 2 点 40 分，西欧司令部仍然坚称："这不是一次大规模行动。"

直到盟军庞大的舰队从薄雾中现身，德军才了解实情。但在随后的几个小时里，德国海军却无所作为。按照计划，德国空军本应该每天起飞 5 个架次，以防盟军登陆，但在过去 5 个月里，空军已经损失了 1.3 万余架飞机，其中超过一半毁于意外事故及其他非战斗因素。此外，负责法国西部的第 3 航空队中仅有 319 架飞机可供使用，而盟国空军却拥有 1.3 万架飞机。因此在登陆日当天，盟军每起飞 37 个架次，德军只能起飞 1 个架次。只有 12 架战斗轰炸机抵达登陆区域，但其中 10 架投弹时机过早。德国士兵不无酸楚地开玩笑说："美国的飞机是灰色的，英国的飞机是黑色的，德国的飞机压根儿就没有出现。"

即便如此，第七集团军仍然宣称，6 月 6 日当天盟军的登陆部队至少有一部分被堵在了岸边。"突破了我军防线的敌军已经被赶回海中"，下午 1 点 35 分，第 352 步兵师在报告中称。但这种幻觉一触即溃。下午 6 点，该师不得不承认战局"于我方不利"，盟军部队已经渗入内地，先头装甲部队正向巴约方向进发。

隆美尔的脸色愈发铁青。1940 年 6 月，他曾率领第 7 装甲师，在 4 天之内推进了 200 多英里，最终将法国卫戍部队围困于瑟堡，并首次被一名传记作家誉为"斗兽"。不久之后，在非洲战场上，他虽未能阻止盟军赢得突尼斯战役，但因为骁勇善战且善于谋略，他再次赢得了"沙漠之狐"的绰号。这一次，他告诉自己的一名战友，希望"赢回自己在西方的盛誉"。

1943 年 11 月，希特勒做出决定，巩固大西洋壁垒的防御，以防"盎格鲁－撒克逊人登陆法国"。这项决定为隆美尔提供了一个很好的机会。作为 B 集团军群 50 万人的总司令，这位陆军元帅负责防御从荷兰到法国卢瓦尔河沿岸地区，并致力于打造"隆美尔防御带"。为此，他一共修建了 2 万座临海防御工事，设置了 50

万处海滩障碍，埋放了 650 万枚地雷，并将其称为"死亡地带"。5 月 19 日，他在寄给露西的家信中写道："如果敌军发动进攻，他们必将陷入困境，最终大败而归。"希特勒也同意他的看法，并且扬言："敌军一旦落败，将再也不敢兴师入侵。"

尽管隆美尔信心十足，甚至在战事吃紧时返回家中为妻子庆祝生日，但从未掉以轻心。他永远不会忘记，在凯塞林山口一战中，美国那不计其数的高质量作战物资。虽然当时美军被打得晕头转向，但他知道，他们一定会积聚力量、卷土重来。在非洲作战的两年期间，他对地雷战抱有极大信心。但现在，他希望将地雷的数量增加到 2 亿枚，而不是区区 600 万枚。一些部队的士兵年迈体弱，还有很多部队并非是由德国人组成的。仅仅为了那些在国防军服役的苏联公民，纳粹的薪水簿就不得不使用 8 种不同语言。前线只有不到 1.5 万辆卡车，B 集团军群只能依靠 6.7 万匹马调兵遣将。诺曼底的一名军长抱怨说："炮台上没有大炮，军火库里没有弹药，雷区也没有地雷，大批人员身着军装，却几乎没有一个真正的战士。"

更为糟糕的是，英美两国在制空权和制海权上占据了优势，双方力量之悬殊已经到了令人恐惧的地步。对于这一点，隆美尔在地中海战场上有过亲身体验。那些只有东线作战经验的德国军官对盟军在西线的优势做出了误判。"我们来自东线的朋友无法想象，他们将在这里面临什么。"隆美尔在 5 月中旬警告道。与占据空中优势的敌人作战，就像"被钉子钉在了地上"。此外，盟军投放的 7.1万吨炸弹已经使德军西线的运输系统陷入瘫痪。从 3 月开始，法国的火车班次比原来减少了 60%。这正是因为塞纳河上的大部分桥梁已经被摧毁，其中近一半是铁路桥。在法国北部，火车的班次甚至更少。由于盟军飞机火力异常凶猛，5 月26 日以后，德军禁止军队在白天通过法国铁路进行调动。德国 4.5 万名荷枪实弹的铁路工人被调往法国，专门防止盟军蓄意破坏铁路。德军另外还从大西洋壁垒调来 3 万名工人，抢修已经被炸毁的铁路。但隆美尔仍然不满地表示，一些战地指挥官"似乎没有认清当前形势的严峻程度"。6 个星期前，他曾经警告部下：

> 在炮兵和轰炸机发动猛攻后，敌人极有可能趁着夜晚，在大雾的掩护下登陆。他们将动用数以百计的船只和舰艇，运载两栖战车和潜水坦克。我们必须阻止他们上岸，而不仅仅是拖延……我们必须在敌军抵达主战场之前将其全歼。

正如一名德国将军所言，在这个节骨眼儿上，他们面临着一场"斗鸡般激烈的争论"。几个月来，最高统帅部一直在为如何击退盟军进攻的问题争论不止。隆美尔认为，"主战线应该在海岸上"，装甲预备队必须在海滩附近待命。"如果不能在 24 小时之内把敌军逼回海中，"他对把守诺曼底的军官们说，"我们就会走向末路。"当年 3 月，隆美尔就曾提议，西线的所有装甲部队、机械化部队和炮兵要在他的指挥下集结起来。此外，他还需要控制驻扎在法国南部的第一和第十九集团军。

这个大胆的想法并没有得到巴黎或柏林的支持。西线司令部总指挥、陆军元帅龙德施泰特甚至将这个胆大妄为的下属称为"乳臭未干的小毛孩儿"和"愣头青元帅"。他认为，将突击部队分散在长达 1 700 英里的海岸线上，暴露于大西洋和地中海沿岸，无疑是一种有勇无谋之举。最好的办法是在巴黎附近集结一支中央机动预备队，无论侵略者何时发起进攻，都能握紧拳头发起反击。正如一名装甲指挥官所言，最好的办法是遵循拿破仑的格言："先投入战斗，然后再见分晓。"

希特勒犹豫不决，最终下达了一道令所有人不快的折中命令：沿岸前线部队要死守"到最后一个人"。对于远离战场的人们来说，这句话倒是容易出口。西线共有 10 个装甲师，B 集团军群将指挥其中的 3 个。

另外 3 个装甲师将被调往法国，其余 4 个由柏林掌握，盘踞在巴黎附近，被称为"西线装甲集群"。无论是龙德施泰特还是隆美尔都无权对空军或海军直接发号施令，但空军和海军方面却接到含糊不清的命令，要求他们配合陆军指挥官。"在东线，我们只有一个敌人，"巴黎的一名军官抱怨道，"但是在这里，情况却十分复杂。"就在几天前，希特勒刚刚将部队从西线调往意大利和东线。因此可以预见，当天清晨，陆军方面心急如焚地向柏林和贝希特斯加登请求出动装甲师，但 8 个多小时过去了，装甲师才奉命开往诺曼底，踏上这段漫长而艰辛的旅程。隆美尔痛斥这种磨磨蹭蹭的做法"愚蠢至极"，并且表示，"他们虽然已经到了，但一切都为时已晚"。还是那句话，他们只能"先投入战斗，然后再见分晓"。

★★★

在塞纳河谷，暮色四合时，仍有燕子在河中觅食。白昼的最后一丝光线消失在拉罗舍居伊翁城堡的白垩悬崖上。盟军的轰炸机越飞越近，发出低沉的轰鸣声，德国的高射炮兵惶惶不安。隆美尔的作战室里传出尖锐刺耳的电话铃声，传令兵拿着最新消息，三步并作两步地走过木地板。在柏林，人们纷纷传言，隆美尔患上了悲观主义的"非洲病"。对此他回应道："我有元首的信任足矣。"他始终是"元首的元帅"，一名同僚称。隆美尔虽然向来我行我素，但希特勒对他来说，就像磁铁对铁屑一样，有着强大的吸引力。战争和纳粹统治给他带来了不少好处。他喜欢收集邮票，为了充实自己的集邮册，他会不择手段地掠夺。在草木葱茏的赫尔林根，他有一座美轮美奂的别墅，而别墅原来的犹太主人早已被送进了特莱西恩施塔特集中营。

"希特勒是抵御布尔什维克主义的坚强堡垒。"他曾经告诉自己的部下。如果他们能够击退入侵者，西方国家也许会"改变主意，与纳粹德国同心协力在东线作战"。几周以前，隆美尔就预言，大西洋壁垒的鏖战将是"一场决定性战役"，"德国人民的命运危在旦夕"。而同样，他的命运也危在旦夕。

德军在诺曼底挣扎着，其胜败将取决于唯一一支处于登陆海滩近距离攻击范围内的装甲部队，即第 21 装甲师。这支来自非洲战场的部队虽然身经百战，但在突尼斯战役中几乎全军覆没。重建后，该师共有 1.6 万名士兵和 127 辆坦克，其中一些士兵仍然穿着热带制服。当天下午，在赶回法国的路上，隆美尔停了下来，通过电话确认，第 21 装甲师正迅速开展行动。但事实十分残酷：由于接到的命令互相矛盾，再加上盟军飞机和炮火的猛攻，该师已陷入一片混乱。此外，第 21 装甲师还面临着种种困难，其中包括指挥官临时离开了营地。

6 月 6 日凌晨，有消息称这位将军正在巴黎的红灯区取乐。卡昂北部的海军炮火摧毁了该师的防空营，英国的空军和炮兵重创了该师的装甲团。当天晚上，一个装甲掷弹兵团从加拿大与英国军队之间一个 2 英里宽的缺口杀向剑滩，差一点儿就到达岸边。9 点刚过，近 250 名英国滑翔兵在战斗机的掩护下，对奥恩河谷发起了突袭，不仅加强了英国在法国的空中作战力量，还将德军掷弹兵困在了海滩上。

晚上 10 点 40 分，自 1939 年就开始指挥第十七集团军的弗里德里克·多尔曼将军打电话到拉罗舍居伊翁城堡，报告了一条坏消息："第 21 装甲师虽然发起强攻，但遭到了刚刚着陆的空降部队无情的绞杀。"这次反攻行动以失败告终，该师损失了近 2/3 的坦克。由于敌军的飞机蜂拥而至，即使是在夜晚，他们也不敢开展行动。掷弹兵带着 20 多门 88 毫米口径大炮从岸边悄悄返回，撤退到卡昂附近的山里，转攻为守。隆美尔放下电话，把双手背在身后，凝视着墙上的地图。卡昂市最重要的几个十字路口仍然处于德军的控制之下，英美军队至多只能再深入几英里。最终，党卫军第 12 装甲师和装甲教导师还是向着诺曼底方向开去，盟军的战斗轰炸机立即朝着暴露目标的尘埃扑来，如同俯冲而下捕食的猛禽。"我们不可能保住一切"，隆美尔对身边的参谋长说。第一个 24 小时至关重要，并且即将过去，但德军也许能在海滩之战中挽回败局。他转身对一名副官说，仿佛是在提醒自己一样："迄今为止，我几乎从未失败过。"就像往常一样，他仍然是元首的元帅。

★★★

一轮暗淡的圆月从海滩上冉冉升起。盟军 15.6 万名士兵开始挖掘地洞，以尽可能争取 1 个小时的睡眠。隆美尔是对的：无论是在黄金海滩和朱诺滩 6 英里以外的地方，还是在奥马哈海滩 2 000 码以外的地方，登陆部队对法国的控制仍然薄弱。晚上 9 点 15 分，在犹他海滩沿岸，美军开通了第一处临时机场。在未来的 11 个月里，美军将横跨西欧，修建 241 处军用机场。然而，截至子夜时分，仅有 100 吨物资运抵岸边。按照原计划，盟军将在"奥马哈"卸下 2 400 吨补给物资。在几十场混乱的交火中，位于西翼的 19 个伞兵营不得不与敌军短兵相接，分散作战。正如一名伞兵写的那样，每一个幸存者都明白，"我们只有一个目的，那就是干掉对方"。

尽管党卫军第 12 装甲师未能按照隆美尔的命令，在 24 小时内把敌人逼回海中，他们却成功阻止了盟军攻占卡昂。盟军一旦攻占卡昂，就可以从此进入连绵起伏的丘陵地区，直捣巴黎。"我必须拿下卡昂。"3 周前，英国第二集团军司令迈尔斯·登普西中将曾在圣保罗学校宣布。但无论是现在，还是不久以后的将来，他都未能如愿以偿。从某种程度上说，这是因为他所指挥的登陆部队没有做好立即迎战敌军装甲部队的准备。即便如此，一名英国上尉仍写道："我们对自己的表现感到满意。"

盟军攻城未果，最难过的还是卡昂的百姓。盖世太保杀手冲进城市监狱，每 6 人一批，共杀害了 87 个法国人。其中一人在被枪决之前还高声哭喊："我的妻子，我的孩子们！"6 月 6 日，盟军飞机向该地空投了传单，警告众人，1 小时后会有轰炸机队抵达诺曼底的 17 座城镇，卡昂就是其中之一。从下午 1 点 30 分开始，为阻止德军增援部队，盟军用烈性炸药和燃烧弹对铁路及其他目标发动了攻击，将卡昂市中心的中世纪建筑变成了一座座废墟。直到 11 天后，轰炸引燃的大火才逐渐熄灭。成千上万的人来到卡昂南部的采石场避难。征服者威廉当年就是使用这里的石料建造了威斯敏斯特教堂和伦敦塔。在这次轰炸行动中，一所殡仪馆里存放着的 500 副棺材全部化为灰烬。"我们甚至没有一口可以用于埋葬死者的棺材。"副市长在日记中写道。

6 月 6 日至 7 日，共有 3 000 名诺曼人死于炸弹、舰炮及其他不幸事件。此外，在盟军进攻之前，长达数月的轰炸已经造成了 1.5 万名法国平民身亡。一些受伤的百姓不得不使用卡巴度斯酒（当地用苹果酿造的一种白兰地）为伤口消毒。"在最初的几个月里，'解放欧洲'意味着过多的苦难。"记者穆尔黑德写道。

迄今为止，岸上共有 8 个盟军突击师，其中 1.2 万人阵亡、负伤或失踪。此外还有成千上万人下落不明，其中大多数人只是在混乱中迷失了方向。在这次进攻行动中，盟军共损失飞机 127 架。在欧洲战场上，盟军共有 40 万人受伤，7 000 人被截肢，8.9 万人骨折。仅在登陆日当天，美军的伤亡人数就高达 8 230 人。许多人倒在了速度为每秒 2 000 至 4 000 英尺的 9.6 克子弹或者速度更快的炮弹碎片下，这些钢铁制造的武器足以摧毁整个世界。

在美国军舰"塞缪尔·蔡斯"号上，早上还穿着白色制服的服务生，现在就像屠宰场里的硬汉一样，浑身血迹斑斑，把一具具尸体装进袋子，并将袋子缝好。一名英国军医在报告中称，星期二晚上他是在剑滩度过的，但对于伤员他"无能为力，因为没有血浆。整个晚上，他们只能躺在那里，等着被炸弹炸死或被机枪射死"。在犹他海滩，人们把手帕盖在死者脸上。一名海军中尉解释说："把他们的面孔盖上，他们看起来似乎就不再那样重要。"

当然，情况最糟糕的还是奥马哈海滩。抬担架的人用起泡的双手把骨折的战友从悬崖上抬到伊西红区——这里现在被人们戏称为"深红"，却发现医疗队在登岸时仅仅带着打字机和办公文件，没有携带任何手术设备或吗啡。在德军猛烈的炮火下，毛毯要么是从死者身上剥下来的，要么是从失事船只上打捞上来的。

由于担心绊到地雷或被卷入汹涌的海浪，天黑以后，大多数登陆艇都不再接载伤员。只有一辆装有猫眼灯的救护车沿着沙丘小心翼翼地行驶，把伤员们统一送到集中地点。军医们甚至从美国士兵被地雷炸开的伤口中取出了皮靴的碎片。如果听到伤口有气泡爆裂的声音，那就意味着伤口感染了气性坏疽。当伤员要求直接给自己脑袋上来一枪时，军医只能尽力让他们平静下来。一名士兵返回奥马哈海滩，想要寻找一些弹药，却发现很多战友已经"神志不清，到处都有人在哭喊、呻吟和吼叫"。

还有很多人已经无法再发出声音。沙丘旁的死尸就像"一只只膨胀的灰色麻袋"，一名记者回忆说。"我一边缓步前行，一边数着身旁的尸体，"星期二晚上，在奥马哈海滩上徘徊的通讯记者戈登·加斯基尔写道，"400 步之内，共有 221 具尸体。"随后，有人将"奥马哈"上的尸体摆放在一起，总数相当于这个数字的 2 倍还多。这 487 具尸体被对齐排列，排成一条线，像是在进行阅兵典礼。"有人蓦地走上前去，想要再看看他们，"一名海军中尉写道，"但我觉得这种注视十分无礼。"

为了便于分辨，登记人员在每具尸体上都绑了 #52B 的紧急医疗标签，用床罩裹住尸体，再用安全别针别上。盟军本来选定了两座岛屿作为墓地，但这两座岛屿仍然处于炮火的攻击之下，所以只得在悬崖下挖掘了一座临时公墓。在白兰地的作用下，挖掘队紧咬牙关，匆匆埋葬了战友。

★ ★ ★

划时代的一天到此结束，这一天很快就将为全世界的人们所知。英国皇家空军历史这样记载："这是自亚历山大从马其顿出发以来，战争史上最重要的一天。"据玛莎·盖尔霍恩报道，一艘坦克登陆艇载着首批"优等民族"俘虏抵达英格兰南部。她凝视着"这群身穿士灰色军装、衣衫褴褛的人们……试图从他们脸上看出，这个世界到底发生了什么事情"。一名身负重伤的美国中尉被抬到手术担架上，他旁边是一名胸部和腿部中弹的德国兵。这名中尉忍不住咕哝道："如果我还能动，我一定会干掉他。"

在过去的几个星期甚至几个月里，盟军的确需要这种枕戈饮血的决心。但是现在，盟国正沉浸在胜利的喜悦之中。"我们再也不用在敌军的炮火下登陆了"，6月7日，一名海军军官在写给妻子的信中说，"德国和日本的末日已经来临。"这句话也许过于乐观，因为仍有突击部队正在法国南部及太平洋岛屿上艰难登陆，但这种情绪仍然占据了主导地位。4年来，希特勒始终在加强沿海的防御，近日刚刚把这项最重要的任务托付给了心腹爱将。然而，盟军的突击部队仅用了不到3个小时就突破了大西洋壁垒，杀入了欧洲堡垒。虽然这场战争远未结束，但胜利已经遥遥在望。

"决战的时刻已经到来，"星期三（6月7日）上午，《纽约时报》的一篇社论宣布，"我们即将迎来对我们的武器和精神的最终考验。"连队的文员已经开始整理堆积如山的信函，在信封和邮袋上草草写上"阵亡""负伤"或"失踪"。那些在行动中阵亡的人员会被列入"死亡将士"名单。在月光的照耀下，他们脚趾冲着天上的星星，静静地躺在诺曼的沙滩上，他们的生命将永垂不朽。"我永远不会忘记那片海滩。"威廉·普雷斯顿下士在寄往纽约的家信中写道。黎明时分，他刚刚乘坐两栖坦克来到岸边。他永远也不会忘记在沙滩上看到的一名阵亡士兵。"我不禁想问"，普列斯顿接着写道，"他还有哪些遗愿？是什么样的命运将他带到此地？还有谁在家中为他守候？"命运已经将他们筛选出来，并且会一遍一遍地筛选下去，直到他们为之奋斗的事业取得成功。

THE
GUNS
AT
LAST
LIGHT

第 2 章　深入虎穴

　　血战"奥马哈"后，盟军将士并没有停下脚步，而是继续向内陆挺进。与此同时，数以万计的敌军开始向诺曼底会聚，战势随之陷入僵局。盟军的狂轰滥炸和"斩首行动"进一步削弱了德军的指挥能力，德军也不断向伦敦发射 V-1 火箭作为回敬。补给不足阻碍着盟军，解放瑟堡、开放港口成了当务之急，即便知道会为此付出巨大代价，战士们还是冒着炮火、义无反顾地向这座命运多舛的城市发起了冲锋。

"漫长的海岸线"

　　6 月 7 日星期三，朴次茅斯细雨蒙蒙。艾森豪威尔阔步走过一处石隘口，来到位于布罗德街下方的造船厂。英国皇家海军快速布雷舰"阿波罗"号就在金斯泰尔斯对面的锚地等候。几个世纪以来，无数英国水兵都是从这里出击、奔赴战场的。快速布雷舰上，一面绘有 4 颗白星的红色信号旗已经升起，3 根巨大的烟囱冒出滚滚蒸汽。上午 8 点整，艾森豪威尔登上甲板，"阿波罗"号随即起航。对于登陆日的战况，作为盟军最高统帅的他并不比同处指挥舱的下士普雷斯顿知道更多，于是他决定于登陆日次日亲赴诺曼底沿岸察看。

　　"阿波罗"号从怀特岛向东，仅用 3 个小时就穿过了英吉利海峡。舰队在沿途来来往往，大量驳船、轮船和登陆艇被弃置海中、行将沉没。"眼前的景象乱作一团，"陪同艾森豪威尔奔赴前线的海军上将拉姆齐在日记中写道，"令人异常不安。"

　　由于沿岸仍然遍布水雷，当天上午，美军扫雷舰"潮汐"号在卡登奈河岸的一处险滩罹难。舰长当场阵亡，舰身被掀飞，腾空 5 英尺高后化为碎片，最终葬身海底。不远处，运输舰"苏珊·B. 安东尼"号载着 2 300 名士兵刚刚抵达港口，4 号舱下突然爆炸。"运输舰被掀到半空，爆炸的冲击力令舰身中部向上拱起，猛地跌回水面，沉了下去。"一名船员在报告中写道。由于舰身向右舷倾斜了 8 度，为保持平衡，舰长下令水兵向左舷栏杆处集中，但对引擎舱内熊熊燃烧的烈火和不断涌入船舱、瞬间就已深达 10 英尺的海水束手无策。

1944 年 6 月 7 日，盟军最高统帅德怀特·D. 艾森豪威尔将军从英国南部跨越英吉利海峡赶赴诺曼底。罗斯福总统选中艾森豪威尔指挥"霸王行动"，是因为"他是军人中最出色的政治家，是一个天生的领导者，能说服其他人追随他"。

上午 9 点，当救援船扑灭大火，将惊魂未定的水兵们救下时，海浪立刻冲上了主甲板。1 小时后，"苏珊·B. 安东尼"号舰长翻身跃入大海，离开了这艘即将沉没的舰艇。10 点 10 分，舰艇"船头朝上，悄无声息地沉了下去"，A.J. 利布林写道，"就像一位女士缓缓躺倒在扶手椅上，20 分钟后便消失不见了"。令人惊异的是，船上所有人员都幸免于难。

一艘艘无畏舰发出阵阵怒吼，炮口不时喷射出灰色的浓烟。时近正午，"阿波罗"号在奥马哈海滩赶上了"奥古斯塔"号，艾森豪威尔站在栏杆旁，看着一艘希金斯艇乘风破浪，停在了快速布雷舰旁的竖梯前。奥马尔·布拉德利的鼻梁上还贴着绷带，当他爬上甲板准备敬礼时，才发现最高指挥官面带愠色。

从滩头堡发回的只言片语让艾森豪威尔怒不可遏，"你究竟为什么不让我们了解战况？"他厉声诘问，"直到傍晚也没有任何消息，他 × 的一个字都没有。我不清楚你们到底是怎么了。"布拉德利有些笨拙地辩解道："我们已经把所掌握的每一条信息都通过无线电发给你了。"尽管艾森豪威尔的训斥让他十分窝火，但他还是跟随前者来到了拉姆齐舱内。直到这时，艾森豪威尔才得知，布拉德利每小时发来的急电在蒙哥马利的无线电室堆积如山，而译电员早已应接不暇。

布拉德利强压怒火，向艾森豪威尔详细叙述了他所了解的情况。"霸王行动"已经"在法国站稳了脚跟"，当天清晨他亲赴"深红"海滩察看，甚至还踩着卡车的侧踏板登上了悬崖。海滩的火势已经减弱。被俘的敌军，尤其是波兰人和苏联人，协助盟军建起了牢房。傍晚时分，沿岸超过 1/3 的障碍物将被落潮清除。一天以后，所有屏障都将不复存在。援军也正陆续抵达：6 月 6 日星期二拂晓，在烟幕和电子干扰的掩护下，9 艘运兵舰从泰晤士河出发，这是 4 年来第一批横渡多佛尔海峡的盟军船只。此外，盟军在一名被俘德军炮兵观测员身上发现了一张地图，上面标明了登陆海滩附近敌军所有炮台，以及师、团和营指挥所的准确位置。上述地点立即遭到了盟军轰炸机、舰炮和大炮的连续猛攻。

但是，第一集团军大部分登陆目标仍未实现，他们只卸下了不到原计划 1/4 的给养和 7 000 辆汽车。第 5 军正从奥马哈海滩艰难地向前推进，第 29 师却被困在距奥尔河 6 英里的内陆，而布拉德利本希望该师能在星期二白天抵达。第 1 师也未能深入腹地。在奥克角，不到 100 名突击队员仍在距离悬崖边缘近 200 码的范围内奋战。唯一能够牵制敌军的是驱逐舰的火力与游骑兵的士气。

犹他海滩前方的情况同样混乱。第 101 空降师正向南边的多佛尔河和重镇卡伦坦挺进。第 82 空降师在失踪 24 小时后，于星期三清晨派出一名注射了大量苯丙胺的军官，试图与正向内陆地区逼近的第 4 师取得联络。盟军已经出动了轻型坦克和坦克歼击车，以掩护伞兵降落。随后，罗斯福将军开进了作为第 82 空降师战地指挥所的苹果园。他把钢盔推到脑后，站在印有"莽骑兵"标志的吉普车上挥舞手杖，"仿佛刀枪不入一样"，一名当事人在报告中写道。"伙计们，"罗斯福吼道，"什么时候开饭？"

第 82 空降师占领了科唐坦半岛一块边长平均约为 6 英里的三角形地带。两个营控制了圣梅尔埃格利斯镇，从南北两面抵抗德国的反击。但其他数千名伞兵仍然极为分散，盟军甚至没有在梅德列河以西建立任何桥头堡。

当天上午，第 7 军军长柯林斯将军弃船登岸，控制了一片纵深 7 英里的滩头阵地。在奥马哈海滩，第 7 军与第 5 军之间形成了一个宽 10 英里的缺口，美军与英军之间也出现了一段 5 英里的空白。因此，盟军的当务之急就是在隆美尔展开进攻之前，尽快填补这些防御缺口。

艾森豪威尔对布拉德利的汇报不置一词，他看着地图，陷入了思考。"布拉德利与我讨论了当前的局势，但丝毫未能减轻我的忧虑，"拉姆齐在日记中写道，"我们桥头堡的数量非常稀少，防线仍然十分狭窄，陆上力量根本不值一提。"甲板上，与众人匆忙地行过礼后，布拉德利爬下竖梯，如释重负地返回了"奥古斯塔"号。他认为，这纯粹是"一次毫无意义的干扰和令人恼火的经历"，并为此闷闷不乐。

时至下午，天色转晴。"阿波罗"号向东疾驰，船身突然猛地一晃，艾森豪威尔等人重重摔倒在甲板上，经查看，原来是撞上了沙洲。"桅杆剧烈摇摆，布雷舰猝然向前冲去，发出轰隆隆的声响，上下晃动，逐渐停了下来……最终，我们挣脱了沙洲，浮上了海面。"哈里·布彻写道。但这次事故对船体造成了损坏，螺旋桨和传动轴严重变形，整整 4 个月，这艘快速布雷舰都不得不停在干船坞里进行修理。

1898 年，年仅 15 岁的拉姆齐首次出海，后以"精力充沛"名闻遐迩。对于这次事故，艾森豪威尔难辞其咎，因为他一再催促，要求加快速度，实在有失谨慎。但作为皇家海军总指挥，拉姆齐感到颜面尽失。"阿波罗"号以每小时 6 海里的速度跟跟跄跄地驶过海湾。随后，一艘英国驱逐舰接走了艾森豪威尔，匆匆返回朴次茅斯。

"我们已经开战"，艾森豪威尔心烦意乱，在匆匆留给妻子玛米的便条上写道，"唯有时间能证明，我们必将大获全胜。"

★ ★ ★

即使是战争的阴霾也挡不住诺曼底 6 月清晨明媚的阳光。英军找到几个在街头贩卖香烟的法国男孩，在他们的带领下，第 50 师的两个营于 6 月 7 日星期三攻克了巴约。果园里盛开着白色的花朵，鲜红的天竺葵仿佛要从窗台的花盆里流淌出来。在一堵高墙后，篱笆上爬满了玫瑰。墙上还有一则用油漆绘制的杜本内葡萄酒广告。一头头奶牛在牲口棚里哞哞直叫，等着人们来挤奶。穿着蓝色罩衫和木底鞋的农夫站在路旁，对英军的到来表示欢迎，一些人甚至还行起了纳粹的军礼。

几辆运酒车正驶向圣约翰大街，那里的商店出售的货物在当时都很稀有，人们很难在伦敦看得到：有瓷器、塑料餐具、新式家具和多达 4 万个品种的卡芒贝尔奶酪。此外，巴约的一家店里还有一幅价值连城的挂毯，上面绣着 11 世纪英军横渡英吉利海峡登陆法国的事迹。但出于安全上的考虑，这幅挂毯早已被转移

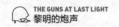

到勒芒。据传，在这座只有 7 000 人的小镇上，最后一个德国人已举枪自尽。住在他家附近的一名寡妇在日记中写道，其他德国士兵纷纷穿过油菜田仓皇逃窜，甚至"来不及带走他们的内衣、外套和剃须刀"。

谢尔曼坦克发出隆隆巨响，开进镇子，车身上还带着用于水中行驶的气囊。它们身上"系着巨大的浮板，仿佛一个个风尘仆仆的庞然大物"，一名目击者写道。随后，士兵们陆续走下坦克，开始烹煮名为"炮火"的浓茶。民事特遣队抵达后，在当地实施了宵禁，并逮捕了许多通敌分子。"乍看之下"，一名愤怒的军官感叹道，"你根本分辨不出谁是纳粹党徒，谁是维希分子，谁是法国的爱国民众。"另一份报告也承认："军队掠夺财物的现象十分普遍。"

记者们用彩色的帆布帐篷在摇摇欲坠的金狮酒店里搭建了一处临时营地。这座酒店不仅供应煨羊肉和黑麦面包，正如艾伦·穆尔黑德所言，还有"每瓶 15 先令的干白葡萄酒……楼上妓院的老鸨经常带着姑娘们下来用餐"。然而，还有 3.6 万座法国市镇等着盟军解放，尽管巴约环境宜人，但几乎没人放松心情。

当然，一枚迫击炮弹就能将这里变成废墟。在亲眼看到附近的别墅和农宅都"只剩下炸开了花的炮弹"后，穆尔黑德写道："人们会以为战斗已经持续了很长一段时间，譬如几个星期，甚至几个月。"在距离卡昂较近的地方，枪战始终持续不断。6 月 7 日，英军第 50 师的一名少校在日记中写道："哦，上帝，别再开炮了。如果你能让他们停下来，我愿永远做个好人。"

面对德军机枪的疯狂扫射，一名士兵瑟瑟发抖地抱怨道："我他 × 的就是不明白，这些兔崽子的子弹怎么总也用不完。"当炮弹落下来时，他接着说："你要像胎儿般蜷起身来，同时用双手护住裆部，保护你的生殖器，以免绝种，这可是人类的本能。"他还表示："蒙哥马利不用保护他的私处，但老天爷，我可得看好我的裆部。"在位于剑滩和卡昂之间的佩里耶尔，一名法国妇女写道："头顶到处都是嘶嘶声和呜呜声，你只能把身子伏得更低……哪里才是安全的地方？或许哪里都不安全，只有等待发生奇迹。"

距此 25 英里以西，记者厄尼·派尔也在思索同样的问题。派尔来自印第安纳州，自称是一名"悲情的战士"。星期三一早，他于"奥马哈"登上了诺曼的海岸。布拉德利手下一名副官写道："他看起来无助而渺小……但就像平时一样，竭力掩饰着自己的感情。"整整几个小时，他沿着涨潮线仔细搜寻，并列出了一份长长的清单：

这里有袜子、鞋油、针线包、日记本、《圣经》和手榴弹，还有刚刚寄来的家书，信封上的地址都被人用剃刀整齐地裁掉了，这是战士们在登陆前要采取的安全措施之一。这里有牙刷和剃须刀，战士们家人的照片散落在沙滩上，照片里的他们正凝视着你。这里有口袋书、金属镜子和裤子，还有血迹斑斑的鞋子……我捡起一本袖珍《圣经》，上面写有一个战士的名字，我把它装进我的上衣口袋。走了大约半英里后，我又轻轻地把它放回到海滩上。我不知道自己为什么会这样做。

这里有手枪带和帆布水桶，还有洁白的信笺，但再也不会有人在上面书写绵绵情话。一副网球拍仍然装在球拍袋里，看起来"完好无损"。这所有的一切正如派尔所说："漫长的海岸线，承载着每一个人的痛苦。"当天晚上，他返回了第 353 号坦克登陆艇，整夜都辗转反侧、噩梦不断，看起来"异常憔悴和悲痛"，一名军官注意到。派尔对另一名记者坦承："随着时间的推移，我对于这些已经越来越习以为常。"

一个射手的世界

数以万计的敌军开始向诺曼底会聚，汗水打湿了他们土灰色的衬衫和黑色的外衣。他们一边行军，一边唱着伤感的民谣。从"七年战争"起，德国军队就喜欢在行军时唱起这些歌曲。他们有的乘坐火车，有的搭乘卡车，有的步行，有的骑车，还有的坐上了用树枝装饰过的法国老式公共汽车，兵分两路，向西部和北部前进。前面是运货马车和四轮马车，马拉弹药车跟在后面逶迤而行，清脆的马蹄声不绝于耳。

正如隆美尔所言，德军不能再贻误战机了，哪怕是片刻。然而，由于秩序混乱，再加上将领优柔寡断和盟军四处游弋的飞机造成的恐慌，德军贻误的已不仅是片刻，而是几分钟、几小时，甚至是几天。从星期二 6 月 6 日晚上开始，由 1.5 万名士兵组成的装甲教导师从位于距离登陆地区 100 英里以东的沙特尔出发，分别沿着 5 条土路向前行进，但不断遭到盟军空军的阻击。一名德国军官描述道，阿尔让唐火光冲天，就像"一座火红的牢笼"，大街小巷到处都是燃烧着的残骸，"轰炸机始终在上空盘旋。"6 月 7 日，在接到白天行军的命令后，德军平均每小时前进 6 英里，速度仅相当于平时的 1/3。该师师长在报告中称，他们一共损失了 40 辆加油车、90 辆货车、5 辆坦克，以及 84 辆半履带车和自行火炮。直到 6 月 9 日，这支装甲教导师才真正投入战斗，但早已溃不成军。

6 个前往滩头堡的高射炮营遭到重创，尚未投入战斗就已经有 200 人负伤。在这支远征军中，最臭名昭著的要属 6 月 7 日奉命从图卢兹向北进发的党卫军第 2 "帝国"装甲师。一般来说，调动一个德国坦克师至少需要 60 辆火车，但卢瓦尔河上只剩下一座铁路桥，且早已不堪重负，每次只能通过一节车厢。因此，仅靠火车，党卫军第 2 "帝国"装甲师的辎重和士兵走完 450 英里就需要 17 天，而在平时只需要 3 天。

如此一来，乘坐卡车的士兵行军速度反而更快。他们被调往内地，屠杀法国游击队员。在里昂以西的蒂勒，一位神父对几名党卫军士兵说道："我的朋友们，你们就要去见上帝了。"为了报复，这几名士兵所在部队残忍杀害了 99 名无辜民众。这些民众有的被吊死在路灯旁，有的被吊死在阳台上，最后尸体被扔到蒂勒镇的垃圾堆。6 月 10 日，党卫军的车队驶入格拉讷河畔的奥拉杜尔。

工人们正在农场里奔波忙碌，孩子们正在接种疫苗。地保一边打着鼓，一边通知所有人前往中心广场。妇女和儿童被赶进一座教堂，有人开始投掷手榴弹，并用机枪扫射，整个教堂顿时燃起熊熊大火。党卫军士兵一边号叫，一边杀光了躲在谷仓和车库里的人们。随后，他们又用稻草、树枝和马鞍引火，将这座村庄付之一炬。奥拉杜尔共有 640 多名无辜者命丧黄泉。正如一位英国官方历史学家的记载，"'帝国'装甲师亲手将自己的名字刻在了耻辱柱上"。

邪恶也笼罩着党卫军第 12 "希特勒青年团"装甲师，该师由东线老兵和一伙狂热的年轻人组成，他们以每小时 4 英里的速度缓慢行进了 70 英里，从埃夫勒赶到海岸。隶属于该师的"黑豹"装甲营于 6 月 7 日赶到卡昂附近，却因为燃料严重短缺而无法发起进攻。于是，此次进攻任务就交给了库尔特·迈尔上校的装甲掷弹兵团。

肩膀宽阔的迈尔曾经做过矿工和警察，1930 年，19 岁的他便加入了纳粹党。这个胆大包天的摩托车部队指挥官曾在德国与波兰、希腊和苏联的战事中屡获勋章，也曾在各种事故中摔断过 19 根骨头。被称为"装甲迈尔"的他跟在士兵身后向敌方投掷手榴弹，以督促胆小的士兵们向前冲锋。星期三下午，在位于卡昂西北方 2 英里处，修建于 12 世纪的阿登修道院中，迈尔沿着螺旋楼梯，登上了修道院角落处的一座塔楼，监视着从朱诺滩而来，正步行穿过麦田和苹果树林，向南赶往奥蒂耶的加拿大士兵。

德军掷弹兵抢在盟军舰炮和野炮开火前，像一群黄蜂般涌过近 1 英里宽的开阔地。与此同时，加拿大的炮兵前沿观测员还被困在海滩附近，因为拥堵的交通而寸步难行。橙色的炮火在"北新斯科舍高地团"中肆虐开来，下午 5 点 30 分，一发白色信号弹在天空中炸开，表明德国人已经占领了奥蒂耶。幸存的加拿大士兵在激战造成的硝烟中仓皇逃窜，德军装甲组员们在 21 辆被击毁的加拿大坦克里翻找着巧克力、花生和腌牛肉。

盟军战舰姗姗来迟的舰炮齐射及其装甲部队的反击都对迈尔的部队造成了伤亡。这个星期三，他损失了 30 多辆坦克。但加拿大人的部队被击退了 2 英里多，盟军花了一个多月时间才重新夺回奥蒂耶。"迫击炮和大炮的炮火一刻也不曾停，轰鸣声太过剧烈，我们只能通过手势进行交流，""卡梅伦高地团"的一名士兵写道，"没人敢站起身子，我们只能爬行前进。"炮兵观测员在树上或屋顶上"坚持了几天、几小时或几分钟"。各个排的士兵们喝着牙买加朗姆酒，而军官们则以杜松子酒或"教师高地奶油"牌威士忌令自己振作精神。卡昂虽被焚毁，但仍在德国人手中。

可"装甲迈尔"也没有足够的力量继续扩大自己的胜利。夜幕降临前，他的部队距离海滩仍有 6 英里，而在奥蒂耶伤亡的 100 多人也令他和他的士兵怒火满腔。第一个惨遭杀害的是一名负伤的加拿大列兵，一名党卫军士兵朝着他大声咒骂，用刺刀将他刺死。在奥蒂耶，8 名加拿大俘虏被命令摘掉钢盔，随即被枪杀。他们的尸体被拖到公路上，后被坦克履带碾碎。多亏一位法国村民将残留的遗骸收集起来。另外 6 名俘虏被押往一间厨房，随后头部中枪而亡。"舍布鲁克"燧发枪手团的牧师也被刺刀刺穿了心脏。

其他被俘的加拿大士兵被押往阿登修道院。"你们把这些俘虏带回来干什么？他们只会消耗我们的口粮"，迈尔说道，"以后不要再抓俘虏了。"俘虏们交出了军饷簿，随后要么被乱棍活活打死，要么被子弹射穿头部。6 月 8 日星期四，屠杀仍然在继续。俘虏们被一个接一个地从临时充当囚舍的马厩中唤出，每个即将被处死的俘虏离开时都与战友们握手道别，随后攀上一段台阶，左转进入一座美丽的花园，在那里惨遭枪杀。40 多名俘虏聚集在卡昂 - 巴约公路附近的一片空地上，被命令面朝东坐下，端着"施迈瑟"冲锋枪的党卫军士兵排成一条散兵线，扣动扳机，当场打死了 30 多名战俘。几个幸存者撒腿逃跑，但很快又被抓住，送往战俘营。

党卫军第 12 "希特勒青年团"装甲师被称为"屠戮之师"，他们被指控在一个多星期的时间里杀害了 156 名手无寸铁的战俘，其中大多数是加拿大人，这引来盟军相应的报复，双方的屠杀和暴行持续了整个夏季。"眼下，哪个德国佬想要投降的话，必须拥有极大的勇气，"一名苏格兰士兵说道，"我们会把他们当场处决，哪怕对方高举双手。"一位英军排长用速记法记录下他接到的日训令："军衔在少校以下的俘虏一概不用留。"

"霸王行动"的第一周，加拿大军伤亡近 3 000 人，其中有 1 000 多人阵亡。一句起源于意大利艰难战事的俏皮话说，要是把"操"和"正面"从军事词汇中删除，加拿大军队就无法说话，也无法发起进攻。不到 5 年时间，盟国远征军的实力就发展到了战前的 50 倍，不过事实证明，他们的专业能力仍需要加强。

加拿大第 3 师携带的弹药比正常补给量多了一倍，他们在战斗中展现出充分的勇气。一名下士描述说："这是一场持续的交火，双方不分昼夜地轰击着对方……像曲棍球运动员那样投身于战斗。"尽管有第 21 装甲师和装甲教导师的增援，但党卫军第 12 "希特勒青年团"装甲师仍被炮火逼退，并发现自己已经没有力量重演奥蒂耶的胜利。"屠戮之师"匆匆组织起笨拙的进攻，却被榴弹炮、坦克和反坦克炮凶猛的火力击退。6 月 9 日中午，一辆谢尔曼萤火虫式坦克以 5 发 17 磅反坦克炮弹击毁了 5 辆黑豹坦克。一名党卫军军官写道："我愤怒而又悲痛地尖叫起来。"炮火的持续效果非常明显，一位加拿大炮兵指挥官后来评论道："德国佬以为我们是苏联人。他们干了蠢事，我们要把这些'王八蛋'干掉。"

★ ★ ★

6 月 9 日，这些"王八蛋"中的一个正在阿登修道院里那座高高的塔楼上察看战况，他就是男爵莱奥·盖尔·冯·施韦彭堡将军，负责指挥希特勒的装甲预备队——西线装甲集群。这位身材高大、见多识广的骑兵曾在伦敦、布鲁塞尔和海牙担任过德国使馆的武官，比其他人更深刻地领悟了拿破仑"靠得越近看得越清楚"这句名言的真谛。在恪尽职守地发起一场进攻后，他亲眼看到了盟军飞机和大炮将党卫军部队逐一吞噬，不禁喃喃说道："亲爱的迈尔，现在只能靠政治手段来打赢这场战争了。"第二天晚上，与隆美尔会谈后，施韦彭堡推迟了对位于卡昂北部的英国军队的进攻，命令他的装甲部队整编重组。

几分钟后，夜里 8 点 30 分，施韦彭堡走出了他的指挥部，即位于卡昂西南方 12 英里处的拉坎城堡。邻近的果园内挤满了拖车和帐篷，另外还有 4 辆大型无线电通信车。整个诺曼底地区的电话线路遭到破坏，这迫使德国人越来越依赖无线电台，尽管无线电传输容易被破译和定位。现在，光是英国人每天就能截获德军 1.7 万条电报，其中包括补给运输和部队调动的详细情况。事实上，"超级机密"当天早上的两次破译显示，施韦彭堡已将拉坎城堡确定为西线装甲集群的司令部。第二次拦截就发现了它的精确位置。

飞机正在逼近，嗡嗡作响，施韦彭堡竖起耳朵倾听着。声音越来越大，其他军官来到他身边，纷纷举起望远镜搜索天空。突然，皇家空军第 2 战术航空队的 40 架"台风"战斗机分成 3 个波次，呼啸着掠过树梢，发射了火箭弹。片刻后，71 架米切尔式轰炸机朝这片果园投下了 436 颗 500 磅炸弹，拉坎化为一片瓦砾。

施韦彭堡逃过一劫，只受了轻伤，司令部却被夷为平地。他的参谋长和其他 30 多名军官被炸死，整个作战指挥部被端掉，通信设备也被摧毁。幸存者将阵亡者埋入一个弹坑，并在坑上竖起一个硕大的橡木十字架，装饰着纳粹的"卐"字和鹰徽。施韦彭堡和其他幸存者逃至巴黎，休养了两周，瓦砾一片的诺曼底地区的德军装甲突击力量损失惨重。

类似的"斩首行动"进一步削弱了德军的战场指挥能力。几天后，英国战列舰射出的一发炮弹在奥东河河谷的一棵遮阴树上炸开，弹片击中了党卫军第 12"希特勒青年团"装甲师师长的面部，令其当场毙命，之后库尔特·迈尔接替他出任"屠戮之师"师长之职。另外 3 名师长和 1 位军长——埃利希·马克斯将军（炮兵上将埃利希·马克斯当时是第 84 军军长，他阵亡后，接任军长职务的是后来转任巴黎城防司令的肖尔蒂茨将军。——译者注），也在 6 月中旬阵亡。

身材修长的马克斯像个苦行者，他曾禁止自己的食堂提供鲜奶油，"只要我们的国家还在挨饿"。他在第一次世界大战中被毁了容，失去了一只眼睛和一条腿，右手也不太灵光。在这场战争中，他已失去两个儿子，现在，他失去了一切。其实有人提醒过他，不要在白天驱车外出，他对一名参谋说道："你们这些人总是担心自己的小命。"6 月 12 日，在卡朗唐附近，他的指挥车遭遇盟军飞机的扫射，那条木腿使他未能及时逃入路边的沟渠。

马克斯只是二战期间丧生的 675 名德军将领之一，这些人中，223 人在战斗中阵亡，64 人自杀，53 人被第三帝国或战后的盟国处以死刑。

"第七集团军被迫转入防御状态",西线总司令部 6 月 10 日的战时日志中写道。冯·龙德施泰特元帅于当天下令:"立即将瑟堡彻底破坏。"这道焦土令被"超级机密"拦截。在动身赶往巴黎前,施韦彭堡建议对 1/3 的坦克进行改装,搭载高射炮。铁路交通情况越来越糟糕,第七集团军每天需要 2 300 吨食物、燃料和弹药,能运抵前线的却只有 400 吨。一名德军军需官不得不向法国地方军事长官借用 15 挺机枪,以用作瑟堡的防御。

隆美尔也失去了信心。6 月 10 日,在西线装甲集群司令部遭遇灭顶之灾前夕,隆美尔便在写给龙德施泰特的一份评估报告中描述了盟军的空中优势令第七集团军地面部队"瘫痪,并造成破坏性影响",每天,盟军出动约 2.7 万架次(这个估测是实际数字的 3 倍)。他还担心盟军会在加来海峡发起另一场规模更大的登陆,并警告说:"美国人的物资和装备……无疑要优越得多。"在拉罗舍居伊翁城堡花园中散步的 2 个小时里,隆美尔告诉一位下属,最好的解决方案是"趁帝国目前还控制着一些可供讨价还价的领土,立即停战"。但希特勒并不这样认为,他要求第七集团军"不成功便成仁"。

"这场战役不会变得对我们有利,"6 月 13 日,隆美尔写信告诉露西,"主要是因为敌人具备空中优势及猛烈的舰炮火力。"他想了想,又补充道:"我经常思念家中的你。"

★ ★ ★

蒙哥马利将军听闻隆美尔的哀叹后,感到很高兴。作为第二十一集团军群司令,他经常尝试以对手的思维模式思考问题,从而了解对方对战斗的看法。他那辆大型拖车是当年在突尼斯战役中从一位意大利元帅手里缴获的。蒙哥马利用大头针在车厢的墙壁上钉了一张纸,上面是一句引自《亨利五世》的祷文:"噢,战神啊!请让我的战士们心如钢铁!"除此之外,他还在旁边贴了一些交战双方重要将领的照片。一位去过蒙哥马利住处的访客数了数,有"3 张隆美尔,1 张龙德施泰特,蒙蒂(蒙哥马利的昵称。——译者注)自己的约有 30 来张"。

登陆日结束后第 3 天,蒙哥马利回到了诺曼底的家乡,这是他家族祖先的发源地。1559 年,他的一位先祖在比武中用长矛刺中亨利二世的眼睛,误杀了这位国王。蒙哥马利的指挥部设在克勒利一座气势恢宏的庄园的花园内,这座四坡屋顶建筑有 6 根烟囱,位于黄金海滩内陆 4 英里处。20 英尺高的铁门上挂着一块指示牌,建议"所有车辆靠左行驶",这个规矩是从英国引入的。蒙哥马利还带着他钟爱的"打赌书"，数年来，他亲手在这本皮革封面的本子上记录下了许多小额"赌局"：罗马何时被攻占，战争何时能结束等。已见分晓的赌局旁边标记了"解决"字样。

另外，他还带上了他的宠物，"我现在有 6 只金丝雀、1 只相思鸟和 2 条狗"，他后来写道。两条狗中，那条猎狐梗叫作"希特勒"，另一条可卡犬叫"隆美尔"，它们俩"在必要时会被痛揍一顿"。而后，这个动物园里很快又增添了 1 头牛、10 只鸡和 4 只鹅，此后他的餐桌上每天都会有炒鸡蛋。克勒利花园中举行的礼拜仪式通过广播传回了英国，据一名皇家空军军官描述，"瘦高、结实、目光锐利、精力充沛"的蒙哥马利坐在花坛内，为众人朗读经文。

"功成名就的道路非常艰难，"战争结束后不久，蒙哥马利这样写道，"你会成为人们嫉妒并粗暴批评的对象，但你必须忍受，这时常会让你感到孤独。"他确实很孤独，成名却令他心花怒放：他的名字伯纳德；陌生女人的求婚；纽约贝雷帽热潮；他的第八集团军在地中海用过的一面旗帜在一场拍卖会上拍得 275 畿尼，捐给了红十字会……无一不令他感到骄傲。对副官们来说，他是"主人"；在丘吉尔看来，他是个"脾气乖戾的人"；加拿大人相信他就是"万能的上帝"；巴顿觉得他是只"小猴子"；其他英国将领则认为他是个"卓有成效的小混球"。

6 月 15 日，诺曼底盟军地面部队指挥官蒙哥马利与战地记者们正在进行交流。艾森豪威尔认为他"作为部下是个好人，作为同僚是个难缠的人，作为上司则是个不好对付的人"。

丘吉尔的妻子觉得他是个"惊险而又有趣的人物……和纳尔逊一样自负"。而丘吉尔首相的医生得出的结论是："蒙蒂想成为一名国王。"艾森豪威尔相信，"作为部下，蒙蒂是个好人；作为同僚，他是个难缠的人；作为上司，则是个不好对付的人。"这番话简练地概述了盟军最高统帅部的状况。

蒙哥马利赶来这里是为了指挥这场战争中第二场必须打赢的战役——第一场是在阿拉曼——并作为被一位历史学家称为"大英帝国最后一支能投入战斗的庞大野战军"的统帅。这支野战军的正式称谓是"英国解放军"，其指挥部等级与美军相同。但这种平等很快就因为登陆欧洲的美军的兵力3倍于英军而被打破，这种失衡令蒙哥马利感到不安，同时非常不满。

很少有人会否认蒙哥马利具备在"传递能量时能够很好地控制情感"这一优点，这种品质也能在马尔巴罗家族的人身上找到。他的信念是"不必要的伤亡不可原谅"，同时具备一种"老马识途"的判断力。即便是后来非常讨厌他的奥马尔·布拉德利也承认，诺曼底的蒙哥马利"宽容而又聪明"，是"睿智、忍耐和克制"的典范。在穆尔黑德看来，尽管他"像个捕鼠器那般紧张"，但不失迷人、大方和活跃。乔治·伯纳德·肖钦佩他"像凸透镜那样，能将所有空间集中到一个小点上"。

"我不理会任何细节问题，我必须如此"，蒙哥马利告诉他的参谋人员，"我不看报告，也不看文件，这些事情全部交给高级参谋人员，他们必须在10分钟内向我反馈。"每当做出决定时，他会凑过身来，厉声问每个人："你同意吗？你同意吗？你同意吗？"他那位精明的情报官，埃德加·T.威廉斯准将后来写道："人们会对他卓越的能力、他的简练、他的明确，最重要的是他的决断力留下深刻的印象。"

蒙哥马利讲究纪律，生活很有规律，他通常在晚上9点30分上床睡觉，整个战争期间只被中途叫醒过两次，两次都在非洲，而且他不打算被再次叫醒。他来法国不是为了输掉这场战役、输掉这场战争，甚至不是为了失眠。当然，他跑来这里也不是为了失去自己出生入死赢来的声誉，他已经被声誉牢牢地束缚住了。

"蒙哥马利身上太多优秀品质都被他的愚蠢或判断失误抵消了。"他的传记作者罗纳德·卢因写道。他是个"被误解的人"，属于"品质在其生命中得到强化而非扩展的人"。"和普通人一样，他也会犯糊涂，而且意识不到自己的显著变化"，他的傲慢和过度自信的唯我论激怒了地中海战区许多将领，其中既有英国人也有美国人。正如丘吉尔所说，如果绅士是"那种除了故意无礼之外不会无礼的人"，那么，蒙哥马利是不合格的。无论某人是否与他熟悉，都会被他冒犯和激怒。对于一个在战壕中大声怒骂的中尉来说，这不是个要命的缺点，但对于一场联合作战中的高级指挥官，这种缺点几乎是致命的，因为微妙的政治和民族敏感性像火药那样，一点即燃。

用军事历史学家 B.H. 利德尔·哈特的话来说，蒙哥马利在他那位冷淡、脾气暴躁的母亲管束下，仍然保持着"相当的孩子气"。母亲总是说："看看伯纳德在做什么，叫他停下来。"后来，蒙哥马利拒绝参加她的葬礼。这个顽童就读于圣保罗学校，后来上了桑赫斯特皇家军事学院。除了体育之外，他的成绩并不出色，可如果不选他做队长，他便会发怒，极具破坏性。他最近告诉肖："如果你的决定有 51% 的概率能够成功，你就能获得胜利。"实际上，他高超的指挥能力使他获胜的概率比这高出许多，但他经常自称，所有出色的计划都是他制订的，所有辉煌的胜利也只属于他，所有金色的桂冠都是他的……威廉斯准将道出了蒙哥马利的座右铭："一切皆我独力所为。"

"尽可能地享受生活，"6 月 13 日，蒙哥马利在给位于朴次茅斯的后方指挥部的信中写道，"在英国待了 5 个月后，再次率兵参战是种极大的乐趣。"

★ ★ ★

"霸王行动"的很大一部分都是由蒙哥马利构思的，现在，他正设法使其生效。自 5 月初以来，蒙哥马利一直试图将尽可能多的敌人诱至英军和加拿大部队所在的左翼，制造机会让右侧的美军夺取瑟堡，随后向南杀向科唐坦半岛。6 月 11 日，他向身在伦敦的布鲁克元帅重申了这一计划："我大致的策略是将敌军引至第二集团军阵前，从而使第一集团军更快达成突破。"为了在滩头阵地取得回旋空间，他要求从登陆日下午开始，"派遣强大的装甲部队"沿左右两翼推进，他已做好牺牲 4 个装甲旅的准备，以钢铁和人员换取空间。

但 1 个星期后，滩头阵地依然狭窄、拥挤。34 个盟军装甲营、30 万名士兵外加 2 000 辆坦克已登上滩头，可他们无处可去。左侧，第二集团军削弱了德军的反击，但并未形成进攻的势头，也没有取得腾挪空间。对卡昂的直接攻击虚弱无力，已经失败。而动用英国伞兵部队在该城市后方实施空投的建议并未获得艾森豪威尔的空军司令利·马洛里的青睐，他担心飞机会遭受严重损失。"他是个无胆之辈，不肯冒险一试，"6月12日，蒙哥马利气愤地对他的参谋长说道，"我不喜欢他。"

6月13日，盟军从卡昂西面发动了一次进攻，很有希望取得胜利。英国第7装甲师——该师在沙漠中获得了"沙漠之鼠"的美誉——拿下了维莱博卡日，在宪兵和村民的指引下穿过镇内的街道。随后便是一场灾难：德军的虎式坦克从镇子的另一端发起攻击，轰击着行进中的部队。15分钟内，10多辆坦克和卡车被击毁，这都要"归功于"一位大胆的坦克车长——党卫军上尉米歇尔·魏特曼。英国人损失了共计50多部装甲车辆，仓促退出维莱博卡日后，这次拙劣的进攻失败了。遭到迎头痛击的"沙漠之鼠"退回到英美联军160门火炮组成的密集火力网后，皇家空军投下1700吨炸弹将整座镇子炸成了一个硝烟弥漫的大坑。

进攻发起的两天后，盟军增援部队和炮兵从奥马哈杀入内陆。自登陆日起的一周内，已有30多万名盟军士兵和2000辆坦克到达法国，但滩头依然局促、拥挤。

"地面攻势混乱一片，"6月14日，利·马洛里在日记中写道，"德国佬将我们赶出了维莱博卡日，部队没能向前推进半步，根本没有丝毫机会可言。"

英国人直到 8 月才再次踏上维莱博卡日满目疮痍的街道。随着前线陷入僵局，战斗很快就变成了双方狙击手与狙击手、炮兵与炮兵的消耗战，穆尔黑德称之为"一个射手的世界"。"血腥的屠戮，士兵们倒地身亡，"一位连长写道，"我的一个排转身逃跑，又被押了回来……这个排后来再次逃跑了。"英军一名下士在日记中记载了 6 月中旬连续 3 天的作战情况：

> 6 月 18 日：要命的一天，反击。
>
> 6 月 19 日：要命的一天，反击。
>
> 6 月 20 日：要命的一天，前进，反击。

西边美军的进展还稍稍令人振奋。第 5 军和第 7 军分别从"奥马哈"和犹他向内陆推进，夺取卡朗唐后会师，并于 6 月 13 日击退了党卫军第 17 "古兹·冯·伯利辛根"装甲掷弹兵师发起的一次拙劣反扑。"浑身虱子、矮小、营养不良、污秽不堪，"一名美军作战工兵描绘了一群战俘的样子，"油腻腻的头发、扁平的嘴巴、短脖子。"为保住梅德列河上的一座桥头堡，第 82 空降师激战了 4 天，最终获胜。

尽管该师仍有 1 000 多名伞兵下落不明，但第 101 空降师更为离谱，有近 3 000 人不知去向。这里的地面景观同样被夷为平地，"伊西尼给我的第一印象就是墙壁坍塌，所有的一切都在燃烧，"一名军官报告道，"这让我想起了迦太基。"但大多数平民似乎并不介意，哪怕是在废墟中。"这里的人都挺友好，称我们是解放者。"第 18 步兵团的一名中士在日记中写道。

布拉德利于 6 月 13 日命令第 5 军停止向圣洛推进。由于英军在卡昂周围停滞不前，他担心美国部队太过突出，从而导致侧翼脆弱。他还取消了原先直扑瑟堡的计划，取而代之的是先切断科唐坦半岛，3 个师向西直奔大海，截住敌人的援兵，封死对方的退路。特德·罗斯福和第 4 步兵师则继续向北挺进，直奔港口。

"我坐在一座用灰色石头建成的小型诺曼底城堡里。"特德·罗斯福在位于瑟堡东南方 15 英里处一个糟糕的宿营地里给埃莉诺写信。他那辆"莽骑兵"吉普车停在外面的伪装网下，弹片在挡风玻璃上打出了一个旭日形弹孔。

> 士兵中，没有任何一个人年过 30，可他们看上去都很苍老……在我身

后是一片饱经战火蹂躏的田野……无数死者倒在地上，他们的姿势各不相同，军装又脏又破，一张张脸仿佛黄色的黏土，胡子拉碴。他们身上沾着褐色、凝固的血迹……今天又是一个战斗日，紧张感油然而生。

没有谁能比被倔强的法国人称为"两米"的那个人在诺曼底战场上拥有更大的特权。6 月 14 日星期三，清晨 5 点 40 分，夏尔·戴高乐和他的 15 名随从搭乘 6 辆汽车离开伦敦的康诺特酒店，其中一辆车里装有 2 500 万法郎。在两名摩托车骑警的护送下，车队驶往朴次茅斯的"国王阶梯"。上午 9 点前，法国驱逐舰"斗士"号上升起一面三色旗，起锚驶向法国。旗子上还绣着戴高乐的姓名缩写。"这并不完全符合规定"，一名海军士官承认。

10 天前，戴高乐与丘吉尔在列车车厢内发生口角后，以自己的方式改善了两人之间的关系。他撤销了自己禁止向盟军部队派遣法国联络官的命令，并解释说："我写信给丘吉尔先生，以安抚给他造成的创伤。"现在，他身穿军装，扎着皮带，外套皮上衣，戴着缀有两颗将星的平顶军帽，透过望远镜扫视着地平线。自 1940 年被维希政权判处死刑并逃离以来，他还是第一次看到这个国家。"将军，你记得吗，"一名副官在"斗士"号上问道，"4 年前的今天，德国人进入了巴黎。"戴高乐往上抬了抬他那夸张的帽檐，回答道："他们犯了个大错。"

蒙哥马利已经批准了戴高乐及其两名随从的来访。实际上，下午 2 点前，在朱诺滩的库尔瑟莱乘坐 DUKW"鸭子"两栖战车上岸的有 19 人，正好一个排。"我们来法国不是为了跟蒙哥马利共进午餐。"戴高乐对第二十一集团军群派来的一名特使这样说道，并坚持搭乘吉普车赶往克勒利，以进行一次简短的、令人尴尬的会晤。这位法国将军"显然认为闲聊是个恶习"，一位英国外交官注意到，这场会谈进行得"像胶水般缓滞"。克勒利的一名英国军官说，戴高乐"显然忘记了蒙哥马利对吸烟非常反感……竟然在他那辆著名的拖车中吞云吐雾"。蒙哥马利转而谈论起车厢墙壁上隆美尔的照片。"在非洲让他跑了，"他对戴高乐说，"但我希望这次能逮住他。"

戴高乐一行随即赶往巴约，一辆卡车上装着个大喇叭，不断播放着："戴高乐将军将于下午 4 点在城堡广场发表讲话。"他沿着圣若望街走来，"一个拘谨、忧郁的人"。穆尔黑德这样描述道，宪兵们摇摇晃晃地骑着自行车，在前方向他敬礼，路边迎接的人群朝他投掷牡丹花，高呼着："戴高乐万岁！打倒德国佬！

打倒卖国贼！"数千名群众在广场草地的菩提树下等着他。"一看见戴高乐将军，"（一如既往，他以第三人称称呼自己）他后来在自己的回忆录中写道，"人群先是愣了片刻，随即爆发出欢呼，有些人哭了起来……妇女们一边微笑一边啜泣。"

在洛林蓝色十字架下，戴高乐宣布法兰西共和国在他所谓的"我们光荣而又残破的诺曼底"重新屹立起来。他的代表将带着那只装有 2 500 万法郎的箱子留下来，重建政府，暂时以巴约为首都，直到巴黎解放。"战争之路也是通往自由和荣誉的道路，"他对欢呼的人群说道，"这是来自祖国的声音。"

放声高唱了《马赛曲》后，他又动身赶往伊西尼和格朗德康迈西。但当蒙哥马利获悉这个法国人在巴约预订了 14 间酒店客房后，愤怒地命令他立即返回英国，并威胁要逮捕并驱逐他。晚上 8 点 30 分，戴高乐极不情愿地登上"斗士"号，坚信"法国会存在下去，因为她承受得住她所经历的痛苦"，但他同时又很疑惑："怎样才能治理一个有 246 种不同奶酪的国家呢？"

蒙哥马利写信告诉丘吉尔，戴高乐受到的接待"显然不冷不热，那里并未出现真正的热情"。这并非事实。事实是，戴高乐剽窃了盎格鲁 - 美利坚人的一次游行，既展示了他的大众合法性，又表明了他的原则：获得解放的法国可以由法国人自己来治理，并不需要另一次军事占领。"愿主赐福于他，"作家安德烈·纪德写道，"通过他，我们的尊严得以恢复。"

以恐制恐

在那些快乐的日子里，第三帝国方兴未艾，征服英国似乎是必然的，希特勒曾在 1940 年下令为入侵英国修建一座精心构造的指挥所。该指挥所位于巴黎东北方 75 英里，马尔吉瓦勒镇外一条隐蔽的山谷中，被称为"狼谷 II 号"或 W-II，是元首在欧洲建造的十余处指挥部之一，共动用了 2.8 万名劳工，倾注了 100 万立方米混凝土。

W-II 占地 10 平方公里，有数百间办公室、驻军房。来宾客房配有崭新的枫木家具，地板上铺着厚厚的地毯。指挥部的墙壁上挂着从巴黎艺术品商店劫掠来的版画，每个衣柜中都配有脱靴器。食品仓库里储存了数吨糖、肉罐头、樱桃罐头和罐装芦笋。建筑物完全隐蔽在田地旁的伪装网下，连通着一条火车隧道，隧道里的铁轨被漆成铁锈红色，装作早已废弃不用的样子。指挥部附近坐落着假农舍、假谷仓和假猪圈，甚至还有一片假树林，炮台隐蔽在相邻的一座山脊上。元首专用暗堡顶上有一间不起眼的茶室，在里面可以看到南面 5 英里处的苏瓦松大教堂，美景尽收眼底。

尽管 W-II 从未投入使用，但当地人仍然认为这里是"法国最神秘的禁地"。希特勒命令龙德施泰特和隆美尔到这里来见他，召开一次秘密会议。元首和他的随从在贝希特斯加登搭乘福克 - 沃尔夫秃鹰式四引擎飞机飞赴梅斯，再乘防弹车赶往 175 英里外的马尔吉瓦勒。乘飞机实在是一种冒险而且鲁莽的行径，因为现在就连党卫军士兵也开始将盟军战斗轰炸机称为"食肉苍蝇"。6 月 17 日星期六，上午 9 点，希特勒在一间配有巨大石墙和绿色瓷砖壁炉的门厅里会见了两位陆军元帅。

这是自 1940 年来，希特勒第一次来到法国，他看上去的确像个输掉一场世界大战的人：双眼因失眠而浮肿、充血，皮肤蜡黄，胡子有点邋遢。副官说，就连他对音乐的热情也已消退。"可悲的是，元首过着一种完全与世隔绝、极不健康的生活"，他的宣传部长约瑟夫·戈培尔写道。他经常检查自己的脉搏，仿佛在计算死亡率。一个被称为"帝国注射大师"的庸医频繁地给他服用镇静剂或注射一种腺质混合物。他避开明亮的光线，戴一顶帽舌大大的帽子遮住双眼。"我总有种向右倾斜的感觉。"他抱怨道。他谈起退休生活，谈起将毕生致力于阅读，或沉思，或经营一座博物馆。他的战地统帅们令他失望，在这场世界大战以失败告终之前，他与自己那 18 位陆军元帅和 40 名上将中的半数以上发生过争执。在柏林，有人谣传他将亲自指挥西线战事。

希特勒弯腰坐在一张木凳上，摆弄着眼镜和一把彩色铅笔，隆美尔以一份战事进展极不乐观的报告开始了这场会谈。盟军已有至少 20 个师在诺曼底登陆，约 50 万士兵和 7.7 万部车辆。德国第七集团军以相当于 14 个师的兵力对抗，这些部队的实力严重耗损，一个师平均只有 1.1 万人，而几年前，平均每个师有 1.7 万人。德军的伤亡已达 2.6 万人，其中包括 50 多位高级指挥官。盟军的舰炮可以击中位于内陆 25 公里的德军坦克，而且他们在物资方面的优势至少与在非洲战场时相当。

英美战机不断攻击纵深达 150 英里的战场，在天气晴朗的白天行军无异于自杀。铁路交通只能到达距离滩头阵地 200 英里的地方。空袭造成每天近 300 列火车无法行驶。赶来增援的德军战机平均每天都会被击落 30 多架，还有一

希特勒视察受灾情况，这张未注明日期的照片是美军在西线缴获的。4年前德国人占领巴黎后，希特勒第一次，也是唯一一次参观这座城市。1944年6月中旬，这位元首重返法国，在马尔吉瓦勒镇与他的战地指挥官会晤，商讨如何应对盟军攻击事宜。

些因迷失了方向或燃料耗尽而无法加入战斗，更有甚者竟然被己方的高射炮击落。从威斯巴登起飞，赶往埃夫勒的 57 架战斗机中只有 3 架到达。6 月 14 日星期三黄昏，英国的飞机朝勒阿弗尔港投下了 1 200 吨炸弹，其中包括 6 吨"高脚柜"巨型炸弹，而星期四的空袭甚至更为猛烈。勒阿弗尔港有 700 座房屋被摧毁，63 艘包括攻击艇和扫雷艇在内的德国船只被击沉。

隆美尔指着一张大幅地图。就在当天早上，美军坦克已穿越了瑟堡—库唐塞公路，科唐坦半岛很快就会被切断，4 万名士兵将被困住，瑟堡也难逃一劫。英美部队一旦突出滩头阵地，无论是从卡昂南部还是从科唐坦半岛下方，通往巴黎的道路将向他们敞开，布列塔尼也将被切断。

希特勒在凳子上扭动着。"别称其为滩头阵地，那是最后一块被敌人占领的法国土地，"他平静地说道，随即补充道，"必须不惜一切代价守住瑟堡。"

龙德施泰特和往常一样沉默寡言，他穿着精心裁剪的灰色军装，裤子上装饰着标志其总参军官身份的红色布条。如果说隆美尔还是个乳臭未干的毛孩子，那么龙德施泰特（68 岁的他是德国最年迈的陆军元帅，半个多世纪以来，一直都是普鲁士军人）则被认为是一位老绅士、一位黑骑士。作为容克贵族，其祖先的从军史长达 8 个世纪。龙德施泰特曾担任过集团军群司令，也出任过波兰军事总督。1940 年被授予元帅权杖后，他赶至法国，帮助策划入侵英国的"海狮"计划。随后，在对苏联的入侵中，他指挥 6 个野战集团军（龙德施泰特当时指挥的"南方"集团军群只有3个集团军和1个装甲集群。——译者注）夺取了乌克兰。1941年末，与希特勒发生争执后，他申请退役，但很快又再次穿上军装，出任西线总司令。

受到风湿病、心脏病和被一名将领称为"精神辞职"的心态困扰，龙德施泰特居住在巴黎郊区的圣日耳曼昂莱。他睡得很晚，喜欢看卡尔·梅的西部小说，法语和英语都说得相当出色。他对电话和纳粹暴徒这些"棕色垃圾"不屑一顾。尽管忠于希特勒，但他私下里却被称为"波西米亚下士"。他总是以他最喜爱的措辞谴责元首的命令。"胡说八道！"他的参谋长后来指出，"要是普鲁士仍能独立存在，就像1866年前那样，将是他最快乐的事情。"他很少视察前线，并认为大西洋壁垒"有些虚张声势"。他宁愿通过一张比例尺为一百万分之一的地图来指挥战斗，地图上的滩头阵地，或者说是最后一块被敌人占领的法国土地并不比一张扑克牌更大些。他越来越悲观，10天来的战事加剧了他的担忧。

此刻，龙德施泰特上前，支持那位"毛孩子元帅"的观点。他提醒道，死守科唐坦半岛注定要失败，最好将暴露的德军部队撤入瑟堡的防御工事中。希特勒点头表示同意，但他认为港口南面的接合部也应加以防御。"要尽可能地守住这座要塞，越久越好，"他说道，"可能的话，最好能守到7月中旬。"他早已用红色铅笔在地图上跨过半岛，于瑟堡下方画了条线，宣布道："他们必须被挡在这里。"

元首问起盟军的登陆情况。龙德施泰特认为敌人很可能进一步侵入。来自英国的情报表明，盟军集结了50多个师，准备发起第二次规模更大的进攻。出于这个原因，德国第十五集团军只抽出了一个师赶赴诺曼底，另外21个师仍留在加来海峡监视海面。尽管诺曼底地区的盟军暂时被堵在海滩上，但龙德施泰特赞同隆美尔的看法，认为"不可能将他们彻底堵住"。两位陆军元帅都主张从法国南部撤至卢瓦尔河，缩短德军防线，用16个师组成一支机动预备队，以确保塞纳河防线的安全。

希特勒没有接受这个建议，命令道："你们必须原地据守。"随后便改变了话题。他指出，科学家们正在准备一些伟大、神奇的武器：新式的喷气飞机很快将称霸天空；由船只经过时产生的压力波引爆的新式水雷几乎不可能被扫除，已炸沉了盟军的许多船只；杀伤力最大的秘密武器才刚刚投入使用。到目前为止，帝国尚未对英美轰炸机的摧残行径做出反击，一座德国城市上空24小时内落下的炸弹，可能比英国在1943年整整一年中挨的炸弹还要多。这种情况即将改变。

希特勒曾认为火箭技术是"异想天开"。但在1943年9月，他的科学家们就开始在大众汽车厂内生产一种自动推进式飞弹。技术问题和盟军对疑似发射场投下的 3.6 万吨炸弹延误了这项工程，但德国工程师们发现，只需使用简单的移动设备和脆弱易损的金属坡道就足以让飞弹升空。这种武器就好像飞行的鱼雷，有 25 英尺长，带有粗短的翅膀、粗糙的喷气发动机和一个 1 吨重的弹头。发射后，它可以在 25 分钟内飞越英吉利海峡，燃料耗尽后，发动机停止运转，飞弹下坠。希特勒称它们为"樱桃石"。

6 月 13 日星期二凌晨，在法国西部展开的第一轮齐射以失败告终：在这次代号为"杂物间"的行动中，最初的 10 枚飞弹中只有 4 枚到达英国，其中 1 枚造成了人员伤亡。但随后而来的又一次齐射就不像第一次这么软弱无力了。6 月 16 日中午前，244 枚"樱桃石"中，有 73 枚到达"42 号目标"，也就是伦敦。这种没有名字的武器被称为"复仇武器"或"V-1 火箭"。"以恐怖对恐怖"，元首喜欢这样说，"其他的都是废话。"

龙德施泰特建议用 V-1 火箭对付集中在海滩上的 50 万盟军士兵。隆美尔对此表示赞同。一名武器专家解释说，这种导弹的精度不够，很难击中面积小于伦敦的目标，如果瞄准泰晤士河上的伦敦塔桥，其误差可能超过 15 公里。希特勒告诉两位陆军元帅，连续轰炸"42 号目标"能使"和平更早到来"。英国会因为恐慌造成政治混乱，从而彻底瘫痪。

他们中止会谈去吃午饭，这顿午餐索然无味。两名党卫军警卫站在元首的座椅后，希特勒狼吞虎咽地吃完一盘米饭和蔬菜（先有专人试吃）后，服下了药丸和摆放在三个酒杯中的彩色药片。突然传来警报，60 架盟军飞机正在逼近，希特勒和两位元帅钻入了一间狭窄的避弹屋，在里面待了 1 个小时后，空袭警报才解除。

下午 4 点，希特勒送隆美尔上车，答应第二天早上去拉罗舍居伊翁城堡看望他。"你真的认为我们还有希望打赢这场战争吗？"隆美尔一如既往地大胆。是否应该考虑与西方国家达成协议，为了共同的事业对抗苏联？"这个问题不是你该考虑的"，希特勒厉声说道，"照顾好你的前线吧。"

龙德施泰特后来言简意赅地总结了这场会晤："会谈未取得成功。"第二天，希特勒没有赶赴隆美尔的指挥部，一枚本应该向西，却偏离航向的 V-1 火箭向东飞来，在马尔吉瓦勒的掩体附近爆炸，希特勒立即返回巴伐利亚。虽然这枚飞弹造成的破坏微乎其微，但军事法庭还是介入了调查，看是否存在暗杀阴谋。回到贝希特斯加登后，元首对隆美尔的悲观深感不满。这只"沙漠之狐"丧失了他的勇气吗？希特勒告诉属下："眼下，只有乐观主义者才能力挽狂澜。"

实际上，隆美尔十分振奋，他再一次被元首鼓足了劲。一名副官在家书中写道："他无法摆脱元首的影响力。"（这种情况不仅仅发生在隆美尔身上。战争期间，许多沮丧灰心的将领被召到希特勒大本营，出来时个个神清气爽，恢复了信心。他们在事后都认为希特勒的大本营有某种神奇的魔力。——译者注）6月17日周六晚饭后，隆美尔和他的首席海军顾问——海军中将弗雷德里希·奥斯卡·鲁格到城堡的庭院中散步，一边欣赏着塞纳河上珍珠色彩的远景，一边讨论着当天发生的事情。

城堡后方的一座洞穴里正在播放电影，画面投射在墙壁上，夜空中不时传来参谋人员观看轻喜剧片时发出的欢笑声。鲁格低声朗读着《飘》，隆美尔饶有趣味地聆听着最新的情节转折。这位海军中将发现，斯嘉丽、瑞特和劫数难逃的南部邦联"与我们这个时代有许多相似之处"，他断言，"我们很有可能将在一场彻底失败后实施重建"。

隆美尔走过一扇古老的铁闸门，穿过奇物屋（屋内的玻璃橱里摆放着昆虫标本，除此之外还有一只老鹰的标本），返回他的房间。第二天早上，他草草写了张便条给"最亲爱的露西"，谈到了马尔吉瓦勒镇的会晤及V-1火箭攻势。"这种远程袭击会让我们轻松不少，"他告诉她，"元首非常亲切，也很幽默。他意识到了局势的严重性。"

★ ★ ★

在安息日早晨，整个"42号目标"区域的防空人员一直在操纵高射炮，搜索着东南方的天空，观察是否有V-1火箭出现，这种导弹很快被人们戏称为"小飞机""地狱犬""嗡嗡弹""火箭炮""无头骑士"，或是最简单的称谓"它"。本周早些时候，一些高射炮手还挤在欢闹的人群中庆祝自己击落了德国人的轰炸机，现在才知道，这种导弹是自己从空中落下的。6月18日星期日，是"滑铁卢"日，伦敦各个教堂都挤满了信徒，纪念英国军队在1815年战胜拿破仑，并再次祈求上天保佑他们打赢眼前的这场战争。

鸟笼道上，过去被称为"猪草地"和"麻风病人隔离区"而现在改称"圣詹姆斯公园"的对面，惠灵顿军营里的卫兵教堂内，正在举办一场声势浩大的集会。人们高声唱起《赞美颂》，准备从梅德斯通区主教手中领取圣餐。"天使和天军高声唱,"他们唱道,"应万物齐鸣。"上午 11 点 10 分,一阵恼人的轰鸣声从空中传来,越来越响。多切斯特酒店套房内的欧内斯特·海明威也听到了这声音,当时他正在用荞麦粉和波本威士忌做煎饼。他从窗口看到了这些发出奇怪声响的东西:喷气发动机"白热化的喷口"。

国会广场上的行人们听到这个声音,立即卧倒在地,双手抱头。首相的妻子克莱门蒂娜·丘吉尔在海德公园也听到了这个声音,她去那里视察一个高射炮阵地,她的女儿就在阵地上担任志愿者。卫兵教堂内的会众也听到了这个声音,但他们继续放声高歌。

随后,那可怕的声音便消失了,引擎停转,喷口熄灭,黑色的十字架形物体从空中坠落下来。它穿过教堂的钢筋混凝土屋顶,径直落了下来,耀眼的白光过后便是剧烈的爆炸,墙壁塌毁,支柱断裂,甚至连圣詹姆斯公园里的梧桐树叶都被剥去。被炸毁的教堂中殿腾起高约 1 500 英尺的漏斗状硝烟,教堂内的会众被埋入 10 英尺深的瓦砾下,圣坛上仍然亮着 6 根蜡烛,烛火摇曳不定,伫立一旁的主教毫发无损。121 人被当场炸死,伤者甚多。近卫团在历代战争中积累下来的 2 000 块纪念牌全部化为齑粉,维多利亚女王捐赠的一幅镶嵌画却完好无损:"你应当至死忠心,我必将赐予你生命的华冠。"

克莱门蒂娜·丘吉尔赶紧跑回唐宁街 10 号,把情况告诉首相。当时,丘吉尔

一枚德国的 V-1 火箭落向伦敦的一座屋顶。1 万多枚飞弹射向英国,炸死、重伤了 2.4 万人;另有数千枚 V-1 射向比利时安特卫普。

正躺在床上翻阅文件。"卫兵教堂，"她告诉他，"被炸毁了。"他匆忙赶到鸟笼道，看着救援队将死者抬出。死者中，冷溪近卫团乐队的几名乐师被发现倒在一条侧廊中，手中仍握着乐器，那景象就像一幅蜡画，这无疑是至死的忠心。丘吉尔失声恸哭。

当天下午，他坐车赶往布希公园，要求艾森豪威尔集中力量打击纳粹飞弹。在6月18日星期日晚间的一份备忘录中，盟军最高统帅下令，以摧毁包括V-1火箭发射区、补给仓库和一切相关场所为目标的"十字弓行动"是目前"除战役的迫切需要外，优先于一切的作战任务"。但在过去6个月中，盟军已出动了3万架次的飞机，对"十字弓行动"的打击目标投下的炸弹吨数相当于4座埃菲尔铁塔的重量，以试图彻底摧毁纳粹这个项目。有些发射场被轰炸机命中40次以上后，盟军分析师才意识到，V-1火箭可能是通过可以移动的发射架发射的。公众纷纷出谋划策，彻底摧毁导弹的点子如潮水般涌来：从用绳索拴住的飞艇上发射鱼叉捕获飞弹；用巨大的捕蝶网拦截；在炮弹里填上石炭酸……还有一位爱国者提出，可以对德国的发射人员施加诅咒。

在接下来的几周里，盟军对V-1火箭实施了更为传统的拦截措施，但效果都不尽如人意。2 000只拦截气球被部署在伦敦的接近地上空，飞行中的飞弹会撞上气球的缆绳，从而被拦截。德国工程师的应对办法是给V-1火箭的机翼装上锋利的刀片，可以割断绳缆。

另外，战斗机飞行员以20毫米口径机炮击落飞弹的技术越来越熟练：皇家空军的"暴风"战斗机时速为380英里，能赶上V-1火箭，有些飞行员甚至学会了使用机翼在飞弹旁制造出足够的湍流，使其彻底失控。尽管用地面炮火击落一枚V-1火箭的难度被认为比击落一架德国轰炸机高8倍，但从伦敦至东南海岸还是部署了1 000多门高射炮，构成了一片强大的火力区，配备了2.3万名炮手、6万吨弹药和雷达设备。东南方的苏塞克斯和肯特郡因此被称为"炸弹小径"。

艾森豪威尔的"绝对优先权"指令令空军首脑们感到不快，他们更乐于不间断地对德国的城市、石油设施和其他战略目标实施轰炸。但命令就是命令，在接下来的两个月中，作战飞行架次中的1/4将飞往"十字弓行动"的目标，投下7.3万吨炸弹，这又相当于8座埃菲尔铁塔的重量。然而，轰炸机对德国人发射V-1火箭造成的影响很小。通常情况下，每天仍有100枚导弹射向"42号目标"。大多数人都相信，最好的解决办法是让盟军地面部队迅速攻占法国西北部的"火箭炮海岸"。"敌人开发出一种出色的战争武器，我们必须给予他们高度赞誉，"美国战略空中力量的战时日志中写道，"房门砰然作响时，人们会变得紧张而慌乱。"

英国一项研究指出，"平均每个伦敦人"每个月才有一次身处一枚 V-1 火箭爆炸范围半英里内的可能性，所以不必"过分担心"。可大多数伦敦人并不这样想。V-1 火箭将工作人员轰出办公室，将杂货铺里的母亲烧为灰烬，炸死坐在公园长椅上的那些领取养老金的人。一位在医院中休养、遭到 V-1 火箭袭击的中尉在写给妻子的信中说，爆炸"穿过墙壁，笼罩住我们、抓住我们、刺入我们的身体、将我们抛飞"。他承认这"比过去所经历的任何事情都更令人恐惧"。

很快，伦敦市公交车上的玻璃就已荡然无存。成千上万座房屋被摧毁。"最可怕的是木料燃烧的声音，"一位目击者说道，"那种噼里啪啦、恶毒的声音，就像恶魔的笑声。"艾森豪威尔在写给玛米的信中抱怨说，某个早上，他被迫 19 次躲入布希公园的防空洞。圣詹姆斯剧场举办演出时，人们听到了一枚 V-1 火箭飞行的声音，一名观众嘟囔道："要是在这场令人厌恶的小闹剧中被炸死，那多惨啊。"

愿意承受这种风险的人越来越少。8 月前，150 万名伦敦人离开了这座城市，比闪电战期间疏散的人还要多。（也有许多伦敦人持乐观态度，他们甚至拒绝进入防空洞。伦敦赛马场的看台上总是人满为患，一些人认为，是福不是祸，是祸躲不过，如果命中注定被炸死的话，他们情愿死在下注的过程中。——译者注）10 492 枚射向英国的 V-1 火箭中，约有 4 000 枚被战斗机、拦截气球和高射炮拦截，还有一些偏离了航道或过早坠毁。但仍有大约 2 400 枚飞弹在伦敦爆炸，致使 6 000 人死亡，1.8 万人重伤。值得庆幸的是，没有一枚导弹击中伦敦塔桥。据一部英国官方史记载，这是"一次考验，也许与伦敦人在整场战争期间所经历的一切同样严峻"。

解放瑟堡

巴约西面，诺曼底高地显露出粗糙的轮廓，对居尔特农民们来说，早在罗马人穿过高卢之前，这一切便已熟悉无比。几个世纪以来，这片石灰岩和前寒武纪片岩中出现了 1 万座小型牧场。置身于凹陷的、宽度仅容一辆牛车经过的车道中，四周环绕着被茅草覆盖的山楂树根、树莓灌木丛、鲁冰花和紫罗兰等植物构成的一人高的树篱，到处都是黏黏的稠土。这种地形的林业专业名称是"波卡基"，意为"一片树林"或"一片令人愉快、成荫的树林"，掩饰了被一名步兵称为"灌木篱墙的遇难地"这一幽闭恐怖的现实。对柯林斯将军这种经历过太平洋战事的老兵来说，法国这种丛林与瓜达尔卡纳尔极为相似。

"我无法想象'波卡基'是什么样子，直到亲眼看见后才明白是怎么回事"，奥马尔·布拉德利在战后这样说道。这种想象力的失败其实是指挥的失败：盟军将领们早就被警告过要小心这里的地形，就连恺撒也曾描述过这种树篱，"眼前的灌木丛就像一堵墙壁，不仅无法穿越，甚至连目光也无法穿透"。往近了说，1943 年 8 月，在盟军对法国地形进行的一次研究的成果中，就包括 20 多张"诺曼底波卡基"的照片。

1944 年 4 月中旬，第一集团军的一份报告中提到"圩田中散布着灌木丛"，并建议"充分研究穿越波卡基地区需使用的战术"。在 8 平方英里地区的航拍照片中，盟军发现了 4 000 道树篱围墙。可是，正如对北非和西西里岛发起的两栖进攻那样，策划者的注意力集中在如何夺取滩头阵地上，而对越过沙丘后的战斗考虑甚少。"我们一直在不停地演练进攻滩头防御"，一位营长后来写道，"但从未花时间预演过海滩后的地形，实际上，那种地形和登陆战一样艰难而致命。"

现在，这种"艰难而致命"的地形破坏了第一集团军的计划。正如隆美尔预测的那样，美军第 9 步兵师的两个团正向西冲往巴尔纳维尔附近的海滩，于 6 月 18 日切断了科唐坦半岛。柯林斯第 7 军麾下的 3 个师齐头并进，一路向北，扑向 13 英里外的瑟堡。南面，美军第 29 步兵师师长在 6 月 17 日报告："我觉得我们要不了多久便能到达圣洛。"唉，其实根本不是这样，尽管距离美军战线不到 5 英里，可到达这座重镇还需要一个月的时间。

据各坦克连报告，每前进 2 500 码通常需要 17 吨炸药，在 30 多道灌木树篱上炸开缺口，才能供坦克通过，每道树篱都像是城堡的胸墙。"任何一道都像一堵喷射火力的墙壁，"第 30 步兵师的一名士兵写道，"两道树篱间的开阔地则是一片布满火力的平地。"一位军官指出："敌人可以躲在 10 英尺远的地方而不被发现，在触手可及的地方开火射击。"这种近距离作战抵消了盟军的空中优势和炮火掩护。"到处都是狙击手，"厄尼·派尔在报道中写道，"树上、建筑物中、废墟中和草堆里，但他们主要躲在又高又密的灌木树篱中。"德军为狙击高手制订了可变的奖励尺度，盟军最高统帅部的一份文件指出："射杀 10 人奖励 100 支香烟；射杀 20 人奖励 20 天休假；射杀 50 人奖励一枚一级铁十字勋章和一块希姆莱亲赠的手表。"

敌人的坦克、大炮和密集的轻武器火力使诺曼底西部的战斗愈演愈烈。军旅诗人路易斯·辛普森将敌人冲锋枪的射击声描述为"短促、如同天鹅绒的破裂声"，

7 月中旬，美军第 79 步兵师的士兵们在科唐坦半岛南部的灌木树篱地带作战。对于这些树篱，一名美军士兵写道："它们中的任何一道都像一堵喷射火力的墙壁，两道树篱间的开阔地则是一片布满火力的平地。"

并补充道，"子弹的呼啸声充满邪恶"。冲过一片开阔的牧场，来到一座农屋时，一名士兵犹豫了，"我趴在草地上，琢磨是否要抓住机会。是，否，是，否……"在这片被厄尼·派尔称为"极其危险的土地"上，没有哪种武器比迫击炮更令人恐惧，一名士兵将其描述为"柔弱的嘘声从空中传来，就像是一只从远处飞来的云雀，或是一支小小的六孔哨笛发出的声音，模糊、如精灵般落下"。

诺曼底 4 个美军步兵师中 70% 的伤亡是迫击炮弹片造成的。通过追踪炮弹飞行抛物线查明迫击炮发射点的雷达在几个月内还无法做好准备。近距离作战激发了人类的动物直觉，和许多步兵一样，辛普森闻闻味道"就知道是德国人，这是种香肠、奶酪、发霉衣物混合在一起的味道。有些想法令人厌恶。德国人的每个毛孔……都散发着他们的哲学的味道"。

战斗短暂停息时，法国平民挥舞着示意"别开枪"的白色布条，匆匆赶至鸡舍收集鸡蛋，再把这些鸡蛋卖给美国士兵，8 美分一个。很快，就连鸡舍也被炸成碎片，这些家禽"像泥块那样贴在墙壁上"。诺曼底地区约有 40 万座建筑被摧毁或严重损坏。10 万头奶牛死亡，推土机将成片的尸体推进土坑进行掩埋，奶牛僵硬的四肢如同木制玩具。许多城镇被彻底炸毁，某人描述，"就像有人用个巨大的耙子把它们给拉倒了似的"。据飞行员报告，化为齑粉的砖头在空中腾起红色的烟雾。唐·怀特黑德写道，圣索沃尔"已没有一座完好的建筑"。一名军医

115

告诉印第安纳州的家人，一座被炸毁的村庄"荒芜、沉寂，不是你们所知的那种沉寂，而是一种更加深厚、更加压抑的沉寂"。

每座被两军争夺的城镇都如同一道树篱，增添了更多死者、伤者和失踪者，光是美国第一集团军的伤亡，在"霸王行动"开始后的前两周便已超过每天1 800人，平均每48秒伤亡一人。一名法国护士在她的日记中写道，伤员"脸色苍白得像白纸，他们鼻孔紧闭，双目翻白；撕裂的伤口血流不止，四肢断裂，内脏也受了伤，面目全非"。患战斗疲劳症（在突尼斯战役中创造出的这个新词替代了不恰当的"炮震症"）的人数激增，可见灌木丛作战给人造成的压力非同一般。

7月中旬前，第二十一集团军群的步兵伤者中，每4人中便有1人患有这种疾病，病情最严重者，"像被追捕的动物那样，蜷缩在急救站中"。8月前，第一集团军还调查了500多起疑似"S.I.W（Self Inflicted Wound，自伤）"事件，当事人通常是脚跟、脚趾或手指处有枪伤。"为夺取拉艾埃迪皮伊特，一个优秀的师被消耗殆尽，"一名中校写道，"从这里到巴黎，有100个这样的村落。我们有100个师消耗在这些村子上吗？"

除了不停地开炮猛轰之外，别无他法。"战争中的事情总是扑朔迷离、神秘莫测，"派尔写道，"我蹲在那里，只是个身穿棕色军装、不知所措的人，与其他那些一脸茫然的家伙没什么区别。"基思·道格拉斯上尉是一名英国老兵，参加过北非战役的他所写的诗篇可能是对二战之惨烈最深刻、最具诗意的表达，"制造鬼魂是多么容易啊"。

可成为鬼魂也很容易：道格拉斯于巴约南部阵亡，他被迫击炮弹炸死，弹片非常小，伤口也小到几乎看不见。"我将他埋葬在他阵亡处附近的一片灌木丛旁，"一位牧师写道，"我独自一人，为这座令我深感悲痛的坟墓举行了简短的仪式。"

★ ★ ★

6月18日星期日晚，只有目光最锐利的人才能注意到气压表的玻璃管在轻微震颤。尽管一股来自冰岛的冷锋正在南下，还有躁动不安的地中海低气压存在，但盟军最高统帅部的气象员们预测，登陆海滩处晴朗的天气和海面的平静还将持续数日。被驾船驶往诺曼底海滩的水手们视作《圣经》的《航路指南》显示，6月份出现大风天的概率几乎为零。气象员们又分析了另一份记录了自1870年以来，该地风暴情况的文件，得出结果，认为这种可能性为1/300。

直到目前，每天有 200 多艘船只占用着登陆海滩处的锚地。尽管人员和车辆挤满了滩头，但自登陆日以来，盟军只卸载了计划量 30% 的补给物资，重约 21.8 万吨。拥挤的英国码头和海峡对岸的管理都很混乱，船长们经常将船停泊在错误的地方，载货单消失不见，焦急的军官们搭乘小舟，在各艘货船间穿梭，打听船舱内载的是什么货物。有些东西堆积如山：一个军需品仓库报告说，收到 1.1 万把扫帚、1.3 万只拖把、5 000 个垃圾桶和 3.3 万令复写纸。一名军官听说后请求道："天哪，拜托了，别再给我送这些我不需要的东西了。"

物品短缺的情况更为常见，从指南针到钢盔罩，再到工兵铲，什么都缺。布拉德利的部队急需 6 000 具 M7 榴弹发射器。数千吨混乱不堪的货物从 19 艘船上被仓促卸下，只为找几百束地图急用。灌木丛中的战斗使 81 毫米迫击炮弹成了最急需的物资。由于没能在锚地找到足够的炮弹，盟军只好在英国征用各种各样的弹药，其疯狂程度足以令人绝望。很快，14.5 万吨弹药运抵海滩，士兵们在货舱内翻寻着适用的品种，但不管怎样，8 个师都实施了严格的射击限制。部分炮兵连原本计划每天每门炮发射 125 发炮弹，可 12 个小时内射出的炮弹已达到这个数字的 4 倍，第一集团军不得不在 6 月 15 日下达严格的限制令，以控制炮火支援任务的弹药消耗量。

救星似乎正出现在奥马哈海滩和黄金海滩外的海面上，在极度保密的情况下，经过两年建设，两座巨大的"人造港"已初具规模。这是英国有史以来尝试过的最具野心的建设项目，2 万名工人在价值 1 亿美元的工程组件上忙碌着。现在，另外 1 万名工人使用巨大的拖索和粗缆绳将这些组件固定在 160 艘拖船上，拖过海峡就位。

每座人工港，"桑葚"A 和"桑葚"B（英军和美军各一座）的吞吐量将与直布罗陀或多佛尔的港口相当。75 艘报废的船只装满沙子，从苏格兰的港口赶往诺曼底，这段航程被称为"自我牺牲的最后一程"。这些船中包括陈旧的货船、古老的侧明轮船，还有诸如英国"百夫长"号和法国"库尔贝"号这种陈旧的战列舰。"库尔贝"号战列舰上仍然飘扬着一面巨大的三色旗。当这些船只航行到距离海岸 3 英寻处时就会被凿沉，沉入海底后形成一道长长的防波堤，被称为"醋栗"。

146 只巨大的混凝土沉箱像漂浮的公寓楼那样被拖过海峡，每只沉箱重达 6 000 吨。在"醋栗"附近沉没后，它们将构成另一道防波堤。长达 10 英里的浮动码头和突堤前端也将被运至诺曼底海滩，这些设施装有伸缩式支柱，能随潮水上升或下降。总共 200 万吨建材被运入"桑葚"，其中包括比 20 世纪 20 年代浇筑洋基体育场还要多 17 倍的混凝土。怀疑论者大发牢骚，例如奥马哈海滩上的老水手，海军少将约翰·L. 霍尔就提醒说："一场风暴会把它们全都冲走。"但不管怎样，6 月 16 日晚，"桑葚"A 开始了卸载工作。自由轮这样的船只可以在距离海岸半英里处卸下货物，不用 1 个小时，坦克登陆舰便能将其清空。"霸王行动"的滩头似乎终于有了秩序。

仿佛是要教训试图驯服大海的人类，老天爷发怒了。震颤的气压表上的数字突然暴跌，海面上陡然刮起狂风，冲向背风岸，80 年来最强烈的风暴开始形成。6 月 19 日星期一，上午之前，卸载工作被迫停止。中午时，皇家海军"派遣"号在航海日志中记录，风力已达到 8 级，风速每小时 40 英里，海浪高度超过 5 英尺。锚被拖动，被缠绕，缆绳被扯断，海浪卷走栏杆和步行通道后，"桑葚"炮位上的高射炮组人员匆忙疏散。星期二的情况更糟，通过海峡的潮水深度超过 9 英尺。油污沿着"醋栗"扩散，每个人的神经都绷得紧紧的。"持续的风暴要是比先前更为猛烈的话，"一名英军中尉写道，"它们很容易就会被卷走，非常危险。"

它们真的被卷走了，一座码头接着一座码头，一道突堤前端接着一道突堤前端，狂风的呼啸中夹杂着钢铁与钢铁摩擦的声响。尽管"桑葚"A 的水手们又是大声高呼又是开枪警示，失控的船只还是撞上了驳船码头。30 多艘钢制浮船（每艘 200 英尺长、12 英尺宽）中，25 艘挣脱了束缚，在奥马哈海滩外的锚地横冲直撞。汹涌而来的巨浪掀翻了"醋栗"中包括庄严的"百夫长"号在内的 7 艘舰船，许多混凝土沉箱裂开了。所有无线电频道都充满了求救声和呼号声。喧嚣中，上百艘船悲哀的汽笛声仍然清晰可辨。"这天气简直就是该死的魔咒，"海军上将拉姆齐在 6 月 21 日星期三的日记中写道。

80 个小时后，魔咒被打破。"尖叫声变为长长的叹息，"一位目击者写道，"西面，乌云之间的缝隙中露出了一抹蓝色。"7 级狂风持续至星期三上午，但这场大风暴已经过去，剩下一片狼藉。"就算是 1 000 架轰炸机造成的破坏也不过如此"，一位海难救助人员说道。800 艘大小不一的船只被抛上滩头，一艘小型油轮深深地陷入沙丘中，还有几十艘船沉入海中。从"F 红"至"D 绿"，每条离开奥马哈海滩的通道都被失事船只堵塞。风暴开始时，一座 2 英里长的铰接钢栈桥正从英国被拖来，结果在中途沉没。

人造港"桑葚"A 彻底损毁，碎片和残骸不是被冲上岸就是在塞纳河港湾里浮动。

其中一些材料被打捞上岸，留到修缮"桑葚"B 时使用，后者受到浅滩的保护，损伤较轻，但英国人认为，这是因为他们比美国佬更用心地选择了"醋栗"的设置地点。拉姆齐认为"桑葚"是"一场比我预想的更加可怕的失败"。海军少将霍尔则将其称为"第二次世界大战所有行动中……对人力、钢铁和设备最大的一次浪费"。

"桑葚"B 最终证明了自己是有用的：夏季结束前，英国人运抵法国的补给物资中，近一半是通过这座人工港卸载上岸的。7 月中旬彻底完工后，"桑葚"B 改名"温斯顿港"。但这场灾难还是造成了严重的后果，导致 14 万吨物资和 2 万部车辆难以运抵法国。6 月 22 日夜，蒙哥马利估计，盟军的集结"至少被耽搁了 6 天"，直到 7 月底，延误才被弥补。第二集团军的登陆部队比原计划少了 3 个师，对卡昂重新发起进攻的行动也因此被耽误。隆美尔趁机喘了口气，开始巩固滩头阵地的防御。盟军对弹药的需求极为迫切，以至于不得不派遣飞机将手榴弹空运过海峡。布拉德利命令 8 艘商船搁浅，船身被割开一个个口子，用这样的方式加快卸货速度。

滩头再次出现混乱，夺取瑟堡显得更加迫切。第一集团军的一项研究报告称，如果不迅速夺取该港口，补给物资将只能满足 18 个师，这种物资短缺会使敌人"将

照片上是经历了 80 年来最猛烈的一场风暴后，被冲离奥马哈海滩的人工港——"桑葚"A 的残骸。一名美国高级海军将领批评在诺曼底布设人工港是"第二次世界大战所有的行动中……对人力、钢铁和设备最大的浪费"。

我们打垮"。盟军认为，单是瑟堡这一个港口，其吞吐量就能满足 30 个师的作战需求。这就难怪艾森豪威尔的司令部将其描述为"世界上最重要的港口"。

★ ★ ★

数百年来，不幸不断在瑟堡降临。由于地理位置临近英国，她分别于 1295 年、1346 年和 1418 年遭到英国劫掠。1758 年，一支英国舰队烧毁了停泊在港口的每一艘法国船只，并拆毁了防御工事。1840 年，当这个镇子的繁荣在发展中缓慢得以恢复之际，拿破仑·波拿巴的遗体在从圣赫勒拿岛被运往巴黎的途中，曾到达过瑟堡，激起一场将镇名改为"拿破仑维尔"的运动。除了留下一尊拿破仑骑马的塑像外，更名运动无疾而终。

1912 年 4 月，皇家邮轮"泰坦尼克"号从瑟堡出发，开始了她命运多舛的处女航。受益于第一次世界大战后德国的赔款，瑟堡的港口得到进一步扩建，在两次世界大战之间，建成了可供大型越洋班轮使用的泊位。1940 年，带着复仇的快感，隆美尔率领他的师占领了海港和码头。如今，就连军事工程师沃邦也在为瑟堡冬季的狂风而沮丧。他正设法建一道防波堤扩大港口的使用面积，他用水凝水泥将巨大的花岗岩石块连接起来，直到第三次尝试才得以成功。

现在，瑟堡再次遭到盟军围攻。6 月 21 日入夜前，柯林斯第 7 军的 3 个师正蚕食着城市四周陡峭山坡上的混凝土阵地和野战工事。法国农民向他们投掷玫瑰花，这些美军士兵已有两周未刮胡子，身上的军装僵硬又污秽。这些士兵"在我看来非常可怜"，厄尼·派尔写道，"他们端着枪，在瓢泼大雨中，在一个遥远的国度，在一座陌生而又饱受摧残的城市里，悄悄地逼近一条被死亡阴影笼罩的街道"。

美国陆军的广播车播放着施特劳斯的圆舞曲，企图激发敌军的思乡情绪，并通过广播呼吁对方投降，这种战术被称为"唤猪"。被称为"厕纸"的投降传单上许诺会为投降者提供充足的食物，上面还刊印了英语音标，例如"我投降""我什么时候能洗个澡""请再给我点咖啡""谢谢你给我香烟"。

6 月 22 日星期四上午 9 点，大风暴刚刚消退，美军发出的最后通牒已到时限，但没有得到对方的回复。中午刚过，500 架盟军战斗轰炸机开始从 300 英尺的高度对这座城市进行扫射和轰炸。接下来，400 架中型轰炸机又对地面进行了一次持续 1 个小时的狂轰滥炸。谢尔曼坦克粉碎了敌军步兵的顽抗，星期五之前，3

个美军师在白磷弹、炸药包和火焰喷射器的掩护下，从东、西、南三面突破。一匹马被赶入镇内，马背上驮着一具德国人的尸体，尸体上附有一张纸条，上面写着："你们这些王八蛋想这样送命吗？"

"超级机密"破译的一条电报显示，瑟堡守军司令卡尔 - 威廉·冯·施利本将军提醒隆美尔，他麾下的 2.1 万名守军带着 2 000 名伤员面临着"掩体坍塌"，承受着"极大的疲惫"。瑟堡剩下的食物还能坚持两个月，其中包括被赶入城内的 5 000 头牛，但用 4 艘 U 型潜艇运送 80 吨弹药进港的计划却失败了。6 月 25 日星期日，下午 1 点，隆美尔回电，却未能给这些守军带来任何慰藉："你们必须按照元首的命令战斗至最后一颗子弹。"

施利本的苦难开始加剧。就在隆美尔的命令到达时，盟军 3 艘战列舰、4 艘巡洋舰和 11 艘驱逐舰，在一支扫雷艇编队的带领下，出现在海面上。平静的海面上有微风拂过，舰队分成两列。随后，自 1942 年 11 月卡萨布兰卡战役以来，盟军舰队第一次向威力和射程都与自己相当的敌军火炮展开炮击，这被水兵们称作"弗拉纳根式恫吓"。在驱逐舰施放的烟雾掩护下，"昆西"号巡洋舰由西向东，逼近至距离海岸仅 7 英里处，而且荒谬地认为敌人的炮台大多已被打哑。然而，炮口突然闪过一道明亮的光芒，表明事实并非如此。30 秒后，一发 150 毫米口径的炮弹落入了距离舰体不远的海中。

双方猛烈的炮火齐射在空中划出来来往往的弧线。"射向海岸和从海岸射来的炮弹，比我想象的更为密集。"一名军官报告道。15 发炮弹落在"昆西"号四周，激起的绿色海水洒落在前甲板上，它和姊妹舰拖着白色的浪，采取剧烈的 Z 字形机动。约有 20 发炮弹掠过"内华达"号这个来自珍珠港的愤怒"幽灵"，两发炮弹从它的上层建筑飞过，却连油漆都没刮掉。一架为皇家海军"格拉斯哥"号巡洋舰测点定位的喷火式战机的飞行员发现，很难透过云层、尘埃和硝烟探明敌军一座炮台的准确位置。但德军炮手却能清楚地看见这艘巡洋舰，射出的炮弹命中了舱口和上层建筑，使它匆匆退出了这场炮战。在这场持续 3 个小时的激烈炮战中，英国皇家海军"进取"号舰长和副舰长都被弹片击伤。虽然近 300 发 6 英寸口径的炮弹最终令德军位于港口西部炮火最猛烈的炮台安静了下来，却并未能将其摧毁。

位于瑟堡东面 6 英里处，"汉堡"炮台的 4 门 11 英寸口径火炮构成了敌人在科唐坦半岛最为强大的据点，其射程最远可达 25 英里。盟军第二支舰队驶至距离海岸 11 英里处，炮弹突然落在驱逐舰"巴顿"号和"拉菲"号上，分别击中了轮机舱和舰艏左舷，不过值得庆幸的是这两发都是哑弹。美国海军"奥布赖恩"号就没有这么幸运了，下午 1 点前，"汉堡"炮台射出的一发炮弹击中了其指挥中心，导致 32 人伤亡。到处都在开火，炮弹先是掠过战列舰"得克萨斯"号的舰艏，接着又穿过舰尾，随后，一发 11 英寸口径的炮弹击中了它的指挥塔，重创了舵手，另外 11 人也负了伤。"得克萨斯"号射出了 200 多发 14 英寸口径的炮弹，到下午 3 点前，盟国海军对"汉堡"炮台射出了共计 800 多发炮弹。

然而，在盟军舰队得意扬扬地返航时，敌人的四门大炮其实只被干掉了一门。尽管德国的一份战时日志将这场炮战描述为"一场迄今为止凶猛得无与伦比的海军炮击"，但瑟堡要塞并未被打垮。盟军不得不通过地面进攻来夺取港区。

柯林斯将军已经做好了战斗准备。星期日下午，在镇子东面一座被夺取的堡垒（这里的教堂尖塔高达 400 英尺，灰色的石屋盖着红瓦屋顶）中，他和特德·罗斯福一同观看了海军这场行动。"从这里望去，瑟堡的景象非常壮观。"一天后，柯林斯在给妻子的信中写道：

> 我们能看见炮火直接命中鲁莱堡产生的硝烟，那里是德军的中央堡垒，坐落在一片高耸的峭壁上，俯瞰全镇。右侧是内外两道防波堤，以及古老的法国堡垒，保护着海上的通道……瑟堡位于凹陷处，滚滚浓烟从德国人被炸毁的燃料和弹药库的地方腾空而起。

乔·柯林斯正待在高地上，他总是想待在这里。他经常对下属说，在高处"你能让部下们的行动更协调"。他有一头卷发和一副天生的好嘴皮子，总能说服别人。他漠视伤亡，打仗时从不多愁善感。在二战期间，美军 34 位军长中，48 岁的柯林斯是其中最年轻的一个。加文认为他"矮小、骄傲、自信，几乎到了令人讨厌的地步"。对于第一集团军的参谋人员来说，他就是"芥末酱"。他的父母是爱尔兰移民，一共有 11 个孩子，而他是第 10 个。他曾在新奥尔良一家商场内卖钉子、大号铅弹和动物饲料。1917 年，柯林斯作为一名炮兵，毕业于西点军校，第一次世界大战结束后，22 岁的他在法国指挥一个营。

他的名字也曾出现在南太平洋，在那里，他一直忍受着疟疾的折磨。他坚持认为，"所有需要的战术"都可以通过研究罗伯特·E. 李上尉从韦拉克鲁斯至墨西哥城的战役掌握。自我提高一直是他终身的动力，在接下来的几个月里，

瑟堡被攻克后不久，艾森豪威尔和布拉德利在倾听第 7 军军长 J. 劳顿·柯林斯少将（右）的汇报。柯林斯曾在南太平洋地区指挥作战，他曾被一名仰慕者描述为"矮小、骄傲、自信，几乎到了令人讨厌的地步"。

他将给华盛顿的一家书店发订单，购买《白鲸》《摩尔·弗兰德斯》、威廉·福克纳的《圣殿》、埃米尔·左拉的《娜娜》和其他小说。他还收集了许多格言警句，特别是："命令不过是个美好的愿望，一种能将指令实现的期盼。"25 年前，西点军校的纪念册总结了他的优点，恰如其分地描述了他的指挥风格："首先是专注和果断，其次是快速、猛烈的行动。"

　　瑟堡几乎已落入他的手中——高地、低地以及高地与低地之间的地域。在他的注视下，鲁莱堡陷落了，尽管工兵们还将花上一天时间，将白磷弹投入通风井，用绳索垂下炸药炸毁火力射口，彻底消灭负隅顽抗的敌人。美军士兵用手榴弹、刺刀和沿海洋大道平射的 155 毫米炮弹一路杀至港区。

　　此刻，冯·施利本将军已撤至鲁莱堡西面一座采石场的地下养兔室中。800 多人挤在散发着恶臭的房间里，拥挤得"连供一只猫转身的空间都没有"。6 月 26 日下午 3 点，施利本给隆美尔发去最后一封电报："文件已烧毁，密码本被销毁。"没过 2 个小时，美军的一个坦克歼击车排从 300 码外对着坑道入口发射了 22 发炮弹。开完最后一炮，一位炮手喃喃地说道："感觉不错。"

　　几分钟后，一名德军士兵挑着一面床单大小的白旗出现在盟军面前，身后跟着一群步履蹒跚、高举双手的士兵。身材高大、灰头土脸的施利本也在其中，他的大衣上沾满了泥土和砖灰。在他的口袋里，盟军发现了一份几周前他在瑟堡举办庆祝晚宴的菜单：龙虾、蛋黄酱、肥鹅肝酱饼、烤羊肉、桃子和香槟。现在，在第 9 步兵师师部，他享受到的待遇是 K 级口粮中的奶酪外加白兰地。罗伯特·卡帕和其他摄影师围绕在一旁。施利本用德语抱怨道："这些拍照片的真让我心烦。"卡帕放下相机，装模作样地叹了口气，用德语回敬道："要给这么多被俘的德国将

6月26日，瑟堡守军司令卡尔 - 威廉·冯·施利本将军举手投降。不久后，人们在他的口袋里发现了几周前举办庆祝晚宴的菜单，其中包括龙虾和香槟。

军拍照，我也烦透了。"（卡帕在自传中指出，施利本听到他的话后恼怒地转过脸来，卡帕趁机拍下了一张出色的照片。而希特勒得知施利本没有"以身殉国"后，到处打听他的下落。但喜爱美食的施利本已被转移至英国，正在战俘营里"享受"连 K 级口粮都不如的伙食。——译者注）

★ ★ ★

盟军最高统帅部的一名军官报告，瑟堡被证明是"掠夺者的天堂"。盟军在鲁莱堡发现了一些巨大的仓库，"从剃须膏到鱼雷，应有尽有"。在德军士兵还未来得及寄回家的包裹里，有许多丝绸、雪茄、收音机和肥皂。大西洋酒店里存放着大量复写纸、信封和鞋子（木制和皮制的都有）。在施利本位于莫里斯的别墅中，食橱里摆满了牛舌、培根、洋蓟和章鱼罐头。士兵们还发现了 1 万桶水泥和 100 万板英尺（1 板英尺为 1 英尺长、1 英尺宽且 1 英尺厚的木板体积。——译者注）的木材。然而最重要的发现还是那 60 多万桶燃料。宪兵们迅速封存了堆放着数千箱香槟、白兰地、葡萄酒和美国威士忌的仓库。布拉德利宣布，诺曼底每个士兵都能分得 2 瓶葡萄酒和 3 瓶烈酒，但许多人并未老老实实地等待分配。为了庆祝夺取瑟堡，第 7 军喝掉了无数瓶轩尼诗和廊酒。"美国陆军都成了大醉鬼，"一名海军上尉写道，"醉醺醺地唱歌，彻夜不停地开枪射击声……频繁响起的手榴弹爆炸声。"

那些检查过港口的人却觉得没什么值得庆祝。盟军最高统帅部的策划者最初希望在登陆日结束 7 天后夺下瑟堡，再用 3 天时间重新开放这座海港。结果，这座城市在登陆日结束 20 天后才被攻陷，港区作业花了 3 周时间才得以开始，盟军工兵将花费数月时间来修复这座被"彻底毁坏"的设施。德国人的破坏天分，在比塞大和那不勒斯的实践中达到了登峰造极的地步，其成果被一名美军上校称为"一项杰作，毫无疑问是历史上最完整、最透彻、策划得最好的爆破"。

数节车皮装载的炸药，造成的破坏远远超出盟军的预料。供电和供热厂被炸毁，与之一同报销的还包括港区铁路站、所有桥梁、所有建筑和所有潜艇坞。船坞和干船坞都被翻倒的起重机和 100 多艘被凿沉的船只堵塞，这些船只小到小渔船，大到一艘全长 550 英尺的捕鲸船。2 万立方码碎石瓦砾堵住了供横渡大西洋的船只停泊的船坞，"玛丽王后"号和"诺曼底"号都曾在此停靠过。一道防波堤被击穿，上面留下了 9 个直径 50 英尺的孔，码头被炸出的弹坑面积足有 100 英尺乘 70 英尺那么大。

德军在废墟中布设了无数诡雷，6 种型号的 400 多枚水雷将在锚地被排除或触发。有些水雷在保险被打开前能蛰伏近 3 个月。因此，在这个夏季剩下的日子里，每天早上，港区 8 艘磁性扫雷艇和 8 艘声学扫雷艇都要忙碌一番。施利本投降后没过几小时，这项单调、危险的重建工作便已开始，尽管从英国调派潜水员、拖船和工程装备使这项工作一再延误。瑟堡最终将肩负起每天装卸 1.5 万吨物资的任务，几乎比盟军最高统帅部初期的预计高了一倍。

但直到 7 月中旬，第一艘驳船才进入港区，直到 8 月中旬，第一艘自由轮才得以停靠，直到 10 月中旬，得到彻底修复的深水港才能停泊大型货轮。"一个无法回避的事实是，"陆军的一份研究报告承认，"事情并未按照计划进行。"拿下瑟堡使得踏上法国土地的盟军没有日渐衰弱下去，但扩充这股力量并为其提供补给仍是一项棘手的任务，在 1944 年剩下的时日里，这项任务一直困扰着艾森豪威尔。

但此刻，解放者们尽情享受着这次被丘吉尔称为"最重要"的胜利：为夺取"霸王行动"第一重大目标，第 7 军付出了伤亡 2.2 万人的代价。6 月 27 日，柯林斯在距离拿破仑骑马塑像不太远的市政厅门前，用拙劣的法语做了简短的演讲，并将一面用降落伞缝制的三色国旗赠予市长。市民们接到命令，上缴武器和鸽子（防止给敌人送信），天黑后必须待在家里。为哀悼阵亡将士，一支乐队演奏着各国国歌。陆军高级军官们走过拿破仑宫，向那些浑身污秽、眼神空洞的士兵们表示祝贺，一名士兵嘀咕着："给那些该死的将军们让路。"

战俘们交出了他们的物品，比如刀子、打火机和公文包之类，慢慢地从大声嘲笑并向他们吐口水的法国人身边走过。艾伦·穆尔黑德报道说，那些法国人"构想着新的脏话"，不停地破口大骂。战俘们被押上坦克登陆舰和其他运输船只，送往英国的战俘营，口中依然唱着七年战争时期的歌谣。希特勒对瑟堡的陷落怒不可遏，他威胁要将第七集团军司令送上军事法庭，可这位司令官突然死于6月29日，表面上是因心脏病发作而死，但很多人怀疑他是服毒自尽。（这位自杀的第七集团军司令是弗雷德里希·多尔曼上将，党卫军上将保罗·豪塞尔随即接替他出任第七集团军司令。——译者注）

美军士兵也整理了他们的物品，包括堆积如山、印着那些在战斗中身亡的士兵名字的睡袋，这些睡袋被堆在路易斯·巴斯德医院附近一堵石墙下。军需官将政府装备与个人财物分开，那些姑娘的照片、口琴和读了一半的平装本书籍被放入硬纸箱。一本《圣经》的扉页上写道："妈妈送给奥尔顿·C.布赖特。读读它，做个好孩子。"来自田纳西州的布赖特上士无法再做个好孩子了，因为他已经阵亡。

附近一座19世纪的法国海军医院已断水断电一周之久，医生们发现停尸房中满是被肢解的德国人、法国人和美国人尸体。过道和地下手术室的水桶和垃圾桶里塞满了截下的四肢。"到处都是肮脏的手术器械和床单，"第12野战医院的一名护士写道，"伤员们躺在散发着恶臭、满是血污的绷带和排泄物中。"《生活》杂志的一位记者写道："也许应该让更多的人知道战争的代价，因为这既不是一种健康的生活方式，也不是一种适当的死亡方式。"他又补充道："西线的战事才刚刚开始。"

瑟堡的两所妓院及时开业，营业时间都是从下午2点至晚上9点，其中一家被指定为"白人专用"。宪兵在排成长队的士兵中维持着秩序。德国占领期间与敌人发生感情的法国女人被剃掉头发，押上一辆标有"通敌者之车"的卡车游街示众，她们只是这个夏季被剃光头发的2万名法国妇女中的第一批，剪下的发辫被成堆焚烧，数英里外都能闻到气味。

柴油废气、无烟火药、暴露在雨中的破碎石膏、粪便及被炮火炸死的牲畜，各种臭气弥漫在空气中，而这些臭气将一直持续下去，直到整场战争结束。一个名叫约翰·B.巴布科克的步兵后来总结了飘荡在他身边的气味的来源："枪支的防锈油、清理武器的油、饮用水中的氯、除虱粉、新折断松树枝的松脂、新掘的泥土。"另外还有"美军士兵使用的黄色肥皂和战地厨房的油烟"。除此之外，还有德国人发出的刺鼻气味、烂白菜、发酵的黑麦和"充满汗臭的羊毛衣物及辛辣的烟味"。就算西线的战事刚刚开始，这些也是解放的气味。

THE
GUNS
AT
LAST
LIGHT

第 3 章　解　放

　　希特勒曾明言下令：“绝不能让巴黎落入敌人手中，除非是一片废墟。”
但即便如肖尔蒂茨这样的硬汉，也无法下令毁灭这座“光明之都”。他选
择了抗命。戴高乐回到 4 年前出逃的巴黎，诸事一如往昔。1944 年 8 月
25 日，巴黎光复。德军节节败退，隆美尔元帅被秘密赐死，龙德施泰特
为他宣读了虚伪的悼文。但盟军也并非诸事顺利。敌人顽抗、英美罅隙，
欧洲战场迷雾重重，胜败一线。

可怕的血肉磨坊

7 月前，已有 100 万盟军士兵登上了诺曼底滩头，但双方似乎陷入了与在安齐奥类似的对峙局面，悲观点说，这就像第一次世界大战中的堑壕战，每前进一步都要付出惨重代价。帐篷消失了，取而代之的是迷宫般的战壕，其顶部覆有松树原木和沙袋。"他们不停用迫击炮轰击我们，"奥瓦尔·E. 福伯斯中尉在他的日记中写道，"平民永远无法想象这种生活有多残酷。"尽管已经攻下瑟堡，但在刚刚跨入 7 月时，滩头阵地的部分地段纵深依然只有 6 英里，卡昂和圣洛仍处在德国人的控制之下。

诺曼底的每日伤亡超过了 1917 年第三次伊普尔战役期间英军在佛兰德斯的每日伤亡数，其中还包括了令人毛骨悚然的帕斯尚尔争夺战中的英军伤亡。一名曾参加过两次世界大战的德国将领将诺曼底地区的战斗描述为一个可怕的血肉磨坊："11 年战争岁月、两次大战，我从未见过这种情形。"奥马尔·布拉德利感叹道："我承担不起在此处周旋的代价。我失去了手下最棒的小伙子，那些勇敢地把头伸出掩体，随后被炸飞的家伙。"

艾森豪威尔的参谋们几乎没有思考过，若"霸王行动"陷入僵局，盟军该如何是好。他们考虑过几个方案，包括在诺曼底阵地外实施另一场空降和两栖突击。但盟军最高统帅部的一份研究报告指出，唯一可靠的解决方案便是猛攻："集中所有可用的空中和地面力量，从已夺取地区展开一场突破。"

随着一份份伤亡名单送抵，盟军最高统帅艾森豪威尔的紧张不安越发加剧。

他已将香烟的牌子换成"切斯特菲尔德",但每天仍要抽上好几包,这使他的血压读数略显惊悚:高压 176,低压 110。一名军医给他开了些降压药,这种药会导致耳鸣,不过没关系,反正他在此之前就已患上耳鸣了。他吃不好、睡不香,这是因为 V-1 火箭的袭击常迫使他躲入刚翻新过的防空洞,那里的油漆味熏得他头疼。7 月 1 日,一枚飞弹在距离艾森豪威尔办公室 200 码处爆炸,将窗格吸出窗户,还剥落了一片屋顶。在红色皮革封面的日记本上,这位盟军最高统帅不高兴地写道:"布拉德利向南面的进攻已推迟至 7 月 3 日。真是痛苦!……试着打了打桥牌。真是糟透的一天。"

7 月初视察诺曼底滩头时,艾森豪威尔住进了布拉德利的指挥所中,他总在夜间穿着红色睡裤和拖鞋来回踱步。一天下午,他挤入一架被拆掉机载电台的 P-51 野马战斗机的后座,向西飞行了 45 分钟后转向南面飞行,而后又向东飞往巴黎,对整个战场作了一番高空勘察。他承认:"若是被马歇尔知道,他肯定会怒斥我。"当被告知一名在瑟堡俘获的德国军官拒绝交代德军在哪些地段设置了地雷后,艾森豪威尔说道:"毙了这个浑蛋。"这道命令并未传达下去,也未被执行。

蒙哥马利曾设想过,登陆海滩与突破敌方防线之间这段时间会有一场消耗战,他称之为"混战"。艾森豪威尔被此种设想激怒了。7 月 7 日,在一张以"亲爱的蒙蒂"开头的便笺上,他写道:

> 我很熟悉你的计划,大体而言是牢牢守住左翼,并吸引敌人所有装甲部队,而右翼沿半岛推进,进而威胁与英国第二集团军对垒的敌军后方及侧翼……我们必须下定决心,以一切可能的力量防止一场僵局……我将全力支持你做出相应决定,以阻止僵局的出现。

蒙哥马利于一天后做出的回复有些虚张声势,且显得漫不经心。当天,仅加拿大第 3 师便有 1 200 人伤亡,其中 330 人阵亡。尽管如此,蒙哥马利仍写道:"我对情况非常满意,我已看到胜利的曙光。"随即又补充道:

> 我认为这场战役进展得非常顺利,敌人在所有局部战场都遭受着我们的猛烈攻击。我们已经干掉了不少德国人,所以有一点你可以肯定:这里绝不会出现僵局。

于是争执又出现了。这种直接而专业的交流中隐藏着不和谐的气息，它已感染了整个盟军最高统帅部，且愈演愈烈。蒙哥马利在日记中抱怨说："他总在插手和多嘴，还一直大声嚷嚷！……我非常喜欢他，但永远无法与他共事，因为他不能与人平和地交流！"蒙哥马利声称，自己花了 1/3 的时间"确保不被解职"，1/3 的时间激励部队，"剩下的 1/3 则用于击败敌人"。

盟军最高统帅部中，被蒙哥马利冠以"大风首脑"这个绰号的一群人强调，按计划展开的战斗引发了强烈不满情绪，特别是英国空军指挥官们。"蒙哥马利变得有些独裁，令人难以理解。"某人写道，"你很难揣测他的想法，也很难找到一个支持他的人。"艾森豪威尔的副手、英国皇家空军元帅阿瑟·W. 特德爵士在 6 月下旬告诉丘吉尔，计划中的 81 个空军中队，能从诺曼底起飞的不到一半，因为那里只建成了 13 座简易机场。"问题在于蒙蒂，既不能解除他的职务，又无法让他投入行动。"特德爵士在日记中写道。持续的降雨使得气氛又惆怅了几分，温度似乎一直在下降，愁眉苦脸的利·马洛里不由自主地拍打着便携式气压计。"事情麻烦了，"他抱怨道，"搞不好会出现冰川。"

丘吉尔越来越急躁。美国人的优势日益增长，他担心英国的贡献被低估，于是要求将加拿大军队的伤亡"算入英方的伤亡人数里"，否则他们很容易被误认为是美军伤亡人数中的一部分。这一点对凸显大英帝国的重要性而言十分关键。德军 V-1 火箭对伦敦的持续袭击令丘吉尔产生了残忍的想法，他开始谋划一场生化武器反击战，比如炭疽看上去就很有效；或者实施一场更为传统的战役也不错，罗列 100 座规模较小、防御薄弱的德国城市，宣布盟军将"一个接一个地轰炸它们，直至它们灰飞烟灭"。

这两个想法都未获得英国统帅部的青睐，主要是因其实用性不足。但丘吉尔在 7 月 6 日时仍坚持认为，须得先做"一番冷酷无情的计算"，以确定毒气战是否能缩短战争进程，同时对"十字弓行动"中确定的德军导弹发射基地实施报复。"第一次世界大战中，所有人都使用了毒气，卫道士们和教会从未抱怨过一个字。现在，这个话题却开始涉及道德了？荒谬！"丘吉尔争辩道。他还指出，虽然在第一次世界大战时，不轰炸城市就是一条不成文的规定，但"现在每个国家都这么干。对妇女们来说，这其实就是裙子该长一些还是短一点的区别"。身处伦敦的战略家们回复说，毒气对纳粹德国"至多造成些骚扰性效果"，而且这将导致大规模化学战，伦敦也难以幸免。

艾森豪威尔在获知这场讨论后，给自己的参谋长比德尔·史密斯写了一张措辞严厉的便条，暂时结束了这番争论："我不会参与报复行动，也不会使用毒气。看在上帝的分上，让我们集中注意力，思考些正常的问题吧。"

★ ★ ★

蒙哥马利的作战计划需要美国第一集团军发起一场猛攻，扩大桥头堡，但结果令他很失望。带着过高的希望和过少的想象力，布拉德利命令 3 个军于 7 月 3 日沿三条碎石路展开部队，同时发动进攻。第 8 军镇守盟军防线西翼，其下 3 个师沿一条 15 英里的战线向前推进，短短 12 天便付出了 1 万人的伤亡，却只在沼泽和灌木丛中前进了 7 英里。"蚊虫的疯狂叮咬令战士们有些昏沉。"某部队报告道。

奥马哈海滩前方，镇守美军防区左翼的第 19 军正设法利用橡皮艇越过岸堤陡峭的维尔河，以及与之相邻的一条运河。但他们向圣洛西面高地的推进被拥堵、友军误伤及敌方装甲部队的反击所挫败。在中央地带，第 7 军的表现也没好到哪里去。在一次注定要失败的行动后，柯林斯如此说道："这绝非我想要的结果。"在第一天的激战中，第 83 师伤亡达 1 400 人，其中一个团 1 周内损失了 5 名上校。诺曼底的大片土地都躺着海明威笔下的"死者"（the deads）。一名军官如此形容诺曼底地区的惨烈战事："那种悲痛一直伴随着我。"从阅读地图到步坦协同，第一集团军的作战技能令人不敢恭维。其将领层似乎已成为薄弱环节：2 个月内，布拉德利撤换了 9 名将军，其中包括第 90 步兵师的两任师长。

一名新师长将来到倒霉的第 90 师，尽管这位师长自己尚不知情。西西里战役期间，布拉德利曾认为特德·罗斯福"心太软，无法指挥一个师"，但在重新考虑后，他还是向艾森豪威尔提出了这一任命建议。作为瑟堡的军政长官，特德·罗斯福忙得不可开交。其间，他还帮助第 4 师处理自登陆日以来的 5 000 多名伤亡者。他写信告诉埃莉诺，登陆犹他海滩时自己率领的步兵连损失了 80% 的人员，原先的 6 名军官中有 5 位伤亡。"阵亡的是我们最优秀的年轻小伙子，"罗斯福告诉她，"让我们祈祷这种牺牲是值得的。"

57 岁生日临近之际，他承认自己"有一种绝望的疲惫感"，在 7 月 10 日的一封家书中，他抱怨当地雨落不止，"天知道会持续多久，这始终是个问题"。但他又补充道："我将一辆货车车厢改造成了一个房间。它是从德国人那里缴获

小西奥多·罗斯福准将，7月12日拍摄于圣梅尔埃格利斯。几个小时后，他因为突发冠状动脉血栓而去世。第4步兵师师长认为他是"我所认识的最英勇的战士和最优秀的绅士"。

来的……我在其中放了张桌子和一张床，车内也被漆成白色，也许我能将它当作临时的家。"一如既往，他从《天路历程》中寻得了安慰："也许，我双脚疼痛，前路艰难，但我必须不断前行……我心灵的平静全赖于此。"

7月12日星期三，在特德·罗斯福与柯林斯商谈之后，他的儿子昆汀于晚间7点30分来到了父亲身边。昆汀是第1步兵师的一名军官。父子两人在那辆焕然一新的德国货车内共度了两个小时。"我们无所不谈"，昆汀写道，"家庭，家人，我的计划，战争。"但就在儿子离开后不到一个小时，罗斯福遭遇了一场严重的冠状动脉血栓。第4步兵师师长塔比·巴顿在夜里11点30分获知了这个消息："我走进货车时，他尚有呼吸，但已经昏迷。"几个小时后，塔比·巴顿写信给特德·罗斯福的妻子埃莉诺："我坐在那里，无能为力，眼睁睁地看着我所知的最英勇的战士、最优雅的绅士过世……但战争仍在继续，我们将完成他未竟的事业。"

星期五，法国国庆日，一辆军用半履带车载着特德·罗斯福的遗体驶往墓地。车辆从一座座窗台上悬挂着自制美国国旗的小屋旁驶过，一块标牌上写着"感谢我们的解放者"（Merci à Nos Libérateurs）。师里的军乐队演奏着《战争之子亲临战场》（*The Son of War Goes Forth to War*），随后，两名号手吹响了安息号。特德·罗斯福那辆名为"莽骑兵"的吉普车将回到调配场等待重新分配，车上的名字已被涂去。战争仍在继续。

特德·罗斯福准将葬礼上的护柩者，左侧队伍前方的是布拉德利和乔治·巴顿中将；右侧的是考特尼·H. 霍奇斯中将和柯林斯。（美国陆军军事历史研究所）

罗斯福并不知道，他的师长委任令就放在艾森豪威尔的办公桌上，也永远不会知道自己将因在犹他海滩的英勇表现而获得荣誉勋章。艾森豪威尔和布拉德利倾向于将巴顿的勋章降为杰出服役十字勋章，但乔治·马歇尔一锤定音，使自己在一战时的老战友获得了更高的荣誉。一位家族朋友写信给埃莉诺：

> 他有着伊丽莎白一世时代的品质。一片连绵的山脉、一行好诗句、一种高贵的行为，这一切都能在他的精神中找到回应的火焰。我相信，世上像他这样的人并不多，而现在，又少了一个。

★★★

德国游记作家卡尔·贝德克尔曾将圣洛描述为"一处历经沧桑之地"，查理曼大帝与"精致地坐落于维尔河右岸的一片山坡上"这句话印证了这一点。尽管遭受过维京人、安茹王朝的国王们，以及 1574 年屠杀加尔文主义变节者的天主教守旧派的洗劫，但圣洛总能浴火重生。直到 1944 年 6 月 6 日，盟军的飞机将这座城市炸为齑粉。登陆日第二天拂晓前，已有 800 名市民身亡。整整一周，轰炸机每天都会轰炸此地，进一步粉碎交通要点，以阻止敌军车队赶往滩头战场。一个个家庭被埋入废墟，一些人逃出了这座城市，原来的 1.1 万名居民如今只余下不到 10 人。

8 条公路和 1 条铁路从圣洛延伸而出，使这座城市成为第一集团军作战区域内最重要的地带，也是长达 50 英里的战线上对抗最为激烈的地段。一名记者记录道："炮火和'大个头炸弹'将四周的山丘炸成了一条被虫蛀过的白色毯子。"硝烟覆盖着碎石嶙峋的地面，令一名陆军观测员想起一幅以美国内战为题材的木刻版画。一个多星期来，美国士兵们每天挣扎着向前推进 500 码，穿过支离破碎的苹果园，跨过焦黑的山脊线。驻守在此的是身着灰色连体作战服的德国伞兵。布拉德利曾于 7 月 11 日断言，德国守军已是"强弩之末"。跨越 10 英里长的区域以发起致命一击的命令已经下达，奥马哈海滩的英雄——第 29 步兵师将直扑圣洛。率领他们的是顽固好斗的小查尔斯·亨特·格哈特少将。

"他的一切都很火爆，讲话、动作和脾气，"一名少校写道，"他是'死气沉沉'的反义词。"作为柯林斯和李奇微在西点军校的同学，格哈特因自己的骑行风格而被此两人称作"松开的缰绳"，又因他吹毛求疵的性格而被称为"琐事将军"。

在他麾下，就连高级军官也得参加训练，以便能回答他提出的 5 个问题，其中之一是"描述一个人从溺水状态复苏的过程"。在美国担任师长时，格哈特曾要求所有士兵每日暴晒以获得黝黑的身躯；他还悬赏 10 先令，奖励那些枪法比他准的小伙子。一名下属将他描述为"顽强、严格、好斗已渗入全身上下每一个细胞"，另一个人则认为他"完全步入歧途，应该当一名印第安人战士"。他曾喊出振奋人心的口号："29 师，我们上！"但就连他的崇拜者后来也开玩笑说，格哈特真应该指挥 1 个军，下辖 3 个师：一个师在战场上，另一个师在医院中，还有一个师在墓地里。

7 月 15 日下午稍晚，从北面和东面发动进攻后，第 29 师的先头部队已逼至距圣洛不到 2 英里的位置。各火力小组蜿蜒穿过灌木丛，各处战场上，步兵班与挂着一挡的谢尔曼坦克齐头并进，并以之作为推进时的隐蔽物。工兵们随后用 TNT 和硝酸铵在树篱上炸开缺口，步兵们快步突入，但突然间，德军防线爆发出密集的火力，将美军部队掀翻在地。"整支部队就像被一根绳子猛地向后拽去。"一名军官写道。但美军回敬的炮火将德军伞兵炸成一堆"难以拼凑成一个完整人体"的碎肉。曳光弹如炽热的长针钻入灌木丛，炮火的轰鸣声撕扯着士兵的耳膜。

"它听上去像是一切的终结，"一名一等兵写道，"炮火下，来到这里之前的记忆荡然无存。"在前线待了 3 天的士兵现在已算得上是一名老兵了。

7 月 17 日星期一的拂晓前，格哈特命令全部 9 个营发起进攻。第 116 步兵团第 3 营实力已不足巅峰期的一半，勉强可达 400 人，但即便如此，它仍是 9 个营中最强的一个。第 3 营以连队为单位，穿过浓雾，悄悄来到圣洛东面 1 英里处的拉马德莱娜镇。上午 8 点刚过，德国人的迫击炮弹呼啸而至，新上任的营长托马斯·D. 豪伊和他的两名通信员当场阵亡。幸得美军的炮火和 P-47 雷电战斗机的轮番轰炸，才使该营未被敌装甲部队碾碎。士兵们用汗衫和黄色烟雾标示出前线，然后在树篱中搜寻着派珀轻型飞机投下的血浆袋。补充兵员身穿崭新的草绿色军装，快步奔上前去。他们手中的步枪上，军需标签仍在扳机护圈上飘动。"这真是难以言说的场景，令人内心酸涩。"一名年轻的军官后来回忆道。

德军的防线逐渐溃散。"荷兰人"诺曼·科塔将军，这位自奥马哈海滩淬炼出的硬汉率领着一支特遣队，于 7 月 18 日下午 6 点从东北方进入圣洛。他们占领了一片墓地，布兰切特家族的地下墓室成为临时指挥所。墓室的墙壁由 18 英寸的大理石构成，一具石棺非常适合充当地图桌。"这片死者安息之所，"唐·怀特黑德写道，"是整个圣洛最安全的地方。"在灌木丛中苦战了数周后，美军士兵终于攻入城区，聚集在巴约街。"就像一群幽闭恐惧症患者从迷宫中脱困而出般快乐。"A.J. 利布林补充道。德军的炮火仍从南面高地袭来，科塔的胳膊被弹片击中，鲜血顺着他的手指流下。但美军士兵很快便控制了 17 个据点。按照格哈特的命令，豪伊的遗体在黄昏时由一辆吉普车送至，其身覆盖着国旗。士兵们将他放在一片碎石堆上，此处曾是圣克鲁瓦的修道院。

圣洛城内，道路几近全毁。"你无法辨别出任何东西，"诗人让·福兰写道，"无论何等坚固的物件都未能幸免。"记者艾利斯·卡彭特报道说，石屋的碎块与漆过的百叶窗将维尔河堵得死死的。"河上漂浮着地板的木块、屋顶的木料、家具、床垫……以及各种各样的动物死尸，死马、死牛、死猫和死狗。一切都是灰暗的，"一名美军士兵补充道，"即便这里被解放，也无法恢复生机了。"作为一名红十字会志愿者来到此处的爱尔兰作家塞缪尔·贝克特估计，2 000 ~ 2 600 座建筑被"彻底摧毁"，即便在所有废墟中，圣洛也称得上是"首都"了。

军方的一份"可能设有诡雷的物件"的名单中包括：篱笆桩、茶杯、门铃、大号折刀、钱包、抽屉、电灯开关、汽车起动机、窗帘和墨水瓶。这份名单还应添加上最隐蔽的诡雷藏匿处——德军士兵的尸体。他们身上可作为战利品的鲁格手枪或钢笔通常连接着一枚手榴弹的拉弦。美军士兵得到通知："在战场上收拾敌方尸体时，至少得用一根 200 英尺长的绳子猛拽一次。"

圣洛的光复结束了布拉德利于 7 月中旬发起的攻势。总的说来，这是一场令人失望的战役：付出 4 万人伤亡的代价后，12 个师向前推进了 3 ~ 7 英里。"如果说这片错综复杂的灌木篱墙外还有另一个世界的话，"一名幸存者写道，"你也不敢保证自己能活着见到它。"就像一名营长指出的那样，许多人有"一种不祥的预感，德军将采取更具毁灭性的举措"。

但圣洛之战并非一场毫无意义的胜利。用蒙哥马利的话来说，此番攻势"耗尽了德军防御的勇气"，令隆美尔丧失了维持部队东西两向机动性的重要交通网。美军在德军第 9 伞兵团一名阵亡士兵的身上发现了一封未完成的信，信中描述了他的战友们嚼着烟叶，惊恐地紧贴着地面时的情形："我们只觉得这个世界即将灭亡。"

在拉康布一片绿色的草地上，格哈特带领着幸存的将士们高唱《更近我主》（ *Nearer, My God, to Thee* ）时，全师近 2 000 名阵亡将士被安葬在白色的木十字架和大卫之星（犹太人标记，两个正三角形重叠成的六角星。——译者注）下。一位副官念着每一名阵亡者的名字，每个名字都由其幸存的战友代为回答："到！"当师里的军乐队奏起《啤酒桶波尔卡》（ *Beer Barrel Polka* ）时，全师将士一齐高喊口号："29 师，我们上！"随后，他们再次返回战场。

7 月 17 日星期一，与往常一样，隆美尔起得很早。为防备盟军轰炸机的空袭，他现在常与自己的参谋人员睡在拉罗舍居伊翁后方一间嵌入白垩崖的房间里，屋内镶有木条。一条名叫埃尔博的腊肠犬在行李架下打着瞌睡，隆美尔曾告诉露西，一条好狗"能让你的思绪从烦恼中挣脱出来"。在住处匆匆吃罢早餐，他噔噔噔走下 15 级石阶来到院中，钻入一辆霍希车的前座。他的副官、一名中士和另一位军官坐在后排，他们凝望着天空，用肉眼搜寻着可能出现的敌方战斗机。这辆大型敞篷车驶出院门，向西驶过吉维尼小镇，克劳德·莫奈曾于一个平静的时代在此处画出那幅《睡莲》。

这位德国陆军元帅打算前往法莱斯视察两个师，然后再到卡昂附近造访麾下的两个军部。他的烦恼，不是一条好狗或前一晚聆听的勃拉姆斯广播音乐会所能排遣的。对一位经常驱车 200 多英里去看望战地指挥官的陆军元帅来说，离开拉罗舍居伊翁并非一场小冒险，而是极度危险的旅程。德军的车队或单独行车，只能在仲夏时节夜幕垂临的短暂时间里行驶。从诺曼底到荷兰，道路两侧每隔 60 码便会出现一条沟壑，司机和乘客可以跳入其中，以躲避对地扫射的飞机。

"形势一点也不乐观，"隆美尔曾写信告诉露西，"我们必须为更严峻的考验做好准备。"英方飞机在 40 分钟内投下 3 000 吨炸弹，卡昂最终于 7 月 9 日被攻陷，但城市已然灰飞烟灭。"这里已没什么东西了，"一名目击者报告道，"只余尘埃。"8 000 法国难民挤在公立中学和散发着臭气的男子修道院内。这座修道院是征服者威廉因娶了自己的表妹玛蒂尔达，为赎罪而建造的。德军依然控制着卡昂南郊，但党卫军第 12 装甲师的残余步兵实力只相当于一个营。

现在，B 集团军群一天遭受的损失便与隆美尔的非洲远征军于 1942 年整个夏季的损失持平。过去 6 周里，德军在诺曼底地区的伤亡数已达 10 万，但运抵的补充兵仅有 1 万人。7 月 10 日，英军对卡昂的一次炮袭共发射了 8 万枚炮弹，德军倾其所有，只还击了 4 500 枚。隆美尔曾亲眼看到一位营长骑马赶回司令部索要一辆汽车和一些燃料，他在战斗日志中写道："这些师的储备已被耗尽。"柏林方面预计，6~10 月，德军在所有战线上的伤亡将达 160 万，远超国家的承受力。

苏军发起的夏季攻势令德军雪上加霜。6 月 22 日，近 200 万红军士兵、2 700 辆坦克、2.4 万门大炮被投入对德进攻中。不到 2 周时间，一次巨大的钳形攻势歼灭了 25 个德军师，在前线撕开了一个宽达 25 英里的缺口。就在该周星期一，数万名德军战俘将排着蜿蜒的队列徒步走过莫斯科街头。

隆美尔的不满日益加剧。他对自己的密友、海军中将弗雷德里希·奥斯卡·鲁格说："希特勒毫不考虑德国人民，会继续打下去，直到整个德国连一座伫立的房屋也不剩为止。"陆军元帅知道这是一次危险的交谈，是关于西线的私下意见，甚至可能转化为一次政变：隆美尔反对让希特勒以死谢天下，但会考虑在必要的时候接掌德国武装力量指挥权。7 月初，龙德施泰特被解除了西线总司令的职务，表面原因是其年龄和健康方面的问题，实际是因他曾建议柏林"设法结束整个战争"。希特勒为他颁发了一枚勋章并拨发 25 万马克养老金，令他前往巴德特尔茨疗养。隆美尔预感到自己将是下一个。

龙德施泰特的继任者是君特·冯·克鲁格元帅。克鲁格绰号"聪明的汉斯"，他曾于东线指挥一个集团军群长达 2 年。如今，带着"无畏、顽强的创新者"的美誉，克鲁格来到了法国。在拉罗舍居伊翁的第一次会面，克鲁格指责了"顽固任性"的隆美尔，但不到一个星期，他便承认"形势已严峻到了无以复加的地步"。7月15日，隆美尔给最高统帅部写了一份3页纸的报告，他在其中写道："诺曼底前线局势日益恶化，即将爆发一场重大危机。这场不平等的战斗已临近尾声。"克鲁格在写给柏林的一封附信中，对这一评估表示赞同。

7月17日星期一午后，在卡昂东南方20英里处的迪沃河畔圣皮埃尔，隆美尔的霍希车驶入了党卫军第1装甲军司令部的伪装网内，炒鸡蛋和白兰地正等着这位陆军元帅享用。当日行程中，他没见到任何能缓解郁闷情绪的事物，更遑论那辆遭到扫射后在路边燃烧的德军卡车，着实让人心生绝望。在党卫军第12装甲师师长库尔特·迈尔请求获得德国空军的支援时，隆美尔沮丧而严厉地说道："你以为自己在跟谁说话？你认为我是闭眼开车穿过这个国家的吗？"

在圣皮埃尔与约瑟夫·迪特里希将军（这位装甲军军长一度是屠夫的学徒和混迹于酒馆的斗殴者）的会谈过程中，隆美尔提醒道，一场"大规模进攻"最早可能在当晚就来临。实际上，尽管英国人试图用炮击掩饰，但已经可以看见、听见他们的装甲和架桥设备正集结在奥恩河谷。隆美尔建议，将反坦克防御分散于10英里的纵深内，从而钝化对方的攻击，并防止盟军桥头堡与仍有可能从加来海峡发起进攻的第二股盟军力量会合。

一场大战似乎迫在眉睫，迪特里希对此表示同意：卡昂平原下的石灰岩就像一块回声板，将敌方的坦克声放大后传给任何一个把耳朵贴在地面上的人。"元帅大人，"他用带着鼻音的巴伐利亚方言说道，"我只服从你的命令，无论你打算做什么。"

下午4点刚过，隆美尔回到霍希车内，将一幅地图摊放在自己的膝盖上。一则坏消息需要他立即返回拉罗舍居伊翁。"我已争取到迪特里希的支持。"他低声对副官说道。

汽车沿着D-4公路向东高速驶去，脱帽的农夫和飘扬着白旗的牛车在窗外划过。在利瓦罗郊外，司机绕道驶上一条乡村小路，随后在维穆蒂耶尔重新汇入大路。北面的地平线处，6架敌军战机如蜻蜓般轻掠袭来。

突然，坐在后排的中士叫了起来，两架喷火式战斗机发现了这辆霍希，正从后方迅速逼近，机身已压低至树梢上方。司机将油门踩到底，霍希几乎就要挤入白杨树后方一条狭窄的车道，此时，500码外的领头战机机翼下射出了第一串炮弹。炮弹击中霍希的左侧，司机的肩膀和胳膊受到重创。汽车急速倾斜，撞上一段树桩后跌入一条沟渠中。隆美尔先是撞在挡风玻璃上，随后又被甩至车外，倒在距霍希车残骸 20 码的路面上。

他身负重伤，双耳出血、颅骨骨裂，左太阳穴有两处破裂，颧骨破碎，左眼伤得厉害，脸部和头皮也被撕裂。他随后被抬至附近一座看门人小屋，人们用了 45 分钟找到另一辆汽车后，将他送往利瓦罗。当地药剂师正在镇广场的咖啡馆里喝着苹果白兰地，却被急召去为重伤的陆军元帅包扎伤口。在给休克的隆美尔进行注射后，这位药剂师宣布伤者复苏希望渺茫。昏迷不醒的隆美尔被送上另一辆指挥车，来到 25 英里外位于贝尔奈的一所空军医院。

最终，他活了下来，在医院的 9 号病房内慢慢康复，直至伤势稳定到能让他返回住在黑尔林根的露西身边。没过几周，纳粹德国的宣传人员称，隆美尔在一起车祸中负伤，话中省略了敌方战斗机所发挥的作用。对埃尔温·隆美尔元帅来说，战争结束了。

隆美尔对盟军即将发起进攻的判断是正确的。7 月 18 日星期二，清晨 5 点，伴随黎明的晴空光芒乍现，1 000 架"兰开斯特"轰炸机从 3 000 英尺高空掠过波光粼粼的海峡，4 500 架飞机中的第一波次将在卡昂东南方炸开一条狭窄的通道。"红色的黎明中，飞机越过海面，分散成一个巨大的扇形，"在一架小型飞机的驾驶舱内查看了一番后，利·马洛里在他的日记中写道，"很快，除了硝烟和尘埃，便什么也看不见了。"一名德军坦克组员回忆道："我看见飞机上落下许多黑点，数量如此之多，以至于我们萌生了一个疯狂的想法——那也许是传单吧？但随后的几个小时，我经历了一生中最可怕的事。"

单是第一轰炸波次便投下了 6 000 吨炸弹。一些既定目标周围的土地，平均每平方码落下了 25 磅高爆炸药，一名身处其中的上尉称之为"一片密集的噪声"，德军士兵即便侥幸活了下来，也因此彻底失聪。"小黑点"不停落下，起火的飞机也随之坠落，但最终，整个编队带着"坚定不移的尊严"返航了。上午 7 点 45 分，震天的高呼回荡在盟军沿奥恩河集结的装甲部队中："前进！"二战中，由英国人发起的最大规模的坦克战开始了。

"古德伍德行动"集结了 3 个英国和加拿大军，约 7.6 万名士兵和 1 370 辆坦克，这柄向南突刺的匕首将插入拥有 230 辆坦克、600 门火炮及重型迫击炮的

5个德军师中。强硬的英国第8军麾下3个装甲师的700辆坦克将引领这场进攻。蒙哥马利的坦克数量充裕，但步兵数量不断减少，他告诉属下，他打算"将敌军主力吸引至东翼的战斗中。如此一来，西翼的战事进展也许能轻松些"。

计划很明确：以英国第二集团军缠住隆美尔，以便美国第一集团军能冲出滩头阵地。但这个谦逊、可靠的作战计划却受到困扰，面对掘壕据守的反坦克防御，缺乏步兵掩护使得坦克处境极其危险。蒙哥马利还告诉第二集团军司令迈尔斯·登普西："在战斗中打击敌方装甲部队，将其削弱至对德国人再无价值的地步。"也就是说：消耗敌人，直至其毁灭。英军装甲先头部队"应向南推进至距卡昂20英里处的法莱斯"，使敌人"惊慌、沮丧"。蒙哥马利向身处伦敦的布鲁克元帅做出预言："一场真正的决战将发生在东翼。700辆坦克散布在卡昂东南方，装甲车一鼓作气冲在最前列，任何事情都有可能发生。"战地记者们相信，一场"苏联式"突破将使第二集团军向前推进100英里或更远，甚至逼近巴黎。

蒙哥马利已矫枉过正。许多人都期盼着一场可以乘胜追击并有利于盟军的大战。艾森豪威尔从蒙哥马利处获知"整个东翼将陷入一片火海"后，做出了承诺：美军将继续"奋勇作战，一刻不停，为英军装甲部队提供一切可能的机会"。这位盟军最高统帅在一封电报中补充道："我以最为乐观和热情的心态看待这场战役的前景。如果你此番胜利使过往的经典之战看上去像是小规模冲突，我也丝毫不会感到惊异。请原谅我如此振奋，但这着实令人激动。"

为从态度审慎的空军指挥官那里骗取4 000架次飞机，蒙哥马利认为自己不得不"粉饰这场战斗，强调甚至过分夸大所获得的成果"。登普西在战争结束后说道："在这一过程中，他并未向艾森豪威尔吐露自己的真实想法。"英国情报主管威廉斯准将补充说："蒙哥马利不得不始终保持着自负，以使人们愿意付出代价。"

前进！无论愿意与否，坦克队伍"像一支起锚的舰队"般隆隆向前，驶出了标以白色胶带的雷区缺口。为首的是第11装甲师，装甲部队近卫师和第7装甲师紧随在后。奥恩河上的三座桥梁每隔20秒便有一辆战车通过，这种精心安排的声响规律很快使气氛紧张起来。他们驶过燃烧着的、齐胸高的麦地，来到一片隐蔽地带。这里果树林立，堆砌而成的石屋组成座座村落，路面向南倾斜，即使相隔甚远，也能很快发现隐蔽的敌人。"760门火炮怒吼起来，炮弹呼啸着掠过天空，就像愤怒的女人们从房间里一齐冲出来。"一名上尉这样写道。

滚动的炮弹以每分钟150码的速度向前席卷，一名坦克组成员将此描述为

"一堵灰色的弹幕铁壁。很难相信有任何事物能在这种炮击中保持完整"。但弹幕越过坦克中队后不久，便在距离进攻发起线 2 英里处的一道铁路路基前放缓了。惊慌的德国人并未像蒙哥马利期望的那样，被一场世界末日般的进攻搞得神经错乱，他们很快恢复了清醒。

炽热、橙色的侧射火力由卡尼射出，这座饱受摧残的村庄位于进攻通道的左侧边缘。上午 10 点，汉斯·冯·卢克中校仍穿着他的军礼服，这位隆美尔的助手刚刚结束了在巴黎的 3 天休假。卢克在村里发现了一个完整的空军炮兵连，拥有 4 门 88 毫米高射炮。卢克挥舞着手枪，强迫不太情愿的炮兵连连长将炮管瞄准一片苹果园。"你要做的就是打坦克！"一发发炮弹开始"像鱼雷般"穿过麦秸秆。英军第 11 装甲师报告说："很难判断炮火的来向。"没过多久，16 辆谢尔曼坦克停在麦地里起火燃烧。德军坚守卡尼村直至傍晚，妨碍了英军前进的脚步。

更多的坦克很快在南面燃烧起来，它们在越过第二条铁路路基后遭到阻击，这条路基正对着敌军沿布尔盖比岭设下的主火炮防线，布尔盖比（Bourguébus）不可避免地被英军士兵戏称为"Buggersbus"（载满同性恋的大巴车）。虽然遭受了地毯式轰炸，但山脊和党卫军援兵几乎毫发无损，战斗轰炸机飞行员发现，伪装过的火炮掩体使用了无烟、无闪烁的火药，难以被发现。英军侦察队缓慢前进时，德国守军便趴下身子，"结果，侦察车发回的报告中错误地声称，布尔盖比岭没有敌人"，第 11 装甲师师长后来解释道。"猛烈、难以逾越的火力"随后便席卷了坦克编队。很快，"视野中满是起火燃烧的谢尔曼坦克"，冷溪近卫团的一名中尉回忆道。

"一些坦克组成员身上起了火，在地上翻滚着，试图将衣服上的火苗扑灭。"炮手约翰·M. 索普在他的日记中写道，"此刻，我们前方所有坦克都在燃烧……巨大的烟圈从炮塔腾起，直直升入无风的高空。"另一名英国士兵写道："烧伤的战友不断穿过谷地返回。我们给了他们些水喝，告诉他们继续走。"一名下士将烧焦的布尔盖比山坡形容为"一片可怕的墓地，埋葬的是燃烧的坦克"。

★ ★ ★

蒙哥马利对此持有不同看法。"今天早上的行动圆满成功，"下午 4 点刚过，他给布鲁克元帅发去电报，"局面大有希望，很难想象敌人现在还能做些什么。"在发给艾森豪威尔的电报中，他补充道："我对今天发生在东翼的战斗非常满意。我们肯定令敌人毫无准备。第二集团军的 3 个装甲师目前正在旷野奋战。"但这纯属他的主观臆想：第 8 军沿一条并不比刀刃宽多少的前线勉强向前推进了 6 英里，付出的代价是 200 辆坦克。也许是被先前从战场发回的急电中愉悦的情绪所误导，他还签发了一份公告，及时赶上了 BBC 晚上 9 点的新闻广播："第二集团军发起进攻并达成突破。蒙哥马利将军对此非常满意。"7 月 19 日星期三早晨，《伦敦时报》的头版头条上写道：第二集团军达成突破。不甘示弱的《每日邮报》则刊登出标题：装甲部队现已涌入敞开的国家。

蒙哥马利振奋人心的宣言在布希公园引发了欢呼，可当真实的作战态势图明确后，这种欢呼变为了巨大的失望。星期三，凯·萨默斯比在她的工作日记中写道："E 担心不已，因为蒙蒂停步不前。E 感觉不舒服，血压升高。"（E 指艾森豪威尔。——译者注）当天的事情只会令艾森豪威尔感觉更加糟糕。据报，布尔盖比岭上"满是敌人"，包括已令更多谢尔曼坦克在卡昂平原上起火燃烧的反坦克援兵。登普西用于实施侧翼进攻的两个军——东面的英国第 1 军和西面的加拿大第 2 军，也没有获得更大的成功。

前者在特罗阿恩发起的多次进攻均告失败；后者虽然夺取了卡昂南郊，却又在德军的一次凶猛反击中被击退。据一名加拿大士兵记录："有一个被困的旅，幸存者们躲在麦地里，直到他们匍匐行进至安全处为止。"星期四拂晓时，英国士兵终于攻占了布尔盖比岭，但没有继续前进。下午 4 点，一场雷雨"带着热带暴雨的劲头"降临，长达两日的倾盆大雨结束了"古德伍德行动"。军士们分发着朗姆酒，士兵们蹑手蹑脚地穿过战场，搜寻着阵亡的战友。

这场攻势又解放了 34 平方英里的法国领土，以及卡昂的其余部分。这将滩头阵地扩大至足以容纳加拿大第一集团军先头部队的程度，但与盟军最高统帅部的期望仍然有一定差距。2 000 多名德军士兵被俘，此外，正如蒙哥马利预想的那样，德军额外的装甲力量被吸引至盟军东翼。但约瑟夫·迪特里希只损失了 75 辆坦克和突击炮，并未像蒙哥马利所希望的那样大伤元气。所谓的"装甲师拼死突击"仅仅使第二集团军付出了 4 000 多人的伤亡，外加 400 多辆坦克，这个数字约为英军部署于欧洲大陆的装甲力量的 1/3。空军力量则一直为"7 英里的范围内投下了 7 000 吨炸弹"而抱怨不已。

耗时近 7 周后，"霸王行动"已在一条 80 英里长的战线上投入了 33 个盟军师，但对诺曼底的纵深突破还不到 30 英里，却付出了 12.2 万人伤亡的代价。"我们面对的问题，比最悲观的人在战斗开始前所设想的更为艰辛。"艾森豪威尔的密友埃弗雷特·S. 休斯少将于 7 月 22 日写信告诉他的妻子。机智的家伙写出了嘲弄性的报纸头条——"蒙哥马利端坐于他的卡昂",而《纽约先驱论坛报》则捕捉到了前线的沮丧情绪:"盟军在法国的整条战线陷入了困境。"《伦敦时报》一改对"古德伍德行动"的热情:"先前报道中所用的'突破'这个词,其含义是有限的。"利·马洛里在他的日记中写道:"我们的问题在于某些将领的指挥能力不足。"

盟军统帅部里的抱怨和指责愈演愈烈。蒙哥马利会被解除职务吗?谣言四起,鼓动者们煽风点火。获知 V-1 发射场不会被迅速攻占后,空军上将特德告诉比德尔·史密斯:"那么,我们必须换个能把我们带至那里的将领。我、艾森豪威尔,还有其他人一直都被当成了傻瓜。"更严重的是,特德告诉艾森豪威尔:"我认为蒙哥马利从未想过要达成一场干净利落的突破。"这番话是他于 7 月 20 日,德国军方企图用一枚炸弹刺杀希特勒的行动失败后所说。双方依旧在诺曼底战场僵持着,希特勒因此得以腾出手来实施报复,并稳固自己的政权。失败的暗杀者,克劳斯·冯·施陶芬贝格上校和其他 200 多人被枪毙、绞首、斩首、服毒或吊死,有些还被拍成了影片,另有数千人被捕入狱。

到了当月月底,德国国防军军官被要求使用纳粹举手礼,而不是传统的军礼,以此展示其对元首的忠诚。"E 对所取得的进展很不高兴。"萨默斯比写道。尽管不太高兴,但艾森豪威尔还是定下心神,决定不轻举妄动,只是静观其变。相反,通过直接或间接的方式,他继续给手下的战地指挥官施加压力。一天晚上,在被丘吉尔打来的电话吵醒后,艾森豪威尔问这位英国首相:"你的国民如何看待此地缓慢的进展?也许你能说服蒙蒂跨上他的自行车动起来。"

至于蒙哥马利,盟军最高统帅向他发送了一份 14 段长、措辞清晰的电文。"时间至关重要,"艾森豪威尔写道,"我们必须投入一切力量展开攻击。我想,我们最后会逮住他们,并消灭他们,但这一时刻尚未来临。最终,美国的地面力量必定远超英国,但在我们实力相当时,我们必须并肩前进,共享荣誉、分担牺牲。"

他将继续保持信心,对作战计划、对他的各级指挥官,以及他们共同的事业。也许他只会对自己的母亲透露出自己是多么疲惫。7 月 23 日,他在寄给居住于堪萨斯的艾达·艾森豪威尔的信中写道:"若是能回家,我就躺在门前的草坪上,在那儿一动不动待上一个星期。"

渐渐昏暗的白昼

奥马尔·布拉德利常在拂晓前穿着陪伴他度过突尼斯和西西里战役的西点军校睡衣，站在 8 英尺高的地图板前，现在，这块地图板就放在位于滨海伊西尼东南方 4 英里的武伊利的一顶草绿色帐篷内。尽管睡前服用了镇静剂，但布拉德利的睡眠质量依旧糟糕。几乎每个凌晨，他都被发现在他那辆拖车旁的帐篷中的木地板上来回踱步，考虑着他所说的"前方的可怕地区"。

温润的月光笼罩着第一集团军司令部的露营地，死去的牛群散发着令人作呕的臭味，飘散在夜晚的空气中。珠灰色的光线从东方露出，公鸡终于开始打鸣时，布拉德利仍注视着那张地图，用铅笔勾勒着边际线或是描绘着道路。随后，他用一根长长的山毛榉树枝为教鞭，在心中无数次默默排演即将发起的进攻，这场进攻必须结束僵持状态，并赢得诺曼底战役。"我希望这是世界上最重要的事情。"他告诉自己的参谋人员。

这件最重要的事情便是"眼镜蛇行动"，这场行动属于布拉德利，尽管不是他独自策划的。例如，蒙哥马利就曾鼓励过，将一场猛烈的打击集中于比美国人通常定义的前线更为狭窄的战线上，这是个中肯的忠告，并且被巧妙地传递了出去。"在这上面多花点时间，布莱德，"一位英国指挥官将两根修长的手指按在地图上，叮嘱道，"如果我是你的话，我想我会把我的力量更集中些。"乔·柯林斯的第 7 军将充当矛头，且已经选中了一个精确的进攻点：圣洛西面的一片灌木林，位于一条通往佩里耶的古罗马道路上。包括柯林斯麾下的 6 个师在内的 15 个美军师将突破战线，最终到达南面 30 英里处的阿夫朗什，打开通往布列塔尼和布雷顿港口的道路。艾森豪威尔叮嘱道："要以近乎鲁莽的热情，紧握每一个优势。"

这种优势来自空中力量，特别是在炮兵弹药短缺至今的情况下。一架重型轰炸机所携带的炸弹，威力超过 100 门榴弹炮同时开火，而布拉德利希望在 1 个小时内，用 1 500 架重型轰炸机在一片 5 英里宽、1 英里纵深的矩形地带投下 6 万枚 100 磅的炸弹，也就是说，每 16 英尺落下一颗。整整 1 个星期，他一直在与空军弟兄们协商这次行动，甚至在 7 月 19 日，也就是"古德伍德行动"遭遇失败的那一天，他还奔赴米德尔塞克斯——英国空军上将利·马洛里位于斯坦默尔的司令部。

布拉德利认为，使用装有瞬时引信的小型炸弹能防止出现过大过深的弹坑，这种弹坑曾在卡西诺和卡昂给坦克的行进带来了麻烦。为防止误伤，轰炸机编队的飞行应与战线保持平行，以圣洛至佩里耶的笔直道路为指引。陆军各个突击营将后退 800 码，如此距离可以使他们在敌人被炸得晕头转向之际冲上去，"古德伍德行动"中就曾发生过这种情况。

布拉德利的观点并未引起空军人员的重视。陆军航空队厚约 125 页的《投弹手手册》中，除了其他深奥内容外，弹道系数、投掷角及威廉姆森概率，一切都表明这位将军提出的攻击路线是无法做到的。1 500 架飞机无法在地面进攻发起前的 1 个小时内，集中至第一集团军指定的一条 1 英里长的通道中。这样一场轰炸需要近 3 个小时来实施，更遑论其他技术问题，如在强劲的侧风中精确投弹及飞越猛烈的防空火力的困难。轰炸机只有在沿着与战线垂直的路线进入（从北面而来，自美军部队上空飞过）时，才可能在 1 个小时内投下数千吨炸弹。此外，即便是白天和晴好的天气，对战壕中的部队来说，与轰炸线的安全距离也要3 000 码，几乎是 2 英里。少于这个距离，就会发生一名空军指挥官所说的"炸弹将落在陆军士兵两腿之间"的后果。

布拉德利同意将他的突击营从后撤 800 码增至 1 200 码，但他拒绝做出更大让步。空军方面提醒他，炸弹可能有 3% 会落偏，也就是说，"眼镜蛇行动"中有 1 800 枚炸弹将可能威胁到己方士兵的生命，布拉德利接受了这一风险。尽管会有美军士兵被误炸身亡，但在战争中，一切都"只是完成任务的工具而已"，他后来写道："战争既没有时间，也没有心思去关注每一个人和他的尊严。"正如他曾对厄尼·派尔说过的那样："为接受如此残酷的事实，我用了 30 年的时间来调整自己的心态。"

7 月 24 日星期一，派尔在蓬埃贝尔附近的一座苹果园中度过了这个星期一的夜晚，他裹着一条毛毯，躺在那些布满白色子弹擦痕的树干间。瑟堡战役后，他感到空虚、嗜睡，就像有人耗尽了"你少得可怜的幸存希望"。他闲逛到滩头阵地后方，撰写那些用砂纸和汽油溶剂翻新生锈的 M-1 步枪的军械人员的故事。战场上的老兵将那些后方人员称作"他们"，"他们"所处的世界则是"他们的地盘"。派尔为自己在"他们的地盘"闲逛而感到愧疚。

现在，他已返回前线，这才是他自己的地盘。星期二早晨，他站在一座石屋后，狭窄的战壕穿过了这里的农场。第 4 步兵师的军官们正研究着标有"眼镜蛇行动"轰炸顺序的油印示意图，图上标明了重型轰炸机 B-17 和 B-24 将在何处投下机载炸弹，参加轰炸的还包括中型轰炸机和战斗轰炸机。在南面不到半英里处，沿着圣洛 - 佩里耶公路，每隔 1 英里便腾起从发烟罐中飘出的红色烟柱，发烟罐每 30 秒发射一枚，以此标绘出轰炸线。樱桃红的对空识别板像火红的地毯般铺在地面上，每辆车都被重新漆上了盟军的白星徽标，这个于 2 年前首次投入使用的标记，被证明是从空中和地面能看见的最清楚的几何图案。

上午 9 点 38 分，首批 350 架战斗轰炸机开始沿一条与道路相平行、300 码宽的通道扫射德军阵地。美军士兵隐蔽在树下，一声嘶哑的吼叫引发了周围战友的附和，一名中尉写道："他们就像一帮参加橄榄球赛的孩子。"派尔眯着眼望向天空，他手搭凉棚遮挡太阳射出的强光，聆听着"飞机机枪密集的射击声及俯冲时发出的剧烈尖啸"。

到目前为止，"眼镜蛇行动"进行得并不顺利。该行动原计划紧跟在"古德伍德行动"之后发起，但在布拉德利闷闷不乐地研究了三张存放在他指挥部里的晴雨表后，这场行动不得不因为降雨和阴云推延数日。利·马洛里随后下令，7 月 24 日星期一中午发动进攻，从而拒绝了美国第 8 航空队再等一天，或至少等到下午 3 点左右，天空放晴后再行动的请求。

利·马洛里于星期一上午 11 点 20 分从斯坦默尔飞抵布拉德利设在武伊利的指挥部，他发现云层依然笼罩着诺曼底地区。轰炸机已在飞行途中，利·马洛里急切地发出取消行动令并电告英国，但为时已晚，他根本无法联系上空中的飞行员。尽管许多飞行员因为糟糕的能见度及"突防航迹位于友军正上方时不得仓促轰炸"的命令而放弃了投弹，但仍有部分轰炸机投放了炸弹。有的是出于失误（一架飞机的机鼻被箔条包砸中，受到惊吓的投弹手意外扳动了投弹手柄），有的则是抓住机会，穿过稀薄的阴霾投下炸弹。350 架重型轰炸机投下了近 1 000 吨炸弹，只有 15% 命中目标。一些中型轰炸机的投弹偏差高达 7 英里，还有些 P-47 对远在轰炸线 4 英里外的错误目标发起了攻击。25 名美军士兵身亡，131 人负伤，死伤者几乎都是第 30 步兵师的将士。该师副师长讽刺地向第一集团军汇报："这真他 × 是一场辉煌的胜利啊！"

布拉德利怒不可遏。利·马洛里飞回英国时，耳边回响着难以忍受的嘲讽声。晚上 10 点 30 分，他致电布拉德利，确认了轰炸机是垂直而非平行飞往目标区，且投下的炸弹中，多数重量都超过了 100 磅。布拉德利显然误解了 7 月 19 日斯坦默尔会议中所商定的内容，利·马洛里则因故早早离席而未能获知行动细节。利·马洛里补充道，一场支援"眼镜蛇行动"的全面轰炸将在星期二早间再次发起，但只能从北面按照相同的垂直路线飞入。由于气候条件越来越糟糕，布拉德利只得带着强烈的抱怨声同意了。柯林斯必须彻夜忙碌，令他麾下那个被搅得稀里糊涂的军部重新进入阵地，以便再度尝试发起进攻。

身处农场堡垒内的派尔花了半个多小时观察了战斗轰炸机的俯冲、扫射"表演"。伴随着德军高射炮炮弹在空中绽放出黑色的"花朵"，一种新的噪声出现了。"这种声音十分低沉，仿佛要吞噬一切。它是如此空洞、遥远，似乎是预示着末日的旷古钟声。"从北面而来的 B-17 和 B-24 渐渐飞近，巨大的银色十字在步兵头顶上方 3 英里处遮盖了整片天空。"它们在空中平稳地翱翔，仿佛这个世界根本没有动荡。"士兵们呆滞地凝望着，脑袋随着飞行队伍的移动向后仰去，直到钢盔落了下来。

南面的第一轮爆炸令派尔想起了"爆米花的炸裂声"。硝烟和尘埃飘回来穿过果园，"白昼渐渐昏暗下来。"接着，不知何故，这些满载炸弹的飞机越来越近，可怕的风声掠过飞机的尾翼，沉闷的爆炸声响彻整片树林。派尔一头钻入石屋后的一辆重型货车的底盘下，"等待着黑暗降临"。冲击波令他胸腔疼痛、双眼紧闭，他在后来将此描述为"我曾经历过的最持久的恐怖"。这场咆哮终于过去后，一名上校蹒跚着穿过纷飞的尘埃，捻着手指喃喃地说道："这真他 × 的！"

对其他人来说，情况只有更糟。倒霉的第 30 师在这个星期二的中午再次遭到陆航队误炸，造成的伤亡人数比战争期间任何一天由敌军带来的死伤都要多。"随后传来了那种可怕的风声，"一份团史中记录道，"就像种子在一只干燥的葫芦中发出的低沉呼声。"炸弹将人埋入战壕，或是将他们像鹿的尸体一般撕碎。炸弹抹平了指挥所，将牛抛入树林，墓场中的死人也被炸飞出来。"剧烈的冲击波就像有人在用棍棒狠狠揍你。"一名军官汇报道。一个家伙的臀部遭到被炸飞起来的断臂的重击。遭到误炸的士兵们尖叫着呼唤救护兵，并对空中的"美国纳粹"破口大骂。

1 500 多架重型轰炸机投下了 2 000 吨高爆弹，以及更多的杀伤弹。其中 36 架重型轰炸机与另外 42 架中型轰炸机参与到了这场屠杀自己人的任务中。高空的积云迫使一些轰炸机的飞行高度下降了数千英尺，编队被打散，这使投弹手们不得不仓促地重新计算瞄准器的数据。红色标识烟雾很容易与炮口的闪烁相混淆，速度达到 5 节（风速单位。——译者注）的南风推动着爆炸产生的浓密烟雾，圣洛 - 佩里耶公路很快被笼罩其中。2% 的炸弹落点比计划的近了 1 英里或更多，造成 111 名美军士兵死亡，490 人受伤，这个数字还不包括前一天的伤亡数。

陆军地面部队司令莱斯利·J. 麦克奈尔中将也在阵亡者名单中。他从华盛顿赶来视察，冒冒失失地让自己进入了第 30 师的一个突击营中。搜寻者们用镐和铁锹仔细搜索了他最后被看见时所待的弹坑，结果一无所获。最后，他的尸体在 65 英尺外被发现，除了名牌、臂章和军衔标记外，其他的一切都已无从辨认。"我多次提醒过他不要冒这种毫无必要的危险"，艾森豪威尔给马歇尔发去电报。一份清单列出了交予麦克奈尔遗孀的个人财物："6 颗中将星已然黯淡无光。"

最后一架中型轰炸机于 12 点 23 分飞离时，近 2 500 架飞机已投下 5 000 吨炸弹，外加大批白磷弹和一种被称为"凝固汽油弹"的新型胶状汽油剂。在陆军装甲部队的突击目标区，每平方英里落下的炸弹超过 1.1 万枚，使该区域跻身战争史上杀伤力最强的区域。至于那些因站错位置而被炸死或炸伤的美军士兵，派尔带着宿命论的论调简洁地写道："任何人都可能犯错。"

7 月 25 日星期二下午，艾森豪威尔飞赴布拉德利位于武伊利的指挥部，在那里待了几个小时后才返回伦敦。沮丧的他发誓，以后的战术进攻绝不再使用重型轰炸机。"那是炮兵的活儿，"他厉声说道，"这次我给他们开了绿灯，但我向你们保证，这是最后一次。"布拉德利对利·马洛里和其他人恼怒不已，但他却忽视了自己将部队部署得离轰炸线过近这一事实。

当天下午早些时候，"眼镜蛇行动"的地面攻击顺利进行着。突击部队最初获得的进展并不大：第 30 步兵师的一支队伍刚前进了 400 码，便遭到敌军的抵抗，对方甚至拥有"黑豹"式坦克。"我的天哪，"轻型坦克中的一名美军士兵通过电台喊道，"我朝它开了三炮，可都被弹飞了。""黑豹"开炮还击，将一名美军副排长炸成了碎片。"只剩双腿和屁股还在那里，"他的一位战友写道，"戴着手表的那只胳膊飞到了一栋房子旁。"夜幕降临前，第 7 军越过圣洛 - 佩里耶公路后取得的进展不足 1 英里，抓获的俘虏也不到 300 人。德国人的炮弹雨点般落下，导致一名情报官得出结论："敌人的大炮丝毫未受我方轰炸的影响。"

像艾森豪威尔和布拉德利这种经历过北非战事的老兵，应该能记起吉卜林于突尼斯广为流传的两行诗句：

> 人们无法说清，可真主知道，
>
> 对方遭受到多大的伤害。

实际上，德国人的防御已被炸得粉碎，他们遭受了致命的打击。美军第 7 军的主要对手——德国装甲教导师在经历了 6 周的激战后，早已被德军最高统帅部描述为"消耗殆尽"。星期二的疯狂轰炸彻底摧毁了这个已被削弱的师，坦克、电台、指挥所或被掀翻，或被彻底炸毁。该师师长，曾担任过隆美尔非洲军参谋长的弗里茨·拜尔莱因将军这样描述道："半疯的士兵们跳出被炸得像月球表面的弹坑，转着圈子乱跑。所有的一切不是被炸碎就是被焚毁。"据他统计，70% 的部下阵亡、负伤或带着"一种无助、虚弱和自卑感"发呆，下达的命令只能派摩托车传令兵在遍地狼藉中摸索出一条通路传递。克鲁格元帅传话，圣洛 - 佩里耶通道必须守住，拜尔莱因回答说："告诉元帅，装甲教导师已全军覆没。除非死者仍能坚守，否则我们就完蛋了。"

德军指挥官并不清楚美军的规模，并为对方在星期一时中断攻势而自鸣得意，他们犯了大错。正如蒙哥马利预料的那样，德国第七集团军辖内 2/3 或更多的装甲力量仍在东面与英军对峙；第十五集团军的预备力量继续死守加来海峡，等待着盟军 30 个师的到来——他们依然相信，这批集结于英国的部队将发起第二波攻击。第七集团军未能保留一支装甲预备队，以堵住科唐坦半岛上出现的缺口，其战场指挥官能力不足的缺陷暴露无遗。星期二深夜，克鲁格的司令部通知柏林："前线，可以说已经崩裂。7～8 公里的前线上出现了一个 2～5 公里纵深的缺口，已无将其封闭的可能。"

确实没有这种可能性。柯林斯沿圣洛 - 佩里耶公路，在一条 5 英里的战线上集结了 12 万名士兵，另外还有 1.5 万名负责清除地雷和埋葬死者的工兵。他们拥有 600 门大炮和 14 万枚炮弹储备，超过了第一集团军辖内其他 3 个军的火力总和。为清除灌木丛，大多数谢尔曼坦克都装载了树篱切割器——这种由美军士兵设计的坚固獠牙，是利用德国人设在滩头的角铁障碍物制成的。英国的焊工和几乎所有的乙炔、氧气钢瓶都被运至诺曼底，在那里，圣让德代埃的一条装配线两天内生产了 300 副切割器。

"眼镜蛇行动"前，这一切都被严格保密。同样具有创新性的决定出自埃尔伍德·"彼得"·奎萨达少将。这位战术空军指挥官向每支坦克纵队派出携带着甚高频电台的联络官，从而令坦克队伍能与上方的战斗轰炸机驾驶员取得直接联络。这种协同作战方式被证明极具价值，飞行员们笑称，这简直是在"欺负德国佬"。

直到第 4、第 9 及第 30 步兵师的突击营在敌军防线上打开了一个明显的缺口后，柯林斯才决定投入麾下主力——第 1 步兵师，第 2、第 3 装甲师。这个星期二下午，尽管美军先头部队尚未突入德军后方，难以造成太大威胁，但德国人并未发起常见的反击，反映出他们的混乱和虚弱。下午 5 点 45 分，柯林斯下令后续部队于 7 月 26 日早晨继续进攻。步兵们在夜幕下向前爬行，搜寻诡雷、清除地雷、侦听坦克发动机的轰鸣。

伴随着新的一天到来，美军的攻势愈发凶猛，交战双方开始徐徐越过一片向南倾斜的地带。美军士兵以"苏联人的方式"搭乘着坦克踏入战场，他们跳下坦克，用猛烈的火力扫射每一处洼地和灌木丛。现在，第 1 步兵师要求，肃清每个灌木篱墙的平均时间不得超过 3 分钟，而在短短几周前，同样的任务要耗费几个小时。在突破口的东部边缘，为夺取通往圣吉尔的一条狭窄、塌陷的道路，第 30 师付出了 700 人伤亡的代价，但下午 3 点前，美军坦克碾过这个村庄时，遭遇到的抵抗却甚是轻微。马里尼落入第 1 步兵师手中，第 9 步兵师越过佩里耶公路后前进了近 3 英里。

下午 4 点，德国第七集团军报告说，在一条狭窄的战线上，美国人从 7 个缺口涌入。德军试图投入两个师，向西跨越维尔河以堵住缺口，却被美军第 19 军阻住去路，导致行动失败。燃料短缺使党卫军第 2 装甲师的两个装甲连被迫放弃，该师师长也被一支美军巡逻队击毙——这是对蒂勒大屠杀和奥拉杜尔大屠杀的一次微不足道，却令人满意的复仇。克鲁格元帅告诉下属，至少在一个星期内别指望有援兵到来。

到 7 月 27 日星期四傍晚前，已有 10 万名美军士兵渗入 5 英里宽的缺口，装甲部队已逼近库唐塞。布拉德利的地图板上，越来越多的敌军部队被贴上了"REM（残部）"的标记。"敌人的防线已门户大开。"第 30 师师长告诉柯林斯。

法国农民在战场上穿梭，从德军士兵的尸体上剥去靴子和军装。在一个被夺取的德军营地内，美军士兵发现一张餐桌上铺着白色的桌布，摆着凋零的鲜花，另外还有翻旧了的色情书籍、《生活》杂志，以及摊放在棋盘上、下了一半的跳棋。一名坦克中尉看见一名德国兵丢下步枪仓皇逃离。"随后我看见他头上出现的弹孔，他一头撞在一棵苹果树上。"中尉写道，"他像只鸡一样在逃跑中死掉了。"

星期五，敌军越过一条 20 英里长的战线向后方溃逃，在柯林斯的第 7 军和特洛伊·米德尔顿少将的第 8 军协力压迫下，他们进入了一条沿科唐坦海岸延伸的通道。德国人的伏击、局部反击及混乱的局面使大批德军逃出了科唐坦的围剿，尽管如此，猛烈的行进间火力依然造成了严重的伤亡。龙塞上空的飞行员报告说，这里是"战斗轰炸机的天堂"，德国人的交通排成三行，一辆接一辆的汽车缓慢行进着。一连 6 个小时，盟军飞机酣畅淋漓地打击着这些车队，后来，大炮、坦克和坦克歼击车也参与进来。德军 100 多辆坦克和 250 部其他车辆不是起火燃烧便是被炸毁，幸存的德军士兵徒步逃离，他们的身影周围尽是焚天的烈火。德国人已到了崩溃边缘。

7 月 29 日星期六早晨，库唐塞被攻陷。格兰佛的德国海军人员在逃离前破坏了他们的岸防炮。兴高采烈的布拉德利发报给艾森豪威尔："目前的局势看上去真是不错。"阿夫朗什就在前方，它与诺曼底地区其他古老的城镇一同走过了悠长的岁月。英国君主亨利二世曾来到这里，赤足免冠双膝下跪，为自己在 1170 年谋杀托马斯·贝克特的罪行公开忏悔。

阿夫朗什静静地坐落于一座高耸的峭壁上，俯瞰西面 8 英里处圣洁的圣米歇尔山，面对着布列塔尼和布雷顿港口——盟军亟待占领的重要后勤补给站。星期日晚间，第 4 装甲师的一支先头部队冲入镇内，却发现这里没有设防，兴高采烈的法国人挥舞着三色旗迎接他们。在意识到危险之后，搭乘着卡车和马拉车的德国人杀气腾腾地向阿夫朗什赶来。德军在拂晓时发起进攻，却被白磷弹、P-47 的扫射及谢尔曼的火力逼退。美军的坦克和步兵很快便夺取了塞吕讷河上的重要桥梁。这座桥位于阿夫朗什南面 4 英里处的蓬托博尔，不知何故，美军到达时，它依然完好无损。没过几个小时，塞吕讷河上又建起了三个渡河点。这里的道路四通八达，包括位于布列塔尼的港口。

仅 7 月 31 日，第 8 军便抓获了 7 000 名德军战俘，许多俘虏只是被解除了武装，在无人押送的情况下自己向战俘营走去。"我们面对的是一个被击败的敌人，"塔比·巴顿将军告诉自己在第 4 步兵师的下属，"他们士气低落，处于极大的混乱中。"星期一上午 10 点 30 分，克鲁格从勒芒致电身处巴黎的德军参谋长。在获知柏林要求自己在诺曼底地区重新建立起另一道防线时，克鲁格嘲讽道：

> 这里就是个疯人院，你根本无法想象它是什么样子，你所能做的只是放声大笑。他们没看到我们的急电吗？他们没明白吗？他们肯定生活在月球上。必须让人告诉元首，要是美国人到达阿夫朗什，他们就将冲出树林，就能做他们想做的任何事。

元首很快就会理解克鲁格这番评论意味着什么。在 1 万架次战术飞机的支援下，第一集团军不到一周便推进了 30 英里，包抄德军左翼，并进入了布列塔尼半岛。敌防被破，运动战终于开始了。

复仇者

沿着碎石路和被猛烈轰炸过的农场车道，由吉普、坦克和两吨半载重的卡车组成的车队蜿蜒穿过脱谷场和果实累累的果园。驾驶着摩托车的宪兵在队列中穿梭，斥责着懒散的家伙。手雷像"卡地亚钞票夹"一般挂在士兵军装的翻领上。白垩色尘埃沾满了他们的面孔，染灰了他们的头发。"战争就是他们的职业，"摄影记者李·米勒写道，"他们排成一支倾斜的队列向前而去。"

他们分成小股队列分别向南、向西、向东前进。他们经过石制谷仓和拖着装有牛奶的铜缸的骡子，经过仍在兜售香水和丝质围巾的店铺，也经过那些被剃光了头并画上粗陋的"卐"字标记的法奸。卡车稍停片刻，美军士兵们匆匆下车，排成扭动的梯阵在路边小便。一旁的法国平民冲上前去，将食指和中指放在两片嘴唇上索要香烟——这个手势被福里斯特·波格描述为法国国礼，其他人则送上由蓝绣球花、红玫瑰和白翠菊组成的三色花束。"Heep，heep，whoo-ray！"法国人高叫着，重复着从上一代美军步兵那里学来的短句（这句话的正确读音应该是 Hip hip hooray，意思是：好啊，太好啦，万岁！法国人的发音显然不够标准。——译者注）。"I speeg Engless.Jees-Christ，cot-dam！"（这句话的对应英语是 I speak English.Jesus Christ，God damn. 意思是：我只会说英语，耶稣基督，天哪！美国人的法语发音也好不到哪里去。——译者注）士兵们则用印在《星条旗报》上的实用法语短句做出回答，这些短句中甚至还包括"我的妻子不理解我"这类句子。

喊出"法兰西万岁"的美军士兵通常能得到一壶苹果白兰地，法国人民常回以纪念"拉斐特精神"的敬酒或对 Boche（德国兵）轻蔑地斥责，这些 Boche 通常被美国人称作 Krauts（德国佬）、Jerries（杰瑞）、Graybacks（灰色佬）、Lice（虱子）、Huns（匈奴人）或 Squareheads（蠢货）。（拉斐特指的是一战期间赴法国参战的美国"拉斐特飞行队"。而 Krauts、Jerries、Graybacks、Lice、Huns、Squareheads 这些词都是对二战中德国兵的指代。——译者注）

德国观光海报仍张贴在校舍的墙壁上，黑板上用粉笔字写着德语中所有的元音、变音和大写名词。他们一路上遇到的德国人都是俘虏，促使他们投降的是那些惨不忍睹的死尸，美国士兵将他们称为"密尔沃基德国人"。这些死者通常被埋在一个临时的墓碑下，碑文只有一个直白的名词，也是大写："一个德国人。"B 集团军群的一名军官承认，德国军队经历了一场拿破仑式的撤退。克鲁格在 8 月初告诉他的上级："无论下达多少道命令，部队都不能、都无法、都没有强大到足以击败敌人。"

潮水般的队伍停在匆匆建起的宿营地过夜，将士们强咽着冰冷的 K 级口粮，或是将盛着汤的钢盔置于点燃的固体酒精上加热。烧灼的钢盔散发着蓝色的光泽，象征着他们卓著的贡献，足以为他们每个人颁发一枚紫心勋章。夜间，他们也会为死难的战友举行简短的追悼仪式。"一个人的生死只取决于一颗比人手指还小的金属。"一名士兵如此写道。一位牧师在为死者祈祷时，引用了爱尔兰诗人查尔斯·沃尔夫的诗句："我们将他悄然安葬于夜深人静时……只让他与荣耀相伴。"

盟军最高统帅部的策划者们在 7 月下旬时预计，如果为已分配给"霸王行动"的 75 个师再增加 9 个师，德国人就将被迅速击败。令人遗憾的是，英国人目前在法国的兵力不到 36 个师，额外的预备力量几乎为零；而美国援兵抵达法国的速度低于每星期一个师，直到 1945 年 8 月，盟军在欧洲大陆上的兵力才达到了赢得战争所需的 84 个师。因此，盟军不得不勉强接受一位被记者形容为"好斗、咆哮的彗星"的指挥官，而他在西点军校的一名同学则将他描述为"一只颇具智慧的纯种斗鸡"。

许多赶至阿夫朗什的士兵第一次见到了小乔治·S. 巴顿中将。他"咚"的

"一颗好斗、咆哮的彗星"，一名记者这样形容美国第三集团军司令乔治·巴顿，这张照片拍摄于 1945 年他被擢升为四星上将后。（美国陆军军事历史研究所）

一声跳下吉普车，来到一座搭着伞盖的警察岗亭，用了大约 90 分钟疏导拥挤的交通。巴顿被布拉德利派往监督第 8 军向南推进，在他的督促下，7 个师于 72 小时内涌过了阿夫朗什。雪茄闷燃着，他朝偶尔露面的德国空军偷袭者破口大骂："这些该死的王八蛋，这帮狗 × 的坏透了，我们会逮住你们的。"一名下属打电话汇报自己的位置时，巴顿朝话筒吼道："挂掉电话，继续前进！"在诺曼底一片布满炸毁的车辆、燃烧的草皮及烧焦的德军尸体的地方，他感叹道："还有什么比这更壮观的吗？与战争相比，人类在其他方面的努力都显得那么渺小。天哪，我爱死它了。"

8 月 1 日星期二的中午，巴顿的第三集团军正式成立，辖 3 个军 9 个师。与此同时，布拉德利晋升为第十二集团军群司令，与蒙哥马利指挥的第二十一集团军群遥相呼应。布拉德利原先的副手，考特尼·H. 霍奇斯中将继任第一集团军司令。"我们正在不断前进，"巴顿告诉他的参谋人员，"从现在起，直到在战斗中获胜或阵亡，我们将一直奋勇向前。"他在日记中透露了当时的情绪："我感到非常高兴。"

"很显然，成功的军人有两种，"在近期寄给儿子的信中，巴顿写道，"一种是默默无闻地前进，另一种则是引人瞩目地前进。而我是后一种。"的确如此，但近 1 年来，巴顿一直被雪藏，几乎到了被人遗忘的程度。在西西里掌掴了两名装病的士兵后，虽然勉强保住了官职，但他在"霸王行动"初期的指挥权被剥夺，集团军群司令的职务也归了布拉德利。布拉德利本是他的后辈，还曾是他的下属。

当年 4 月，在英国的一个社交俱乐部中，他轻率而愚蠢地宣布："毫无疑问，上天注定将由我们美国人和英国人统治这个世界。当然，还有苏联人。"此番言论又差点令他失去第三集团军。"巴顿又大放厥词了，"这件事发生后，艾森豪威尔写信给马歇尔，"他显然没办法一直保持理智。"

　　勉强得到原谅后，巴顿在春天和初夏都扮演着诱饵的角色，以便让德国情报机构相信，盟军将发起第二次登陆行动。他在英国购买猎枪和马鞍，写一些充满暴力色彩的诗句，打羽毛球和高尔夫，买了条名为"威利"的牛头梗犬。一名记者发现了巴顿的"神经质和嗜杀性"。他积极申请离开英国赶赴法国，还称批准每提前一周，他就会付给艾森豪威尔 1 000 美元。巴顿的妻子比阿特丽斯，不仅是他的红颜知己，还与他志趣相投。比阿特丽斯曾买通一名埃及船员将她带至一家文身店，以便将一艘全帆装备的快速帆船文在她的胸部，但这一尝试未能成功。巴顿在 7 月初写信告诉她："无法忍受每场战斗间漫长的间隔时间。"

　　巴顿还全盘考虑了自己的指挥能力，以及如何将麾下军队的破坏力最大化。他的行囊中带着爱德华·奥古斯都·弗里曼六卷本的《诺曼人征服史》。巴顿研究这套书是为了了解"征服者"威廉对法国道路网的使用。他清楚，来到法国不仅仅是为了挽回自己的声誉，还要获得荣誉。"我被雪藏了，"他告诉乔·柯林斯，"我得做些轰轰烈烈的事情。"布拉德利曾直言不讳地警告巴顿："你知道，乔治，我并没有申请他们把你送来。"但布拉德利很快发现，自己被一个"比地中海战役期间更聪明、更理智、更讨人喜欢"的巴顿深深吸引。巴顿对自己的士兵们保证，敌人会"捶胸顿足地痛哭，'天哪，又是该死的第三集团军和那狗娘养的巴顿'"。

　　现在，他们就在这里，不顾暴露的侧翼和脆弱的后方，潮水般涌入布列塔尼。8 月 1 日，巴顿在日记中写道："我不得不反复告诫自己，'勿向恐惧低头'。"在寄给比阿特丽斯的信中，他写道："战斗总是令我感到恐惧和诱惑，就像马术障碍赛。"他下令将自己曾带至突尼斯和西西里的那些作战态势图封上薄膜——每张地图的尺寸为 10 英寸 ×20 英寸，比例尺为 8 英里 / 英寸。这些工作完成后，他皱起眉头："东面最远处只到巴黎，我要去的是柏林！"

　　巴顿首先要去的是布雷斯特，无须特别的地图便能明白，布雷斯特位于西面，巴黎和柏林则在东面。在"霸王行动"的策划者们看来，夺取诺曼底滩头阵地最为重要，其次便是拿下布列塔尼及其港口：圣马洛、圣纳泽尔、洛里昂、布雷斯特及基伯龙湾（盟军已有过在此处建设另一座人工港的构想）。冲破诺曼底滩头的延误、奥马哈海滩带来的警示及瑟堡被夷为平地，这些都没有减少艾森豪威尔及其后勤人员的热情。巴顿的集团军将直取布列塔尼半岛。

但德军左翼的崩溃令蒙哥马利踌躇了。早在 7 月 27 日，他就曾建议，布列塔尼半岛的战役只需要一个军。布拉德利和巴顿都没明白这个暗示。巴顿被雪藏后就开始坚定支持艾森豪威尔的整体计划。他和蒙哥马利赌了 5 英镑：美军士兵将在 8 月 5 日这个周六的夜晚前进入布雷斯特。巴顿声称，自己"凭借第六感，总是能确切地知道敌人打算做些什么"，他坚持认为"整个布列塔尼半岛上的德国佬不会超过 1 万人"。虽然敌军人数至少是这个数字的 6 倍，但巴顿依然于 8 月 1 日对距目标尚有 150 英里的第 6 装甲师下达了一道简短的命令："夺取布雷斯特。"

就在同一天，第三集团军的另一股力量——第 4 装甲师，从阿夫朗什向南疾进了 40 英里，抵达雷恩郊外。这里是布列塔尼的首府，也是连接着 10 条主要公路的交通枢纽。在这里，浓眉师长约翰·S. 伍德少将突然间茅塞顿开。伍德因在西点军校时辅导过自己的同学而被称为 P，即 Professor，意为"教授"。从阿肯色大学毕业后，伍德加入了西点军校的橄榄球队。他是个勤恳的玫瑰园丁，通晓多国语言，曾读过戴高乐和德国装甲部队先驱海因茨·古德里安的原文著作。伍德经常搭乘一架派珀"小熊"轻型飞机出现在战场上空，翼尖飘摆着红色彩带，这样下方的部下们就知道是"教授"来了。

"我们正沿着一条错误的路线打这场战争，"伍德宣称，"我们应该直扑巴黎。"法国首都离雷恩只比布雷斯特远 60 英里，布列塔尼是个死胡同，而巴黎则通向纳粹德国的老巢。伍德命令第 4 装甲师的两股部队对雷恩实施侧翼包抄，切断了 10 条公路中的 7 条。8 月 4 日，雷恩被攻陷。伍德建议在两天内赶至东面 150 英里处的沙特尔，他发电报给巴顿："亲爱的乔治，相信我们可以转过身来，很快向正确的方向前进。"但这个建议未被采纳；相反，伍德被派往西面，进入布列塔尼，卷入洛里昂的一场血腥围困战中。

布拉德利迟缓地转而同意蒙哥马利的观点："主要任务在东面。"8 月 3 日，他告诉巴顿，"以最小兵力"肃清布列塔尼半岛。巴顿命令第 15 军和第 20 军向东疾进，第 8 军留守布列塔尼。拆散集团军耗费了不少时间，并使两个能征善战的装甲师——第 4 装甲师和第 6 装甲师陷入了静态的围困战中，而不是让他们长驱直入、攻城略地。

布列塔尼战役很快被证明无利可图。岛上没有一个港口能发挥特殊作用，一个原因是它们距主战场太过遥远（布雷斯特离德国边境有 500 英里），另一个原因是希特勒命令各沿岸筑垒地域坚守至"最后一人一弹"。这种搏命式顽抗很快消耗了欧洲沿海的 28 万名德军守卫者，但即便不是永久，也至少在数周内令得盟军后勤部门无法使用这些重要港口。圣马洛攻城战中，近 2 万美军士兵战斗了两周之久，港口也几近全毁。

布雷斯特是块难啃的硬骨头，它的城墙厚达 25 英尺，城中还有德军大大小小 75 个据点。这场动用了云梯和爪钩的中世纪式攻坚战历时 1 个多月，攻城的 7 万名美军士兵伤亡高达 1 万。尽管布拉德利后来坚持认为，布雷斯特的德国守军十分危险，绝不能让前线将士有后顾之忧，但 5 个师改道进入布列塔尼也反映出他对"霸王计划"僵化地遵从。"我们必须夺取布雷斯特，从而保持美军战无不胜的形象。"布拉德利告诉巴顿，后者对此表示赞同。

战役结束后，没有一艘货轮或运兵船能在布雷斯特停靠，持续的空中轰炸和 50 万发美军炮弹已将其夷为平地。基伯龙湾的人工港也一直未能建成。第 4 装甲师最终在 8 月中旬从洛里昂围城战中被抽调出来，全速赶往南特。师长伍德认为，进入布列塔尼是"战争期间最愚蠢的决定之一"。但随着第三集团军的主要兵力最终于 8 月中旬脱身并向东行进，最初的西进和布列塔尼战役未能实现的战略目标似乎都已微不足道。蒙哥马利告诉他的助手们：

> 我们已经挣脱了束缚，无论敌人想做什么，都不会对我们产生任何影响。我们将迅速、不懈地前进，针对他们的破坏制订计划……我们的局面一片大好，敌人则形势糟糕……现在是下定决心、大胆冒险的时候了。

蒙哥马利的计划简单而又慷慨：三个集团军对德军展开持续猛攻，而第四个集团军（巴顿的第三集团军）转至右翼，直扑巴黎，在桥梁修复前将踉跄后退的敌人困在塞纳河。就在巴顿派出他的第 15 军攻向德国第七集团军司令部所在地勒芒时，蒙哥马利沿着从阿夫朗什至卡昂一条 60 英里长的战线投入了盟军的主力。

加拿大第一集团军居左，英国第二集团军居中，但面对德国装甲部队（包括党卫军两个装甲军在内）的抗击，他们取得的进展并不算大。英国人最终在 8 月

4 日占领了已成为废墟的维莱博卡日，并与美国第一集团军辖下的第 5 军一同扑向维尔市。但这并非一蹴而就的冲刺。第 28 步兵师过去是宾夕法尼亚州国民警卫队的一部，战斗第一天他们便伤亡了 750 人；而格哈特的第 29 师在向维尔市推进的 10 英里中，又遭受了千余人的伤亡。

战争，就像历史学家布鲁斯·卡顿曾写过的那样，有时"会按着一个奇怪的脚本演绎"，将高压手段施加在诸如夏洛伊教堂、凯塞林、安齐奥或圣梅尔埃格利斯这些不出名、不起眼的地方。莫尔坦便是这样一个地方，这个拥有 1 300 名居民的小镇位于阿夫朗什东面 20 英里处，周遭地形起伏不定。镇名据说源自罗马大军中的摩尔人，旅游局热情洋溢地将此地描述为"诺曼底的瑞士"。这里向来以出产餐具而闻名，先是锡铜合金，后是不锈钢制品，到了当代，莫尔坦依然是矿源产地和矿产交易中心，其海岸连接着内陆的市镇。自 6 月 6 日以来，成千上万逃离入侵地区的难民从这里穿过，孩子们身上缝着写有亲属地址的标签，他们的母亲可能已不在人世。

8 月 3 日，莫尔坦的最后一名德国占领者被一名法国警察用一支 19 世纪的老式步枪击毙。几个小时后，美军第 1 步兵师赶到。直到 8 月 6 日被第 30 步兵师接替后，第 1 师才继续前进。美军士兵的卡车隆隆驶过忙碌的咖啡馆和小旅店时，人群欢呼着向车上的士兵们投掷鲜花。第 30 步兵师被称为"老山胡桃"，前身是来自田纳西州和卡罗来纳州的国民警卫队。他们仍在舔舐着"眼镜蛇行动"留下的伤口，包括那两次误炸。师里 9 个步兵营中的 2 个已被调往其他地方，剩下的7 个营驻守着一条 7 英里长的防线。

在莫尔坦东面显露一角的蒙茹瓦山岩石遍布、陡峭嶙峋，令人神往。得此名字是因为朝圣者在这里首次看见了 27 英里外的圣米歇尔山。但对美军士兵来说，这只是一座 1 英里长的陡坡而已。它被称作"314 高地"，这个数字意味着它的高度是 314 米。第 120 步兵团第 2 营的 700 名士兵正攀向山顶，他们将加固第1 步兵师留下的简易战壕。罗伯特·L. 魏斯中尉是他们中的一位，这位矮小精悍的 21 岁炮兵前进观察员穿着父亲的毛哔叽衬衫。他的父亲是一名匈牙利移民，这件衬衫是他在一战中穿过的。除了配有三脚架的望远镜，魏斯还吃力地扛着一部 35 磅重的 SCR-610 电台。电台的通话距离为 5 英里，足以联络上部署在西面的榴弹炮连。最近，魏斯写信给身在印第安纳州的母亲说："我希望自己在最近几天里能有机会用用枪。"不同的是，他疲惫的战友们只希望能休息一会儿。

可这小小的愿望也没能实现。

蒙哥马利关于"敌人的形势很糟糕"这一判断无可辩驳，德国人对自身的虚弱深感绝望。在东面 1 000 英里外的东普鲁士元首大本营（"狼穴"），希特勒"发现了一个转瞬即逝的机会，需要德军冲入一片盟军部队十分暴露的区域"。按照他的指示，以 4 个装甲师打头阵的一场反击将突破莫尔坦直至阿夫朗什，将巴顿的第三集团军与霍奇斯的第一集团军分隔开，如果德军不能将这些登陆部队赶回到船上，便很可能重演夏初的胶着战。"告诉克鲁格，"希特勒在一份经德军最高统帅部发出的电报中补充道，"他的目光应该紧盯着前线和敌人，后方的事不用他操心。"

克鲁格元帅回复说，"这样一场进攻如果不能立即取得胜利"，德军就将承受被包围和歼灭的危险。即便先头部队抵达阿夫朗什，虚弱的士兵们也无法在盟军空军、炮兵和装甲部队的轮番猛攻下守住所夺取的区域。7 月，在科唐坦半岛发生的激战已令 8 个德军师被消灭，而德国人的损失还要加上被隔断的海峡岛屿及布列塔尼半岛上被消灭的部队。6 个补充师在近期已从法国南部和加来海峡赶至诺曼底前线，使德军能在一定范围内进行重组：西线装甲集群再次更名为第五装甲集团军，辖 4 个军 12 个师；第七集团军则下辖 16 个师。但这股力量虚弱不堪、精神萎靡。

希特勒一意孤行，忽略了所有反对意见。进攻即将发起，正如那道命令一样："不顾一切危险，全力冲向海边。"

★ ★ ★

袅袅的雾气升起，像舞台上的帷幕般笼罩着 8 月 7 日这个宜人的夜晚。凌晨 1 点刚过，先是美军巡逻队报告说，四周响起了稀稀落落的步枪射击声；紧接着，坦克行进的独特轰鸣接踵而至；随后，德国人如炽热的红色飓风般袭向第 30 师的防线。

第一波次的 2.6 万名德军士兵与 120 辆坦克碾向美军防线，身穿黑色制服的德军坦克组员令人想起旧帝国时期的骑兵。机枪枪膛仿佛要被持续不断射出的子弹震裂，坦克主炮的剧烈轰鸣肆虐着整条前线。美军榴弹炮怒吼着还击，炮兵们仅凭听力朝前方约 1 000 码的阴影处轰击。美军士兵在战壕中来回奔跑，试图伪装出兵丰弹足的假象，但实际上来自其他部队的增援已被全盘切断。一名士兵将当时的感受描述为"一种大势已去的绝望感",耳中只有受伤士兵的惨叫声在黑暗中回荡。

但德军的进攻一点也不顺利。盟军战斗轰炸机疯狂地打击着以党卫军第 1 装甲师为首的坦克群,道路因此堵塞了几个小时。敌人的 6 支先头部队,只有 3 支准时向前冲去。负责右翼进攻的德军第 116 装甲师没能取得任何进展,该师师长因被指责为"平庸、消极"而被撤职。德国空军答应为此次进攻提供 300 架战斗机,但没有一架到达前线。(德军第 116 装甲师的前身是第 16 摩步师和第 16 装甲掷弹兵师,曾是东线战斗力最强的部队之一,也是德军最深入苏联的一个师,几乎到了阿斯特拉罕。该师师长也绝非平庸无能之辈,被撤职的主要原因是对胜利丧失信心,不愿发起这场无谓的反击。——译者注)

德军的主攻点落在圣巴泰勒米,这是位于莫尔坦北面 2 英里处的一个十字路口。瞄准炮口的闪烁,美军坦克歼击车用 3 英寸口径的炮弹在 50 码开外摧毁了一辆黑豹坦克,随后又在 30 码处干掉了另一辆。两辆报废的坦克横于路面,火焰焚烧着它们的钢铁外衣。某个路障处,美军士兵将笨重的敌军坦克放了过去,然后对尾随其后的德军掷弹兵展开打击。第 117 步兵团第 1 营拖延了德国人 6 个小时,击毁了 40 辆坦克,但也因此付出了 350 人伤亡的代价,不得不撤至圣巴泰勒米西面 1 000 码外的一处山坡。与此同时,莫尔坦北面的布朗什修道院,66 名美军士兵用"巴祖卡"火箭筒和大炮挡住了党卫军的一个团。布朗什修道院修筑于 12 世纪,如今已化作碎石堆。面对敌人的坦克,美军士兵用火焰喷射器和手榴弹拼死抵抗,60 多部敌军车辆被接二连三地摧毁。

拂晓如同一位智者,揭露了德国人的窘况。一旦雾色消退,由北至南的 4 个装甲师(第 116 装甲师、第 2 装甲师、党卫军第 1 和第 2 装甲师)将暴露无遗。"登陆日以来,首次发现敌军装甲部队真正呈大规模集结状态。"皇家空军的一架巡逻机报告。很快,2 000 枚 60 磅火箭弹和帐篷桩大小的 20 毫米炮弹便从"台风"战斗轰炸机上倾泻而下,直落德军队列。雷电和飓风战斗机也加入其中,这场猛烈的空袭一直持续至黄昏时分。

"数以百计的德军士兵涌上公路,企图逃至开阔地或灌木丛中。"一名"台风"驾驶员报告。一些飞机误炸了美军士兵所在的堑壕,但德军车辆才是这次猛烈打击下的最大牺牲品。只有几十辆德军坦克和卡车未被空袭摧毁。12 个营的地面炮兵,144 门大炮,猛轰着从圣巴泰勒米通向西面的两条公路,幸存的德军车辆再次遭到毁灭性打击。德军的一个装甲军军部将此描述为一场"令人难以忍受"的攻击，第七集团军于 8 月 7 日承认："从下午 1 点起，进攻实际上一直处于停滞状态。"

在德军第七集团军所说的这场"开场极其糟糕"的攻势中，唯一的例外是第 2 装甲师在北面获得的 4 英里进展，以及党卫军第 2 装甲师成功夺取了莫尔坦。8 月 7 日星期一凌晨 3 点，"帝国师"兵分三路发起攻击。他们在南面突破了一处路障，在北面缴获了一些反坦克炮，并在两名法奸的引导下，渗透进美军第 120 步兵团的防区。这些戴着煤斗式钢盔的幽灵冲入镇内的街道，踹开每一间屋子，搜查每一座地窖。美军第 2 营营部的 30 名军官和士兵蹑手蹑脚地溜出邮政酒店的后门，在 400 码外的一座房屋里隐蔽。他们中的大多数人，包括营长和一名士兵在内，除了一把斧头外手无寸铁。后来，他们在试图爬出去逃跑时被德国人俘虏。但有 6 个人逃过了搜捕，他们睡在菜地里，靠从当地医院的储藏室中偷来的食物为生，就这样过了一个星期。西面 6 英里外的第 30 师师部人员通过电台询问这些侥幸逃脱者："你们那里的情况如何？"回复很简洁："糟透了。"

314 高地的情况也糟透了，但场面甚是壮观。魏斯中尉带着他的望远镜和通信电台，在清晨 6 点呼叫了他的第一次炮火支援。哨兵报告约 400 名敌军士兵正沿东坡攀上，炮击位置只能依靠声音和地图坐标确定。在高地南部边缘的一处露岩上，透过短叶松和夏季牧场的独特气味，魏斯很快便看见一队队德军士兵正穿过下方的平原，其中甚至包括将步枪斜挎在肩头、骑着自行车的士兵。魏斯再次向电台话筒低声念出"咒语"。片刻后，呼啸而至的炮弹爆炸冒出纷飞的火花和嗖嗖作响的弹片，炮兵们将此称作"大铁块"。德国人用迫击炮和 88 毫米高射炮还击，轰击着蒙茹瓦怪石嶙峋的山肩。下午晚些时候，魏斯用电台汇报："东西南北四个方向都有敌人。"在一阵难得的平静中，一名美军士兵写道："没有鸟儿的歌唱，没有树叶的摆动，也没有一丝风。"

德国人没有继续推进。314 高地引导的火炮弹幕将"帝国师"打瘫痪了，阻止了党卫军第 17 装甲掷弹兵师攻占该高地，也保护了美军第 30 步兵师的南翼。白磷弹将敌军士兵逼入开阔处，他们疯狂地试图将皮肤和军装上燃烧的白磷片擦去，却被随之而来的高爆弹炸为碎片。夜幕降临前，德国人的攻势已彻底停滞。5 个师一直无法突破一个不足 6 000 人的美军师布下的防线。"要是德国人继续对莫尔坦进攻几天多好，"当晚，蒙哥马利发电报给布鲁克，"他们可能就无法脱身了。"

敌人也同意这一点。8 月 8 日星期二，又是晴朗的一天，非常适合利用飞机和地面炮火战斗。双方的阵地变化很小，猛烈的炮击夜以继日。一轮炮轰过后，螺旋状的硝烟在数英里外都能看见，魏斯通过电台说道："这次应该把他们揍得不轻。"尽管相信这场攻势已然失败，但克鲁格元帅依然告诉他的副官："不计一切代价，我们必须向前。"

接下来的 4 天，314 高地依然是德军的眼中钉、肉中刺。希特勒于 8 月 9 日再次要求，由第五装甲集团军司令海因里希·埃贝巴赫将军指挥的一股突击力量重新发起进攻，冲向阿夫朗什，"抵达盟军的入侵线"。埃贝巴赫只乘着一辆无线电通信车抵达战场，他告诉克鲁格，这是个无法完成的任务，而且"令人非常不快"。

星期三下午 6 点 20 分，一名党卫军军官打着白旗爬上蒙茹瓦山，要求山上的美国人在 90 分钟内举手投降，否则将被"炸成碎片"。负伤的美军士兵在狭窄的战壕中喊道："不，不，绝不投降！"拉尔夫·A. 克利中尉是山上的一名美军军官，这名瘦高的得克萨斯人对劝降者骂出一连串脏话。德国人随即吼叫着发起冲锋，机枪猛烈扫射，手榴弹四处纷飞，但他们的进攻被美军的 5 个炮兵营粉碎——克利中尉甚至召唤炮火对自己的指挥所展开轰炸。原野灰的潮水终于退去。（"原野灰"指的是德国士兵，因其军装的颜色而得名。——译者注）

314 高地上，每晚都有新的阵亡士兵被送入临时搭建在岩石间的停尸房中，他们身上的食物和弹药已被幸存的士兵取走。腐烂的尸体在蒙茹瓦山上散发着一股臭气，军官们希望将死者移至视线外，以免影响士气。魏斯中尉每天都把电台中宝贵的电池放在一块岩石上，以便让阳光为它们充些电。负责征粮的人员将水箱中漂着浮渣的水盛入士兵们的水壶，并收来萝卜和卷心菜，还在一个笼子里找到了几只兔子。

山下人员试图用空烟雾弹将医疗用品发射至山上的守军手中，但这一努力未能奏效：吗啡注射器和血浆瓶被震碎，医用手术胶带被压成平板一块。8 月 10 日下午 4 点 30 分，12 架 C-47 运输机用蓝色和橙色的降落伞向山顶空投口粮和其他补给物资。但半数降落伞却飘过了美军防区，落入中间地带。8 月 11 日晚，沮丧的美军第 30 步兵师参谋长宣布："我要把莫尔坦夷为平地，彻底焚毁它，任何人都别想住在那里！"炮兵像悍妇般拼命"鞭打"着这个村落。

随后，这场战役结束了。就连希特勒也承认德军徒劳无获，他不满地说道："进攻失败了，因为冯·克鲁格元帅想让它失败。"克鲁格坐在拉罗舍居伊翁城堡内的一张桌子旁，地图摊放在他面前，他用手指点着阿夫朗什，说道："作为一名军人，我一世英名毁于此地。"

8 月 12 日拂晓前，德军从东面和北面离开。美军第 35 步兵师的一个接防团攀上 314 高地，带走了 300 名阵亡和负伤者；其他 370 名幸存士兵走下山来，其中包括魏斯和克利中尉。在争夺莫尔坦的 6 天激战中，光是第 30 步兵师便遭受了 1 800 人的伤亡，相当于其他部队的伤亡总和。

幸存者将得到食物，获得勋章，然后重新投入战斗。自波士顿书商亨利·诺克斯在独立战争中致力于重炮发展后，美国炮兵再一次展现出"战争之神"的杀伤力。此役也将美军的优势展现得淋漓尽致——火力、顽强及联合作战能力。在接下来的 8 个月，欧洲战事日趋激烈，美军的优势只会得到强化。

"回到故乡的莫尔坦居民站在那里哭泣，来回踱步，仿佛在祷告。此地早已满目疮痍。"一名目击者说道。对于一座村镇是否获得解放，美军士兵发明了一个双关语：ob-liberated（ob- 释义为"相反的"，而 obviously 则表示"明显地"。——译者注）。魏斯中尉是个孝顺的孩子，8 月 13 日，他潦草地给母亲写了一封信："这里没什么可写的，对于所发生的事情，你知道的比我们所做的更多。"

★ ★ ★

在 8 月 7 日德军对莫尔坦发起攻势前，"超级机密"的大耳朵已让盟军最高统帅部对德国人的意图有了清晰的认识。虽然解密后的敌方无线电通信既不及时也未详细到足以对第 30 步兵师发出预警，但却披露了克鲁格的作战计划和执行这一计划的障碍。8 月 10 日，盟军破译的一份电报表明，德国人很可能在第二天重新对阿夫朗什发起进攻。克鲁格的命令中带有一种悲哀的语气："决定性的推进必将带来成功。"

在艾森豪威尔的鼓励下，布拉德利命令第三集团军的主力继续向东疾进，直奔勒芒。他相信空中力量和柯林斯的第 7 军能够削弱德军的攻势，哪怕"决定性的推进"碾过莫尔坦。盟军在科隆比埃附近召开的一次新闻发布会上，欧内斯特·海明威询问布拉德利是否就"谁将第一个到达巴黎"与巴顿打赌 100 美元。深感震惊的布拉德利回答："我是巴顿将军的上司，我不认为打这样的赌能充分体现我的公平原则。另外，你当然知道，我们目前尚未考虑巴黎的问题。"

他们当然在考虑这个问题。盟军目前占领了 1/10 的法国领土，横亘于从西面通往法国首都的主干道上。用丘吉尔的话来说，德国人在莫尔坦"顽抗"的时间越长，在东面包围两个德国集团军的机会就越大。8 月 7 日，蒙哥马利从德方左翼发起进攻，加拿大第一集团军扑向东南方的法莱斯，这股突击力量包括 1 500 架轰炸机和 750 辆坦克。"博福斯"高炮的曳光弹穿过硝烟和尘埃，标示出进攻的中心，低云反射着探照灯的光束，宛如一轮人造明月。

这场进攻最终在通往法莱斯的途中停顿下来，此时盟军获得了 9 英里的进展。但德国人的 50 门 88 毫米高炮狠揍了发起进攻的盟军坦克部队，己方空军的误炸又造成 300 名盟军士兵伤亡，其中大多数隶属于新来的波兰第 1 装甲师。一位上校总结道："战局混乱不堪。"另一边，党卫军士兵则用枪口逼迫着德军防御者，高喊道："顶住，你们这帮窝囊废！"

面对这种状况，布拉德利再次在他的拖车内研究起地图来，但这一次，他感到兴奋无比。8 月 8 日，艾森豪威尔乘坐凯·萨默斯比驾驶的一辆帕卡德"快马"轿车巡视战场。当他在库唐塞附近的路边以 K 级口粮充当午饭时，布拉德利建议缩减巴顿的大规模包围圈。取而代之的是，第一和第三集团军全速向北；巴顿在勒芒向左急转，前进 60 英里，穿过阿朗松直抵塞镇。而加拿大人的任务则是全力推进 22 英里，穿过法莱斯和阿尔让唐，与他们的美国表兄弟们会合，一齐困住 20 个左右的德军师。对这一建议深感振奋的艾森豪威尔与布拉德利一同回到指挥部，以一通简洁的电话获得了蒙哥马利的支持。

巴顿的态度有些迟疑，他不太热情地在电话中争执了一番，要求继续向东，实施一场更为大胆的合围，在巴黎的塞纳河与奥尔良的卢瓦尔河之间网住敌人。但布拉德利坚持自己的看法，巴顿只得让步，命令麾下的第 15 军从勒芒转身向北。"要是由我做主的话，"他写信给比阿特丽斯，"一定能获得比奉命行事更大的胜利机会。"

蒙哥马利下达了一道正式指令，命令加拿大人夺取法莱斯："这是重中之重，应迅速完成。"在一份激励法国境内的盟军部队的电报中，他请求上帝："让我们充当你实施惩戒时的执行者。"

布拉德利为德国人在莫尔坦的顽抗兴奋不已。"这是我听说过的最大的战术失误，"他对一位到访者说道，"对一名指挥官来说，这是个千载难逢的机会。我们将歼灭敌人一整支集团军！"

★ ★ ★

很少有哪场战役会完全遵循勾勒在作战态势图上或浮现于指挥官脑中整齐的箭头进行，法莱斯包围圈的激战也不例外。几个因素使得敌军未像盟军最高统帅部预想的那样遭到聚歼，其中包括失算、混乱及糟糕的指挥能力。这些因素中，最重要的一点是，德国人不愿束手就擒。

南面，在韦德·海斯利普少将的第 15 军带动下，第三集团军的开局非常顺利。两个装甲师齐头并进，两个步兵师尾随其后，摧毁了敌人断断续续的抵抗。8 月 12 日，装备着美制坦克的法国第 2 装甲师，完好无损地夺取了阿朗松的桥梁。阿尔让唐立即成为当天的目标，尽管它位于英国第二十一集团军群战区内十几英里。海斯利普命令法军指挥官雅克·菲利普·勒克莱尔少将转身向西。这将为美军第 5 装甲师腾出由塞镇向北的公路，从而使盟军的攻击更具威力。带着一种"我才懒得理他"的蔑视态度，勒克莱尔不仅没有遵命行事，反而让部队在各条可通行的道路上散开，挡住了第 5 装甲师油料车的通道。此举使德国人获得了宝贵的 6 个小时时间，他们从莫尔坦集结了 60 辆坦克，进入一处连守卫都没有的地区。

巴顿怒不可遏，但并未被吓住。第 15 军拥有 300 辆坦克、22 个炮兵营和完全制空权，于是他命令海斯利普迅速突破敌人的阻截，然后"缓缓推进，直到与友军在法莱斯附近会合"。8 月 13 日星期日，下午，巴顿打电话给布拉德利，汇报了自己的进展。他带着毫无笑点的冷幽默说道："我们要不要继续前进，把英国人赶下大海，再来场敦刻尔克？"

但布拉德利已有所警觉，现在下达的是他漫长军旅生涯中最具争议性的命令。"绝对不行，"他告诉巴顿，"不能越过阿尔让唐。就地停止前进，将兵力集中于突出部。"从北面而来的加拿大铁钳并未获得任何进展。此外，基于"超级机密"粗略的报告和错误的直觉，布拉德利误认为至少有 19 个德军师已开始向东逃窜，以躲避盟军的陷阱。

如果情况属实，那海斯利普的军部继续向北推进的话，其暴露的左翼就将遭到毁灭性打击。蒙哥马利也对美军的脆弱性感到不安，但正如布拉德利后来所写的那样："我没有和蒙哥马利进行商讨。让巴顿停下来是我单方面做出的决定。"巴顿的争辩未取得效果，他随后在日记中写道，海斯利普可以"轻而易举地推进至法莱斯，并将缺口彻底封闭，这一停顿是个极大的错误"。第三集团军的一名

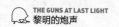
参谋指出："（巴顿）将军气疯了。"

加拿大人的困境进一步拆散了盟军的整体计划。直到 8 月 14 日，加拿大第一集团军终于集结起 4 个师，对法莱斯发起进攻。蒙哥马利很轻视该集团军的司令哈里·D.G. 克里勒将军，这是个烟不离手的家伙。"我担心他把自己看成一名伟大的军人，"蒙哥马利写信告诉布鲁克，"他在 7 月 23 日 12 点接手指挥，12点 05 分，他就犯了一个错；午饭刚吃完，第二个错误又来了。"

更糟的是，8 月 13 日，一名加拿大军官误入德军防线，结果被打死，德国人从他身上发现了详细的作战计划。德军立刻做出反应，将几十门反坦克炮调至盟军进攻线路上。8 月 15 日星期二。"对法莱斯的进攻已变为一场炽热的浴火之战。"加拿大苏格兰团的战时日志中这样写道。误炸事件再次撕裂了盟军部队：后来才有人意识到，加拿大士兵用黄色烟雾标示友军的位置，而相同的颜色却被英国轰炸机司令部用于标识敌军目标。英国官方史中记载："士兵们越是施放黄色信号弹显示他们的位置，出错的飞机就越是轰炸他们。"结果造成 400 多人伤亡，再加上崎岖不平的地形及一名指挥官口中所说的"前所未见的尘埃"，加拿大人无法在星期三前抵达法莱斯。即便到达，他们与美国人之间仍有一处 13 英里的缺口。

现在，布拉德利做出了另一个重要决定。也许是为了安抚焦躁不安、大生闷气的巴顿，没有与蒙哥马利商议，布拉德利便同意派遣海斯利普半数以上的兵力（2 个师、15 个炮兵营）直扑东面 65 英里处的德勒。在 8 月 15 日的命令中，布拉德利写道：

> 由于封闭阿尔让唐与法莱斯之间缺口的时间被延误，可以认为包围圈
> 内的多数德军师现已逃脱。为利用现有的混乱局面，第三集团军现在开始
> 向东运动。

实际上，没有哪个德军师试图逃跑，希特勒仍强令他们抵抗。为加强一个伸向巴黎的大包围圈（这是巴顿原先的建议），布拉德利削弱了他亲自设计的小型包围圈——他对自己的计划也不那么自信了。"这是战争开始以来的第一次，也是唯一一次，"他后来承认，"就连上床休息时，我也会对自己做出的决定担心不已。"

盟军战地指挥官中的两位高级将领——蒙哥马利和布拉德利，把事情弄得一团糟。他们都没意识到，乳臭未干的加拿大和波兰军队面对的德军部队，比美军

面对的敌人更加顽强。因为后者已在"眼镜蛇行动"和莫尔坦反击战中被严重削弱。蒙哥马利没有派遣麾下经验丰富的英国部队去加强克里勒的加拿大部队，也没有做出任何努力来确保自己与布拉德利能获取彼此的信任。他的指挥部设在维尔市附近的一座动物园内，伴随着笼中金丝雀的叫声，蒙哥马利证明了他一贯的沉着，他甚至不会将紧急情况或命令透露给上帝。"这些日子非常重要，"他在 8 月 14 日写信给一位朋友，"当然，会有些德国人逃脱，但我想不到他们如何能在塞纳河的另一侧站稳脚跟并再次投入战斗。"

布拉德利很快便以各种理由责怪蒙哥马利，包括未能将集团军群移至阿尔让唐北部分界线，以及没有请求美国人帮助封闭包围圈。但布拉德利一向吝啬于提供这种帮助，而且，他狡猾地没有透露自己让第 15 军改道向东的情况。读过道格拉斯·索撒尔·弗里曼的出色作品《李将军的得力助手》（*Lee's Lieutenants*）后，布拉德利声称："所有伟大统帅都有一个共同品质，那就是他们出类拔萃的理解力。"他在突尼斯和西西里担任军长时，的确偶尔会迸发出强大的战场洞察力，但作为一名集团军司令时却丢失了这种能力。历史学家罗素·F.韦格雷后来感慨道："两个主要盟国间缺乏连贯的作战远见和规划。"

艾森豪威尔也没有提供太大的帮助，这位最高统帅在突尼斯、西西里及策划安齐奥战役期间已证明自己是个平庸的战地指挥官。如今，在法莱斯，他继续保留着这个缺点。他消极地观望了一个多星期，并未意识到自己手下两位主要将领的指挥缺陷。4 个集团军（英国第二集团军、加拿大第一集团军、美国第一和第三集团军）似乎只是松散地用铁链勉强维系在一起。"艾克时髦地穿着褐色夏季军装，脚上是埃及麂皮鞋，凯也是同样打扮。相比之下，我们这些人看上去士气又肮脏。"8 月中旬的一次视察后，布拉德利指挥部里的一名军官如此描述艾森豪威尔。"他从未真正获得过战斗的感觉。"一位英国将领后来总结道，这番话中的情绪更多的是遗憾而非指责。

然而，无论有何种缺点困扰着盟军最高统帅部，都改变不了他们包围了德国人这一事实。德军正处在惨败的边缘，数十辆坦克、突击炮和大炮因缺乏燃料而动弹不得。埃贝巴赫将军在 8 月 14 日告诉克鲁格，他的 3 个装甲师总共只剩下 70 辆坦克，第 9 装甲师的实力"仅相当于一个连"。就连党卫军士兵中也产生了混乱，一名德军指挥官后来说道："这种疲惫造成了幻觉。"自 6 月 6 日以来，西线每伤亡 5 名士兵，只能得到 1 名补充兵。克鲁格的司令部提醒德军最高统帅部：

"这是末日来临前的最后 5 分钟。"

随后，克鲁格消失了。8 月 15 日，在贝尔奈附近与约瑟夫·迪特里希会谈后，这位陆军元帅在上午 10 点乘着他的霍希车离开，赶往法莱斯南面 6 英里处的内希会晤埃贝巴赫及其他战地指挥官，但一直没有到达。"查明克鲁格的下落，"希特勒的总部下达了命令，"每隔 1 小时报告一次结果。"柏林方面甚至无礼地询问，这位元帅会不会已经叛逃。

午夜前不久，克鲁格出现在埃贝巴赫位于阿尔让唐西面的指挥部，他头发蓬乱，浑身污秽。当天上午，盟军的战斗轰炸机扫射了他的霍希和两辆无线电通信车，他不得不在壕沟里躲到日落时分。埃贝巴赫告诉他，希特勒希望发起另一场反击。即便在白日梦的范畴里，这也称得上荒诞了。"那些人活在另一个世界中，对实际情况毫不了解。"克鲁格说道，并朝柏林方向做了个不太文雅的手势。他借了辆车返回拉罗舍居伊翁城堡，并于 8 月 16 日星期三，凌晨 2 点 40 分指示 B 集团军群撤离诺曼底地区。2 小时后，希特勒同意了这道指令。

这是克鲁格下达的最后一道命令。星期四，在毫无预兆的情况下，一位矮小、宽下巴、戴着单片眼镜、战术眼光敏锐的军官来到拉罗舍居伊翁城堡，他带着希特勒的授权书，来替代克鲁格。他便是陆军元帅瓦尔特·莫德尔。莫德尔是普鲁士皇家音乐总监的儿子，自诩为"希特勒的救火队员"：在东线的 3 年征战中，他给人这样一种印象，他是个可以在失败或撤退后稳定住战线的军人。莫德尔是个苛刻、虔诚的路德教徒，记性非常好，喜欢法国美酒，对逃兵毫不留情。他的胆子也很大，有一次，面对来自柏林的干涉，他质问希特勒："我的元首，究竟是谁在指挥第九集团军，是你还是我？"他对下属的极尽苛责，曾使龙德施泰特得出结论，他具有"一名好中士的必要素质"。就连希特勒也曾低声说过："看见他那双眼睛了吗？我可不想在他手下当差。"

莫德尔出任司令一职，无人敢对此事说三道四。他最喜爱的格言是："可以更快完成吗？"还有来自《浮士德》（*Faust*）中的一句话："我喜欢那种知其不可为而为之的人。"在位于方丹拉贝的第五装甲集团军司令部召开的会议上，莫德尔告诉那些指挥官们："我打算撤至塞纳河后。"就在部队加速撤出诺曼底前线时，两个党卫军装甲师将从塞纳河转向西南方，在特兰附近为遭受"法莱斯包围"的部队撑开一条逃生通道。面对猛烈的炮击和空袭，大多数西线德军主力的处境已岌岌可危，对那些"知其不可为而为之的人"来说，时机已经成熟。

1944 年 8 月中旬，陆军元帅瓦尔特·莫德尔（右）赶至法国接手指挥后撤中的德军部队。"注意他那双眼睛了吗？"希特勒曾谈及莫德尔，"我可不想在他手下当差。"（美国陆军军事历史研究所）

★ ★ ★

　　据传说，1027 年一个宿命的清晨，诺曼底公国 17 岁的继承人罗贝尔一世在打猎返程途中，看见一位鞋匠美丽的女儿撩起裙子在法莱斯城墙下的一条小溪中洗床单。随后的幽会使得一个私生子来到人世——"杂种威廉"。他在各种暗杀阴谋中生存下来，统治诺曼底长达半个多世纪，并于 1066 年将国界线延伸至英格兰，从而赢得了一个新的绰号——"征服者威廉"。

　　近千年后的 1944 年 8 月 17 日，"征服者"的故乡法莱斯遭到如此粗暴的对待，以至于加拿大士兵已无法辨别出路在何方，只能用推土机在遍地瓦砾中推出一条 4 米宽的通道。古老的城堡主楼布满弹孔，只余威廉策马扬鞭的铜像依然完好伫立。前一天晚上，最后几辆虎式坦克驶离了镇子西南角的教堂废墟，但直到 8 月 18 日星期五早上，党卫军第 12 装甲师的 60 名顽抗者才被消灭在高等学院。生还者只有两名用抽签选出的年轻人，他们悄悄逃离，去传达法莱斯镇陷落的消息。

　　此刻，法莱斯包围圈已由西向东延长至 20 英里，宽度约 10 英里。"超级机密"破译了克鲁格的撤退令，及时纠正了布拉德利脑中"敌人已逃窜"的错觉，并促使蒙哥马利最终请求美国人从阿尔让唐向东北方的尚布瓦和特兰推进 8 英里。波兰人和加拿大人正从西北方赶往那里，以期切断德国人最后两条逃生通道。

　　布拉德利现在终于承认，他已将第 15 军的主力调至东面。他命令第一集团军第 5 军军长伦纳德·T. 杰罗少将整合海斯利普（此刻的他正全速赶往德勒）留下的部队，并发起一次进攻。杰罗带着 3 辆吉普车、9 名军官和 1 部破损的电台，冒着大雨驱车 60 英里，于 8 月 17 日拂晓后到达位于阿朗松"法兰西酒店"

的新指挥部。他在这里发现，第三集团军参谋长休·J.加菲少将正准备按巴顿的命令在1个小时内发起进攻，他所率领的"临时军"，正是杰罗奉命指挥的部队。经过一番混乱的交涉，杰罗少将否决了加菲少将的作战计划，并将进攻推迟至星期五早上，以等待更多炮兵的到来。

拿破仑时期不会像这样。8月17日晚上11点，蒙哥马利告诉布鲁克，"缺口已被封闭"，这并非事实；他告诉丘吉尔，"敌人逃不出盟军的手掌"，这也不是事实。在给一位朋友的信中，他写道："我几乎已将约10万名德国人包围在口袋中。"这倒是事实，可这并不能赢得这场战役，更别说整场战争了。

幸运的是，尽管盟军指挥官们错误百出，但步兵和空军人员已开始认真地肃清这个包围圈。从拂晓至天黑，"喷火""台风""野马""闪电""雷电"每天出动1 500～3 000架次，就像一场血腥的接力赛。"敌人的运输车有时候会4辆一排地卡在一起，"皇家空军的一位上校解释道，"这就使随之而来的火箭弹和机炮攻击相对容易些。"一名被德国人俘虏后又设法逃脱的加拿大军官描述了他在8月18日目睹的情形："到处都是汽车、坦克及拖着大包物件的车辆。破坏是巨大的，燃烧的车辆和死去的马匹就堵在路上，而它们的主人则靠步行继续前进。"

加拿大士兵于星期五顺利通过特兰，这里随后被形容为"炽热的废墟所构成的地狱"。蒙哥马利敦促他们"向目所能及的一切开火射击"。第二天，美军第359步兵团的士兵小心翼翼地进入燃烧的尚布瓦，这里很快被称作"屠宰场"。（这里使用了Shambles这个词，与尚布瓦的发音相近。——译者注）一名军官报告说："鲜血在水沟中汇涌。"德国人已是"人形焦炭"，又或者"脊椎骨上沾满了苍蝇"。一名死去的驭手倒在一辆火炮弹药车上，手中仍攥着缰绳，而缰绳另一端的4匹马也已死去。美国人随后遭遇了第10龙骑兵团的波兰人。"一名美军上尉朝我跑来，"波兰士兵后来回忆道，"他一把抓住我，把我举到空中，就像我还是个孩子。"香烟和巧克力被双方共享，频频地敬酒令所有人酩酊大醉。

向东的道路现已被切断，19个德军师的残部的大部分人已踏上羊肠小道或依靠指南针穿越田野溃逃。盟军的3 000门大炮对准了射杀区，第90步兵师的一名炮兵营长在日记中写道：

> 包围圈呈碗状，从我方观测员所在的山头，可以清晰地看见谷底下方……一切活物或移动中的车辆都难逃我们的双眼。我能理解前进观测

员们为什么变得歇斯底里，因为那里要射击的目标实在太多了。

在空中观测员的指引下，炮手们用白磷弹和高爆弹轰击着敌军队列。"我们总是能击中些东西。"一名飞行员说道。一位德国将军报告说，他的许多部下"没了军帽，没了皮带，没了鞋子，只得赤足而行"。一名德军参谋军官补充说："猛烈的炮火落入道路的凹陷处，一辆坦克发生倾覆，压倒了一些我们的人。队伍后方，有人开始摇晃挂在木杆上的白旗，我们朝他们开枪射击。"一些目标被炮兵忽略，却被战斗轰炸机发现，飞行员们眯着眼，寻找扬起的灰尘下或是山毛榉和角树下反光的玻璃。"我看见一个卡车车组的人员，坐在一座农舍的台阶上，沮丧地看着道路上他们被击毁的车辆起火燃烧，"一名喷火战斗机飞行员说道，"于是，我把他们也干掉了。"

一个侥幸逃过这场残杀的法国农民说道："眼前的景象就像我正身处《女武神》（*Valkyrie*）的最后一幕——我们被火焰所包围。"

这场大灾难中，德军爆发出两次垂死挣扎。圣朗贝尔村横跨特兰与尚布瓦之间的迪沃河两岸，在这里，"身穿灰色军装的德国士兵嘶吼着"冲向加拿大第 4 装甲师。8 月 18 和 19 日，战斗持续了两天。卡车上汽油燃起的火柱蹿入空中，人畜的尸体和烧焦的装备堆积在一座双方激烈争夺的桥梁下，堵住了迪沃河。"我们拼命射击，直到机枪的冷却水被蒸发一空。"一名加拿大射手报告道。临时拼凑的德军战斗群杀开血路，穿过圣朗贝尔东南方的通道。由此逃脱的不仅仅是装甲部队，那些掷弹兵像"毛刺"般攀附在车体上。第五装甲集团军的指挥部及许多将领也逃了出来，埃贝巴赫便在其中——他很快将奉命指挥第七集团军。

东北方 3 英里处，波兰第 1 装甲师的 1 800 名士兵在星期五下午攀上了一座陡坡，这是 262 高地，但他们将其称为"狼牙棒"，因为它在地图上的形状看上去就像一根狼牙棒。星期日上午，在经历了一场卓有成效的夜间突围后，一支德军部队拖着沉重的步伐沿 262 高地下方的道路向维穆蒂耶尔走去。波兰人因此遭到党卫军第 2 和第 9 装甲师的攻击，莫德尔将这两个师从塞纳河调来，作为"解围"力量拯救包围圈中的德军幸存者。

当天的半数时间里，低垂的云层使得盟军飞机无法升空作战，一名波兰士兵回忆道，德国人"从四面八方涌上这处林木茂密的山坡"。黑豹与谢尔曼近距离交火，德国人和波兰人这对世仇用刺刀和手榴弹相互厮杀，一直持续至第二天早上。与此同时，大批逃窜的德国人涌过这座高地。一名法裔加拿大炮兵观测员带着两部电台隐蔽在"狼牙棒"上，指挥着200门大炮在高地四周建起一片猛烈的火力网，就像魏斯中尉在莫尔坦所做的那样。加拿大第4装甲师在8月21日星期一下午赶到时，已有325名波兰人阵亡在"狼牙棒"上，另有1 000多人负伤。烧毁的坦克像干草垛一般散落在高地各处，曳光弹引燃的草地将一些党卫军士兵的尸体烧得焦黑。

第二天，德军的散兵游勇要么试图冒死泅渡迪沃河，要么悄悄溜进隐蔽处，也有些人高喊"该死的战争"举手投降了。一名加拿大机枪射手说："这其实是一场杀戮，而不是战斗。"星期一时，数百名德军士兵搭乘着装甲车，在20毫米口径火炮的轰鸣声中冲过麦田向特兰驶去。加拿大人8挺"维克斯"机枪构成的防线"将他们成片扫倒，战斗持续了半个小时左右"。死者被洗劫一空，鲁格手枪、匕首和手表，还有沾满鲜血的法郎，被晾在阳光下晒干。记者艾利斯·卡彭特写道："一个法国老人推着一辆手推车，用脚踢了踢一个死去的德国人，一边咯咯笑一边向着尸体撒了泡尿。没错，这是场'该死的战争'。"

★ ★ ★

枪炮声终于沉寂下来，整个战场就像那些"描绘滑铁卢或博罗季诺战役的油画中的场景"，艾伦·穆尔黑德在给《每日快报》的电报中这样写道："我在这里看到了德国的末日。"战事的进展可能会让人产生误解，因为德国的灭亡比他和其他人所预见的更加遥远。追击和歼灭一支被击败的敌军是最难掌握的军事技能之一，就像在葛斯底堡到阿拉曼的路上所发生的一样：德军已从苏联、北非和意大利的失败中学会了如何后撤。就在1年前，看似肯定要被全歼的11万德国和意大利士兵却逃出了墨西拿。

"逃出塞纳河的所有德军部队，在今后的几个月中无法凝成有效战斗力。"蒙哥马利在伦敦做出保证。这种论调太过乐观，而且，逃过河去的敌人远比应该逃走的更多。可惜的是，从维穆蒂耶尔到塞纳河长达40英里的路途中，没有一支吹着胜利号角的军队紧追德国人。奥尔良和沙特尔分别于8月16和18日光复后，美军第三集团军奉命从巴黎下方转向，在法国首都东面渡过塞纳河，赶往德国边境。由于燃料短缺，部队每天都需要从英国紧急空运补给，但艾森豪威尔已命令麾下将领们务必抢在敌人返回自己的国家前追上他们。

巴顿的集团军中，只有第 15 军已转身向北，并于 8 月 20 日利用船只、木筏、简易浮桥，以及芒特（位于巴黎西面 30 英里处）附近一座大坝顶部狭窄的通道跨过塞纳河。德军的拦阻部队阻挠了美军沿河岸席卷下游的努力，但美军士兵设法攻占了拉罗舍居伊翁城堡。迫击炮弹和枪榴弹射入城堡的院落时，莫德尔和他的参谋人员仓促逃往马尔吉瓦勒，2 个月前，龙德施泰特、隆美尔和希特勒曾在那里举行过会晤。

虽然盟军取得了非凡的胜利，却并不完美。用一位德国将领的话来说，尽管德军陷入了"难以解决的混乱"，而且控制塞纳河 6 个渡口中的大多数的党卫军恶棍采用了"枪击、威胁和暴力措施来稳定局面"，但逃出法莱斯包围圈的德军士兵大部分都逃离了诺曼底地区。白天隐藏在 U 形河渠中的 20 多艘临时渡轮，在 8 月 20 ~ 24 日，将 2.5 万部车辆运至东岸。无法预订到舱位的德军士兵便将苹果酒桶的木板钉在一起，或是将房门从铰链上拆下，再缚上空燃料桶，做成木筏渡河；还有些人用电话线将小树苗捆扎在一起，或是紧抓住死牛肿胀的尸体向下游漂去。英国情报部门估计，赶至河边的德军士兵中，95% 到达了对岸；而逃离法莱斯包围圈的德军人数为 3 万~ 10 万。这些逃脱者中，有 5 位军长中的 4 位，15 名师长中的 12 名，还有许多能力出众的参谋人员。而数万名包围圈外的德军士兵现在也加入了撤离法国的行列中。

但不管以何种标准来衡量，法莱斯战役对德国人来说都是一场意义深远的惨败。有 1 万多名德军士兵被击毙，5 万多人被俘。雷电战机在道路上方嗡嗡作响，挥舞着白旗的散兵游勇汇入战俘队列。"战俘的日子不好过，"一名美军军官在 8 月 24 日的日记中写道，"我听一名士兵告诉另一名士兵，一壶水在战俘营被卖到 300 法郎。"死亡名单中有克鲁格元帅的名字。

被莫德尔接替后，克鲁格驱车返回柏林。他将车停在凡尔登城外，在草丛中铺开一块毛毯，咬碎了口中的氰化钾胶囊。"当你看到这封信的时候，我已经不在人间，"在一封告别信中，他告诉希特勒，"德国人民所经受的苦难实在太大了，现在已经到了结束这种恐怖的时候了。"元首亲自书写了克鲁格的墓志铭："或许是因为他已看不见希望……就像一本西方的惊悚小说。"

盟军的调查统计得出结论，近 700 辆坦克和自行火炮被摧毁或遗弃在法莱斯至塞纳河的道路上。河上的渡轮无法摆渡虎式坦克，这些毁坏或烧焦的坦克被扔在鲁昂和其他地方的码头。盟军统计中还包括 1 000 门大炮、2 500 辆卡车及轿车。莫德尔告诉希特勒，装甲师和装甲掷弹兵师"平均每个师只有 5 ~ 10 辆坦克"。第五装甲集团军下属的部队，平均每个师只有 3 000 人，其中只有 1/3 的士兵还保留着他们的装备。B 集团军群已被摧毁，这是当年 6 月，中央集团军群在白俄罗斯被歼灭后，德军遭遇的又一次沉重打击。不少德军师即将展现出复苏的迹象，正如历史学家雷蒙德·卡拉汉后来所写的那样："德军在秋季引人注目的复苏，一些永远无法量化的原因显然得归结于盟军在法莱斯不完整的胜利。"

从法莱斯到特兰，再到远至东北方的维穆蒂耶尔，艾森豪威尔快速巡视了整个包围圈。在离尚布瓦 2 英里处，他踏出指挥车，步行穿过盟军制造的"屠杀现场"。"难以形容的恐怖和毁灭，"随行的一名中校写道，"德国人的大炮、卡车及大量肿胀的死尸，散落在各处。"有些死者被埋在路边，他们的军饷本被钉在粗制的十字架上。一名加拿大牧师报告说，另有 5 000 具尸体被丢入圣朗贝尔的一个集体墓地后用推土机掩埋。焚毁的坦克中那些烧焦的尸体被波兰士兵称为"焦炭纪念碑"。英军士兵用斯登式冲锋枪扫射大堆死尸，以便放出尸体内的气体，然后架起柴堆将其焚毁。一名德国军官坐在一辆豪华汽车的后座，旁边是他打扮时髦的情妇，两人都因被炮弹击中前胸而亡。一名军官写道："现场就像遭到一位复仇天使的怒火席卷，决心要摧毁德国人的一切。"

清理包围圈的士兵们戴着防毒面具，以抵御被称作"法莱斯气味"的恶臭。这种气味甚至能钻入 1 500 英尺高空上的喷火战机座舱里。"仿佛一切都失去了生机，"8 月 21 日赶到的厄尼·派尔写道，"人员、车辆、牲畜——只有你一个人还活着。"一名加拿大"刽子手"拎着手枪来到一条小溪的岸边，几十匹受伤的马"站在那里，耐心等待流水带来的死亡"。8 000 匹马和无数奶牛被屠杀，这将使推土机一直忙到 11 月。盟军管理人员将迪沃河标注为"不卫生区域"，卡车运送饮用水的工作持续了几个月。直到 1961 年，回收废金属的人才将果园和农田中最后的战场残留物移除。

诺曼底的小学生对加拿大士兵唱着英文歌："感谢你们解放了我们。"和平的临近及企业利润的下降，导致美国股票市场大跌。来自法国南部的报告表明，法国和美国在地中海沿岸发起的一场联合攻势已将敌人逼退。许多人已经开始憧憬敌人溃败的场面——就像 1918 年 11 月，德军突然解体时一样。蒙哥马利宣布：
"这场战争到结束的时候了，就从现在开始。"

至少这句话的大部分是正确的。

我们这个时代最可爱的故事

8 月 24 日这个星期四的黎明，温暖的夏雨淋湿了混乱不堪的解放大军，法国
第 2 装甲师的 3 股部队已做好了在巴黎西南方 20 英里处战斗的准备。村里的妇女
携带着咖啡壶及堆满炒鸡蛋、早餐面包卷的盘子匆匆穿过宿营地。士兵们以一贯的
严谨完成了洗漱，背上武器，大摇大摆地走入队列中。"整片树林像被麻鸦占领了
一般热闹起来，"一名美军上校后来写道，"他们拍着胸脯，高声齐喊：'前进！'"

三色旗在 3 000 辆车上飘扬，这些汽车以拿破仑的胜利命名，或是以被解放
的法国城市命名，如卡昂和瑟堡。每辆坦克和侦察车上都标着白色的法国地图剪
影，上面叠加着一个洛林十字。这支 1.2 万人的部队并非都由法国正规军士兵组
成，他们当中还有海军陆战队员、黎巴嫩基督教工兵及 3 周前刚刚踏上法国领土
的塞内加尔步兵。在这支队伍中还能找到西班牙共和党人、戴高乐主义者、犹太人、
穆斯林、天主教反动派、万物有灵论者、无政府主义者、反天主教徒、社会主义者、
共产主义者、自由思想家及好战的贵格教徒。

活跃的战地记者们交换着各种传闻，其中包括一个荒唐可笑的报道：无论哪
支队伍要进入巴黎，都必须先等富兰克林·罗斯福到达。派尔也在这群人里，他
戴着一顶贝雷帽，看上去像是蒙哥马利。海明威也在其中，他是《科利尔》杂志
聘请的特约通讯员，却指派着形形色色的法国游击队员，还煞有介事地配备着汤
普森冲锋枪和手枪，游击队员们称他为上校或长官。罗伯特·卡帕写道，这帮非
正规军"模仿着他水手熊般的走路姿势，嘴里吐出一个个短句"。而海明威则夹
着一瓶苹果白兰地，兀自轻拍着塞在军用夹克里的手榴弹。（根据《战争法》，战
地记者携带武器是非法的。——译者注）另外数百名抵抗战士也加入队伍，其中
包括一辆载着神枪手的马戏团卡车，他们喊着当天的口令，相互盘问着："巴黎！
奥尔良！"他们还幻想着看了 4 年令人厌恶的"卐"字旗后，能在凯旋门上铺开
一面三色国旗。

这支极不正规的队伍的指挥官站在利穆尔镇外的道路上。法式平顶军帽上扣

着一副坦克护目镜，手握着一根陪伴他度过战时岁月的马六甲藤手杖，他就是菲利普·佛朗索瓦·玛利·德·奥特克洛克子爵。使用雅克·菲利普·勒克莱尔这个化名是为了防止他的妻子和6个孩子遭到报复。作为皮卡第一个小贵族家庭的后裔，轻盈、敏捷，再加上一双蔚蓝色的眼睛和低沉的嗓音，使勒克莱尔生出了一种神秘感。"他被称为无处不在的海绿。"战略情报局特工大卫·布鲁斯写道，在那个星期四早晨，他也是勒克莱尔那群古怪的助手之一。

1940年6月，勒克莱尔还是一名骑兵上尉，负伤的他冒险逃过德国人的抓捕。他骑着自行车朝法国西南部逃去，并以一本用儿童玩具印刷机修改过的假护照溜过了西班牙和葡萄牙。戴高乐把他从伦敦派往中非，组织反维希政权的抵抗运动。他为"自由法国"收回了喀麦隆和乍得，在利比亚南部的库夫拉击溃了意大利守军；随后带着4 000名战士和一支骆驼大军，以一场吉卜林式的远征跨越非洲大陆，并于1943年1月在的黎波里投入蒙哥马利麾下。随后，他在摩洛哥组建起第2装甲师，并于8月1日在犹他海滩登陆，成为重生的法国军队光复祖国的先锋力量。作为一名虔诚的天主教徒，只要战况允许，勒克莱尔每天都去领取圣餐。他还显露出一种执拗的性格，令他名义上的上司大为光火。在阿尔让唐，他就曾为道路使用问题大声咆哮。现在，美国情报机构已探明5 000名党卫军士兵准备死守巴黎，勒克莱尔伸出食指指向天空，说道："别担心，我们会粉碎他们。"

前进！清晨7点，车辆逐一向前驶去。"一支由私家车、卡车、摩托车和自行车

巴黎获得解放前不久，摄影师罗伯特·卡帕（左）、为《科利尔》杂志担任特约记者的欧内斯特·海明威（右）与他们的军方驾驶员在法国合影留念。

组成的怪异队列。"唐·怀特黑德做出了如此报道。普法战争时期的老兵在路边立正，僵硬地敬着军礼。"欢呼的平民百姓将鲜花、苹果和西红柿抛入队伍中，并送给士兵们大杯啤酒、苹果酒、红白波尔多葡萄酒、红白勃艮第葡萄酒、香槟、朗姆酒、威士忌、干邑白兰地、雅文邑白兰地和苹果白兰地，"大卫·布鲁斯写道，"数量多到足以让一个人的血管中满是酒精。"也或者，足以削弱一支部队的军事优势。

勒克莱尔没有理会杰罗将军发出的穿过凡尔赛从西面进入巴黎的命令，而是改变了进攻重心，途经阿尔帕容，从南面直取巴黎。这超出了炮火支援的范围，并在不经意间撞上了德军防御最严密的地段。这支部队置于左侧、实力较弱的一股队伍冲过圣西尔，到达塞纳河上完好无损的塞弗尔桥，距离埃菲尔铁塔只有几英里的距离。而穿过阿尔帕容的那股力量，经过一场时速 50 英里的短暂冲刺，很快便击溃了德军设在马西和弗雷讷郊区的路障和街垒。星期四入夜前，勒克莱尔的先头部队距离奥尔良桥仍有 5 英里，离市中心还有 8 英里。但他麾下已有350 多人伤亡，35 辆坦克和 117 部其他车辆被击毁。

恼怒不已的杰罗用无线电向布拉德利抱怨说，勒克莱尔"跳着舞进入了巴黎"，而且是以"单路坦克纵队推进"。同样感到恼火的布拉德利命令第 4 步兵师绕过法国人，从东南方进入城内。勒克莱尔派出侦察机在巴黎市中心投下一张张便条，上面写道："守住，我们正在赶来！"

★ ★ ★

艾森豪威尔早就计划绕开巴黎，以避免巷战。因为盟军最高统帅部的后勤部门提醒说，只要为这座城市提供足够粮食，其防御"相当于 8 个作战师"。但随之而来的事态变化迫使他采取行动。8 月 11 日，巴黎发生罢工。先是铁路和地铁工人，随后是警察，3 000 名警察在 8 月 18 日占领了警察局。德军巡逻队在市内遭遇伏击，运粮车队驶离车务段后遭到劫持。8 月 19 日，125 名巴黎人死于枪战。此前，最后一列满载被驱逐的犹太人的列车已于 8 月 15 日离开巴黎向东驶去。

8 月 20 日抵达瑟堡的戴高乐担心发生另一次华沙事件：8 月 1 日，波兰人在华沙发动起义，并天真地期待与苏联红军里应外合，结果德国人有条不紊地将整座城市夷为平地。现在，约有 3.5 万名抵抗战士出没于面积更大的巴黎，他们隶属法国内地军。这个组织十分松散，只有 570 支步枪和 820 支左轮手枪。此外，戴高乐还认为，这场暴动将加强法国共产党的力量。在他们之中，一个被称为"罗尔上校"的钣金工宣称"巴黎值得付出 20 万人的性命"。艾森豪威尔一直向戴高乐保证，待时机成熟，将由法国军队解放这座城市。"现在，'两米'（"两米"是戴高乐的绰号，因为他身高近两米。——译者注）不仅援引了这一承诺，还展现了他发怒、生闷气、辱骂、故作姿态、沉默、高傲、冷漠、政治上自以为是及卫道士的天分。"历史学家约翰·基根后来这样写道。

时机已然成熟。暴动愈演愈烈，溜出首都通风报信的人预言，如果盟军不迅速介入，一场灾难将会发生。城内爆发了数百起小规模冲突，随后，双方签订了一项不太可靠的停战协议，但党卫军和共产党人显然都没将这项协议当回事。被孤立于飞地中的德国守军构筑起防御据点，并将 88 毫米反坦克炮部署在市内的各个要地。巴黎人再次将 19 世纪构建路障的技艺发扬光大，他们用街道上的鹅卵石和窨井盖掀翻了德国人的卡车，甚至利用一个小便池也做到了这一点。

很快，400 余个路障堡垒出现在城市内，一些路障甚至将希特勒的肖像竖起来，活像一支枪靶。"对德拉克洛瓦和杜米埃画作的研究并非徒劳无益，"战后的一份记录中写道，"一些深受影响的巴黎人松开围巾，解开衬衫，袒露出自己的胸膛。"（德拉克洛瓦最为世人熟悉的作品便是《自由引导人民》。而杜米埃是法国著名画家，曾参加过巴黎公社起义。——译者注）起义者缝制着 FFI 臂章，用香槟酒瓶制造大量的"莫洛托夫鸡尾酒"，轻伤人员用爱马仕丝巾做成的三角绷带吊着胳膊。共产党的标语呼吁："每个巴黎人消灭一个德国佬。"一个秘密广播电台正播放着已被禁播 4 年的《马赛曲》，巴黎人打开窗户，将音量调大。"我有一种感觉，"一名德军中士写信给他的妻子，"这里的事情很快会变得不可收拾。"另一名使者是个胖乎乎的瑞典滚珠轴承厂经理，名叫拉乌尔·努德林，他告诉布拉德利，一些德国官方人士希望盟军在德军实施焦土政策前插手干预。

8 月 22 日星期二前，艾森豪威尔已然心软。"如果敌人试图以其真正的力量据守巴黎，"这位最高统帅告诉联合参谋长委员会，"这将对我方侧翼造成持久威胁。"含糊的情报表明德国人正在撤离。"现在看起来，我们不得不进入巴黎，"艾森豪威尔告诉比德尔·史密斯，"布拉德利和他的情报副参谋长认为，我们能够而且必须进入。"一些德国人确实已经撤离，希特勒已批准文职人员和警察部门的官员离开。一名记者描述了"身穿轧别丁雨衣的盖世太保跟班"如何跟随着"灰老鼠"们（身穿制服的德国女性）挤入火车站的情形。焚烧文件产生的灰烬在塔列朗酒店和布洛涅森林附近飘荡。怀恨在心的德军士兵破坏了医院的电梯，用混凝土堵塞管道，又砍下林荫道上的树枝，用于伪装他们堆满了浴盆、地毯和其他战利品的卡车。"我们会回来过圣诞节的。"他们喊道。巴黎人在 4 年的时光中竭力避免与德国人的目光接触，他们开玩笑称，"这座城市根本不搭理德国人"；现在，他们挥舞着马桶刷，嘲笑这些逃走的侵略者。

★ ★ ★

在推进遭到德军散兵游勇的阻截后，勒克莱尔将军派出了一个排，配备了 3 辆坦克和 16 辆半履带车，于 8 月 24 日黄昏穿过巴黎南部的小巷。到达意大利大街时，这支特遣队冲过奥斯特里茨车站附近的警戒哨射出的火力。看见谢尔曼坦克上的白色五角星，巴黎人尖叫起来："是美国人！"很快他们就发现，这是法国人自己的部队。市民们打开塞纳河畔的路障，巴黎市政厅内的无线电广播宣布："庆祝吧！勒克莱尔的部队已进入巴黎！告诉神父们，让教堂的钟响起来！"

里沃利街上，一名德国将领装扮、胖乎乎的矮个子在莫里斯酒店的阳台上，俯瞰着杜乐丽花园，倾听着远处传来的阵阵钟声，巴黎圣母院低沉、庄严的钟声穿插其间。迪特里希·冯·肖尔蒂茨将军身躯厚实，双腿粗短，还有一张小酒窝深陷的胖面颊。他是一位公认的硬汉，1940 年和 1942 年对鹿特丹和塞瓦斯托波尔的两场毁灭使他臭名远扬。在诺曼底地区担任军长时，肖尔蒂茨亲眼看见他的部队在"眼镜蛇行动"中溃不成军；随后，他被派往巴黎，希特勒给他的命令："绝不能让巴黎落入敌人手中，除非是一片废墟。"

这位萨克森州人生于军人世家，他的先祖已在军中坚守了 8 个世纪，他告诉瑞典人努德林："掩护我军后撤，摧毁身后的城市，这是我的宿命。"星期日那天，他写了封信给身在德国的妻子，并附上莫里斯酒店的咖啡："我们任务艰巨，日子越来越辛苦。"以区区 2 000 名士兵控制这座 300 万人口的城市，肖尔蒂茨对这场战斗的结局不抱有任何幻想。"敌人已经发现了我们的弱点。"他告诉莫德尔。破坏这座"光明之都"，使它成为希特勒口中的废墟这一命令，甚至连肖尔蒂茨这样的"硬汉"也无法下手，他狡猾而巧妙（兴许是因为他的良心）地拖延着这道命令。"自从敌人拒绝聆听和服从我们的元首以来，"他带着讽刺口吻告诉参谋人员，"整场战争就变得越来越糟糕了。"

在命令努德林和其他人赶去阻挡盟军的同时，肖尔蒂茨虚与委蛇，制订了炸毁桥梁、公用设施及 200 座工厂的假计划以拖延时间。他告诉上司，他已在巴黎荣军院、歌剧院及其他公共建筑下埋设了数吨炸药；爆破队将炸平凯旋门，从而压缩射界；埃菲尔铁塔将倒下，"成为一道封堵塞纳河的铁丝网"。他呼吁部下们采取"谨慎、聪明的态度"，并试图挑起各抵抗组织派别间的内讧，同时期盼着援兵的到来。现在，他打电话给 B 集团军群司令部，将话筒举过头顶。"请你听听，"肖尔蒂茨说道，"听到了吗？这是钟声。他们以此告诉这座城市……盟军到了。"

的确如此。8 月 25 日星期五，上午 10 点前，勒克莱尔设法将他的整个师放入城内，坦克碾过鹅卵石路面时，履带迸发出阵阵火花。2 小时后，美军第 4 步兵师第 12 步兵团到达巴黎圣母院，随后喧闹着穿过东区。尽管奥赛码头和其他地区仍有激烈枪战，但人行道上层层林立的人群足有 20 排，他们一直高呼着"法兰西万岁"。欢呼声和枪炮声构成一曲奇妙的交响乐。人们像是在期待无法言喻的奇迹，妇女们卷起她们的头发，熨平她们最好的衣服。12 点 30 分，法国国旗飘扬在埃菲尔铁塔上——这是自 1940 年来的第一次；90 分钟后，消防队员将三色旗悬于凯旋门上。当地的一个马戏团将动物们放出，蹦跳着沿香榭丽舍大街走过。成群的巴黎人从衣柜中取出他们过去的制服，匆匆加入法国内地军的行列中，这些军装的樟脑丸气味太重了。

人们用自己的行动不断展现着一名美军士兵所说的"勇气的怒潮"，如此强烈而激动人心。身穿白色罩衫的护士志愿者，冲过子弹横飞的街头，将血淋淋的担架抬至安全处。在一个圆形交通路口，炮弹炸断了一棵板栗树，狙击手胡乱射击，法国人的半履带车和坦克转了一圈又一圈，朝邻近的建筑物射出"不少于5 000 发子弹"。乘坐着汽车的抵抗战士搜寻着巴黎的各个公园，从颠簸的座位上向敌人的营地开枪射击。警察把守着地铁出口，防止德国人逃跑，美军的一份报告中指出："从中走出的德国人，不是被枪毙就是被俘虏。"众议院里的 500 名德国兵向美军通信部队的一名摄影师投降，某些据点中进行的谈判使用了意第绪语，这是与双方母语最相近的语种。德军士兵高举着双手从大陆酒店中走出，铁十字勋章已从他们的颈间被扯掉，而美军士兵则将克利翁酒店中投降的德军士兵的武器缴至衣帽间内。

路易九世在 1270 年的十字军东征中死于突尼斯，在这个众人喜庆的"圣路易日"里，大多数巴黎人在正常时间吃上了午饭。莫里斯酒店优雅的餐厅内，伴随着塞夫尔瓷器和银烛台，肖尔蒂茨也在吃午饭。"德国输掉了这场战争，"他告诉参谋人员，"我们和她一同输了"。楼上，他的勤务兵替他收拾了一只手提箱，

1944 年 8 月 25 日，在这个解放的日子，法国第 2 装甲师师长雅克·菲利普·勒克莱尔少将出现在巴黎的蒙帕纳斯大道上。

里面放着三件衬衫、内衣和袜子。一名中尉回忆道，餐桌上，将军和他的参谋人员"保持沉默，竭力不流露出自己的情绪"。当被要求离开窗户，以免被街对面卢浮宫射出的流弹击中时，肖尔蒂茨回答说："不会的，尤其不会在今天。"但随着枪声越来越激烈，他终于推开面前的盘子："各位，最后的战斗开始了。"

他起身前往浴室洗了一次澡，并换上一身新军装。战斗已席卷过协和广场。大革命时期，那里的断头台曾砍掉过 1 000 多颗头颅，其中不乏路易十六、玛丽·安托瓦内特和罗伯斯庇尔等名人。5 辆被派往进攻莫里斯酒店的谢尔曼坦克很快被击毁，200 名法国步兵在里沃利街对面的拱廊下飞奔。亨利·卡尔谢中尉冲入莫里斯酒店大堂，从服务台后投掷出一枚烟雾弹。与此同时，另一名士兵用火焰喷射器将电梯的轿厢烧毁。楼上，一名法国内地军战士冲入一间办公室，向办公桌后一个大腹便便的人问道："会说德语吗？""会说，"肖尔蒂茨回答道，"大概比你说得好些。"这时，卡尔谢走了进来，宣布说："你现在是我的俘虏。"

这些往日的占领者被驱赶着穿过街道时，一群愤怒的暴民冲上前来，朝他们吐口水，抢走他们的眼镜、手表和肩章。下午 3 点，肖尔蒂茨被送到警察总署，勒克莱尔已在这里吃过午饭，桌上同样配有瓷器和白色的餐布。他们来到一间桌球室，肖尔蒂茨调了调他的单片眼镜，随即签署了正式降书。钻入一辆装甲车后，肖尔蒂茨默默地弯腰坐在后座，勒克莱尔得意扬扬地站在前排，就像一名战车中的百夫长。在蒙帕纳斯车站的 3 号对接站台，肖尔蒂茨签署了另一份文件，命令残余据点的守军放下武器。随后，他要求喝杯水。在被问及是否打算吞咽毒药时，他回答道："当然不，那不是我们的行事风格。"

法国伪军和被俘德国军官组成的小组打着白旗，拿着《停止抵抗令》的副本穿过整座城市。在卢森堡宫这座最后的堡垒，700 名德军士兵每人得到了一品脱白兰地和一包香烟；晚上 7 点，大门打开了，他们的指挥官打着一面硕大的白旗大步迈出，部下们跟在他身后，10 多辆坦克也在队伍中。德军共计 1.5 万名士兵在巴黎被俘，他们中的许多人将在卢浮宫的庭院中被拘押几日，另有 4 200 人阵亡或负伤。

写着"说德语"的招牌从商铺前消失了，有时会被抵抗战士换上一幅海报，上面警示道："德国兵的供应商。"通敌者被人砸以鸡蛋、西红柿和装有粪便的袋子；一些被剃掉头发的女人，赤裸着上身，乳房上画着"卐"字标记，脖子上还挂着牌子，写道："我陪德国佬睡过觉。"一名美军中士朝一群正给一个可怜女人剃头的暴民厉声吼道："你们这些混蛋，离她远点！你们都是通敌卖国者！"恢复出版的《费加罗报》，每日的特色就是叫嚣"逮捕和清算"。

粗暴的惩罚如火如荼地进行着，可与百年前协和广场上的断头台盛景相提并论。历史学家罗伯特·阿龙后来统计，整个法国被草率处决的通敌者和其他罪名者高达 4 万："这个数字高得足以创造出一种精神病，并将永远留在幸存者的记忆中。"整个清算时期，约有 90 万名法国男女遭到逮捕，其中 12.5 万人被迫在法庭上回答被占领期间他们的所作所为。那些被认为犯有"与国民身份不符"罪行的人被判以有期徒刑，而被裁定"使国家地位受损"的人则被禁止从事政府公职工作。

晚上 10 点，盟军反间谍机构的第一批人员在小皇宫设立指挥部，机构人数最终会达到 1 800 人。他们模仿罗马帝国一个类似的单位，将自己命名为"T 部队"。T 部队已经掌握了 8 万个在法国有间谍、破坏分子和恶棍罪责嫌疑的人的名字，以及盖世太保和党卫队机构中厚厚的卷宗。当天，名单上的 84 人被捕。令人痛心的是，在一座德军兵营三间没有窗户的地下室中，被判处死刑的囚犯用木炭和铅笔留下了最后的话语："加斯东·莫，我的时间到了，留下 5 个孩子，愿上帝怜悯他们。"另一个人写得很简单："为我报仇。"艾伦·穆尔黑德引述了一名巴黎人的话："我告诉你什么是解放——清晨 6 点听见有人敲你的房门，而你知道那是送奶工。"

根据 A.J. 利布林的判断，这些压抑的故事阻止不了"这座伟大城市中所有人的快乐"。一名美军中士写信告诉明尼苏达州的父母："我这辈子从没被亲吻过这么多次。"另一名美军士兵爬上 3 楼去看望一位卧床不起的法国妇女，她恳求能让自己在死前亲眼见到一个美国兵。"鹅卵石，路边咖啡店上方飘摆的红色和金色标志……马肉铺上方 3 个金色的马头，戴着蓝色平顶帽的警察，"穆尔黑德写道，

8 月 29 日，一名被指控与德国占领者合作的法国妇女
被强行剃掉头发。另一些和她一样的妇女，乳房上画着
"卐"字标记或是在脖子上挂个牌子，上面写着："我陪
德国佬睡过觉。"

"这一切我们曾失去过吗？"勒克莱尔的人将一列准备驶往德国的火车截住，车内
载有 148 箱网球场现代美术馆的珍品：64 幅毕加索、29 幅布拉克、24 幅杜飞、
11 幅弗拉芒克、10 幅郁特里罗，还有德加、塞尚、高更和雷诺阿的作品。法国
银行的地下室中被发现藏有 40 万瓶干邑、300 万支雪茄和 235 吨糖。

　　一支美军巡逻队到达克拉里奇酒店时被经理告知："这座酒店已租给德国的军
官团。"一名美军上校拔出点 45 口径的手枪，说道："你有 30 秒时间告诉我它没
租出去。我们要搬进来。"海明威带着两卡车游击队员来到丽兹酒店，他告诉酒保：
"来 73 杯干马提尼酒如何？"后来，他和几名同伴喝了汤，吃了奶油菠菜，外加
草莓利口酒和"巴黎之花"香槟，服务生在账单上添加了维希政府的消费税，并
解释说："这是法律规定。""没关系，我们吃着，我们喝着，我们兴高采烈。"海
明威的一名同伴后来描述道。（海明威本人对此的反应显然不是"没关系"。他怒
吼起来："为解放法兰西，我可以献出百万千万；为尊重你们的民族，我可以付出成
千上万。但对维希政权，我一个子儿也不进贡。" ——译者注）

　　第 12 步兵师的列兵欧文·肖后来成了著名作家，他认为 8 月 25 日是"战
争应该结束的日子"。厄尼·派尔置身于一家酒店的客房内，他躺在柔软的床
铺上，尽管没有热水，也没有电。"所有的漂亮姑娘似乎都在巴黎，我们总是这
样听说……她们的衣着色彩缤纷。"他得出结论，"解放，是我们这个时代最可爱、
最欢快的故事。"

　　8 月 25 日星期五下午晚些时候，戴高乐坐着汽车经奥尔良大道进入城内，
用他的话来说："心情激动，但充满平静。"下午 5 点，他来到位于圣多米尼克街

的战争部，1940 年 6 月 10 日，他就是从这里逃走的。时光在这里似乎分毫未行，诸事一如往昔——沉重的家具、门房、电话分机按钮上的名字，甚至吸墨纸。"除了国家，什么都没少。"戴高乐后来写道。他站在巴黎市政厅的露台上宣布："巴黎受尽凌辱，巴黎四分五裂，巴黎饱经苦难，但巴黎解放了。在整个法国的帮助下，她被她自己解放，被她的人民解放。"他的讲话中几乎没有一个字提及美国人、英国人、加拿大人或波兰人，而这些人为了这一刻，自 6 月 6 日以来已牺牲了 5 万多人。分派给戴高乐担任助手的美军上尉，这一晚为他四处讨要口粮、科勒曼手提灯及"球员"牌香烟。（戴高乐认为，当晚有效治理巴黎最急需的是军用口粮、手提灯和香烟，因此，他派这名上尉设法筹集这些物资。——译者注）

"城市遭受的破坏很轻微。赞美这伟大的热情。"第十二集团军群向盟军最高统帅部报告说。充足的煤炭仍可以支持自来水厂，并每天提供 2 个小时的电力供应，直至 9 月中旬。一些使用煤炭的公交车仍在运行，但其数量远不及马车、老式四轮马车和自行车。条纹遮阳棚下，多摩、圆亭及蒙帕纳斯的其他咖啡馆中人声鼎沸、生意兴隆。2 000 名抵抗战士和 2 500 名平民在巴黎之战中身亡或负伤，而希特勒还将杀死更多的人。他抛出那个臭名昭著的问题："巴黎烧了吗？"得到回答"不，巴黎没被烧毁"后，他命令使用 V-1 火箭和空军发起袭击。

肖尔蒂茨投降一天后，德国轰炸机在巴黎东郊造成 1 200 人伤亡。巴黎市民用手上的各种武器对空射击，甚至包括古董手枪。"经历了 1 小时的嘈杂后，"一名目击者报告道，"终于等来了'解除警报'这句话，说话人有些上气不接下气。"艾森豪威尔发电报给马歇尔说："我们不应责怪法国人歇斯底里的情绪。"

8 月 26 日，周六。下午 3 点，戴高乐穿着一身朴素的卡其军装出现在凯旋门，就像穆尔黑德报道的那样："拘谨、笨拙，平顶军帽下一张抑郁的脸……这是个令人印象深刻但又没什么吸引力的家伙。"当戴高乐放下一个用粉色剑兰做成的洛林十字架，并重新点燃 4 年前熄灭的圣火时，一支警察乐队演奏起来。人们一直在争论戴高乐将军途经香榭丽舍大街时应该骑白马还是黑马，但他却选择了步行，前方是勒克莱尔的 4 辆坦克。一辆装着大喇叭的卡车发出刺耳的叫声："戴高乐将军将他的个人安危交付给巴黎人民。"一个个手挽手的警察、士兵和法国内地军方阵尾随在他身后；再后面是一连串吉普车和装甲车队列，据说它们满载着"似乎不太可能成为修女的姑娘们"。

上百万人站在林荫道旁，载歌载舞的人群用欢呼回应着那个大步流星、不苟言笑、高人一头的男人。戴高乐穿过协和广场，走近经历战火洗礼的莫里斯酒店，刚踏上一辆敞篷车，枪声便响了起来。数千人立即趴倒在地，"就像是一片麦地突然遭到一股强风袭击一般，"穆尔黑德写道，"每个手中握枪的人都开始朝屋顶猛烈还击。"大卫·布鲁斯的日记中写道，装甲车"以 50 英里的时速在街道上横冲直撞，用机枪对着楼顶和高处的窗户疯狂射击"。另一名军官报告说，站在补给卡车上的 30 名美军士兵"拼命"射击。然而，似乎没有哪名射手能确定自己的目标是什么。

戴高乐并未被吓住，他与陪同人员乘车驶过阿尔科特桥。法国内地军成员站在车门踏板上，胸前斜挎着子弹带。下午 4 点 15 分，车队抵达巴黎圣母院时，先是响起一支左轮枪的枪声，紧接着是自动武器的射击声，威胁似乎来自头顶上方，也许是从一尊雕像的滴水嘴后。这又引起一阵猛烈的还击火力，石块碎屑四散飞溅。勒克莱尔吼叫着"停火"并用他的手杖敲打士兵们的步枪，而此时，戴高乐已昂首挺胸地跨过了"最后的审判"之门。他将平顶军帽端在手中，经过通道向北耳堂走去，教堂中殿里的枪声更加密集了。"一直站立着的大批会众，突然间面朝下趴倒在地。"一名英国情报官员报告道。

这些会众躲在柱子后和木座椅下，警察和法国内地军战士则对着管风琴和天窗开枪射击。子弹在天花板上被弹飞。在这片混乱中，戴高乐无所畏惧地站立着。"这是我所见过的最了不起的勇气范例。"一名 BBC 广播电台的记者如此宣称。戴高乐捧着赞美诗，大声诵念起《圣母玛利亚颂》，他的一名助手朝那些畏畏缩缩的会众们喊道："你们还有尊严吗？站起来！"

"赞美上帝"的流程不得不等到一个更为安全的时刻。赞美颂被省略，仪式被缩减，大教堂火速进行了疏散。究竟是谁开的枪，这一点永远得不到确切答案了。枪手没被击毙，没被抓获，甚至没被发现。"最初的枪声引发了疯狂的齐射，"戴高乐在第二天写道，"这个问题也是我们要解决的。"他回到车上，随即驶离，开始了重建法国的辛勤工作。

★ ★ ★

诺曼底的激烈战事就这样结束了。对德国人来说，失败的滋味异常痛苦，此役堪比斯大林格勒、突尼斯及近期在白俄罗斯的崩溃。隆美尔过去的参谋长，装甲教导师师长弗里茨·拜尔莱因将军后来得出结论："这场战役与坎尼会战、坦能堡会战一样，都是令人难忘的惨败。在策划规模、执行逻辑、海陆空协同、战利品或俘虏

1944 年 8 月 26 日，狙击手的射击让协和广场上的法国人趴倒在地或仓促逃离。一名目击者写道："就像是一片麦地突然遭到一股强风袭击一般。"

的数量上，没有哪场战役能与 1944 年发生在法国的歼灭战相提并论。这场战役最大的战略成果，是为随后彻底消灭地球上最大的军事国家奠定了基础。"这句话说得没错，尽管严重贬低了莫斯科在毁灭纳粹德国的过程中所发挥的作用。

自 6 月 6 日以来，德军在西线的伤亡超过 40 万，其中半数成了俘虏。夏季，德军在各条战线损失了 4 000 多辆坦克和突击炮，诺曼底地区占了一半。盟军最高统帅部告诉联合参谋长委员会，这相当于歼灭或重创 11 个装甲师或装甲掷弹兵师。尽管部分德军师仍能召集万余名士兵，但他们已没有了坦克。36 个德军步兵师被消灭、重创或隔断在沿海的飞地，空军损失了数千架飞机。此外，柏林丧失了他们在大西洋沿岸的预警网，以及法国的煤炭、铝土矿、农作物和马匹。

战略情报局的一项分析得出结论，目前德国月均伤亡数为 25 万人，却只能获得月均 4.5 万名 18 岁年轻人的补充。对 70 份德国报纸近 3 年来刊登的讣告的研究发现，阵亡者中，18 岁或 18 岁以下年轻人及 38 岁或更年长者所占比例"显著增加"。纳粹德国正因失血过多而走向死亡。美军自 6 月 6 日以来，阵亡、负伤、失踪或被俘的人数突破了 13.4 万人，英国、加拿大和波兰军队的伤亡总数为 9.1 万人。夏季的 50 万架次飞行任务中，盟军损失了 4 000 多架飞机，皇家空军和美国陆航队

8 月 26 日，巴黎圣母院。尽管在感恩仪式时中殿内响起了枪声，但夏尔·戴高乐将军仍然继续吟唱赞美诗。BBC 广播电台的一名记者声称："这是我所见过的最了不起的勇气范例。"

各占一半。一些部队元气大伤，第 82 空降师投入诺曼底战役时有 4 名团长、16 名营长和几名备用高级军官，这些人中，15 人阵亡、负伤或被俘。

诺曼底为自由付出了可怕的代价：据统计，3 400 个诺曼底的村镇中，586 个需要彻底重建。整个法国，2.4 万名内地军战士阵亡或被德国人处死。60 万吨盟军炸弹（这个重量相当于 64 座埃菲尔铁塔）被投向德占法国，造成 5 万～6.7 万名法国人身亡，盟军因此深受指责。

德国死者中最著名的是埃尔温·隆美尔，尽管这是一场迟来的死亡。两个月来，他一直在位于黑尔林根的家中养伤，抚摸他的元帅权杖追忆着非洲岁月。失眠、头痛和负伤的左眼终日困扰着他，连抬起眼皮也成了一种负担。尽管他给希特勒送去一封虔诚无比的信件——"我始终只有一个念头，为你的新德国去战斗并获得胜利"，但他还是被 "7·20" 事件所牵连。为了自身利益，他对整个政变计划了解得太多了。

10 月 14 日，杀手们乘坐一辆挂着柏林车牌的绿色汽车来到黑尔林根。在书房与他们进行了简短的秘密会谈后，隆美尔告诉儿子："我将在 15 分钟内死去……希特勒指控我犯有叛国罪。"他穿着一件敞领非洲军上衣，掏空了钱包，抚弄了一番家里的腊肠犬，而后将元帅权杖夹在左腋下钻入汽车后座。为使家人获得赦免，他吞下了氰化物，并允许政府宣称他伤重不治。甚至在他的死讯被确认前，希特勒就已送去一个 6 英尺的花圈。而这则消息"将由另一个老家伙发出"。在乌尔姆市政厅，龙德施泰特宣读了悼文："无情的命运将他从我们手中夺走。他

187

的心属于元首。"这又是个谎言——不是他的心,但肯定是他的灵魂。

厄尼·派尔也在盟军的伤亡名单中。"如果我曾经很勇敢,那我再也不会这样了,"他写信给一个朋友,"我对所有的一切都那么淡漠,我根本不在乎自己在巴黎。战争已变为一种单调、漆黑的抑郁,一种内心的厌恶和精神上的枯竭,光明不见分毫。"寄自欧洲的最后一篇专栏文章中,他告诉读者:"我承受了我所能承受的一切。自战争爆发以来,我在海外待了 29 个月,写了 70 多万字……这种伤害最终变得太过严重。"9 月 2 日到达布拉德利的总部时,派尔"疲惫不堪、骨瘦如柴、非常需要刮刮胡子",一名军官这样形容他。派尔向众人告别,搭乘"伊丽莎白女王"号回家,甲板上挤满了其他伤员。"我感到自己油尽灯枯。"他向另一位作家承认道。8 个月后,在报道太平洋战事时,派尔被日本人的子弹击中头部身亡。

许多普通士兵充满了不切实际的乐观情绪,盟军最高统帅部的一名官员在家书中写道,这种乐观情绪"像疾病一样四处传播"。福利社官员宣布,从国内寄给欧洲战区士兵们的节日礼物将被退回,因为战争很可能在圣诞节前结束。但就像一名军官告诉家人的那样,许多人都认为,"希特勒用空间还能换取很长一段时间"。艾森豪威尔劝告记者们:"若是谁只用星期来计算这场战争的剩余时间,那他只可能是个十足的傻瓜。"

但不可否认,盟军的情况看上去比以往任何时候都更有利。正如历史学家杰弗里·P. 梅加吉后来所写的那样,柏林再次证明自己"根本没有能力做出正确的战略判断",其最大的弱点在于情报、人员和后勤体系。德军士兵长期拥有的战术优势现在似乎被严重减弱,而美军士兵则在战斗中日渐获得了能力和信心。德国空军已逃入国内,8 月 25 日前,美军陆航队已在法国建起 31 座机场,另外 61 座机场将在接下来的 3 周内动工。美国军队所展现出的不仅仅是毁灭性的火力(这与其他任何杀敌方式同样有效),还有一种抗压能力,这一点令人印象深刻。蒙哥马利的策略获得了成功,尽管他拒绝承认计划中的偏差也是成功因素之一。在历史学家艾伦·R. 米利特和威廉姆森·默里看来,蒙哥马利打了一场可能是他最擅长的战役,而巴黎的迅速解放也振奋了整个盟军的士气。一名英军少校在给母亲的信中写道:"我们正在前进,战争现在变得更有趣了。"

此外,欧洲战事"拥有一种生动的道德结构",这一点比以往任何时候都更清晰。这是作家保罗·富塞尔的原话,当时他是一名步兵中尉。盟军士兵到达巴黎时,位于波兰的苏军解放了马伊达内克集中营,发现数以万计的囚犯死在那里。

《纽约时报》的一名记者写道:"我刚刚看到的是这个世界上最可怕的地方。"跟随苏联红军一同前进的其他记者则描述了将人骨磨成肥料的机器。"德国人就是这样生产食物的,"一名苏军军官解释道,"把人杀掉,给卷心菜施肥。"

毒气室中使用的毒药齐克隆 B 的照片出现在《生活》杂志上,《时代周刊》则刊登了一篇报道,一间仓库中存放着 82 万双从囚犯身上脱下的鞋:"靴子、胶鞋、护腿、拖鞋。孩子的鞋、士兵的鞋、旧鞋、新鞋……一个角落处,摆放着大批假肢。"另一些仓库中堆满了眼镜、剃须刀、箱包和玩具。这些发现为罗斯福最近关于"欧洲犹太人遭到大规模系统性屠杀和驱逐"的指控提供了强有力的证据。直到 1945 年,德国境内的集中营被揭露后,骇人听闻的恐怖才清晰地展现在文明世界面前。

其实,士兵们并不需要四处寻找自己战斗的理由:遍布诺曼底的盟军墓地中包含了最震撼人心的墓志铭:"为自由而牺牲。"祭扫了圣梅尔埃格利斯附近的一处军人公墓后,一名士兵在日记中潦草地写下 A.E. 豪斯曼的两句诗:"救星今晚没能归家,他们无法拯救自己。"在拉康布墓地,唐·怀特黑德听见一位法国姑娘给一名阵亡士兵读他母亲的来信:"我最亲爱而又不幸的孩子,1944 年 6 月 16 日,你像只羔羊那样逝去,留下我孤身一人,毫无希望……你最后告诉我的话,'妈妈,我就像那风,我会来,也会离去。'"

6 月 10 日,康拉德·J. 纳丁三世驾驶着 P-51 战斗机扫射敌军车队时不幸撞树阵亡,他怀孕的妻子凯瑟琳写下了一封没有收信地址的信:

> 这将是我的十字架、我的诅咒及我永远的快乐,在我心中的你,永远栩栩如生……我希望上帝能让我快乐,不致疯狂,就像跟你在一起时那种强烈的快乐……我是如此想念你——你的手、你的吻和你的身体。

另一名飞行员伯特·斯泰尔斯,23 岁的他只剩几个月的生命。他写道:"时值夏季,世界各处都是战争。它就要结束,希望灿若阳光。我希望事实如此。"

★ ★ ★

美军在巴黎的最后一次亮相是在巴黎圣母院枪战的 3 天后。戴高乐恳请美军的两个师向共产党和其他麻烦制造者"展示武力"。对此感到困惑的艾森豪威尔最终同意采取折中办法,派出第 28 步兵师穿过法国首都后直接赶赴前线。第 28 步兵师的血统要追溯至美国独立战争前本杰明·富兰克林组建的第一批部队，自那以后，该师的前辈们参加过美国的每一场战争。奥马尔·布拉德利曾担任过该师师长，现在率领这支部队的是奥马哈海滩和圣洛的勇士、新晋少将"荷兰人"诺曼·科塔。

8月28日星期一。第28师搭乘卡车匆匆赶至凡尔赛，然后在布洛涅森林中集结，士兵们在这个雨夜中忙着清洗军装、擦亮铜号。星期二早晨，天色放晴，塞纳河上的桥梁在夏日阳光下熠熠生辉。科塔和师乐队带领着全副武装的士兵，排成28人一行的队列，伴随着《卡其布比尔进行曲》从凯旋门下通过，踏上香榭丽舍大街。这场阅兵的场面如此盛大，以至于这个形象很快便出现在3分钱面值的邮票上。士兵手中的各种武器都已上膛，高射炮也已就位，士兵们步伐整齐地从欢呼的巴黎市民面前走过，协和广场一座临时搭建的观礼台上挤满了将领。

他们整装列队，穿过巴黎赶往圣丹尼斯，跨过法兰西岛连绵起伏的草地，经过石砌的教堂和甜菜地。蓝色的阴影越变越长，他们一往无前，紧追向东逃窜的敌人。

前进，前进，向着炮声前进！

8月29日，法国人排列在香榭丽舍大街两侧，向列队而过的美军第28步兵师欢呼致敬，这些士兵穿过巴黎，向东追击逃窜的德国军队。

THE
GUNS
AT

第 4 章　追　击

　　"龙骑兵行动"姗姗来迟，德军一溃再溃，盟军开始呈追击之势。但丘吉尔并不高兴，眼瞧美国盟友日渐强大，他心浮气躁却又无可奈何。燃料储存因追击而骤减。"给我 40 万加仑汽油，我保证在两天内把你带入德国。"巴顿的豪言壮语也未能给他带来更多的燃料配给。一路猛进的盟军枪口直指德国军工命脉——鲁尔区。德军退无可退，欧洲虽大，但再退一步便是德国。命运的战场来到了比利时，血战一触即发。

"饥饿的猎人"

1944 年 8 月，那不勒斯仍未从 10 个月前的解放和随后的严冬中恢复过来。虽然 100 万市民被喷洒了滴滴涕后，一场流行性斑疹伤寒被控制住了，但成群的那不勒斯人却饥饿到在码头的垃圾桶内翻寻食物的地步，C 级口粮在黑市上的售价是 25 美分一罐。英国情报官诺曼·刘易斯写道，意大利主妇们以"一种羞愧和秘密的方式"兜售她们的珠宝和旧书，勉强维持着家庭生计。他还描述了牧师们叫卖伞柄和烛台的情形，据说这是用盗取自地下墓穴中的圣徒遗骨雕刻而成的。

德国人实施爆破所造成的破坏已基本修复，这里的港口再次成为世界上最繁忙的海港之一；但英国一项研究做出估测，运抵的货物中，有近 1/3 遭到小偷窃取。失窃的美军军装和毛毯经过拆解、染色和裁剪，摇身变为便装，堂而皇之地再次出现在街头。被盗的鞋子上赫然标示着福尔切拉大街的承诺："穿着这些漂亮的进口靴子，你可以一直走向天国。"

"整座城市肮脏、喧嚣不已，色彩斑斓，爱好音乐。"小道格拉斯·费尔班克斯中尉写道，这位深受女性喜爱的男演员现在在海军服役。他可能还会补充上巴洛克风格、奢侈逸乐和非常古怪这类词汇。每当陌生人接近时，迷信的人便会将手插入裤兜抚摸自己的睾丸，以此避开对方邪恶的眼睛。街头诗人出售着刚刚完成的叙事诗，刘易斯注意到，这些诗都是"献给爱情所受的挫折"。尽管有传言说德国人偷偷让妓女们染上性病，但自去年 10 月以来，妓女的价格还是上涨了 30 倍。"嗨，美国人，"未成年的皮条客沿着海滨朝士兵们喊着，"靓妞辣妹，应有尽有！"维苏威火山夜以继日地喷吐着硝烟和蒸汽，尽管 3 月的 11 天里喷发的大多数火山灰和熔岩已被冲走。

那不勒斯这个军事重镇比以往任何时刻都更为重要，它支撑着盟军两个集团军在一年的时间里艰难穿过意大利半岛。尽管自 6 月 6 日以来，战役似乎陷入了令人沮丧的停滞状态，但美国第五集团军在西，英国第八集团军在东，它们下属的 20 多个师仍在继续向罗马北部推进。8 月 7 日，德军放弃了佛罗伦萨。盟军现在打算对哥特防线发起进攻，这条防线横跨棘手的亚平宁山脉，是一道难以征服的障碍。部队涌入那不勒斯，这是战斗重新发起前最后的休整。除了"I&I（性交和喝个烂醉）"，还有更为稳重的消遣，例如在大型露天剧场观看多萝西·拉莫尔主演的《踏舞高蹈》（*Riding High*），在橙色俱乐部里品尝杜松子汽酒，或在巨大的游泳池内泼水嬉戏——这个带有裸体雕像的泳池是战前为世界博览会修建的。

但盟军在那不勒斯厉兵秣马并非准备突破哥特防线。相反，25 万名士兵被借调给"龙骑兵行动"。他们将按照 4-44 计划，8 月 9 日起悄悄离开港口，向法国南部发起进攻。一天接一天，越来越多的船队驶离那不勒斯，来自马耳他、巴勒莫、布林迪西、塔兰托、比塞大和奥兰的船只也加入其中，直到近 900 艘舰船占据了跨越地中海的 10 条重要航线，沿科西嘉岛西海岸汇集，将普罗旺斯地区纳入攻击范围。组成这支庞大舰队的是两栖作战舰、自由轮、坦克登陆舰、坦克登陆艇、21 艘巡洋舰、87 艘驱逐舰和 5 艘战列舰，其中包括"得克萨斯"号、"内华达"号和"阿肯色"号这些参加过诺曼底战役的"老兵"。

8 月 13 日前，第 36 和第 45 步兵师已在萨勒诺完成了他们最后的演练。此处仍能看见毁坏的"希金斯艇"和牲畜尸体，那是去年 9 月,这两个师浴血奋战的明证。现在，士兵们坐在运输船甲板上的防水帆布下，忙着将臂章缝在军装的衣袖上，或是翻阅《法国袖珍指南》（*Pocket Guide to France*）。最后的坦克、卡车和橡胶地形模型被塞入货舱，起重机从码头将 10 架派珀"蚱蜢"轻型飞机吊入 906 号坦克登陆舰。这艘船仍铺设了飞行甲板，成为供炮兵观测机起降的临时航母。

美国海军"亨利科"号两栖作战舰的扬声器中响起音乐剧《俄克拉荷马》（*Oklahoma*）中的片段"新的一天"，而第 3 步兵师的士兵们则将小收音机调至《轴心莎莉》的节目，这个宣传荡妇身处柏林，她夸口说自己很清楚盟军想在法国南部干些什么。美军士兵们只是听着，并没有发表任何言论，而是专心玩着扑克牌。

旗舰"凯托克廷"号的舰桥上，一名大腹便便的船员正在来回踱步。这个双下巴的胖子在抢滩登陆方面的经验极其丰富，他就是海军中将 H. 肯特·休伊特。这场两栖进攻将由他指挥，直到地面部队进入内陆。作为新泽西州土生土长的哈肯萨克人，休伊特曾以一名年轻海军学院少尉的身份在"密苏里"号上服役，跟随西奥多·罗斯福总统的"大白舰队"环绕全球。

40 年来，他曾在最偏远的海洋、最潮湿的角落航行过。30 年前，弗朗茨·斐迪南大公在萨拉热窝遇刺时，作为美国海军"爱达荷"号上的领航员，休伊特曾在那不勒斯港待过。他生动地回忆起，战列舰降下半旗，仿佛在向一个垂死的世界致敬。随后爆发的战争使休伊特获得了海军十字勋章，随后又赢得了更多勋章。这场战争同样如此，在遭遇风暴的情况下，他将巴顿的部队先后送上了摩洛哥和西西里的滩头，这使他备受赞誉。他幸运、熟练、镇定自若。现在，舰员们准备解缆，休伊特在舰桥上坐下，拿出铅笔头开始研究一个双离合诗谜题，这能让他暂时摆脱烦恼。

他确实有烦恼。"龙骑兵行动"的开场很糟糕。8 月 4 日，在此次行动中负责监督左翼登陆力量的海军少将唐·穆恩，曾请求休伊特推迟进攻行动。他争辩了几个小时，认为执行"霸王行动"的部队到达那不勒斯时间太短，来不及准备；另外，突击训练也进行得不够，警觉的德国人会对登陆部队展开屠杀。还是安纳波利斯海军学院的学员时，休伊特就认识穆恩。休伊特知道穆恩太过紧张、太过劳累，而且不愿下放权力；但他显然不知道穆恩曾在 6 月 6 日试图说服乔·柯林斯暂停在犹他海滩的登陆，也不知道"凯托克廷"号上的医生曾为穆恩治疗过急性抑郁症，更不知道舰队医务官与穆恩面谈过心理平衡问题。"我不觉得事情和你想的一样糟糕。"休伊特告诉穆恩，但他答应考虑穆恩的请求。

第二天早上 7 点，穆恩从他的舱室里摁铃要了一杯橙汁。15 分钟后，一名侍者走进来，拉开遮光帷幕，这才发现穆恩将军穿着短裤和汗衫坐在沙发上，右手攥着一支点 45 口径的手枪，鲜红的血迹顺着他的耳郭滴下。弹头在浴室中被找到。笔记本上的一张便条用整齐的字写道："头脑一片空白……我的思绪一片混乱，偶尔会有些清晰，其他时候则完全相反……我该为我的妻子和亲爱的孩子们做些什么？我病了，病得很严重。"中午前进行的验尸确认是"最近一段时间的精神错乱"导致穆恩自杀。验尸报告上写道：

死因：自杀。

枪伤：头部。

作战疲劳症。

下午 5 点，去世 10 个小时后，穆恩被安葬于那不勒斯军人公墓。柯林斯后来写信给穆恩的遗孀和 4 个孩子："他是这场战争中的一名牺牲者，与战斗中的阵亡者们一样。"休伊特派自己的参谋长接替了穆恩的指挥工作。

8 月 13 日下午 2 点，平静的海面上，天色晴朗。"凯托克廷"号、"贝菲尔德"号和另外 24 艘两栖作战舰缓缓驶离港区，并加速至 12 节。最后一支船队从那不勒斯的锚地起航时，16 艘担任护航的军舰加入队列中。一位目击者想起了约翰·梅斯菲尔德的诗句："他们感觉到一种欢乐的狂喜，他们年轻的勇气将派上用场。"

维苏威火山逐渐消失在远方，甲板上一阵骚动引起了休伊特的注意。一位英国海军将领的游船从伊斯基亚岛朝港口驶去，穿过出港的舰队。一位身材矮胖、面色红润的英国人站在船艏，他穿着一身轻薄的热带西装，戴着一顶硕大的硬壳头盔，丝毫不在意身边的扶手。挤在"凯托克廷"号甲板栏杆处的士兵和水手们突然爆发出一阵叫声："是丘吉尔！"确实是他。他微笑着摘下足有 10 加仑容量的头盔向大家致意，稀疏的头发在微风中飘动。他随即举起右手，伸出手指做出著名的"V"字形手势。人们欢呼着，直到双方渐渐远离。

★★★

出行时，丘吉尔突发奇想，为自己取了一个化名——肯特上校。仿佛一个假名字外加一顶大帽子就能让他不引人注目似的。表面上，丘吉尔是来意大利南部享受两个星期日光浴的，"像只老实的河马"那样在卡普里岛的蓝洞和那不勒斯附近的提雷尼亚海的各个海湾中打滚，并在他的野外地图室中接收来自诺曼底的捷报。实际上，他来这里的另一个原因，是他对一项计划的强烈反对。这项计划已造成英美联盟间的敌意，其严重程度与战争中的其他插曲一样。

"龙骑兵行动"原代号"铁砧"，最初是作为"霸王行动"期间的一次佯攻，意在牵制德国 G 集团军群位于卢瓦尔河南面的 18 个师。由于运输能力匮乏，再加上夺取罗马遭到延误，这项计划被迫推延至诺曼底登陆后很久，但美国人依旧对它热衷不已。10 多个美军师因为诺曼底港口匮乏而被困于后方时，马赛和土伦则能提供他们需要的港区。"龙骑兵"将向隆河河谷推进，力图使敌人仓皇失措，这条登陆路线曾在恺撒战争时期使用过。正在意大利奋战的几个经验丰富的法国师也将得到更充分的利用，由于祖国仍未完全解放，戴高乐曾禁止这些师冒险越过阿诺河。

艾森豪威尔告诉英国人："法国，是决定性的战场。"

英国人对此并不赞同，起初的反对还很委婉，而后逐渐强硬。丘吉尔提醒罗斯福，穿过普罗旺斯是一场"没有希望、没有效果"的登陆，随后的隆河将是一场"极其危险、困难和迟缓"的苦战。马赛距巴黎足有 400 英里，在这里发起的战役不太可能对法国北部的战斗产生影响。他预测，仅是到达里昂就将耗费 3 个月时间。英国军方首领补充道，将美国第 6 军和数个法国师调离意大利"是英军不能接受的"；相反，为什么不能突破意大利北部的波河河谷，再转身向东，辅以在的里雅斯特发起的一场两栖登陆，穿过斯洛文尼亚的卢布尔雅那山口，从而到达奥地利和多瑙河流域呢？驻意大利盟军统帅哈罗德·亚历山大元帅向丘吉尔保证，他打算"消灭盘踞在意大利的德国军队。接下来，没有什么能阻止向维也纳的进军"。用英国首相的话来说，这一推进是"直插腋下的一柄匕首"，甚至可能迫使希特勒放弃法国，以便加强东南战线。

这场争论就像飞舞的羽毛球，双方你来我往。在发给马歇尔的一封电报中，被激怒的艾森豪威尔谴责这项"经的里雅斯特至卢比安纳的计划偏离了'霸王行动'的主旨"。他指出："我们必须集中兵力……我们需要更大的港口。"就算意大利的德军发生崩溃，里雅斯特陷落，穿过卢比安纳山口依然意味着要穿越一道 30 英里宽的山坳，随之而来的是 6 000 英尺高的山脉、糟糕的道路、恶劣的铁路及更加狭窄的山谷。

五角大楼研究后指出："第一次世界大战期间，奥地利人在这片区域阻挡了意大利人 4 年，能穿过此地并到达奥地利的部队，最多不会超过 7 个师。"丘吉尔建议亚历山大做好以装甲车冲击维也纳的准备，尽管英国的策划者们估计这一行动至少需要 15 个师。（"温斯顿是个赌徒，"他的医生后来解释道，"赌徒们从来不数自己兜里的硬币。"）布鲁克在私下里谴责了在冬季冲杀过阿尔卑斯山这种"丘吉尔式战略狂想"。虽然同样对"龙骑兵行动"持怀疑态度，但布鲁克建议英方告知华盛顿："要是你们坚持当个该死的傻瓜的话，在与你们发生致命争吵前，我们将和你们一同当这个该死的傻瓜。"

丘吉尔没有听从这个建议。他后来将自己的方案目标描述为防止苏联独霸东欧，但在 1944 年夏季，他并未提出这样的说法。在一封发给罗斯福的"完全是私下、个人和绝密"的电文中，他警告说："我们在地中海地区的伟大事业彻底毁灭……这一点十分深刻地印入我的脑海中。"罗斯福总统以"选举年"这个政治家都能理解的理由拒绝了他："如果'霸王行动'遭受到哪怕最轻微的挫折，而美国人民又获知这是因为相当大一部分力量被调至巴尔干导致的，那我就完了。"

丘吉尔仍不肯放弃。莫尔坦战役和法莱斯战役展开之际，在 6 架喷火式战斗机的护送下，他飞赴诺曼底，试图逼迫艾森豪威尔、布拉德利和其他人。一名陆军参谋后来描述说："他发表了漂亮的演说，身子从座位上向前伸，微红的双眼闪闪发亮，雪茄灰弹在地板上，并把燃烧过的火柴藏在座位下。"在指示英国指挥官"以最大的保密性"查实参与"龙骑兵行动"的部队能否调至布列塔尼后，他敦促艾森豪威尔也这样做。这是个疯狂的想法，正如五角大楼指出的那样，这是个"极不明智"的疯狂想法，"会造成所有地区的严重混乱"。

更为重要的是，数万名已经登船的士兵完全无法承受穿越直布罗陀海峡的风险，布列塔尼也没有能开放数周的大港口。哈里·布彻写道："艾克说'不'，整个下午一直在说'不'，用尽了他所能想到的英语中每一种说'不'的形式。"随后，在伦敦的一次会议上，丘吉尔泪流满面，并以"放弃自己的职位"威胁。

8 月 11 日，在唐宁街 10 号进行了一场令人筋疲力尽的交锋后，艾森豪威尔发电报给马歇尔："我从未见过他如此明显地胡搅蛮缠、心烦意乱，甚至是沮丧。"罗斯福用一句话结束了这场争论："对此已没什么可谈的了。"

无法打动美国总统及其助手，丘吉尔带着对帝国日趋衰落却无可奈何的满腔愤恨，对他"强大、起主导作用却愚蠢无比的伙伴"展开了抨击。他使用了皇室的第一人称："我们一直受到亏待，并对此感到愤怒。别让任何协调掩盖这一事实……如果我们甘心于这种状况，那么，我们身上的重担将永无终结之日。"（丘吉尔话中的"我们"其实指的是他自己。在英文中，皇家人士自称多用"我们"而不是"我"，类似于中文的"朕"。这种自负的用法多见于国王、教皇等地位较高的人士。——译者注）

就连国王的侍从也在日记中写道："温斯顿对此充满怨恨，无法确定他是否真的喜欢罗斯福。"至于马歇尔和其他美国军事领袖，丘吉尔在布鲁克面前将他们贬为"所见过的最愚蠢的战略团队之一。他们都是好人，没必要告诉他们这一点"。他后来写信给克莱门蒂娜："我曾与美国人吵过几次，因为他们不肯给予我们公平的机会以赢得荣耀。"

经过这段错综复杂的故事，丘吉尔来到了那不勒斯戏水（戏水在英文中有"认错、让步"的意思。——译者注）。尽管输掉了这场争论（以后还将输掉与美国人所发生的大多数争论），但英国将赢得这场战争。两年多的时间里，在战略问题上的争论（通常是与伦敦方面发生的）令马歇尔恼火不已。他开始赞同国务院的一句格言："英国人对于合作的看法是，说服别人去做他自己想做的事。"就连罗斯福后来也宣称："丘吉尔始终是个制造纠纷的人。"

这一意外插曲其实是这位首相为打赢第二次世界大战而采用的"周边战略"，而这恰巧是乐谱的最后一章。以历史学家迈克尔·霍华德的判断，它已变得不合逻辑。另一位英国历史学家得出结论，所谓的"柔软的下腹部"只是个"口号而非战略"，是一个临时拼凑的大杂烩。美国人正小心提防着大英帝国在地中海和东欧的利益，此时一个试图领先苏联人的计划既不符合实际（苏联红军已做好涌入罗马尼亚、保加利亚、波兰和匈牙利的准备，而共产党游击队在南斯拉夫占据着主导地位），其战略意义也值得推敲。正如丘吉尔在 8 月初亲口告诉下议院的话，苏联军队继续从事着"摧毁德军勇气的主要工作"，那么在这种时刻，为什么要跟莫斯科作对呢？

当然，国家利益和民族自豪感也不应忽视。随着每一艘挤满美国士兵的自由轮到来，英国的地位和影响力似乎在不断下降。即便作最好的打算，大英帝国的未来也不明朗。战争期间，这种不踏实感将传递给那些美国兄弟。另外，正如布鲁克在 8 月份所写的那样，美国人"现在不再将自己看作战争的学徒；相反，他们认为自己已经是完全成熟的专业人员"。这个月，美国军队的人数将超过 800 万；其中 1/10 以上位于地中海，美军统帅部决心将其最大化利用。

丘吉尔扮演的是可怜的二把手。"问题在于我们的首相永远不肯做出优雅的让步，"一名英国海军将领评述道，"他必须永远是对的。"随着来到了战争的第 6 年，一些人发现首相越发古怪。"他变得越来越精神错乱，"夏末，布鲁克在日记中写道，"嘴角随时准备发泄愤怒。"秘书报告说，丘吉尔总是"冷笑着进行纠正"，并沉溺于无关紧要的细节中，例如他总是抱怨内阁战情室的盥洗室内使用的毛刷鬃毛下污垢太多。"丘吉尔专注于他的个人世界，"哲学家以赛亚·伯林写道，"他不做反思，而是以强有力的措施影响并改变他人。"这位首相承认自己执拗的个性："我当然是个利己主义者。如果你不这样认为，你又是从何处得知的？"

用一个当代的短语来说，毫无疑问，这个"不安的天才"需要休息。"首相非常累，"一位助手抱怨道，"他坚持将所有的一切归结到半张纸上。这根本无法做到。"丘吉尔曾在盛夏时将自己描述为"一个又老又疲惫的人",他决定"节省体力,能坐下时绝不站着,能躺下时绝不坐着"。

在地中海的休整已令他复苏,这片海总能让人心旷神怡。香槟午餐后是白兰地,一个小时的午睡、洗澡,然后是威士忌和苏打水,接着便是晚餐——更多的香槟和白兰地,随后,他会工作到凌晨 3 点(C.P. 斯诺曾说过,丘吉尔绝不是一个酒鬼,没有哪个酒鬼能喝那么多)。现在,从出港的舰队旁经过后,他将返回里瓦尔塔别墅,那是他位于那不勒斯湾上方的住处。接着他将搭乘一架 C-47 飞赴科西嘉岛——这场行动中属于他的集结区。一周前,美国参谋长联席会议"这个最愚蠢的战略团队"发电报给伦敦:"我们相信'龙骑兵行动'的登陆阶段将获得成功,预计部队快速推进至隆河河谷。"

成功或失败,丘吉尔决定亲眼见证。

★★★

8 月 15 日星期二,拿破仑的诞辰。凌晨时分,盟军悄然向着蔚蓝海岸 45 英里长的海滩上 16 个狭窄的滩头而去。这里的海岸陡峭,离海岸仅 3 英里处的海面便深达 100 英寻,8 英寸的潮水根本微不足道。自 4 月下旬以来,盟军轰炸机向德军防御工事和一些法国城镇投下了 2 万吨炸弹。大多数居民已逃入山中,在河边或洞中躲避被他们形容为"金属狂潮"的轰炸。

8 月 14 日星期一晚,从阿尔及尔和伦敦播送的密码短语提醒即将发起进攻的 FFI 和 OSS 小组:"南希是个顽固的人。猎人饿了。傻瓜打算在草地上躺下。"舰船上的每个士兵都得到了一面美国国旗臂章和两包"好彩"烟。"每个人都猛灌咖啡、狠吸香烟,用颤抖的、被尼古丁染黄的手指开合着'芝宝'打火机。"第 45 师的一名士兵在日记中写道。一些在意大利感染上复发性疟疾的人,躺在医务室的床上瑟瑟发颤,一名患者在描述自己的症状时说:"浑身滚烫,热力从体内向外喷射。"但另一名士兵在他的日记中写道,对大多数人来说,"一切太过平静,很难相信一场攻势即将到来。"

"凯托克廷"号上,通风系统故障迫使船舱内燥热难耐的乘客在航程的大多数时间里脱掉了身上的汗衫。但在逼近法国海岸时,美国第 6 军(该军是"龙骑兵行动"的主攻力量)军长小卢希恩·K. 特拉斯科特少将却仔细穿戴好作战行头:喷着两颗星的钢盔、马裤、带来好运的骑兵靴,外加一条白色围巾——这是用当初西西里地区配发给伞兵的逃生地图做成的，已成为他的标志。这是特拉斯科特参加的第三次进攻行动。在"火炬"和"爱斯基摩人"行动中，他曾负责指挥巴顿麾下的左翼部队；在安齐奥战役最黑暗的时刻，他接手指挥第6军，并最终率军杀入罗马。

根据一名参谋人员的说法，特拉斯科特长着一张"掠夺成性"的脸：一双凸出的灰眼睛，有缺口的门牙，再加上突出的下巴，构成一副怒容。他在幼时因吞咽石炭酸造成累累伤痕，犹如"破旧雾笛"般的嗓音，因为最近几个月反复使用硝酸银涂抹声带而变得柔和些许。尽管他喜爱办公桌上的紫罗兰，也热衷于讨论诗歌、历史以及托马斯·杰斐逊编辑的《新约全书》（New Testament），但在骨子里，特拉斯科特是个"真正强硬的将领"。这是漫画家兼步兵比尔·莫尔丁对他的描述，一名反传统的士兵对他做出如此评价，显然是极高的赞誉。

特拉斯科特在成为一名高级将领前，走过了一条不同寻常的道路。他的父亲原本是奇泽姆小道的一名牛仔，放弃畜牧业后，在得克萨斯州的查特菲尔德成为一名医生兼药剂师。作为赛马和农田投资方面的半吊子，倒霉的他后来迁家俄克拉荷马州。特拉斯科特16岁时声称自己已满18岁，从而在一所内陆学校获得了一份教书的工作，每天要来回走上6英里。在与烈酒、烟草、脏话断绝了关系后，这个求知欲强烈的阅读者最终被升任为校长。

但直到加入陆军，并在1917年获得骑兵军官的委任后，他才发现了自己真

指挥第6军进攻法国南部，随后又率部队追击至罗纳河的小卢希恩·K.特拉斯科特（左）少将，照片拍摄于当年10月他被擢升为三星中将后。这是特拉斯科特在战争期间参加的第三次两栖登陆行动。

正的使命，那一年他 22 岁。两次大战期间，他在部队中稳步晋升，并因自己的专业能力和马球水平赢得了一批崇拜者。军旅生涯也使这位前教师变得粗鲁起来，很快，烈酒、烟草、脏话又与他结缘。他在非洲和意大利担任了两年战地指挥官，一名高级将领称他展现出了"意志力、决心和干劲"。艾森豪威尔一直遗憾自己未将特拉斯科特从安齐奥调出参加"霸王行动"。特拉斯科特的指挥策略强调速度、活力、暴力和明确，令他感到不快的参谋文件会得到他直率、潦草的评价："屁话。"他深信美军士兵是"受本能驱使的猎人"，他督促手下的军官："让每个士兵像猎人那样投入每一场战斗。"

在最近写给守候在弗吉尼亚州的妻子莎拉的信中，特拉斯科特承认自己感到"孤独得可怕"，对"如此远离妻子和家庭温柔的抚慰"感到遗憾。离开"凯托克廷"号舱室前，他花了点时间再次给莎拉写了一封信。一如既往，信的开头是"致爱妻"：

> 在这场战争中，每一次重要任务前夕我总会写信给你，这样你就能知道，如果有什么意外降临在我身上的话，你一直在我脑中，在我心里……如果有机会，我不会再过这样的生活。我唯一的遗憾，是没能让你的日子过得更快乐、更轻松。

他悄然离开舱室，走上舰桥，来到休伊特身边。他表情坚毅，厚实的肩膀微微前躬，像一名搜寻猎物的猎人。

★★★

敌人毫无机会。搭乘着橡皮艇、小舟和马达驱动的冲浪板，3 000 名美、法突击队员冲上滩头防御工事和两座近海岛屿。大多数海岸地区的防御稀疏，部分山顶碉堡用路灯柱做成假炮。盟军在远离进攻目标的区域投下数百个橡胶做成的"假伞兵"，上面带有噪声发生器和彩灯；电子模拟器在没有船只航行的地方制造出"幽灵舰队"。稀里糊涂的德国人，一连数日死守在东北方 200 英里处，等待着预期中的盟军对热那亚的进攻。

空降突袭一如既往地伴随着混乱和英勇。9 000 名伞兵和滑翔机机降人员从意大利的十座机场起飞，赶赴里维埃拉。浓浓的内陆雾气使 9 个"探路者"（所谓的"探路者"指的是装有雷达的领航机，根据雷达指示到达目标区上空后，投下机载炸弹或伞兵，尾随在后的其他飞机也跟着投弹或实施空投。——译者注）小组中的6个错过了他们的空投区；主力跳伞部队在拂晓前空投，半数以上的人被吹散。一些伞兵甚至远离目标地区10英里或更多，他们落在屋顶上，或是圣特罗佩周围的葡萄园中。尽管混乱贯穿始终，但空投行动的伤亡很轻微：230人，不到3%的占比。而且相比盟军，德军早已乱成了一锅粥。

上午8点，11个美军突击营在风平浪静中登陆。夏日的阴霾，与装有飞机螺旋桨的特殊登陆艇将6 000吨烟雾吹散而出，德军射手的视野严重受阻。布尼翁湾是攻击的中心，丧失勇气的"东方营"（东方营是德国在东线招募的军队，包括东欧志愿兵和战俘。——译者注）和超龄服役的士兵将面对迅速展开的美军第45步兵师。左侧，第3步兵师也高调地穿过了卡瓦莱勒湾的沙丘，并跨过圣特罗佩半岛。

第3步兵师第15步兵团的先头部队中，有一名又矮又瘦（5英尺7英寸高，体重138磅）的上士，他在西西里和安齐奥战役中就曾因冲劲赢得过不少赞誉。很快，他将被视作"自大卫·克洛科特（大卫·克洛科特是1836年阿拉莫战役中的传奇人物。——译者注）后得克萨斯州最伟大的英雄"。奥迪·莱昂·墨菲，军

1944年8月15日，"龙骑兵行动"中，美国第6军的突击部队在法国南部的圣特罗佩登上滩头。

籍编号 18093707，他的父亲是个除一头奶牛外别无他物的农夫，墨菲是他的第 7 个孩子。小学 5 年级就辍学的墨菲，在大萧条时期曾一度住在一节铁路棚车内，他后来说："我不记得年少时曾经历过的那些事。"他通过打松鼠学会了射击，他称松鼠们为"小灰佬"。后来，他的枪法准到能从一辆行驶的车中击中飞奔的兔子。1942 年，他的姐姐帮他伪造了入伍文件，证明他已满 18 岁，而不是 17 岁。入伍后注射疫苗时，他还曾晕了过去。

如今，出神入化的枪法使他大显神威。上午 10 点，墨菲和他的步兵排赶往圣特罗佩，德国人的枪弹朝布满岩石的溪谷射来，凶猛的火力阻挡了美军士兵前进的步伐。墨菲匆匆跑回海滩，从一名磨磨蹭蹭的机枪手那里抓过一挺轻机枪，带着它重新回到战友身边。用这挺抢来的机枪、手榴弹和一支卡宾枪，他打死了小山头上的两名德军射手。第二处机枪巢伸出一面白旗，可当一等兵拉蒂·蒂普顿站起身准备接受对方投降时，一名敌军狙击手射中了他的头部。

被激怒的墨菲用手榴弹干掉了假意投降的德国人，又夺过一挺敌方的机枪。他将机枪抵在腰部开火射击，又捣毁了两个敌阵地。"我整个人，"他后来写道，"都专注于杀戮。"这大抵就是特拉斯科特所说的"猎人的本能"。枪声终于平息后，墨菲将一个背包塞在蒂普顿的头下当枕头，然后他坐下，失声痛哭起来。美国陆军后来为这名军籍编号 18093707 的士兵颁发了杰出服役十字勋章。

整场攻势中，只有右翼遭遇敌方顽强抵抗，尤以沿弗雷瑞斯湾地区为甚。1799 年，从埃及返回后，拿破仑曾在这里登陆；15 年后，他在同一处海岸登船，抱怨法国暴民"像风向标"一般反复无常，而后被流放至厄尔巴岛。现在，密集的雷区、铁丝网障碍及隐藏在别墅和海滨瞭望台中的据点证明这是块难啃的骨头，尽管并不像穆恩将军担心的那样致命。海军的秘密武器——使用无线电控制的无人登陆艇装载 4 吨炸药，试图在滩头障碍上炸开通道的计划遭到可悲的失败，这可能是因为德国人的电台使用了相同的频率。"那些船只以极高的速度疯狂地转圈，完全不受控制。"一名目击者报告说。一些无人艇甚至调转船头朝海上舰队冲来，盟军不得不动用驱逐舰将其击沉。一位海军军官汇报："大致说来，无人艇没起到什么作用。"

美国人的炮弹很快为他们赢得了胜利。轰炸机和舰炮翻犁着海滩，遍布松树的山丘被烧焦，浓烟滚滚。冲锋舟带着第 36 步兵师的一个团撤出弗雷瑞斯，此举激怒了特拉斯科特，他此时正在"凯托克廷"号上眯着眼，透过烟霾查看着战况。聪明的军官们将登陆点选在了更东面一处容易突破的海滩上。休伊特于当天下午

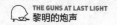

发出急电，略显夸张地报告了彻底的胜利：

> 遵照各自的计划，所有舰艇和船只到达了他们的最终突击地点……空降行动按计划进行并获得成功……没有己方飞机损失的报告……轰炸报告非常出色……各个滩头的登陆行动陆续取得了成功。

233 号步兵登陆艇上的一名海军军官在他的日记中写得更为简洁："坦率地说，这是我所见过的最为平静的滩头阵地。"

当天结束前，已有 6.6 万名士兵冲上海滩，伤亡人数不到 400 人，其中 95 人阵亡。2 300 名德军士兵被俘，他们中的许多人宁愿投降，也不愿遭到在沿海高地活动的游击队员的报复。希特勒宣称 8 月 15 日"是一生中最糟糕的一天"。"龙骑兵行动"已开始打击实力严重受损的 G 集团军群：法国南部的德军指挥官约翰内斯·布拉斯科维茨将军，曾因反对党卫军在波兰的暴行而仕途堪忧，他麾下 1/4 的步兵师与 2/3 的装甲师被调至诺曼底地区的战斗中。剩余兵力不到 30 万，其中包括亚美尼亚人、阿塞拜疆人及 4 个"在法国为德国抵抗美国人的苏联人营"。

分散极广的第十九集团军辖有第 11 装甲师，是布拉斯科维茨唯一的机动预备队，但美国陆航队炸毁了下游的每一座桥梁后，该师被困在隆河以西地区，全师渡河耗费了近 1 周时间。即便如此，一些坦克还是因为燃料短缺而停下来，而所需燃料不得不从里昂运来。

8 月 15 日星期二黄昏前，许多守军挤在抢来的公交车甚至是板车上，混乱不堪地向北逃窜。美军巡逻队蜿蜒进入陡峭的红岩山丘，这里长满了海岸松和栓皮栎树。跟随第 45 步兵师一同登陆的记者埃里克·塞瓦赖德写道，沿海公路已被"交通所堵塞，一群群战俘高举双手，列队走向海边"。为监督特拉斯科特麾下部队和后续的法国部队，美国第七集团军司令部搬入 43 纬度酒店，这座装饰派艺术风格的建筑位于圣特罗佩的边缘。集团军战时日志指出："在大多数地点，德国军队的抵抗已被削弱。"

塞瓦赖德描述了"沁扎诺酒的广告牌，工人们深蓝色的丹宁布，经过镀锌厂时隐隐约约的酒酸味，满是尘土的梧桐树，不太整齐的花园，以及温和、半透明的空气"。"凯托克廷"号上的一名法国海军将领宣布："收复这片海岸是多么幸福啊，这是法国最美丽、最亲切、最快乐的地方。"特拉斯科特和他的参谋人员乘车上岸，在附近的一座城堡中用了午餐。桌上铺着白色餐布，摆放着第 6 军自备的水晶和银制餐具。比尔·莫尔丁宣称"龙骑兵行动"是他"参加过的最棒的进攻行动"。

盟军最高统帅部中，大概只有英国首相不太高兴。他穿着深蓝色、铜纽扣的港务局制服，从科西嘉航行了 5 个小时，登上皇家海军"金伯利"号，加入距离里维埃拉 9 英里的炮击舰队中。他将法国殖民地士兵形容为"黑皮肤青蛙，他们的英勇值得称道"。尽管他尤其渴望看见这些士兵投入战斗，但由于担心碰上水雷，"金伯利"号停泊在距海岸 7 000 码处。圣特罗佩仍被硝烟和尘埃笼罩，视线受阻。丘吉尔的医生写道，首相抽罢雪茄，"带着满腹牢骚"走下甲板，开始阅读《大酒店》（*Grand Hotel*）。这本小说是他在舰长的舱室中发现的，他在书的扉页上潦草地写下一句评语："这比进攻法国南部精彩多了。"

臭气大道

"龙骑兵"的直接目标是土伦和马赛的港口，代号分别为"阿斯托利亚"和"西里尔"。第七集团军没有越过海滩卸载补给物资的能力，因此，支持特拉斯科特北进所必需的卡车、汽油、弹药和其他军用物资只能通过这两处锚地。夺取港口的任务交给了法国人。8 月 16 日星期三。夜间，法国第 2 军的 4 个师开始在圣特罗佩湾登陆，这比计划提前了一天，因为德国人的抵抗十分微弱。法国第 1 军的 3 个师最终也将加入他们的行列中，这将使法军在南部拥有 25 万人马。

这股力量现在被称为 B 集团军，他们朝气蓬勃，与勒克莱尔率领冲向巴黎的那个师同样出色。这支部队中，近半数人来自北非或撒哈拉以南地区，另外还有索马里人、新喀里多尼亚人、塔希提人、印度支那人、叙利亚人、黎巴嫩人及外籍兵团成员。各个步兵团中，非洲人占 3/4，其中包括 6 000 名勇猛的柏柏尔战士。他们穿着凉鞋，披着条纹长袍，靴子挂在脖子上，牵着骡子跨过海滩。

由于后勤能力不足，法国军队完全依靠美国人为他们提供不含猪肉的口粮（发给穆斯林士兵）、法英字典等一切物资。仅当年夏季，美国人便提供了 1 100 辆坦克、21.5 万支步枪、1.7 万吨冷冻咸牛肉、2 000 万片"疟涤平"抗疟疾药、700 万包烟丝，以及 7 000 个额外的水壶（塞内加尔士兵说他们每天需要 4 升水，这是正常配给量的 2 倍）。另外还需要额外的油罐车，因为法国人不愿将宝贵的运酒车当作油罐车使用。

从塔兰托登上前波兰邮轮"巴托里"号，经历了一番航行后，星期三（8月16日）下午6点，这支法国部队目光锐利的指挥官迈步上岸，他就是让·约瑟夫·玛丽·加布里埃尔·德·拉特尔·德·塔西尼将军。他全身上下的装束无可挑剔：平顶军帽、黄色手套及夹在左臂下一根趾高气扬的指挥棒。法国同僚将德·拉特尔形容为"一只矫捷的猛兽"或是"朱庇特"。他给休伊特留下的印象是"非常愉快，但反复无常"。而特拉斯科特看到的则是"太阳穴四周稀疏的头发已然灰白，一张方脸，双眼冷漠，中等身材，瘦削、整齐，很有军人气概"。他喜欢在三更半夜出现于队伍中，怒吼道："你为法国做了些什么？"一位传记作者将德·拉特尔誉为"自拿破仑一世时代以来，为法国效力的最伟大的军人"。

德·拉特尔来自大西洋沿岸旺代省（Vendée）的一个小贵族家庭，1909年以几乎班级垫底的成绩毕业于圣西尔军校。第一次世界大战期间，他伪装成一名工厂工人，两次溜过前线，混入梅斯一家挤满德国军官的餐厅吃饭以搜集情报。1914年的一场遭遇战中，他用他祖父曾在拿破仑战争期间使用过的佩剑刺死两名敌人，但他也被德国士兵的长矛刺中，一名中士不得不站在他胸膛上才为他拔出那柄长矛。战争结束前，他三次负伤，八次获得表彰。作为一名狂热的天主教徒（和平时期，他经常在卢尔德赤脚照料病人），他坚持让牧师跟随他的突击部队一同行动，以便垂死者进行临终告解。他的座右铭自20世纪30年代就没换过：绝不放弃。

在法国南部指挥B集团军的让·约瑟夫·玛丽·加布里埃尔·德·拉特尔·德·塔西尼将军，该集团军隶属于第六集团军群。一名钦佩者将塔西尼形容为"一只矫捷的猛兽"。

德国入侵后，他为维希政权效忠了 2 年多，随着盟军于 1942 年 11 月夺取北非，他终于拒绝支持希特勒对法国南部的占领。维希政权的一个军事法庭以"擅离职守"罪判处他 10 年有期徒刑。当时，他 15 岁的儿子伯纳德将工具和一捆绳索偷运进他的牢房，以帮助他越狱。1943 年 9 月，德·拉特尔弄松了一扇窗框，用绳索降至院中，翻过一堵外墙，取道伦敦逃至阿尔及尔。在那里，戴高乐让他指挥流亡中的法国军队。德·拉特尔威严的派头使他得到"约翰国王"这一绰号，他的办公室外站着一名威风凛凛的塞内加尔士兵，每当两扇房门打开时，这名士兵便吹响手中的小号，德·拉特尔随即走出。

"他活在舞台上，"历史学家道格拉斯·波尔谢后来写道，"他对高官要人彬彬有礼，这让他获得了波旁王族的称赞；他对麾下将士极为严厉，下属被他折腾得筋疲力尽。"他经常在午夜时用餐，工作至凌晨 5 点；拂晓时，他躺在床上签署命令。来到他司令部的访客可能要在外面的楼梯上一坐数日，等待接见。一名副官解释说："我们将军是个夜行性动物。"

在德·拉特尔的坚持下，B 集团军在"龙骑兵行动"中的登陆计划已重新起草了 17 次。尽管承认"法国人不是主人"，而且从属地位"是为了参加解放法国的战斗而必须付出的代价"，但他痛恨听从美国人的指挥；另一方面，他又对美国人的补给供应心怀感激。当德·拉特尔满怀怒气地闯入美军指挥部时，他会说出一长串法语，让在场的翻译手忙脚乱；当他昂首离开时，总会在房门砰然关闭前潇洒地敬个军礼。"他的激情达到了沸腾的程度。"戴高乐这样评价道，他认为德·拉特尔的毛病源于"过度的美德"。现在，在伯纳德这名军中最年轻的士兵的陪伴下，德·拉特尔在圣特罗佩抓起一名下属的衣领，目光炯炯地告诉他："土伦正等着你。"

德国人也在等着他们。土伦及西面 30 英里处的马赛，3.5 万名守军已接到希特勒"坚守至最后一人"的命令。布拉斯科维茨将军报告说，他在土伦的防御工事已完成 75%，马赛的情况则更好。饮水和弹药已储备充足，两处守军都已得到加强。第一批美国人跨过海滩向东而来后，港口的爆破工作就将开始。

土伦是法国最大的海军基地，也是一处难啃的硬骨头。三座峭壁林立的堡垒控制着从陆地而来的接近地，附近的山坡上安装了炸药，以引发岩崩。对准锚地的火炮多达 70 多门，其中包括"大威利"——这个装有两门 340 毫米火炮的炮塔取自被凿沉的法国战列舰"普罗旺斯"号，射程高达 22 英里，足以匹敌盟军舰队的任何一款武器。重炮配以装甲板和厚厚的混凝土，港口被严防死守。尽管如此，休伊特将军还是下令捅捅这个马蜂窝。

8月19日星期六，从空中对敌工事实施猛烈轰炸后，"内华达"号、"奥古斯塔"号、"昆西"号和法国战列舰"洛林"号沿着海面排开，200发炮弹一次落下。直到星期日，"大威利"才做出回应，大量水柱直喷的炮弹落点迅速从2英里的误差缩小为30码，迫使那些闯入者全速退回烟雾墙后。"昆西"号上的一名军官承认："'大威利'真让我们吃不消。"击中炮塔混凝土外壳的盟军炮弹，"当即被弹开，就像我们对着墙壁吐了口痰。"这场炮战持续了一个多星期，但和瑟堡一样，土伦并未因海上的进攻而陷落。

德·拉特尔已料到这一点，因而将麾下集团军分成5个战斗群，下令对土伦和马塞实施侧翼包抄和包围。这个计划的开局很糟糕，德国炮手摧毁了57号公路上一支队伍中领头的坦克，又砍断后方坦克身后的树木，将这支队伍困住，接着有条不紊地干掉了8辆坦克。土伦东面10英里处的伊埃雷，其守军甚至包括滞留的潜艇组员，他们将高尔夫酒店和毗邻的沙丘构筑成一座堡垒。3个法军炮兵营近距离平射了1 000发炮弹，海军舰炮也射出200发炮弹来助阵。日落时，塔希提士兵发起一场白刃战，他们冲入餐厅和酒窖，就此结束了敌人的顽抗。140名德军士兵被俘，被杀掉的更多。

8月21日星期一，最后一缕阳光暗去前，土伦被包围。当地一座修道院的修道士们带着一支法国小分队穿过布满石块、无路可寻的地面向北而去。一名营长带着他的部下彻夜行军，小径已用卫生纸做了标记，而正如德·拉特尔承认的那样，这些卫生纸也是美国陆军军需官提供的。一位连长穿着借来的警察制服对城市进行了侦察，与此同时，炮手们将12个营的火炮扛到一座座险峻的高地上。遭到重创的德军据点一个接一个失守：守军被白磷弹和火焰喷射器逐出巢穴。用德·拉特尔的话来说："像是被猎犬赶出来的兔子。"

面对海军弹药库内的顽固分子，一名法军上校在8月25日晚上7点发出警告："我的塞内加尔士兵已接到命令，要将你们全部杀光。"残存的守军炸毁了剩余的弹药，高喊着"希特勒万岁"，接着举起双手直接投降。直到8月28日拂晓，圣芒德里耶操作"大威利"和其他火炮的最后2 000名水手才停止抵抗，此时休伊特的军舰已从5英里外发射了1 000多枚炮弹。被俘的守军指挥官拒绝提供德国布置的雷区地图，令德·拉特尔发誓要毙了他。"3个小时后，"他叙述道，"我有了办法。"

马赛几乎在同一时刻被攻陷。自公元前 6 世纪作为一个希腊贸易港建立以来，这个赫赫有名的港口已成为法国第二大城市，拥有 50 万居民和地中海最重要的锚地，由长达 13 英里的港区构成。8 月 21 日，德·拉特尔的部队从东面、东北面和北面逼近时，马赛人发动了起义，他们用铺路石构筑路障，并朝被孤立的德国巡逻队开枪射击。郊区炼油厂燃烧产生的油烟飘至城市上空，那些北非士兵（一名法国人将他们描述为"来自另一个世界的人"）攀越羊肠小道，穿过橄榄树林，切断了通向北面的逃生通道。8 月 23 日清晨，阿尔及利亚士兵在谢尔曼坦克的陪伴下，匆匆穿过街道向老港奔去，身穿睡衣的市民拉开他们的百叶窗，满怀欣喜地欢呼起来。

尽管德国守军在两道防线上布设了至少 200 门火炮，但这座城市很快就守不住了。"内华达"号和其他战列舰猛烈开炮之际，德·拉特尔在附近一座酒店的院子里摊开他的地图。来这里度假的游客，包括身穿背心裙的漂亮姑娘，仍在阳台的遮阳伞下啜着冰镇开胃酒。一面法国三色旗在被攻占的圣尼古拉堡升起时，守军指挥官汉斯·舍费尔将军发出一份电报："继续战斗下去毫无意义，只会导致残余部队全军覆没。"8 月 28 日拂晓，法国士兵在一座地下掩体中发现了他，他身旁除了两部电话，还有一盘格吕耶尔干酪。他脸色苍白、面容憔悴地走了出来，用一支借来的笔签署了投降书。教堂响起喜庆的钟声，马赛的解放，比"龙骑兵行动"所计划的时间提早了近 1 个月。

两座港口城市共抓获 3.7 万名德军俘虏，法国人付出了 4 000 人伤亡的代价，其中 800 人阵亡。土伦被德国人的爆破破坏得极为彻底，盟军不得不放弃了这座重要的港口。马赛遭受的破坏超出了盟军预想，曾参加那不勒斯重建工作的美国港口官员说，这种毁灭"是德国人的杰作"。121 座码头，没有一处能继续投入使用；炸药和 2 000 枚地雷已将每一个码头和仓库变为"钢铁、混凝土和电缆的废墟"。11 艘大型船舶，包括跨越大西洋的客轮都被破坏，以阻挡海港的入口，257 台起重机也被抛入水中。大批其他沉船以"前所未见"的凿沉技术堵塞了每一个锚位。与瑟堡一样，废墟中遍布诡雷，另外还有 17 种不同类型的 5 000 多颗水雷需要从水中移除，且必须使用小型汽艇才能发现它们。

但盟军终于有了属于自己的港口，第一艘自由轮将于 9 月 15 日进入马赛港。10 天后，休伊特报告说，港区每天可处理 1.25 万吨货物。现在，法国部队匆匆向西，赶往隆河河口。德·拉特尔给刚在巴黎宣布就职的戴高乐发去电报："B 集团军战区内的德国人，不是被击毙就是被俘。"

★★★

1814 年，拿破仑退位并被送至厄尔巴岛，开始流放生活，并等待着复辟的波旁王朝自行崩溃。他的母亲、姐妹和他的波兰情妇及他们的私生子都来到他身边，他修建道路和桥梁，组织舞会、宴会和戏剧演出，不断用牌局打发时间，还无所顾忌地大出老千。过了 9 个月闲得发慌的日子，又受到历史学家诺伍德·扬所说的"科西嘉复仇精神"的煎熬，他偷偷地将自己的"无常"号双桅船涂上油漆加以伪装，并储备了饼干、大米、白兰地和咸肉。在另外 6 艘船组成的船队护航下，他决心再次成为"在奥斯特里茨时的自己"。

1815 年 2 月，拿破仑躲过一艘英国军舰，带着 1 200 名侍从和过去的皇家卫士赶往法国海岸。"我很不高兴，没有冒太大的风险，"这位曾经和将来的皇帝后来解释道，"除了我的生命。"他在昂蒂布附近登陆，开始了决定命运的"百日王朝"；在赶往巴黎的途中，他避开保皇党人控制的隆河河谷，选择了阿尔卑斯山西侧的一条道路，穿过迪涅、锡斯特龙和格勒诺布尔。

这条"拿破仑之路"间接导致了 3 个月后的滑铁卢战役，但这并未阻止美国的战争策划者：他们选中这条道路是因为他们有可能迅速冲向圣特罗佩西北方 200 英里处的里昂。由于戴高乐在"龙骑兵行动"发起仅仅三天后便要求美国人立即归还德·拉特尔麾下的一个法国装甲旅，特拉斯科特不得不拼凑起一支美国机械化进攻力量。他派自己的副手弗雷德里克·贝茨·巴特勒准将指挥这支临时组建的部队。这位毕业于西点军校的工兵来自加利福尼亚，曾为陆军部修葺赫伯特·胡佛的白宫，也参加过近期发生在突尼斯和意大利的战事。美军登陆两天后，就在 B 集团军转身向西直奔土伦之际，"超级机密"在地中海地区截获了有史以来最令人振奋的消息，促使巴特勒率领的特遣队成为发起追击的复仇工具。

8 月 17 日上午 9 点 40 分，德军最高统帅部通过无线电发出一道命令，英国密码专家只用了不到 5 个小时便将其破译，甚至赶在布拉斯科维茨将军收到命令之前：希特勒命令 G 集团军群，除奉命守卫港口的部队外，全部撤出法国南部和西南部。其他截获的情报也表明，德国人试图逃窜，而不是抵抗。布拉斯科维茨意图将他的部队与德国 B 集团军群会合，后者已开始向东撤离诺曼底地区。

现在，美国第七集团军可以加速向北，不必担心位于滨海阿尔卑斯山的敌军从东面发起反击。空降部队将在法国游击队，以及代号"氯仿""奴佛卡因"

和"麻黄素"的突击队的协助下掩护集团军的右翼。海滩上的物资卸载顺序立即被调整，车辆和燃料优先，巴特勒特遣队将获得第 36 步兵师（该师是来自得克萨斯州的国民警卫队）的人员补充，任务是拦截并歼灭逃窜中的德国人。

特拉斯科特激励着已于 8 月 18 日（星期五）拂晓前离开勒米，向北疾进的巴特勒。"中间地带"，他宣布，"就是我们的领地。"特遣队避开了"拿破仑之路"的简易路障，前进了不到 7 英里，便在德拉吉尼昂被第 36 步兵师不知情的工兵构筑的一道巨大路障所阻。正当士兵们费力地搬开这些巨石、地雷和电缆时，侦察兵抓获了一名德军军长，他坐在一张公园的长椅上，手里攥着手枪和一瓶白兰地。"他很平静，举止端庄，泪流满面。"巴特勒这样报告道，这位军长的勤务兵拎着将军的手提箱站在一旁，紧盯着一名意欲复仇的法国暴民。（这位被俘的德军将领是第 62 军军长，步兵上将费迪南德·诺伊林。——译者注）

随后，他们继续前进。星期五，巴特勒特遣队推进了 45 英里，星期六和星期日同样如此，他们利用米其林地图和一架派珀"小熊"飞机探明被炸断的桥梁，这些桥梁大多是被法国游击队破坏。在坎松，吉普车陷入一条河床中时，当地居民组织起一支救助队，传递石板，建造了一个渡口。在迪涅莱班，特遣队抓获了 1 000 名俘虏，他们中的大多数刚从格勒诺布尔赶到，带着含糊且毫无意义的命令：堵住"拿破仑之路"。8 月 19 日，锡斯特龙未经战斗便被美军夺取。

特遣队加速跨过崎岖的石灰岩山地，穿过耸立的栗树和地中海白松，偶尔因为恼人的汽油短缺和当地人为迷惑德国人而乱摆的路牌放慢脚步。一些法国人身穿一战时期的旧军装，站在路旁举手敬礼，发了霉的三色国旗也从地窖中被翻了出来。埃里克·塞瓦赖德描述了这场追击：

> 穿过文明、适宜定居的普罗旺斯，穿过凡·高的向日葵地和塞尚的绿紫色拼缀……温暖的阳光，明净的空气，成熟的果实，可爱的姑娘……这就是战争应有的模样，波澜壮阔、史诗般传奇的战争。

在距离大海约 100 英里的加普，130 名士兵和 10 辆装甲车组成的一支装甲部队，用他们的迫击炮发射了几十发炮弹，炸毁了一座无线电发射塔。一名陆军上尉警告德国守军，60 架 B-17 轰炸机正准备将这座镇子夷为平地。恐吓起了作用，1 100 名德军士兵穿戴整齐地出现在镇子的广场上，准备前往战俘营。战俘中的波兰人被委派为看守，押着他们向后方走去。

8月21日星期一。清晨4点，一名传令兵赶至巴特勒位于阿斯普尔的指挥所，送来特拉斯科特的命令："8月21日天一亮就动身，尽快赶至蒙特利马尔，堵住敌军撤入隆河河谷的所有通道。""超级机密"和空中侦察表明，后撤中的4个德军师正沿隆河集结，第11装甲师在他们后方担任掩护。特拉斯科特的老部队，美国第3步兵师，将充当从南面抡来的铁锤，而在蒙特利马尔跨过隆河河谷的巴特勒特遣队和第36步兵师则充当铁砧。巴特勒在加普留下小股部队，以掩护后方。随后，他率领疲惫的队伍向西急转，在拂晓前开始向隆河发起一场60英里的冲刺。

现在，补给短缺渐渐威胁到特拉斯科特的主计划。据估计，成千上万吨弹药被压在船只货舱内其他货物的上面，需要经过一番努力才能送上岸；而盟军迫切需要的汽油和食物则被压在下面，搬运工们不得不在货舱内细细"发掘"。向北面的大胆冲刺（一些侦察队几乎已到达格勒诺布尔）需要补给卡车来一场300英里的往返，可第七集团军的调车场在8月21日只有62辆车。3个美军步兵师每天将消耗10万加仑汽油，但滩头仓库在本星期一时只存有1.1万加仑。船只仓促的转向中，成千上万枚炮弹在不经意间被送回了美国，另有1 000枚迫击炮弹莫名其妙地被留在了撒丁岛。法国的后勤单位尤为薄弱，甚至一些最简单的物品（例如补胎胶条）也严重短缺。

炮兵在夜间减少了炮击，以节约弹药，身处作战地带的士兵，每天的口粮缩减了1/3。尽管如此，巴特勒特遣队中由装甲车、坦克歼击车和斯图尔特轻型坦克组成的先头部队还是在星期一下午晚些时候到达了蒙特利马尔北面林木繁茂的高地。很快，一个炮兵连便架设好大炮，隆隆炮声在整个河岸回荡起来。炮弹的爆炸激起喷泉般的尘埃和硝烟，沿着隆河东岸7号公路向北后撤的德军车队在惊恐中转向。一些装甲车被推入德龙河，这是隆河一条狭窄的支流，向西流淌。美军特遣队炸毁了一座公路桥，消灭了一支卡车车队。50部德军车辆很快像沥青般熊熊燃烧起来。

第6军已将敌人的退路切断，他们只靠几个居高临下的排和一些炮手（每门榴弹炮只剩25枚炮弹）就做到了这一点。巴特勒将他的新指挥所设在蒙特利马尔东北方8英里处的马尔桑。午夜前，他给特拉斯科特发去电报，建议后者为自己提供增援、补给和更多的火炮，以便在第二天发起一场声势浩大的进攻。

"事情的进展比我们想象的更好，"8月21日星期一晚上，特拉斯科特在一封潦草的便笺中告诉莎拉，随后又补充道，"并不只有巴顿能攻城略地。"他很高兴地向她讲述了军营生活，吃着"令人深感愉快的"格吕耶尔干酪，还用一磅半咖啡换到三瓶苦艾酒。尽管他没见到太多野花，但"这个国家太漂亮了，不能、无论如何也不应让战争发生在这里"。他让莎拉给自己寄些苏打饼干、金缕梅和四瓶给军用口粮调味的辣椒酱，外加一打苯丙胺吸入器。

"我有我的烦恼，总想要许多自己没有的东西，"他告诉莎拉，"但想想我的对手又作何感受呢？"

他的对手感到一切都糟透了。布拉斯科维茨接到希特勒的撤退令后，试图将第十九集团军的两个军调至隆河。他完全不了解战场态势，以至于称自己在"黑暗中实施指挥"。G 集团军群内部展开了一场激烈争论：第 11 装甲师是位于法国南部的德军部队中机动性和战斗力最强的一个师，他们是应该迅速撤离以图自保呢，还是牺牲自己来帮助其他师逃生？现在，在阿维尼翁附近，渡轮将师里的坦克运至河东岸后，该师向桥头堡发起佯攻，随后便落在后撤中的各个师后面，充当断后掩护力量。他们一路向北退去，在相隔 11 公里的各个拦截阵地上逐次抵抗，这一距离超出了美军 105 毫米榴弹炮的射程。卡车和运兵车垂下绳索，牵引着自行车单位，工兵在隆河的峭壁旁炸出一个个孔洞，以便令部队在遭遇盟军空军扫射时有避弹所藏身。

特拉斯科特打退了德国人的佯攻。第 3 步兵师从桥头堡向前推进了 30 多英里，只遭遇到最轻微的抵抗，并于 8 月 20 日炸毁了普罗旺斯地区艾克斯的数座桥梁。第二天早上，特拉斯科特收到风声：150 辆敌军坦克已从阿维尼翁向东南方发起突击。第 3 步兵师师长、绰号"铁麦克"的约翰·W. 奥丹尼尔少将迫切希望投入战斗（德·拉特尔曾说过，奥丹尼尔的脸"可能被一把斧子雕刻过"），但 8 月 21 日中午，特拉斯科特的电话打到了他的指挥部，并告诉一名参谋军官："告诉奥丹尼尔将军，我希望他将主力部队停下。德军第 11 装甲师就在你们前方，很可能会对你部发起一次反击。"一连两天，第 3 步兵师缓缓向前。8 月 24 日中午，他们小心翼翼地进入阿尔勒，一天后又占领了阿维尼翁。虽然一路上饱受地雷阵、砍倒的树木和炸毁的桥梁的干扰，但他们遭遇的反抗力量非常少——大部分敌军已迅速向北撤往隆河。

在蒙特利马尔，巴特勒特遣队竭力控制住河东面一片 250 平方英里的地区。这片地区从平坦的农田一直延伸至近 2 000 英尺高的若隐若现的山脉。现在，面对疯狂逃窜的两个德国军部，巴特勒这支小股部队只有 30 辆谢尔曼坦克、12 辆坦克歼击车、1个步兵营和12门自行火炮。数量不多的美国战斗轰炸机出现在上空，法国南部的第一条机场跑道直到20日才完工，地面部队的推进距离已超出从科西嘉岛起飞的P-47战斗机的最大航程。这些飞机通常会放弃携带炸弹，以便让机翼油箱带上更多的燃料。一个步兵营和第6军直属的两个炮兵营在8月22日赶到，第36步兵师的援兵仍然不见踪迹。

这令特拉斯科特很不高兴。当天上午11点，他搭乘一架派珀"小熊"飞机赶至阿斯普尔第36步兵师的师部，发现一个步兵团和许多炮兵仍处在宿营状态。该师师长约翰·E.达尔奎斯特少将已赶往前线，于是，特拉斯科特找到该师的参谋人员，嘶哑的吼声响了起来：

> 你们不明白吗？这是个千载难逢的机会！只用少数兵力和大炮，我们就能困住德国人的两个军和第11装甲师！每一分钟都很宝贵！现在，赶紧动起来！

他给达尔奎斯特少将留下一张措辞严厉的便条，说自己对配属给第36步兵师的炮兵和军直属部队奔向格勒诺布尔，而非围攻蒙特利马尔感到"极为不安"。"显然，我没让你明白自己的任务。"特拉斯科特写道，"千万别误会，我希望你继续指挥部队……并承担起你的责任。"

事实上，达尔奎斯特确实犯了糊涂。这个高大、肥胖的明尼苏达人在1917年参军入伍前，曾是一名男装经销商，并在瑞典语戏剧中当过演员。他迟钝，没什么幽默感，习惯于苦思冥想，战斗很快便使他疲惫不堪。"我必须承认，爬山真是累，"他在信中告诉妻子，"烟抽得太多。"接到上司留下的字条后，达尔奎斯特打电话给特拉斯科特，向他解释，自己的师分散在圣特罗佩至格勒诺布尔之间。师里的半数车辆尚未从船上卸下，他的部下甚至征用了西班牙领事的汽车，一辆牵引着反坦克炮的小型卡车上挤着30几个人，其中一个居然骑在炮管上。"海滩上已经没有可用的汽油，"达尔奎斯特补充道，"我们的燃料已不足5 000加仑。"特拉斯科特没有理会这些借口。"你的主要任务是堵住隆河河谷，我希望你能做到，"他说道，"汽油耗尽后，你们就把车停下，步行前进。"

姿态强硬的谈话并不能确保胜利。8月24日（星期四）拂晓前，美军第141步兵团辖下的一个营切断了7号公路，但敌军在午后从两翼达成突破。一部冷酷的军队战史后来描述,德国人的黑豹坦克"近得能让你感受到发动机的热量"。该营"在夜间后撤,山丘上布满了燃烧、爆炸的坦克,被摧毁的大炮和死者"。

德国人从第 36 步兵师缴获的一份作战计划表明,当天的美军防线上有一道薄弱的接缝,隆河东面数英里处的邦利厄,只有一个美军工兵连据守。6 个德军战斗群在星期五时对那里和其他地点发起攻击,这场战斗是如此激烈,以至于一名美军营长要求炮火轰击自己的指挥所,以免被敌人攻克。午夜时刻,德军第 11 装甲师师长亲自率队发起一场混乱的冲锋,打垮了 7 号公路上的另一道路障。德国人用英语喊叫着:"你们这些王八蛋,快点,投降吧!"德军车队从这里不断涌过,向北行进。

特拉斯科特再次飞往达尔奎斯特的指挥所,这个指挥部现已迁至德龙山峦的南面。"约翰,我到这里来是为了解除你的指挥权",这位军长说道,"你没能贯彻我的命令。你有 5 分钟时间说服我。"达尔奎斯特充分利用了这 5 分钟,特拉斯科特被说服了,他转身离去。

炮兵确实已投入战斗。8 个炮兵营,100 多门大炮瞄准了公路、城镇及被称作"蒙特利马尔之门"的狭窄河谷。美军的炮火异常猛烈,就连道路上铺设的沥青都燃烧起来,炮手们还对准附近的铁路线猛轰,炸毁了几列试图强行冲过隆河东岸的德国列车。一个美军步兵连在 8 月 27 日(星期日)发射了 2 500 枚迫击炮炮弹,以击退德国人接连不断的反扑。甚至连天气也赶来帮忙,倾盆大雨造成德龙河泛滥,淹没了德国工兵用铁路枕木铺设在碎石上建起的简易渡口。过了几个小时,水势消退,逃窜的德军队列又因美军猛烈的炮火而在南岸停步不前。星期日中午前,德军的 3 个步兵师分散在整个德龙地区,第 11 装甲师设法将他们聚拢,而第 4 个步兵师正全力赶往 7 号公路。传令兵冒死冲过呼啸的炮火,公文包内装着布拉斯科维茨将军敦促部下们加快速度的命令。

8 月 28 日星期一。午夜过后的一场混战中,德军第 198 步兵师的两股部队,在蒙特利马尔东北方与达尔奎斯特的第 143 步兵团迎头相撞。敌人的尸体铺满了道路,他们中的大多数人不是被击毙就是被俘。激烈的战斗在德龙的果园和灌木丛中进行,美军第 132 炮兵营在 8 000 码外对准渡口处排成 3 列、紧密相连的德军车队轰击。无法攀越泥泞岸堤的马拉大车跌入河中,伴随着惊恐的尖叫,牲畜和人员被呼啸而来的炮弹炸成碎片。

巴特勒特遣队的实力已遭到严重损耗,仅比一个营稍强。他们很快便冲入位于德龙河下方、7 号公路上的洛里奥,最终切断了这条公路。在北岸的利夫龙,

100 码半径内，美军士兵清点出 500 匹死马和 100 部被摧毁的车辆。德国人朝着北面的里昂冲去，满载白兰地和香烟的卡车被他们丢在路上，步兵们从车辆残骸中捞出大把从法国银行劫掠的钞票。

星期一下午 2 点 30 分，第 3 步兵师的第 15 步兵团从南面攻入蒙特利马尔。经过夜间和第二天上午的激战，镇内的狙击手和诡雷被肃清。奥迪·墨菲也参与了这场逐屋逐房的争夺。双眼适应了昏暗的环境，在一扇嘎吱作响的门后，他瞥见"一个携带着汤普森冲锋枪、面容可怕的家伙。他面孔发黑，通红的双目圆睁"。墨菲扣动扳机时也看见了对方枪口的闪烁，随后便是玻璃的破碎声——他射中了自己在镜中的身影。这引来一名战友的评论："这是我第一次看见一个得州人自己跟自己一较高下。"

蒙特利马尔的战斗结束了，但歼灭逃窜敌军的机会再次被错失。"尽管计划构想很大胆，"第 6 军的一名上校总结道，"但在执行上还有许多待改进之处。"巴特勒特遣队实力过弱，第 36 步兵师太过缓慢，第 3 步兵师过于谨慎，陆军航空队投入战斗太晚。美国人射出 6 万发炮弹，但并未将敌人彻底歼灭。"我搞砸了，"8 月 29 日，达尔奎斯特写信告诉妻子，"本应该做得更好些。"美军伤亡了1 600 人，而布拉斯科维茨付出的代价超过 1 万人，其中包括 6 000 名俘虏，但半数以上是劳工、铁路工人和其他非战斗人员。逃至隆河东岸的德国人中，约有80% 到达了里昂，尽管布拉斯科维茨汇报说，第 338 步兵师勉强只剩下 1 000 人。德军第 11 装甲师损失了一半的装甲车辆和 1/4 的大炮，但抢来的法国车辆确保了该师的机动性。一名德军指挥官认为，这次逃生"简直是个奇迹"。

即便是最好的战地指挥官也可能被战争的反复无常和对手的狡猾、绝望挫败。特拉斯科特深感遗憾，也许是对自己的指挥能力感到失望。但从"小熊"座舱内见到的战场情况很快令他振作起来。一名副官将战场形容为"屠宰场"。8 天激战的残迹像一条传达哀思的黑缎带，沿着河流延伸了整整 15 英里：2 000 部烧焦的车辆；至少 1 000 匹死去的马，许多仍套着挽具，拖着炮架；"烧得漆黑"的德国人发出的气味被称为"对鼻子的一种侮辱"，这段可怕的公路已被称为"臭气大道"。和法莱斯一样，推土机操作员戴着防毒面具忙碌着。

总之，特拉斯科特感到"某种程度上的满意"。两周内，又有 1 万平方英里的法国土地获得解放，第 6 军俘虏了 2.3 万名德国人，被法国人兜住的德军更多。"龙骑兵"这场殊死搏斗就此结束，冲向德国边境的赛跑已经开始。

★★★

两股"原野灰"大潮从法国南部向他们的祖国涌去。德国第一集团军（这是布拉斯科维茨 G 集团军群中的半数力量）从西南地区和大西洋沿岸缓缓后撤，大多依靠步行。尽管他们足有 8.8 万余人，但作战部队很少，且除了步枪也没有其他技术装备。希特勒命令他们"在撤退过程中带走或破坏一切具有经济或军事价值的事物"，包括桥梁、机车和发电站。德军最高统帅部在这份名单上添加了马匹、牛群、木材、煤炭、家具，甚至内衣，所有一切都被抢走或付之一炬。到达服役年龄的法国人，只要有可能便被抓走。一些平民百姓因为极轻微的"罪行"而遭到枪杀，如散布德国即将灭亡的"不当言论"。

盟军的空袭和法国内地军的骚扰惩罚了这支后撤中的大军，他们当中，只有 6 万余人能到达德国。步行的"南方集群"是德国第一集团军下辖的 3 股队列之一（该集团军在后撤中分成"南方""中央"和"北方"三个集群。——译者注），尽管他们已向当地官员支付了 800 万法郎以购买对方的善意并赔偿焦土政策造成的损失，但仍旧发现他们在奥尔良西南方的博让西附近遭到孤立。将手中的武器破坏后，南方集群的 2 万余人向巴顿部署于卢瓦尔河的一个师投降。（该集群的投降颇具戏剧性。为保全颜面，他们要求美国人出动至少 2 个营的兵力跟他们假打一场，但美军无法满足这个条件，因为他们在附近 70 英里内只有 18 名士兵。美国人指出，要是对方不投降的话，将被盟军空中力量彻底炸光。为加强恐吓力度，战术空军司令部派出飞机赶至德军上空。德国人随即向美军第 83 步兵师投降。——译者注）

其他后撤部队（被柏林称为"艰难跋涉中的国防军"）中，包括第十九集团军里带着马匹步行赶至隆河的 13.8 万人。他们伪装得极为成功，第 6 军的一名情报官写道："从上空看，他们就像移动中的灌木丛。"美国第七集团军的注意力被这股力量所吸引。8 月 28 日下达的 4 号作战令要求尽一切努力追上并歼灭这股德军，即便无法在蒙特利马尔与里昂之间 84 英里的区域内做到，也要在里昂与莱茵河之间 200 英里的战场上完成。斯大林曾在去年 11 月宣称瑞士是小丑，并敦促盟军，在必要时无须理会瑞士的中立。

华盛顿和伦敦认为这个建议对自己没什么好处，因此，美国和法国的追兵被告知要远远避开日内瓦和邻近的几个州。无论如何，战事逼近时，瑞士紧急动员起他们的民兵力量，并对美国飞机一再侵入其领空表示严重抗议。单是 9 月的一天，这类入侵事件就发生了 30 起，一些偏离航线的 P-47 战斗机扫射了从苏黎世至巴塞尔的列车，他们误以为这是驶往德国的火车。

9 月之前，近 20 万盟军士兵已在普罗旺斯登陆。隆河以北，沿着"拿破仑之路"，一名美军士兵描述了眼前的场面："解放、敬酒、亲吻、手势和欢庆。"BBC 的一名记者试图驱车向北时，发现他的吉普车上"挤满了人"。陪同第 6 军的一名英国联络官承认，他的工作是"跟随第一批部队进入获得解放的城市，并将英国国旗分发出去，让大家将其升起，尽管我们身边并没有英国作战部队"。法国农夫的妻子们在士兵们的钢盔中塞满鸡蛋递还给他们，或是用干净的湿叶卷着奶油蛋糕送上。

"德国人和美国人交替占领的过程中，酒店房间内的床单都来不及更换。"第七集团军的反间谍军官 J. 格伦·格雷写道。一名法国军官指着路边一个双手抱在胸前死去的德国人，用德语说道："我就想看到他们都这样。"一位留着灰色短发、气质高贵的妇女请她的伴侣艾丽斯·B. 托克拉斯给第七集团军司令部送去一个水果蛋糕，并附上一张信笺。她就是著名作家格特鲁德·斯泰因。在她位于屈洛的家中，悬挂着一幅毕加索为她绘制的肖像。斯泰因在这张信笺中写道："我们等了你们这么久，你们终于来了。我无法言尽看见你们、听见你们及你们来到这里对我们的意义。"（对于斯泰因的散文，一名美国军官写道："我知道，她喜欢将许多重复词叠加在一起，其重要意义只有那些头脑比我更灵光的人才明白。"）（格特鲁德·斯泰因是对 20 世纪西方文学产生过重要影响的女作家，也是一名同性恋者，据说 gay 这个词最早被赋予同性恋含义就是出自她的手笔。斯泰因曾有过一句著名的话，"玫瑰就是玫瑰就是玫瑰"，a rose is a rose is a rose，其手法就是那名美军军官所说的重复词叠加。——译者注）。

在格勒诺布尔，逃跑的德国人放火焚烧了贝当元帅路 37 号，据说这里是盖世太保总部。随着受害者的尸体在各处被发现，管区公署张贴出布告："带上你遭受纳粹暴行的证据到三楼来。"一个单独的房间专用于记录对法奸的揭发。细雨蒙蒙的某个下午，数千名市民打着雨伞，或戴着用报纸叠成的雨帽，聚集在一间工厂的院落内，6 名法国法西斯分子已被绑在行刑柱上。埃里克·塞瓦赖德描述了"步枪枪栓的金属撞击声"和"尖利的枪声"，伴随着人群爆发出一阵"可怕、野蛮的叫喊声"，一名法国军官用手枪对准每个颓然倒下者的耳部补上致命一击。"抱着婴儿的母亲冲上前去，凑近观看那些尸体"，塞瓦赖德写道，"小男孩们从一具尸体跑向另一具尸体，向它们吐口水。"

9月2日星期六。上午，第 36 步兵师的一支巡逻队进入里昂，一天后，法国第 1 师赶到隆河西岸。美军进入这座法国第三大城市用了不到 3 周时间，而非丘吉尔预测的 3 个月。但正如历史学家特朗布尔·希金斯所说的那样，美国人并未获得太大的满足感，因为"英国人自始至终都反对这次行动。即便它是自突尼斯陷落到德国最终败亡之间，地中海地区唯一一场获得圆满成功的军事行动"。

"里昂的商店里可以买到很多东西，"第 45 步兵师的一名士兵在日记中写道，"晚礼服、皮草、电气设备、家具、古董及除食物外的一切。"对一座以美食著称的城市来说，这是个悲哀的讽刺。德国占领期间，里昂被认为是法国南部的"镇压中心"，城内及周边地区有 1.4 万人遭到逮捕，另有 4 300 人被杀害，300 人被强奸。现在，抵抗组织开始追讨血债。"法国内地军在街上肆意开枪，"一名美军上校写道，"他们完全失控了。整个场面看上去就像一场革命。"

曳光弹射入市内的一座医院，据说有德军狙击手藏身其中，结果引发了火灾。护士们匆忙用担架将病人们抬出，塞瓦赖德写道，他们"被放在河边林荫道的梧桐树下，旁边摆放着一堆新棺材"。城内 20 多座桥梁被德国人炸毁，只有 2 座幸免于难。数百名推着农用大车的农夫令堵塞的交通状况雪上加霜，军车队通常要等上 3 ~ 6 小时才能驶过隆河上的临时渡口，然后转身向东，朝莱茵河而去。

这些车队现在应该去哪里？这个问题令第七集团军及其指挥官小亚历山大·麦卡雷尔·帕奇中将困惑不已。"龙骑兵行动"的成功令帕奇登上了《时代》杂志的封面，公众得到了另一位值得崇拜的英雄和另一条可为之欢呼的战线。"这种暂时性的名声很快就会消退，"帕奇将军在给妻子茱莉亚的信中写道，"愿上帝保佑我不要被如此名声宠坏。"

这似乎不太可能。桑迪·帕奇又高又瘦、沉默寡言，特拉斯科特甚至认为帕奇"在表达方面有困难"；德·拉特尔则更为宽容地说，帕奇拥有"一位清心寡欲者的神秘性情"；用一名下属的话来说，帕奇的"脾气就像黎明前的恶魔"。他会拉手风琴，也能用一只手卷出一支香烟。帕奇出生于亚利桑那州南部的阿帕奇县，担任骑兵中尉时曾因追逐马贼摔断过一条腿。1913 年毕业于西点军校时，除了是一名撑竿跳运动员外，他没什么特别之处。第一次世界大战期间，他在法国参战；而这次战争开始时，他在南太平洋地区服役。

法国南部的美国第七集团军司令小亚历山大·麦卡雷尔·帕奇中将和他的儿子亚历山大·麦卡雷尔·帕奇三世。不久后，这名年轻的军官便阵亡了。（西点军校）

乔治·马歇尔曾亲自表彰作为师长和军长的帕奇在"新喀里多尼亚岛和瓜达尔卡纳尔岛的出色表现"，随后又差一点将其革职，因为他极不小心地谈论起美军高度保密的密码破译工作。正是这种破译技术使美军战斗机在 1943 年 4 月伏击并干掉了偷袭珍珠港的策划者，日本海军大将山本五十六。"我不知道该如何处置他。"马歇尔在调查期间承认。最后，这位参谋长没有对帕奇做出惩处，他原谅了帕奇，但并未就此息事宁人，54 岁的帕奇被打发到了欧洲战区。

"感觉就像 3 个月前我们开始在滩头登陆时一样，"帕奇在 9 月份写给茱莉亚的信中说道，"我以为会遭遇激烈、顽强的抵抗。"部队确实遭到抵抗，但既不激烈也不顽强。经历了 3 周的狂奔后，布拉斯科维茨将第十九集团军停在里昂东北方 100 多英里处的贝桑松，这个镇子嵌入杜河的 U 形弯转弯处，并曾由 17 世纪著名的军事工程师沃邦精心加强过。在特拉斯科特的催促下，第 3 步兵师抢在敌人掘壕设防前猛冲上去，利用从当地农民那里借来的云梯，迅速攻克了 5 座外围堡垒。9 月 8 日，25 辆坦克歼击车在近距离对无人把守的城堡大门猛轰，4 000 名守军举手投降，还有一些人骑着偷来的自行车逃入树林中。"我这辈子从未见过这么混乱的场面，"一名美国军官说道，"德国人四散奔逃。"

缴获的战利品中包括 18.3 万加仑的高辛烷值汽油，这简直是天赐之物。特拉斯科特说服帕奇要好好利用这个"稍纵即逝的机会"：不能按原计划等待法国军队赶上来，3 个美军师应向东直扑贝尔福山口。那座古老的关隘，也被称作勃艮第之门，数百年来一直是隆河与莱茵河之间贸易往来或入侵的一条通道。这条狭窄的通道只有 15 英里宽，南面是侏罗山，北面是孚日山脉，从山口向东，便是阿尔萨斯平原、莱茵河谷和黑森林的另一侧。帕奇继续前进的决定激怒了易怒的德·拉特尔，他指责美国人企图抢夺 B 集团军应得的荣誉。面对这种指责，帕奇同意派一个法国军赶往特拉斯科特部队右翼与瑞士边境之间的贝尔福；而另一个于 9 月 11 日解放了第戎的法国军则转向东北方，赶往斯特拉斯堡。在 9 月 12 日的会议上，特拉斯科特指出"贝尔福山口是通往德国的门户"，帕奇对此表示赞同。

随着战场的扩大，远离战地的艾森豪威尔努力控制着从北海延伸至蔚蓝海岸的盟军主力。由于蒙哥马利和布拉德利各自指挥的集团军群给他留下了更为深刻的印象，因此，他对法国南方部队的关注和想法较少，这支部队现在直属于盟军最高统帅部领导。这支艾森豪威尔钦点要求参与"龙骑兵行动"的力量，现在正处于尴尬的境地。他们被逼向艾森豪威尔眼中的死胡同——孚日省和黑森林。

这位盟军最高统帅在 9 月中旬告诉布拉德利，如果不是为了在南方保持美国的主导地位这一政治必要性，他早就把第七集团军划归给第十二集团军群：假如将帕奇拨给布拉德利，戴高乐肯定会要求由法国人全盘接手那里剩下的部队。尽管如此，艾森豪威尔还是答应，布拉德利向北实施大规模行进时，第七集团军肯定会予以支援。出于这个原因，第 6 军将与其他美军部队合并，与巴顿的第三集团军紧密相连，从而使美军部署保持连续性。盟军战线的最右翼将交给德·拉特尔，包括贝尔福山口。

对这些计划的深层意义，特拉斯科特一无所知。9 月 14 日星期四，帕奇的 5 号作战令送抵第 6 军军部。该军将转向东北，穿过孚日省向斯特拉斯堡前进。特拉斯科特"既惊讶又失望"，他的军部战时日志记录："这个计划与我和帕奇将军在 12 日的会议上所做的决定完全相反。"牙床发炎，再加上怨气作祟，特拉斯科特抿着"药用波旁酒"熬了一整夜。第二天早上，他给帕奇写了封信，字里行间，可以感受到他从愤怒到放肆的心理变化。

特拉斯科特写道，"对贝尔福山口的进攻应尽早发起"，赶在布拉斯科维茨加强其防御前。德·拉特尔要到 10 月初才能准备妥善，但 1 个法国师和 3 个美国师却可以立即发起攻击。如果依照第七集团军的建议，前往孚日省作战，将浪费"美国军队中最具经验的 3 个师……去年冬季在意大利的战事证明，较为平坦的地形上，德国人能令盟军的进展慢如蜗牛"。特拉斯科特提出，要是帕奇不想让第 6

军夺取贝尔福山口，干脆把他的几个师派去攻打热那亚，以助身处意大利的第五集团军一臂之力。他不知道集团军司令遵从的是盟军最高统帅部的指令。在信的结尾处，他请求帕奇将这个问题上交上级指挥系统裁决。

特拉斯科特将信送往第七集团军司令部，该司令部设在隆勒索涅的法国兵营内。"百日王朝"期间，拿破仑曾在这里说服内伊元帅这位"勇士中的勇士"重新归顺自己。

9月16日星期六。傍晚6点30分，帕奇打来电话。

> 帕奇：我不认为你那封信很明智。我并不敏感，可任何一个比我更不敏感的人都能看出你对你的上级缺乏信任。
>
> 特拉斯科特：我写这封信纯粹因为我相信事情就是这样。
>
> 帕奇：要是我心里有疙瘩，我只会对当事者一吐衷肠。
>
> 特拉斯科特：一旦做出决定，我会彻底、全心全意地支持你。要是你觉得其他人能比我干得更出色，那我无话可说。但我认为你找不到这样一个人。
>
> 帕奇：我知道。

就这样，"龙骑兵行动"在失望的争吵中宣告结束。

尽管特拉斯科特勇气可嘉，但即便在最有利的情况下，他能否攻占贝尔福山口、挺进莱茵河也值得怀疑。随着脆弱的后勤补给线被拉长至300英里，一位高级军官评论说，第6军的生存"仅靠一天的补给物资量"。布拉斯科维茨于9月19日向德军最高统帅部报告说，他的剩余部队已在孚日省西部形成一个防御堡垒，"尽管遭到严重削弱，但仍能战斗。"他最担心的是，巴顿的第三集团军向东南方的贝尔福发起一次侧翼攻击，但这种情况并未出现。从法国南部撤离的G集团军群中，尽管第十九集团军的1 600门大炮只抢救出165门，第11装甲师也只剩下大约20辆坦克，但存活的兵力多达13万人。

由于这些问题，布拉斯科维茨在当天被解除了职务。撤退，以及大批德军士兵脱离部队的报告令希特勒深感震怒，他从东线调来一名装甲集团军司令接替了布拉斯科维茨。很快，布拉斯科维茨回到了德累斯顿，他的妻子写信告诉亲属："汉斯现在在家里种白菜呢。"（接替布拉斯科维茨出任G集团军群司令的是第四装甲集团军司令，装甲兵上将赫尔曼·巴尔克。但布拉斯科维茨的白菜也没能种多久，

1945 年 1 月，他又出任 H 集团军群司令。——译者注）

就在布拉斯科维茨被解职的这个星期二，特拉斯科特得到了他的第三颗将星。他、帕奇/德·拉特尔和他们的部下有理由骄傲：不到 1 个月时间，他们便加速了德国人撤出法国的步伐，获得了新的港口和机场，开始了法国从波尔多至勃艮第的工业和商业复兴，并重创了两个德国集团军，击毙、击伤、俘虏、孤立了 15.8 万名德军士兵。

但他们前方是孚日省的花岗岩和片麻岩高地，那是一片由圆锥形石堆、沼泽和泥潭构成的不毛之地，陡峭的山脊高达 4 000 英尺。冰冷的秋雨已在这里落下，塞瓦赖德指出，这让美军士兵"想起意大利的冬季，并开始想家"。第 6 军战时日志中写着："寻找滑雪板。"特拉斯科特在一封家书中写道："我害怕即将到来的潮湿、寒冷、降雪及沉闷的山地任务。眼下，降雨不断。"巡逻队沿着孚日山脉黑暗的侧翼潜行时，能听见德国工兵用铁锹和镐头挖凿山坡发出的闷响。"有迹象表明，"特拉斯科特告诉莎拉，"这帮畜生打算顽抗到底。"

狠下心来开火射击

从诺曼底冲出的盟军队伍，水银泻地般涌过欧洲大陆的王冠，通天大道和羊肠小径上尽是他们的身影。尽管直线距离只有 200 英里，却远如另一个世界。他们穿过麦茬地和甜菜已熟的农田，教堂的钟声迎候着他们，农民们一边用水桶给被晒得滚烫的农田浇水，一边向他们挥手致意。

8 月底前，战线已从索姆河上的阿布维尔延伸至默兹河的科梅尔西，这里的一座桥梁在 31 日早晨被完好无损地夺下。一个巨大的新月形从布雷斯特几乎延伸至比利时，月形中聚集着 200 多万名盟军士兵和 43.8 万部车辆——西线盟军的兵力优势为 2∶1，坦克优势为 20∶1。美国陆航队和英国皇家空军共有 7 500 架轰炸机和 4 300 架战斗机。蒙哥马利第二十一集团军群下辖的 15 个师占据了一条 60 英里宽、快速前移的战线，横跨于塞纳河与索姆河之间的旷野上，已将"火箭炮海岸"攻克或孤立。（"火箭炮海岸"指的是德国人设在法国沿岸，朝英国发射飞弹的发射场。——译者注）

8 000 枚德军 V-1 火箭中的最后一批于 9 月 1 日晚从法国射出，各个发射营随即逃往荷兰或德国；另外 1 200 枚由德国空军飞机在未来几个月中发射，但影响较小。"伦敦之战胜利了。"英国内政大臣宣布。(丘吉尔私下建议,所有 V-1 火箭发射设施和德国人沿海峡构筑的工事都应加以摧毁,以防将来为法国人所用:"如果他们跟我们翻脸的话。")

美国第十二集团军群,布拉德利指挥着 21 个师,还有 3 个师也将很快赶到。第一集团军的作战区域目前跨度为 65 英里,两翼都有装甲师加强;而巴顿的第三集团军,则以 2 个齐头并进的军支撑着右翼。9 月初组建的美国第九集团军,任务是最终夺取布雷斯特,并牵制布雷顿其他港口的德国守军。那里的德国驻军司令很快便屈服了,他带着他的爱尔兰随从、大批个人物品和钓具从废墟中现身。"我该休息一下了。"他告诉受降者。盟军的 4 个空降师也在英国重新集结,等待任务的召唤。

面对这种猛攻,一名德国将领承认,德军跌跌撞撞向东进行着一场"毫无计划可言的逃窜"。德军西线总司令部列出 18 个师"完全适合"作战,另外 21 个师则"完全不适合",16 个师"部分适合",7 个师已被"解散",还有 9 个师获得"重建"。陆军元帅莫德尔签署的传单沿着后撤路线播撒,他指出:"我们输掉了这场战役,但我告诉你们,我们仍将赢得这场战争!"可计划中的索姆河防线并未形成,德军士兵穿过皮卡第、比利时、洛林和阿登向德国边境涌去,一边逃一边嘶声吼:"美国佬再有 20 分钟就要到了!"一些紧张的士兵引爆了放错位置的炸药,结果炸断的树木非但没有拓宽通道,反而堵住了道路。西线德军总司令的作战日志中将之称为"可耻的溃败",一时间找不到白旗的德国人,干脆挥着一只鸡示意投降。

复仇大军接踵而至,也许比 20 分钟长,但也长不了多久。"今天看见德国佬了吗?"在靠近前线的吉斯,盟军士兵问一位年迈的法国人。"哦,看见了,那帮畜生。"法国人回答道,他朝地上吐了口痰,用手指向各个方向,"那里,那里,还有那里,那里。"搭乘着卡车或步行的追击者们穷追不舍,美军第 1 步兵师的一个营,在 8 月的最后一周前进了 272 英里。8 月 29 日,他们坐车追赶了 22 英里;卡车折返回去搭载其他部队后,他们又步行前进了 8 英里。

8 月 30 日的雨夜,英军第 11 装甲师彻夜驱车行军,司机们只在每次短暂停下时稍稍打个盹。闪烁的炮火如闪电般勾勒出天际线,烧焦的火药给弹坑边缘装饰了一道灰色的"丝带",直到繁忙的军用交通将它们碾平。德国人的挽马四散奔逃,结果被大批射杀;仅仅 8 月,被打死的马匹就多达 50 万,这令盟军骑兵心疼不已。"我们对此无能为力,"一名英国骑兵说道,"只能狠下心来开火射击。"

敌军士兵就没机会得到这种同情了。"我们炸毁了所有看上去不对劲的东西,"

第 60 步兵团的一名中尉在日记中写道，"尤其是田野上的小草垛，那是德军狙击手的理想藏身地。"在兰斯附近的布赖讷，巴顿的先头部队逮住 2 列拖着 70 节车厢的火车，车上满载着士兵和从巴黎劫掠的战利品。坦克和坦克歼击车对准车头猛轰，自动武器朝车厢扫射，击毙 50 名敌军后，剩下的 500 余人举手投降。第三集团军中的一位目击者描述了"操纵机枪对目标扫射时的激动"，坦克炮手则感受着按下谢尔曼坦克的火炮扳机时的愉悦。"整条西线已然崩溃，"一名德军团长在 8 月 31 日写道，"对方随心所欲地向前进军。"

情况并非完全如此。自 8 月初便出现的燃料短缺问题，已成为盟军向东挺进的最大障碍。7 月底，每辆车的日油耗是 6 加仑，现在则是 18 加仑，日油耗变为以往的 3 倍。在目前的越野作战中，一个装甲师每天需要 10 万加仑燃料。5 加仑油罐仍是主要运载工具，盟军最高统帅部的后勤人员绝望至极，甚至萌生了动用战列舰将汽油桶拖至法国海滩的念头。一个加拿大军已连续数日停步不前；英国第二集团军辖有 8 个师，其中 2 个师仍停在塞纳河，以便让另外 6 个师继续前进。

美国第一集团军辖下的一个军停滞了 4 天，军部的指挥人员到处讨要汽油，好让指挥车动起来。第三集团军对燃料的需求最为迫切。8 月 31 日，他们派出 17 辆坦克赶往凡尔登夺取默兹河上的一座桥梁，除其中 3 辆，其他坦克都在途中耗尽了汽油。巴顿的燃料仓库在前一天收到 3.2 万加仑燃料，还不到第三集团军需求量的 1/10。他的 G-4（后勤参谋）认为，车用燃料的补给"极度危急"。"该死，布莱德，"巴顿告诉布拉德利，"只要给我 40 万加仑汽油，我保证在两天内把你带入德国。"

他们继续向前，必要时依靠步行，穿过一个个挂着自制美国国旗的村落。那些纸张或枕套做成的旗帜上，用白色笔画着一颗颗圆点状的星星。"投票给杜威，"恶作剧的美军士兵喊叫着，欢呼、喜悦的法国人也跟着回应，"投票给多（杜）威。"一名细心的士兵告诉父母，当地人计算他们的房屋楼层，是从一楼以上开始。"如果这是法国人有史以来犯下的唯一一个错误，"他补充道，"我们今天就不会在这里了。"（在美国人眼中，与地面相平的那层楼应该是一楼，而法国人和英国人则将这层称为底楼；美国人口中的二楼，法国人和英国人称为一楼。——译者注）

令人眼花缭乱的谣言四处传播，其中包括来自瑞士的说法：希特勒已逃往西班牙。德国电台的报道称，科隆发生暴动，这使人们感到兴奋异常。但美国分析家们随后意识到，这是盟军心理战小组编造的假新闻。尽管如此，乐观情绪依然随处可见。布拉德利在 9 月 1 日预言，他将于 9 月 10 日（星期日）抵达莱茵河，参谋人员已选定了五六个渡河点。布拉德利的副官在日记中草草写道："我们目前所谈论的一切都基于这样一个前提：'如果战争能持续那么久的话。'"

士兵们高呼着"1944 年结束战争"。《时代》周刊报道说，从纽约到西雅图，官员们已开始筹划欧洲战事胜利的庆祝活动。圣达菲的一名男子将奖励 10 美元给"第一个把刊登德国败亡消息的《新墨西哥人报》送至他手中的报童"。随着胜利"指日可待"，丘吉尔的战争办公室问蒙哥马利，他能否为缅甸空出一个额外的集团军司令部。五角大楼草拟了一项计划：储存在欧洲的军火，1/5 留给战后的守军使用，1/5 送往太平洋战区，剩下 3/5 运回国。

"这里有一种兴高采烈、期待甚至混乱的情绪在蔓延。"英国首相的秘书在 9 月 1 日写道。比德尔·史密斯向记者们保证："这场战争，在军事上已经获胜。"就连艾森豪威尔也试图落实这些预期，他在日记中写道："我们的军队几乎可以随心所欲地前进……德军已彻底失败。现在，实现整个概念唯一需要的就是速度。"

★ ★ ★

势不可当的盟军将目标对准了柏林，意图直插德国的政治中心。但一个更现实的中期目标是敌人位于鲁尔河谷的工业中心，这片被煤烟熏黑的椭圆形地带从莱茵河向东延伸了近 60 英里，将埃森、多特蒙德和杜伊斯堡这些烟囱城市囊括在内。

德国 2/3 的钢铁和半数以上的煤炭都出自鲁尔区，如果这片地区沦陷，将摧毁德国的化学和军工生产，炮弹和炸药产量预计将下跌 40%。希特勒别无选择，只得防守这一重要地区。由艾森豪威尔签署，盟军最高统帅部所做的一份研究报告预测："对鲁尔区发起进攻，很可能使我们获得与敌交手并歼灭其主力的机会。"

从西面进入鲁尔区的道路有 4 条，但大多策划者认为只有 2 条适合大规模机械化部队通行。一条道路位于阿登（比利时南部和卢森堡的大部分地区被这片崎岖的丘陵所占据）北麓，径直朝向鲁尔区，这条路线可以获得盟军海上力量和驻扎于英国的空中力量支援。第二条道路位于阿登南麓，穿过"梅斯山口"。甚至在"霸王行动"开始前，艾森豪威尔就曾主张两条路线同时行进。沿"两条相互支撑的轴线"进行的战略推进，将使敌人的防御被拉伸得更为宽大，使盟军的机动性得到充分发挥，根据需要调整攻击重点。阿登南麓路线也将对萨尔河谷形成威胁，那是德国西部仅次于鲁尔区的工业中心。

盟军最高统帅部在 8 月下旬估计，敌人在阿登山区西北麓能调集的兵力不会超过 11 个师，而在南麓不会超过 5 个师。艾森豪威尔的策划者们曾建议将第二十一集团军群的主攻方向放在东北，穿过亚眠和列日，奔向莱茵河；而第十二集团军群则发起一场辅助进攻，直扑梅斯并将前者超越。

蒙哥马利对此并不赞同。在 8 月 18 日发给布鲁克的一封电报中，他敦促后者将 2 个集团军群调至阿登北面："40 个师构成一个庞大的群体，如此强大的力量将使我们无所畏惧。"将英美联军的力量集中在北面，能让盟军利用其装甲优势，更快结束这场战争。这对人力短缺的英国来说，是最优策略。蒙哥马利还认为，需要单独一位指挥官来掌管从塞纳河扑向德国的盟军地面部队："应自始至终由一个人负责。"他声称布拉德利赞同这一战略评估。

布拉德利肯定没有赞同，大多数盟军高级将领也不赞同，包括蒙哥马利自己的参谋长——绰号"弗雷迪"的弗朗西斯·W. 德甘冈少将。获知蒙哥马利建议"将所有力量集中在一只拳头上"后，空军上将特德反驳道："我始终认为，搏斗中使用两只手更好些。"8 月 23 日，艾森豪威尔驱车赶至第二十一集团军群设在法莱斯附近，位于孔代的指挥部，进行了一场耗时、乏味的会谈。德甘冈被允许列席会议，比德尔·史密斯却在蒙哥马利粗鲁的坚持下被排除在外。当蒙哥马利提出让巴顿的第三集团军停下，从而将更多的燃料分配给其他先头部队时，艾森豪威尔告诉他："美国公众绝不会支持这种做法，舆论会赢得战争。"蒙哥马利站在一幅地图前，双手反握在背后，回答说："赢得战争的是胜利。给民众胜利，他们不会在乎是谁赢得的。"

蒙哥马利从孔代的厢式车里走出时，已经获得最高统帅做出的部分让步，从而使他的进攻得到加强，包括使用空降预备队和获得补给的优先权。另外，美国第一集团军将调往阿登山区的北部，而非南部。此举将使第二十一集团军群的右翼得到加强，这是盟军最高统帅部的一些策划者们长期考虑过的问题。

艾森豪威尔还同意对德国的进攻应由单独的一位指挥官负责，但统帅之职不会交给蒙哥马利；相反，艾森豪威尔将亲自担任这一职务。离开孔代前，他告诉蒙哥马利，在乔治·马歇尔的坚持下，这项安排将在一周内生效。实际上，艾森豪威尔在 5 月中旬就对工作人员口述了一份秘密备忘录，将自己的最终角色确定为地面部队统帅，同时指出"不必说什么……以表明 M（M 指代蒙哥马利。——译者注）将军的指挥权或职责会有任何削减……少说为妙"。

"作为一个安慰"，丘吉尔在 9 月 1 日将蒙哥马利擢升为陆军元帅，使其军衔等同于艾森豪威尔的四星上将。这种做法，正如英国首相略带恶意的话一样："将使他们以恰当的身份进行指挥权的变更。"尽管艾森豪威尔在记者面前称赞蒙哥马利"不仅是亲密、热情的朋友，也是……这场或任何一场战争中最伟大的战士之一"，但这一擢升还是在盟军最高统帅部内造成了恶劣影响。

"愚蠢至极……我敢保证，这会引起艾森豪威尔……和其他美国人极大的反感。"海军上将拉姆齐在日记中写道。巴顿在 9 月 1 日写信告诉比阿特丽斯："晋升元帅一事令我和布拉德利感到恶心。"就连布鲁克也对此深感不快，他告诉一名下属，蒙哥马利"可能是自惠灵顿之后，英国将领中最杰出的战术家。但就他的某些战略，尤其是他跟美国人的关系而言，这几乎是一场灾难"。正如比德尔·史密斯曾断言的那样，从军事上说，这场战争可能会获胜，但盟军最高统帅部内的"兵戎相见"才刚刚开始。

★ ★ ★

9 月 2 日星期六。上午，艾森豪威尔乘坐他的 B-25 专机赶至布拉德利设在沙特尔的指挥部。宏伟的大教堂位于不远处，两座尖顶延伸至天际。巴顿也赶到了，用一名军官的话来说，他"傲慢而又聒噪"，挎着一把点 38 口径的左轮手枪，还带着那只被他偶尔介绍为"狗 × 养的威利"的牛头梗。一名副官端上饮料和从一台冰箱里取出的冰块，艾森豪威尔曾抱怨过："真要命，每次到你的指挥部来都是喝温威士忌，我真厌了。"从那以后，他给布拉德利提供了一台冰箱。

巨幅欧洲地图挂在墙上，一个靶心环绕着柏林。穿着作战夹克和伞兵靴的布拉德利主张立即穿越德军防线，以防止敌人加强被称为"齐格菲防线"的边境防御工事。他还想要一辆防弹车和几辆装甲吉普车，以便在德国境内穿行。他认为，"沿途的每个城镇"都应予以轰炸，将"他们带给世界的死亡和毁灭还以彼身"。

巴顿以他的名誉担保，尽管补给物资短缺，但第三集团军仍有能力一路杀至莱茵河。"你的名誉值不了那么多钱。"艾森豪威尔笑道。巴顿笑着喊叫起来："眼下还行吧。"

比德尔·史密斯发来电报，提醒说一场暴风雨正在逼近，于是会谈匆匆结束。艾森豪威尔的 B-25 起飞后没多久，右引擎便蹿起一团火焰。紧急着陆后，艾森豪威尔钻入一架 L-5 哨兵式轻型飞机的后座，在暴风雨中向西飞行了 120 英里，赶往科唐坦半岛。他的新指挥部刚刚启用，就设在格兰佛附近，这又是一座几个世纪来被英国人占领、加强、失守、焚烧、轰炸并来此享受假日的法国沿海城镇。

因燃料耗尽及狂风中的颠簸，加之无法在暴雨中找到一座简易机场，飞行员不得不在距离指挥部不远处的一片狭窄的海滩上紧急迫降。艾森豪威尔帮飞行员将飞机推过沙丘，以免被潮水淹没。他在沙滩上滑倒，右膝严重扭伤。他将胳膊搭在飞行员的脖子上，蹒跚穿过一片盐碱滩，小心查看着海滩上可能埋设的地雷。在路上，他们拦下一辆载着 8 名美军士兵的吉普车，士兵们将艾森豪威尔抬上前座，送往指挥部。随后，两名副官扶着他走进一间卧室。

艾森豪威尔的左膝曾在 1912 年西点军校对塔夫茨大学的橄榄球赛中受伤，伤势严重到多年来 7 次入院治疗。但没有哪次事故比这次的膝盖受伤更加不合时宜，伤处肿胀、剧痛，医生用大量石膏固定住他的关节，并让他无限期卧床休息。艾森豪威尔不肯测量血压，生怕持续不断的耳鸣标志着衰弱的身体状况，那会使他被送回美国。

整整 18 天，这位最高统帅基本闭门不出，只短暂地离开了格兰佛 3 次。他所住的别墅非常舒适，能看见南面圣米歇尔山上壮丽的景色。当地的两头奶牛为厨房提供了新鲜的牛奶和奶油，一位治疗师每天对艾森豪威尔疼痛的膝盖进行 90 分钟的烘烤和按摩。在草草写给玛米的信中，他为自己"每次试图认真讨论问题时总有些跑题"表示歉意，并承认自己想念他们死去的儿子杜德·德怀特，若他还活着，现在已经 27 岁了。而他们活着的儿子约翰，最近刚被晋升为中尉。约翰提议，战争结束后，来一场"环游美国的空中之旅"，艾森豪威尔写道："谁来买飞机呢？我可是破产了，而且我怀疑你的财力也远远不够。"

即便对一位不需要卧床休息的指挥官来说，格兰佛也是个选址不太恰当的指挥部：位置孤立、远离前线、信号干扰问题非常严重。一连 3 个星期，艾森豪威尔只能通过电报、传令兵、皇家空军的应急电报线路或是罕见的单独会面与部队保持联系。他对第七集团军在法国南部取得的战绩表现出的冷淡，应归结于他在格兰佛的与世隔绝，但被迫隐居也使他得以仔细考虑向德国进军的计划。

与布拉德利和巴顿这两位好友在沙特尔会晤后，他开始后悔过早地在蒙哥马利面前做出让步，于是他重申了自己沿一条宽大的战线实施多路推进的计划。与拉姆齐共进午餐的 2 个小时中，艾森豪威尔抱怨说，蒙哥马利似乎觊觎着布拉德利的汽车运输能力，以便让第二十一集团军群"独自挺进柏林。而这需要给美国军队下达一道彻底停止前进的命令"。蒙哥马利的观点当然更加微妙（他绝不会赞同美国第一集团军停止前进），但拉姆齐将这些冠冕堂皇的建议斥责为"蒙蒂式废话"。

9月4日星期一，艾森豪威尔通过电报告诉手下的将领们："我们在西线击败敌人最好的机会是对鲁尔和萨尔区发起进攻。"先前，燃料被优先供应给第一集团军以支持蒙哥马利，巴顿的推进因此受到掣肘，现在他将重新获得动力。微薄的汽油补给将平分给美国的两个集团军，每个集团军每天可获得3 500吨。"我们现在必须尽可能拉伸敌人的战线，用前所未有的力度。"艾森豪威尔在当天发给马歇尔的信中写道。

被激怒的蒙哥马利私下里抱怨说，艾森豪威尔似乎"有个奇怪的想法，那就是每个集团军司令部必须拥有一个平等、公平的作战份额"。鉴于后勤补给的局限性，他坚持认为："唯一的策略是让左路部队停下，实施右路突击，或是停止右路部队，采取左路突击。"左路（他的部队和美国第一集团军）对准的是鲁尔区，理所当然该获得物资补给的优先权。就在当天，蒙哥马利便发给艾森豪威尔一封"仅限亲阅"的辩驳信，他写道：

> 我们现在已处于可由此向柏林发起一场强有力攻势的阶段，很可能可以攻入那里，从而结束对德战争。我们没有足够的资源来维持两路强有力的推进……如果我们试图采取一种妥协的解决方案，并分拆我们的资源，那么，两路推进都无法确保其力度，战争将被延长。我认为，根据上述分析，答案已是显而易见了。

艾森豪威尔在星期二（9月5日）做出回复，确认了自己的命令，并进一步解释了他的战略逻辑。但格兰佛的通信讯号糟糕至极，复电分成两个部分到达蒙哥马利手中，迟缓而延误：前半部分于星期四到达，后半部分直到周六才到达。一名英国军官后来写道："蒙蒂走来走去，挥着胳膊喊叫着，'这场战争输掉了'。"

对这两个自说自话的人来说，误传的通信讯号完全恰当。军人和历史学家们为这一事件的是非曲直争论了几十年。艾森豪威尔后来将蒙哥马利的构想讽刺为"沿一条铅笔线径直冲向柏林的荒谬计划"，比德尔·史密斯则称之为"一名称职的将领所提出的最不可思议的梦呓"。西西里战役中，蒙哥马利曾"傲慢而自负"地要求美军给英国人让路，深受其害的布拉德利宣称："若是你试图只从一个正面对德作战，你就落入到他的彀中。"

蒙哥马利的观点符合集中作战力量的军事原则，但这与盟军最高统帅部的评估背道而驰，尤其是针对一支补给物资至今仍需从数百英里外的海滩运来的部队。一项研究表明，3 个英国军和 2 个美国军对柏林发起单路推进，需要近 500 个卡车连，而目前只有 347 个。即便通过空运和安特卫普的港区加强补给运输，穿越德国的一场长距离冲刺也需要将大批盟军部队"停下来"，22 个美军师将转入"冬眠"状态。

另外，还需要在德国腹地对宽长、敞开的侧翼加以保护。"这就意味着 6 ~ 8 个师的盟军先头部队，将在缺乏空中掩护的情况下，成为德国机动预备队轻易打击的猎物。"一名后勤人员提醒道。盟军最高统帅部里的一位英国情报机构准将认为，如果没有比目前西线可用军力更为强大的作战力量，那么包围并控制鲁尔区将是天方夜谭。他补充说："蒙蒂眼高手低。"就连德甘冈也提出了运输和建桥设备的致命短缺。他在战后评述说，导致希特勒最终败亡的是苏军 160 个师的攻势，并辅以西线一场大规模进攻，外加 8 个月的猛烈轰炸。

大多数战略家得出了类似结论。英国最年轻的准将，未来的陆军元帅卡弗勋爵在 1944 年写道：

> 两场世界大战中有许多单路突击的例子……吸引了敌人的预备力量，结果造成停步不前……成功概率更大的策略是交替推进，待敌人的预备力量被吸引至别处时，在一个意想不到的位置发起另一场进攻。

实际上，两路突击曾为蒙哥马利赢得过阿拉曼、马雷斯和诺曼底的胜利。美国历史学家罗素·F. 韦格雷同样评论道："自格兰特将军以来的整个美国战略史都证明，对实力强大的一方来说，在几个地点保持优势，分散敌军，迫使其弱点暴露，最终将击败敌人。"正如历史学家格哈德·L. 温伯格指出的那样："无论蒙哥马利多么才华横溢，发起一场快速突击肯定不是他的特长。"

蒙哥马利的传记作者罗纳德·卢因后来承认，这位陆军元帅并不接受"更高战略层次上的政治因素有时与纯军事考虑同样重要"这一观点。艾森豪威尔认为，欧洲的胜利必须共享，尤其是鉴于美国在兵力和物资上的优势日趋扩大。但这个公平分享荣誉的想法对蒙哥马利不起作用。艾森豪威尔对"如何进行一场战争简直是彻底无知"，他告诉布鲁克，后者将这番谴责当作了自己的见解。"艾克对战略一无所知，极不适合最高统帅这一职务。"布鲁克在日记中透露。艾森豪威尔决定亲自指挥地面部队后，布鲁克又写道："这场战争很可能要延长 3 ~ 6 个月。"

毫无疑问，艾森豪威尔的指挥才能经常招致批评。蒙哥马利抱怨说："他非常容易受到做出决定前见到的最后一位指挥官的个性的影响。"这不无道理。正如巴顿在 9 月 2 日的日记中所写的那样："艾克太过谨慎，因为他从未上过前线，没有实际作战的感觉。"受到追击败敌的诱惑，他多次忽视了后勤需要，也未能确保他的指令得到重视。史密斯抱怨："艾克的问题是，他不是下达直接、明确的命令，而是用礼貌的语言将其包装起来。"史密斯补充道，艾森豪威尔是个调解人，很少下达明确指令，从不宣布"闭嘴，照我的命令行事"。尽管坚持"沿宽大的正面对德国实施多路攻击"的观点，但他"在与蒙哥马利沟通的过程中不够果断"，斯蒂芬·E. 安布罗斯后来写道："他允许蒙哥马利以各种理由与自己争执不休。"

这种激烈的争论可谓旷日持久。"紧张或特殊的问题随处可见，"艾森豪威尔写信告诉玛米，并向她坦言，"天哪，这一切是多么令人厌倦和疲惫啊。"但盟军的团结依然是他指挥工作中的核心原则，他将竭尽全力予以维系，包括自我欺骗。"整个团队运作良好，"他在 9 月份写信告诉马歇尔，"现在，相关人员完全接受了我对问题的解决方案，正以他们的才智和干劲贯彻实施。"

★ ★ ★

各部队继续战斗，他们对高层将领间的争执并不知情。9 月份的前 5 天，第三集团军几乎寸步难移，第 4 天时，他们的燃料储备紧缺状况开始有所改善。新的命令将梅斯和两个拼错的德国城市（"Maintz"美因茨和"Frankfort"法兰克福）列为该集团军的目标。B-24 轰炸机被征用为"飞行加油站"，每架 B-24 将携带 200 个 5 加仑汽油罐。为鼓励这种空中补给，巴顿将没收来的白兰地和香槟酒奖励给赶来帮忙的飞行员们。作为一支近 30 万人马的大军，第三集团军依然缺乏从手榴弹、望远镜到电台、手表等一切物资。截至 9 月 2 日，该集团军还缺少 27 万双作战靴、54 万条毛毯、6 000 个电子管和 48 个外科手术用检弹探子。巴顿摆出一副与这支"穷困潦倒"的部队同甘共苦的姿态，发誓不再抽雪茄（通常他每天要吸 20 根）。然而，通过缴获德国人的物资仓库，他们得到了 300 万磅牛肉、5 万箱香槟，以及大批沙丁鱼和用于制造降落伞的意大利丝绸。

在与记者们进行的一次轻松愉快的会晤上，巴顿头一次抱怨说："作为一名集团军司令，除了无所事事、骂骂咧咧外，什么也做不了。"随后他又解释道："我从不担心侧翼，这可能是源于我长期以来的阳刚气概。"他感叹"放慢脚步就是在谋杀生命"后，又告诉这些记者，"希望能像鹅拉屎那么快地穿过齐格菲防线"。

在他的西北方，考特尼·霍奇斯的第一集团军穿过了比利时边境，并早在 9 月 3 日便解放了蒙斯的瓦隆市。第 3 装甲师报告："白兰地、香槟和漂亮姑娘再一次出现在我们眼前。"同时，数万名后撤中的德国人再一次面临着被歼灭的局面。尽管第 3 装甲师中 2/3 的坦克因为磨损已不适合作战，但他们还是抓获了 2 500 名俘虏，当天，该师由于燃料短缺停下了前进的脚步。20 多个被打垮的德军师，被美军某部队称为"一群乌合之众"，他们在美军路障的威逼下，利用偷来的法国汽车和比利时农用大车穿过比利时西南部仓皇逃离。

从南面推进的第 1 步兵师对德国人的侧翼发起攻击。谢尔曼坦克轰鸣着越过肥沃的土地，大群身穿褐绿色军装的步兵尾随在后。四联装点 50 口径高射机枪压低枪口成为步兵武器，朝着敌军猛烈开火，P-47 战斗机从晴朗的空中俯冲而下，从头至尾扫射着敌人的队伍。"那些比利时马真漂亮，我真不想朝它们开火，"一名飞行员通过无线电说道，"好吧，开打。"被称为"长汤姆"的 155 毫米野战榴弹炮，习惯了轰击十几英里外的目标，现在却被当作狙击步枪使用，炸毁了半履带车和草垛，空气中弥漫着饲料和肉体（马匹和人）燃烧后产生的臭气。一名被俘的德军军官愤恨地道："你们只想把我们全杀掉。"

3 天内，3 500 名敌军被击毙，另有 2.5 万人被俘。50 人一组的德军战俘群拖着沉重的步伐朝战俘营走去，路边的比利时童子军发出嘘声，他们的母亲在马匹的尸体上割着马肉。3 000 名战俘被暂时关押在一座陈旧的红砖制糖厂的渣场内，他们奉命掏空自己的口袋。美军士兵在一小堆指甲刀和折叠刀中筛选着。一名美军中尉举起一个包裹着锡箔的避孕套，对一个胖乎乎的德军士兵说："你暂时不会再坠入爱河了。"在法莱斯包围圈和布雷斯特投降后，蒙斯包围圈是德军在西北欧遭遇的最惨痛的失利。

北面 30 英里处，英国第二集团军在 6 天内挺进了 250 英里，也冲入了比利时。希特勒下令，布洛涅和敦刻尔克必须坚守，但加拿大人已夺下鲁昂，并全力扑向布鲁日。乘坐一辆大众汽车逃离的埃贝巴赫将军在亚眠郊外被俘，他告诉抓获他的人："我指挥的是曾经的第七集团军。"勒阿弗尔的德国守军司令很快也将穿着他的睡衣举手投降，他的睡衣上挂满了勋章，他身后还跟着 1.1 万名守军。

9 月 3 日，星期天。晚上 8 点，威尔士近卫团进入布鲁塞尔，一场混乱的庆祝活动在城中肆意举行。"与这场狂欢相比，巴黎的狂欢只能用'沉闷'形容。"穆尔黑德做出报道。英军近卫装甲师驶过尼诺弗大街，坦克履带碾压着鹅卵石。布鲁塞尔司法宫的大圆顶被点燃，这是撤退的德国人送出的"离别赠礼"，一名记者将此比作"夜间的一支火炬"。欣喜若狂的比利时人用他们知道的唯一一句英语喊着："再见，汤米，再见！"他们朝驶过的车辆上抛掷绣球花、苹果和一瓶瓶"莱恩迪奥"啤酒。

当地的著名人士身披绶带或戴着公职人员徽章现身人群，他们高声演讲、发表公告并热烈欢呼。皇家汉普郡团发现，他们刚一派出哨兵，便被欢乐的人群"抬走……并被盛情款待"。各个餐厅都将侍应生打发至街上，给士兵们的饭盒倒上香槟，装满冰激凌。满满当当的食品柜令一名英国近卫军士兵嘟囔道："比利时人觉得他们在吃掉这场战争方面尽了一分力。"庆祝活动全无停止的迹象，而后又持续了一个多星期。一座被缴获的德国酒库为庆祝活动锦上添花，穆尔黑德写道："仓库里放着8万瓶好酒。"整日整夜都能听见无数醉鬼唱着《蒂珀雷里》，希特勒的肖像被抬上街道，遭到踢打、焚烧及弗兰芒语、法语、荷兰语等各种被"解放"的语言咒骂。

★ ★ ★

9月4日星期一中午，英军坦克小心翼翼地穿过安特卫普郊区，涉嫌通敌者的房屋全被比利时抵抗战士们付之一炬。兴高采烈的人群不情愿地分开，让英军第11装甲师进入市内，市中心那些茫然不觉的德军士兵仍在路边的咖啡店喝着啤酒。下午2点前，一支坦克中队已到达港区。多亏比利时的"白色抵抗组织"，他们袭击了德国的爆破组，港口、水闸及容量为200万桶的地下储油罐依然完好无损。

围绕市内公园的碉堡群所展开的激烈交火，直到夜里9点30分才渐渐平息，幸存的守军不是投降就是仓皇逃跑。英国军官想找一处剧院充当监狱，结果徒劳无功，最后不得不将当地动物园改造成战俘营。据说，动物园里的大多数动物已被饥饿的市民们吃掉。6000名战俘很快挤满了整个动物园，德军军官、比利时法西斯分子和德国人的情妇被关入狮舍单独的笼子中，其他人员则待在熊坑、虎笼、猴屋内。"俘虏们坐在稻草上，"玛莎·盖尔霍恩写道，"透过栅栏朝外张望。"

随着布列塔尼的港口即将被遗弃，对盟军来说，再没有哪座被解放的欧洲城市比安特卫普更加重要。16世纪中期以前，它已成为欧洲大陆最富裕的城市，甚至超过了威尼斯和热那亚。每天有100多艘船只来此停靠，携带着来自葡萄牙的调料、波罗的海的粮食和意大利的丝绣。而后，宗教法庭、西班牙的掠夺及荷兰的崛起使这座繁荣的城市走向衰败，直到19世纪，安特卫普才再次兴盛起来。钻石切割、雪茄卷制、粗糙精炼和啤酒酿造等诸多工艺技术在此处发展兴起，整座城市开始繁忙起来。

20 世纪 30 年代，它与汉堡、纽约和鹿特丹并列为世界上最好的港口城市，每个月能装卸 1 000 艘船只，拥有长达 29 英里的港区，600 多台起重机，900 多个仓库和一个巨大的铁路站场。这一切在 9 月 4 日全面恢复。20 世纪初进行的一次评估曾计算过，攻破这座城市的防御"需要一支 26 万人的大军对其实施有效围困，而且需要至少 1 年时间，以断粮的方式迫其就范"。可英国人只用了几个小时。

夺取安特卫普并利用其港口，这一点早在 1941 年 12 月的盟军进攻计划中就曾强调过。艾森豪威尔在 8 月 24 日发给蒙哥马利的电报中重申了"在安特卫普获得一个安全基地"的必要性，这个要求的正式命令于 8 月 29 日和 9 月 4 日两次下达给高级指挥官。蒙哥马利在两天后回应了这位最高统帅，他指出自己打算"夺取安特卫普"，并"歼灭加来海峡和佛兰德地区所有敌军"。但安特卫普有一处地形上的弯曲，需要的不仅仅是夺取港区和监狱。想要控制从港口至北海的交通，还需要对位于斯海尔德河河口 80 英里长的入海口加以控制，其中包括斯海尔德河北端的瓦尔赫伦岛，以及南岸布雷斯肯斯周围的圩田。

在战争及和平时期，英国皇家海军曾在这片水域航行了数个世纪，对这里的入海口了如指掌。1809 年的一场战役中，4 000 名身患热病的英国士兵死在瓦尔赫伦岛上，幸存者狼狈地逃回英国。1914 年 10 月，作为第一海军大臣的丘吉尔，曾赶赴安特卫普，帮助比利时政府重振精神，守卫港口。

海军上将拉姆齐于 9 月 3 日发电报给盟军最高统帅部，同时抄送给蒙哥马利，提醒他们："安特卫普和鹿特丹非常容易被布设水雷或是水上交通堵塞。如果敌人成功采用这些手段，使港口重新畅通所需的时间将难以估计。"第一海务大臣、海军上将安德鲁·布朗·坎宁安 9 月 7 日在日记中写道："再次提醒（联合参谋长委员会），尽管安特卫普完好无损，但如果不能压制入口和其他堡垒，并据守斯海尔德河的两岸，它会像廷巴克图一样毫无用处。我担心地面部队的将领们会忽视这一点。"（第一海军大臣由文职人员担任，而第一海务大臣则由海军军官出任，后者受前者节制。——译者注）

坎宁安一语中的。"超级机密"于 9 月 3 日拦截到希特勒的命令，强调了守住斯海尔德河的"重要意义"，但这一点却被盟军指挥官们忽视。希特勒的后续命令也同样未能引起他们的重视，包括一条提醒德国第十五集团军的电文："必须确保盟军在很长一段时间内无法使用该港口。"历史学家拉尔夫·贝内特后来总结说，这个"难以理解"的失误，是"一个严重的战略错误，其影响几乎一直延续至战争结束"。艾森豪威尔发给麾下高级指挥官们关于安特卫普的电文中，并未详细指明夺取斯海尔德河，蒙哥马利和第二集团军司令登普西均未注意到这个问题。蒙哥马利认为敌人的据守是绝望之举。"瓶口现在已被塞住，"他宣称，"敌人已无处逃脱。"

一支接受过两栖进攻洗礼的皇家海军陆战队突击队被调往参加从陆地展开的对敦刻尔克的围攻。第 11 装甲师师长、绰号"皮普"的 G.P.B. 罗伯茨少将，被告知仅需夺取安特卫普的码头和港口。他的军长布莱恩·G. 霍罗克斯中将，后来承认自己"感受着解放的欣喜"，他准备与比利时王太后及其女官共进午餐，而不是在研究地图。"要是我命令罗伯茨不要解放安特卫普，而是绕开城市，只要往西北方推进 15 英里……我们就应该能封锁贝弗兰地峡，并有可能困住位于荷兰边境附近的德国第十五集团军，"霍罗克斯在他的回忆录中写道，"而我的眼睛却只盯住了莱茵河。"

英国人的推进很快陷入僵局。一位炮兵少校在安特卫普一栋办公楼的顶层指引炮火向北射击，一名比利时秘书端着咖啡托盘送上白兰地，办公室内的留声机播放着美国蓝调乐曲。但城市的北面和东面，壮阔的阿尔贝运河上，没有一座桥梁被夺取，它们被悉数炸毁（17 座桥梁中的 15 座，一直坚持到 9 月 5 日）。英方跨过运河夺取一座桥头堡的尝试失败了，他们发现军用冲锋舟的底部多了许多孔。"德国人用坦克炮火回应，以此干扰试图架设桥梁的工兵，火力迅猛，难以抵挡。"一位英国准将报告说。敌人的战斗群赶来增援运河防御部队，但就在其他英国部队继续前进时，蒙哥马利却命令霍罗克斯停下来重组部队。

德军从安特卫普西部的布雷斯肯斯搭乘渡船跨过斯海尔德河，及时开始后撤。只用了两个多星期，8.6 万名士兵、600 门大炮、5 000 部车辆和 4 000 匹马，几乎整个第十五集团军皆全身而退。入海口北岸、瓦尔赫伦岛和贝弗兰上的防御工事原本就十分可靠，现在变得更加牢固。1.1 万名德军士兵组成的后卫部队，没有表现出任何要逃离布雷斯肯斯包围圈的迹象。

蒙哥马利于 9 月 7 日电告伦敦，他希望能在 3 周内抵达柏林。没有燃料、弹药、食物和其他作战物资，这是不可能做到的，而这些物资只有通过一个吞吐量庞大的港口才能大批运抵。正如美国陆军官方史后来总结的那样："安特卫普是一颗因缺乏镶嵌架而无法佩戴的宝石。"身处安特卫普的一名英国军官做出了自己的总结："成功能令人产生混乱。"

THE
GUNS
AT
LAST
LIGHT

第5章 兵临"西墙"

西线的战事已经蔓延到德意志帝国本土，被德国人称为"西墙"的齐格菲防线是矗立在莱茵河畔的最后一道壁垒。对希特勒来说，严峻的形势已经没有任何回旋的余地。他下达了"必须充分利用国家的每一座掩体、每一片城市街区和每一个乡镇作为御敌的壁垒"的命令。而盟军方面，"市场花园行动"全面展开，"胸有成竹"的蒙哥马利向艾森豪威尔表示，他已经胜券在握。可只有真正身先士卒的将领们才知道，这次行动有多么失败。

填满枪膛和士兵的嘴

长久以来，凡尔赛都是个令德意志帝国缔造者们心驰神往的地方。凡尔赛宫原本只是一座朴素的狩猎行宫，初建于 17 世纪，坐落在距离巴黎市区 12 英里处的西南郊的一座泥泞乡镇，在路易十四时期被迅速扩建为举世闻名的豪华宫殿，成为法国封建王权和皇家奢靡宫廷生活的象征。在法国大革命爆发前夕，2 万多名贵族、廷臣、商贾和侍从簇拥在国王左右，享受着"太阳王"（法国波旁王朝国王路易十四自诩的称号。——译者注）及其日渐式微的后世子孙的荫庇。这使得凡尔赛宫人满为患，一位游客就曾用"肮脏不堪"来形容当时的景象。

1870 年寒冬，饥馑降临，凡尔赛宫被普鲁士军队占领，成为围困巴黎的前敌指挥部。尽管吃光了城内所有的猫、乌鸦和老鼠，还是有约 6.5 万名巴黎市民死于饥饿。凡尔赛宫内，有一处由 17 面巨型镜子和 17 扇落地连拱窗装饰的镜厅，是专门用来展示油画的精品画廊。1871 年 1 月，威廉一世在这里加冕称帝，德意志帝国宣告成立。1919 年 6 月，作为第一次世界大战结束的标志，苛刻且带有复仇意味的《凡尔赛条约》在镜厅签订。当时，窗外的礼炮声隆隆震耳，喷泉欢快地喷涌而出，身穿蓝色制服的共和国卫队高举军刀，颂扬入侵者的臣服。

然而好景不长，20 年后，入侵者卷土重来，而且一待就是 4 年。

此时此刻，艾森豪威尔也选定在这里建立他的战地指挥所。实际上，当他还远在格兰维尔调养膝伤时，最高统帅部的参谋们就已经涌入了凡尔赛宫，紧锣密鼓地开始了工作。凡尔赛的特里亚农宫酒店里住满了指挥部的军官，这里豪华舒适，成为他们解决住宿问题的绝佳选择。战前，想要在酒店里一间带有浴缸的客房里过夜，至少需要 175 法郎。但现在，无论付多少钱也不可能住进这里了，除非你拥有一张纸牌大小、镶着蓝边和红十字的最高统帅部通行证。酒店餐厅里的桌子上铺着雪白的亚麻桌布，上面摆着水晶高脚杯和金饰餐盘。穿着考究的服务员侍立一旁，侍候客人享用自己的那份配给口粮。

凡尔赛宫内，1919 年曾被同盟国用来商议和约的克列孟梭舞厅现在变成了指挥部的地图室。就在不久之前，德军还在这里为不列颠空战中表现突出的德国空军飞行员授勋。宫内的皇家花园芳草如茵、佳木葱茏。在人工建造的农舍旁，参天大树拔地而起，环绕着整座园林。这些景致无不使玛丽·安托瓦内特（*法国国王路易十六的王后。——译者注*）沉溺于卢梭笔下田园牧歌式的淳朴生活幻境而无法自拔。参谋室和通信室分别位于路易十四修建的两个皇家大马厩内，一位游客曾形容它们"简直大过某些州的议会大厦"。

艾森豪威尔的办公室位于特里亚农宫酒店后的白色大理石裙楼内，门厅处有一座被转向面对墙壁的赫尔曼·戈林（*德意志帝国第二号人物。——译者注*）的青铜半身像，一位军官戏谑道："因为他是个'坏男孩'。"作为装点，包括凡·戴克作品在内的 11 幅名家画作被人从凡尔赛宫挪到了最高统帅的套房，同时送来的还有从国家家具管理委员会征调的 18 世纪古董书桌和其他陈设。但很显然，布置者并没有认真调查艾森豪威尔的个人喜好。这种草率的行为令一位在参军前曾担任大都会艺术博物馆馆长的陆军中尉火冒三丈，因为他不得不想方设法地将这些"赃物"物归原处。

1944 年盛夏，最高统帅部的规模已经在最初设想的 1 500 名盟军官兵的基础上扩充了 3 倍。而现在，在职人员又增加了 3 倍，达到了 1.6 万余人，这也使得近 75 万平方英尺的办公场地拥挤不堪。最后，指挥部不得不征用凡尔赛周边的 1 800 间民宅安置约 2.4 万名盟军驻兵。一本法国杂志讽刺最高统帅部为"搬到法国的美国饭店业协会"（*在法语中，"法国的美国饭店业协会"与"最高统帅部"的缩写完全相同，即 SHAEF。——译者注*）。但军方也不乏慧黠机敏之才，他们称最高统帅部的缩写寓意为"人生体验，军旅为先"（Should Have Army Experience First）。一名军官曾将最高统帅部比喻为神秘的海蛇："有些人看到它的头颅，有些人窥探到它的身体，还有一些人触碰到它的尾部。但无论如何，所有人都是管中窥豹，永远看不到这个庞然大物的全貌。"

另一条"海蛇"也正以锐不可当的气势背道而进,只为全盘掌控巴黎市区。为解决驻欧美军后勤之需,于1942年5月在英国组建的"军需供应服务部队"已于6月7日更名为"兵站区后勤部"。当时,其规模已达到50万人,也就是说,欧洲大陆上1/4的美军士兵都隶属于这支部队。瑟堡附近曾坐落着一座规模庞大的指挥部,拥有5 000间预制房屋,可容纳约1.1万人。但随着解放巴黎的消息传出,人们像潮水一般涌向首都地区,这片营地几乎在一夜之间人去屋空。兵站区后勤部的车队缓缓驶入了巴黎这座"光影之城",一位美军少校回忆道:"车队载着数以吨计的文件,以及成千上万的办事员、打字员和卫兵。另外,包括统计室、情报编译室、大型电话交换机,以及其他所有属于这个庞大指挥体系的装备全都被运进了巴黎。"

兵站区后勤部征用了315家酒店,并向另外48家下发了签约意向通知单。此外,3 000多间巴黎民宅也被列入了征调名单。这些安置点的累积面积达到了1 400万平方英尺,配备有2.9万张病床,还有"镶嵌着优雅华丽的黄铜饰品的公寓套房",一位军官写道。在法国当局多次恳切的请求下,巴黎的孩子们才获准复课。法国的政府官员不禁抱怨,美国人要求的无礼程度简直超过了德国入侵者。

所有这些招致众怒的命令都出自兵站区后勤部司令长官约翰·考特·豪斯·李中将,他以"救世主"和"万能神"的浑号声名远播。李出身于艾奥瓦州的一个保险代理人家庭,家人用其母亲颇显另类的教名"约翰"为他命名。1909年,他与巴顿一同完成了西点军校的学业,成为一名专司水务、堰坝和海港修筑任务的美军工程师,辗转于底特律、关岛和罗克艾兰等地。

1944年9月中旬出版的《时代》杂志声称,李"仁爱友善并极具人格魅力"。然而,凡是对这位将军有所了解的人恐怕都不会认同这样的溢美之词。在李的钢盔上,正反两面都别着中将的军衔。据传,作为一名以苛刻而严格恪守军律著称的将军,李在发放装备物资时表现得极为吝啬,"仿佛将其视为一份私人馈礼",用以厚待朋侪,打击异己。当然,这位将军的朋友少得可怜,仇敌却俯拾皆是。

此外,他还深陷于一种近乎滑稽的自我陶醉中无法自拔。比如,他曾经在伦敦的一间剧院里向欢迎人群起身致意,但实际上,人们的掌声是献给坐在他上方包厢里的艾森豪威尔的。李还宣称,马歇尔早已选定由他来接任陆军参谋长一职,原因就是李认为自己"在与人相处时表现出了不凡的能力"。美军的官方历史在记述高级将领时总是褒扬有余而批评不足,但在对李的记述中这样写道:"注重虚礼,形容举止令人生畏，偶有唐突之举。李将军的行为常常引发猜疑并招致反对。"

驻欧美军的首席外科医师曾坦率地说："如果要约上一个同伴外出钓鱼，李是我最不愿与之同行的那个人。"作为同窗的巴顿更加直白，称李是"油腔滑调的骗子"和"只顾自我吹嘘的傲慢小人"。但是，战地指挥官们因为惧怕申领军需物资时遭到刁难，不得不对李曲意逢迎。在李造访第三集团军时，除了奢华的接风宴外，巴顿还为他举行了仪仗队和军乐队一应俱全的欢迎仪式。

李总是脚蹬长靴、身着俗饰、手握马鞭，这样的日常装扮充分彰显了他的个性。他的书桌上和公文包里各有一本《圣经》，按照其本人的说法，他习惯于"每个清晨在圣坛上向上帝坦诚"。李拥有 40 多名私人随从，包括 1 名按摩师、8 名通信员和 1 名曾为电影大亨塞缪尔·戈尔德温工作的发言人。他经常强令随从们护送自己前往教堂，每日两次、风雨无阻，星期日还要特别追加一次。之后，他会离开教堂，去巡视自己势力所及的广阔地界。他的座驾包括一辆由浸信会传教士驾驶的、带有红色软垫的黑色豪华轿车，以及一节被其亲信随从们称为秘密"刑具"的特制列车。

不管乘坐哪种交通工具，他都要在车上大声诵读经文。任何下属近前时都要在距离他恰好 10 步的位置庄严敬礼，帽盔不正的士兵还会遭到呵斥。在李视察战地医院时，工作人员只要秉承以下 3 个原则精心准备就能博得长官的欢心：衣

担任后勤区司令的约翰·考特·豪斯·李中将。"注重虚礼，外貌和举止都有些令人望而生畏，有时候显得不太明智，"陆军官方史书中对他做出了这样的描述，"李将军的行为经常引发猜疑并招致反对。"

装整洁、停下手头一切工作和把酒倒进厕所。据一位外科医师回忆，即使是那些卧床不起的重伤员"也必须躺着行礼"。而当李进入病房时，"能够行动的轻伤员必须马上起立，保持立正站姿直到他发出稍息的指令"。每当发现食堂垃圾桶里的残羹剩饭快要溢出来时，他就大发雷霆，并迅速掏出勺子，舀起剩饭送入口中，大喊道："你们看，这些粮食明明还可以入口，你们却要扔掉？"

李在巴黎大华酒店的地下室设置了一间巨大的作战室，还在楼上专辟了 3 间套房供他个人使用——这位附庸风雅的将军无论到哪里，总会携带一架钢琴。李指派了几名军官在酒店旁边的克雷贝尔大道上巡视，将那些有违军仪的士兵的名字一一记录下来。一时间，这里俨然成为巴黎的一条"礼仪之道"。李在其他几家高级酒店也订有自己的套房，其中一家酒店的房客就曾收到这样的通知："李将军酌定乔治五世酒店为私人下榻之所，蒙其宥德，入住于此之士皆视同其客。"酒店门廊外的空地是其随从人员的专属区域，其他车辆"必须停到角落或临近街区"。

"为什么没人向我报告这些事情？"当艾森豪威尔终于对李的癖好有所耳闻后，不禁这样问道。这位最高统帅绝对想不到，民众对他失察之过的指责甚至超过了对李的抱怨之声。在获知后勤部抢先进驻巴黎的消息之前，艾森豪威尔原本计划将这座城市的大部分区域向所有盟军士兵开放。但显然，这一计划已经被李搅乱。9 月 16 日，他给这位自封"现代克伦威尔"的下属写了一封亲笔信：

> 既然在我察觉之前，你已指挥部队将军需辎重运进巴黎，如此时令你择地设立指挥部而不影响军机要务，显然不切实际。但是，你必须立刻下令，除执行必要勤务的人员之外，任何官兵不得进入巴黎城内……我认为，包括你的指挥部在内的美军人员直接进驻巴黎实为极不明智之举……据我所知，驻巴黎美军在穿着、纪律和行为举止方面多有失格之处。

然而，李并未因此而感到懊悔。"我并不后悔，"他说，"做人必须勇往直前。"

★ ★ ★

李的"军机要务"就是为这支远离故土 4 000 英里的庞大军队提供物资保障，各类军需物资的总量达到了 80 万件——就连西尔斯·罗巴克这样的大型百货公司的库存量也绝对不会超过这一数字的 1/8。这是一项艰巨的任务，即使是天资出众的管理者也难以完成，就连我们能力非凡的"救世主"也为此吃尽了苦头。

盟军进攻行动的策划者们原计划在登陆日后 90 天内——也就是 9 月 4 日之前，只派遣十几个美军师驻守塞纳河畔，并命令他们在那里驻扎 1～3 个月，以便在发起总攻之前巩固占区后防。因此，任何一位后勤部长都没有预料到美军竟能在 1945 年 5 月兵临德国边境。事实上，在 9 月 4 日当天，美军就有 16 个师离开了塞纳河岸，向前挺进了 150 英里。仅仅一周后，盟军原计划在登陆日后 350 天才能到达的推进点，已经在阵线之内了。

战场上的高歌猛进搅乱了军需供应的进程，甚至将花费 2 年时间制订的后勤补给计划彻底颠覆。就在不久之前，为支援波卡基之战，作战部队进行了最大限度的扩充，大幅缩减了包括机修工、燃料工和养路工在内的后勤人员人数。之后，随着诺曼底战役"瓶颈"的突破，艾森豪威尔在 8 月中旬下达了追击穷寇的命令。这一命令让后勤部门措手不及，甚至连喘息的机会都没有。追逐敌军产生的快感持续升温，马歇尔和艾森豪威尔进一步加快了美军的挺进速度，比原计划提前 2 个月到达战区。这么做的后果就是不得不在物资运输方面付出高昂的代价。

另外，其他一些麻烦也令脆弱的供给系统不堪重负：人工港"桑葚"A 被冲垮；瑟堡、马赛和勒阿弗尔等天然良港仍在敌人的占领之下；布列塔尼港已被弃置，船只无法在此起航；法国境内的铁路、公路暴露在盟军猛烈的炮火之下；罗纳河水涨势凶猛；德军仍然在敦刻尔克及其他沿海地区顽强抵抗。已获解放的巴黎每天都要消耗总计约 2 400 吨的食物、药品和其他紧急物资，其中的 1 500 吨来自布拉德利慷慨的施舍——这一物资数量可是作战部队日常之需的 2.5 倍。

7 月时，车队在前线和海岸之间往返只需几小时，但现在却需要 5 天时间。为了跟上作战部队推进的步伐，第一集团军的军需仓库竟然在 6 周内转移了 6 次，就连 18 个炮兵营都被改编为运输车队。此外，美国工厂和法国东部相距甚远，预订的物资运抵前线往往要花上近 4 个月的时间。以 2 000 辆为一个单位，大量坦克在这条漫长的补给线上移动，被源源不断地运往法国。巴顿曾在 9 月对记者表示："我们每天只能向每人供应 5 个大麦面包和 3 条小鱼，和以前根本没法比。"

当然，军队需要的远不止面包和海货。采购人员在各欧洲中立国之间奔波，大量采购瑞典的纸张、西班牙的黄杏、葡萄牙的无花果和加那利群岛的香蕉。盟军还在法国、比利时和卢森堡开辟了 33 个伐木营地，准备了 100 万根柴火。从美国运来的 1 900 万吨木浆也抵达了当地造纸厂，这可是 5 000 万卷厕纸的原料。但是，向法国制衣商订购军装却进行得颇不顺利，因为对于一笔交易来说，语言障碍和计量换算可是相当棘手的问题。"制服接缝有 12 个量点，其中任何一个的偏差都不得超过 1/16 英寸，否则会令整件制服的尺寸出现极大误差。"最高统帅部的报告中写道。

每个登陆欧洲的盟军士兵平均每天消耗的物资价值约 66.8 英镑，其中包括 33.3 英镑的汽油、柴油、润滑油和航空燃油；8 英镑的弹药（包括炸弹在内）；7.3 英镑的工程建设材料；7.2 英镑的给养费用；以及用于医疗、通信和其他军需品的花销。军需处发现，饥肠辘辘的士兵每天吃掉的食物要比正常定量多出 30%。4 支全速前进的部队每天都要消耗 100 万加仑的汽油，这还不包括在法国南部作战的帕奇中将和德·拉特尔上将的部队。另外，东部地区战斗激烈，需要大量的武器弹药，这个数字也令人咋舌，其中，仅火炮和迫击炮弹的用量就达到了每月 800 万枚。

挥霍浪费一直是美军的传统，这也令后勤保障人员的日子更加难过。M-7 榴弹发射器的置换率理论上不应超过每周 2 枚，但实际上，有些师的损耗量已经达到月均 500 ~ 700 枚。艾森豪威尔用"日费万金"形容美军在军械上的消耗，他向五角大楼提出要求，每个月补充 3.6 万件轻武器、700 门迫击炮、500 辆坦克和 2 400 辆运输工具。另外，地雷探测器的需求量远远超出了预算。仅第一集团军一支部队的被覆线用量就达到每月 6.6 万英里，相当于每个小时架设近 100 英里，是分配定量的 2 倍。从登陆日开始，输送到法国的 2 200 万只油桶已经遗失近半，最高统帅部不得不要求华盛顿再行补充 700 万只。"为了满足核心作战部队对汽车燃料的需求，我们得耗费 1.5 加仑辛烷值 100 的航空燃油运送 1 加仑辛烷值 80 的汽车燃油到前方仓库。"艾森豪威尔说道。

这些麻烦大多都是李始料未及的。为了在最高统帅部面前维护自己的形象，保住自己的军衔，他不得不给"甲壳虫"史密斯送去了包括好几箱橙子在内的珍馐美馔。对此，他很后悔自己没有利用打桥牌的机会融入艾森豪威尔的小圈子。

最高统帅部也难辞其咎。势头过猛的行军使他们不得不放弃在欧洲大陆构筑军需补给网络的计划，分散的临时仓库成了调配军需的唯一保障。这些因素或多或少地促成了眼下这种局面。9 月 9 日，最高统帅部的后勤司令警告说："部队的维护开支已达极限，目前的管理状况着实令人担忧。"布拉德利的第 12 集团军军需部长对此表示赞同："近 1 个月来，后勤管理工作简直毫无章法，而且就在 3 周前，形势已经开始进一步恶化。"

面对诸多问题，兵区站后勤部匆忙应对，但结果并不尽如人意。燃料短缺看似属于供应问题，但实际症结却出在分送环节。为此，盟军精心设计了输油管道网络，并迅速着手兴建，以减少使用油轮、油罐车和油桶等运输工具。根据代号为"冥王星"的"水下燃油输送管道"（PLUTO，其英文缩写与"冥王星"的拼写相同。——译者注）计划，盟军在英吉利海峡底铺设了 21 条输油管道，并以迪士尼著名卡通形象小鹿斑比和小飞象邓波为两座泵站命名。

首条通向瑟堡的管道于 8 月中旬完工，但开通仅几个小时就被驶过战舰的锚撞坏；2 天后，另一条管线因泵站推进器被杂物缠绕而损毁；8 月底，10 吨左右的藤壶在管道壁上安家，致使第 3 条管线也停止了运转，无法继续使用。事实证明，"冥王星"计划令人大失所望。一位上将认为"这纯粹是浪费时间和精力，令我们颜面扫地"。战争期间，通过英吉利海峡输油管道向欧洲大陆输送的燃料尚不足驻欧盟军需求量的 10%，所以油轮、油罐车和油桶仍然无可替代。

与水下管道相对应，盟军也为陆路运输制订了一项名为"红球快递"的计划，并于 8 月底开始执行货运任务。不久之后，每天都有 7 000 辆卡车载着 4 000 多吨货物沿单程公路驶向第一和第三集团军的仓库，每次往返一般需要 3 天时间。为了配合这一计划，宪兵在英法两国张贴了近 2.5 万张路标，"幼狐"运输机负责在空中监控路面的交通流量。但问题接踵而至，"红球快递"计划每天需要消耗 30 万加仑汽油，相当于 3 个装甲师作战时的耗油量。司机常常在自重 2.5 吨的汽车上装载 6 ~ 10 吨的货物，因此，"红球快递"车队又被戏称为"卡车歼击营"。

虽然明确规定了车队速度最高不能超过每小时 25 英里，但平均每天都有 70 辆卡车因超速严重损毁。在一段标示着"山势陡峭、道路崎岖"的路段上，仅一支车队就在此倾覆了 8 辆半挂牵引车；第 2 天，又有 8 辆在同一地点发生了侧翻。"货罐里汽油晃动令车辆左右摇摆，"一位司机解释道，"这会干扰你的驾驶。"截至 1944 年秋，在驻欧美军 1.5 万辆"故障"汽车和报废汽车中，有 9 000 辆都是废弃于法国公路两侧的运输卡车。

秋季的降雨使路况进一步恶化，维修人员因火花塞、风扇皮带等工具的匮乏而难为无米之炊。一支配备了41辆卡车的连队可用的修理工具竟然只有一把钳子和一只可调扳手。轮胎的损坏高达每天5 000只，而被随意丢弃的空罐头盒是造成轮胎撕裂的罪魁祸首。巨大的物资消耗造成了严重的补给短缺，为了弥补缺口，美军甚至将国内车辆上陈旧的备用轮胎拆卸下来运往欧洲。另外，由于士兵从卡车和仓库顺手牵羊偷拿轮胎的现象越来越严重，李将军不得不调用第13步兵营充当警卫。尽管布拉德利强烈反对，艾森豪威尔还是对李的做法表示赞同，并赋予他追查到底的生杀大权。3个月内，"红球快递"车队共运送了40多万吨货物。在此之后，盟军还制订了其他运输路线，如"白球""红狮""绿钻"等。当时，一位身处巴黎的少将慨叹道："我能够想象到这将毁掉多少辆卡车。"

一列火车的运输量与400辆卡车相当，为了更好地恢复法国境内的运输网络，盟军调遣了包括5 000名战俘在内的1.8万人夜以继日地抢修因盟军连年轰炸而被摧毁的法国铁路系统。8月15日，32列火车沿着一条刚刚抢修完毕的铁路驶离瑟堡，以每小时10英里的速度缓慢驶过一座座铁路桥，计划于2天后到达勒芒。

通往巴黎的铁路也于9月1日开通，截至9月底，重新铺设的铁轨累计长达5 000英里。但是，包括调车场和轨道工作人员等配套资源的短缺严重影响了铁路的正常运营，信号工只能用打火机和点燃的香烟代替信号旗发出指令。面临如此境况，美军不得不从遥远的波斯和皮奥里亚抽调了24个铁路营前来增援。美军在法国投入使用的列车共计20万节，其中的3.1万节是从美国分拆运送，在英国进行组装后，由渡轮装载着穿越英吉利海峡运抵法国。这些组件包括货运车厢、平板货车、油罐车、吊车、守车和1 300台动力强劲的美国引擎。截至1944年底，法国和比利时已重修铁路达1.1万英里，架设241座铁路桥。

尽管如此，欧洲大陆上的公路、铁路和"卡车歼击营"发挥的作用仍然不能满足盟军的需求，掌控良港成为当务之急。最高统帅部的军官十分懊恼，对盟军面临的窘境表示无奈："占领港口确实能够解决眼下补给不足的问题，但如果为此投入的兵力还多于这些港口能养活的人的话，我可不干。""霸王行动"的策划者对可以利用的54个港口进行了细致的分析。李在斟酌之后，认为可以在其中的36个上大做文章。事实证明，其中一半左右的港口都对盟军的胜利起到了至关重要的作用，马赛和法国南部其他海港更为盟军带来了意想不到的丰厚回报。

截至1944年秋，盟军在这些港口完成装卸的补给超过其总量的1/3。瑟堡港的吞吐量比预计多出了3倍，达到日均2.2万吨。据说，拿破仑雕像四周层层堆积着在港口卸下的货物,"高度已经与这位著名的法国皇帝指向英国的手指齐平"。但最高统帅部预计,在接下来的 1 个月,盟军卸载和分发货物的能力绝对跟不上大幅增长的作战物资补给需求,而停靠在欧洲大陆水域等待泊位的舰船也在 10 月中旬突破了 200 艘。

为解燃眉之急,安特卫普港无疑是最好的选择。相比之下,即使充分利用铁路和公路运输网络,瑟堡至多只能满足 21 个师的补给需要,而安特卫普仅仅依靠铁路就可以养活 54 个师。比利时东部的列日正在修建大型仓库,与瑟堡相距近 400 英里,而距离安特卫普只有 65 英里。尽管盟军港口的处境不容乐观,但艾森豪威尔仍向马歇尔承诺,开辟安特卫普港将为盟军的后勤补给"注入足以拯救生命的血液"。

面对供给匮乏的严酷现实,美军官兵表现出了美国人的特质——苦中作乐。当装卸工们在鲁昂港七手八脚地搬运猪岛岛民货船上的货物时,不禁被一位挪威上尉饲养的鹦鹉所吸引,这只有趣的鸟儿用训练有素的高音唱了一段《星条旗之歌》,唱罢又咯咯地叫道:"这过的到底是什么日子!可悲啊!可悲!"

步步为营

9 月 10 日是一个星期日。午后,一架机身短粗的 C-47 达科塔运输机在布鲁塞尔东部上空盘旋片刻后,平稳地降落在梅尔斯布鲁克机场。这座代号为 B-58 的机场曾为德军所用,现在已经被英国皇家空军控制。

C-47 达科塔运输机的机翼螺旋桨还在徐徐转动,新晋陆军元帅蒙哥马利便疾步走向跑道,跃上舷梯、步入机舱,目光咄咄逼人。

艾森豪威尔正在机舱中静候他的到来,仍在隐隐作痛的膝盖上缠绕着厚厚的绷带。他目前行动仍然不方便,就连登上飞机也需要别人的搀扶。蒙哥马利一面坚持要与艾森豪威尔进行一次私人会晤,一面再三强调由于公务繁忙而无法离开布鲁塞尔。事到如今,他只能以其最高统帅的身份屈就前来赴约。一番例行公事的寒暄过后,蒙哥马利要求艾森豪威尔的副参谋长汉弗莱·米德尔顿·盖尔中将回避,但他自己的后勤部长迈尔斯·格雷厄姆少将却没有丝毫要离开的意思。而对于最高统帅部副司令、空军元帅特德,蒙哥马利并没有要求他离开机舱。眼见艾森豪威尔对自己的安排表示默许,蒙哥马利立刻从口袋掏出了一张皱巴巴的纸,这是一份于9月5日发出、9月9日星期六清晨才收到的绝密电文的上半部分。

"这是你发给我的吗？"

"是的，当然，"艾森豪威尔问道，"怎么了？"

"你知道吗？这简直是一派胡言，"蒙哥马利说道，"纯粹是胡言乱语，废话连篇。"他强压怒火，喋喋不休地表达自己的不满，用尖锐而略带颤抖的声音抱怨着自己遭到的背叛，并坚称对德发动全面的双线进攻必将受挫败北。"难道最高统帅部是作为乔治·巴顿的傀儡在指挥战斗吗？"蒙哥马利咆哮道。

艾森豪威尔的脸涨得通红，但他没有发作，只是向前倾斜身体，轻轻拍了拍蒙哥马利的膝盖，用平缓的语调说道："蒙蒂，你不应该这样对我说话，我是你的领导。"

陆军元帅并不为之所动，他安坐在自己的位置上，勉强地笑了笑："我很抱歉，艾克。"

此后的1个小时是一番激烈的争吵，格雷厄姆将其形容为"针锋相对"。蒙哥马利再次重申他所主张的单线进攻策略：只要从加拿大部队和第三集团军那里获得运输和燃料支持，外加4个美国空降师的支援，他便有把握凭借英国第二集团军和美国第一集团军的力量直捣鲁尔，开辟进攻柏林的通途。蒙哥马利认为巴顿攻打法国南部的梅斯将削弱盟军的核心力量，导致盟军的任何一支部队都不具备足够的力量攻城略地。

艾森豪威尔赞同将鲁尔作为盟军主要进攻目标，但对于远在400英里外的柏林，任何急于求成的决定都会使盟军陷入腹背受敌的境地，遭受致命打击。"你不能那样做，"他对蒙哥马利吼道，"为什么你不明白？全面的进攻策略更具战略意义，更加安全稳妥，而且有利于打破敌人的平衡。"

然而，艾森豪威尔却对蒙哥马利提出的一项新的作战计划非常感兴趣：在荷兰空降几个伞兵师，为登普西的第二集团军开辟通道，以便攻占莱茵河上的一座桥头堡。虽然艾森豪威尔以前也听到过类似的建议，但显然这次的计划更加完整有力且具有野心。因此，艾森豪威尔愿意放手一试，他给这次的行动起了一个四字代号："市场花园"。

最后，蒙哥马利起身敬礼，沿着舷梯一溜小跑，离开了C-47达科塔运输机，仿佛一个头戴贝雷帽的矮小精灵。"在目前这一阶段，我们的战斗必须左右开弓，"特德在会面结束不久后写道，"蒙哥马利当然不愿意拿到一张空头支票。"蒙哥马利走后，运输机重新启动，在轰鸣声中起飞。艾森豪威尔坐在上面，心情抑郁地离开了布鲁塞尔。

除了针尖对麦芒的争论之外，双方显然仍有诸多未尽之言。比如两人都绝少提及安特卫普，而对"市场花园行动"也多少有些轻待。会面结束后，蒙哥马利向布鲁克发出了一份长达 33 段的、牢骚满篇的会晤纪要。他在文中抱怨道：

> 最高统帅对目前的形势闭目塞听，只想依靠签发冗长的电报指令来指挥战斗。实际上，艾森豪威尔本人对战况知之甚少，目前正处于把控战局的关键时刻，最高统帅的失职却令我们有心无力。

无论美军如何考虑，蒙哥马利始终坚持"第二十一集团军无须安特卫普支持就可以对德展开长途奔袭"战略的私人论断。作为他的后勤部长，格雷厄姆预计 350 ～ 400 吨的日常给养就足以维持 1 个师的作战之需，这比最高统帅部估算的少了一半。尽管作战条件迥然相异，但英军在非洲作战的经验数据仍然可以为格雷厄姆的估算提供证据。蒙哥马利认为，如果两支盟军部队会师柏林，德军防线必将随之瓦解，第三帝国的倾覆指日可待。至于补给方面，蒙哥马利认为诸如迪耶普和勒阿弗尔等小规模港口就足以提供，甚至能保障进攻柏林的行动。蒙哥马利补充道："一座加来海峡的良港"便能满足攻抵距莱茵河 50 英里的明斯特的后勤之需——只要日常的空运补给和卡车运输也能得到保证。

但令人遗憾的是，首座加来海峡港口布伦港最早也要到 10 月中旬才能开放使用，而破旧不堪的勒阿弗尔港的情形也大抵如此。在此之前，只有与前线相距甚远的人工港"桑葚"B 能够容纳大吨位的英国货轮，但随着秋天临近，气候成了最大的不稳定因素。更糟糕的是，1 400 辆自重 3 吨的英国卡车刚刚被发现存在活塞故障隐患，而且所有引擎维修部件也存在这一缺陷。据加拿大官方历史记载，尽管情况如此糟糕，蒙哥马利的幕僚还是派遣了加拿大第一集团军去完成一项"不起眼的重要任务"——撬开斯海尔德河战线的缺口。

与此同时，战场的另一边，残酷的僵持状态也惊现波澜。蒙哥马利在星期六（9 月 9 日）收到一份陆军部发来的密电，称星期五傍晚于英国发生的 2 次爆炸可能预示着德军将对英国本土发动新一轮袭击。9 月 8 日傍晚 6 时 34 分，伦敦市民还未听到警报响起，位于泰晤士河畔的斯泰夫利路便发生了爆炸，路面被炸出一个深约 20 英尺的大坑，导致 3 人丧生，11 间民房被毁，15 座建筑物严重受损。即使在 7 英里之外的威斯敏斯特，爆炸的巨大声响也清晰可闻。16 秒钟过后，第二次爆炸又重创了埃平。就在几天之前，丘吉尔政府刚刚宣布已取得了针对 V-1 火箭攻击伦敦的防御战的胜利，因此，白厅现在拒绝公开承认德国造成的新一轮威胁。针对此次爆炸，政府的官方解释是天然气事故，这招致一片挖苦之声，人们戏称之为"会飞的煤气管"。但也有一些市民是政府的忠实拥趸，他们对这一解释信以为真，还向伦敦的煤气公司提出了赔偿申请。

事实上，此次袭击的"真凶"是德国最新研制的 V-2 火箭。该导弹长约 46 英尺，重近 13 吨，携带一枚 1 吨左右的弹头。这种导弹的飞行速度可以达到每小时 3 600 英里，弹道高度 60 英里，它所产生的冲击力堪比 50 节大型火车头同时撞向社区街道。V-2 火箭的设计者是一位名叫韦纳·冯·布劳恩的年轻人，他出身于普鲁士的贵族家庭，并加入了纳粹党和党卫军。1937 年，他听从母亲的建议，前往波罗的海南岸一个风景如画的小渔村——同时也是德军导弹试验基地所在地的佩内明德，常年从事液体燃料火箭的研制工作。

关于德国火箭方面的情报一直都是英国情报机构梦寐以求的。于 7 月 11 日出炉的一份秘密报告确认"V-2 火箭业已问世的结论毋庸置疑"。一些分析家担心新型导弹的弹头可能重达 6 吨，并携带毒气或"致病细菌"，能够摧毁方圆 1 英里内的所有建筑物，甚至造成更大危害。由于许多德国科学家和工程师在针对佩内明德的密集轰炸中丧生，火箭的研制工作耽搁了近 2 个月的时间。但是，得益于对大批奴工惨无人道的驱使及简易移动发射装置的制造，希特勒终于赶在 9 月初下达了开始"企鹅行动"的命令。

在接下来的几个月里，平均每天都有 14 枚 V-2 火箭射向英国。尽管它们的稳定性不如 V-1 火箭，常常会在飞行途中自行解体，但它们根本无法拦截。原因非常简单，V-2 火箭的速度能够达到 5 马赫（马赫数是速度与音速的比值，马赫数小于 1 为亚音速，大于 5 为超高音速。——译者注），以致拦截设备无从捕捉。就在之前 V-1 火箭攻势如潮的时候，150 万伦敦市民已被迫撤离了这座城市，如今，英国政府不得不再度考虑疏散计划。

在英国爆炸的 V-2 火箭最初都来自荷兰西部的发射场。实际上，负责指挥"企鹅行动"的党卫军将军早已将司令部设置在距莱茵河畔阿纳姆南部仅 10 英里的荷兰小镇奈梅亨外围地区，这里也是"市场花园行动"的主要打击目标之一。

从伦敦发给蒙哥马利的密电一方面在于知会他 V-2 火箭的首轮攻击,另一方面也在敦促他"是否可以尽快告知计划围攻安特卫普、乌得勒支和鹿特丹一线海岸地区的大概时间",尽管登普西将军和其他人都赞成向韦瑟尔地区的莱茵河段东进的主张,但德国此次新一轮的进攻还是进一步坚定了蒙哥马利向北进军、深入荷兰境内的决心。他明确表示:"我们的目标是阿纳姆。"

如此看来,特德之前的断言确实一针见血:蒙哥马利并不喜欢仅仅拿到一张空头支票。他在 9 月 11 日星期一发给艾森豪威尔的电报中表示:"如果缺乏更加有力的后勤保障,莱茵河方向的进攻行动绝不可能在两周内完成,而且可能会拖得很久。"此外,他还不加掩饰地警告道:"这样的拖延将给敌人可乘之机,进而组织更周密的防御部署,那么我们就会遭遇更加顽固的抵抗,战争会变得更为漫长。"

此刻,艾森豪威尔身心俱疲,刚刚从布鲁塞尔回到自己的指挥部。凯·萨默斯比在她 9 月 11 日的日记中写道:"因为腿伤,艾森豪威尔已经卧床休养了好几天。"在病榻上,这位最高统帅开始为日后的回忆录口述素材,其目的是"为了记录下一些我所亲历且应该由我来告知世人的战争史实",他在自己的办公日志上这样写道。谈到英国那位陆军元帅,他补充道:"蒙蒂似乎对启用安特卫普作为补给港的必要性不以为然……蒙蒂的提议直白露骨,那就是满足他的全部需求,这简直荒谬至极。"

9 月 11 日,拉姆齐到访最高统帅部,和穿着睡衣的艾森豪威尔见了一面。这位上将在他的日记中写道:

> 和他的谈话主题不外乎是蒙蒂、指挥部、他的难处和下一步作战策略等。他显然十分焦虑,而这一切无疑都因为蒙蒂。艾克对他的忠诚表示怀疑,或许确实事出有因。他之前从未在我面前表现得如此不安。

每当盟军的高级指挥官们必须在作战策略上达成一致时,总会引发一些莫衷一是或相互诋毁的愚蠢闹剧。艾森豪威尔对英国意欲铲除 V-2 火箭发射基地的决心表示支持,同时他还将"市场花园行动"视为一项加速德国战败的大胆行动。尽管延缓启用安特卫普港存在风险,但他认为在不拖累美军向萨尔河进军的前提下，实现这些相去甚远的目标应该不成问题。"如果没有特殊的理由，"他在给布拉德利的信中写道，"巴顿为什么不能在进攻行动的条件已经成熟时表现得大胆一些呢？"

对于蒙哥马利，艾森豪威尔在私下评论他时，会变得异乎寻常的尖刻。"他把蒙哥马利叫作'聪明的混蛋'，这真是大快人心。"巴顿在他的日记中坦承道。战后，艾森豪威尔更是毫不掩饰地表达了自己的不满，并曾向作家科尼利厄斯·瑞恩表示："他是个精神病，请记住这一点。他总是自私自利……总体来说，他根本不是一个诚实正直的人。"

这样的评价的确有失公正。即便有些以自我为中心，偶尔还会背离事实，但作为促成诺曼底战役胜利的有功之臣，蒙哥马利绝对不可能是一个精神病人。值得庆幸的是，为了盟军的利益，艾森豪威尔最终还是选择了忍让，纵使膝盖受伤也没有令他退缩。为了回应蒙哥马利关于进攻行动将会延迟两周的警告，他指派"甲壳虫"史密斯前往布鲁塞尔倾听更多的"无稽之谈"，应允了给予第二十一集团军群更多补给的要求，其中主要包括每日调派卡车和飞机运送上千吨额外的物资。此外，他还准许蒙哥马利可以不再通过布拉德利中转各种讯息，与位于其右翼的霍奇斯第一集团军直接联系。蒙哥马利致谢过后，不禁有些扬扬自得。"艾克做出了让步，"他向一位伦敦的密友袒露心迹，"萨尔河一线的攻势无以为继……我们已经获得巨大的胜利。"

然而，蒙哥马利高兴得有些为时尚早，艾森豪威尔的一时退让绝不等同于听之任之。往萨尔河方向的进军仍将继续下去。而对于身处险境的 300 万盟军士兵而言，唯一与他们相关的胜利恐怕就是期望他们的指挥官能在战场上有所作为。在致马歇尔的短信中，艾森豪威尔以一种气急败坏的笔调再次歪曲了蒙哥马利的主张：

> 蒙哥马利突然认为，只要我们不去顾及战区其他部队而满足他的一切补给之需，他的集团军群便能即刻攻占柏林，他现在沉浸在这种想法中无法自拔……看看这个计划，只能说明他在异想天开……为了满足蒙哥马利的要求，我已经牺牲了很多很多。

谈及未来，艾森豪威尔表现得更像是一个犹豫不决的预言家：

我们不得不在西部再发动一次大规模战役，撕开边境线上的德军防线……在此之后，向德国腹地挺进的速度不可能像在法国时一样迅速……但我不能确定是否仍然会有一场双方全副武装的激烈战斗。

★ ★ ★

9 月 11 日星期一，刚过 6 点，傍晚温暖而晴朗。一辆吉普车正沿着滨河路从卢森堡东北部的菲安登向北蜿蜒行驶，车上载着美国第 85 侦察中队的一支 5 人巡逻兵小队。葱绿的冈峦杂乱无章地分立在道路两旁，深色的倒影笼罩着幽谧的山谷。吉普车颠簸着在一个支离破碎的稻草人旁边停下，稻草人身后是一座已被炸毁的大桥，横跨在狭窄的乌尔河上。华纳·W. 霍尔津格上士通晓德语，来自威斯康星州的里兹堡市，他跳出吉普车后，小心翼翼地爬向河岸，跟他身后的是一名步兵和一位受雇于法国军队的法语翻译。第 5 装甲师在向霍尔津格下达任务命令时叮嘱他务必谨慎，但同时也强调"如果能在侦察中发现敌军在边境线上防御较为薄弱的地段，那么，渗透的机会也会大大增加"。这位上士果然侦察到了敌军防线上明显的薄弱点。

踏着刚刚没过靴口的清澈河水，霍尔津格和两位同伴涉水行进了 20 码后，越过乌尔河，成为首批踏上德国领土的盟军战士。

爬上山坡，又走了 400 码之后，他们步履蹒跚地来到一片房屋跟前。根据一位农夫的情报，德军负责殿后的部队在前一天刚刚从这里经过。"为了防止他在撒谎"，霍尔津格带上了这位农夫，让他充当向导。为了获得更开阔的观察视野，在向导的带领下，侦察员们攀上了一道如刀刃般陡峭的山脊顶端。霍尔津格用野战望远镜观察了一遍周围的山丘，发现了 20 座隐藏在山林空地和防御工事之间的混凝土碉堡，其中一座还带有一间鸡舍。这些碉堡似乎都已经废弃。由于暮色渐浓，侦察小队只能迅速返回河的对岸，并通过无线电报告了已发现齐格菲防线的消息。

午夜时分，由美军第 4 步兵师和第 28 步兵师巡逻兵组成的另外一支侦察队也越过了边境线，但等待他们的却是敌视的目光和高处窗户上垂下的白色床单。此时，美军第一集团军也一路穿越荷兰南部、比利时东部和卢森堡，逼近德国边境，与另外两支部队齐头并进。在这里,有"布谷鸟"之称的当地居民多为德国族裔,他们对德态度暧昧,随时可能向东逃往德国境内,美军侦察兵只得对他们严加防范。与此同时,机关枪扫射时发出的"嗒嗒嗒"的声音也不绝于耳,据说这是边境两侧的前哨为压制对方而发生了交火。

就在同一天,距离德国边境较远的欧洲南部,隶属于巴顿部的第 6 装甲师的一名巡逻兵发现了一队法国龙骑兵,他们隶属于帕奇的部队,当时驻扎在勒艮第地区的索略。几个小时后,由勒克莱尔将军统率、隶属于第三集团军法国第 2 装甲师的一支分遣队也遇到了分乘 3 辆侦察车的 20 名巡逻兵,他们来自驻扎于第戎东北 40 英里外,塞纳河畔诺德外围的德·拉特尔的第 1 步兵师。听到这一消息,当地镇长一边整理着自己的衣领,一边大步跑向两支队伍的会合地,身后跟着全镇的男女老少。伴随着教堂钟楼钟声的叮当作响,他们全都聚集到第 71 号国道旁的一棵大榆树下,只为亲眼见证于诺曼底登陆的盟军解放者与来自普罗旺斯的友军胜利会师的历史时刻。

随着盟军在北海至地中海一线筑起一道无坚不摧的阵线,第三帝国的前景变得前所未有的黯淡。德军在 3 个月内就损失了东线 50 个师、西线 28 个师的兵力,此外还丢失了面积数倍于德国本土的占领区。罗马尼亚、保加利亚和芬兰等轴心国政权先后倒戈,纷纷向盟军乞求和平。德国政府已决定放弃希腊南部地区,每当暮色降临,就会有运输机穿梭于爱琴海上空,悄无声息地撤离克里特岛上的 3.7 万名驻军。现在,U 型潜水艇的指挥官平均执行 2 次巡洋任务,就会面临死亡的威胁。势不可当的苏联红军也已挺进了波罗的海,并深入到波兰腹地。但在之后,红军并未乘胜追击,而是选择原地休整、重新整编,这一空隙也正好给了德军镇压华沙起义的时间。开战 5 年来,德军已有超过 11.4 万名军官和 360 万名士兵在战争中阵亡或负伤,这还不包括那些伤势痊愈后重返战场的官兵。

尽管东线战事已令希特勒焦头烂额,但他此刻面临的最大威胁却在西线,那里集结了 3 支虎视眈眈的部队,正静候着对德扑袭的命令。为求得一线生机,希特勒再次起用冯·龙德施泰特。这位陆军元帅刚刚在 7 月卸职,并一直留在巴特特尔茨疗养。希特勒向他表示:"我希望你能重新掌管西线的战事。"陆军元帅莫德尔则留任 B 集团军群司令一职,负责统率现有的兵力。"我的元首,"龙德施泰特这样答复希特勒,"只要你下达命令,我愿肝脑涂地、誓死相随。"这位元帅的资历足以证明他不仅是"国防军中最能干的将军",也是"德意志民族最后的希望"。

在位于科布伦茨附近的新指挥部，龙德施泰特很快就发现，希望已经渺茫得令人心寒。作为德国武装力量的最高指挥中枢，国防军最高统帅部统计，德军在西线的作战兵力至多相当于 13 个加强步兵师和 4 个摩托化步兵师，其余数十个师即使有幸躲过致命的打击，也已经疲惫不堪，成了强弩之末。龙德施泰特提醒道："B 集团军群尚能参战的坦克只有 100 辆左右。"并进一步补充道，兵临城下的盟军"却拥有 1 700 多辆"。

埃里希·布兰登贝尔格将军在埃贝巴赫被俘后，接管了第七集团军的指挥权，但上任时却被告知"目前还不清楚集团军司令部的确切位置"。最终，在寻觅到战地指挥所的踪迹后，布兰登贝尔格在他的报告中坦承："这里的一切都给人一种混乱无序、仿佛所有人时刻准备逃之夭夭的感觉。"9 月中旬，据他估计，即使算上由 200 个邮务小分队整编而成的"杂牌师团"，能够作战的有生力量也仅有 3 ~ 4 个师。

在前线，大至坦克卡车、小至弹药制服，全都严重短缺。18 个"国民掷弹兵师"于夏末组建，兵源乱七八糟，有疗养院患者、产业工人、无业游民、退伍老兵、改行的水手和飞行员，甚至还有尚未成年的男孩。这样的"非正规"师越来越多，但即使东拼西凑，相比国防军全盛时期每个师 1.7 万余人的规模，现在一个师满编也只能达到 1 万人左右，交通运输更是沦为主要依靠人力和牲畜维持。

被德国人称为"西墙"的齐格菲防线是矗立在莱茵河畔的最后一道壁垒。这道从 1936 年开始修建的防御工事从荷兰边境一直延伸到瑞士，整条防线上密布着 3 000 多座碉堡和掩体。这些建筑的外墙和顶部厚度可达 8 英尺，其中一些还修配有壁炉、锡制烟囱和连通地道。还有一些碉堡的四周满是假电线，被伪装成变电站，或是用干草垛隐藏瞭望窗，伪装成谷仓。防线设计之初，为了能够准确观察地形并对交火地带实现多重封锁，修筑了数量可观的易于控制外界通道的碉堡，大型掩体的数量每平方公里多达 15 个。数千个高 2 ~ 6 英尺，被称为"龙牙"的钢筋混凝土锥形反坦克桩寨高低错落地挺立在防线的纵深地带。直到 1939 年，纳粹的宣传片一直都在向德国民众灌输"敌人的地面进攻无法撼动这条坚固防线"的观念。

然而，由于多年疏于维护，"西墙"早已不堪重负。为了构筑大西洋壁垒，防线上的带刺铁丝网、钢制门和重型武器已被拆掉运走。茂盛的小树和灌木丛将工事的射击孔堵了个严严实实。农民为方便进出自己的田地，在"龙牙"上铺了一层路床。碉堡也被当作工具棚或用来存放土豆和萝卜的储藏仓。掩体大多已经进水，内部装置被"劫掠"一空，还有一些则被从诺曼底前线撤回的散兵游勇当作藏匿之所。恍如巨魔的阴冷巢穴一般，整座防御工事似乎"更像是污水处理工程，而不是地下军事堡垒"，一位亲历者这样描述。

希特勒在8月中旬下达了强征"平民"修缮"西墙"的指令。但事实证明，仅仅依靠闭门自守根本无益于改变形势。到9月10日，参加修葺工程的劳动力已增加到16.7万人，希特勒青年团和德国少女联盟的孩子们，以及从仓库、培训学校、警察局和疗养院强征来的市民都加入了这支"建设大军"。从东线缴获的武器弹药被用来重新装备一些掩体，而对于在"西墙"工程之后问世的一款臭名昭著的致命武器"MG42德国通用机枪"而言，其巨大的后坐力及硕大的枪管令其在许多狭小的碉堡都无法施展威力。

作为权宜之计，以机敏见长的龙德施泰特向防御工事充实了一些临时奔赴前线的部队。虽然直到9月10日，人们还在抱怨，至少需要6周时间才能彻底整饬防线，但龙德施泰特还是紧急征调了一部分装甲兵和边防卫兵。第49步兵师在收编了10多个被打散的营之后，开始向"西墙"10英里纵深地带移动。相当于两个空军师的兵力被部署在荷兰境内60英里的纵深区域。9月14日，狼狈撤退的党卫军第1"阿道夫·希特勒卫队"装甲师刚脱离险境，便又立刻投入到巩固防御的战斗之中。1周之内，1.6万名残兵败将被重新送回前线，由他们组成的21个国民掷弹兵师和差不多8个装甲师的兵力全部被补充到"西墙"，以加强防御。

希特勒指示："除非全军覆没，否则绝不放弃阵地。"

他还进一步说明：

> 西线的战事已经蔓延到德意志帝国本土。严峻的形势已经没有任何回旋的余地。我们必须决一死战，直至马革裹尸……我们必须充分利用国家的每一座掩体、每一片城市街区和每一个乡镇作为御敌的壁垒。

至此，攻陷齐菲格防线对于盟军官兵来说是个棘手的难题。然而，巴顿坚持认为："那只是一个愚蠢的象征，任何人造的东西都可以被人攻破。"但美军显然没有足够的经验来应付繁复的欧洲防御工事，《部队工兵手册》所记载的大部分方法都是围绕临时野战工事展开的。9 月中旬，第 39 步兵师对位于亚琛南部一座山冈上的独立掩体展开了攻坚战。这真是一块难啃的骨头，美军用尽各种武器和手段，包括火箭筒、爆破筒、在掩体入口倾倒燃烧的汽油、从掩体顶部的气窗投射蜂巢式火箭弹并进一步引爆 30 多颗反坦克集束地雷和 11 枚蜂巢式火箭弹，以及用火焰喷射器灼烧掩体射击孔。在足足用了 300 磅黄色炸药炸掉掩体顶部后，30 名德军才头顶白旗，在猛烈爆炸的余音中走出掩体。据他们的供述，在残酷的僵持中，最大的不便之处只是掩体内的蜡烛会不时熄灭。

除了"为工事伪装掸去浮土"之外，常规的火力攻击无法对"西墙"堡垒构成任何威胁。凝固汽油弹和燃烧弹的效果也不尽如人意。试验数据表明，捣毁一个"龙牙"通常需要 25 ～ 50 磅炸药，而摧毁大型碉堡则需要半吨左右的炸药。155 毫米口径自行火炮发射 10 ～ 20 枚炮弹才能打穿 6 英尺厚的混凝土墙，但也并非百发百中。此外，工兵还尝试使用烟幕弹掩护装甲推土机荡平碉堡，或用吉普车牵引弧焊机封死堡垒进出口，在猛烈的炮火下，这至少能令守军因混凝土墙掉灰而呼吸不畅。

当龙德施泰特忙着向前线补充兵力时，两支美军部队正在四处侦察，试图找到可以突破的敌军"软肋"。尽管巴顿信心十足并大放豪言，但他的第三集团军甚至都没有靠近齐格菲防线，而是沿着边境线向东迂回。20 万张以耗费 4 英亩纸张为代价的航拍照片要到 9 月中旬才能到位，因此，巴顿只能依靠米其林地图和大胆的推断做出决定：飞渡摩泽尔河，并向莱茵河畔的美因茨和曼海姆挺进。他计划，"如果不能像熟透的李子一样唾手可得"，就绕过位于法国东北部的城市梅斯。因为在缺少"西墙"掩护的条件下，敌军的抵抗显然不堪一击。

此时的希特勒却另有打算。增援部队正分别从丹麦和意大利北部赶来，为梅斯的指挥官补充了近 5 个师的兵力。这样一来，不仅使城市外围众多堡垒群的防守更加稳固，就连位于摩泽尔河西边的防线也得以巩固。9 月 7 日，盟军第三集团军的 4 个装甲纵队到达摩泽尔河位于梅斯南北的河段，发现了数量惊人的敌军火炮，渡河的桥梁也尽数被毁。

次日拂晓，第 5 步兵师一个营的兵力刚从多尔诺特悄悄越过摩泽尔河，便遭到一队高喊着"嗨，希特勒！"的装甲掷弹兵的迎头痛击。随后，美军的 4 个连沿着身后的河岸掘出一条仅 300 码宽的马蹄形战壕作为最后的屏障。为了不让己方的伤亡情况被敌军掌握，负伤的士兵不得不忍痛噤声。在德军高射炮密集的攻击下，这支美军在 6 个小时内共击退敌军 36 次猛烈进攻。据营日志的记载，"这场战斗绝对是一次地狱之旅"。直到 9 月 10 日黄昏，幸存的官兵才收到撤回河对岸的命令。他们撤离时炮火依旧猛烈，仅有的 3 条小船也已弹痕累累，以至于在一人划桨的同时必须由另外两人配合向外舀水。其他士兵要么将吹胀的避孕套当作救生圈泅水渡河，要么乘着空弹箱做成的筏子漂到对岸。在这次战斗中，除了 360 多名官兵伤亡之外，该营还有 150 人因战斗衰竭症入院治疗。

抛开这次的惨烈战斗不提，巴顿还是成功攻占了摩泽尔河上其他几座桥头堡，于 9 月 14 日解放了未设防的南锡，并迅速在此设立了第三集团军司令部。尽管如此，他却不得不认真检视自己认为"突破齐格菲防线就像小鹅从肠子里挤屎一样"的狂妄无知的判断。他显然低估了敌人的决心和勇气。据一篇路透社新闻报道，被俘的德军个个都会"奋力挣扎、凶狠撕咬"。由于进攻战线拉得过长，即便是在德军第 5 装甲师与美军第一集团军僵持的阶段，巴顿也没能把握住良好的战机。事已至此，他能做的也只有夸夸其谈。"我毕生都在研究德国，"他对南锡司令部的下属说道，"我很清楚他们会作何反应……面对下一步行动，他们肯定不知所措。所以，等到交战那天，我一定会打得他们魂魄出窍。"

★ ★ ★

在更远一些的北部地区，当 3 支部队合兵一处，并在长约 75 英里的阵线上对"西墙"形成压迫之势时，第一集团军的形势似乎还比较乐观。在军团右侧，也就是上士霍尔津格首次横渡乌尔河踏入德国领土的位置，第 5 军很快就发现自己根本抵挡不住敌人的反攻和从阿登地区坚固的防御工事里射出的灼灼炮火。就在 3 周前，第 28 步兵师刚排着整齐的方队大踏步地穿过巴黎的大街小巷。此时，骄傲还未散尽的他们却面临着严重的问题——弹药短缺。大炮的炮弹数被严格限制在每天 25 发以内。在任一时间段，每个团只能有一个营向敌军发动进攻。

在德国一块名为西尼·艾弗尔的险恶高地上，美军虽然捣毁了 17 座碉堡，并在一次交火中就俘虏了 58 名敌军，但长达 3 天的拉锯战还是牵制了他们前进的步伐。即便像这样并不算激烈的渗透战也遭遇了敌人猛烈的反击，致使参战的师死伤 1 500 多人。与第一次世界大战时的经历一样，这支部队再次付出了惨重的代价，为纪念前身"宾夕法尼亚国家卫队"的红色拱顶石肩章，使该师又有了一个新的德语称谓——血腥之桶。

与此同时,在北部的一个防御区,海明威于 9 月 12 日跟随第 4 师进入了德国,他发现这里到处都是"形容枯槁的女人和矮胖敦实的男人"。在临时征用了一间废弃的农舍后,他用手枪打断了几只鸡的脖子,然后为团级军官们烹制了一顿掺有豌豆、洋葱和胡萝卜的炖鸡肉晚餐。一位军官后来回忆道:"那一刻,我们都觉得自己简直要赛过神祇了。"

然而,幸福总是稍纵即逝。党卫军第 2"帝国"装甲师很快就发起反击,将美军在防线上撕开的一道 6 英里长的口子完全封死,造成 800 名美军伤亡。美军的一支连队在遭遇致命打击后竟然向后方疾撤了 1 英里。9 月 15 日星期五,第 4 师不得不将师指挥部迁回比利时,据称这是该师自 1941 年卡罗来纳州军演以来的首次败退。前途无量的第 5 装甲师发动的突袭行动也是虎头蛇尾,部队很快就放弃了手中的桥头堡,使阿登高地再一次陷入危机四伏的寂静之中,这一情况一直持续到 12 月中旬。

在第一集团军左侧,第 19 军于 9 月 14 日通过了荷兰东南部城市马斯特里赫特,那里的德军早已撤走,只剩下正在盖世太保总部里焚烧文件的 3 个特务。3 天后,第 30 师进入德国境内,一路上只遇到一些由新征的奥地利裔国民掷弹兵守卫的碉堡和燃烧坑。原定抢占 9 英里外鲁尔河渡口的进攻因为弹药短缺、天气恶劣及对暴露部队北侧的顾虑而两次推迟。这正好给了敌人加固工事的时间,而美军也正好借此机会"审视自己的忧惧",军方在史料中坦率承认道。

此后,美军在第一集团军的中心位置迎来了最后一次快速突破防线的机会。当时,乔·柯林斯统率的第 7 军已陈兵亚琛,并在 35 英里长的阵线上一字排列了 3 个师的兵力。由于一战后曾作为占领军在科布伦茨驻扎 3 年,柯林斯对这片阵地相当熟悉,同时,他也为自己对德文名字的正确发音而深感自豪。此外,他十分清楚,自罗马帝国以来,亚琛山口就是一条重要的贸易通道,而且正如他所说的那样,这里是基督教文明确立以来"进出德国的真正门户"。

正是出于这种原因,希特勒向亚琛段的"西墙"加派了成倍的防守兵力,并修筑了双层防御工事带:第一道沙恩霍斯特防线横跨在比利时与荷兰的交界处;平行向东 1 英里,就是第二道更为宽阔的希尔防线。历史悠久却又屡遭劫难的亚琛就位于两层防御带之间的钵形地带上。这是一座镌刻着查理曼大帝和纳粹浪漫主义印记的城市,神圣罗马帝国的皇帝曾经连续 7 个世纪在这里加冕成为"恺撒"（在德语中,神圣罗马帝国皇帝可直译为"恺撒"——译者注）的继任者。

柯林斯做出了他很快就会为之后悔的战术选择。他决定包围亚琛，而不是武力占领。在缺少汽油和弹药的情况下，为避免重蹈意大利卡西诺血腥巷战的覆辙，他命令第 1 师抢占环绕亚琛南部和东部的山地，而第 9 师则要穿越亚琛南部 7 英里处的浓密林地——许特根森林。穿插于这两个步兵师之间的第 3 装甲师则以施托尔贝格镇为目标向东北方向突进，并在该镇后方开辟通向鲁尔河和莱茵河的通道。柯林斯认为，只要不出意外，德国人绝不会冒被 5 万美军捣毁沙恩霍斯特和希尔两道防线并被围困的风险在原地死守，一定会放弃亚琛。

★ ★ ★

仿佛从天而降的第 7 军果然引发了亚琛城内的恐慌。防空部队慌慌张张地打碎他们的瞄准仪，向科隆方向落荒而逃。在他们身后，警察、市府官员和纳粹党官员紧紧跟随。希特勒命令疏散全城 16 万居民。因为抗命会被当作叛徒枪决，所以人们都争先恐后地逃走，前往东部的道路很快就堵了个严严实实。

9 月 12 日星期二傍晚，奉命驻守亚琛的格哈德·格拉夫·冯·施维林将军向着乱哄哄的人群走去。他手下的有生力量只有 1 600 名士兵、第 116 装甲师剩余的 30 辆坦克、2 个前来增援的已经羸弱不堪的空军营和一些当地的民兵，他戏称这些人是"扛着鸟枪的圣诞老人"。作为一名参加过非洲和诺曼底战役的资深军人，作为一名因英勇而荣获"骑士铁十字勋章"的将军，施维林出身普鲁士贵族家庭，被希特勒评价为"一位优秀的战地指挥官，但可惜不是一个国家社会主义者"。在此之后，另一位军官补充道："他天资聪慧，但有时却反受其害。"

施维林将自己的新指挥部设在富丽堂皇的奎伦霍夫皇家酒店。星期三清晨，他做出了一项出人意料的大胆之举：尽管亚琛可能会在数小时内陷落，但他却撤回了希特勒的疏散指令。根据他的命令，守军在亚琛城内成扇形铺开，射杀那些借机劫掠的暴徒，并敦促市民返回家中躲避。随后，施维林在自己的桌前坐下，用英文给即将入城的美军指挥官写了一封恳请函："是我叫停了亚琛城内的紧急疏散令，我对城内居民的生命负有不可推卸的责任。因此，我在此恳求，如果你们的军队占领了亚琛，请以人道的方式妥善安顿这些不幸的人民。"

他将信函交到当时唯一一位仍然留在亚琛的电话管理局官员手中，然后便火速冲向亚琛东南边界，去巩固不堪一击的防御体系了。

接下来的两天风平浪静。在 9 月 15 日星期五傍晚薄暮降临之时，第 1 师突破了沙恩霍斯特防线，从东、西、南三面包围了亚琛。而在第 9 师穿过许特根森林西部边缘后，第 47 步兵团于星期六疾速越过了最后一道混凝土工事"希尔防线"，向距德国边境 10 英里处的斯伊文胡特挺进。第 3 装甲师接连夺取了罗特根、施密特霍夫、罗特和勃兰特等几个相邻的村镇，并继续向前移动至施托尔贝格的南缘，那里的德军已仓皇逃走，只剩下桌上吃了一半的食物和床上尚未整理完毕的行囊。

虽然节节胜利，但柯林斯正面临着难以克服的困难。目前，在装甲师配备的数百辆谢尔曼坦克中，仅剩 70 辆可以用于作战，至多只够武装一个营。而且，在加速穿越法国之后，很多坦克、卡车、半履带车和吉普车全都破烂不堪，只能缓速行驶。美军很多士兵的一日三餐都要靠缴获的战利品维持。每次前往集团军仓库拉运弹药补给，往返车程就要 200 英里，如果是燃油补给，距离就会更远。那些坚固的德国堡垒即便是被 50 枚坦克歼击车炮弹轰炸，也纹丝不动。特别是在一次惨烈的交火中，10 多辆谢尔曼坦克在敌军迫击炮和 88 毫米口径高射炮的密集火力下严重损毁。

最终，美军弃亚琛不顾，强行打通施托尔贝格走廊的战术令德国最高统帅部重新看见了希望。周六拂晓，在更换枪支和装甲车，并再次校准火炮后，重新整编的德军第 12 步兵师被大客车和卡车源源不断地载往战场，这支接近 1.5 万人的队伍被冠以"野牛"之名。暴风突击队和纳粹党官员也匆匆返回亚琛，执行希特勒"强制撤离城内居民"的最新指示。施维林之前写下的恳请函已落入纳粹之手，他被告知，因滥用绞刑而臭名昭著的"人民法庭"将对他的懦弱行径进行审判。施维林随即逃到亚琛西北部的一间农舍避难，并由一支配备了机枪的摩托化部队保护。这支部队在农舍外设置警戒线，严阵以待。随后，在龙德施泰特的恳求下，希特勒很快便高调地赦免了这位将军，除口头斥责外，并未追究其责任。几个月后，施维林被调任意大利，并先后担任师级、军级指挥官。他认为"命运决定了这一切"。

星期日，第 32 野战炮兵营发射的 700 多枚炮弹有效地粉碎了德军在亚琛南部开阔地组织的一次刺刀反攻，死伤的刺刀手们横七竖八地歪倒在浸染血迹的土灰色干草垛上。当天，一名恰巧身处亚琛的德国记者这样描述当时的情景："每条街道上的建筑都像巨大的火炬一样燃烧不止。"随后，美军在一片墓地里发现了 15 具尚未下葬的灵柩，上面全都钉着一张用哥特体注明德军死难士兵名字的卡片。已渐渐褪色的红白大丽花枝图案镶框着一句临终别语："致我们的战友，最后的敬礼。"

经历5天的激战后，柯林斯在"西墙"亚琛段的第一层防御带上捅开了一道12英里长的缺口，在第二层防御带上撕开了一道5英里长的裂缝。但他却无力继续扩大战果。施托尔贝格作为一座隐藏于狭长山谷且地势蜿蜒崎岖的小城，令美军陷入了柯林斯曾避之唯恐不及的巷战之中。柯林斯将他的指挥部迁往科纳利明斯特一座曾被纳粹党部占用的砖砌建筑内，距前线仅有2英里。在这里，他仔细研究了地图和战地报告，苦苦思索着战势。窗外的炮火仍在无休止地叫嚣，指挥部的军官们则忙于用毯子堵住墙上被炸开的破洞。对于柯林斯而言，命运同样决定了一切。

德军的3个师很快就将突进的美国人赶了回去。现在，德军在亚琛周围部署的装甲车和突击炮较1周之前增加了5倍之多。希特勒要求德军在被他新命名为"亚琛堡垒"的这座城市进行殊死抵抗。这场战斗正逐渐向巷战演化，就如同斯大林格勒战役一样。"我们必须坚守每一座房屋，"元首补充道，"直到最后一个人和最后一颗子弹。"

"市场花园行动"

作为于1835年在比利时东北部荒原上兴建的一座军事要塞，佛兰德小城利奥波德堡见证了人世间的兴衰荣辱。百余年来，不同的军队从这里经过或在这里落脚，据传在1914年一战期间，德国入侵者曾首次在这里进行氯气试验。一战后，利奥波德堡的军营成为欧洲规模最大、现代化程度最高的军事驻地，可容纳4万名比利时士兵和数千匹战马。

但随着德国新一轮入侵，这里的一切都已化为乌有。1940年5月，德国人对利奥波德堡进行了猛烈轰炸，然后便对这座军事要塞开始了长达4年的占领，其间还在利奥波德堡的树林里处决了200多名疑似抵抗运动支持者的当地居民。1944年5月中旬，英国轰炸机在一次针对德军营地的突袭中误伤了77名当地居民，就在两周之后，英军重返该地，以歼灭营地内大量德军士兵作为目标，试图弥补之前犯下的错误。

此时，在德国人又一次仓皇出逃之后，盟军士兵像潮水一般涌入了铺着鹅卵石的城市街巷。英国第30军指挥部设置在利奥波德堡城外，靠近一座蜜场，里面满是漆着鲜艳颜色的木制蜂箱。肩佩臂章、头戴红帽的宪兵正加紧指挥风尘仆仆的车队向分布在城市各处的工兵仓库驶去。9 000 名工兵早已将装满 2 000 辆卡车的筑路碎石、大桥主梁和驳船船锚等物资卸车、分列码放并进行编号,以备日后能够快速调拨。

9 月 17 日,清晨阳光明媚,数十名军衔在中校以上的英国军官鱼贯走入位于尼古拉恩路的一间昏暗的电影院内,而马路对面就是建有四坡屋顶的火车站。军官们个个衣着光鲜、精神奕奕,亮丽的围巾、宽领带和别着苏格兰、爱尔兰及威尔士卫队徽章的贝雷帽令人惊奇,不同的徽章代表他们分别隶属的掷弹兵团、冷溪近卫团和皇家骑兵团。据一位准将回忆,他们的穿着五花八门,"上身多是狙击手罩衫、伞兵夹克和吉普外套,下身则套着五颜六色的宽松裤、灯芯绒裤、灯笼裤,甚至是马裤"。很多军官在阿拉曼战役之前就开始并肩战斗,因此,在寒暄时显得格外热络。随后,他们坐进影院的靠背椅,开始认真研究台前银幕上悬挂的一张描绘着荷兰东部的巨幅作战草图。

上午 11 点整,内着高领毛衫、外罩空降衬衫和作战服的布莱恩·霍罗克斯中将缓步走下影院中间的过道,四周立刻迸发出一阵热烈的欢呼之声。根据一位仰慕者的说法,瘦弱单薄的霍罗克斯拥有"一张近乎神职人员般清心寡欲的脸孔",而浓密厚重的白发则为这名刚过 49 岁的将军平添了些许家长式的威严。他登上影院前方的舞台,用一种似笑非笑的表情打量着台下的军官们,略带戏谑地奉上了开场白。在随后的几年里,他也常常用这种方式来表现自己的临危不惧。"若干年后,这就是你们能讲给穷极无聊的儿孙们听的最精彩的故事。"他的话音刚落,台下便响起一阵掌声和喝彩。

霍罗克斯引人瞩目的特质似乎是与生俱来的。他出生于印度的一处山间避暑胜地,是一位骑兵部队军医的儿子。1914 年,作为一名年轻的英国军官,霍罗克斯因为严重的内伤,不幸在伊普尔被俘。在德国战俘集中营里苦苦煎熬了 4 年之后,他被遣送回国。为了庆祝重获自由,他开始了长达 6 周的纵情享乐、彻夜狂欢,直到将补发的薪金挥霍一空。1919 年俄国内战期间,他跟随英国派遣支援白军的部队与红军开战,却再次被俘。在布尔什维克的监狱中,他奇迹般地逃过了斑疹伤寒的致命威胁,又一次被送回英国。

1924 年,已经担任了 18 年上尉的霍罗克斯迎来了人生中一次重要转机。他在当年的奥运会上为英国赢得了 5 项全能项目的冠军,从此便如同火箭似的一路高升，直到二战爆发。即便如此，他仍然坚持认为自己"绝对不是一个仅凭运气和'小聪明'的碌碌之辈"。在敦刻尔克大撤退后，他跟随蒙哥马利在阿拉曼及非洲的其他战场作战。在一次针对比ския大的空袭行动中，他本来即将接管萨勒诺的英军部队，却被德国战斗机上的机枪打中，一颗子弹射进了他的大腿，另一颗则刺透肺叶和小肠，顺着脊柱穿出体外。

他先后经历了 6 次危险的手术，并为此在医院休养了 1 年多的时间，医生曾断言他不可能再回到战场。但蒙哥马利还是在 8 月将他重新召回，任命他为第 30 军指挥官。在紧邻安特卫普的斯海尔德河攻坚战中，英军的表现可谓拙劣不堪，这多少要归咎于霍罗克斯，就连他自己也坦率地承认了这一点。因此，即便现在他想要竭力营造轻松诙谐的氛围，但台下一些蜷缩在影院座位里的军官们依然认为这位将军暴露了他的脆弱。

在一个小时的讲话中，他那炯炯有神的眼睛始终注视着台下，不时还会配合有力的手势和动作加以强调和说明。这是英军指挥官们在行动前对"市场花园"作战计划的最后一次总结。对于这次行动，盟军的目标在于"夺取比利时以北直至须德海一带的广大区域，从而切断德国与低地国家之间的一切联系"。须德海是位于北海海湾的一片浅水湖，又名艾瑟尔湖。盟军指挥官们认为，只要士气高涨且运气不错，他们就能在荷兰西部对 25 万德军形成合围之势，其中就包括在斯海尔德河一役中"漏网"的德国第 15 军的残兵败将。而对盟国造成威胁的几座 V-2 火箭发射基地也是此次行动的重点打击目标。

之后，一支由 3 个装甲师组成的盟军先遣队将掉头向东，朝鲁尔河方向进入德国境内，并从侧翼包抄齐菲格防线。盟军用莎士比亚笔下的人物为荷兰境内的重要目标命名，如哈姆雷特、麦克白、邓肯、班柯、奥赛罗、伊阿古、约里克、朱丽叶和吉尔登斯特恩，即使对战局漠不关心的学者们也猜得到，他们借用这些结局凄惨的戏剧人物为这些目标命名的真正寓意。在这些目标中，3 个悲剧性的主人公分别代表了盟军志在必得的 3 座城镇：分别位于盟军阵线北侧 13 英里处代号为布鲁特斯的埃因霍温、53 英里处代号为贝尔奇的奈梅亨和 64 英里处的阿纳姆。须德海就位于阿纳姆以北 30 英里处。

只有一条狭窄的公路连接着这些城镇，它蜿蜒地穿过大片抽干了海水的圩田地带。这里的地势相当平缓，50 英里路程的海拔落差尚不足 30 英尺。为了顺利实现作战目标，盟军必须夺取 9 座重要的大桥，如果桥梁被毁，则要立刻调用大量工程物资进行重建。此外，他们还要设法跨越 3 条河川、2 条支流、3 条运河，以及数不清的沟渠、溪流和灌渠。在这些宽窄不一的水域中，气势最为磅礴的无疑是默兹河和莱茵河。其中，默兹河流入荷兰的下游河段被称为马斯河。

莱茵河在荷兰边境处达到最宽，分裂为数条"支流"，穿越广阔的湿地平原后汇入大海。在流经奈梅亨时，莱茵河 2/3 的流量一股脑儿注入了瓦尔河。而"下莱茵河"，也就是莱茵河下游，在转而流经阿纳姆时几乎与瓦尔河和马斯河并肩流淌。尽管与其波澜壮阔的特征并不相符，但在荷兰语中，仍然以"溪流"描绘"下莱茵河"。对于许多从东印度群岛淘金归来的荷兰富商而言，阿纳姆一直都是他们颐养天年的首选之地。一本出版于 20 世纪 30 年代的度假指南就曾称赞道："作为一座独具魅力的城市，阿纳姆拥有令人赏心悦目的旖旎风光和异常纯净的空气。"

而此时正在演讲的霍罗克斯突然停顿下来，匆匆瞥了一眼自己的备忘录和身后的作战地图，才继续往下讲。他向下属们说明，这次行动将采取空中打击和地面进攻"双管齐下"的作战方式。在"市场花园行动"中，代表空降作战的"市场"部分将成为二战以来规模最大的空降作战行动。为了圆满完成这次任务，刚刚组建的第一联合空降集团军从英国各地的战场集结完毕后，便匆匆登上前往荷兰的飞机。抵达目的地后，将近 3.5 万名盟军士兵将从天而降，并由此展开英国指挥官们所谓的"空降部队地毯式作战"。

空降兵中以伞兵居多，另外还有一些人会驾驶滑翔机冲入阵地。在这张"空降地毯"南侧的一角，美军第 101 空降师将从空中对包括埃因霍温在内，长达 15 英里的走廊地带进行包围。在中间位置，第 82 空降师的作战带绵延近 10 英里，覆盖了瓦尔河的奈梅亨大桥和默兹河赫拉弗（代号为提伯尔特）段的一座九跨桥。在"空降地毯"上缘，英军第 1 空降师将以阿纳姆和"下莱茵河"上的一座单跨桥为重点目标。

"市场花园行动"全面展开，当日午后，作为地面进攻的"花园行动"也将开始。第 30 军的 3 个师将从比利时出发，一路向北猛地插入敌军阵地。尽管计划得相当周密，但事实证明，这次突击作战"迅速而激烈，却完全没有顾及侧翼的配合"，陆军元帅蒙哥马利这样评价道。"花园"部队以每英里 35 辆卡车、坦克和运兵车的密度，双车并排地行驶在唯一一条公路上。此次行动动用的各式车辆总计达到 2 万多辆。霍罗克斯强调，速度"绝对至关重要"。第 1 近卫装甲师必须在 2～3

一架 C-47 运输机内的英国伞兵，他们将赶赴荷兰参加"市场花园行动"。

小时之内抵达埃因霍温。如果先头部队能够按照他的设想在 48 小时之内与阿纳姆的第 1 空降师会合，那么主力部队就能在 9 月 20 日，也就是行动开始后第 3 天顺利渡过莱茵河。

最高统帅部的情报官于 9 月 16 日提交的一份报告指出："目前，西线敌军孤立无援，人员和武器弹药损失严重，并且再无恢复元气的可能……因此，敌军在西线已不具备反攻的实力，甚至无法组织起一次有效的防御。"按照盟军估计，在荷兰边境直接阻击第 30 军 10 万人马的德军兵力只有 6 个步兵营，火力掩护也仅有 20 辆装甲车和 12 门野战炮。而据近两天的侦察，这部分敌军也鲜有活动。然而，没有人会据此便顺理成章地认为这次编排华丽、设计巧妙的作战计划能够轻易实现。被选中作为地面进攻先导部队的爱尔兰近卫团戏称，相比于第 30 军攻占须德海，"有钱人进天堂的概率会更高一些"。

"市场花园行动"的预备会议在一片沉默中结束。与会上揶揄打趣的轻松气氛不同，从影院返回驻地的军官们个个眉头紧蹙、神色凝重。霍罗克斯认为，爱尔兰近卫团的指挥官们实在顾虑太多。

在利奥波德堡，默兹 - 埃斯考运河南岸的一座废弃工厂中，霍罗克斯顺着铁梯爬上了厂房的屋顶平台。正午和煦的阳光投射在波光粼粼的河面上，一条条灌渠向着北方的荷兰延伸。德军的炮弹时而从头顶呼啸而过，不远处机枪发出清脆的"嗒嗒"声。就在霍罗克斯身后，英军在小树林和农家场院中部署了 350 门火炮。为了避免扬起灰尘，坦克以缓慢的速度向前行进，工兵忙着最后一次核验筑桥物资。

当天清晨，霍罗克斯问一名美国中校："你怎么看这个计划？"当见到对方耸着肩膀给出"还不错"的回答后，这位军团指挥官爽朗地笑出声来，虽然他眼中的焦虑已被美国同伴尽收眼底。此时的霍罗克斯确实心烦意乱。之前在法国的疯狂追击中，他被一场突如其来的回归热彻底击垮，只能躺在自己的旅行拖车里动弹不得。

对此，蒙哥马利不仅没有掩饰他的虚弱，反而力劝他待在自己的营地认真调养。这位陆军元帅对他说："别担心，我是不会因此把你送回英国的。"但霍罗克斯究竟是否能够胜任即将开始的严酷战斗仍未可知。另外，对于行动日期的选择也让他心神不宁，因为在他的作战生涯中，凡是在星期日发动的进攻都不曾大获全胜。

根据附近电台发来的消息，空中部队实施的"市场花园行动"进展十分顺利。他竖起耳朵仔细聆听着远方飞机发出的轰鸣之声，瘦削而孤寂的身影静静地倒映在屋顶的护墙上。

同样忧心忡忡的还有参与"市场花园行动"的官兵，但理由显然要比霍罗克斯的星期日诅咒现实得多。由于乔治·马歇尔和华盛顿方面不停向艾森豪威尔施压，要求尽快让空降部队投入战斗，因此，这次作战计划在不到 1 周的时间内便仓促出台。第一联合空降集团军也是在美国陆军部极力主张下诞生的产物。在集团军成立之前，各空降师指挥部已经在 40 天的时间里反复草拟并否决了 18 项作战计划，其中包括一项夺取柏林机场的方案和其他一些被冠以古怪代号的任务，比如"小颚花""净化""彗星"和寓意很不吉利的"高举双手"。在欧洲各地漫无目的地选择空降目标、草率制订又轻易推翻作战计划……整支军队似乎陷入了一个怪圈，就连蒙哥马利也被激怒了，这样质问他的下属："难道你们要我朝整个欧洲空投伞兵吗？"

有些指挥官对参与"市场花园行动"的空降兵力如何在 50 英里长的走廊地带进行布设感到担忧。另一些指挥官反对"市场花园行动"通过沼泽地带向北挺进的战术理念，认为这样会远离美军第一集团军以鲁尔河为目标的作战轴心。

盟军两支主要部队渐渐各自为战，这明显有悖于早前蒙哥马利以一次"全力以赴的突击"攻入德国的作战初衷。布拉德利警告艾森豪威尔："这是一次莽撞的行动，必将损失惨重。另外，目前的行动方案与蒙蒂和我一起设想的作战计划明显不符。"布拉德利承认，对于在将"市场花园行动"提交给艾森豪威尔审批之前，并未征求他的意见感到"瞠目结舌"。此外，他对为自己部队补给军需品的运输机被挪作他用而耿耿于怀。他不禁抱怨，空降部队在"设计画蛇添足的作战任务方面表现出了非常惊人的能力"。

指挥官的性格缺陷也是在给本已严峻的形势火上浇油。来自美国陆军航空队的空降部队指挥官刘易斯·H.布里尔顿中将个头矮小、自命不凡且爱发牢骚。据传，这位将军毕业于海军军官学校，他能用 4 种语言骂人，还因为到处拈花惹草被马歇尔将军私下批评。"变幻莫测、声东击西而又出其不意。"布里尔顿常常借用"石墙"杰克逊的作战理念告诫下属，但有些人却怀疑这不过是愚者自愚而已。

在诺曼底战役早期，由布里尔顿领导的第 9 航空队因未能给予地面部队以有力的低空支援而饱受指责，被布拉德利形容为"不真诚、不积极、不合作"。对于这次将他调往空降部队，布拉德利仅用 4 个字表达了他的惊喜："感谢上帝。"布里尔顿本来对自己的新职务颇感失望，但"市场花园行动"开始后，由他统率的部队迅速扩充为美国第 18 空降军和英国第 1 空降军的 4 个师、波兰伞兵旅及一支运输机大队。

布里尔顿与美国同胞的关系总是剑拔弩张，第 18 空降军参谋长就曾指责他是"一个白痴"。但相较之下，他与英国同僚的关系更是水火不容，特别是此次"市场花园行动"的指挥官、他的副手"男孩"弗雷德里克·A.M.勃朗宁中将。作为一名曾在一战中表现英勇但在二战中尚无建树的掷弹兵近卫团军官，勃朗宁英俊潇洒、彬彬有礼。他经常通过捻动胡须来掩饰自己易于激动的性格，有时还会踢翻家具陈设。除此之外，他还喜欢自己设计制服，他的衣着总是搭配有装饰性的骑士前襟、拉链开口衣领、闪闪发亮的山姆布朗斜拉式武装带、灰色羔皮手套和轻便手杖。他的一些下属私下称他为"花花公子"，而美国人则相对谨慎，因为"他的笑容太过刻意"，一位军官曾这样评价道。

尽管曾经当过飞行员、船员和雪橇运动员，还获得过跨栏项目的全国冠军，但勃朗宁的声望或多或少都要归功于自己的妻子、著名小说家达夫妮·杜穆里埃，她的作品《吕蓓卡》曾被阿尔弗雷德·希区柯克改编成电影并荣获 1941 年的奥斯卡最佳影片奖。出于对布里尔顿的厌恶，勃朗宁甚至在 9 月初提出辞任副司令一职，但仅仅一天之后，他又撤回了自己的辞职申请。即便开战在即，数千架飞机已腾空而起，这两位将军仍在寻觅达成妥协以实现作战目标的权宜之计。终于，一些军官开始意识到德军并不像他们料想的那样消极怠战，而这也将成为左右战局的关键因素。作为蒙哥马利的情报部长，E.T.威廉姆斯准将曾提醒这位陆军元帅，称盟军"对敌人的了解很不充分"，而且也没有对阿纳姆的周边地形进行深入考察。"下莱茵河"的公路大桥已在盟军地图上被标记出来，但参考数据主要来源于 20 世纪 20 年代大桥建成前荷兰方面的勘测。

此外，一份译电显示，敌军对第 30 军将在奈梅亨发起的突击已经有所察觉。9 月 14 日，当波兰指挥官斯坦尼斯拉夫·索萨波夫斯基将军听完对作战计划自鸣得意的评述后，不禁大声质问道："但是德国人呢？德国人怎么办？他们会怎么样？"随后，索萨波夫斯基指责"某些异想天开、盲目乐观而又狂妄无知的人就像魔术师用礼帽变兔子一样地制订空降作战计划，既匆忙又草率"。一位英国准将承认，盟军更像是"制订了一份华而不实的空降计划，然后再添加一点对敌作战的内容进去"。

事实证明，在困扰盟军的各种因素中，对前来应战的德军部队做出准确判断很难，也是最棘手的。无线电通信截获的消息显示，莫德尔的 B 集团军群指挥部已迁往阿纳姆外围的奥斯特贝克。其他情报则表明，敌军有向河川和运河防线增援的迹象，但援军并非精锐部队。一些临时拼凑的空军地勤部队似乎"先天不足"，甚至不具备野战厨房。根据"超级机密"9 月初的 XL 9188 号超级密电显示，参加诺曼底战役的德军各部队已被调防至荷兰西部进行重新部署，而随后截获的情报也表明，其中就包括党卫军第 2 装甲军。

直到 9 月 15 日，最高统帅部才对党卫军第 9"霍亨斯陶芬"装甲师和党卫军第 10"福隆德斯伯格"装甲师在阿纳姆附近集结的迹象有所警觉。这两支部队在卡昂、法莱斯及从法国撤退的过程中伤亡近 9 000 人，还损失了大量装甲武器，仅 8 月 19 日一天就有 120 辆坦克被损毁。无论德军的两个装甲师是否已经元气大伤，最为关键的是，盟军仍然不清楚他们的调防地在哪里，甚至连他们的准确位置都不知道。

蒙哥马利手下的高级军官几乎众口一词地对"市场花园行动"表示出疑虑。忧虑与日俱增，"甲壳虫"史密斯不得不提醒艾森豪威尔谨慎行事，后者虽然考虑要对战术部署进行干预，但最终还是让参谋将问题反映给蒙哥马利，让他自行解决。9 月 15 日星期五，史密斯在行动开始前 48 小时飞赴布鲁塞尔，建议蒙哥马利加强在阿纳姆实施空降的"市场"部队力量，并提出，或许可以通过调遣一个美军空降师向北增援。"蒙哥马利对这个主意嗤之以鼻，直到走出他的营地，还在对我冷嘲热讽，"史密斯回忆道，"他轻率地将我的建议忽略了。"

虽然蒙哥马利的态度令人无法接受，但他的漫不经心却有据可依。据英国第二集团军的一份评估报告，在荷兰西部，被5支盟军部队选定为空降目标的狭长条状地带，敌军"防御薄弱、士气消沉，遭遇大规模空降袭击时可能溃不成军"。据最近对阿纳姆周边防御的分析，德国守军至多只有1个旅，规模在3 000人左右，而且坦克装备明显不足。荷兰秘密抵抗组织也在关注阿纳姆附近装甲部队和党卫军士兵的一举一动，但德国人对抵抗力量的渗透导致大批情报人员被捕遇害，以致盟军无法相信荷兰方面送来的各种情报。

面对五花八门的情报内容，盟军不仅没能梳理出针对两个党卫军装甲师的结论性判断，甚至还有部分报告根本没有被送到霍罗克斯和其他空降部队指挥官手中。"在阿纳姆发现敌军坦克将陷盟军于尴尬的境地，因为这有悖于他们理想的作战模式，"情报历史学家拉尔夫·贝内特随后写道，"因此，最好的方法就是回避这个问题。"

★ ★ ★

"男孩"勃朗宁宣称，仅仅为了铺就那张"空降地毯"，他就准备牺牲掉自己1/3的"市场"部队。但事实证明，这样英勇献身的计划显然过于悲观。9月17日星期日清晨阳光明媚、微风和煦，成群结队的空降兵和黑压压的机群已经在英国20多座军用机场集结完毕。1 545架运输机和478架滑翔机将在1 000架战斗机的掩护下组成两列编队，穿越北海上空，飞行时间长达3小时。数百架轰炸机同时升空，将护卫整个空中机群上升至4 676英尺的高空。跑道上，一字排开的带轮茶桌因为震动而嘎嘎作响，上面摆着培根三明治和热气腾腾的大杯咖啡。"这只是交换，"一位机组人员说道，"如果不是真正去参战，他们连一小杯热茶也不会给你。"在格兰瑟姆，一名头戴折叠礼帽的英军上士昂首阔步地走上沐浴在阳光下的飞行跑道，然后摘下帽子，向周围的人群深施一礼。

"请登机！"在反复回响的催促声中，数千名不停低声咒骂的士兵拖着沉重的步伐陆续登机，其中包括很多自诩为"老家伙"的诺曼底老兵。首先出发的是战斗机和侦察机。中午时分，就在霍罗克斯在利奥波德堡的电影院里结束作战简报的同时，人数超过 2 万的空降部队以及 330 门炮和 500 辆机动车正启程开赴前线。机舱中的官兵有的在下象棋，有的在读《星期日报》，还有一些或是打瞌睡，或是出神地盯着狭小舷窗外的"巨型机群编队及其牵引的滑翔机，目之所及不可尽览"，一名中尉记录道，"步调一致的机群鳞次栉比地飘浮在空中，仿佛一条正被轻轻拂动的巨毯"。

首批负责侦察引导任务的英国空降兵于中午 12 点 40 分跳出机舱。20 分钟过后，一组滑翔机以 9 秒钟为间隔依次降落，"着陆时掀起的沙尘使它们看上去就像航行在惊涛骇浪中的大船"，一位盟军士兵这样形容。随后，伞兵们从 600 英尺的高空一个接一个地跳了下来，人数之多令地面上的目击者目瞪口呆，他们恍如纷纷飘落的雪片或密集爆炸的高射炮弹，不到 80 分钟，2 万名盟军突击队员已经深入敌军防线的后方。整个空降过程中的飞机损毁并不算严重，只有包括战斗机和轰炸机在内的 68 架飞机被敌军的高射炮击中。当落地后的伞兵从降落伞绳索中奋力挣脱出来时，阿纳姆附近的孩子们兴高采烈地唱起了荷兰语的《铃儿响叮当》。

1944 年 9 月 17 日，2 万多名伞兵和滑翔机机降士兵落在德军防线后，这是战争期间规模最大、最为大胆的空降行动。

然而，此时在阿纳姆城以西数英里外，这支欢快的歌曲显然有些不合时宜，因为盟军战术存在两大失误，令"市场花园行动"的完美开局蒙上了阴影。第一个失误在于，空降和着陆地带应尽可能地接近任务目标是空降作战的一项基本原则，两者之间的直线距离不宜超过 5 英里。但此次的空降地点却远在阿纳姆公路桥七八英里之外。为此，第 1 空降师师长罗伊·厄克特饱受指责，被称为"缺乏近距离空降经验和信心的跳伞门外汉"。也有因为害怕敌军高射炮和"空中塞车"

而不敢飞得更近的空军指挥官，在一场战争中，这样的行为显然难脱干系。

第二个失误单从人数来看便不言自明：在负责"市场花园行动"的 3 个半师的兵力中，只有一半的兵力在行动当日空降到地面，而直到行动后的第 2 天，甚至更长的一段时间里都没见到后援部队。在布里尔顿将军手下负责运送部队的指挥官们坚称星期日只能执行一次飞行任务，二次飞行可能会令机组和地勤人员疲惫不堪，而且也没有足够时间进行飞机维护并安排第 2 批伞兵登机，然而就在一个月前，龙骑兵部队才刚刚执行过从意大利飞行相同距离的双次任务。

尽管有分析表明，以正常速度运送全部作战部队的时间可能需要 4 天左右，但负责空降任务的指挥官和蒙哥马利派往布里尔顿指挥部的特使再三恳求也未能改变单次飞行的任务安排。特别是对英军而言，就在第 1 空降师的伞兵们整理好装备匆匆向东搜寻目标大桥时，作战人员不足和长途奔袭这双重困难很快就对他们造成了致命的影响。

★ ★ ★

南部，美军在行动首日进展得相当顺利。第 101 空降师近 7 000 名伞兵相继降落在费赫尔和贝斯特之间的圩田中，这里已经用红旗和飘散的橘烟标示出队伍的集结区域。当地的荷兰人欢呼雀跃着奔向圩田和解放者们亲切握手，还带来了三明治、牛奶和自行车，盟军逐一为这些馈赠物品开具了收条。经过多次激烈交火，四散奔逃的德军纷纷被俘或被击毙。而盟军士兵在攻占的果酱加工厂附近的果树下找到了很多塞满苹果、梨和李子的储藏室。服役于空降兵部队的诗人路易斯·辛普森发现了一张床垫："上面仰卧着一名德国军官，他为了尽量死得舒服一些，已经在那里躺了很久。"

第 101 空降师的推进路线上屹立着 9 座公路或铁路大桥，但只有位于埃因霍温北部 4 英里处索恩的一座单跨桥给美军造成了不小的麻烦。这座大桥横跨在威廉敏娜运河上方，第 506 伞降步兵团的一支火箭筒突击分队仅凭一次进攻就摧毁了守桥敌军的 88 毫米口径高射炮，6 个正欲逃命的炮兵也被一名手持冲锋枪的上士击毙。当美军攻到距运河河岸 30 码的位置时，大桥桥面猛地从桥墩上翻起，随后便消失在爆炸轰鸣后的烟雾之中。

在大桥残骸如雨点般飞落过后，美军士兵立刻洇水渡河或乘小船划向南岸。工兵用绳索、捡来的门板和建造谷仓所用的木料在已经光秃秃的石头桥墩顶端架设了一条狭窄通道，1 000 多名美军不得不在漆黑的夜色下小心翼翼地向对岸走去。按照预定计划，第 506 伞降步兵团应向南部全速挺进，并于晚上 8 点前攻占埃因霍温及其主要桥梁，再与来自利奥波德堡的霍罗克斯警卫队会合。但是，在索恩遭遇的挫折使该计划拖到了星期一破晓才得以实现。

此时，在第 101 空降师北侧 20 英里处，第 82 空降师 7 300 名伞兵也身系五颜六色的降落伞，毫发无伤地抵达了目的地。除损失 1 架飞机和 2 架滑翔机外，其余 481 架飞机和 48 架滑翔机全部平安到达了位于奈梅亨南部的目标地带。在仅有的几名跳伞伤者中，就有 82 空降师师长詹姆斯·加文，他在位于赫鲁斯贝克和莫克之间的目标地带着陆时不慎摔断了两根椎骨。加文只是痛苦地做了个鬼脸，便迅速甩掉降落伞，捡起一支 M-1 半自动步枪，带领队伍在位于赫鲁斯贝克正西方向的树林深处建立起战地指挥所，前后用时还不到 1 小时。

在马修·李奇微升任第 18 空降军军长后，加文于 8 月中旬接管了第 82 空降师。年仅 37 岁的加文不仅是二战期间美军最年轻的少将，也是自美国内战以来最年轻的师长。如果对他的身世有所了解，会更清楚地感受到他的非同凡响之处。作为一名孤儿，加文在幼年时被人领养（他在晚年时推断自己的生母是布鲁克林的一位爱尔兰裔修女）。他在宾夕法尼亚州的无烟煤矿区长大，养母总是一边用发梳、扫帚或马具店特制的九尾鞭毒打他，一边乞求着神灵的宽恕。有时她还会等到小加文熟睡后再对他实施暴行。

度过 8 年的小学生涯之后，加文开始辍学打工。他从事过的工作包括在理发店给矿工涂抹剃须膏，替鞋匠跑腿送鞋，还曾经为一家石油公司管理过加油站。在 17 岁生日那天，他飞到纽约谎报自己的年龄，尚未成年便应征入伍。在巴拿马驻扎期间，他一直坚持自学，并取得了足以被西点军校录取的优异成绩。

他始终保持着勤勉好学的习惯，即便是在战争期间，也订阅了《纽约客》《时代》《读者文摘》及"每月一书俱乐部"出版的刊物。在一本标题为"将官素养"的活页簿里，他整理记载了很多像"孜孜进取"和"才智非凡"之类的优良品行。此外，他还将一句自认是出自伏尔泰的名言抄录下来："混乱的局面下饱含沉着的勇气，在危险的境遇中维持心灵的静谧，这是指挥官最为珍贵的禀赋。"加文称其为"凌晨 2 点钟的勇气"。李奇微近来经常称赞这位年轻下属表现出了"不惧战场出生入死的泰然自若，忠心耿耿、积极主动、热情洋溢、判断神准而且通达事理……他的行为举止散发着强烈的个人魅力"。

尽管加文习惯性地将战争称为"小打小闹"，但他对人类的承受极限也有着清醒的认识。在历经西西里岛、萨勒诺和诺曼底登陆战役后，他渐渐相信"一个人的勇气就像银行户头"，不容许丝毫透支。而此时此刻，"市场花园行动"却要求人们必须再次鼓足勇气。"形势很严峻，"他在星期三的日记中写道，"如果我能渡过这一关，只能说自己相当幸运。"

在第82空降师的进攻区域里有11座大桥，就在盟军伞兵步步紧逼的同时，敌军已将位于马尔登、莫克和哈特的几座大桥通通炸毁。但是，当第504伞降步兵团的战士们冲下南面的斜坡时，发现赫拉弗一座九拱铆接跨桥仍然屹立在马斯河上。盟军用火箭筒向桥头的混凝土防空炮塔射击口发起了多轮攻击，最终成功将其捣毁，随后击毙了两辆卡车上准备逃跑的敌军，并将刚刚缴获来的20毫米口径高射炮炮口对准了仍在负隅顽抗的守军。呐喊声、爆炸声和子弹射到钢梁上的一声声闷响交织在一起。

最终，战斗的嘈杂之声渐渐平息，一颗绿色信号弹迸发出的耀眼光芒宣示着盟军的胜利。在此之后，工兵小心翼翼地剪断了桥梁爆炸装置的引线，并拆除了漆着与大桥钢梁相同颜色的炸药箱。看到德国人溃不成军，赫拉弗当地的荷兰人欣喜若狂地高唱起了《蒂珀雷里》。与此同时，胜利的消息也传遍了师指挥部上下："我们夺取了11号大桥。"

尽管如此，如果德军占据荷兰境内唯一一块高地，11号大桥及其周边的姊妹桥也会变得毫无价值，这是令加文最为担心的一个问题。这块高地就是位于奈梅亨东南的赫鲁斯贝克岭，一座高300英尺、绵延5英里的山脊。俯临马斯河、瓦尔河和马斯-瓦尔运河。勃朗宁将军向第82空降师下达命令时特别指出："要不惜一切代价攻占并固守这块位于奈梅亨和赫鲁斯贝克之间的高地，这是完成作战任务的前提。"在执行空降任务时，第82空降师的8门75毫米口径榴弹炮被大卸7块，用降落伞空投到作战区域。现在，这些组装完毕的榴弹炮已经对着敌军阵地连续轰击了1个小时。整整一个下午，加文都在固防高地上的战略要塞，并密切注视着不远处的德国边境，以便及时察觉敌军反攻的迹象。只有牢牢掌握了这些重要通道，才能顺利攻占奈梅亨及其城内的两座大桥。

在第82空降师指挥部附近，一名荷兰突击队队长走进赫鲁斯贝克郊外的一间农舍，拨出了一个电话。在与位于北部的战友通话完毕后，他回到指挥部告诉加文："进展顺利。一切都按照计划进行，英国人已经抵达阿纳姆。"

★ ★ ★

德国人也时时刻刻在关注这些消息，盟军即将形成的合围之势使他们开始陷入真正的恐慌之中。此刻，陆军元帅莫德尔正在自己位于奥斯特贝克桌山酒店的指挥部内，品尝一杯摩泽尔出产的餐前酒。突然，一个参谋慌慌张张地闯了进来，向他报告英国滑翔机就在距离他们仅 2 英里的地方降落的消息。"好吧，全体撤退，"莫德尔吩咐道，"他们的目标是我和我的指挥部。"他不顾公文包里掉出来的文件和内衣，匆忙跳下台阶，钻进一辆车，朝东边 18 英里外的党卫军第 2 "帝国"装甲师指挥部急速驶去。下午 3 点左右，惊魂未定的莫德尔开始部署德军在阿纳姆、奈梅亨及其以南地区的反击行动。"想想看！"他愤怒地喊道，"他们差点抓住我。"

虽然莫德尔侥幸逃脱，但阿纳姆的城防司令弗里德里希·库辛将军却没有这么好的运气，在他乘坐自己的雪铁龙汽车巡城查找骚动源头时，意外撞上了英军步枪和斯登冲锋枪的迎头痛击，车的轮胎被打扁，司机和勤务兵也双双毙命。在胸口和喉咙中枪后，库辛从车里滑落到人行道上，很快便咽了气，他戴着手套的右手紧紧攥着左轮手枪，左手手指上还夹着尚未燃尽的香烟。死去的库辛依然惊愕地大张着嘴巴，露出一副目瞪口呆的神情。而拍手称快的荷兰百姓则扯掉了他衣领上的军衔领章。

与此同时，厄克特将军和他的第 1 师却遭遇到了前所未有的困难。在阿纳姆外围环城驻扎着 6 000 名德军，数量比预计的多出一倍。这些德军大多是来自两支党卫军装甲师的国民掷弹兵，以及由肠胃不适或听力受损的士兵组成的"耳胃疾调养营"。其他守城德军在仓促间乘着农用拖车、气化木材燃料卡车、甚至消防车投入了战斗。就在英国伞兵着陆后不到 90 分钟，约 400 名党卫军士兵已经将通往阿纳姆城西侧的两条通道完全堵死，迫使英军只能依靠逐门逐户的枪战，异常艰难地向遥远的阿纳姆大桥方向推进。

作为一名苏格兰老兵，厄克特高大魁梧又和蔼可亲。可是，经过在非洲和意大利战场的磨炼，具备丰富实战经验的他并未充分重视前方发出的危险信号，反而执意孤军冒进，直到发现自己已经陷入了敌军机关枪火力的重重包围之中。在他的作战生涯中，这尚属首次。之后，他更是迷失在纵横交错的荷兰巷道中，与自己的指挥部失去了联络。他和另外两名军官飞快地穿梭在民房和街道之间，最终在兹沃尔特维格区 14 街的一座阁楼上落脚。这里不仅没有食物、饮用水和卫生设备，党卫军还在楼下街道上不停地搜查，甚至在靠近他们房子前门的地方安放了一门反坦克炮。直到德军主动向东收缩防御，第 1 师指挥部始终处于群龙无首的混乱状态，时间长达 40 个小时。厄克特将这种感受描绘为："愚蠢、荒谬，就像战争的旁观者一样无能为力。"

但英军一个伞兵营还是赢得了局部的胜利。沿着"下莱茵河"旁荆豆和桦木林立的南线通道，约翰·D. 弗罗斯特中校率领"帽盔上套着金盏花枝伪装环"的第 2 营官兵擒获了几名据说正和"他们的荷兰女友缠绵拥吻"的德国士兵。由于无线电通信时好时坏，只能用军号声传递消息。该营奉命保卫阿纳姆铁路大桥的一个排的官兵刚刚靠近目标，便亲眼看到大桥南段在他们面前被炸得粉碎。

晚上 8 点，弗罗斯特的部队到达了未被破坏的阿纳姆公路大桥北端，很快便潜入到河岸一侧的建筑中。为了走路时不发出声响，数十名伞兵将窗帘布裹在他们的平头钉靴上，然后便蹑足登上了大桥，但很快就因敌军机关枪的猛烈阻击而无功折返。而英军使用反坦克炮和火焰喷射器进行还击的炮火也点燃了大桥钢梁上的漆层，岸堤斜坡上被击中的敌军卡车和路基上已经炭化的一具具尸体也在猛烈燃烧，一名试图从南边穿越大桥向党卫军第 10 "福隆德斯伯格"装甲师逃窜的德军也被盟军当场击毙。

实际上，残酷的僵持才刚刚开始。第 1 空降师近 6 000 名英国伞兵中，只有 740 人最终抵达了阿纳姆大桥，他们的冲锋陷阵虽然足以从德军手中夺下大桥，但却因人数过少而无法守住战果。从西边赶来的增援部队在城内的街道中遭遇到前所未有的危险，尤其是那些借助绳索隐藏在树冠中的德军狙击手。在堤岸上多门火炮的猛烈轰击下，大桥和木屋燃烧的熊熊火焰整晚都没有熄灭。作为一名曾在非洲积累了丰富作战经验的军人，弗罗斯特不辞劳苦地将自己的高尔夫球杆和猎枪带到了荷兰，充分证明了他的乐观和泰然。但在此刻，他却在河畔街区的临时指挥所里焦急地注视着南边冲天的火光，暗暗企盼霍罗克斯的坦克部队能在拂晓的微光中出现在河的对岸。

★ ★ ★

奇迹始终没有出现。星期日（9 月 17 日）下午 2 点整，当霍罗克斯和他的参谋们在利奥波德堡的工厂屋顶向北眺望并满怀期待、跃跃欲试的同时，17 个盟军炮兵团开始发动猛烈密集的进攻。炮火几乎荡平了埃因霍温道路两侧的田地和松林。在每隔 5 分钟便有 8 架"台风"战机俯冲投掷火箭弹的攻击波下,隐蔽的守军几乎毫无招架之力。

下午 2 点 35 分,爱尔兰近卫团负责指挥坦克突击部队的副团长下达了命令:"驾驶员们,前进!"犹如马戏团的行进表演,一列列坦克就像势不可当的潮水一样向前推进,首尾相连、履带飞转,坦克底盘在弹药箱的重压下吱呀作响。每辆坦克都配备了 6 天的补给口粮和充足的桶装燃料,即便油箱内的燃油耗尽,仍然可以继续行进 250 英里。装甲前哨部队在前方 300 码处形成的火力网的掩护下不断前进,坦克掀起的滚滚黄尘和排出的蓝色尾烟遮天蔽日。在此之后,他们以每小时 8 英里的速度通过了荷兰边境。"进展得十分顺利,"一名军官通过无线电报告说,"先头部队已经进入荷兰境内。"

然而,就在霍罗克斯和下属们在屋顶上拍手相庆的时候,盟军的坦克部队遭到德军的凶猛反攻。爱尔兰近卫团的 9 辆坦克在短短 2 分钟之内就被反坦克炮和"铁拳"手持式反坦克火箭筒炸得支离破碎。一位亲历者这样描绘当时的场景:"猛烈燃烧的坦克残骸横七竖八地散落在半英里长的阵地上,不由得令人胆寒。"装甲舱面上搭载的步兵纷纷跳进路边的沟壑,车组成员慌乱地爬出舱口,还有一些人则不幸被舱内熊熊燃烧的烈火吞噬。盟军派出的一辆装甲推土机颠簸着向前,奋力推开水泥路面上烧焦的杂物,而再次出动的 200 架次"台风"战机也盘旋于真实和假想的敌军阵地上空,不断发动进攻。

盟军很快便确认,德国守军是来自党卫军第 9 "霍亨斯陶芬"装甲师的两个营加上第 6 伞兵团的两个营,英国的情报人员不得不承认"这完全出乎意料"。"我们的情报人员花了一整天时间才稍稍平复了羞愤与错愕相交织的情绪。"爱尔兰近卫团的战争日志上这样记载道,"原本绝不可能在此地出现的德军部队却一支又一支地冒了出来。"而一名爱尔兰上士则在由此而产生的"气急败坏"的情绪驱使下,用枪威逼几名俘虏爬上他的坦克,为他确定敌军炮台的隐蔽位置。事已至此,爱尔兰近卫团只能在傍晚 6 点发动了又一次猛攻,以确保部队艰难地挺进法尔肯斯瓦德的中央广场驻扎过夜。此刻,这里的一切都笼罩在房屋燃烧时发出的赤色火光之中。几十名衣衫褴褛的俘虏蹲坐在市政露天演奏台下放置的囚笼里。

从荷兰边境到法尔肯斯瓦德近 7 英里的路程中,双排或三排并行的英军各式车辆将道路堵得水泄不通,而德军发射的迫击炮弹也在周围不时炸响。在这条通往荷兰敌占区的狭窄通道上,几乎没有宽过 30 英尺的路段。直到现在,近卫装甲师才对一周前进行的地形分析产生了最直观的认识："在该区域不适合，甚至完全无法进行野战行军……各条运河和河流都会成为前进的障碍，无数堤坝和排水浅沟都会令形势雪上加霜。"埃因霍温仍远在 6 英里之外，现在看来，原定在那里与"花园行动"部队会合的第 101 空降师能否在晚 8 点之前到达已无关紧要。相比之下，阿纳姆更是遥不可及。虽然在最初阶段损失了 9 辆坦克，但盟军的伤亡情况尚属乐观：仅有 15 名近卫装甲师的官兵在敌军的炮火中丧命。但第 30 军却丝毫没有考虑如何保持看似良好的进攻势头，反而选择暂停攻击，进行长达 12 小时的休整。而迎头赶上的近卫掷弹兵团甚至超过了这支疲惫不堪的爱尔兰同胞军。霍罗克斯一直在催促部队加快速度，结果却总是事与愿违。

布里尔顿的前敌指挥所向最高统帅部报告："进攻确实非常顺利，我们的伤亡微乎其微。"艾森豪威尔指派的行动负责人亲自致电表达了"对此次行动胜利成果的祝贺"，第一联合空降集团军参谋长在他的日记中写道："整个最高统帅部都沉浸在愉快的气氛之中。"

然而，行动首日夺取阿纳姆和奈梅亨大桥计划的流产已经注定了"市场花园行动"以失败告终的结局，而地面进攻进展缓慢更加剧了局势的恶化。对此，最高统帅部里的每一个人仍然蒙在鼓里。一场气势恢宏而又艰苦卓绝的战役仍在慢慢拉开序幕，在千头万绪的未知因素影响下，最终的胜负变得难以预料，获胜的机会稍纵即逝，现在更是一去不返。

★ ★ ★

埃因霍温是飞利浦电子的发源地，该公司于 1891 年由卡尔·马克思的一位远房表兄创建。除了生产灯泡之外，公司还将业务范围扩展至电子管、无线电和X 线设备等领域，并于 1939 年首创旋转式电动剃须刀。因此，埃因霍温当仁不让地自封为"光明之城"，而对巴黎的盛名视若无睹。尽管在过去的 4 年中，迫于柏林方面的压力，飞利浦公司几乎将所有出口产品全部销往德国，但事实证明，通过不断强调犹太人是不可或缺的技术专家的方式，这家企业巧妙地为他们提供了庇护，帮助几百名犹太工人安然度过了残酷的战争时期。

现在，这座以茅草铺就的屋顶、精心修剪的草坪和整洁的女贞树篱而远近闻名的"飞利浦之城"终于获得了解放。9 月 18 日星期一清晨，第 101 空降师的队伍从城北开进了埃因霍温，一路上只遇到了几十个德军士兵，并意外地发现所有桥梁都完好无损。城内的居民都挤在家门前或敞开的窗子上，夹道欢迎盟军官兵，他们同时吹响六孔小笛、打起玩具手鼓高唱庆祝，陷入一片欢腾氛围之中的人们纷纷披上了代表荷兰的橙色衣物。居民们蜂拥而出，为解放者送去苹果和杜松子酒，又在大街小巷欢快地旋转起舞。对此，一名美国军官曾评价说："空气中似乎到处弥漫着对德国人恨之入骨的情绪。"

直到星期一傍晚，从南部向埃因霍温进发的第 30 军才迟迟现身，他们花了一整天时间，却只艰难行进了 6 英里。离开法尔肯斯瓦德之后，近卫装甲师不仅遭遇了多次不胜其烦的伏击，德国豹式坦克的出现更令本不乐观的战势急转直下。比利时军用机场上空的浓雾和其他各种不利条件使"台风"战机无法升空，而向东西两个方向迂回行进的尝试也因为桥梁不堪重负而受阻。一名近卫掷弹兵报告说："每次就在前方似乎一片坦途的时候，总会出现一条运河或溪流挡住去路，而渡河的桥梁往往在几辆坦克驶过之后就会变成危桥。"

在终于抵达满目橙色的埃因霍温后，近卫装甲师决定派遣工兵在摇摇欲坠的威廉敏娜运河公路桥上铺设一座贝雷桥，部队在完工之前将驻扎在赞恩南部休整。星期二拂晓，部队再次启程，沿着被称为"地狱之路"的林荫公路，从圣奥特鲁特和费赫尔经过，向赫拉弗进军，整个行军过程犹如将铁丝穿过一个又一个针眼一般困难重重，原定的作战计划至少延迟了 33 个小时。

从英国赶来的增援力量已经到位，但星期日（9 月 17 日）的不利开局却令他们无法轻松面对眼前的形势。星期一午后，近 150 架滑翔机徐徐降落在赞恩附近，全然不顾近在咫尺的德军高射炮密集的防御和精准的射击。与此同时，加文发现，赫鲁斯贝克岭东侧的两块空投区域上出现了大批敌军部队，正悄无声息地越过德国边境，携带有 10 多门 20 毫米口径高射炮。就在补给运输机飞向空投区域的同时，为了及时赶走敌军，加文临时组建了一支反击小队，扛着装有刺刀的步枪冲下山脊。

经过一个下午的紧急空运，近 4 000 架飞机向前线输送了 1 200 架滑翔机和 7 000 名官兵。200 多架 B-24"解放者"轰炸机在拆除了球形炮塔、投弹瞄准仪和左右两侧的自卫机枪之后，也加入到空投补给品的任务当中，但精确度很不稳定。最终，第 82 空降师得到了应发补给 80% 左右的物资，而第 101 空降师到手的补给品还不足配额的一半。

在赞恩以西 4 英里的贝斯特，第 101 空降师遇到了意想不到的麻烦。贝斯特是一座凭借修鞋和制鞋闻名遐迩的小城，拥有一座砖厂和一间冷库。德军派驻第 15 军的 1 000 多人把守着穿过贝斯特的一条重要补给通道，隶属于第 502 伞降步兵团的一个连队在毫不知情的情况下独自进入了该城，并试图占领整座城镇和威廉敏娜运河上的一座单跨混凝土桥，作为从埃因霍温继续挺进的备选路径。爱德华·L. 威伯斯基中尉刚刚率领他的小分队到达运河北沿，对岸 5 挺机关枪便火力齐发，后来，敌军更是展开了迫击炮攻击。星期一上午 11 点，大桥完全被炸毁，而威伯斯基和他的士兵们也不得不在河岸后 60 码处的一条浅沟内与敌军展开了一天一夜的殊死搏斗。

在浅沟旁边的散兵坑里，7 名受伤的美军士兵蜷缩在一处，其中就有一等兵乔·E. 曼。这个嘴唇纤薄、眼距略宽而鼻子英挺的小伙子刚满 22 岁，来自斯波坎附近的一个农户之家，在 9 个兄弟姐妹中排行第 5。作为小分队的侦察兵，曼协助同伴用反坦克火箭筒发动了多轮猛攻，捣毁了一个弹药库和一门 88 毫米口径高射炮。但在受伤之后，他中弹的双臂只能无力地吊挂在胸前。

9 月 19 日星期二清晨，笼罩在运河上的浓雾瞬间消散，美军这才发现，在浅沟上方身披土灰色伪装，正如幽灵一般匍匐靠近的德军。美军奋力将 2 枚敌军扔过来但尚未爆炸的手榴弹扔了回去。小分队机枪手被第 3 枚手榴弹炸坏了双眼，但他仍然不顾一切地四处摸索，试图找到第 4 枚，并用它回敬敌人。当第 5 枚手榴弹落在曼身后时，他将身体尽量后仰，用躯干挡住了爆炸的冲击波。他的英雄壮举挽救了同伴的生命，也因此获得了国家荣誉勋章。在他告诉威伯斯基"我的后背已经被炸飞"2 分钟后，便永远闭上了眼睛。

弹尽粮绝、仅有 3 名战士没有受伤，面对这一切，威伯斯基只好将一条污迹斑斑的白手帕系在了卡宾枪口上，带领小分队成员向敌军投降。原本预计由 1 个连队就能完成的贝斯特战役很快便升级为全团作战，而随后赶到的英军坦克有力地保护了盟军部队的左翼，成为当天扭转战势的关键。在此役中，德军共 1 400 人被俘，300 多人被击毙，据说其中很多人是在准备放弃抵抗时被自己的同伴所杀。但盟军也没能攻下贝斯特小城，至少还要等待几周才能将其解放。

★ ★ ★

9 月 18 日星期一早上，第 82 空降师的情报人员在日志上记录下"荷兰消息证实德军在阿纳姆击败英军"的消息，而英国方面也坦言正面临着"非常不利的局面"。在被炮火蹂躏的城市中，尽管面包房照旧开门营业，送奶工仍然奔波于各家各户，但第 1 空降师却发现，异常艰险的处境并未得到改观。第 1 空降师派遣了 3 个营，试图增援依然坚守在阿纳姆公路桥北坡堤坝上的弗罗斯特中校，却以失败告终。准头不足的空投补给大部分落入德军之手，而恶劣的天气条件也迫使波兰部队的空降增援计划一再推迟。除了偶尔一些并不完整的电文交流，时断时续的无线电也限制了阿纳姆被围部队与第一联合空降集团军其他师部之间的联络。尤其是在林地或城镇地区，无线电更是完全派不上用场。

直到星期二早上，厄克特将军才从兹沃尔特维格藏身的阁楼脱险，并返回自己的指挥部。截至当天下午，在"下莱茵河"北部作战的 5 500 名英军中，一半以上士兵的姓名都出现在了伤亡名单上。一位准将不得不承认自己就像"失去了刺刀却仍在冲锋陷阵的落魄骑兵"。当地居民像扔沙袋一样将德国、英国和荷兰士兵的尸体从头到脚摞在一起当作路障，尽管作用有限，但依然希望可以阻挡党卫军的步伐。一份英国方面的报告承认："盟军已铸成大错。"

现在，盟军的优势除了勇气之外所剩无几，而这种勇气在夺桥战中表现得更为突出。仅仅依靠在地窖里捡到的苹果和梨子，以及茶水、樱桃白兰地和安非他命果腹，弗罗斯特的部队在星期二天黑前重新夺回了最初 18 幢建筑物中的 10 幢，并坚守在这个范围以内。房屋内的大件家具全被推到门窗前面作为屏障。所有瓶瓶罐罐和吊桶都装满了用于扑灭燃烧弹的清水。为了避免同伴受伤，士兵们用非洲战场上一句古老的呼号"为了穆罕默德"提醒彼此远离爆裂的窗户，并将壁纸卷成筒状以扩大音量。

在德军发起的一次从南向北攻占桥梁的行动中，共动用了 12 辆装甲车和 2 辆梅赛德斯卡车，却以车毁人亡而告终。70 名敌军的尸体铺满了整个坡岸。星期二下午，一架德军 FW-190 战机在向河面俯冲并投下一枚哑弹之后，左翼撞上了始建于 14 世纪的圣沃尔帕吉斯大教堂的南钟塔，翻滚着掉进了附近的一个小湖。见此情景，"所有人都感到欢欣鼓舞"，一名英国坑道工兵回忆道。

"下莱茵河"南岸的德军为了攻击英军的阵地，先后调来了 40 毫米、88 毫米甚至 150 毫米口径的高射炮。虎式坦克及被称为"尖叫 Meemie"的六膛火箭发射器不断向英军栖身的建筑物开火，炮弹中均装有烈性炸药和大量白磷。

一名党卫军列兵回忆道："建筑物从屋顶开始向下坍塌，就像洋娃娃的玩具房子。"另一名德军士兵将坦克炮火对房屋的打击比喻为"从身体上扒去皮肤"。在

281

一枚炮弹击中房子屋顶后，"整个建筑就像一只正在抖落身上水滴的小狗"，一名英国迫击炮手形容说，而当第二轮炮火袭来时，"墙壁在整体结构倒塌之前仿佛被冲击波吹倒了一样颓然崩塌"。

"整个阿纳姆都在燃烧，"弗罗斯特回忆道，"街道上亮如白昼，虚幻冰冷得令人窒息……我从未见过比房屋燃烧时的冲天火光更绚烂的景象。"就在英国广播公司持续报道盟军在荷兰"作战计划进展顺利"的同时，第2营却面临着更加困顿的局面。弗罗斯特在战后回忆说："眼睁睁地看着自己的部队被一点点蚕食是那么的令人绝望。"每当仓促赶往下一块阵地之前，士兵们总是会松开他们的头盔系带，在已经牺牲的战友身旁坐上片刻。"没人比逝者更需要战友的情谊。"一位少校解释道。但没过多久，无论是英军还是德军，只要是开始腐烂的尸体，都被无情地扔到了大街上。

到9月20日星期三傍晚，由英军控制的"下莱茵河"堤岸区域已经在敌军东、西、北三面的包抄下陷入了"一片火海"。下午1点30分，弗罗斯特因为双腿被迫击炮弹的碎片击中而被转移到散发着恶臭的地下室，地板上躺满了伤员和已经死去的士兵，卫生员甚至无处立足。"我们所处的房屋也在燃烧，"当时一名同样挤在地下室的上士写道，"我们不再妄图扑灭大火。地下室里到处都是腥臭的血迹、粪便和尿液。"地下室里还囚禁着包括V-2火箭部队发射兵在内的德军战俘，他们一边高唱"德意志，德意志，高于一切"，一边暗自祈祷党卫军能在掷出手榴弹前听到自己同伴的歌声。

星期三傍晚，交战双方一致同意停火2小时，以便转运伤员和那些因身心受创而出现精神问题的病号。"你是英国人还是美国人？"首先走进弗罗斯特所在地下室的党卫军士兵问道。房屋的门板被卸掉合页，作为向外搬运伤员的担架。一名英国士兵回忆说："当时的景象就如同在军团博物馆看到的某一幅题为'最后一战'的绘画作品。"德军的装甲掷弹兵带来了白兰地、巧克力和"打得不错"的赞许，还有人声称"这场战斗比我在苏联经历过的所有战役都要艰难"。而即将在战俘医院待上6个月的弗罗斯特则认为将他俘获的党卫军"温和友善、彬彬有礼，甚至体贴入微"。

但这并不代表普遍待遇，一位在国民女子科学中学内收治英国伤员的荷兰医生和其他4名犯人被一起带到了行刑队，仅仅3小时之后，一名德国军官便在呻吟声中用手枪击穿了他们的头颅。一位曾与盟军伞兵并肩作战的荷兰小伙也遭到了同样的厄运。德军将他已被白磷烧焦的前臂紧紧缚住，并逼迫他以下跪的姿势接受处决。一名目击者称"他缠着厚厚绷带的双手就像两只怪异的桨板一样放在胸前"。

很快，战火便重新点燃，但这次开战却草草收尾。星期三凌晨 5 点，在坚持了 3 天之后，最后一支顽强抵抗的盟军部队向敌人投降。营中的 81 名伞兵英勇牺牲，其他人员相继被俘。只有德军的监听员捕获到对手通过微弱的无线电信号发出的最后讯息："弹尽粮绝，天佑吾王。"

白日飞箭

9 月 19 日星期二，下午 4 点 30 分，当阿纳姆大桥的局面急剧恶化、濒临绝境之时，在位于赫鲁斯贝克以西 3 英里处的马尔登，年轻的加文将军正伫立在一所学校的校舍外。他一边用伞兵靴尖踢着路沿，一边焦急地等待几位英军及美军指挥官前来共商下一步行动计划。

午后的小镇笼罩在一片阴霾之中，浓密的云层遮蔽了天空。几天来，天气不断恶化：星期二当日，从英国升空的 1 000 多架补给运输机在飞越英吉利海峡时遭遇浓雾，滑翔机飞行员甚至只能看清机身前方 3 英尺范围内的牵引索。尽管许多飞机选择返航，但仍有 45 架运输机和 73 架滑翔机在飞行过程中失事。计划运送的 66 根炮管和 2 300 名增援人员中，仅有一半人员如期抵达了荷兰，送到的弹药和口粮补给几乎可以忽略不计。

在"花园行动"中，第 82 空降师有 5 个主要目标，目前已经实现了 80%。但"瓦尔河上的奈梅亨大桥"这最后的目标却仍然遥不可及。第 508 伞降步兵团的一个营曾试图在星期日傍晚靠近公路大桥，但该团团长并没有听从加文"从赫鲁斯贝克高地沿河床迂回包抄"的指示，而是轻信了荷兰方面的断言——奈梅亨曲折的街巷才是通往目的地的捷径。晚上 10 点，在大桥南端通道附近停靠的运输卡车卸下了大批德国士兵，随后，双方在黑暗中进行了混乱的交火，美军的计划彻底落空。之后不久，党卫军第 10"福隆德斯伯格"装甲师在瓦尔克霍夫的加洛林王朝多面堡古城遗迹内修筑了壕沟。该城堡始建于公元 768 年查理曼大帝在位时期，他的儿子"虔诚者"路易曾在此驯养自己的猎鹰。

第 30 军姗姗来迟，导致挺进瓦尔河的作战计划直至星期二拂晓依然未能实现。上午 8 点 30 分，近卫装甲师终于在第 82 空降师和荷兰爱国民众的欢呼中抵达了赫拉弗的九拱大桥。刚过中午，第一批盟军坦克便开足马力驶进了奈梅亨郊区。至此，盟军已经掌握了从利奥波德堡到阿纳姆一线 2/3 的"黄金走廊"地带。但是，突袭瓦尔河奈梅亨河段的尝试依然没有取得丝毫进展。为此，盟军特意组建了 3 支突击队，分别向公路桥、铁路桥和附近的邮局发起进攻。

到 1944 年 9 月下旬，奈梅亨这座美丽的荷兰小镇已沦为一片废墟。尽管瓦尔河上，通向北面 10 英里处的阿纳姆的公路桥依然完好。

荷兰抵抗组织确信邮局内储存有足以破坏两座大桥的炸药。在 3 路进攻中，只有针对邮局的突袭取得了成功，但除了躲在地下室里瑟瑟发抖的平民和邮票柜台后几具敌军的尸体之外，盟军根本就没看见炸药的影子。对于结构尚未受损的几座大桥，德军指挥官表现得信心十足。莫德尔希望将这些桥梁保留到德军从阿纳姆向奈梅亨发起反攻的时候。作为御敌屏障，党卫军工兵在河岸南坡周围的数百间房屋内堆满燃料罐，每隔两扇大门扔进一捆铝热剂手榴弹作为引信。随着无数个燃料罐爆炸，又一个荷兰城市陷入了焦炭屠城的火海之中。

此时，站在马尔登街道边的加文迎来了嘴叼雪茄的鲁本·H. 塔克中校，年仅 33 岁的塔克来自康涅狄格州，是一名参加过西西里和安齐奥战役的老兵，现任第 504 伞降步兵团团长。随后，3 名英军中校也风尘仆仆赶到了这里。他们全都穿着条绒裤和高帮羊皮马靴，佩戴分别代表爱尔兰、掷弹兵及苏格兰近卫军的贝雷帽团徽，并"面露令人无法理解的冷漠神情"，一名当时在场的军官回忆道。此后，又有 3 名英国将军加入到众人的谈话中来，他们分别是近卫装甲师师长艾伦·H.S. 阿代尔少将、高大瘦削的霍罗克斯，以及亲自带领下属驾驶 36 架滑翔机降落在附近菜地的"男孩"勃朗宁。

作为"市场花园行动"的指挥官,勃朗宁比以往更加专注地捻动自己的胡须,他的穿着已经从惯常的阅兵场作战服搭配公文包变成了空降夹克,脖颈上还挂着野战望远镜。面对眼下棘手的局势,即便以翩翩风度著称的勃朗宁似乎也有些坐立不安。就在前往马尔登之前,他刚刚收到一封恶作剧般的贺电。这份来自"甲壳虫"史密斯的电文声称最高统帅部"对此次行动非常满意",局势的发展与之前的预期"完全一致"。读罢来电,勃朗宁一怒之下将墨水瓶扔向了墙壁上悬挂的德国将军的照片。

协商会议开始后,加文对盟军在奈梅亨的艰难处境进行了简要的说明。在瓦尔河南岸,敌军控制着从西侧铁路桥至东侧公路桥之间宽达 1 公里的区域。这片宽约 300 码的地带从河边一直延伸到了火光冲天的奈梅亨。守卫每座大桥的党卫军多达 500 多人,另外还有一些敌军隐藏在 17 世纪的瞭望塔"贝尔维迪尔"的环形地道内,就连河边的露天音乐演奏台也被改造为遍布射击孔的据点。在不远处的大桥上,还能依稀看到骑着自行车或步行赶来的德军增援部队。

不少英军坦克都被北岸的炮火击毁,城里的美军伞兵不得不将自己裹在帷帘和家具外罩里,以此抵御漫漫长夜的彻骨寒气。沮丧的加文不断催促荷兰抵抗组织 600 多名队员拾起死难者的武器,奋力阻击大桥附近的敌军。而此刻的勃朗宁与厄克特将军一样,面临着无线电不通畅的问题,因此对英军在阿纳姆身陷险境的消息仍然一无所知。尽管如此,加文并不认同情报部门早先的分析,而是深信敌军并非"全线溃退的残兵败将"。被俘党卫军士兵"强硬而自信"的表现似乎也在为加文的推断提供佐证。

几乎被头盔帽檐遮住眼睛的塔克中校时不时会从嘴里取出雪茄并向地上啐口水。"每当他这么做的时候,"英军一名中校写道,"近卫团军官的脸上都会闪过一丝讶异的表情。"

加文认为侧翼包抄是歼灭奈梅亨敌军的唯一方法:他建议英军的坦克部队联合一个伞兵营在城内发起猛攻。塔克的伞降步兵团则越过公路桥附近的瓦尔河下游河段,直捣德军后方。考虑到向阿纳姆挺进的紧迫性,盟军放弃了在夜间行动的计划,而是将进攻安排在 9 月 20 日星期三实施。为此,他们面临的首要任务就是寻找渡船。然而,河面上却见不到任何渡船的踪迹。

对于加文的提议,勃朗宁和阿代尔几乎一言不发,塔克以啐口水作为回应,而霍罗克斯则满心疑虑。在白天横渡 400 码宽、流速达 8 节的瓦尔河简直就是自取灭亡。8 个月前，美军在意大利中部拉皮多河发动的渡河进攻就是前车之鉴。在那场以惨败告终的战斗中，美军伤亡多达 2 000 人。然而，就连霍罗克斯也意识到，盟军现在已经别无选择。他知道，在第 30 军堆满筑桥设备的工程列车上，应该能够找到几十只冲锋舟。虽然狭窄的"地狱公路"因挤满数万名盟军士兵而变得寸步难行，但霍罗克斯还是命令自己的部队尽快找到这些小舟，并及时运送到奈梅亨。在会议接近尾声时，他给予加文一些忠告："吉姆，永远别指望一蹴而就地击溃整支部队。"

2 小时之后，当指挥官们在逐渐隐没于暮色的阵地上为翌日的作战加紧准备时，德军 120 架低空轰炸机相继飞临埃因霍温，发动了 1944 年入秋以来唯一一次大规模、长距离的空袭行动。就在沉浸于欢乐中的飞利浦公司员工及其家人们敲着着玩具手鼓，争相将自己的姓名写在英军车辆挡泥板上以示庆祝时，荷兰铁路工人却带来了德军装甲车迫近的消息。于是，城内到处飞扬的橙色彩幡和荷兰国旗仿佛瞬间便消失得无影无踪。艾伦·穆尔黑德报告说："所有人都不约而同地敛起了笑容。"

> 还来不及摘掉小丑帽的母亲们跌跌撞撞地跑上街道寻找自己的孩子……六孔笛的演奏声渐行渐弱，欢快起舞的人群霎时间全都销声匿迹……刚刚还笑逐颜开的人们瞬间就被惶惶不安的情绪所笼罩。

然而，埃因霍温迎来的并不是敌军的坦克，而是"在小城上空迸发出金色耀眼光芒的降落闪光弹……整个城市的街道被照得恍如白昼"。片刻过后，炸弹开始如雨点般倾泻而下，停放在斯塔特姆斯德克街的几辆弹药卡车和西门子公司的厂房变成了一片火海。与此同时，为确保至少能有 6 位将军同时统领 5 个营的兵力共同完成星期三的进攻计划，正一起赶往奈梅亨的李奇微和布里尔顿两位将军发现，自己被困在埃因霍温的一座公园里动弹不得。布里尔顿在他的日记中写道："我们在那里几乎一动不动地趴了 1 个小时。"李奇微随后描绘道："到处都燃着大火，弹药卡车猛烈地爆炸，油车仿佛一只只巨型火炬，被炸毁的房屋残骸覆盖了整条街道。"

根据穆尔黑德的记录，妇女和儿童都在掩体内哼唱着圣歌："无所不在的阳光与空气终将战胜一切。"在毕斯多惠路,一间拥挤不堪的地下室被炸弹击中,41 人不幸葬身火海。由于城内水压不足,在 9 000 幢受损建筑物中,至少有200 间房屋被烧得只剩外墙。转瞬之间,"光明之城"变成了一座熊熊燃烧的炼狱。

当黎明的曙光初现,人们才得以看清这座城市经历灾难后的悲惨景象。当地居民因空袭伤亡逾千人,遇难人数达到 227 名。死难者的遗体都被抬到泰姆斯特拉特路的一间学校内,装入带有顶盖和黄铜把手的狭窄棺材,准备在无名公墓下葬。尽管已经预料到敌人会在"花园行动"部队抵达埃因霍温后将这里作为主要打击目标,但穆尔黑德仍然感到愤怒。"这是德军方面的恶意报复,"他气冲冲地说道,"是不可饶恕的罪行。"

直到 9 月 20 日星期三,冲锋舟都还在运输途中。这使得奈梅亨的渡河进攻不得不推迟到下午。在作战计划因借口"地狱公路"拥堵而一再延迟时,加文终于忍无可忍地催促起霍罗克斯来。"看在上帝的分上,想想办法!"他声色俱厉地说道,"这是你起码应该做到的事。"在战斗打响前 20 分钟,3 辆英军卡车终于停靠在城西 1 公里处河边发电厂的后面,但车上只有 26 只并不算结实的小船,而非之前说好的 33 只冲锋舟。另外,还有一辆运输卡车已被敌军的炮火击毁。

一名近卫团军官坦言,这些长约 19 英尺、胶合板材船底、船舷上钉着绿色帆布罩的小船"更适合水势平缓的英国河流",而不应该用来横渡湍急宽阔的莱茵河。一些小船上仅有两只船桨,而要顺利过河至少需要 8 只。亨利·B. 基普上尉在致母亲的信中写道:"这些轻薄、平底的小东西甚至比爸爸的锡皮捕鸭船还要小。"

在一面堤防的隐蔽处,第 504 伞降步兵团第 3 营的官兵们囫囵吞下刚从锅里捞出来的大块猪排,再深深吸上一口雪茄,聆听着英国皇家工兵部队一位少校的指导:"尽可能地将船头对准上游的方向行进。"他略显无奈地建议道。在开始渡河之前,"台风"战机首先向对岸的敌军发起骚扰式进攻,接着就是 100 多门火炮近 15 分钟的炮弹"洗礼"。20 多辆英军谢尔曼坦克也颠簸着快速前进,发射的高爆弹和白磷弹形成了一层厚厚的乳白色烟幕。下午 3 点 02 分,随着一声凄厉的哨音,400 多名士兵肩扛每只重达 600 磅的小舟吃力地穿过堤坝,跟跟跄跄地走向陡直、泥泞的瓦尔河岸。

顷刻之间,德军从 3 个方向一齐猛烈还击,炮火击中河面溅起的水花"就像正在喂食一大群鲭鱼"，一名士兵这样形容道。当渡河官兵纵身跃上时，这些小船不是陷进河边的淤泥，就是翻倒在浅滩上，还有一些不停地在水里打转，或是连带着紧抓船舷不放的溺水者被一起冲到下游。敌军火力十分凶猛，仅仅公路桥一个方向就有30多挺机枪和2门20毫米口径高射炮。呼啸的子弹就像炽热的火山石一样掠过水面，钻进小船的帆布罩中。船上的士兵不得不用帽子、手套和手帕等一切可用之物奋力填堵那些漏水的小洞。

十几名士兵因所乘小船被一枚迫击炮弹击中而被掀翻在瓦尔河中。一名被击穿头部的工兵从船上跌落水中，脚却紧紧卡在船座下面，身体如同船舵，带动小舟不停旋转，直到浑身沾满其鲜血和脑浆的战友将他的尸体推进河里。随军牧师德尔伯特·屈尔回忆说："身边的同伴被炸飞了头部的中间部分，头盖骨掉到了仅剩的下颌骨上。"就在同一条小船上，正在划桨的朱利安·A.库克少校一遍又一遍地喃喃自语："满被圣宠的万福玛利亚……"而一旁的牧师则帮助他完成了祈祷："愿你的旨意奉行在人间。"

一名坦克部队的指挥官后来回忆道："当时的场面犹如噩梦，小船接二连三地被炮火炸翻。"与此同时，勃朗宁、霍罗克斯和阿代尔3位英国将军正站在发电厂的顶层，用野战望远镜注视着那令人惊恐的景象。一阵强风驱散了浓密的烟幕，驻守在铁路桥和对岸堤坝上的德军炮手终于看清了攻击目标。一颗又一颗曳光弹拖着长长的尾翼，射向盟军所处的水域。炮火的轰鸣声和帆布撕裂的声音响彻水面，倒下的士兵被集中到船中央，他们鲜血淋漓的伤口上还蒸腾着袅袅的水汽。丢了船桨的桨手们用枪托、头盔和工兵铲等工具近乎疯狂地在仿佛已经沸腾的瓦尔河上乱划一气。"我的天哪，"霍罗克斯不禁惊呼，"快看看他们吧。"

只有一半的人抵达彼岸。他们连滚带爬地翻下小船，喘息着、干呕着，躺倒在北岸泥泞的隐蔽处。仅剩的13只小船立即返航，已被弹片打成了蜂窝的船体内堆放着来不及搬运的尸体，精疲力竭的美军工兵机械地划着船桨。在第二轮渡河过程中，又有两只小船被敌军炮火击沉。随后启用的其他4个渡口也开始加紧运送第3营的剩余官兵和第1营的后援力量，塔克中校就在其中。被迫充当桨手的德国战俘恐怕都会对被称为"瓦尔河赛舟会"的最后一轮渡河永生难忘。那些正在岸边跪地呕吐的士兵们很快就会因眼前惨烈的杀戮惊得僵直了身体。一名士兵情不自禁地喊道："愿上帝救救这些可怜的人。"

到达彼岸的盟军官兵开始列队冲锋，他们勇猛向前、所向披靡。在被一名上士比喻为"就像在打玩偶匣小人"的疯狂射击过后,河边的 50 多名德军中弹身亡。而后,盟军战士又向堤道追击 600 多码,击毙了更多装备了手榴弹和刺刀的敌人。盟军的一个连队在泗渡护城河、翻越防御工事并突破一座狭窄木桥的封锁后,将驻扎在破旧的荷兰古堡"霍夫范荷兰"里的敌军守备部队全部歼灭。其他士兵则转而采用散兵线战术,悄悄靠近目标大桥,并从敌人身后发动进攻。基普上尉形容他的士兵个个都"士气高涨、舍生忘死,仿佛是因暴怒和屠戮欲望而陷入疯狂的极端分子……我从未经历过如今天所目睹的这种人性剧变。所有人都近乎癫狂"。

当英军坦克向北突进奈梅亨的同时,迫于压力的党卫军部队已经察觉到当天的战局发生了逆转。准备放手一搏的德军悄悄爬上铁路大桥,却遭遇了布朗宁自动步枪和两挺落入盟军之手的德国机枪的密集扫射。阻击敌人的是已占领河岸北坡的塔克部,他们不停地挥动黄色信号旗,以免遭到对岸英军炮火的误伤。

那些仍在维修上层桥体的德国工兵被击毙后,尸体就吊挂在安全带上,在高处的梁架上随风摆动,"活像一群滴水兽",基普上尉向母亲描绘道。其他德军有的疲于躲避猛烈的炮火,干脆跳入了冰冷的瓦尔河,还有的则在试图投降时被打死。"一些年纪大的德军士兵紧紧握住我们的 M-1 半自动步枪,像狗一样摇尾乞怜,"一名下士回忆道,"可他们全被当场击毙。"一名德军中校在日记中记录道:"美国人将我们的伤员从大桥上扔下瓦尔河,还杀死了仅剩的一些战俘。"仅在铁路桥上发现的敌军尸体就有 267 具。

此时,伞兵部队也迅速穿过了瓦尔河畔的草地和沼泽,于黄昏时分赶到公路大桥北面的通道,并立刻投入战斗。整个过程与近卫掷弹兵团坦克部队在奈梅亨突破查理曼大帝的瓦尔克霍夫古堡,并抢占大桥一役如出一辙。德军 88 毫米口径高射炮的炮弹划破夜空,如雨点般射向盟军阵地,"呼啸而至的炮火撕裂天际,犹如巨大的罗马蜡烛闪耀的光团",一名美军指挥官报告。两辆英军坦克被炮弹击中,其中一辆向路边侧滑时冲毁了敌军在对面斜坡设置的路障,直接撞飞了路旁的两门反坦克炮。匆匆逃离的党卫军士兵趁着暮色钻进了茂密的醋栗树丛中。在大桥钢梁上搜寻爆炸物的英国工兵发现了在距河面 80 英尺高的桥侧小道上安置的炸药和雷管。

盟军相继攻陷了两座大桥,这场被霍罗克斯誉为"在给德军最后一击的过程中最值得称颂的英勇战斗"终于胜利结束,但塔克部的 200 多名伞兵却为此付出了生命的代价。当莫德尔下达"炸毁奈梅亨公路大桥"的命令时,早就为时已晚。

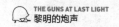

党卫军第 10"福隆德斯伯格"装甲师从无线电中获悉了令人沮丧的消息："他们已经控制了瓦尔河。"

蒙哥马利通过联络官和无线电台的报告对此次战斗进行了全程监控。在"市场花园行动"整个过程中，他既没有亲临前线，也未曾召见任何一位前线指挥官，而是再次专心描绘起自己的画像来。他乐此不疲，并洋洋自得地吹嘘这幅肖像画作可以"在明年的英国皇家艺术学会上引起巨大轰动"。就在 9 月 20 日星期三夜间的 10 点 50 分，身处布鲁塞尔的蒙哥马利认为自己已对战局拥有十足的把握，因此致电艾森豪威尔：

> 目前大局已定……位于阿纳姆的英国空降师虽然度过了一段艰难时期，但他们的处境已经好转，我们可以在他们的策应下从奈梅亨向北挺进。我已经稳操胜券，我们应该把握眼下的机会，一举攻克阿纳姆大桥。

在随后发给布鲁克的电文中，他补充道："我对目前各河域的总体战势非常满意。"蒙哥马利的评判纯粹是一种幻觉。尽管在奈梅亨英勇奋战的盟军战士勇气可嘉，但他们早已错过可以"稳操胜券"地夺取阿纳姆大桥的机会。荷兰战势绝对不容乐观，但最高统帅部对此却一无所知。第 30 军在随后递交的一份报告中坦承："无论是从正面进攻，还是从侧翼和后方进攻，情况都着实令人担忧。"

★ ★ ★

加文对此心知肚明。他甚至还没等到自己的士兵开始横渡瓦尔河，便被身处赫鲁斯贝克的参谋长从奈梅亨前哨急电召回："将军，你最好尽快回来，否则我们的部队将损失殆尽。"当加文马不停蹄地赶回自己的指挥部时，刚从埃因霍温恐怖空袭中幸存下来的李奇微也满身污垢地来到了这里。他告诉加文，德国伞兵已经占领了北部的贝克和南部莫克的部分地区，不仅步步紧逼"地狱公路"，而且对俯临奈梅亨的赫鲁斯贝克岭构成极大威胁，而这块罕有的高地对盟军而言至关重要。最终，盟军依靠夜色、冷溪近卫团的坦克及加文的超凡勇气挽救了星期三当日的战局。加文在战斗中功不可没，他不顾安危，带头爬上一条处于敌军低伸火力封锁下的碎石路。盟军在 9 月 21 日星期四拂晓发起了反攻，重新夺回了贝克和莫克，并一路追击向东回撤的德军。

　　然而，就在这些英美部队后方，麻烦才刚刚浮出水面。星期三在赞恩开展的一场装甲突袭行动中，10 辆好大喜功的英军坦克使盟军与胜利失之交臂。盟军情报人员认为德军无法有效调配主力部队迎击"市场花园行动"的进攻。但事实上，仅在一周之内，德国便从其他地区征调了 8.5 万人充实前线。而原本计划由位于西侧的第 12 军和东侧的第 8 军负责保护盟军侧翼，但这两支英军部队却在通过一片石楠沼泽地时步履维艰，加之敌军不时骚扰，每天平均只能行军约 3 英里。截至 9 月 22 日星期五，盟军的先头部队已经抵达贝斯特，而殿后部队却仍在埃因霍温东南部徘徊。

　　尽管荷兰方面曾多次警告过，德军正从东西两侧向费赫尔与于登之间的地区集结，却也未能阻止敌军于星期五清晨首次截断了"地狱公路"。德军装甲车封锁了道路，封锁时间超过一天，直接阻断了位于马斯河以北 3 个盟军师的补给命脉。霍罗克斯承认："这是我人生中经历过的最黑暗的时刻。"星期六下午，就在英军坦克部队和美军伞兵部队重新疏通道路的同时，德军又在赞恩以北 6 英里的地方发动突袭。双方交战异常猛烈，以至美军炮手只能通过瞄准器向 400 码内的目标开火。"地狱公路"被阻断长达两天，敌军利用这段时间破坏了盟军 50 多辆运输车辆，并在道路上了埋设地雷。

　　而夺取瓦尔河上的桥头堡也未能开启通向阿纳姆的胜利之路，这令蒙哥马利大失所望。为了攻克两座大桥，在奈梅亨耽搁了整整 35 个小时的第 30 军先头部队又在原地休整了 18 个小时。敌军对"地狱公路"的突袭和阻断彻底打乱了盟军的部署：英军第 43 师的增援部队耗费 3 天时间行军 60 英里才与爱尔兰近卫团和第 82 空降师会师。

　　英军部队因协助美军在莫克的作战及奈梅亨的清剿行动而耽误了行程，最高统帅部允诺的一部分补给物资也迟迟没有到位。此外，根据加文的观察，经历 5 年战争洗礼的英国老兵正变得畏首畏尾，在他们当中滋生着一种被加文称作"为何要现在死去"的厌战情绪。在奈梅亨铁路大桥附近的一所农舍里，加文碰到了正对部队的磨磨蹭蹭感到愤怒的塔克中校。"他们究竟在做什么？"塔克一边用力咬着自己的雪茄，一边大声质问道，"难道他们不去阿纳姆了吗？"

　　9 月 21 日星期四下午 1 点半，爱尔兰近卫团终于艰难地推进到高于沼泽地带 6 英尺的一条公路上。在部队缴获并携带的一张德军地图上，清晰地标注着隐藏在奈梅亨以北 3 英里处的雷森林地的敌军火力分布情况。事实证明这张地图精确无误：此地共布防了 11 辆装甲车、2 门 88 毫米排炮、2 个步兵营及在伏击点静候盟军的其他各支部队。从利奥波德堡出发时的厄运再次降临，正在昂首挺进的英军队伍中突然爆炸起火，3 辆谢尔曼坦克燃起熊熊大火，其后的坦克编队"挤成一团……首尾相接，混乱不堪"。信号不畅的无线电通信削弱了"台风"战机的空中打击，而"地狱公路"的交通拥堵又将炮兵部队阻隔在遥远的南部，一位英国军官注视着这片遍布堤坝、沟渠和果树的"令人沮丧的洼地"，情不自禁地表示："我们不愿意再在这条血腥的道路上多走一步。"

当然，部队仍得继续前进，而速度依旧十分缓慢。与诺曼底登陆的装甲先遣队在波卡基的遭遇相类似，近卫团在恶劣的地形条件下苦苦挣扎 3 天后，终于抵达前往阿纳姆途中的必经之地——埃尔斯特。"但他们却没能走得更远"，该团团史上这样哀叹道。直到周末，扛着猎枪的近卫团军官都在城郊四处游荡，寻觅凤头麦鸡和野鸡的踪迹。面对目前的悲惨境遇，他们似乎已决定自暴自弃。

★★★

与此同时，位于阿纳姆的英军残部正在奥斯特贝克一个周长 3 英里的林地包围圈内龟缩防守，这片城西地区的南侧就是"下莱茵河"的河边草甸。镶嵌着高大窗体的哈特恩斯特恩饭店被厄克特将军的指挥部所占用，这里曾经富丽堂皇，现在却是满目疮痍。死难者的尸体像庭园里的木柴一样随意堆放，口渴难耐的伤员甚至喝光了饭店暖气片里的循环水。月桂丛中和山毛榉下蜿蜒分布着多条散兵壕沟。网球场则充当了关押德国俘虏的临时监牢。"每到夜晚，我会回到自己的壕沟，吸上一会儿烟斗，"一名伞兵后来写道，"我喜欢盯着身旁一棵结满红色果实的苹果树发呆，然后仰望天空中闪烁的繁星。"1586 年 9 月，英国诗人菲利普·西德尼在距此不远的聚特芬作战时伤重不治。而值得尊敬的西德尼也曾仰望这片星空，也曾慨叹黯然升上天际的朔月，这多少令人感到些许安慰。

在被英军称为"仇恨"的迫击炮弹幕攻击的间隙，德军在扩音器里反复播放着格伦·米勒的经典乐曲《在情绪中》或是劝降宣传。英军则以诅咒的嘘声和布朗式轻机枪的还击回应。狙击手每击中一个德军的煤斗式钢盔，便会在自己的步枪托上画出一道刻痕。在被德军喻为"女巫大锅"的包围圈内，盟军受到的武力侵袭与日俱增。德军的火焰喷射器部队和 15 辆刚刚出厂的虎王 II 型坦克也加入了"逐个房间、逐层楼道、逐座花园和逐棵树木"的激烈巷战，一名党卫军上尉这样描绘道。一名荷兰妇女表示:"你想象不到有多少人被当时的情景吓得失声尖叫。"与此同时,正在奈梅亨附近的第 30 军炮兵部队已极其精准地将敌军纳入射程范围,并令党卫军第 9 装甲师陷入困境,这或许也算是能够带来一些慰藉的好消息。

在突入"下莱茵河"北侧的 9 000 名英军士兵中,约有 3 600 人尚存一定的战斗力,但他们也面临着山穷水尽的窘境。自从 9 月 18 日以来,在已空投的 1 500 吨补给物资中,厄克特的部队所得不足 200 吨,另有 66 架运输机在执行 629 架次的飞行任务过程中被德军击落。伤员、病号及那些垂死挣扎或刚刚咽气的士兵将奥斯特贝克的每一间地下室和每一幢墙体坚固的房屋挤得水泄不通。一位勇敢的荷兰妇女凯特尔霍斯特奔走在他们中间,借助手电筒的微光为这些可怜的人们朗读着大卫一世的《第 91 篇诗篇》:"你必不怕黑夜的惊骇,或是白日飞箭。"星期三(9 月 20 日)傍晚,厄克特向勃朗宁发出一封求助电文:"我们的伤亡惨重,几近弹尽粮绝。是否能在 24 小时之内施以救援将对我们生死攸关。"

然而,当寥寥可数的救援部队终于出现时,却为时已晚。索萨波夫斯基将军的波兰伞兵旅因恶劣天气在增援途中多花了近一倍的时间。弗罗斯特营队的全军覆没又催生出一个新的作战计划,即令波兰部队于 9 月 21 日在德里尔附近发动空中突袭,地点就选择在厄克特滩头阵地的河对岸,而不是伞降在目前已遭弃置的大桥附近。

救援行动开始后,许多被欧洲大陆持续恶化的天气条件弄得蒙头转向的飞行员只能掉头返航,其中一人不幸殒命于爱尔兰的上空。而最终平安降落在德里尔的索萨波夫斯基却发现仅有 2/3 的部队如期抵达,约合 1 000 人。在之后的渡河行动中,他们无法找到本应准备妥当的渡船,面对 200 码宽的河面一筹莫展。据推测,为避免落入德军之手,渡船已被割断绳索并沉入水底。固防北岸的敌军兵力进一步加强,他们击溃韦斯特鲍文高地一个排的驻守英军后,将厄克特的临河阵地逼缩在 700 码的范围之内。

在厄克特的部队继续孤军奋战两个昼夜后,几名波兰士兵乘坐小舢板和橡皮筏成功地潜入了英军的营地,但随后的大规模强攻渡河却招致敌军火炮的一片密集俯射,索萨波夫斯基称当时的惨状如同"水上地狱"。9 月 24 日入夜,在又一次姗姗来迟的卡车将很多缺少划桨的冲锋舟运抵河岸后,多塞特郡团一个营的兵力作为第 43 师先头部队,再次尝试渡河,但绝大部分人都因遭遇伏击而失踪或伤亡。一个小时之后,此次渡河突袭因无从招架的机枪扫射和手榴弹轰炸而宣告失败。在参与行动的 400 名多赛特郡团官兵中，有 300 多人葬身河底或不幸被俘。一位英国军官总结道："此战虽可歌可泣，但却徒劳无功。"一名于 9 月 24 日星期日在哈特恩斯特恩等候消息的波兰记者写道："一切迹象似乎都表明我们正不断滑向凄凉险恶的深渊。"

悲惨的结局总是来得很快。9 月 25 日星期一清晨，位于马尔登的第 30 军司令部内一片死气沉沉，勃朗宁和霍罗克斯都同意应该停止无谓的牺牲，而应于当晚将第 1 空降师撤出阿纳姆，并以"柏林"这个并不贴切的代号为此次计划命名。在哈特恩斯特恩饭店的地窖里，一名书记员在师部作战日志中匆匆写道："我们从未如此急切地期盼黑夜的降临。"厄克特对 1915 年英军在加里波利的秘密撤退进行了充分的研究。依照他的命令，从前沿阵地分批撤出的部队将悄无声息地靠近河岸。他们不仅将自己的军靴缠上布条，用灰土和淤泥涂黑脸孔，而且还以白色胶带标记出行动路线。卫生兵负责推行坐在独轮车或手推车上的轻伤员。在以医疗救护为目的的暂时休战过程中，1 200 名盟军伤员落入德军手里，而更多的人只能留下，由随军牧师和军医照看。

厄克特后来谈道："那是一个非常适合秘密撤离的夜晚。"夹杂着暴雨的狂风将韦斯特鲍文高地悬崖上的桦木和栗树摇得哗哗作响。第 30 军不断地向外围地区发射炮弹，以便进一步掩盖部队撤退时发出的声响。被击中起火的房屋散发着古怪的红色光芒。由加拿大和英国工兵驾驶的强击登陆艇只有 37 条，撤离的部队便以 14 人为一组，手拉手结成长约 150 码的队列，深一脚浅一脚地蹚过河边的泥沼。一名上士向同伴分发安非他命，军官们忙于将最后的机密付之一炬，而炮兵则把自己的瞄准器和炮栓全部扔进了河里。

然后，官兵们冒着倾盆大雨登上了首尾相接的数十只登陆艇，悄无声息地向散发着黑曜石般光芒的"下莱茵河"驶去。不知过了多久，当艇身终于触到对岸的防波堤时，黑暗中传来一声欢呼："谢天谢地，你们终于回来了。"在德里尔南部的一个谷仓里，热腾腾的饭菜正在盛盘上桌，大口杯中早已倒满君度甜酒和掺有朗姆酒的热茶。此时，40 多辆卡车和救护车正载着成功逃脱敌军包围的士兵们向奈梅亨驶去。

当暗夜渐渐被晨曦所驱散时，河面上仍然晃动着第 1 师渡河官兵的身影。突然，河边芦苇丛中响起一阵敌军机枪疯狂扫射的急促枪声，迫击炮弹也如雨点般地砸向河面。一些跳进河里的士兵或是手忙脚乱地向南岸游去，或是直接溺水而亡。最后一只登陆艇严重超载，以致艇长无法通过拉绳启动外舷的马达。艇上的人们不得不用自己的双手和枪托充当划桨，但小艇仍被子弹射得千疮百孔，在24 名乘船者中，仅有 4 人安全上岸。仍在岸边集结等待的 300 多人被俘，而最终逃脱包围的人数达到 2 600 名。

厄克特本人也成功撤离。9 月 26 日星期二凌晨，双眼充血、满身泥渍的他来到"男孩"勃朗宁位于奈梅亨南部的宽敞而舒适的指挥部。从梦中惊醒的勃朗宁花了整整 20 分钟才脱去睡衣并换上整洁笔挺的制服，他的山姆布朗武装带扣像镜子一样光可鉴人。

"很抱歉，我们没能完成既定的作战计划。"厄克特说道。

勃朗宁挥手打断了他的致歉。"你们已经倾尽全力，"他爽快地答道，"现在应该好好休息一下了。"

9 月 29 日星期五凌晨，身穿潜水服的 12 名德军突击队员偷偷潜入奈梅亨上游 5 英里处的瓦尔河。这些在威尼斯接受过水中伪装训练的德军个个是游泳健将，其中一人还是奥运选手。他们总共携带了 6 支爆破筒，每支长约 16 英尺，在一对浮力气筒的中间填充了近 1 吨由三硝基甲苯和六硝基二苯胺混合的烈性炸药。他们潜到幽深的河底，剪开新修筑的伸缩水栅，然后将炸药绑在桥墩上并设置了一小时后引爆的定时装置。

当这些筋疲力尽的潜水员从 1 英里外的下游水域跌跌撞撞地爬上岸边时，几乎被冻得失去知觉，而他们上岸的位置恰好靠近一周前塔克部队的渡河路线。尽管哨兵在第一时间发现并抓获了其中的 10 人，但荷兰的寂静黎明仍被 6 点半钟响起的一连串震天动地的爆炸声所打破。猛烈的爆炸过后，近 80 英尺的公路桥面片甲无存，而铁路桥中央的一大段桥体也已跌落河中。至此，因爆炸而倒毙在瓦尔河泥泞河床上的盟军士兵成了"市场花园行动"的最后一批伤亡者。

盟军最高统帅部对于这次突如其来的打击似乎显得无动于衷，他们坚称在荷兰发动的这次鲁莽的伞降突袭已取得"决定性的胜利"，丘吉尔这样评价道。布里尔顿宣称此次行动获得了"辉煌的成功"，而蒙哥马利则向国王表达了他对"本次空降行动总体战果的满意之情"。他认为既然地面部队已完成预定行程的 9/10，那么便可以判定此次行动也取得了 90% 的成功。空军元帅特德一针见血地指出：

"这就像是在形容一个自取灭亡的跳崖者，在他坠落地面的过程中距离成功的目标越来越近，即便最后粉身碎骨。"勃朗宁声称即使时光倒流，他也绝对不会改变自己的作战计划。他随后表示："当时谁能想到德军能迅速恢复元气并投入战斗？"甚至厄克特也斩钉截铁地表明："我们并不后悔。"

一位失去了自己下属的师长记录了这些英勇悲壮的事迹：第 1 空降师 2/3 的作战人员被俘或战死，伤亡者中包括 8 名营长和 26 名步兵连长，仅有 1 名营长和 4 名连长幸免于难。盟军空降部队因"市场花园行动"殉难近 1.2 万人，其中超过半数是英军。此外，在执行共计 1.7 万架次的飞行任务时，共有 261 架飞机失事、658 名机组人员遇难。霍罗克斯的第 30 军伤亡总计 1 500 人，损失 70 辆坦克。科尼利厄斯·瑞恩创作的《遥远的桥》已成为记录此次战役的经典著作，根据他的推断，盟军在 9 天的行动中共损失 1.7 万余人。

根据德国的官方统计，党卫军第 2 装甲师在此次战役中死亡、受伤或失踪共计 3 300 人，但另有数据表明，德军的实际伤亡总数至少比这一数字多出一倍。战后数十年来，仍有不少死难者的尸骸陆续被荷兰的筑路工人和建筑施工人员发现。

有时候，即便已经取得"决定性的胜利"和"辉煌的成功"，还是需要替罪羊来承担纰漏的责任。蒙哥马利将其 10% 的未竟计划归咎于恶劣的天气。布里尔顿对第 30 军的表现横加指责。勃朗宁则对索萨波夫斯基颇有微词。由于被指能力不足及违抗命令，这位波兰将军毫无意外地成了众人眼中傲慢无礼的麻烦人物，并在英国人的极力主张下被剥夺了旅长的职务。直到 60 年后，荷兰方面才以一项追授的荣誉表彰其在二战中的英勇表现。

蒙哥马利"忙于与艾森豪威尔内斗而忘记对德作战"的行为成为空降兵口中的笑柄，一名皇家通信兵认为："如果某些高级指挥官能对作战计划多提一些建设性的批评意见，而少些应声虫般的随声附和，或许就不会铸成大错。"事实上，正如一位英国将军所言，此次行动恰恰缺少了"一种掌控战局的心态"，这也是盟军在西欧进行的较大规模战役的通病。但是，至少霍罗克斯还拥有自我反省的气度，比如他未令第 43 师避开"地狱公路"而选择一条不同的路线，以及没能邀请荷兰军官加入他的智囊团队。

还有几百名穿越封锁线的逃亡盟军最终回到了自己的阵营，这多少要归功于勇敢的荷兰人民的无私帮助。在整个行动期间，有 6 000 多名盟军官兵被敌军抓获成为俘虏，许多人高唱着爱尔兰民歌《啊，山谷里的小花》互相鼓励。在阿纳姆市中心的广场上，为了"让德国鬼子见识一下真正的军人"，一名被俘的英国军官召集属下进行了一场整齐划一的队列操练。之后，在被一位两鬓斑白的军士长称为"拘留方"的德国士兵的严密看管下，排成一列长队的战俘们拖着沉重的步伐一路向东走去。

荷兰人同样遭到了流放。9 月底，德国人要求 9.5 万名当地居民撤离阿纳姆，前往荷兰北部，而另外 5 万人则被赶出了自己位于下莱茵河沿岸的家园。此后，德军开始对这座城市进行地毯式的劫掠，家家户户的缝纫机及其他器具都被装上了卡车，甚至连家常的亚麻织品也未能幸免，全被运往鲁尔地区遭受轰炸的德国城市用于配给。其他的报复行动还包括以"里通英国"的罪名处决了 50 名抵抗组织成员，并逮捕了多日前为响应盟军而参与罢工的铁路工人。

罢工发生时，正值首批盟军伞兵登陆荷兰的那个阳光明媚的星期日午后。"市场花园行动"过后，仅奈梅亨一地就有 5 000 间房屋被毁或遭不同程度损坏，以此为代价，荷兰 1/5 的国土获得了解放。而其余的被占领地区仍将继续经受 9 个月的敌军蹂躏，直至 1945 年 4 月中旬盟军部队再一次踏上阿纳姆的土地为止。在此之前，处于"冬季饥荒"中的荷兰人只能靠狗肉和郁金香球茎充饥，即便如此，仍有 1.6 万余人因极度饥饿而悲惨地死去。伯恩哈德亲王曾经无限感慨地哀叹道："我的祖国再也经受不住代价不菲的蒙哥马利式胜利了。"

而盟军方面也抱有同样的想法。尽管"市场花园行动"跨越五大水域的阻隔，攻克长达 65 英里的突出阵地，但最终却是无功而返。虽然未能撬动德军的侧翼或攻占"下莱茵河"上的桥头堡，但第二十一集团军群仍将前哨阵地的范围从 150 英里延伸至 280 英里，扩大了近一倍之多。为此，英国第二集团军和奉命调遣的两个美军空降师付出了惨重的代价。在艾森豪威尔的默许下，直到 11 月中旬，美军的空降部队都在协助英军苦苦维持惨淡的战局。英国人向他们供应美味的牛尾汤、大块布丁和朗姆酒，以及散发着浓重味道的英国香烟，一些颇不习惯的美军士兵表示宁愿选择扯碎的星条旗充当烟叶。

为了保持足部的干爽，士兵们只能站在空油桶里。英国人为加文配备的带有睡床和自来水的拖车被原封不动地封存起来，他坦率地表示："如果让士兵们知道我有那辆拖车，我会羞愧到无地自容。"在 1944 年动荡不安的秋季，第 82 空降师和第 101 空降师又在荷兰折损了 3 600 名兵力，超过其在"市场花园行动"的伤亡人数。"此战比诺曼底登陆战役要艰苦和激烈得多"，加文这样写道。由于在突出阵地的驻守时间太长，以追逐凤头麦鸡为乐的英国军官最后只能将自己的猎枪对准了冰面上仅存的越冬野鸭。

事实证明，"市场花园行动"只是"一个史诗般的错误"，一位英国少校这样评价。这项先天不足的作战计划欠缺智慧而又执行不力，高级指挥官们置身事外的态度更令战局雪上加霜。然而，与任何一场鼓舞人心的现代战争相类似，此役确实激发了英雄主义气概和作战指挥才能的展示。艾森豪威尔将大批的英勇勋章交给蒙哥马利，授权这位陆军元帅颁发给浴血奋战的第1空降师的将士，这些荣誉包括：10枚杰出服务十字勋章、10枚银星勋章和10枚铜星勋章。蒙哥马利将自己的指挥部连同他豢养的兔子、松鼠和金丝雀一起迁往埃因霍温；另外，他还指派一名副官返回英国取来了越冬衣物，包括保暖睡衣、加厚汗衫和羊毛内衣。

蒙哥马利在发给布鲁克的电文中写道，阿纳姆的失利"并不会影响盟军向鲁尔地区的东线作战"。但实际上，这又是他的一次误判。历史学家马克斯·哈斯丁曾评价这场战斗是"艾森豪威尔明确接受蒙哥马利战略提议的最后一次战机"，而这位陆军元帅提出在他的指挥下依靠一次大规模进攻突入德国的主张似乎愈发无法令人信服。时至今日，就连蒙哥马利也无法再否认安特卫普的战略重要性。他曾在9月底表示："开辟安特卫普港对于我们挺进德国绝对至关重要。"但他的表态是否能够付诸实施仍然有待证实。

除了战场上的不利影响之外，"市场花园行动"的残酷斗争也令每个参战者的心灵千疮百孔、饱受折磨。"在阿纳姆之战后，每个人的心态都发生了变化，"一名英军上尉写道，"大家的感受不尽相同，相同的是与日俱增的厌战情绪。"布拉德利的后勤部长在日记中记录道："目前的局面令人担忧，我们接下来的日子恐怕会更加煎熬。"而艾伦·穆尔黑德的断言几乎毋庸置疑："我们别无他途，只有选择布满荆棘的艰辛之路。想赶在1944年结束这场战争的全部希望已彻底破灭。"

绵绵不绝的秋雨寒意袭人，仿佛预示着盟军在欧洲大陆的战事将久拖不决，这如同蒙哥马利需要过冬的羊毛内衣一样令人沮丧。"虽然无法避免，但我真的不希望在冬季作战，"加文在致女儿的信中写道，"为了御寒，我穿上了自己所有的衣物，但仍然无法驱除彻骨的寒冷。"现在，他们终于从内心深处体会到，眼前唯一可选的道路，是一条布满荆棘的艰辛之路。

THE
GUNS
AT
LAST
LIGHT

第 6 章　迷失森林

　　100 多年来，德国城市亚琛从未被占领过，如今却面临盟军重兵压境。为了遵从希特勒的指令，亚琛守军准备决一死战。物资匮乏、泊位奇缺，艾森豪威尔下令首先拿下安特卫普港，却遭到蒙哥马利的挑衅，致使战事不利。而第一集团军最艰巨的任务是通过许特根森林突破齐格菲防线，这座险象环生的森林很快就吞噬了 3 万多条人命。然而，最糟糕的时刻还未到来。

亚琛之战

对于大多数赤诚爱国的德国人而言，亚琛这座城市似乎永远值得他们为之献身。罗马帝国和加洛林王朝曾先后被这里具有神奇疗效的温泉所吸引。据传查理曼大帝就出生于此，在建立了德意志第一帝国（神圣罗马帝国）后，于公元814 年病逝，遗骨被安放在亚琛大教堂唱经楼后殿的黄金圣物匣中。

从 10 世纪的奥托一世到 16 世纪的斐迪南一世，亚琛见证了神圣罗马帝国的 30 位国王和 12 位王后在此钦选、加冕并登上那尊曾属于查理曼大帝的大理石宝座。此外，在过去的 500 年里，亚琛大教堂一直供奉着 4 件圣物：圣母玛利亚的斗篷、基督的襁褓布和缠腰带，以及施洗者圣约翰行刑时的衣物碎片。人们每隔 7 年便从储藏库中取出这些圣物公开展示，以供朝圣者膜拜。

据说，在 1374 年黑死病席卷整个欧洲期间，无所畏惧的亚琛市民照常在街道上狂欢起舞，而近期面对盟军空袭的坦然表现也再一次印证了他们的勇气。1943 年 7 月，盟军发动的一次突袭行动共炸毁了亚琛的 3 000 幢房屋。在1944 年春季的一系列后续打击中，由于盟军使用的钻地炸弹可穿透 5 层石质结构后在地下引爆，包括亚琛大教堂在内的 66 间市内教堂无一幸免地遭到不同程度的破坏。在袭击中严重损毁的还有市政大厅，它坐落在查理曼大帝宫殿遗址上，并根据巴洛克风格在北立面装饰着 50 位德意志帝国统治者的浮雕。

进入 1944 年萧瑟的秋季后，亚琛城内再次硝烟弥漫。尽管柯林斯将军统率的第 7 军在 9 月中旬就突破了齐格菲防线的两层防御带，但却未能占领亚琛或向莱茵河方向继续推进，此时柯林斯正试图清除这些障碍。10 月初，美军第一集团军将前哨地带从 100 英里压缩至 60 英里，为柯林斯提供更广阔的作战空间。与此同时，新组建的第九集团军继续向前压迫敌军，并将很快占据美军战线左翼的主导地位，与英军形成并肩作战之势。

战斗打响后，美军首先动用 74 门火炮发起了针对"亚琛要塞"的猛烈轰炸，而城内的 1.8 万名德军则依照希特勒的指示对这座日耳曼民族的发源地进行殊死保卫，直到弹尽人亡。《纽约时报》的记者德鲁·米德尔顿透过自己的野战望远镜观察着这座笼罩在硝烟中的城市，只见"在大团的灰褐色浓烟之中，到处都是吞吐烈焰的火舌，以及若隐若现的教堂尖顶和工厂烟囱"。

为了在东进之前协助第 7 军完成对亚琛的包围，第 19 军派遣曾为"莫尔坦反击战"中坚力量的第 30 师及从第 29 师抽调的 1 个团的兵力，承担于 10 月 2 日清晨在亚琛西北"西墙"防线打开一个缺口的艰巨任务。部队在出发之前获得了包括巧克力和香烟在内的额外配给，另外还配发了用于穿越甜菜和芜菁泥田的铺路木板。虽然林地的潮湿环境削弱了凝固汽油弹的威力，但迫击炮的密集火力仍足以摧毁敌军的铁丝刺网。仅仅半天时间，近 2 万枚炮弹的轮番轰炸几乎摧毁了德军的防线。

10 月 7 日，在第 2 装甲师的炮火掩护下，第 30 师的部队在长达 6 英里的前沿地带上穿越"西墙"防线，并向纵深急速挺进了 5 英里。第 30 师师长利兰·斯坦福·霍布斯少将汇报："我们已在防线上撕开一个很大的缺口，足以保证两个师的兵力顺利通过。"一天之后，当他的部队向南迂回并从侧翼包抄亚琛时，他进一步补充道："防线的宽阔缺口已经打开，第 30 师的既定目标业已完成。"

然而霍布斯大错特错。从北侧的阿纳姆和南侧的阿尔萨斯撤回的德军后备部队所发动的零星反击将第 30 师阻隔在距亚琛 3 英里的一个煤矿及矿场小镇附近，四周布满黑乎乎的矿渣和通风井。第 1 师负责协同配合包围圈的收拢任务，此时，他们早已从东面、南面和西面形成了一个距亚琛 12 英里的半圆形阵线。

10 月 8 日星期日清晨 4 点，第 18 步兵团在亚琛东北部发起袭击，并以逐个攻破德军堡垒的方法，借助反坦克火箭筒、爆破筒、火焰喷射器和炸药包等武器将敌军的火力据点化为一片焦土。德军在十字架山上设立的据点也于当天下午全部陷落，在复仇心切的盟军战士及炮火的猛攻下，山顶上屹立着的白色巨型十字架早已颓然倾倒。

翌日，盟军派出的两个连队绕过毫无察觉的德军哨兵，悄悄爬上了拉维斯伯格附近的另一块要塞高地。10 月 10 日星期二黎明时分，8 个高地据点内的敌军悉数投降，盟军随后截获了一支对山上变故毫不知情的炊事小队，并将他们为守军运送的早餐一扫而空。

陆军元帅龙德施泰特向柏林发出警告，称目前德国西部防线的最大困境就在重兵压境的亚琛。盟军步步紧逼德军深入亚琛的主要补给线，第 1 师与第 30 师之间的距离已不足 1 英里。美军似乎对即将到手的胜利信心十足，第 1 师师长克拉伦斯·拉尔夫·许布纳少将于星期二向亚琛守军发出最后通牒，要求对方必须在 24 小时内投降，否则将落得全军覆没的下场，"没有任何折中的选择"。盟军的严正警告通过 200 枚塞满劝降传单的炮弹射向德军阵地，卢森堡电台的广播和震耳欲聋的公共播音喇叭也不停地播放着招降的宣传。

为了确保德军不会错过最后的机会，10 月 10 日上午 10 点 10 分左右，盟军的两名中尉和一名一等兵手举白旗和写有许布纳命令的文件走向特里尔大街。当他们行至亚琛东部一条地下铁路隧道外时，里面传出了"允许进入"的德语指令。随后，德军将被蒙住双眼的三名盟军信使带到地堡内。他们在这里才被允许摘下面罩，将最后通牒书递交给一名佩戴着铁十字勋章和苏德战役功勋绶带的德国军官，并得到一份由对方签署盖章的接收函。

在交换了香烟并互致敬礼后，几名正举着酒瓶呷饮的德军哨兵将他们三人带回到地下通道入口的位置。格哈德·威尔克中校刚刚在 9 月份接替了令柏林方面大为光火的冯·施维林将军，成为新的亚琛守备司令，而且他是一名坚决的主战派。因此，对于盟军发出的通牒，"不行"便是德军显而易见的回应。

★★★

盟军对亚琛的残酷打击于 10 月 11 日星期三清晨正式拉开帷幕，300 架盟军轰炸机首先向被红色炮火烟雾标记的目标物投下了总重 62 吨的炸弹。在接下来的两天里，5 000 枚炮弹接踵而至，而后则是又一轮总重百余吨的炸弹轰炸和 5 000 多发炮击。10 月 13 日星期五上午 9 点 30 分，第 26 师第 2 营的部队同时向特里尔大街附近的铁路路堤发起了累计上千枚的手榴弹攻势，随后便跨越铁道进入查理曼帝国首都的核心地带。

此时的亚琛已经成为一座名副其实的"鬼城"，原本的 16.5 万名居民只剩下躲藏在阴冷地穴中的 2 万人左右，一名盟军士兵形容这里为"遍布瓦砾的绝望之地"。驻扎内城的守军是一支 5 000 人的德军部队及亚琛警察，而增援力量则包括科隆警察部队的志愿兵和奉龙德施泰特之命匆忙赶来的党卫军第 1 装甲军的精锐部队。许布纳能够调遣用于组建突击队的兵力只有第 26 师的两个营，尽管人数有限，但这些官兵大多经历过意大利城市巷战的洗礼。此时此刻，亚琛无疑又将成为盟军部队演练新型攻击战术的最佳场所，他们将自己的战斗口号定为"把他们赶尽杀绝"。

从城东到城西，各个突击小队不断穿梭于笼罩在白磷浓烟中的庭院门廊和大街小巷之间，有条不紊地攻克每一条街道、每一栋建筑和每一个房间。盟军的两个营以皮里塞克大街为界，分别展开各自的攻势，第 3 营推进到位于亚琛北部边缘的铸造厂和轧钢厂，而第 2 营则以每天 400 码的速度向着城市中心艰难挺进。坦克或坦克歼击车射出的猛烈炮火洞穿了街道两旁的房屋，从底层到阁楼的每一块墙体无一幸免，固守其中的德军不得不向地下室转移，但依然无法逃脱被手榴弹炸死的厄运。在反坦克火箭筒小队逐户击碎房屋大门后，工兵使用塑性炸药在房顶或墙体上打出孔洞，这种被称为"老鼠打洞"的作战技巧得益于在卡西诺和奥托纳的实战经验，目的是帮助步兵躲开在楼梯通道把守的敌军，同时仍能灵活移动。

盟军的排查范围覆盖了所有的储藏室、储煤仓和排水干道，街道上每一个窨井盖上都堆放着推土机运来的大量瓦砾。为了进一步挫败德军的反扑，盟军在已经排查过的房屋内选定一些房间布设饵雷，爆炸装置通常使用的是填充了大量铁钉、3 磅炸药、8 号雷管和绊线引爆器的 2 号青豆罐头盒。

盟军将缴获的千余吨敌军弹药分装在 3 辆城市有轨电车上，并装置延迟爆炸引信，然后任由电车滑向山下的无人地带。尽管剧烈的爆炸并未对敌人造成任何威胁，但仍然激起美军将士的阵阵欢呼。事实证明，即便火焰喷射器对石质目标的破坏效力十分有限，但仍然不失为一种威慑力十足的武器：在盟军向一座久攻不下的三层防空洞发动了 32 次火焰攻势并于星期六下达"投降或被烧焦"的最后通牒后，75 名德军士兵和 1 000 多名当地居民终于高举双手走出了臭气熏天的藏身之所。为了对付那些龟缩在掩体内的冥顽抵抗者，第 1 师的工兵发现如果用垫子塞住射击口，便能扩大掩体内部的爆炸威力，从而实现利用少量炸药摧毁整个混凝土碉堡的奇效。因此，从被盟军占领的德国城镇搜集褥垫的命令便迅速传遍全军上下。

根据意大利战役的作战经验，盟军拥有的另一项"撒手锏"便是安置于坦克底盘上端而略显笨拙的 155 毫米 M-12 自行榴弹炮，它对盟军装甲先遣队在法国境内的急速挺进同样起到了难以忽视的作用。在亚琛战役的单日作战中，M-12 自行榴弹炮击发的 64 枚炮弹几乎全部命中，9 座建筑物被夷为平地，其中一家电影院内盘踞的敌军步兵连遭到全歼。

曾经象征着骄傲与荣耀的市政厅德意志君主雕饰立面早已化为残垣断壁，当盟军第 2 营慢慢靠近这里时，一辆装有 M-12 自行榴弹炮的坦克正叮当作响地驶抵威廉大街，远处的坦克歼击车正连发 16 枚炮弹，试图击穿一栋房屋的外墙。随后，通过射击观察孔校准的 155 毫米火炮向位于 5 个街区外的兴登堡大街上的国家剧院发射了 7 枚炮弹，迫使固守于该据点的德军士兵纷纷向西边的教堂溃败而逃。

进入市区后，美军以每小时 50 英尺的速度缓慢而坚决地向前移动，通过一刻不停地射击、爆破和投弹换取一条由鲜血铺就的前进之路。残垣断壁上仍然依稀可见纳粹的国家社会主义标语，这些用德语书写的"一切都要感谢我们的元首"和"个人微不足道、国家高于一切"等语句仿佛在时刻鞭策着忠诚的德国民众。而盟军则在这些标语上涂画污言秽语来发泄自己的愤怒。德鲁·米德尔顿回忆道，当一名盟军士兵看到民房卧室内铺着红色丝绸鸭绒被的大床时，禁不住一路扫射，直到打空自己的弹夹，站在街道上的他仍然不停地咒骂着"这些浑蛋""该死的杂种"。

把他们赶尽杀绝。

★ ★ ★

就在城内挨家逐户的清除行动如火如荼地进行之时，即将在亚琛城外形成合围之势的第 1 师和第 30 师却遭遇到了意想不到的困难。凶猛的德军炮火将山脊上的土石炸得四溅纷飞，山谷被夷为平地，城郊的街道化为一片焦土，美军的任何行动都被敌军前哨一览无遗，部队因此不得不昼伏于已占领的德军碉堡中静候暮色的降临。即使突出在外的无线电天线也无一例外地被呼啸而过的弹片拦腰削断。

从这次进攻行动开始以来，第 30 师的伤亡人数已超过 2 000 名，而第 1 师的战斗减员也达到了约 800 人。此时，第一集团军司令霍奇斯中将开始变得焦躁不安并进而大发雷霆，他提出应该将第 30 师师长霍布斯就地免职。"他的部队居然在 4 天里没有向前迈进一步，"霍奇斯抱怨道，"我们必须堵上那个缺口！"

此外，霍奇斯还对第 19 军军长查尔斯·哈里森·科利特少将大加斥责，认为他的部队消耗了 2 000 枚炮弹的行为过于浪费。在科罗拉多南部一个牧场中长大的科利特绰号"牛仔彼得"，他曾在阿留申群岛和南太平洋战场指挥过多场战斗。在亚琛战役中，他已经投入了自己仅存的一些预备队，就连工兵也奉命扛枪走上战场，他甚至还一度考虑要将炊事员和文书推上前线。

在霍奇斯再三追问"你打算如何弥补差距"的催促下，科利特忍不住跳上自己的吉普车，风驰电掣般地驶向了第一集团军指挥部。在那里，科利特没能见到霍奇斯，转而向指挥部的军官们发泄自己的怒火："如果你们认为我的部队不是在战斗，那就跟我到战场上去看看好了！"

更糟糕的境遇接踵而至，此番厄运更多地落在第 1 师第 16 步兵团身上。那一周较早前，该团第 7 连连长乔·道森上尉在寄往韦科的家信中写道："我们在此度日如年。我在这块恐怖的土地上实在是待太久了。"实际上，就在 4 个月之前，道森才刚刚踏上奥马哈海滩，因在"伊西红区"和科勒维尔悬崖的战斗中表现英勇而荣获"杰出服务十字勋章"。自此之后，他的体重急速下降了 25 磅，同时甩掉的还有他在北非、西西里和诺曼底战役后仍然抱有的一丝幻想。"已经过去两年多的时间了，"他在最近一封写给妹妹的信中表示，"在永无尽头的作战折磨下，我的感情已经麻木。如果有能力抹去这段经历，我但愿它永远不再出现在回忆里。"

作为浸信会牧师的儿子，年仅 31 岁的道森显得格外苍老。当时正在亚琛采访的《纽约太阳报》记者威尔弗雷德·查尔斯·海因茨如此描绘他眼中的道森："脸庞骨感瘦削，长着宽大的耳朵和深褐色的眼睛。"在距亚琛大教堂东北 3 英里处，第 7 连和第 9 连攻占了一座 800 英尺高、400 码长的小山丘，山顶的视野极为开阔，不仅便于瞭望整座城市，还可以远眺临近的比利时与荷兰。

在道森设立在碉堡内的前敌指挥所里，桌面上铺满了摊开的作战地图和各种杂志，中间夹杂着蜡烛和一盏煤油灯，还有两部包裹着皮质外壳的野战电话，以及一台小型无线电收音机，用于收听柏林广播电台播放的"布鲁诺与摇摆之虎"乐队（又名"查理和他的乐队"。——译者注）演奏的爵士乐曲。在指挥所外，第

约瑟夫·T.道森上尉（右）帮助击退了德军在亚琛发起的反击。他告诉家人："这场可怕的战争中艰苦的岁月，让人在精神和体力上疲惫不堪。"照片上，道森上尉因在奥马哈海滩的英勇表现获得了艾森豪威尔亲手颁发的杰出服役十字勋章。（麦考密克研究中心，第1步兵师博物馆）

7连的士兵们正在从神学的高度讨论着战线上那些腐臭的德军尸体是否吓退了敌人的正面进攻。一名士兵提议说："只要移走10英尺内的尸体即可。"

在过去的一周里，"沉寂与喧嚣时而更迭"，海因茨记录道。然而，随着盟军所在山丘几乎每隔3分钟便被炮火击中一次，每天总计500枚炮弹的洗礼使得安宁的时刻愈发弥足珍贵。10月15日，随着巨大的声响打破星期日黎明的寂静，德军第3装甲掷弹兵师的部队从东侧侵上山丘，他们此行的目的在于突破盟军对亚琛的围攻。"当他们穿越树林的时候，我们听到他们高唱着激昂的进行曲。"一名上士后来回忆道。迫击炮手和6个炮兵营对敌人最初的进攻显得漫不经心，但就在天亮之后，山间碉堡下方的草地上突然出现了十几辆装甲车。截至上午10点，已有多辆虎式坦克越过铁道缺口，向着山顶滚滚驶来，所到之处遍地都是被主炮和机枪击中的美军尸骸。盟军士兵甚至无法从战壕中抬起头来，他们在口粮罐头的空罐中便溺后将它们掷向德军。

第16团的作战日志于当日12点44分记录道："第7连和第9连正惨遭敌军坦克和步兵部队的蹂躏。"14分钟后进一步补充道："情势不容乐观……情势相当严峻。"道森称其指挥所上方的火炮所发出的每一声轰响"都像是在大门上摔打一具尸体"。快到下午2点时，盟军的P-47战斗机轰鸣而至，战斗机机翼前端的机枪在25英尺的俯冲高度吐出一连串火舌。当灰色机群逐渐散去，山坡上留下了更多令人作呕的尸体。此时指挥所的小收音机里依然飘扬着平·克劳斯贝和朱迪·嘉兰的歌声。

晚上 9 点，德军开始发起新一轮进攻，嘶嘶作响的照明吊灯投射出的光亮将装甲车的剪影映衬得突兀而可怖。当盟军的密集炮火重新发动反攻之势时，已有两辆德军坦克开到距离第 7 连阵地不足 10 码的位置。顷刻间，四周到处都是熊熊燃烧的树木和残缺不全的尸块。根据部队的一份报告记载，"呻吟与哀鸣之声响彻整片林地"。德军的进攻如潮水一般接连袭来，交战双方甚至开始刺刀肉搏。当一名军官向许布纳将军报告不断增加的伤亡人数时，这位师长深吸了一口烟斗后回答道："如果上级认为第 1 师可以在此时此地结束建制，那么我想这就是我们的葬身之地了。"

当敌人的攻势稍有减弱时，第 7 连的近 30 名官兵用手榴弹、冲锋枪和刺刀发起猛烈的反攻，他们对潜伏在阵地上的德军大开杀戒。在 1/4 英里长的山坡上，散布的德军尸体已经超过了 200 具，然而真正令道森感到崩溃的瞬间是当他亲眼看到一名盟军士兵的遗体之后。"他不清楚这是为了什么，我也不清楚，你也是，"这位上尉对海因茨说道，"你想知道我是怎么想的吗？我在想这实在是糟透了。"道森将自己的头深深地埋入双手之中，禁不住低声抽泣起来。

正在此时，收音机中传来了花腔女高音莉丽·庞斯美妙悦耳的歌声。突然之间，道森挺直了自己的身体。"别出声，我要听完这首歌，"他说道，"这是《拉克美》里面的《银铃之歌》。"

"普契尼。"指挥所内的一名中尉顺口答道。

"不，不是普契尼，"道森纠正道，"绝不是普契尼，但我想不起作者的名字了。"

是的，的确不是普契尼。《拉克美》是一部以英属印度为故事背景的三幕歌剧，由法国作曲家莱奥·德利布谱曲。

10 月 16 日星期一下午 4 点 15 分，第 30 师派出的侦察兵从维尔瑟伦的西南端悄然潜出，并与刚刚从拉维斯伯格突围而出的第 18 步兵团官兵实现会合。尽管德军竭力挣脱盟军包围，此番努力也能让他们拖延一些时日，但亚琛陷落的命运已经无可挽回。根据盟军的统计，在敌军投入战斗的 90 辆装甲车中，损毁数量高达 63 辆。

在多轮惨烈的攻防之后，第 7 连的幸存官兵仅剩 48 名，只有全连编制人数的 1/3。道森需要抹去的记忆还远不止于此。他伫立在指挥所外面，指着烧焦的山岭对海因茨叹道："我们就在那儿死掉了。"此后不久，美国陆军制式编号系统

1944 年 10 月 17 日，美军第 1 步兵师的士兵冲过亚琛市中心。几天后，德国守军投降。

便以"道森"之名为这座山丘重新命名。在致家人的信中，他写道："我的神经已濒临崩溃的边缘。"

★ ★ ★

为了遵从元首的期盼，亚琛仍在无尽的痛苦和漫长的煎熬中垂死挣扎。威尔克中校的指挥部设立在大教堂东北数英里外的奎伦霍夫皇宫酒店，这座高五层的建筑曾是德意志皇帝的乡间离宫。此时此刻，尽忠尽责的威尔克正在办公室内大声喝令："我们必须战死疆场、马革裹尸，纵然只剩下最后一名战士、最后一枚炮弹、最后一颗子弹！"酒店的桌球室、旅行社、美容院和儿童餐厅都被改造成了守卫据点，威尔克的下属还将一门 20 毫米火炮拆卸后拖上二层，然后再一块块地组装起来，并将炮口对准了法维克公园的各条通道。

10 月 18 日星期三，首先进入公园的第 26 步兵团第 3 营的部队出现在德军的视野中，该营营长约翰·托马斯·科利中校出生于布鲁克林的一个爱尔兰移民家庭，他在二战期间的战绩异常显赫，曾经先后获得 2 枚"杰出服务十字勋章"和 8 枚"银星勋章"。

当天清晨 7 点左右，在盟军对酒店网球场南侧的德军阵地发起迫击炮猛攻的同时，一辆加装了 M-12 自行榴弹炮的盟军坦克也轰隆隆地驶向了罗兰大街，在它的两侧是多辆喷吐着弹药火舌的坦克及反坦克装甲车，它们的目标是摧毁马路两侧精致的房屋。在 155 毫米火炮发射的 30 多枚炮弹轮番轰炸下，皇宫酒店及其附近的温泉疗养馆很快便化为一片废墟。随后，盟军的一支小分队沿着酒店门前的半月形车道冲进大堂，用手榴弹轻松地解决了 20 多名德国守军，但酒店阅览室所悬挂的狩猎图也因此严重受损。威尔克已经匆忙撤退到卢斯山大街北端的一座坚固地堡内，并在那里继续抵抗了 3 天时间，其间他通过无线电向柏林政府保证"亚琛守军时刻准备决一死战"。为了表明德国人民团结一致，他们甚至向慈善机构捐赠了 1 万马克。威尔克郑重地宣告："我们将继续战斗！"

但实际上，这位中校早已收拾好了自己的行囊。10 月 21 日星期六早上，有些反应过度的盟军士兵击毙了两名钻出地堡的德军信使，他们的手中仍紧紧地攥着白旗。没过多久，地堡外又出现了晃动的身影，这次德军派出的是两名战战兢兢的美军战俘，他们带来了威尔克放弃抵抗的消息。中午时分，这位德军指挥官终于来到盟军阵前，只见他身材颀长、下颌尖削，梳着背头的前额上发尖突出。在他身后还跟随着 400 多名坚持到最后一刻的亚琛守军。"他们整齐地列队而行，"唐·怀特黑德记录道，"每个人都衣着笔挺，脚蹬闪闪发亮的黑色军靴。"

在签署了正式的投降书后，威尔克对科利中校说道："现在，所有曾经属于我们的东西都归你们所有了。"在征得美方的允许后，威尔克中校攀到一辆吉普车的引擎盖上开始与自己的下属进行简短的告别。"在这个痛苦的时刻，我必须告诉你们，"他说道，"美军指挥官认为我无法带领你们完成'胜利万岁'或'希特勒万岁'的崇高事业。但在我们的心中，这一理想永远不会磨灭。"当威尔克跳下吉普车向囚笼走去时，他补充道："我再也不相信奇迹了。"

第 30 师和第 1 师共俘获将近 1.2 万名德军，另有数百名敌军在战斗中丧命。美军的伤亡数字接近 6 000 人，其中有数百人被诊断为战斗衰竭症。已是精疲力竭、萎靡不振的乔·道森在月底之前被护送回国进行休养。他在家信中写道："这几个月来的经历既痛苦又凄惨，可怕的战争使亲历者遭受身心的双重折磨。"除了道森之外，回到美国的还有被霍奇斯以健康为借口而解职的第 19 军军长科利特将军。科利特称对自己遭到免职"仅仅有一些失落"。他在启程之际告诫下属："任何顶撞上级并且不服从命令的军人都应该被革职……这是他必须付出的代价。"

科利特的继任者是才能出众的雷蒙德·斯托林斯·麦克莱恩少将，他曾率领第 45 师参加西西里及意大利战役的炮战，并在诺曼底登陆期间接管第 90 师的指挥工作。作为一名前俄克拉荷马国民警卫队队员，麦克莱恩仅仅接受过 6 年的正规教育。在二战期间的美军高级指挥官中，他是唯一一名出身于国民警卫队且从未受过高等教育的军官。

★★★

想必长期之内不会再有人前来亚琛浸泡温泉。作为到访者的盟军则用成堆的比喻来形容眼前的满目疮痍。一名情报官称，这座城市"陷入罗马遗迹一般的死寂，但它却无法拥有历史遗迹日渐销蚀时所展现的独特魅力"。记者埃利斯·卡朋特认为亚琛"已如同昨天一样永远地逝去了"。据统计，83% 的亚琛房屋在此次战役中彻底被毁或有不同程度的损坏。大部分街道已支离破碎，只能步行通过。

一匹马的尸骸横卧在皇宫酒店的停车门廊前，而医疗队正忙着将酒店和温泉养生馆内的德军尸体搬往法维克公园荒僻的草场上停放。一名老妇拦住身边经过的盟军士兵问道："请问你们知道吗，我房子里的尸体究竟什么时候才能搬走？"一名士兵摇摇头，操着得克萨斯口音特有的拖腔答道："这么多被毁掉的房子，这么多的人……"

一位身材略显肥胖、浑身上下沾满炮灰的男人在街道上四处游荡，许久才有人认出他是亚琛的大主教。在巡视一遍自己的教堂之后，他发现整块墓地几乎被夷为平地，污损的玻璃碎片散落一地。除此之外，教堂后殿内还发现一枚洞穿圆顶却未能引爆的盟军炸弹。由 6 名善良虔诚的男孩所组成的临时救火队正在奋力扑救屋顶上的火星。尽管遭受到一定程度的袭扰，但查理曼大帝的遗骨仍安然无恙。当盟军士兵扶起一块倒伏在路边的巨型宣传牌时，只见上面用德文书写着希特勒的"宏愿"："给我五年时间，我将为你呈现一个崭新的德意志帝国。"

"只要策略得当，我们就能打得德国鬼子跪地求饶。"柯林斯写道。但究竟什么才是策略得当？在之前的战斗中，亚琛已经向盟军提供了如何毁灭一个城市的范本，现在即将成为德国首座陷落城市的亚琛将再次成为盟军检验军事占领政策的试验场。盟军在每晚 9 点至次日清晨 6 点期间施行严格的宵禁，任何 6 公里以上的离家外出都必须申领特别通行证件；5 人以上的聚集被明令禁止，但礼拜仪式除外，考虑到目前教堂的损毁情况，这项特殊的恩惠似乎更像是一个莫大的讽刺。照相机、望远镜和信鸽都属于禁用物品。

凡是在德国小有名气的信鸽爱好者都被纳入盟军的监控名单，据说党卫军首领海因里希·希姆莱本人也是一位驯养信鸽的痴迷者。盟军的"剪羽别动队"逐户检查居民阁楼，发现信鸽后便剪掉它们的飞羽，以确保这些飞禽在下一次换羽期之前无法展翅高飞。作为一项补充防范措施，一旦盟军发现敌军特工利用信鸽暗中传送情报的迹象，便会立刻调遣在英国待命的"猎鹰队"奔赴欧洲大陆执行猎捕任务。

早在 9 月下旬，艾森豪威尔便对外宣称："我们是这里的征服者，但绝不是压迫者。"然而，就在象征着亚琛沦陷的教堂正殿玻璃圣器被打翻在地之前，一些棘手的难题已经摆在这些征服者的面前，并令他们直到战争结束甚至之后更长一段时间内仍感迷惑不解。举例而言，联合参谋长委员会曾决定"盟军无意向德国提供食品补给"，但后果却令几百万人陷入饥荒的绝境。参谋长们还命令肃清当地政府中"活跃的纳粹分子"和"狂热的纳粹支持者"，但事实上要确认这些反动分子的身份困难重重，更何况若缺少了他们的协助，盟军对当地民众的管理可能寸步难行。

在军事占领的最初几个月，对亚琛的城市功能顺利运转至关重要的 50 多名技术人员都是纳粹党员，其中包括唯一一位对当地电网了然于心的幸存者。部队的研究显示，此次战役期间的两项疏漏造成了之后一连串意想不到的心理影响：首先，向处于围困中的亚琛守军指挥官发出最后通牒，拒绝其以更为"体面"的方式放弃抵抗，造成了交战时间的延长；其次，公开下达最后通牒的举动并未考虑到投降士兵的家属可能遭遇纳粹报复行动的致命威胁。实际上，为了避免投降官兵的家人遭受报复，威尔克将军曾坚持在他的投降书中加入有关德军的食物及弹药储备已经耗尽的证明条款。

尽管如此，盟军毕竟还是得到了亚琛，德鲁·米德尔顿记录道："这是 100 多年来首个被外国军队所攫取的德国城市。"但正在亚琛的成堆废墟间择路而行的盟军官兵却无法释怀，因为还有更多等待他们去攻占的德国领土，上百个城市、上千个乡镇和上万个村庄，每一处都可能成为如同昨日一般逝去的死寂之地。

秋日的阿纳姆战役和亚琛战役后，盟军最高统帅部的过度乐观心理已经随之消逝，而那些远离战场、对战况了解甚少的人仍抱有高度期待。10 月份，联合参谋长委员会要求盟军远征军最高统帅部立即与莫斯科方面取得联系，"希望盟军与苏军尽早会合"，尽管相关部队相隔 500 多英里。陆军参谋长乔治·马歇尔访问法国时宣称："我们战胜了他们。德军现在只是个空壳子，不堪一击，他们要完蛋了。"有可疑情报显示，德军的抵抗可能撑不过 12 月 1 日。马歇尔受此蒙蔽，随后提议发动全面进攻，集中力量在年底前结束欧洲战场的战斗，他提出要"不遗余力地结束这里的战斗"，尽管当时他已经开始调兵遣将至太平洋战场。

别让我们假装一切顺利

艾森豪威尔竭力阻挠这一计划。"目前，我们正面临欧战以来最艰难的局面，"10 月初，他对马歇尔发出警告，"恶劣的天气必定会影响战士们的斗志。"他写信给远在堪萨斯的母亲："这些天，每个写信给我的人都问我欧洲战场的战役何时结束……我也希望有答案。但实际上，那是一项艰巨、持久而枯燥的任务。"

现在艾森豪威尔手中掌控着 58 个师，其中包括在法国南部的驻军，但是在穿过德国边境 1 个月之后，盟军部队就再也没有深入 12 英里以上。德军日伤亡数已上升至 4 000 人，但自 6 月 6 日以来盟军的伤亡人数也已接近 33 万。后勤供应"严重不到位"，最高统帅告诉马歇尔，"这让我想起最初在突尼斯的那些日子"。6 个美军师固守后方，因为后勤补给难以支援他们上前线；此外，据盟军远征军最高统帅部的军需官估计，即使美军抵达鲁尔区附近的莱茵河，最多也只有 20 个师能够获得支援维持作战。

为了进一步阐明困境，艾森豪威尔和他的军需官写了一篇描述欧洲战争实况的长文上交国防部。制服发放殆尽，"已经到了平民难以想象的地步"，其消耗速度是美国服装制造商制作速度的两倍；外套、鞋、炊具和毛毯的消耗量也是美国陆军部预算的两倍。

同时，冬天的食物配给（即使战争结束了，战士们还得进食）需求量是 35 亿磅，相当于 340 条自由轮的满载货运量。"为满足欧洲一个战区的牛肉需求量，每天需宰杀 4 000 头牛，"艾森豪威尔写道，"脱水鸡蛋的需求量相当于 25 亿个鲜鸡蛋，即日需求量约为 650 万个。"帐篷帆布缺少 1 亿平方英尺。单就纸张需求量而言，就已经相当紧张：自巴黎解放以来，美军被迫在已缴获的德军地图（盟军在比利时东部城市列日的德军废弃仓库中发现许多捆，其中多数是为 1940 年入侵英国失败的"海狮行动"绘制的南英格兰地图）背面印刷了 1 000 万份地图。

但最为紧缺的物资当属弹药，尽管 1944 年下半年的补给持续不断，但眼下其消耗速度超过每分钟 2 吨。到 9 月底，像 8 英尺的榴弹炮这种最大型枪支每天仅可获得少于 4 次齐发的弹药。10 月初，前线所面临的弹药短缺已处于"临界点"，第三集团军的很多炮管每天只能被喂上 1 发（巴顿想要的可是 60 发）。第十二集团军群报告称，火炮弹药"几乎处于完全匮乏的状态"。第 5 军的"静默政策"要求士兵在一个多星期内不得使用枪支弹药。

物资紧缺部分地反映出美国工厂已无力满足战争供应需求：一颗 155 毫米的炮弹需要 40 个独立的加工工序。更普通一点的 105 毫米榴炮弹的制作和运输需要 120 种不同的批号，其推进剂的微小变化都会影响炮弹的精准度。早秋，第一集团军要花费 2.5 万个工时整理堆放杂乱的炮弹以避免灾难性的短缺。由于攻击比坐守需要更多火力，所以在 10 月，物资短缺致使美军一直采取防御策略。而艾森豪威尔则将如此严重的物资缺口归罪于占领亚琛之战的拖沓。他呼吁后方加紧生产，美国陆军部则派遣经验丰富的枪手深入主要工厂，为一项名为"为艾森豪威尔提供火力"的计划展开动员。

一位美国高级将领认为，如果火炮弹药的补给能够在现有基础上提高 1/3，"将可以挽救很多生命并缩短战争周期"。然而，李将军的后勤部坚称欧洲大陆并未面临物资短缺，实际上，数千吨货品都堆放在诺曼底仓库和数十艘军火船上，其中多数仍未被卸载。李将军预计 10 月将有 150 艘船的物资得以卸载，但实际数字却少于 100 艘。10 月 20 日，246 艘货轮来往于欧洲水域；光是在各个锚地等待泊位就需要花费数周甚至数月的时间。整个舰队如今都已被用作军需品及其他物资的移动储藏室。

美国陆军部一度试图依靠有限的船舶满足一场全球性战争的军需，此时自然十分恼怒：10 月，一封电报曾警告最高统帅部，除非有空船返航，否则"没有更多的货船"可派往欧洲了。艾森豪威尔惊骇不已，立即命令超过 24 只自由轮回到美国本土，其中有些在卸空货物前就被迫返航。为了鼓舞广大装卸工的士气，乐队在码头上为工人演唱乐曲，最高效的舱口人员将获颁银星勋章。

★ ★ ★

要是安特卫普港空闲就好了。"我们占据了一个规模等同于利物浦的港口，却不能使用它，"蒙哥马利 9 月写道，"如果我们能够使用它，就完全没有维护方面的困扰了。"艾森豪威尔强调，开放斯海尔德河和这个港口"是最终打入德国不可或缺的先决条件"。即使在"市场花园行动"期间，最高统帅仍召集了 23 位将领前往凡尔赛商讨策略。蒙哥马利派遣自己的参谋长做代表，为其在战斗中面临的困境作辩护，并强调拿下安特卫普港"是一个紧急事项"。

一周之后，艾森豪威尔对参谋长史密斯说："我非常担心安特卫普。"但他同时也坚称，蒙哥马利和布拉德利"必须坚持将夺取波恩北部的莱茵河一线作为首要任务，并竭尽全力尽快拿下"。

蒙哥马利将清理斯海尔德河的任务分配给加拿大第一集团军，其中包括英国的 1 个军和波兰第 1 装甲师，共 6 个师。盟军对菱形的瓦尔赫伦岛和贝弗兰半岛加强空袭，这两个敌军目标构成了斯海尔德河的北岸。在河口的南部边缘，盟军地面部队挤压德军的布雷斯肯斯包围圈，而驻守布雷斯肯斯的是 1.1 万战斗力强大的德军，其中包括前来增援的东线战场退伍军人，他们带着海岸棱炮和 70 座野战火炮。"加拿大集团军要将所有精力直接投向……安特卫普。"蒙哥马利要求之前委命的加拿大集团军将敌军卫戍部队隔离在敦刻尔克，同时占领已被德军占用的布伦和加来两地的法国港口。

两个港口最终陷落，德军的布雷斯肯斯包围圈也逐渐萎缩，但由于"市场花园行动"使阿纳姆南部陷入僵局，德国第十五集团军得以将增援力量转移至斯海尔德河防线。而由于德军仍盘踞在河口两岸，盟军船只不敢冒险上行。

时间一天天过去了，安特卫普这样一个大港口仍未能投入使用。"我们需要这个地方，甚至超过我们对罗斯福总统的需要。"埃弗雷特·休斯少将在给妻子的信中写道。尽管蒙哥马利也意识到了这个港口的重要性，但他和艾森豪威尔都未严正要求把其他所有任务列为次要，而优先完成此任务。

登普西的第二集团军继续考虑越过莱茵河开进鲁尔区；对于规模相对较小的英国部队而言，控制一个大港口的任务并非那么紧急。连陆军元帅布鲁克也对蒙哥马利的优先次序存有质疑，他在伦敦对其书记说道："占领安特卫普刻不容缓。我觉得，唯独这次，蒙哥马利的策略失误。"战后，蒙哥马利也认识到这一点，并承认对加拿大军队的过度要求是"我的严重过失"。"在我们进军鲁尔区的同时，我料想加拿大集团军可以胜任这项任务，"他补充道，"但是，我错了。"

但在 1944 年 10 月，陆军元帅对那些质疑其判断的人毫不留情。海军上将拉姆齐警告说，即使德国防御力量最终从这条水路的两岸轻拂而去，清理满布地雷的斯海尔德河也需要两周时间。10 月初，他在日记中写道："我想这支队伍没有对这项任务引起足够的重视。"在最高统帅部的另一个会议之后，拉姆齐写道："令人吃惊的是，蒙哥马利宣布我们可以在没有安特卫普的情况下夺取鲁尔区。我觉得有必要给他严厉的忠告……我们全副武装却一直在执行一项错误的战略。"受到如此严正的指责，蒙哥马利恼羞成怒，声称这位海军上将轻视自己。他在给艾森豪威尔的信中写道："请代我问拉姆齐，他有什么权利针对一项他一无所知的任务对我说三道四？”

　　与棘手的运输和后勤情况一样，有关策略和指挥的问题也同样麻烦。稍事喘息之后，蒙哥马利再次对艾森豪威尔发出责难，他认为最高统帅在 5 月份发起的大规模、多方位对德袭击这一决策上存在失误。甚至当“市场花园行动”失利时，蒙哥马利仍再次强调单线突进的行动方案，首选第二十一集团军群为轴线，加上来自美军第一集团军的 9 个师作为增援部队，全部由他指挥。蒙哥马利提议其他盟军力量“就地驻守”，将运输能力和其他战争物资贡献给他的远征军。艾森豪威尔曾尝试与蒙哥马利达成共识，但在 9 月下旬，蒙哥马利以一封言辞尖刻的电报断然拒绝了他。

　　　　我不同意你说我们的概念是相同的……如果你想开进鲁尔区，就必须
　　将全部力量投入左翼，停止其他一切行动。我的想法很明确，如果不这样做，
　　你就无法抵达鲁尔区。

　　第 1 空降师的重挫和发生在荷兰的更大灾难都没能让蒙哥马利学乖，现在他已经大大高估了自己的力量。10 月 8 日星期日，在他位于荷兰南部埃因霍温收拾整洁的大篷车内，他与乔治·马歇尔进行了一次私人会晤。其间，蒙哥马利对“缺乏支配权”抱怨连连，因为艾森豪威尔把作战指挥权攥在手中，战场“一片狼藉……现在我们将自己置入真正的混乱之中”。透过马歇尔阴冷的目光可以觉察到他对此持有异议。“马歇尔在倾听，但极少发言，”蒙哥马利后来写道，“很明显，他完全不同意。”后来马歇尔坦承，面对蒙哥马利的“过度自负”，以好脾气著称的他也差点发火。

　　艾森豪威尔也逐渐失去耐性。就在马歇尔前往埃因霍温的同一天，位于凡尔赛的最高统帅部规划人员警告称，由于未能打通斯海尔德河，“在这场规模相对较小的行动中，15 个师因乏有胜绩而深感无力……我们进一步打进德国的计划可能要延迟至春季”。恰逢当日，狂风席卷了瑟堡的港口和马尔伯里。

　　“这再次强调了安特卫普至关紧要。”艾森豪威尔在星期一给蒙哥马利的绝密电报中写道：

　　　　除非安特卫普到 11 月中旬能够投入使用，否则我们所有的作战行动都

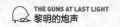
将停滞。我必须强调的是，在从瑞士到英吉利海峡作战前线的所有行动中，我认为安特卫普是重中之重。

蒙哥马利声称，这是艾森豪威尔首次就此事发表郑重声明，而这一声明后来被英国正史认定为"不合理"。其实，鉴于艾森豪威尔不愿再对此事含糊其辞，陆军元帅也首次从中觉察到些许的恼怒和不悦。"为打开安特卫普所开展的任何行动我都可以承担。"蒙哥马利马上答道。同一天他给加拿大集团军下达严正指示："开放这个港口的任务将优先于其他所有进攻行动。"大敌当前，加拿大集团军却仍需等候一周才能得到增援，尽管 10 月 10 日星期二艾森豪威尔又在另一份火烧火燎的电报中阐明他的观点：

> 关于向东推进的计划，我之前所说所写都不曾暗示要降低安特卫普的战略意义，我一如既往地认为它至关重要，而且随着恶劣气候的来临，此任务日益紧迫。

对此，蒙哥马利没有直接回应，而是在当天给比德尔·史密斯发出一份题为"西欧指挥战斗笔记"的备忘录，言辞刻薄，全文长达 16 段。该文以一段声明开篇，指出"目前盟军在西欧的组织指挥让人不甚满意"。文章痛批艾森豪威尔的将才，建议其或迁移指挥部"直接指挥对抗鲁尔区的作战"，或将欧洲的陆军指挥权转交蒙哥马利或布拉德利。"我不认为我们现在的指挥控制体制合理而完善。"蒙哥马利写道。

> 或许是由于某些政治和国家因素导致我们无法拥有一套合理的组织体制。如果情况果真如此，我建议大家不妨直言。别再让我们假装一切正常，因为事实上情况并不乐观。

3 天后（10 月 13 日），艾森豪威尔才以一封长达 13 段的信件予以回复，在当天返回华盛顿之前，马歇尔对信件进行了仔细的审读。"你所提出的问题都应该引起重视，"艾森豪威尔写道，"但就目前的实际情况而言，它们并非关键问题。眼下最关键的是安特卫普……安特卫普行动与指挥问题没有一丝关联。"在指出美国和法国物资补给的"惨状"后,艾森豪威尔指明"相比之下你们算是富足的",艾森豪威尔重申其倾向于自己指挥集团军群的理由。然后,这位"大佬"使出了他的撒手锏:

> 如果你,作为盟军在这个战场中一个超级军队的资深指挥官,觉得我的想法和指令让盟军陷入险境,那么我们有义务向上级汇报此事,不管后果有多严重,就让他们做出应做的决定。

这一威胁不言自明:如果上级要解雇一名统帅,那也绝不会是艾森豪威尔。蒙哥马利立即调整作战计划,以令"第二集团军所有可用的防御力量能被用于"扫清进军安特卫普的道路。他在给下属的电报中写道:"我必须提示军长,让安特卫普早日投入使用非常重要……为了尽快取得进展,我们必将承担惨重的伤亡。"这位陆军元帅指示第二集团军第 12 军将作战重心从奈梅亨走廊的西侧转向斯海尔德河,允许行进速度每天不及 1 英里的加拿大部队集中精力于布雷斯肯斯包围圈和瓦尔赫伦岛东路。现在,蒙哥马利用两个集团军的力量逼近把安特卫普分成两半的 7 个德军师。

陆军元帅蒙哥马利在给艾森豪威尔的信中写道:"我再也不会跟你提有关指挥的问题。我已经给出我的观点,你也给了回答。这件事就止于此。"在一番言不由衷的说辞之后,他以一句"你非常忠诚的下属,蒙蒂"收尾。

10 月 14 日星期六是德怀特·戴维·艾森豪威尔 54 岁的生日。他在一辆旧凯迪拉克中兜风庆祝,而从底特律运来的新款此刻正装载在一艘等待锚位的运输船上。女司机凯·萨默斯比坐在驾驶位上,从凡尔赛一路开到凡尔登,艾森豪威尔就在那儿与布拉德利共度星期六的夜晚。第二天一早两位将军便匆忙启程前往比利时小城韦尔维耶,此地位于巷战愈演愈烈的亚琛西南方向 20 英里处。

美军第一集团军总部营地横跨于一座业已荒废的三层法式城堡的泥泞之地上,那里有一支仪仗队迎接艾森豪威尔、布拉德利和他的 3 位军团司令官——巴顿、霍奇斯和新上任的第九集团军司令官威廉·H. 辛普森中将,此外还有在前线巡视的乔治六世。在一个斯巴达餐厅吃过午饭之后,巴顿啜了一小口咖啡,抽上一支雪茄，和在场的人讲起北非战场的故事。他对城堡的主人说："我自己也射杀了十几个阿拉伯人。"引得哄堂大笑。

向国王以及其他人道别之后，艾森豪威尔和布拉德利开车穿过昏暗的阿登高地，和即将变得再熟悉不过的比利时城镇——马尔梅迪、圣维特和维尔萨姆。在田园气息浓郁的巴斯托涅，一个移动军队面包房的冷却架上飘来新鲜面包的香气。农户们为即将到来的寒冬备下高高的柴垛，乳牛场主们把牛拴在谷仓里，如果不是在饱受战争蹂躏的年代，他们难得有机会看见高速行驶的豪华轿车里那位欧洲战场上最著名的将军。

这是艾森豪威尔连续在海外度过的第 3 个生日。《时代》杂志本月刊出了一张他的照片，从中可以看出"他脸上没有明显的岁月的痕迹……但能依稀看到他作为一个男人和一位司令官的成长痕迹。由于缺乏锻炼，他的腰部略显臃肿，深蓝色的眼睛下方几条因劳累留下的细纹清晰可见……即使在危难时期，无论内心承受着怎样的压力，他也依然表现得泰然自若、亲切、自信"。

有几点非常符合现实：他胖了，他累了，他很自信。毋庸置疑，如今他已经成长为一名真正的指挥官，这段历程或许要从他于火把节前夕在伦敦格罗夫纳广场度过 52 岁生日那天算起，那时他们这些将军还毫无经验、羽翼未丰；或许要从他在阿尔及尔圣乔治酒店度过 53 岁生日开始，那天他读着从沃尔图诺河发来的急件，盟军正在该地对那不勒斯北部发起攻坚战。对那些决心在意大利发起一场冬季战役的人来说，这次攻坚战预示着未来的战事更为艰巨。

然而，即便像《时代》这样"无所不知"的杂志，也忽略了艾森豪威尔作为男人和司令官与从前的细微差别。他看上去坦率而单纯，其实不然。一位评论者读完战后出版的艾森豪威尔日记后，就被他身上"内敛和深谋远虑的特质"触动；后来，历史学家艾瑞克·拉兰比将他描述为"深藏不露的男人"，他"表面上直截了当，时刻准备发表自己的看法，实际上却小心翼翼地保留自己背后的目的和深藏于心的固有逻辑"。每位司令官都戴着一副面具，但艾森豪威尔在面具之外还呈现出真诚、正直和仁慈的一面。"我觉得他远比他的表面要复杂，"唐·怀特黑德写道，"处事精明的人会让其他人觉得他们是那些事务的主导者，而艾森豪威尔就乐于这样处事。"

他永远不会成为一位伟大的首领，或许是因为对他这样一位"老古董"来说，这场战争的规模过于宏大。艾森豪威尔非常浪漫地为这一失败而深感遗憾：作为汉尼拔（迦太基名将、统帅。——译者注）的忠实仰慕者，他曾暗自期望两翼包围鲁尔区的策略能像迦太基人在坎尼摧毁罗马人那样壮观。他很早就意识到他的任务并非担任一位陆军元帅，用他自己的话来说，他更像是全世界最大规模的军事企业的"董事长"，将难以应付的多国军队整编合一。

富兰克林·罗斯福从 1 300 名美军将领中提拔他为最高统帅，因为根据总统的判断，艾森豪威尔不仅是一位"天生的领导者"，也是一位拥有超凡政治能力的军人。在最高统帅部工作过的英国空军少将金斯顿·麦克劳里写道，艾森豪威尔"有一种能和大多数人融洽相处的天赋，同时熟稔游说的艺术和鼓舞人心的善意"。

在最近和蒙哥马利的冲突中，艾森豪威尔充当了调解者、评判者和调停者几种角色，展示出他是一个愿意（可能太过愿意）妥协、宽容大量的人。无疑，他的指令可能略显迟钝且不够精确，或许是因为他无法清楚地观察到战况，又或是他不愿侵犯下属的特权，比如在安特卫普的溃败，或者在攻打意大利墨西拿及法国法莱斯时无功折返。除给予这位最高统帅赞誉之外，金斯顿·麦克劳里还寓贬于褒，认为他"精明却不够细致，领悟能力强却缺乏渊博的学识……也许，和蒙哥马利相比，艾森豪威尔最大的优点就是非常富有自知之明"。

但是，谁能否认他所拥有的雄才伟略？丘吉尔认为"面对重大事件之时，他懂得支持下属充分行使已被赋予的权利，在这方面，他做得比谁都出色"。从沙文主义到虚荣浮夸之风，艾森豪威尔深知有哪些负面因素会影响和渗透到盟军队伍中，所以他坚持认为每一位盟军将领都必须"以理服人，而不是仅仅依靠发出命令解决问题"。合作精神是维护盟军团结的关键因素，唯有如此盟军才能最终大获全胜。这就是他的理论和"固有逻辑"，也最终演变成其毕生信念中最为深刻的部分。

除了眼袋上鸡爪一般展开的细纹和前额镶嵌的深纹，很难看出这位司令官多年来一直都承担着关系成千上万条生命的决策重任。只有在他 55 岁那年回复玛米言辞尖刻的来信时，才得以从回信中窥见他稍微卸下面具，坦露心声。"至今，我们已经分别两年半，分离的痛苦有时让人难以忍受，"他写道，"如果远方没有一个人在等候我永久地回归，我肩上的重任是多么让人无力承受。别忘了，我每天都在遭受各种各样的打击。"

路途的英里数悄悄在车轮下滑去，一天的时间也一同流逝而去。黄昏时分，那辆凯迪拉克穿过比利时边境，而后进入卢森堡市。布拉德利刚刚将第十二集团军群的指挥部从凡尔登潮湿的帐篷搬到卢森堡大公国湿热的石楼。这里距德国边境仅 12 英里，即使将一个团指挥部驻扎在此也不够安全，更何况一个集团军群的指挥部。这座都城仍然处在被占领 4 年之久的阴影当中。1940 年，卢森堡遭受蹂躏不到一天就被纳入第三帝国，且被无情地德国化：统治者将这个国家重新命名为"高斯·墨斯兰"，连街道的名字也被换掉了，当地法语方言遭禁，1 万人被征入德意志国防军。现在阿道夫·希特勒大道又变回了自由大道，而林荫大道上的横幅也发出公告："我们希望保持本来的样子。"

布拉德利位于梅斯广场的办公室占用了国家铁路局的一座赤褐色石砖建筑，但他们的座驾继续穿过佩特罗斯河，那儿坐落着齐格弗里德伯爵的千年古堡，旁边废弃的桥墩附近有一排制革厂、啤酒厂和鞋匠店。来到德拉格尔大街后，两位将军在阿尔法酒店前下车，这座七层高的酒店有一个复折式屋顶及可眺望火车站的阳台。

令艾森豪威尔惊喜的是，餐厅里组织了一场晚会，有马丁尼、香槟和巴黎糕点主厨制作的四层蛋糕。管弦乐团一直演奏到深夜，重温他们恐已淡忘的曾在往日听过的那些梦幻曲目。在这甜蜜的数小时内，战争似乎很遥远，而实际上德军仅在此地东边 12 英里外，并计划夺回卢森堡。"生日快乐，"他们唱道，"生日快乐，亲爱的艾克。"他们举起杯来祝福他，这个他们敬重和信赖的男人，正是将引领他们大获全胜并荣归故里的那个人。

世上最糟糕的战地

10 月下旬，美军第一集团军指挥部迁至位于比利时温泉小镇斯帕的冬季营房。从 14 世纪起，那里就已经成为繁荣昌盛的度假胜地，卡尔·贝德克尔（德国旅行指南作家。——译者注）曾称其为"欧洲最古老且最重要的泉涌之地"。斯帕在 18 世纪时最负盛名，彼得大帝等诸多统治者曾漫步在那些榆树之下，或浸浴在富含铁和碳酸的泉水之中流连忘返。这座小镇在法国大革命之后逐渐衰落，后依靠销售精致的漆木工艺品和一种名为斯帕灵药的利口酒再次繁荣。

一战的最后几周，德意志帝国军队曾将陆军指挥部设于此地的布里坦尼克酒店，陆军元帅保罗·冯·兴登堡推断这就是战败的原因所在。霍亨索伦王朝也在此地画上了句号：1918 年 10 月，末代国王威廉二世从柏林辗转至此，期望他的军队能够镇压国内的反动革命军，然而事与愿违，最终他选择了退位并流亡荷兰。

现在，美国士兵将皇家大道赌场里的轮盘和纸牌桌都拖走，取而代之的是军用桌和水晶吊灯下的三层床铺。"我们要消灭希特勒的'好运'……"他们唱着。经陆军工程师检测，这座城市的 11 个饮用水源都已被污染，但在葡萄牙酒店里可以找到一些像样的黑市膳食——点缀着蘑菇帽的马肉，在物资紧缺时代这称得上是瓦隆特色菜。由于缺水，第一集团军的每位将军每月都会收到一箱杜松子酒、半箱苏格兰威士忌和波旁威士忌；少数军官将自己分配到的酒贡献出来，调成 12 夸脱的马丁尼酒，用于布里坦尼克酒店的军用伙食。晚上，他们就在那三面有挂镜、一面有窗的豪华宴会厅里品酒。

指挥部的将军们也征用了列日钢铁大亨位于山顶的宅邸作为营地。比利时的客人们偶尔受邀到附近学校观看电影，在那里，士兵们试图用蹩脚的法语解释《煤气灯下》（Gaslight）和《祖儿小子》（A Guy Named Joe）的差别。据德鲁·米德尔顿的报告，逃跑的德军将一张唱片《莉莉·玛莲》（德军军歌。——译者注）遗留在一家意大利餐厅里，美国士兵不断循环播放它，疑惑的比利时人才终于确信"这首曾经被禁的歌曲……再也不专属于德国人了"。在斯帕上空，几乎每小时都能听到一个 V-1 火箭从德国某个发射场射向安特卫普发出的轰鸣声。

陆军中将考特尼·希克斯·霍奇斯将他的办公室迁至兴登堡布里坦尼克酒店的套房，安顿下来后，他就开始思考如何开展晚秋在北欧的作战。霍奇斯是一位老派军人，因几何成绩不及格从西点军校退学，而后于 1905 年自行应征入伍并最终发迹。他来自佐治亚州南部，父亲是一位报业出版商。他的身高中等，但体形挺拔，饱满的额头与两耳相当突出。军事档案形容他那间距极近的双眼颜色为"10号蓝色"。艾森豪威尔有一次观察到，"上帝给了他一张悲观厌世的脸"。不过霍奇斯本人倒是认为 9 月上旬《生活》杂志登出的照片让他显得"有点太悲伤了"。

霍奇斯可谓神枪手和巨兽猎人，曾在加拿大猎得北美驯鹿和麋鹿，在印度支那猎杀过大象和老虎。在一战中，他因气体中毒而获得两张紫心奖状，但认为那太"娘娘腔"而将其撕毁。他用长烟嘴抽美国老牌香烟"老黄金"，喜欢喝波旁威士忌和加了冰及少许苦味酒的杜本内酒，每天晚上走进军队食堂时都穿着正式——夹克、领带和军靴。

有时，在路上看到运送伤员的车辆经过，他会哭泣起来。"我希望所有人都能看到他们。"他用柔和而缓慢的语调说道。一位师长提起他时说道："他很懂得克制，既是一位杀手，也是一位绅士。"一位记者写道，即使在战场上，"他看上去也像一个倚靠栅栏谈论着庄稼的佐治亚州农民下"。在本宁堡时，他昔日的下属布拉德利常和他在星期日早上玩飞靶射击或狩猎鹌鹑。后来布拉德利回忆道:"他很庄严高贵,我无法想象有人能够与他亲近。"布拉德利如今已是霍奇斯的上级,却仍然尊称后者为"长官"。

第一集团军是美军在欧洲最大的作战队伍,霍奇斯却并非称职的司令官。穿越法国追击敌人时,他的领导才能游刃有余,现在却因疾病和疲劳而显得力不从心。

与此同时,他还有一个缺点,正如一位美国陆军部观察员所写,"一位教条化却不知教条为何物的老将,缺乏战斗精神的主旨"。即使军方正史也将其秋日作战行动描述为"死气沉沉、不求变通",而且在最高指挥官中,他是"最不愿意理性看待后勤问题"的人。一位参谋坦言:"他在面临重大决策时反应迟钝。"他很少离开斯帕到前线巡视,第 30 师的霍布斯少将已经将近两个月没见过他了。

一位军官后来写道,霍奇斯专横跋扈、口齿不清,"拒绝和他人谈论指挥问题,更不用说争论了。"有时候,他甚至坚持要求战况报告必须详细到每个排的部署,这种细节问题根本不像一位集团军司令应该关注的。他曾在战争日记中抱怨道:"我们手下有太多军营和兵团都在打擦边球,从不正面迎敌。"他的信条是"更安全、更可靠、更迅速地发起猛攻"。在霍奇斯所有的战术里,都包含着"迅速猛攻"和"冲锋陷阵"的特征。

霍奇斯暴躁、孤傲、时刻警惕不忠,对任何挫败感都采取零容忍态度,这甚至在标准严苛的美国陆军中也不多见。战争期间,第十二集团军群有 13 位军级和师级指挥官被解职,其中就有 10 位隶属于第一集团军。亚琛战役之后,新近遭遇解职的是第 19 军的科利特少将。第 8 师指挥官的儿子在行动中丧命后,这位父亲要求短暂休假,霍奇斯却因此解除了他的职务。军事历史学家福里斯特·波格描述道,一位被革职的军官在路边等车退守后方,身旁堆着行李,"像一个乞丐……心情沉重,看上去疲惫、沮丧,那种精疲力竭的无助感似乎深深地烙印在他身上"。

如此的指挥作风导致属下过度谨慎,扼杀了他们的主动权和热情,尤其以第一集团军的高级军官更甚。布拉德利后来提到这群他在晋升至第十二集团军群之前任命的官员时写道,"咄咄逼人,小气易怒,神经紧绷""吹毛求疵,斤斤计较,对自己以外的权威人士都充满愤恨"。在这个并不融洽的大家庭里,有 3 个相互敌对的核心人物:威廉·B.基恩,一位干练却无情的参谋,人们私下称其为"布莱船长"(威廉·布莱,个性傲慢自大,因"慷慨"号哗变闻名。——译者注),被霍奇斯委以重任;海军陆战队准将杜鲁门·C.索尔森,一位冷酷无情、不停抽烟的作战军官，昵称"塔比"，又名"伊阿古"（莎士比亚剧作《奥赛罗》中的反面人物。——译者注）；陆军上校本杰明·A.迪克逊，被认为是一位和蒙克一样杰出而暴躁的情报长官，阴郁、满腹牢骚、富有戏剧色彩。

第一集团军在准备继续朝莱茵河推进时，表现出很多古怪作风，其中比较典型的包括：遭到德军坚决抵抗时，他们的表现被一位记者称为"略显愤怒的徒劳挣扎"，因为敌人根本没发现自己被打。当这个满腹怨气的指挥部驻扎在斯帕，为即将到来的战事作准备时，他们都理所当然地认为自己有轻易就能消灭希特勒的"好运"。

★ ★ ★

10 月 28 日，艾森豪威尔重申其通往最终胜利的计划。"敌人继续对西部地区施以重压，"他在发给其副官的电报中说道，"目前局势显示，他们很可能在西墙区进行最大强度的抵抗，试图以此避免战火燃至德国境内。"他宣布，安特卫普仍然是"我们的首要目标"。一周前，加拿大第一集团军就占领了布雷斯肯斯，而敌军在斯海尔德河南岸的占领区也在逐渐萎缩，假以时日便可彻底攻下。加拿大军队也在进一步沿河口北缘行进。被困于贝弗兰半岛和瓦尔赫伦岛的德军防御力量已沦落到比全是伤病员的"白面包"师强不了多少的地步，而且士兵们都得了消化系统疾病。

艾森豪威尔终于自信满满，他们会全线消灭斯海尔德河的德军，而安特卫普的开放也指日可待。

他补充道，上述任务完成之后，欧洲战场的最终战役将"分三个阶段"陆续展开：莱茵河西岸的苦战；越过河流夺取桥头堡；最后，给德国的心脏插入致命一刀。7 个盟军集团军要迅速向东推进，从北到南依次就绪：加拿大第一集团军，英国第二集团军，美国第九、第一、第三和第七集团军，法国第一集团军。德国的工业中心鲁尔和萨尔仍分别作为北部和中心区的目标，而终极目标为柏林。

第一集团军夺取亚琛，并在临近的斯托尔伯格走廊突破齐格菲防线，这里距莱茵河仅 20 英里，盟军全线最有希望的前方阵地正位于此。霍奇斯在辛普森第九集团军的辅助下，将扫清向罗尔河前行 10 英里的障碍，攻下对岸的迪伦县，然后向科隆和莱茵河推进。乔·柯林斯的第 7 军将再次领先进攻，但首先第 5 军要在其右方扫清许特根森林的敌军，并占领施密特村的高地，为第一集团军提供更大的调遣空间，并预防可能隐藏在森林暗处的德军从第 7 军右翼发起反击。

许特根由四片广袤的林地连接而成，长 11 英里，宽 5 英里。森林的主人世世代代一丝不苟地修剪林下植被，对树木砍伐也严格管理，使得林中的冷杉像受检阅的军队般挺拔而整齐地排列成行，一位到访者称之为"画一般的森林"。但其中也有部分区域为原生态，尤其是沿着溪床及在正午也难见天日的山涧里，野草丛生。这是格林童话里的原始森林，一个幽暗的地方。"我从未见过像许特根那样茂盛的森林，"一个美国兵后来写道，"结果，这是一片最恶劣的战地。"

1938 年起，许特根瓦尔德作为一处防御工事，成为齐格菲防线的一部分。德国工兵们最近正用木材搭建射击区，建造带有连锁杀戮区的碉堡，并在沿路和防火线区域大批量地埋置地雷，其中一处尤其危险，3 英里内每行 8 步就有 1 枚地雷。

9 月下旬，第 9 师就已经对许特根的致命危险有所领略，当时他们正试图穿过森林，为第 7 军包围亚琛的先头部队助力。其中一个团花了 4 天时间才向前推进 1 英里，另一个团则花了 5 天。

到 10 月中旬，第 9 师仍距离施密特很远，以 4 500 人的伤亡换来 3 000 码的前进，平均每前进 2 英尺就有一个人倒下。两个先头部队中没有一个作战人数超过 300 人。越来越多完好的小树林在机关枪子弹的蹂躏下变成黄色，或只剩下烧焦的树桩。"没有鸟，没有风，没有平坦的路。"福雷斯特·波格写道。一位指挥官声称，如果其手下发现在战火中完好无损的树木，每棵奖励 5 美元，但始终没有获奖者。波格想起了 1864 年 5 月在弗吉尼亚东部的另外一片可怕的林地，他写道："一片荒芜，好似狂野之战中的一景。"

德军第 275 师的 6 500 名守卫者中，近一半人或死伤或被盟军第 9 师逮捕，其增援部队中有两支迪伦县的警察队伍，人称"爸爸团"，因为大部分成员的年龄超过 45 岁。更多碉堡被新建起来，更多带刺铁丝网被拆除，更多地雷被埋入地下，包括非金属反步兵破片地雷，又称"舒雷"或匣形雷，据称其中的致命性圆形装置"大小不超过油膏盒"。德国军官认为，美军不太可能坚持穿过这片"广阔无垠、丛林密布且无路可寻的森林"（引用一位德国指挥官的话）。

他们低估了美军的坚定决心。许特根森林的确削弱了美军在装甲、火炮、空中实力和机动性方面的优势，但霍奇斯坚信，如果不先扫清森林里的障碍和攻下施密特——该地通向河流的途径清晰可见，那么第一集团军就不可能开进罗尔河。他将自己在右翼遭遇的德军威胁与另一个事件相比：1918 年秋天，在约翰·潘兴将军的军队于默兹河进行抵抗时，德国军队在阿尔贡森林对美军左翼发起进攻。

这种历史类比似是而非，毕竟眼下德军很难在拥挤的许特根森林部署充分的装甲力量，进而对美军构成威胁。但在第一集团军中，这个说法没有引起质疑，因为他们都不愿触犯霍奇斯。后来，历史学家拉塞尔·韦格利写道，事实上，"更可能对美军构成最大威胁的举动是，让美军部队向森林深处发起进攻"。

他们并未考虑绕行避开森林，或者派遣第 5 军穿过距离亚琛 15 英里的蒙绍，向易受攻击的走廊地带进发，从南侧包围施密特。第一集团军的高级军官们下半辈子都将努力解释许特根作战计划背后的战略逻辑。作战军官索尔森将军后来说道："我们能做的只有默默地向上帝祈祷一切顺利。这是一项恐怖的任务，大森林……有熊在尾随我们，我们丝毫不能放松警惕。"就连和霍奇斯一样备受拥戴的乔·柯林斯，也承认他"不会质疑霍奇斯"。战后，柯林斯说道：

> 我们必须进入森林以确保右翼免受攻击……没人想在那种地方打仗，但还有其他选择吗……如果我们对许特根放任不管，让德国人在那里优哉游哉，我们必定会遭其反制。

更让人追悔莫及的是美军对德国地形的误判。为防治洪水、确保饮用水供应和兴建水电站，罗尔河上游附近修建了 7 座水库。罗尔河发源于比利时境内，向东流经德国高地，然后向北穿过科隆平原，最终注入位于埃因霍温市东南部的马斯河。7 座水库中有 5 座无法影响水势的蔓延，但其余 2 座——施瓦梅诺艾尔水库和乌尔夫特水库圈着大面积的湖，总容量达 400 亿加仑。

10 月上旬，第 9 师的情报人员曾发出警告，德国人的诡计可能是引发"极具破坏性的水浪"，其影响将蔓延至下游的荷兰。第一集团军情报官员迪克森上校对此不以为然。他宣称，打开水闸或者摧毁水库最多只会引起"一场持续约 5 天的局部洪灾"。战略计划中未涉及地形分析，也未提及水库。"我们没研究过此区域这个特殊的部分，"柯林斯后来承认，"那是一次情报失察，一次真正的战斗情报失察。"

10 月下旬，当第一集团军以包围工事重新展开攻势时，罗尔河及其周边水库的危险态势开始升级。一名德国囚犯称，德军已做好部署，如果水库上游领域崩溃，就立即敲响迪伦县教堂的钟声。一位德国工程师在斯帕受审时透露，一场洪水可能顺势注入罗尔河。在亚琛的一个安全屋内，一位美军中尉发现，德国国防军计划拆除多座水库；根据计算，1 000 万吨的水就能淹没罗尔河流域约 20

英里的区域，从而使一条原本细窄的河流宽达千米，奔流而下。

11月5日，第九集团军的辛普森上将给霍奇斯发去一份密电，援引了陆军工兵部的研究课题"罗尔河水库系统的军事用途总结"，该总结推断德军可以"使罗尔河在大概10天内维持洪水位……抑或可以制造持续2天的洪灾"。美国对罗尔河的攻击可能会严重受阻，洪水会将河上的战略桥梁一扫而空，东岸的所有部队将孤立无援，从而被彻底击溃。显然，除非占领水库，否则无论是第一集团军还是处于下游的第九集团军，都不可能穿越罗尔河，进入莱茵河地区。辛普森建议霍奇斯立即"阻止这部分敌人发力"。从南边的蒙绍对施密特采取翼侧攻击也不影响他们攻占施瓦梅诺艾尔、乌尔夫特及其他小水库。

然而，第一集团军仍坚持正面进攻计划，深受索尔森将军后来所言的"参谋部的迟钝"困扰。10月下旬，霍奇斯曾告诉布拉德利，罗尔河的水库处于半空状态（却没考虑它们会被再次蓄满），"第一集团军的现行计划不打算立即占领这些水库"，如果有必要，他们随时可以命令轰炸机炸开这些水库。布拉德利后来宣称，10月中旬，"我们已经充分意识到德军布局的威胁"，而重新调整许特根进攻计划的"重点"就在于"夺取水库和溢洪口的控制权"。但那并不属实，直到11月7日霍奇斯才安排第5军制定攻占水库据点的草案，而直到12月4日，布拉德利才在战争日记中写道："已下定决心，必须控制罗尔河水库。"

当另一场在该危险地势上开展的正面攻势意外惨败时，斯帕的统帅们备受打击，只好无力地诅咒。"该死的水库，"每个人都一遍遍地嘟囔着，"该死的水库。"

现在，对这"世上最糟糕的地方"发起攻击的重任落在了杜奇·科塔少将和他的第28师身上，这个刚刚参与过9月小规模战斗的队伍保住了其在一战时所获得的"血腥之桶"称号。第28师已经恢复了元气，但队伍中替换了一些人，他们从防空部队甚至陆军航空部调来了一批缺乏经验的步兵、军官和中士。即将在斯托尔伯格南部的石房子住上数周的海明威讽刺道："如果在他们跳下卡车的那一刻就一枪毙了他们，会给大家省不少麻烦。"

10月下旬，"血腥之桶战士们"（他们自嘲的称呼）聚集在满目疮痍的冷杉之下。他们举起木材扔进防火线，希望触发地雷，或者手持刺刀（举至30度角的位置）或8号电线一步步探索这片区域。第9师已牺牲的士兵仍旧横尸森林，陆军军装上的弹孔如同一个个"血环"嵌在他们身上。在一个士兵开着吉普辗过一枚反坦克地雷之后，一位中尉写道："他的衣物碎片和轮胎链飞到距地面75英尺高的树顶上，如雪片般飘落。"少数人有套鞋，其余的为了预防"战壕足"病，脚底垫着发热的固体酒精块，但很快就撑不住了，抛开了所有顾忌去扒尸体脚上的鞋。

　　天气恶劣，物资紧缺，两支增援部队姗姗来迟，迫使第一集团军将第 7 军对迪伦县的主攻推迟至 11 月中旬。第二十一集团军群在北部发起的攻击也被迫推迟。但霍奇斯看不出什么理由要推迟扫清许特根和占领施密特的行动。11 月 1 日星期三，在和第 5 军指挥官伦纳德·T. 杰罗少将在斯帕吃过午饭之后，霍奇斯罕见地参观了师部指挥所。他驾车 20 英里到达罗特，大步跨进位于奎里斯特拉斯街 23 号的一栋两层楼宾馆（圣安东尼尖顶教堂对面），也就是科塔的指挥部所在地。霍奇斯对第 28 师"精神振奋，积极向上"的面貌表示满意，并告知科塔，那个作战计划"非常棒"。

　　但事实上，该计划存在严重缺陷。按照该计划，两周时间内，在第一和第九集团军长达 170 英里的前线上，美军方面只有第 28 师发起了攻击，这也给对"血腥之桶"部署情况了如指掌的德军防御部队创造了全心应战的良机。第 5 军的参谋长眯起眼睛看着远处的地图，向科塔施压，让他执行那个"非常棒"的计划，要求他将部队分三线进攻（即一支向北，一支向东南，第三支向东），朝施密特进发。尽管科塔认为这个进攻战略无异于"赌博"，但他的顾虑此时已被打消。森林中挂起的一条大横幅警示道："前方 100 码，下车作战。"

　　11 月 2 日星期四上午 9 时，寒风刺骨，大雾弥漫，美国士兵缩在战壕里的脑袋像水面上挨挨挤挤的汤圆。11 000 枚炮弹摧毁了德军的护墙，在树冠上爆

1944 年 11 月初，美军第 28 步兵师第 110 团的士兵在沃斯森纳克附近小心地穿过许特根森林。"这里的白昼可怕至极，我祈祷黑夜的到来，"一名士兵回忆道，"这里的夜晚同样糟糕透顶，我又会祈求白昼降临。"

327

炸的炮弹令树木遍体鳞伤。但从师部右翼碉堡中急速射出的机枪子弹也撂倒了第110步兵团的士兵——"先是一个,之后是几个,接着便是一个排。"师部历史中记录道。一天的作战之后,第110步兵团并未前进一步;一周之后,整个团被认定"不再是一支有力的作战队伍"。

第109步兵团在左翼的开战情况也不理想。德国工兵开着木炭燃料卡车从威斯特伐利亚军需品工厂运来大量地雷,填满了从德米特到许特根村那条道路上的一个洼地。第109步兵团行进了不到300码时听到一声巨响,紧接着是一声惨叫,一个美国士兵捂住其血流不止的脚。之后,爆炸声、惨叫声越发频繁,越来越多的士兵因此致残。36小时之后,这个团只能占领德军控制领域的一个凸角,而这块1英里深的狭窄凸角跟德军渗透到美军占领区的凸角几乎完全一样。

尽管形势不妙,但是出乎美军和德军意料的是,该师在中心地区的主攻竟取得胜利。在利切尔斯卡尔(Richelskaul)附近的德军火力攻击下,第112步兵团的一个营不得不趴在地上蜿蜒而行,但7辆谢尔曼坦克从德米特开来,将树木丛生的斜坡搅得混乱不堪,尾随其后的步兵都举着挡泥板,沿着坦克轨道小跑以避开地雷。每辆谢尔曼坦克分别向沃斯森纳克的教堂尖顶发起4轮攻击,消灭了钟楼里隐藏着的狙击手。

200枚白磷迫击炮弹令整个村庄火光四射。沃斯森纳克有一个街区那么宽、2000码长的区域横跨在一座鞍形峰上,这座山峰距施密特2英里,此时若站在东南方向,视线穿过阴霾后仍可隐约看见这片区域。泥泞不堪的地面、遍布的地雷及铁拳(德国反坦克火箭筒。——译者注)齐射的攻势,致使5辆谢尔曼坦克被毁,但在中午前,沿着山脊线东北翼深入探寻的科塔部队占领了燃烧着的沃斯森纳克。

11月3日星期五,拂晓时分,进攻继续展开。

从沃斯森纳克的山脊突入卡尔山谷,一条注入罗尔河的湍急小溪嵌在深谷之中。两个在编的美军营滑下一条曲折小径,然后涉过位于一间古老锯木厂附近的冰冷的卡尔山谷,从远处山岭上的山毛榉丛中冒出来,猛冲向科默斯尔特那死气沉沉的小村庄。第3营向东南方向奔袭半英里,在下午2点30分突袭施密特的卫戍部队,占领了该地,并杀掉了惊慌失措的德国人,当时他们有的正在吃午餐,有的骑着自行车,有的在街上啜饮杜松子酒。从这座16世纪古镇的屋顶眺望,许特根森林尽收眼底,此外,还能看见罗尔河蜿蜒向东2英里远,以及南边1英里处天蓝色的施瓦门纽尔水库。一个有信念和想象力的人几乎可以从这儿看到战争的尾声。

前线各团的贺电纷纷涌入科塔在罗特下榻的旅馆。霍奇斯将军也表示他对目前的战况"非常满意"。后来科塔说，这些赞美之词令他感觉自己像"一个小拿破仑"。

同一天下午，从施密特传来的坏消息惊动了身在科隆西部马镇施耐德汉城堡的陆军元帅莫德尔。碰巧莫德尔及其手下的高级指挥官们正开始进行图上演习，假设美军在许特根瓦尔德附近展开攻击应如何排兵布阵。简报显示，事实上，对德国第74 军发起猛攻很可能使得为莱茵河西岸供电的罗尔水库泛滥成灾。

莫德尔要求各军指挥官回到指挥部，但其他官员（包括两位集团军指挥官）则被指示继续这场"战争演习"，从前线派兵协助作战部署。在过去的两天里，云雾天气已给盟军轰炸机造成了损害；所幸增援部队在罗尔山谷的道路中畅通无阻，有望加速抵达。而就德方而言，对抗美军的重任首先落在了第 116 德国装甲师身上，这支队伍最近才参与了西面法莱斯和亚琛的战斗，此前曾征战南斯拉夫、苏联南部和里海。侦察营已火速赶往施密特，该师部的大部分兵力及第 89 师紧随其后。

3 个独立的美军步兵连和第 112 步兵团的一个机枪排驻守在施密特，他们并未意识到自己已引起德军的高度警惕，不过在月色之下，山坡上的德军狙击手和草垛似乎有所移动，这让他们心神不宁。星期五，全副武装的美军在卡尔山谷进行长途跋涉后筋疲力尽，第 3 营未派出巡逻队；深夜，60 枚分散的反坦克地雷在未经伪装的情况下，由履带式水陆两用货车分 3 条线路运送至德军手中。

考虑到盟军的空中优势和过去 2 个月里德国装甲部队所受的重创，没人认为德国装甲师会进行反击。科塔也并未意识到其手下的部队有被攻击的危险，他继续留在罗特，在接下来的 3 天里都不会亲临前线。他指派手下唯一的师预备队去支援南部受困的第 110 步兵团。在战斗真正开始之前，这位"小拿破仑"已无法控制眼前的局面。

11 月 4 日，星期六日出之前，德军炮火从三个方向围攻施密特。一颗镁弹划破珠灰色的破晓，被惊醒的美军士兵们发现一长列"黑豹"坦克和 MK4 坦克正从东北方向向他们逼近，轻易绕过了毫无用处的雷区。德军机枪子弹从掩体中飞来，绯红色的坦克炮火扫平小镇一座又一座房屋。砂浆坑惨遭蹂躏，火箭炮像弹珠般从装甲车外壳中弹出来，号叫着的德军步兵从东、南、西三个方向向施密特全速进发，其中有些像疯子般狂敲炊具，咣当作响。

8 时 30 分，南边的一个美军排惊慌失措，防线被攻破。很快，整个营开始步其后尘，I、K 和 L 连在花园中连爬带滚，翻过栅栏，"衣衫褴褛、纪律散漫、毫无组织性的步兵部队"，一位中尉如是写道。军官们大吼着拽住一些士兵的衣领，试图阻止他们，但成百上千的士兵不顾死活地冲向通往科默斯尔特的路。其他 200 名士兵慌乱中跑错了方向——在西南方与德军撞个正着——其中只有 3 人幸免被俘或伤亡。到晚上 10 点，施密特又一次回到德国人手里。

★ ★ ★

位于罗特的指挥部直到数小时后才获得情报，得知一场步兵战役已演变成坦克大战，抢占许特根的战况出现了逆转。多云的天气已使盟军飞机停飞 3 天，美军情报部门对敌情后知后觉，而德军侦察兵站在距施密特仅 2 公里的 400 号山丘上，借助蔡司望远镜把卡尔山谷的两侧尽收眼底，哪怕是一只在草地里乱窜的兔子也逃不出他们的视线。于是，困惑迅速转变为混乱，危难转变成一场闹剧。

一个坦克连在急转弯时使用大量绞盘，试图越过卡尔山谷的崎岖山路，将 3 辆谢尔曼坦克运过峡谷，以应对德军先头部队从施密特向科默斯尔特发起的攻势。但有 5 辆坦克受损后止步不前，在危险的之字形路上连连掉下履带，阻塞了通道，而这条通道和一辆谢尔曼坦克的宽度一样，刚好 9 英尺。日暮降临之后，大雨滂沱，天色漆黑如墨，一辆推土车在工作了半小时后出现了故障，于是工兵用铁锄和铁铲开道，但即使是灵巧的水陆两用货车也难逃重泥裹足。每到急转弯处，他们不得不解开弹药拖车的拖绳，由人工推动进出山谷。

在罗特，科塔越发困惑。无线电断断续续，通信兵或遭埋伏，或被德军炮火击中。卡尔的道路打通了吗？收到的答复是"没有"，接着是"打通了"，然后又是"没有"。工兵们引爆缴获的泰勒地雷，想要炸掉小溪上那座石拱桥的凸出处，因为它挡住了前进的道路，但徒劳无功，他们最终用 300 磅 TNT 炸药清除了这一路障。然而，坦克兵们却毫无紧迫感，根据军队正史记载："每个人都对那些出了故障的坦克依依不舍，其情感堪比古代骑士对马匹的溺爱。"直到 11 月 5 日星期日凌晨 2 点 30 分，寸步不前的谢尔曼坦克才终于被推挤进山谷边缘。

数小时之后，焦躁的第 5 军司令官杰罗将军开车来到罗特，对科塔发了一通牢骚，之后很快又和霍奇斯和乔·柯林斯一起回来。集团军司令官霍奇斯抽了一支老黄金香烟后，也开始指责科塔，然后突然转而对杰罗进行长篇大论的斥责——"比我听到过的任何一次都要严厉，"柯林斯后来回忆道，"他在极力向杰罗施压。"

科塔被迫起草另一项可能抵达不了第 112 步兵团的命令——"保住施密特，刻不容缓"，并以一句"继续前进"作结。假如司令官们清楚地了解战况，那么他们起码不会妄想重新收复施密特。现在，德军从三个方向对第 28 师施压，"血腥之桶"面临全军覆没的危险。

9 辆谢尔曼坦克和 9 辆反坦克装甲车已经穿过卡尔山谷，追赶上两个步兵营残部，两营士兵挤在被称为"大篷车"的科默斯尔特防线。刚开始还有谣言盛传，称另外一轮德军的装甲攻击已派出步枪手搜查卡尔山谷，但不久之后，任何关于卡尔山谷避难所的幻想都消失殆尽。星期日晚上，第 116 德国装甲师的侦察兵经过老锯木厂，纷纷跳下卡尔小溪的河床，穿过半人高的蕨类植物。当美军工兵正在为逃命极力掩饰沿途留下的痕迹时，德国工兵正在崎岖的道路上埋下地雷，设置伏兵，成功阻断了山谷东部 1 000 多美军士兵的行进。

11 月 6 日星期一黎明的晨光暴露了美军所面临的困境。德国装甲师接连不断的猛烈炮火很快使原有的 9 辆谢尔曼坦克减至 6 辆，9 辆反坦克装甲车减至 3 辆。美军士兵们无法逃离被称为"自流井"的散兵坑，又一次被逼到"向空罐头盒里排便"的境地。400 号山丘上眼尖的德国侦察兵轮番向每个位置射去 20 多轮火炮，把枪口对准一个又一个坑口。啜泣着的美军士兵惊恐地等待一枚枚"足球"的坠落。

隶属于第 110 步兵团的救济营被命令在沃斯森纳克驻扎取暖，正如一位幸存者所言，"就像在暴风骤雨中聚集的牲畜们"，他们引来德军一场长达 30 分钟的密集炮火袭击。士兵们"四处乱窜，左右受敌……他们拼命越过一具具血淋淋的尸体，寻找避难所"。一个 127 人的连牺牲 41 人，另外一个 140 人的连牺牲 75 人。

"中尉，我的腿还在吗？"一位受伤的士兵问他的排长，"跟我说实话吧。"

在幽闭恐怖的森林中，士兵们讨论着他们是否能躲避足够长的时间，以吸完他们所带的香烟，或者吸完那些开了封的，抑或仅仅吸完他们手中刚点燃的"好彩头"牌香烟。一位医务人员在检查一个在森林中受重伤的士兵后报告称，那过程"就像把手放进一桶湿漉漉的肝脏中"。头部受伤的士兵数量激增也在队伍中引起了争论：德国狙击手是不是在瞄准梯形徽章，即印在他们头盔上的"血腥之桶"标志？"这就是战斗，"一位刚到许特根不久的中尉回应道，"我才来了一天。要是昼夜待在这样一个地方，谁能受得了？"

没错，谁能忍受得了？清晨缓缓而至，险情更甚。第 112 步兵团的第 2 营（其两个姐妹营被困于科默斯尔特）在卡尔山谷西侧毫无遮掩的前端经历了 4 个枪林弹雨之夜后，最终被击溃了。突然 G 连发出一阵刺耳的尖叫声，声音穿过沃斯森纳克，渐渐在后方消失，而后这种情绪迅速感染了整个队伍。"推，挤，丢掉枪械，设法逃避德军的炮火，超过身边的战友。"一位军官报告称。许特根战役开始前的 4 天，这些士兵就烧毁了通往他们初始位置的山脊。一位中尉认为，这场混战是"我所见过最悲惨的"，并补充道："许多重伤员（可能是被炮火击中的）就躺在他们倒下的那条路上，不住地呼救。"

在被毁的沃斯森纳克教堂附近，军官们设法集结了 70 名勇士（他们中没人在村子里见过德国兵），4 个坦克排从德米特奔袭而下。科塔命令隶属于第 146 工兵连的修路连加入到步枪兵的行列。在教堂周围，仍穿着雨衣和胶靴的工兵们彻夜奋战。德军一度占领了教堂塔楼和地下室，而美军则占有中殿。11 月 7 日星期二清晨，工兵们协助作战队伍击退了装甲掷弹兵的袭击，使除东边以外的沃斯森纳克继续处于美军的控制之下。教堂东边被称为"瓦砾堆"，后又被德军占领了一个月之久。第 112 步兵团的第 2 营被认为是"一支被摧毁的作战部队"，也是又一支在德军炮火下支离破碎的部队。

★ ★ ★

"第 28 师的情况每况愈下。"第一集团军星期二（11 月 7 日）的战斗笔记中写道。科塔对此无可争辩。11 月 5 日星期日，一支 400 人的救援部队已穿过卡尔山谷的防火线抵达科默斯尔特，但随行的坦克或反坦克装甲车都无法穿越德军布下的路障。夜里，火炮和迫击炮重击科默斯尔特，德国兵混入队伍中，以至于美军中的犹太士兵在胸牌上刻上"H"（"Hebrew"的缩写，意指希伯来人。——译者注）以区别于敌军卧底。灰暗的天空中飘着雨夹雪，15 辆德国装甲车和两个步兵营在星期二清晨再次发起袭击，炮火射向农庄和庭园棚户。到中午，美军已撤回山谷东边的堑壕中，科默斯尔特也相继失守。科塔因缺乏睡眠而极度困倦，也为其糟糕的指挥感到惭愧。他拨通了杰罗的电话，建议孤立无援的幸存者穿越峡谷撤回到卡尔山谷的西面。

11 月 7 日星期二，将近午夜，杰罗回话表示批准，他还补充道，霍奇斯"非常不满意……我们似乎一直在节节败退"。直到 11 月 8 日星期三下午 3 点，撤退的命令才传至不堪一击、背水一战的防守阵地。傍晚时分，士兵们用树枝和大衣做成担架；其他人砸毁了无线电、探雷器和 4 辆吉普车上的发动机；3 门反坦克炮已被尖物刺穿，唯一可正常运行的谢尔曼坦克里也布下了陷阱。士兵们卸下餐具和其他叮当作响的工具，一位高级官员错将指南针扔了出去；工兵们丢弃了原本计划用来炸毁施密特碉堡的 2 吨 TNT 炸药。

夜幕降临，猛烈的美军炮火覆盖了科默斯尔特，队伍在此掩护下得以撤离，两支纵队潜入山谷。一个担架小组抬着伤员走下小径，路旁的美军尸体已被之前经过的装甲车碾成肉酱。成百上千的士兵开始越野行军，每个人都紧抓前面一个人的肩膀，在森林中潜行；午夜中的森林一片漆黑，让他们觉得自己像是走进了湖底。官方战史作者查尔斯·B. 麦克唐纳如此描述这场撤退：

> 士兵们像失明的牛群般跌跌撞撞地穿过丛林。夜色昏暗，加之德军的炮火攻击，他们根本不可能保持队形。整个夜里直至第二天，惊恐而倦乏的士兵或三五成群或独自一人穿过了冰冷的卡尔山谷。

在卡尔东面作战的 2 000 名美军士兵中，仅有 300 名顺利返回。有些伤员顺利通过了山谷中德国人安置的雪桩；其他伤员被遗留在一条急流之上的防空壕旁两天之久，他们痛苦不堪地呻吟着，直到一段短暂的停火时才得以疏散。死去的士兵堆积成山，被松枝覆盖着，直到墓地登记队把他们搬离。

得知有一场攻击进展糟糕，11 月 8 日星期三早上，艾森豪威尔和布拉德利开

第 28 步兵师设在罗特的师部，艾森豪威尔正向乔治·诺曼·D. 科塔少将询问许特根森林的作战情况。这位最高统帅对科塔说："好吧，科塔，看来你输了。"

车前往罗特。在奎里斯特拉斯街 23 号的指挥部里，最高统帅听取了科塔的解释，然后耸耸肩说："好吧，科塔，看来你输了。"几分钟后，霍奇斯和杰罗也赶到指挥部参加紧急会议。德国人仍然盘踞在施密特的高地上，11 月向莱茵河发起的所有攻势都受到威胁。

艾森豪威尔离开之后，霍奇斯又对科塔责骂了一通：那些团部署得当吗？战壕挖了吗？如果都做到了，即使德军炮火再猛烈，所造成的伤亡数"也不会那么高，地盘也不会就这么丢了"。霍奇斯抱怨道，战斗过程中，师部人员都"没能确切地知道他们自己的位置，也没努力去弄清楚"。这位第一集团军司令官想让科塔知道自己"非常失望"。在返回斯帕之前，霍奇斯告诉杰罗"可能要做一些人事调整了"。

阴沉的天气愈发寒冷，雨夹雪转为大雪，这个冬季的第一场暴风雪就这样侵袭而来。满腹仇恨的美军士兵愤怒地冲进德国人的房屋，砸碎瓷器，将家具扔到街上。"我谴责了整个团的士兵，他们原本是世界上最好的人，"一位军官心烦意乱地告诉记者艾丽丝·卡朋特，"说实话，我已经受够了。"

从卡尔逃出的人被卡车运到了罗根，那里已搭起三角帐篷，里面铺着秸秆和羊毛毯。医护人员分发了后方部队捐赠的烈酒。红十字会的志愿者为官兵们提供了煎饼和啤酒，师部乐队奏起军乐。"你吃得好吗，孩子？"一位前来巡访的军官问一位士兵。士兵头也不抬地答道："你他 × 的还关心这个？你们有自己的配给，不是吗？"

★ ★ ★

11 月 9 日星期四，第 28 师开始在许特根的狭小凸角处埋设 5 000 枚地雷，建立防御工事。巡查队匍匐穿过此阵线寻找上百名失踪的美军士兵，这片曾十分茂盛的树林，如今已大不如前。这场持续了一个星期之久的战斗是美军战略攻击中损失最为惨重的，伤亡超过 6 000 人。"血腥之桶"流的血比以往更甚：第 110 步兵团的一个营即便在得到增援之后，仍仅剩 57 人；第 112 步兵团的人数从 2 200 降至 300。美军历史中承认"该师任务收效甚微"。

在不足 6 个月的时间里，科塔已经从一位曾在奥马哈海滩和圣洛以英勇著称的军官沦为一个面临被解职的少将，战争就是如此无常。他之所以保住了指挥权，部分原因是该师部的其他许多军官都已牺牲，如今只有 4 名少校和 1 名上尉在领兵。11 月中旬，第 8 师抵达许特根取代第 28 师，后者被指派到阿登高地一个较为平静的区域稍作休整。科塔向其部队发布了一条鼓励语，以一条训令作为结语："敬礼，行进，射击，服从。"

德军一周的伤亡人数总计 3 000 人。"我们蹲坐在不通风的地窖里"，一位军医在家信中写道，"伤员卧在血迹斑斑的床垫上……有一位士兵被手榴弹碎片击中，几乎失去了大部分肠子。"另一位伤员手脚几乎都断了，恳求道："同志，毙了我吧！"

同战线的美军一方，军需部队先从一个废弃的谷仓中拖出死去的德国士兵，而此时一位注视着这一切的美军士兵漫不经心地弹起吉他，高唱《边境之南》（ South of the Border ）。但德军较为有效地控制了在森林中的伤亡。美军一面不断折磨着敌军，一面经受着折磨：在未来的几天里，第 4 师和第 8 师发起的攻击，如同第 9 师和第 28 师一样，付出惨重的代价却收效甚微，团级兵力降至营级，而后营级兵力被削减至排级。"那段日子太恐怖了，我只能祈求夜幕降临，"一位士兵回忆道，"而夜里的煎熬又让我祈求黎明的到来。"

在不到 3 个月的时间里，6 个美国步兵师，加上 1 个装甲旅、1 个突击营和多个其他部队被丢进许特根森林。总之，在被历史学家卡洛·埃斯特称为"西部战场上最无能"的一系列战斗中，12 万名士兵中有 3.3 万人伤亡。一位被俘的德军文书称"在林地的战斗中，美国人显得无法胜任"，这一评价虽不免刺耳，但也比较合理，对美军的指挥能力不乏尊重。

11 月底，随着进攻继续开展，霍奇斯自己也开始倍感压力。"他一直唠叨着我们会如何打败仗。"第 9 战术空军司令部司令皮特·奎萨达将军在一次不太愉快的会议后说道。尽管军队在撤退，但霍奇斯及其指挥部仍照常活动。在斯帕将军官邸举办的 11 月晚餐会上，桌子特地以第一集团军肩章上的黑色"A"装饰，此肩章源于 1918 年。上甜点时，每位客人都得到一块蛋糕，其上用粉红色糖霜写了他们本人的名字。咖啡一一端上时，电影《珍妮》也开始播放，那是一部乔伊斯·雷诺兹主演的浪漫喜剧。

一位战士诗人作的一部诗篇结尾写道："我们以为森林是明智的，从无纠缠，未被涉足。"但许特根的地形和植被显然串通一气，这片阵地一直都纠缠不断。一位工兵注意到，这片森林"并非一片纯粹的地域，它代表的是战斗和死亡之地"。

一种粗劣的暴行在盟军队伍中生根，继而蔓延至整个欧洲。轰炸机用凝固汽油弹烧毁那些负隅顽抗的小镇，就这样，一个又一个村落在盟军的炮火之下化为灰烬。士兵中流传着一句话："这就是血腥的战争。"在被送往后方进行精神检查的人员中，有两位是美军收藏家，一个收集了很多战死的德国士兵被割下的耳朵，另一个收藏了一大袋牙齿。在那个漫长的冬天，森林中的野狗以被白磷烧焦的尸体充饥。"这是我自己的阴影深谷，"一位医务兵写道，"离开时，我感到出奇的安慰，然而也带着从未有过的悲伤。"

海明威的石房子位于维希特（Vicht）附近，客厅里有一个大火炉和一张铜床，他穿着一件"让体形显得更加庞大"的羊皮背心。有时候他会为年轻的美军士兵们代写情书，并向记者同行们朗诵他最喜欢的段落。他将许特根战役比喻为"树木爆裂的帕斯尚尔战役"（1917 年爆发的英德拉锯战。——译者注）。但即便是海明威也无法很好地捕捉到这块恐怖地域的沉沦。

当艾丽丝·卡朋特正在战地报道笔记上做记录时，一位士兵问她："你有没有告诉他们，勇敢的战士们像一群野兽般生存，他们对同伴的所作所为连野兽们都感到不齿？"一位身经百战的中士认为，在许特根这段日子，比他之前在北非、西西里岛或诺曼底所遭遇的一切都更加艰苦，引用《李尔王》第四幕第一场的台词："只要我们还能说'这是最糟糕的'，就还未到最糟糕的时候。"

一位名为弗兰克·马达莱纳的士兵于 11 月中旬在森林中失踪，其妻娜塔莉，两个孩子的妈妈，从纽约来信写道："你无处不在——椅子上，我身后，房中的阴影里。"在另一份便笺中，她补充道："你仍旧杳无音信，我实在不知所措。孩子们都很好，也非常可爱。刚刚给他们头上戴了五颜六色的手绢，他们又唱又跳……当我独自一人的时候，我仿佛觉得你正悄悄地靠近我，然后轻轻地把我揽入怀中。"

可惜未如她所愿，永远也不可能。这才是最糟糕的。

THE
GUNS
AT

第 7 章　骚动的羽翼

曾经四处响彻《卡门》之音的港城安特卫普，瞬间被数千枚野兽般的
V-1 火箭剥夺了生机。"女王行动"的残酷让士兵们在"向前冲的生理恐
惧和当逃兵的道德忧虑之间"徘徊，备受折磨。战场上，盟军一直拥有制
空优势，但集中攻击什么目标才能尽早取得胜利？"石油"还是"城镇"？
"精准轰炸"的威力能够在多大程度上鞭挞德意志大地？

小城悲鸣

11 月 28 日星期二早晨，19 艘货船庄严地排成一列，在倾盆大雨中静静地驶向灰蒙蒙的斯海尔德河。水手和焦虑不安的战地记者们拥在扶手旁，眯起眼睛搜寻着水雷。上个星期日，三艘小商船安然无恙地抵达了安特卫普，这是自 1940 年来第一艘驶向该河口的盟国船只；尽管盟军已占领该港近 3 个月，但这趟初次护航安全停泊，才意味着安特卫普港完全开放。摄影师和达官贵人们挤满了码头，其中不乏比利时名流、盟军最高统帅部及第二十一集团军群的重要将领们。

随着拖船将魁北克制造的商船"卡坦拉基要塞"号带入码头，一支军乐队高声奏起了《橡树之心》，这首激昂的海军进行曲由 18 世纪著名演员大卫·加立克作词：

> 我们的船舰坚硬如橡树之心，我们的水兵快乐又开心，
>
> 我们时刻准备着，镇定啊，孩子们，镇定！
>
> 我们要战斗，我们要征服，一次又一次。

码头工人在货船周围忙碌，用起重机和吊索将战争物品从货船上卸下，他们争分夺秒：兵站区后勤部三天前就曾发出警告称，欧洲大陆的物资匮乏形势严峻，军火储备将"持续短缺"，"普列斯通（一种防冻剂）、罩靴、睡袋、轮胎、收音机、被复线（军用电话线）、备用发动机、车轴、通用和战斗车辆之类的物

品统统得不到补给"。

由于外交礼仪方面的疏忽,加拿大军方的特使未得到码头接待委员会的礼遇,着实可悲:加拿大第一集团军在"斯海尔德河大捷"中有近 1.3 万名士兵伤亡。旷日持久的"开拓地(*尤指荷兰等国围海造的低田。——译者注*)斗争"需要大量的火焰喷射器,风车之地间的枪战此起彼伏,古旧的荷兰堤坝也要被炸毁,以此利用北海涌来的洪水将德国守军逼退瓦尔赫伦岛。

11 月初,盟军从斯海尔德河和北海向瓦尔赫伦发起了两起突袭,这其中就包括 15 英寸口径的"厌战"号战舰和"厄瑞玻斯"号臼炮舰、"罗伯茨"号导弹护卫舰的火力支持。随着登陆艇从奥斯坦德向瓦尔赫伦岛挺进,风笛手吹起乐曲,一名佩戴着橙色肩带的小男孩站在破损的堤坝上朝皇家海军陆战队致敬,他一边挥舞着一面荷兰国旗一边呼喊着:"早上好!早上好!"但是,直到 11 月 8 日中午,德军司令官才从米德尔堡的床上被撵起来,带着最后的 2 000 名守兵投降,盟军正式宣告胜利。

敌岸的枪炮声终于停歇,200 多艘扫雷舰分成十五支舰队,执行为期三周的"日历行动",在方圆 80 英里的河口地区陆续搜寻了 17 次。每发现并销毁一枚水雷,舰上船员便在烟囱上画上一个白色的 V 形图案。安装在卡车车厢上的扫雷探测器探查了遍布沼泽的斯海尔德河河岸,而潜水员则在寒冷刺骨且污浊不清的河水中来回摸索,清理安特卫普港方圆 1 000 英亩的每一寸土地。

11 月中旬,整整三天未发现任何水雷,皇家海军随即宣布,斯海尔德河流域全境安全;然而 11 月 22 日和 23 日接连发生 9 起爆炸,他们不得不撤下告示,扫雷舰也被迫回港作业。在"卡坦拉基要塞"号引领被护送的船队驶上航道前,共清理了 267 枚水雷。

在接下来两天里,又有 20 艘船只先后抵达,到 12 月中旬,安特卫普的日卸货量已达 2.3 万吨,相当于美国运往除马赛市以外欧洲西北部城市货物总量的一半。往来船只昼夜出入这一要港,驶过一排排数不尽的低矮仓库,周遭夹杂着悠长的钟声、嘟嘟的船鸣和海鸥刺耳的尖叫。6 000 名普通装卸工和 9 000 名码头工人蜂拥至港口,与他们同来的还有数目相当的军工人员。随着第一条锚索被抛向码头,卸货工作开始了,通常情况下,13 小时后最后一艘货船的吊货网就会升起,而后空船便会起航驶向公海。

除了 200 多个泊位和 600 多架起重机,安特卫普还拥有全欧洲最密集的铁路网，平均每平方英里铺设了长达 19 英里的轨道；即便如此，由于车辆短缺及后勤误算，两周之内舱盖布下和码头后的棚屋中已堆积起 8.5 万吨物资，一方面等待更多铁轨车前来运输，另一方面等待里尔、蒙斯等地仓库早日建成。原本计划 12 艘军火船由第一批护航队护航，但人们担心，万一发生意外爆炸或引来"复仇武器"（指 V-1 火箭和 V-2 火箭）攻击，港城将会遭受比任何敌军破坏都更惨重的损失，因而，这一计划被推迟了，直至后来，船只竟被转移到港口远角的孤立泊位。

那年秋天，爆炸在安特卫普已经司空见惯。先是在 10 月 7 日遭受首枚 V-2 火箭的袭击，4 天之后又遭遇了首枚 V-1 火箭。10 月 13 日，V-1 和 V-2 接连袭来，皇家艺术博物馆中的许多画作也因此被毁，市屠宰场中有 20 余名屠夫伤亡。（"昨天，某些野蛮残暴之物落在了安特卫普"，英国情报人员报道称。）随后一家同时作医院之用的孤儿院也被炸毁，其间 32 人丧生，其中包括一支外科手术队和数名孤儿被压在一面坍塌的墙下。

11 月 27 日，就在首支护航船队驶入斯海尔德河之前几个小时，一枚 V-2 火箭在一支军用船队经过特尼耶斯普拉斯的交叉河道时轰然爆炸，造成 157 人丧生，供水干道被毁，尸体残骸和女人的手提包一路漂到了市中心新开凿的一片湖中；在距爆炸地点 200 英尺处的一个房顶上，人们发现了一个宪兵的躯体。

安特卫普地势几乎与海平面齐平，因此这里没有可用以避难的地铁隧道和大

1944 年 11 月下旬，一枚 V-2 飞弹在安特卫普市中心炸开，一个小伙子的身体起火燃烧。德国人在 6 个月内朝安特卫普发射了 1 700 多枚 V-2，另外还有 4 200 枚 V-1 飞弹。

型酒窖。现在，美军士兵称其为"猝死的城市"。被委派于此的 1.6 万名军人原本住在砖砌的公寓楼里，但德军的猛攻迫使他们分散在城外各处，用帐篷搭建营地；工兵们特意学习了如何对坍塌建筑中被掩埋者实施营救的应急课程。就像在伦敦一样，玻璃窗变得稀少。一枚"复仇武器"击中了一个公厕，几个人被压在沉重的瓷制便池下；红灯区发生一起爆炸后，随处可见擦拭着皮大衣上瓦砾碎片的妓女；一家香水店被炸毁，此后好几天四周都香气扑鼻，"一种浓郁的、不协调的、难闻的味道"，美国军人杂志《美国佬》如是报道。

重获新生的市歌剧院先后上演《波希米亚人》和《卡门》两大剧目；一次演出期间，一枚 V-1 火箭在剧院顶轰鸣而过，一位海军军官描述当时的场景称："演员们继续歌唱，满堂观众无一人离席。"

希特勒早就认识到了安特卫普的战略价值，10 月中旬，他已下令将所有的 V-2 火箭集中起来，或瞄向港城，或瞄向伦敦。德军的发射班组投掷了 1 712 枚 V-2 火箭和 4 248 枚 V-1 火箭，对安特卫普进行了长达 6 个月的轰炸——通常每天要发射 30 多枚，但有时实际发射量达这个数目的 4 倍之多。其间，安特卫普有 6.7 万座建筑被损坏或摧毁，这其中包括城中房屋的 2/3；还有两艘货船和 58 艘较小的船只被击沉。虽然铁路、公路、码头和起重机接连遭受重创，但安特卫普还算幸运，加之"复仇武器"精准度有限，港城的运转基本未受影响。

当然，同盟军在防守端所做出的惊人努力也同样功不可没，其中包括 2.2 万名防空炮兵，他们被秘密编入一支名为"安特卫普 X"的部队。城市东南部设置了 3 个平行的防御武装带，相互间隔 6 英里，每个武装带均部署了 600 门火炮，昼夜不停地重炮轰击，需要时便有新的炮筒和弹药补给从美国空运而来。整个城市的预警系统部署了 72 盏探照灯及长达 6 000 英里的电话线确保有效运作，还有 300 多万个沙袋帮助安特卫普防御轰炸。

12 月，德军的 V-1 发射队伍出其不意地打开了一个新的进攻方位，他们从东北方发射，将可用以警报的时间从 8 分钟缩短到不足 4 分钟。一份美方研究报告称，有时多达 8 枚导弹同时逼近安特卫普，伴随着"马达飞行中发出的特有轰鸣声，尾部的熊熊火焰如水流般汹涌喷射，马达停止燃烧，导弹瞬间急坠，之后猛烈地爆炸开来"。不过事实证明，敏锐灵活的炮兵们技术熟练精湛：经估算，共有 211 枚 V-1 火箭击中安特卫普市中心方圆 8 英里内的区域，而其他 2 200 枚则在半空中被破坏或在空旷地带炸毁。还有数百枚，有的飞向了远处，有的未能脱离发射轨道，还有的发射失败。

当然，V-2 火箭则是一头不同寻常的野兽，而且盟军的防御火力无法对其造成伤害。"在这片土地上，亡命天使无处不在，"谈及这种导弹时，丘吉尔说，"只不过你无法听见它翅膀拍动的声音罢了。"

★★★

12 月 15 日星期五下午，熙熙攘攘的凯泽大道上，可容纳 1 200 名观众的雷克斯电影院几乎座无虚席。被德军占领期间，电影院只放映德国影片，而自从 9 月初安特卫普解放以来，比利时的影迷们便如饥似渴地扑向了自开战以来几年都未能观看到的英美电影。虽然因为纤维素同样也是火药的配料之一，致使胶片库存短缺，但过去三年间，好莱坞仍制作了 1 300 多部电影。

这些电影中，有 1/4 是战争片，但这一天的雷克斯，这家建于一间以前由比利时社会党所有的酒吧旧址之上的电影院，正在放映一部经典西部片——《乱世英杰》，一部由塞西尔·B. 德米尔执导的情节剧电影，加里·库柏（饰演怀尔德·比尔·希科克）和琪恩·亚瑟（饰演卡拉米蒂·简）领衔主演。尽管这部讲述美国边疆往事的影片没有太多的可圈可点之处（德米尔竟能将亚伯拉罕·林肯、"水牛比尔"科迪、乔治·阿姆斯特朗·卡斯特将军和一位名叫黄手掌的印第安夏安族酋长的故事融汇到 113 分钟的影片里），但观众似乎依然看得非常着迷。

下午 3 点 20 分，电影刚演到加里·库柏在小比格霍恩河得知卡斯特的死讯，一道灼热的白光闪过了整个观众席，接着一枚 V-2 火箭从荷兰一处闻所未闻的新址发射而来，呼啸而至。重达一吨的弹头在最底层楼厅的前部爆炸，轰鸣声仍然回响在斯海尔德河之上，一位目击者称，爆炸烈焰从电影院"喷涌出来"。一瞬间，巨大的荧幕向前倾倒，楼厅和天花板垂直砸向坐在大厅里的观众。

200 名救援人员动用起重机、推土机和乙炔炬艰辛作业了一个星期。一支小分队营救出一名受困数小时的美国士兵，《美国佬》这样报道：

> 他蹒跚着走出来时，手中还抱着两个死去的孩子。一位红十字会工作者试图扶他们过去，但他狂暴地拒绝了……他一直坐在孩子们的母亲身旁，母亲的头部已被炸飞……这座城市太小，承受不起这样的悲剧。

救援队最终挖掘出 567 具尸体，其中一半以上都是盟军士兵、海军炮手和商船水手；有 4 人是当天下午宣誓不再参战后被释放的德国战俘；另有 200 名军人重伤。很多比利时遇难者中还有被爆炸烈焰熔凝到一起的丈夫、妻子和孩子。搜救人员在楼厅里发现了一位死去的女孩，一位《美国佬》记者写道："她半笑着，唇上的口红和脸上的妆容还相当完好。在她身旁是一排士兵，眼睛直勾勾看着前方，仿佛还沉浸在电影中。"市动物园变成了一处陈尸所。雷克斯电影院散发出的恶臭极其可怕，因此救援人员不得不派出化学净化队伍，先向仍被压在废墟中的尸体喷射药剂，才能继续作业。

那些在《乱世英杰》最后一个卷盘放完前死去的人们永远也见不到怀尔德·比尔在戴德伍德一边打着扑克牌一边从背后开枪射击了，也见不到影片尾声心碎的卡拉米蒂·简紧紧地抱着比尔的尸体了。政府立即决定，在当下这一非常时期，关闭所有电影院和剧场。

直到和平回归，亡命天使不再盘踞这里，安特卫普再也没有响起过《卡门》之声。

无处安放的信仰

虽然在许特根森林遭受惨败，但奥马尔·布拉德利很快重拾乐观情绪，并向麾下中尉担保，称第十二集团军群受命在"女王行动"中重创亚琛东部和北部敌防力量，一定会是"让德军向女王屈服必须发起的最后一次大型进攻"。布拉德利在卢森堡市和斯帕之间往来奔波，巩固他麾下的师部，激励他军中的指挥官，同时仔细观察天气预报。他深信，如能成功冲破德军通往迪伦的航线，便可跨越罗尔河再行 25 英里来到莱茵河，复制从圣洛区到塞纳河的突围。

11 月 16 日正午刚过，2 400 架重型轰炸机朝亚琛附近的目标投下了 1 万吨烈性炸药和燃烧弹——硫黄数量如此之多，以至于一名投降的德军坦白称："我感觉被俘虏也没什么不好的。"然后遍布前线的 200 个炮筒上蹿起了一道道白色的火舌，接着成千上万枚炮弹沿发射方向轰然引爆，"如同一张灰色墙纸上忽然绽放的朵朵黄花"，战地记者 W. C. 海因茨写道。

冲锋的谢尔曼坦克装甲板上覆盖着闪耀橙色荧光的布单，好让聚集在空中的战斗轰炸机分辨出友军。而步兵突击营则再次冲向东方的罗尔河，完全暴露的士兵们惊慌飞奔，弓着身子努力让自己变得小一些。四下里步枪射击的声音渐响，据称士兵们"脸上的表情都一样，因为他们根本没有表情"。在一些防区，一盏盏60英尺高的探照灯仿佛一个个8亿烛光度的小太阳，它们在秋季昏暗的白日里指明道路、照射雷区并干扰敌防。

敌军挖掘出壕沟，很快变得更加难缠。作为第一集团军的先头部队，柯林斯的第7军带领9个攻击步兵团和一支装甲作战指挥部队在右翼充当先锋，但一些连队在黄昏前仅推进了800码。坦克在斯托尔贝格走廊造成了一定杀伤，但代价同样沉重：64辆谢尔曼坦克中，44辆已严重受损。4天之内，第1师仅推进了2英里，却损失了1 000人；往前再走两英里，又有3 000人伤亡。第104师由特里·德·拉·梅萨·艾伦少将统率，他曾先后在非洲和西西里岛统领"大红一师"。在他的带领下，第104师从侧翼包抄埃施韦勒市，这里依然发热的食物和未熄灭的蜡烛表明，敌人是在匆忙之中拔营而逃的。但即使在一周之后，霍奇斯中将发现罗尔河仍远在数英里之外，遥不可及，而这场战役则沦为了一场"杀一窝来一窝的杀戮竞赛"。

第九集团军的境遇同样好不到哪儿去，他们在左翼攻打武尔姆河与罗尔河之间那片泥泞满地、地雷遍布的新月形区域，这里的50个石头遍布的村落被改造成了纳粹国防军的堡垒。自11月22日起，第19军仅推进了三四英里，然而他们不仅同莫德尔的大军交过锋，还遭遇了淤泥、绝望和各式各样的地雷。

11月的30天里，仅2天既未下雨也未落雪。该月的降水量高达月均降水量的3陪。就像在意大利时一样，雨水浇得士兵们一身灰色，使他们同淤泥混为一体，直到他们看起来就仿佛是长了眼睛的黏土，丑陋得如同他们战斗过的田野里的甜菜和卷心菜。收音机和探雷器面临短缺，卡车的保险杠陷入淤泥中，结冰的泥浆使毛呢大衣变得笨重难堪。"人们被迫丢弃大衣，因为他们已经没有力气穿它们了，"一位参谋记录道，"他们的手已经麻木，因此必须互相帮助才能穿戴上装备。"

为保持干净，步兵们徒劳地在M-1式步枪的扳机和螺栓处系上方巾，并用从物资分配处搞来的避孕套和蜡纸套着枪口。军火商和法国制造商做了100多万个"鸭舌装载机"，其实就是把5英寸的楔子焊接到坦克上加宽其起重装置，好让其在泥泞中获得更强的牵引力。一辆坦克能装上300多件这种东西，但还是会被卡住。

用第一集团军的话说，这是一场"你死我活"的战斗，它让人们感到无比讽刺，让人们开始听天由命，并陷入深深的悲哀。第5师的一名战士在给家人的信中写道："他们说保持洁净几乎就是敬仰神明。我说保持洁净几乎就是不可能的……如果我被杀死后去了地狱,那里也不可能比步兵战争更糟糕。"一位 19 岁的士兵写道："每次心跳我似乎都能听到一个声音,冰冷无情,且越来越大,那声音说:'它来了,它来了,它来了,更近了,更近了。'"一名险被德军炮弹击中的军需官告诉罗伯特·卡帕:"那声音就好像在说:'你回不去亚拉巴马州了。'"

现在许多士兵都"懒得扣上裤子纽扣了",第 78 师的一名美国兵报告称,"这样更方便频繁放空紧张的膀胱,总比尿在裤子上好多了"。后来曾连任 6 届阿肯色州州长的情报官奥瓦尔·E. 福伯斯上校发现,他再也想不起家乡奥扎克的蜀葵花何时盛开。"人总是如此健忘",他写道。当他的小儿子来信说他刚看完了《白雪公主》,福伯斯心理崩溃了。"我很奇怪,"他问道,"我为何要如此爱他?"

即使最好的战士也变得急躁起来。陆军中校克雷顿·艾布拉姆斯是名列青史的坦克指挥官,他最后被授予四星徽章。在给妻子的信中,他写道:

> 失利、挫败、过失。……太多的事情撕裂并烧灼了我的心灵。我衣服就没有干过,我身子就没有暖和过,除了短暂的打盹,我两个星期没睡过觉。没有时间好好进食,也没有时间思考——全是进攻、进攻、进攻。

"战士们的内心硝烟四起,"埃里克·塞瓦赖德推断说。"在一个孤独的个体身上,难得交流。……100 万名将士牺牲了,每一位烈士会在一个家庭的餐桌旁留下一张空椅子。"在这些空椅子中,就有托马斯·F. 奥布莱恩上尉的。在他生日那天,这位来自新罕布什尔州的男孩在"女王行动"开始后不久便牺牲了。"他并没有疼很久,"连队的战斗日志记录道,"大概只有 10 分钟。"接替他指挥第 16 炮兵连的是他最好的朋友杰克·E. 戈尔登上尉,后者和许多第 1 师的老兵一样,深受在地中海时沾染上的复发性疟疾困扰。"我感觉我现在有 80 岁了",戈尔登告诉他在得克萨斯州的家人,而当时他只有 22 岁。

> 你太累了,你不愿再为保全什么而劳心费神,因为,如果你已经精疲力竭,就不会在意自己是死是活了。……我们拿生死做赌注。爸爸,你会理解的。就好像是玩扑克牌,你可能会一晚接一晚地赢牌,但你不会永远走运。……我一直很怕死。

随着新的后备队伍来到前线，大批死者被移至后方。每一支野战军都开拓了一条运输线，用以每天处理 500 具尸体；而根据政府的规定，25 具尸体就足够开辟一个新的临时墓地。一有机会，人们就开始煞费苦心地辨认残骸。通过最新技术，他们可以从掩埋已久的尸体上提取指纹，还能从破碎不堪的军装上找到模糊难辨的洗衣牌。负责墓地登记的工匠一丝不苟地用美容蜡重塑一张张残缺的脸孔，这样陆军通信兵就可以拍下照片来帮助确认那些没有身份识别牌的死者的身份。让牺牲者与其姓名重聚，算是补偿这些战士们的最后一项伟大的服务。

对于生者而言，小小的乐趣便能帮他们消磨时间，正如一位士兵在 11 月的日记中所言："创造历史的过程中，有 90% 是无聊的事。"士兵们聚在用来存放甜菜和萝卜的地洞里，把水壶装满煤油，用袜子做灯芯，照明；21 点等纸牌游戏在这泥泞不堪的 10 平方英尺的空间里大行其道。战地诗人卡尔·夏皮罗写道，每到邮件点名期间，"战争就暂被搁置上 1 个小时。……这个世界始终是属于人的"。一位军官告诉妻子，他在一栋被遗弃的房子里待了 30 分钟，"拉动坐便器的冲水绳，听着隆隆的水声，就像在家里一样"。

对于那些在战争中存活下来，到下个世纪才老死在床上的人们而言，这些日子仍是他们曾经历过的最紧张的时刻。"活下来，去呼吸，去感受，我已懂得了这些事究竟意味着什么，"第 82 空降师的一名中校在给姐姐的信中写道，"我看见人们做着这些事情，有好也有坏，天堂里的天使一定会让好人幸福，让坏人绝望。"毋庸置疑，战争改变了他们，至少他们灵魂的某个角落再也不会是从前的样子。第 84 师的一位士兵在 11 月 26 日给父亲写信说道："现在我能看到，人是如何变得面目全非的了。"

"女王行动"遭遇挫败，戛然停止。3 个多星期后，第九集团军靠近罗尔河西岸，但并未如布拉德利所预料的抵达莱茵河。第一集团军的第 7 军也未能在 12 月中旬前抵达罗尔河，他们还要在 31 天内行进 7 英里，即每小时行进 50 英尺。两个军共有 3.8 万人在战斗中伤亡。自从霍尔津格上士成为第一个踏上德国领土的美国士兵以来，这 3 个月里盟军从未突破边界 22 英里以上。这个秋天美军折损总数攀升至 14 万人次，其中包括被杀、负伤、因伤致死、因病致死、意外致死、失踪、被俘、生病、意外受伤、战斗疲劳、被囚禁、自杀的兵员。

负责面部重塑和坟墓挖掘的工作人员忙得不可开交。最高统帅部于 10 月设定了英勇奖项的配额，以免分配时引发混乱；作战期间，每个师每周可分到 3 枚

作为"女王行动"的组成部分，谢尔曼坦克于 11 月 16 日向东推进。3 个多星期后，这场攻势渐渐停顿下来，他们到达了罗尔河西岸，而不是美军指挥官所希望的莱茵河。

优异服务十字勋章、35 枚银星勋章和 79 枚铜星勋章。如今这样的配额似乎显得有些小气，于是艾森豪威尔下令修订这项政策。

连日来的阴雨天气已造成罗尔河的泛滥，使其很容易受到蓄意放洪的影响。12 月初，皇家空军已向施瓦门纽尔水库、乌尔夫特水库等其他水库投下近 2 000 吨炸药，而在此之前，因为天气不佳，这一行动已数次延期，还有至少一次在执行任务期间导航仪失灵。许多次直接命中制造的伤害却仅能引起下游地区的细微震荡，而皇家空军不久便返回了破碎不堪的城市。

最高统帅部的监察人员查禁了新闻报道中所有涉及这些水库的内容，仿佛这样敌军便不会察觉到盟军迟来的兴致。如果参与"女王行动"的 4 个集团军群中有一个成功杀到莱茵河，即使不能彻底剿灭德军的冬季突击计划（提前很长时间），也无疑会为其制造阻力和障碍。但是盟军依然无法渡过罗尔河，莱茵河依然遥不可及。

当然，敌方也遭受了重创。最初的轰炸摧毁了罗尔地区的数个城镇。在尤利西和迪伦，许多刚下火车或因其他原因易受攻击的德军部队遭到了屠杀。如今，国民掷弹兵师的 8 个步兵营中，没有任何一个还能召集齐哪怕 100 个人。那年秋天，共有 10 万名德军俘虏曾被关进第十二集团军群的牢房，其中有 8 000 名德军是在第九集团军防区的 2.2 万加仑凝固汽油弹的威逼利诱下投降的。德军指挥官束手无策，只得将文员、工兵甚至是兽医推上前线。一位德国军官说："那些惨败，是由不计其数的冻伤造成的。"

然而，没有任何迹象表明，德军会如布拉德利预料的那样臣服，甚至连布拉

12 月 11 日，在迪伦附近一座被摧毁的德国小镇中，第 9 步兵师的两名士兵正隐蔽在一辆谢尔曼坦克下。

德利也感觉黑暗再次笼罩了这次行动。"这是完全有可能的，"他告诉一位陆军部的访客，"德军完全有可能负隅顽抗，把行动拖到 1946 年 1 月 1 日。"

★ ★ ★

冬天似乎总是会出其不意地与美军猝然相遇。1942 年在突尼斯的阿特拉斯山脉，以及 1943 年在意大利的亚平宁山脉，美军都没能为冬季作战做足准备。甚至在"霸王行动"之前，陆军部便对严寒天气下的战争准备措施提出了质询，但多被为艾森豪威尔提供粮草的供应商们以满腔的愤懑打发了。有人向最高统帅部提供在安齐奥测试过的防寒服，却被当作不必要的东西而弃之不顾。

8 月中旬，美军的军需上将曾预测："战争不会打到明年冬天"。而欧洲战区首席军需官罗伯特·M. 利特尔约翰少将也认为："激烈的战斗不可能持续很久。"9 月中旬，霍奇斯安抚身边焦虑不安的军医们称："你们不知道几个星期之内这场战争就会结束了吗？"一份迟到的冬季衣物申请"作为一项预备措施"被提交到了陆军部，但列入其中的衣物仅可供一个集团军的 35 万名士兵使用，可当时美军有 4 个集团军都在西欧苦战。

德军在 10 月末表现出的恢复能力令人颇为担忧，利特尔约翰也因此劝布拉德利，要加快将御寒装备运到前线。"将军，天气越来越冷。很快就需要冬天的衣物了。"卢森堡市军需官告诉他说。利特尔约翰在回忆录中写道，布拉德利挥手打断了这一报告说："这些战士很强壮，他们扛得住严寒。"

补给线遇堵，安特卫普港的开放日期被推迟，加之所有军装与装备都已严重磨损，这一切令事态进一步恶化：纵然 9 月中旬，战区指挥官们提请需要 85 万件厚大衣和 500 万套毛绒衣裤（这个数字比一个月前预估的数量多出了一倍），但为时已晚，眼下，军需官们所面临的是给 100 万衣衫褴褛的美国士兵还有 10 万法国士兵及众多德军战俘添置新衣的需求。"我们不可能穿着夏天穿的衣服在冬天打仗，"杰克·戈尔登上尉给家人写信说，"去年冬天在意大利时，我们就该长个教训。"

恰恰相反，正如美军官方史料中所述："前线的士兵衣不蔽体地战斗了大半个冬天。"尽管利特尔约翰辩称"毛绒是作战的必需品，同弹药一样不可或缺"。但最终供应给战场的毛绒衣裤的数量远不及实际需求的一半。由于中号毛线袜匮乏，美军洗衣房被迫将 12 号袜子改小，虽然不小心改得太小也是一个恼人的难题，因为"改小毛织品时极容易失误"。通常在阵地上洗 3 次就会毁掉一双袜子，所以美军 1 个月得购置 700 万双新袜子。

美军列出了 70 种不同的冬装物件，以保证可排列出上千种组合方式来迷惑敌军。例如，共有 6 种不同的野战夹克和 7 种裤子被送达欧洲。"M-43 野战夹克"共有 19 个型号到货，而"毛绒野战夹克"衬里则仅有 13 个型号到货，此时，将它们匹配一致就成了一个令人头痛的数学难题。

除此之外，美军还大费周折地研制了体面好看的睡袋。哈佛大学疲劳试验室发明了一种叫作"克洛"的绝缘测量单位（*一种衣物舒适程度的测量单位。——译者注*），而 1 克洛就相当于一个人在阿拉斯加州穿一件普通的西装过冬；一个缝着绒毛和水鸟羽毛的袋子的舒适度可达 7 克洛；两层军用毛毯上再盖一件棉风衣加起来的舒适度为 4 克洛；有 60 种不同的睡袋参与了这项测试，其中包括一些由碎鸡毛和火鸡羽毛、乳草及驯鹿皮制成的袋子，但如果这些睡袋都送不到野战军这儿来，就像 1944 年一样，用再好的材料制作又有什么用。

据说，陆军方面认为，每位美军士兵都是由四个元件构成：一个胃、一个生殖器、一堆条件反射和一双脚。这些要素中，最后一项受到的关注严重不足，因为这些部位中，脚给美军在欧洲带来的麻烦最多。到了晚秋，共有 4 种军用鞋袜供应，正如五角大楼进行的一次调查发现，"没有一种是让人完全满意的"。为暖天定做的军靴多半太紧，最多只能塞进一双袜子，后来利特尔约翰少将也承认，到了雨雪天气，这靴子就"不过就是绑在士兵们脚上的一块海绵"。

他们征用的罩靴实在太少，到 1945 年 3 月前送达的几乎没有 11 码以上的；事实证明，最终送达欧洲的 700 多万双罩靴中，有一半都不够结实，无法套到军靴上。一种专为士兵们穿两双厚袜子而设计的橡胶皮革靴，既不合脚又有裂缝。到 12 月，征得的靴子仅够分配给一小部分有需要的美军士兵，宽度为 E、EE 和 EEE 号的都太少了。

士兵们因此饱受痛苦。9 月 27 日，军中出现了第一例战壕足病——一种因长时间暴露在寒冷潮湿的条件下所致的血管及组织损伤。几个星期之内，这种传染病迅速蔓延开来。"预防'战壕足'病的工作取得了重大进展"，11 月 27 日，艾森豪威尔在给马歇尔的信中如是说。但这并非实情。11 月和 12 月，共有 2.3 万人因"战壕足"病和其他因寒冷天气引发的健康问题就医，几乎都是作战步兵。这一损失等同于 5 个半师的步兵力量。

到 11 月末，"战壕足"病伤员已占住院总人数的 1/4。第三集团军的"战壕足"病情尤其严重，医生报告称，受该病折磨的士兵几乎全都不能在春天前回归战场；每 10 个病号中就有 4 个最终作为残疾被遣送回家。第 30 师的一份报告描述道："长长的数排行军床上躺着一个又一个士兵，他们的脚从毛毯下伸出来，每个脚趾之间都放着一个小棉球。"

尽管前一年冬天的经历给美军好好上了一课，但他们几乎未从意大利的那场战役中吸取什么教训，也没从英军或德军身上学到什么，后者均加强了各项预防措施，例如备足干袜子、引入足部按摩、频繁视察军情并加强士兵教育。许多美国士兵被告知要将靴子的鞋带系得更紧，可这恰恰是一条错误的指令。布拉德利承认，士兵们"在长达 5 到 10 天的时间里未曾脱下湿漉漉的鞋子"，并警告称，11 月末第十二集团军群可能因"战壕足"病每天损失 1 000 兵员。

最后，在春季到来前共有 4.6 万名战士住进了医院，约占全欧洲医院确认伤亡总数的 10%，这一大可避免的灾难比曾在西西里岛重创盟军 1/10 兵力的传染性疟疾还要严重。与冻伤患者不同，根据美军规定，"战壕足"病患者是无资格被授予紫心勋章的。一些指挥官甚至将其与性病相提并论。

每一位三等兵都知道，在天气变好之前，情况还会变得更加严峻。在一次天气预测中，第一集团军的气象专家们将晴天的概率定为"千分之一"。淤泥已经深及车轴，一位士兵写道："以前从未见识过它（泥巴）无处不在、极难对付且奇黏无比的特性。在重重泥浆中艰难跋涉寻找食物，尤其讨厌。"士兵们抱怨条件实在太恶劣了，他们很有可能会患上"战壕足"。

他们或是往脚趾上涂抹薄荷液，或是在鞋子里和生殖器周围塞满报纸，或是直直地跪在散兵坑中，或是在温热的粪堆上搭起睡觉的床铺，又或是将毛毯和罩靴改成自制的鞋子，想尽办法应对困难的局面。一名防空炮兵在艾森豪威尔视察前线时注意到了他的羊毛靴，竟出价 500 法郎想买下来。最高统帅当即脱下靴子，并称这双鞋要用"一个德国兵的命来换"。

★★★

战士们经历的这些苦痛在战斗衰竭症面前几乎不值一提。战斗衰竭症是在突尼斯杜撰出的一种医学诊断，用来代替一战时期备受业内质疑的"炮弹休克症"。残酷的战斗、压抑的环境及"遥遥无期的停战"对士兵们的心理造成了巨大的伤害。这种状况在那些被说成"像鬼一样"、被有关死去战友的记忆久久困扰的士兵中尤为严重。"战斗中的每个瞬间都给人施加了强大的压力，人们终会因此而崩溃，这与他们作战的强度和参战的时间有直接的关系，"战区的军医总监告诉艾森豪威尔，"因此，在战场上因精神疾病所致的伤亡和枪炮所致的伤亡一样不可避免。"

那些因战斗衰竭症而被遣返的士兵中，有的精神错乱太严重，必须把他们的鞋带系在一起、捆住他们的胳膊才能让他们不乱动。说是会把他们"送回厨房"，但去厨房的人成千上万，以至最高统帅部的监察人员查禁了有关这一数据的报道；公众也不会知道，二战期间，单是美军就有 92.9 万名士兵因"精神疾病"被送进了医院，其中多达 1/4 的病号就是在 1944 年那个寒冷的秋天入院的。"我快受不了这战争了，它快把我击垮了，"一位步兵在给家人的信中写道，"我尝试着对战友们掩饰我精神上的问题，但我确信他们终究会注意到的，因为我发现他们中的一些人和我有相似的状况。"

与对寒冷天气致伤的漠不关心截然相反，对于战斗衰竭症，美军在地中海一役早有见识，这些经验对美军在西欧的作战很有帮助。大多数伤员被视为暂时残疾留在前线附近，以此来保护他们的自尊心及他们对各自部队的情感联系。当时负责清理驻地的师队往往都配有一名精神医师；和在意大利时一样，战斗衰竭症患者常常在"蓝色 88 剂"、阿米妥钠或戊巴比妥钠胶囊的辅助下进入深度睡眠，有时一睡就是好几天。在欧洲战区，因战斗衰竭症住院的病号中，每 100 人中有 90 个以某种其他身份回到了战场上发挥余热，但其中许多人最后都是作为步兵命丧沙场的。

在欧洲，再妥善的治疗或各种"蓝色88剂"药片，都无法抹掉战争给人们的心灵造成的伤害。"在向前冲的生理恐惧和当逃兵的道德忧虑之间，是一种无比尴尬的两难境地"，一位参加过美国内战的老兵曾这样评述，而那种窘境仍然普遍存在着。"离开战场的唯一可行的方法，就是战死、受伤、自残还有发疯。"一位加拿大精神疾病学者写道。

保罗·福赛尔中尉在战争中勉强活了下来，后来成为最审慎的二战评注者之一。他认为"5个月的作战任务便会让前线的军官筋疲力尽，他们多会患上严重的神经衰弱"。多半专家判定，士兵们的精力会在200~240天的战斗之后完全耗尽，然而有两名密切注视着攻德先头部队的心理学家提出，美军士兵的作战技能会在参战一个月后开始衰退，许多人在45天后便会"接近植物人状态"。一位曾两次受伤的士兵试图在一封家书中解释为什么他仍在住院。"我的身体并没有受重伤"，他写道，"但我猜我还是坏掉了，爸爸。里面坏掉了，我的脑子坏掉了。"

自荷马时代直至今日，如何减轻这类心灵上的重创一直是一道令人不解的难题。美军陆航队的一份研究称："士气就像一片逐渐变暗的旷野，其上遍地都是了无生气的陈词滥调，各种檄文公告如狂风般刮过，只有些许的洞察力和自知如电力般断断续续地照亮它。"美军军医处处长建议，前线步兵在参战200天后应被替换下来修养6个月，但美国的补充兵力不足，无法实现这一方案。

"在当前政策下，没有人能被撤离战场，除非这个人已经毫无价值，"一份呈递给艾森豪威尔的报告记录道，"步兵们认为，这太不公平了。"不得已的情况之下，一位牧师只好提出"良好的心理状态需要积极的生活目标和对友好世界的信仰"。在1944年的欧洲战场上，这样的宇宙论听起来简直丝毫不着边际。

★★★

乔治·巴顿暂住在南锡市奥赛尔大街10号的一幢有格栅门的别墅里，不远处便是他作为坦克指挥官第一次斩获荣耀的一战战场。这幢别墅为一位法国煤矿大亨所有，据一位来访者称，其间"满是不可思议的小古玩，其中包括3英尺高的镀金天使和挂在天花板上的小天使，走廊里排列着廉价而俗气的雕像，以及色泽晦暗的绿色、棕色和紫色挂毯"。副官们纷纷驾车前往勃艮第买醉寻欢，一只名叫威利的杂交犬时常趴在餐具柜旁的一张椅子上打瞌睡。25英里外，11英寸口径的德国轨道炮已发现了第三集团军的活动范围，间或以高弧线向南锡市发射了 600 磅重的炮弹，其中有三发击中了 10 号别墅的窗户和门柱并炸毁了街对面的房子。

巴顿在洛林区四处闲逛，故作漫不经心。坐在前后都贴着三星徽章的敞篷吉普车中，他一边哔哔地鸣着喇叭，一边高声唱起《来自皮卡迪利大街的莉莉》中淫秽下流的词句。巴顿向一位记者炫耀着他那把著名的象牙手枪，"我第一次杀人用的就是它"，但他却拒绝了赫斯特报团出价 25 万美元购买其日记的请求。这一审慎的决定是明智的：最近几篇日记中他称"艾克是英国有史以来最好的将军"，还说第三集团军"驻扎下来是为了挽回蒙蒂的颜面"。

巴顿还猜测，为了影响国内的选举政治，有人通过某种方式调整了战场上的物资分配，"一个阴险至极的想法"。为了改善马赛地区的后勤支援状况，艾森豪威尔下令让第 15 军中的 5 万名士兵从第三集团军调动至第七集团军时，巴顿在日记中吐露，法国南部第六集团军群的新指挥官杰克·德弗斯中将"是个骗子，用花言巧语说服艾森豪威尔把第 15 军交给他……愿上帝惩戒他"。

连绵大雨让巴顿更加暴躁起来。这一天又下着倾盆大雨，巴顿在奥赛尔大街的餐厅捡起一把勺子，将勺子从中间掰弯了，嘴里喃喃念着："还要下多久，上帝啊，还要下多久？"他用其独特的拼字法给比伊写信说："给我寄两瓶粉红色的药。不进攻时我就急躁。……这儿没完没了地下雨—— 什么破地方。"

西墙（即齐格菲防线。——译者注）与德国接壤，其边界向东呈弓形弯曲，

德军的迫击炮火迫使美军士兵隐蔽在齐格菲防线上的混凝土"龙牙"后。这一防御工事被德国人称作"西墙"，自 1936 年便开始修建，这条防线拥有 3 000 个掩体和暗堡，从荷兰边境一直延伸到瑞士。

第三集团军仍未接近齐格菲防线。第 15 军和其他部队的调遣令巴顿少了 10 万兵力，如今只剩 25 万兵员，但作为布拉德利的右翼，在长达 75 英里的战线上，他仍能召集 6 个步兵师和 3 个装甲师，另有额外的 38 个野战炮兵营和 14 个反坦克营。为了与艾森豪威尔的战略保持一致（正是这一观念酿造了"女王行动"和许特根森林的惨烈交锋），第三集团军的直接目标仍是工业发达的萨尔州和远方的大河流域，然而莱茵河仍远在 130 英里之外。挡在两地之间的不仅有数十个粪肥成堆的洛林村庄和牢固的德军防御工事，还有欧洲防守最为稳固的城市之一——梅斯。

梅斯成了巴顿的一大心头祸患。之前，他的计划是攻下这座城市后直捣柏林，但由于物资短缺、始料未及的德军抵抗、盟军内部纠纷及瓢泼大雨，使美军丧失了机动性，这一计划只能告吹。现在他打算发起双重包围，同时横渡几乎环绕着梅斯城、在城西形成一道天然屏障的摩泽尔河，攻陷这座古老的要塞。

巴顿声称，自 451 年被匈奴人劫掠以来，梅斯从未被攻陷过。但事实上，1870 年德国人就曾从法国人手上将其夺走，一战之后又失去了它。经过几个世纪以来反复地增防加固，沃邦曾对路易斯十四说，人们设计这座城市不仅是为了保卫该省，更是为了保卫整个法国。现在的梅斯星罗棋布般矗立着 43 座城堡，其中很多都是为支撑马其诺防线而建，但多数现代工事都朝向西面。十多座建于 19 世纪的棱堡排成一个内圈，充当着要塞的角色，而暗炮台组成的外环则是由德国人在普法战争后建造的。

1940 年希特勒吞并洛林后再次对其加固，其中包括掩藏在旋转钢铁炮塔中的机枪、6 英尺宽的干枯壕沟及覆盖所有街道的射界。混凝土浇筑的堡垒外布排着地雷、刺铁丝网和防御工事作为补充。巴顿称"我们是在用梅斯给新步兵师练手"，这番辩解惹恼了布拉德利，尽管还不至于让他驳回巴顿的军事指挥权。"别管它，"布拉德利坚持道，"看在上帝的分上，把它抛在一边吧。……你要实现的计划会造成太多伤亡。"巴顿不顾批评，在日记中说这个"搭帐篷的人"（奥马尔·布拉德利）"太保守了。……真希望他能多一点儿胆识"。

胆子再大其实也毫无意义。巴顿 9 月在多诺特遭遇惨败，紧接着 10 月在迪安特堡再次被击溃，一位历史学家描述迪安特堡称："几乎是整个二战时期，美军的对手中准备最充分、最难攻下的防御工事。"迪安特堡高耸于梅斯西南方向 5 英里处的摩泽尔谷地，占地面积广达 300 英亩，美军情报人员称："那里为大约

100 个老人和男孩据守，士气低落。"

此话实在大错特错，因为 7 英尺厚的高墙背后，一群宁死不屈的顽固分子守卫着那里，其五边形的中央要塞通过网络状的隧道补给物资。不论美军是实行轰炸还是投掷凝固汽油弹，抑或是集结第三集团军直射炮队的最大火力齐轰，都未起到明显作用；步兵日复一日发起攻击，还向迪安特堡的炮眼中灌注热油，仍旧无济于事。"我们这是在用中世纪的手段攻打一座中世纪的要塞"，第 5 步兵师的一位记者写道。巴顿命令第 24 军，如有必要就把全部人马派上迪安特堡，如他的参谋长在指挥日志中记录的那样，巴顿"不能容忍这支部队发起的进攻遭遇失败"。

进攻还是失败了。鏖战一周后，美军仅攻下了迪安特堡外的两个外围营房，而敌军仍占据着 5 个主要暗炮台。巴顿大声斥责他的将领们，并要求失误者要亲自带队下次进攻以弥补过失，"不然，就不用回来了"。但到了 10 月中旬，进攻还是土崩瓦解了。这是第三集团军遭遇的首次重大失利。（军方极力阻止此负面新闻上报。）10 月 19 日，巴顿在给第 8 航空队司令吉米·杜利特尔中将的一封信中写道："德国那些狗杂种迫使我们放弃攻打梅斯地区的迪安特堡，头一回打得我鼻青脸肿。"他提出要发起一次"复仇轰炸"，动用"那种最厉害的大型炸弹，有多少就用多少，把这该死的城堡炸成个大窟窿"。

即使是最大、最厉害的炸弹也没能扫平迪安特堡，如今，巴顿计划朝梅斯发起一次更大规模、覆盖范围更广的进攻，这也是其生平所策划的进攻中声势最浩大的一次。他花了好几周的时间储备弹药，后在 11 月 5 日星期日的日记中写道：

> 今天早上有点喘不过气来，每当有战争或比赛要发生，我总会有这样的
> 反应……跟玛琳·黛德丽和她的剧团共进午餐。之后他们为我们表演了节目。
> 索然无味的喜剧，简直是侮辱人类的智商。

一天后，巴顿会见了负责报道第三集团军的记者，说道："我跟你们说过，我军将会停下来休整一段时间，事实证明，我是对的。现在我们要重新开始了。你们不妨说点谎话，说这不过就是我们在上一场战争中所谓的'修正路线'。"他向比伊坦言："和每次出征前那样，我有点消化不良，恶心反胃。我想，要是没这样的反应那就更糟糕了；我并不是害怕面对结果，只是迫不及待想开火罢了。"

大雨已整整下了三天，提到巴顿的状态时，一名记者说道，他一副"疲惫、

老迈的样子"。11 月 7 日星期二晚上 7 点钟，两名高级将领抵达了奥赛尔大街巴顿的暂时住所，浑身湿淋淋地站在一堆古玩和吊在天花板上"窥视着凡间"的小天使中间。他们请求推迟进攻，等到天空放晴、暴涨的河水平息下来再执行，但这一提议被巴顿当场否决了。

★★★

11 月 8 日星期三凌晨 3 点，巴顿在雨点敲击屋顶的声音中醒来。他特意选择这一天以纪念两年前发生在摩洛哥的"火炬行动"；现在，他在卧室里徘徊，提醒自己抛开那些一直困扰他的劝告，随手翻阅着一本隆美尔的一战回忆录《步兵攻击》。书中一段有关 1914 年 9 月西线雨天作战的描述给了他些许的安慰，让他得以再次入睡。

5 点 15 分，400 门大炮齐鸣让他再次惊醒，他把这声音比作"许多扇门同时砰然关上"。这一天，第三集团军共射出了数万枚炮弹；从前帘看去，最初的这道弹幕令东北方的天空不住地闪着白光，有如被热闪电点燃了一般。雨停了，南锡上空星光熠熠。"感谢上帝"，巴顿在日记中潦草记道。

7 点 45 分，布拉德利打来电话，祝他好运，而后艾森豪威尔接过电话。"我很看好你，"最高统帅说道，"请率领我军战斗到底。"上午 10 点，巴顿站在第 12 军的一个观察所上远眺梅斯南面的摩泽尔河，望着数百架轰炸机迎着晨光在空中盘旋，接着向德军指挥所和炮台发起猛攻。"我几乎都快可怜那群德国杂种了"，他喃喃自语道。处于自 1919 年以来最高水位的摩泽尔河上弥漫着滚滚浓烟，接着第 12 军的 3 个师向前猛冲，下午第四个师也随之挺进。两个装甲师在灌木丛和山谷中蜿蜒前行，随时准备撬开德军防线的任何一处缝隙。下午 5 点，雨又下了起来，但巴顿仍旧能感觉到进攻的强劲势头。晚饭后，一位副官说道："这么多天来，他第一次这样放松而健谈。"

星期四，杜利特尔的航空队带来了更多巴顿喜欢的威力巨大的炸弹。"麦迪逊行动"中，1 300 架重型轰炸机朝梅斯的 7 个要塞投下了 2 600 吨炸弹。在厚厚的云雾中，投弹手们只能依靠模糊不清的雷达图像进行轰炸，结果 98% 以上的弹头未能击中目标，许多偏差达数英里。步兵继续向前挺进，靠从单引擎侦察机驾驶舱门处投下的口粮、血浆、弹药和厕纸得以补给，飞机保持在 10 英尺到 20 英尺的高度飞行，因为飞得低，德军防空兵 20 毫米口径的火炮就无法找到合适的角度实施攻击，也就无法施展威力。

作为第 24 军向城市北面发起进攻的一部分，第 358 步兵团的一队队士兵连跑带跳地越过科埃尼格斯马凯堡顶部，用炸药包轰开一道道铁门，并往通风井道里灌注汽油，扔铝热剂燃烧弹。虽然遭遇德军机关枪的猛烈反击，但仍旧不肯撤退，并通过无线电回复道："这座要塞是我们的。"此话很快成真：近 400 名德军士兵举着双手涌了出来，这是第一座被盟军攻陷的梅斯堡垒。

摩泽尔河河面宽度近半英里，水位仍在进一步上涨，渐渐地激溅着淌过前方的众村庄。洪水淹没了德军的雷区，这帮助第 90 师的 8 个营在河对岸找到了驻足点，但修缮用以运输坦克的桥梁却让他们大费周折，花了好几天的时间。工程兵们冻得脸色铁青，穿着笨重的防弹衣，迎着汹涌的水流，顶着猛烈的炮火，艰难地将桥的浮筒抬举到合适的位置。"天空上似乎满是白色的枪炮轨迹，"第 5 师的一位 19 岁士兵说道，"人们从我身前站起来，朝树林冲去，然后随着一串枪炮的轨迹穿过，他们或躺倒在地或跌进河里。"

"呻吟，折磨，痛苦。人们被炸成了碎片，"一位外科专家在日记中写道，"所有的病房都住满了伤员，理发店、储存补给品的帐篷、药房和实验用的帐篷也都住满了伤员。最后，连集体用餐的帐篷也住满了。"一名士兵的吉普车引爆了一枚地雷，一位在他的残腿上挥汗如雨的军医描述道："肌肉里嵌着螺栓、垫圈、套管，就好像嵌在一张工作台上。"另一位士兵被畜棚场里爆炸的炮弹炸伤，"他的腿从膝盖到臀部里都是粪肥，紧紧地塞在肉里……就好像是塞在一根腊肠里"。死里逃生的伤员们默默地躺在病房里的行军床上，那位军医补充道："就好像是从一座摩天大楼的窗台上被救下来的人。"

11 月 11 日，照巴顿给比伊的信中所写，他"在死者尸骨未寒的地方起床"，度过了他 59 岁的生日。"然而，敌人一定也在吃苦头，所以其实我们在相互折磨，直到他们屈服为止。"

11 月 14 日，进攻已经持续了近一个星期，工程兵在敌城北面建起了一座倍力桥（二战时期，为解决军队渡河的问题，利用预先设计好的钢架迅速组合而成的人工便桥。——译者注）。第二天清早，第 10 装甲师在雨雪交加的风暴中轰隆隆地驶过摩泽尔河，与驻扎在梅斯以北 20 英里处的第 90 师一前一后构成一个大包围圈；第 6 装甲师和第 80 步兵师在南面与之辉映；敌城附近还有压迫其两翼的其他力量，第 95 师在河西面朝德国驻军发起猛攻，这些驻军中很多人都是年老体弱的士兵，他们被称作"准士兵"。11 月 15 日艾森豪威尔抵达前线视察，他在淤泥中踱来踱去，然后在奥赛尔大街与巴顿共进午餐。"战况非常乐观"，一位副官记录道，"两位将军入座就餐，一直交谈到下午 2 点。"

战场上的进展让他们倍感愉悦。第二天，巴顿把第 12 军的日常火炮配给量提高了一倍多，增加到了两万发，并解释道："如果我们现在赢了，以后就不再需要炮弹了；而现在不用它们，我们就打不赢这场仗。"希特勒曾两次断然拒绝龙德施泰特关于放弃梅斯的建议，但纳粹内部的将官们已纷纷驾着偷来的雷诺和雪铁龙仓皇逃跑。城市的供水系统被破坏，军需供给不足，增援又如此薄弱无力（包括武装过时的法式来复枪的巡警和戴着臂章的老迈的后备兵员），以至于一位德军将领将他们描述为"滚烫的石头上的几滴水"。11 月 17 日，随着最后一批德国平民被来自达姆施塔特的警察护卫队转移到东部，电话机已无法使用。从东部战线被召来的新任驻军指挥官海因里希·基特尔，被要求发誓捍卫这座城市"直到最后一兵一卒、一枪一弹"，那些远离危险的人，一向如此漫不经心地提出要求——让身处险境者做出如此的牺牲。

11 月 19 日上午 10 点 30 分，第 5 师的战士们在梅斯以东 7 英里的雷通费与第 90 师的骑兵会师，第三集团军的两翼由此完成了对敌城的包围。如今，从 11 天前发起进攻的地方向东 10 英里到 20 英里处，巴顿的两支部队占据着一条长长的防线。在梅斯，一切很快就结束了，几乎没发生什么激烈的战斗，可谓不幸之中的万幸。6 000 名德军被俘；11 月 21 日，人们在一间地下野战医院中发现了基特尔将军，此前他身负重伤仍坚持在前线参与作战，被找到时身上满是吗啡。第二天下午 2 点 35 分，敌城正式受降。

★★★

作为取胜的英雄，巴顿开车驶进了梅斯，高鸣的汽笛声通报着他的驾临，不时被他那辆私人吉普车的"汽船式长号"打断。"开进一座 1 300 多年来从未被攻陷的城市的感觉不言而喻"，巴顿写道（巴顿一直坚持诉说着他自己杜撰出来的历史）。他对比伊补充道："我过得很累，人们崇拜我太久了。"他亲自审问了那位眼珠突出的洛林区安全指挥官安东·邓克恩将军，后者在试图与一名副官从梅斯潜逃时被第 5 师的一支巡逻队抓获。

巴顿先是威胁要将他转交给"知道怎样让人开口说话"的法国人，然后告诉翻译，"如果他想做一名尽忠的纳粹党人，可以就地死掉。那种死法要比眼下的死法舒服点儿"。邓克恩反抗称他是被美军俘获的，因此应由美国监禁，巴顿突然打断了他："在对付毒蛇的时候，我不需要受任何愚蠢的想法困扰。……我的德语水平不错，但我不会说这种语言来贬低自己。"

一支仪仗队为胜利者们奏起《鼓号齐鸣》。巴顿向他的将士们挥着勋章，为他心目中"历史上几次史诗般的渡河之一"鼓掌喝彩，而梅斯则正式回归了法国的怀抱。美国士兵们穿着满是泥泞的军靴和破烂的军装，挺拔地站在中央广场上，法国士兵则头顶黑色贝雷帽，脚上绑着白色裹腿，腰间系着武装带，肩上背着两挺冲锋枪；一支军乐队站在法国士兵面前，高声奏起升旗号。

鲜有人提及的是，德军几处边境要塞仍旧高高矗立，显得难以被征服。装配了特制撞针（第三集团军军械师的杰作）的谢尔曼坦克发射了数千枚法国白磷弹，重创了这些要塞。11 月 29 日，圣普里瓦堡投降，并释放了 500 多名俘虏，其中数十人曾被磷烧伤；迪安特堡那块难啃的骨头，一直坚守到 12 月 8 日；圣女贞德堡则是最后一座被攻陷的要塞，于 12 月 13 日失守。

此时，虽然巴顿的右翼离德国边境仍有一些距离，但第三集团军的左翼终于接近了萨尔河及齐格菲防线。他们在洛林战役中行进了 60 英里，解放了 5 万平方英里的法国领土，但却也付出了沉重的代价：3 个月来，美军战斗和非战斗伤亡人数多达近 10 万。第三集团军还未能突破西墙，更不用说到达莱茵河，而这个漫长的秋天也成了一位历史学家所言的"巴顿的军事生涯中，最血腥，但也最不成功的一场战役"。这个季节屡屡发生如此毫无想象力的分散式正面进攻，而以往每当有声望不及他的将领发动这样的进攻，巴顿总是会嘲弄一番。由于无法抗拒攻克梅斯将带来的显赫名声，巴顿竟放任他的大部分兵力卷入一场血淋淋的围城战，从而丧失了美军相比对手而言一项最大的优势——机动性。

在一张写给战争部长亨利·L. 史汀生的便笺中，巴顿提议，无论作为何种投降条款的一部分，都应该要求德国保留洛林区："大雨下个不停，人民一贫如洗，这个国家真是糟透了。"他还把第三集团军的随军牧师詹姆斯·H. 奥尼尔上校召到了南锡的一间破旧的法军营房。"牧师，第三集团军一共做了多少次祷告？"巴顿问。

"我不敢承认，"奥尼尔说，"但我想没有多少人在做祷告。"

"我们必须祈求上帝停雨，"巴顿说，透过高高的窗户，他死死地凝视着窗外一片湿漉漉的景象，"这些雨就是决定输赢的关键。"奥尼尔在一张宽 3 寸、长 5 寸的卡片上打印出了一份即兴创作的呼吁信，工程兵们把它复印了 25 万份，在第三集团军里分发。"请结束这无休止的大雨，我们已与之争斗数日。"正文中写道。

> 为了战争，请赐予我们晴朗的天气。请倾听我们这群呼喊着你、被你赋予神力的士兵的呼声，我们将在一场又一场的胜利中挺进，粉碎敌人的镇压与邪恶，并在人类和众国度间维护你的正义。阿门。

一周之后，巴顿在日记中说道："自从我们祈祷之后，雨下得还真是少了。"

轰炸机的末日之旅

远在杀戮战场的上空，长久以来，盟军一直在制空权的斗争中占据着优势，也正因如此，英美两国的 4 000 多架重型轰炸机得以从英格兰和意大利飞来，执行一位航空兵所谓的"谋杀任务"：以远超过 100 万吨的高爆弹、燃烧弹和破片弹血洗德国人的家园。

盟军原本希望在大战早期开展战略轰炸，因为他们认为精准打击能迅速破坏敌军战时经济命脉，从而使地面部队免于遭受一战那样恐怖的流血牺牲。但是，事实证明，这样的想法显得过于乐观了。不精确的目标定位、恶劣的天气和德军的凶猛防守迫使盟军的战术师们放弃锋利的解剖刀，转而用笨重的棍棒，动用轰炸机机队来做进攻的钝器。1944 年的前 3 个月，盟军接连遭遇空战惨败，其中，有近 800 架美国重型轰炸机被击落；直到春季，姗姗来迟的 P-51 野马战斗机才稍微挽救了这样的颓势，这种战斗机射程极广，足以朝欧洲大陆上的任何目标投掷炮弹。

令盟军始料未及的是，德军飞机生产量激增，从 5 月到 9 月共制造了一万架单引擎战斗机，再一次对盟军战斗力提出了严峻的挑战；夏季，单是第 8 航空队就又有 900 架轰炸机被击落。但与此同时，德国空军也陷入了一个死亡旋涡，他们在诺曼底登陆日之前损失了 3.1 万架飞机，在 6 月到 10 月期间又损失了 1.3 万架。到 7 月为止，德军的战斗机飞行员们大都只接受了不到 30 个飞行时数的训练便被丢进战场，其经验和水准还不及美英飞行员平均水准的 1/10，德军飞行员的寿命不说用小时，至少也可以用周来计算。"每次起飞前，关上座舱盖，"一位航空兵写道，"我就感觉，我关上的是自己的棺材板。"

不可避免地，防空高射炮成了德军的主要防御手段。1944 年，英美两军共有 6 400 架飞机被德军高射炮击落，另有 2.7 万架被击损。一门标准的 88 毫米口径的高射炮可发射重达 17 磅的碎片榴弹，炮弹可在 6 秒内上升 3 000 英尺，然后炸成 1 500 块碎片，能够击穿 200 米以内的任何飞机。对于盟军航空队来说幸运的是，平均需要 1.6 万发 88 毫米炮弹才能击中一架重型轰炸机。然而，高射炮却"有着一种邪恶的、有催眠作用的魔力"，一位美军飞行员承认。德军还部署了更大口径的大炮来射击在高空飞行的 B-17 轰炸机，到战争后期，共有 120 万德军站到了德意志帝国的地面防空阵线上。

英军轰炸机大部分时间在夜间飞行，试图避开被一名 BBC 记者所描述的"一堵光墙"。通过雷达指引，蓝色探照灯光束可锁定靠近的敌机，并吸引其他探照灯来形成一个绝妙的圆锥体，使得炮火集中火力锁定目标时，"轰炸机似乎在圆锥顶点飞行"，以便火力集中。"唯一的希望就是，"英国皇家空军的一位飞行员说道，"在探照灯形成圆锥体前迅速通过。"白天飞行的美军轰炸机则动用了各式各样的电子干扰技术来阻挠德军的搜索和火力控制雷达；一份研究估计，相比没有采取应对措施的飞行，有效干扰意味着被击毁的战机数量可减少 25%，且有 50%的战机可避免受到高射炮的重伤。尽管如此，诚如诗人航空兵兰德尔·贾雷尔所写：

> 离地六英里，从它的生命之梦中松脱，
> 在黑色高炮和梦魇战斗机中醒来。
> 当我死去，他们用高压水龙将我的肉身冲出。

制空权给盟军的地面部队带来了无可估量的优势，并且保住了许许多多英美两军飞行员的性命，虽然，这对于那些被用高压水龙从旋转炮塔中冲出来的牺牲炮兵而言毫无意义。盟军在欧洲的空中战略，造成了 8 000 多人次的伤亡和 1 万多架飞机损毁，此外为直接支持地面部队而发起的战术性空战还带来了更大的损失。1944 年上半年，每 1 000 名参战 6 个月以上的轰炸机飞行员中便有 712 人丧生，175 人受伤：战斗伤亡率高达 89%。有数据表明，仅 1/4 的美国航空兵完成了在德国上空的 25 次任务；此后，随着法国和比利时的解放及德军空中力量的衰弱，伤亡人数有所下降，在此前提之下，前述 25 次任务的最低限额很快被提高到 30 次，不久又升为 35 次。

也许伤亡概率有所降低，但作战压力依然沉重：一架兰开斯特式轰炸机上的 7 名英国机组人员时常说，飞机上还有"第八名乘客"——恐惧。7 374 架兰开斯特式轰炸机中，有 3 349 架在战斗中损毁。一名英国航空兵仅有 1/5 的概率可在飞机失事事故中生还，从某种程度上讲，是因为兰开斯特式轰炸机仅有一个紧急出口。对于一名美国飞行员而言，生还概率则是 3/5，因为 B-17 空中堡垒有四个出口。在英军轰炸机指挥部，每 5 名飞行员中就有 2 名在执行任务期间牺牲，这一比例远远高于一战中英国步兵在西线上的死亡率。

即使是最简单的任务也可能是致命的：一架美军 B-24 轰炸机于一次训练飞行后返回基地，在猛烈的雷暴雨中于兰开夏郡意外撞上了一棵大树，然后一路横滚掠过弗雷克尔顿村。一道 100 英尺高的火墙足足燃烧了两个多小时，吞没了圣三一学校侧厅和为航空兵供应伙食的糊涂兵快餐店。

事故造成的 61 名死者中，一半以上都是孩子，其中还包括一些从伦敦被疏散而来，以逃避"复仇武器"狂轰的人们。在一次对英格兰一家当地医院的慈善访问中，平·克劳斯贝比发现，他一看见那些被烧伤的孩子，就无法控制自己的情绪，唱不出一句歌词来。他只好站在外面的走廊里，低声哼唱着《不要约束我》和《白色圣诞节》，以此作为致以纯真与青春的挽歌。

尽管战斗耗损的人力和物力极大，到 1944 年秋，美国工业和军事基地仍产出了能够充分满足战斗补给所需的飞机、飞行员、炮手、投弹手和领航员；每年新增飞行员已升至 10 万多人，但在冬季，新飞行员的培训减少了 70% 以上。然而，美国陆军航空队司令亨利·H."哈普"·阿诺德上将对于有关欧洲轰炸机机组人员的"弱点初现端倪"的报道感到非常恼怒，描述其"对某些非常有资历的将级官员缺乏尊重（简直就是充满敌意）；……缺乏消灭德军的欲望；缺乏对打这场战争政治必要性的理解；个人倦怠情绪普遍存在"。

低沉的士气的确给部队造成了一定的影响。在亚特兰大、迈阿密和圣塔莫尼卡的一个疗养计划被废弃了，因为美国本土发生的插曲似乎让航空兵们对本国民众产生了敌意；与此同时，他们也越来越爱与长官作对，也越来越不愿回到战场上。第 319 轰炸大队的一名军官描述一位飞行员同伴称："无可救药了，在饭桌上泼洒食物，睡觉时整夜痉挛，还极其易怒。有一天，他会要了全体机组成员的命，这样的事会被外界称为'飞行员的过失'。哦，好吧，这就是战争。"

一名常在 B-17 轰炸机上执勤的 22 岁军官约瑟夫·T. 哈洛克中尉对记者布兰登·吉尔说道："有时我感觉好像自己再也不会有任何机会生还了，但多数时候，我又觉得仿佛可以长生不死似的。"他坦言，在德军上空的那些危险时刻中，他曾默念道，"上帝，请一定要保佑我。一定要让我回去。上帝，听我说，一定要保佑我。"

在航空兵的世界里，那些饱受"铿锵声"折磨的人，因感到恐惧而浑身颤抖以至浑身麻痹无力的人，被称作"将死之飞行员"；从一架被击中的"风筝"上跳伞叫作"生孩子"；而"二手妹"则是指那些因为曾与一些在战斗中失踪的航空兵亲近过，而遭到迷信的飞行员刻意躲避的英国女人。零下 60 华氏度（零下 15.6 摄氏度）的低温在航空兵的前额和臀部留下了一块块棕色的冻疮疤，至少在发放 F-3 加热套装之前是这样的，这种套装中包括通有 250 瓦电流的夹克、裤子和毛毡拖鞋，其上还配有一个 8 克洛的绝缘层。整形外科医生学习着重塑被烧毁的面孔：他们移植死者手臂上的皮肤来塑造新的嘴唇，然后再将其纹成红色，并在周围填上小黑点来冒充胡须。

用一名军官的话说，一个航空兵的世界，就是在充斥着四个引擎的轰鸣声的 B-17 轰炸机中，头戴"流满了口水的氧气面罩"，坐在 5 平方英尺的驾驶舱里艰难度日。他们拨弄着 130 个开关、刻度盘、计量表、驾驶杆，倾卸下无数"邪恶的、致命的"炸弹，然后逃命回家。在这样一个世界里，德国被称作是"末日之地"；在这样一个世界里，飞行员约翰·缪尔黑德煞费苦心地与他在空中堡垒里的战友们刻意保持着距离，因为"如果不认识他们，我就不会感到悲痛"。

★★★

如何才能一举毁灭"末日之地"？这个问题已经困扰空战策略家们数年之久。在 1943 年 1 月的卡萨布兰卡会议上，联合参谋长委员会呼吁"逐步瓦解并摧毁德国的军事、工业和经济体系"，从而破坏敌军的"武装抵抗能力"。但是，一个现代化大国的所谓最脆弱之处在哪里？一些分析人员试图从研究美国的工业体系入手，从中探求"关于德国弱点所在的启示性线索"，例如，芝加哥的一家工厂包揽了全世界 90% 的钽的加工处理，这是一种抗腐蚀性金属，在雷达和无线电生产中发挥着至关重要的作用；另有一些分析人员则直接对德国进行细致观察和研究，阅读了数千份情报报告。他们得到一个结论：持续对德国的炼钢厂进行轰炸是毫无意义的，因为当时德国只将其实际生产能力的 20% 投入到炼钢领域。

德国的确也有其致命的弱点——石油。同盟国掌控着全球 90% 以上的石油资源，相比之下，轴心国仅拥有 3% 的储量。德军意图开采苏联在高加索地区的油田，但这一阴谋因非洲和苏联战场局势的逆转而遭受重挫。到 1944 年春季，盟军情报分析人员认为，德国的这一软肋越发凸显出来。资源短缺阻碍了一些师部的训练，德国海军的燃料供应被强行削减，还有大量车辆被换上了以木炭为燃料的引擎。德国空军的航空燃料几乎全都来自于合成油工厂，而德国的化学家们则在橡树果和葡萄这样不着边际的欧洲植物群中寻找替代能源。

美国战略情报局的一份分析报告断定，德国未来石油产量的减少将"对其军事能力产生迅速而剧烈的影响"。盟军截获的极端情报显示，柏林方面十分担忧，盟军会向普洛耶什帝附近的罗马尼亚石油设施和德国的石油开采地发起突袭。到5 月末，英军情报人员得出结论，对石油生产地进行持续空袭可在 3 ~ 6 个月内令德国工业爆发灾难性的短缺。"石油，"在一封被破译出的从柏林发往东京的密报中，日本军官就发出警告称，"就是德国的症结所在。"

美国战略航空队欧洲战区指挥官卡尔·A. 斯帕茨中将对这一点深信不疑。昵称"图伊"的斯帕茨为人沉默寡言，谦逊内敛，酷爱钓鱼和克里比奇牌。作为一名航空先驱，一战中他曾击落三架德军飞机，并曾在 1929 年协同他人创下具有革命意义的滞空燃料补给技术的世界纪录。《时代》杂志当时称他有着"全伦敦最精致的扑克桌……他赌博时手腕十分强硬，肆无忌惮地加大赌注以虚张声势"。

斯帕茨玩同花顺的手段神秘莫测，为了求好运，他玩牌时经常会在宽松的军装上衣里塞一只小猫。由于摧毁德国空军的需要，以及艾森豪威尔关于在诺曼底登陆前集中攻击德军交通运输目标的决定，针对德国石油工业的全副火力突袭相应拖延。然而早在诺曼底登陆日前，最高统帅就已经留意到斯帕茨的请求，并批准了数次石油目标突袭，这其中就包括 5 月中旬一次动用了 900 枚炸弹的袭击，行动中还击毁了 6 架为守卫目标而冒死搏斗的德军战斗机。

6 月 8 日，"霸王行动"的部队一上岸，斯帕茨就宣布，"现在美国战略航空队的首要目标就是不让敌军武装部队得到石油"，直到战争结束，这条命令一直得以重视和坚决执行。据估计，德国 30% 的产油量来自普洛耶什帝地区的精炼厂，另有 36% 来自 24 个将褐煤转化为汽油和航空燃料的合成油工厂，剩下的部分则由分布于德国、澳大利亚、匈牙利、波兰和捷克斯洛伐克的 6 个原油精炼厂供应。

驻于意大利的第 15 航空队的攻击目标是罗马尼亚、维也纳和布达佩斯的精炼厂，以及西里西亚、波兰和苏台德地区的合成油工厂。驻军英格兰的第 8 航空队则集中攻击德国中部的 7 个大型合成油工厂，以及多数集中在德国北部的 20 多个精炼厂。7 月末，英军情报人员断定，到 1944 年底，石油短缺将会令德国在军事上面临崩溃局面。

虽然这一判断显得过于乐观，但整个夏天，德国的石油产量的确一落千丈。早在 8 月苏联红军占领普洛耶什帝之前，这片地区已经被炸成废墟，而到初秋之前，仍在希特勒手上的 91 处石油设施中，仅有 3 个恢复了全面生产。

并非所有人都赞成石油目标攻击战略。9 月 25 日，从联合参谋长委员会发来的一条指令，将德军的石油目标列为重中之重，德国交通运输系统和坦克生产设施紧随其后。但轰炸机指挥部拒绝服从这一命令。指挥部领导层决定先完成此前的任务，即通过袭击德国城市来播撒恐怖的种子。1942 年春，盟军动用燃烧弹空袭两座中世纪城市吕贝克和罗斯托克的市中心地区，这一计划由此拉开序幕。

长久以来，英国航空部一直在研究"纵火"，调查德国人家中食品储藏室、阁楼和家具的可燃性，并搜集保险地图研究德国建筑物的火墙模式。盟军轰炸机最终共投下 800 万根燃烧棒，这是一种镁锌合金外壳的 22 英寸长的六边形棒，可以在 2 000 华氏度（1093.3 摄氏度）的高温下燃烧 8 分钟。1943 年夏天的那次风暴般的火攻将汉堡市付之一炬，并夺去了 4.1 万条生命，令近百万人"无家可归"。"这里好像成了另一颗星球，"一位德国作家写道，"一种与生命格格不入的氛围。"

1943 年末，轰炸机指挥部司令、皇家空军元帅亚瑟·T. 哈里斯给丘吉尔呈送了一份 47 座德国城市的名单，这些城市中有 19 座被认为"实质上已毁"，另外 19 座则是"严重损坏"。哈里斯辩称，在摧毁了"40% 到 50% 的德国主要城镇"之后，德军便会投降。他认为，投降指日可待，可能就在 1944 年 4 月 1 日之前。"我们应该一个接一个地消灭德国的城市，"哈里斯说，"就像拔牙一样。"德国上下谣言遍布，好像已经有人挖好了石窖，以埋葬柏林未来的轰炸遇难者。

然而，4 月过去了，一个投降的都没有，而英国轰炸机遭遇的失利可谓糟糕至极。盟军情报人员发现，"区域性轰炸对平民士气造成的影响可导致德军崩溃这一假设，毫无依据"。日本驻柏林大使也持同样的观点：他向东京方面建议称，"无疑，空袭并不会造成德国内部的崩溃"。

哈里斯则不以为然。他在下属中的绰号叫作"轰炸机"和"屠夫"，身上充满丘吉尔所谓的"莽撞"，一位对他颇为钦佩的记者将他描述为"一头毫无怜悯之心的猛虎"，身形有如一只硕大的保龄球木瓶。哈里斯穿任何军装都穿不出样子来，他喜欢穿一件深紫红色的天鹅绒的便服，酷爱抽骆驼牌香烟，偶尔出于应酬也会吸鼻烟。

他间或性情乖僻：用 J. 科里斯·布朗恩调配的一种含有薄荷油和无水吗啡的混合剂清洗他的胃溃疡；总是乐此不疲地向晚宴客人展示他的私人"蓝皮书"，书中塞满了被炸成废墟的德国城市的航拍照片；他不屑于从他在海威科姆的司令部乘坐两轮轻便马车前往首相别墅（位于伦敦西区的郊区），常常把他名义上的司机支到后座，以疯狂的速度驾驶那辆黑色宾利前往。当丘吉尔对他表示不满时，哈里斯却回答说："我讨厌科隆上空的这些空袭，科隆的人民也一样。"

英国官方史料中的描写：

> 哈里斯总搞不清忠告与干涉，批评与妨害，以及证据与扬言的区别。他抗拒创新，且很少乐于接受旁人的劝说……在他眼里，一切问题都只有黑白之分，面对任何其他可能性，就会极不耐烦。

哈里斯坚信，轰炸机应该是痛击德意志民族的棍棒。在给一位同僚的信中他写道："如果今天有人问德国人：'要石油厂还是要城市？'他会回答：'除了城市，你想炸什么都行。'"相应地，二战期间轰炸机指挥中心的弹药有一半以上都投向了城市中心。每天早上，哈里斯都会来到一个被称作"洞穴"的指挥中心，决定当天晚上该哪个德国城市遭受痛苦，每个城市都有一个鱼类的代号：鲶鱼是慕尼黑；小鲱鱼是柏林。如官方史所述，他的激励原则就是："为了摧毁任何目标，不惜一切代价。"

到 1944 年秋末，哈里斯称，名单上的 60 个德国城市中有 45 个"已实质上摧毁"；平均每月有两座以上的城市遭到轰炸，待被血洗的城市数量也越来越少。剩下的大多分布在东部：哈雷、马德尔堡、莱比锡、德累斯顿。11 月初，空军元帅查尔斯·F.A. 波特尔称："对石油目标发起的空袭最有希望让我们在未来几个月里结束战斗，获取胜利。"哈里斯不同意，他极力主张完成所谓的"城市计划"。波特尔在 12 月 12 日回复道："如果你能像之前轰炸城市时一样全身心投入到攻击石油目标，我就放心了。"

哈里斯想通过恐怖突袭瓦解敌人意志，有人认为这从战略和道德层面上都有所欠缺,"以轰炸德国工业城市达到挫垮敌军士气这一主要目标,事实证明,这一想法是彻底不健全的",他在 1947 年承认。然而,战后美国战略轰炸调查却判定"轰炸严重打击了德国公民的士气。其心理上的影响是失败主义、恐惧、绝望、宿命论和冷漠无情"。任何时刻,2 000 架盟军飞机都可能飞过德国上空,如兰德尔·贾雷尔所描写的:

> 以女孩的名字命名的轰炸机,烧毁了我们,
>
> 在课堂上学过的城市被烧毁了,
>
> 直到我们的生命消耗殆尽。

英军轰炸机指挥部坚信摧毁整座城市的作用,而美军则把自己看作是"精准轰炸",这一术语意指专门针对军事目标进行攻击,同时暗示对无区别屠杀平民的强烈反感。但由于欧洲中部的天空长期阴云满布,第 8 航空队的炮弹有一半是采用"盲目轰炸"雷达技术投掷的,经常仅有 1/10 的炮弹坠落在距离模糊不清的目标半英里以内的地方。即使各方面条件对飞行员来说都非常之理想(这种情况发生的概率差不多是 1/7),也仅有 1/3 的炸弹能在瞄准点 1 000 英尺范围内爆炸。

斯帕茨承认,"精准轰炸"这一术语,其原本"是相对的,而非绝对的"。坏天气还会导致炮弹发射频频偏移向铁路调度场之类的次要目标,结果轰炸机飞到城市中心上空时,炸弹舱已空空如也。此类针对交通运输目标的攻击逐渐限制了德军战需品尤其是煤的输送,同时也将城市区域夷为平地。"停止杀戮平民的方法,"阿诺德在一部原本很可能由哈里斯口述的备忘录中称,"就是制造大量的伤害、损失及死亡,才会让公民自发要求政府停战。"历史学家理查德·G. 戴维斯后来统计,第 8 航空队 20% 的弹头都用了城市轰炸中,还极力想隐瞒类似攻击的力度。媒体监察人员查禁了一切有关精准轰炸但常常并不精准的"蛛丝马迹"。

美国人同英国人一样意欲改善灾难性毁灭的方法。在犹他沙漠,好莱坞委派标准石油公司的设计师和工程师,建造了两个仿制的工人阶级居民区,一个还原德国,一个还原日本,家具、床罩和其他家居易燃物的复制品一应俱全;经过反反复复的燃烧弹实验,终于开发出了可击破德国人的结实房顶的燃烧弹。

M76 块状燃烧弹是美军的另一新武器,于 1944 年 3 月初次投入使用,它可激射出燃烧弹胶体,形成巨大的燃烧凝块。一份美国陆军研究报告得出的结

论是，"空中燃烧弹，所造成的伤亡和破坏或许和二战中用到的其他武器差不多"。

空军元帅哈里斯一直对石油目标攻击计划存有疑议，他对波特尔说："我不仅不会认同这一观点，还坚决反对……强烈反对。"哈里斯在战时和战后都曾因其如骡子一般固执的性格饱受责难，他的顽固也妨碍了盟军向德意志最薄弱环节发起的统一攻击。即使他以一贯的消极方式响应这一战略，但最终还是遵从了盟军最高统帅部的命令。

1944 年 8 月和 9 月，轰炸机指挥部向石油目标发起了这场战争中的头几次日间战略攻击。自此以后，这一指挥部的飞行任务就达第 8 航空队的 2 倍之多，在欧洲战场战略空战的最后一年，哈里斯指挥部的飞机投下了近 10 万吨炮弹，相比之下第 8 航空队仅投掷了 7.3 万吨。可以说，由于英军战斗机装载了更多、威力更大的炮弹，且这些炮弹频频以更高的精准度投出，英国空军进攻效果更加显著。研究人员判断，美军轰炸石油目标时用的大多是小型炸弹，不足以炸毁防爆墙，此外投放的燃烧弹太少，很多炸弹（约 14%）后被证明是有缺陷的，多数都是导火索问题所致。

秋日的狂风骤雨给了德军一些喘息的机会，当然其制造烟雾、伪装、分散目标和修复损伤的应急机制也相当奏效。深秋时分，35 万名工人（大部分是外国奴隶）艰难地修复和藏匿着老旧的设施。德军防御变得愈发强悍：莱比锡城以西的洛伊纳市庞大的 0.1 号石油合成工厂曾被袭击 21 次，盟军为此付出了 82 架轰炸机的代价；这里成了德国戒备最森严的工厂，密集部署着 500 多门重型高射炮。

但箭在弦上，不得不发。有段时间，龙德施泰特将西线各师的每日耗油量限制在 1 200 加仑而非标准的 7 200 加仑。到 11 月底，航空燃料产量已跌至 3 月产量的 1/4；德国空军甚至被迫将飞机在空中的滑行量降到最小，有些飞机还是被牛拉到跑道上去的。对石油加氢装置的攻击也导致了氮原料的减少，这反过来严重限制了德国的军火生产。同样地，合成油设施遭到的破坏致使合成橡胶及其他用于炸药生产的化学物质产量锐减。

二战期间，德美两国间工业发展的核心差距集中在燃料生产方面。1942 年到 1944 年间，德方的精炼厂和工厂共产出了 2 300 万吨燃料；同一时期，美国的燃料产量高达 6 亿多吨。到 1945 年春，盟军对 130 多个石油目标发动了500 多次攻击，之后德国的石油产量锐减至前一年产量的 12%。少了这种现代社会发展中至关重要的商品，德国已危在旦夕。

德国的人民也同样生活在水深火热之中。1940 年，德国空军的一次突袭之后，哈里斯从位于查尔斯国王大街的航空部屋顶俯瞰着熊熊烈火之中的伦敦，沉吟道："他们在空中播撒着恐怖的种子。"如今旋风来了：二战期间共有 131 座德国都市和城镇遭到空袭，40 万人在袭击中丧生，700 万人无家可归。

对于那些大陆上的人，煎熬总是在一阵尖锐的警报声中开始，这表示是时候关掉煤气、打开收音机、往浴缸里装满水、翻出手电筒了。在电影院中，荧幕上会打出"空袭警报"的字样。日间空袭中，市民们一边匆忙涌向防空洞，一边伸长着脖子搜索着远处逼近的亮点，看着拖着白色航迹云袭来的轰炸机。"我们身边的人们开始数着银色小圆点的数量，"一个德国人回忆道，"已经数到了 400，但仍然看不到头。"到了晚上，市民们佩戴起了发荧光的徽章，跟随着街边路沿石上涂着的厚厚磷光燃料前行，以免在黑暗中与旁人误撞。

德国当局在市区建造了 3 000 个防空洞，但即使有矿井和地铁隧道作补充，数量还是太少了。"我有一种预感，我会死在地下，死在那肮脏、混乱的地方，"克雷费尔德市的一位市民在日记中写道，"与这种预感相伴的，还有一行用颜色鲜艳的字母构成的标语：'人们对他们的领袖深表感激。'"通风设备关闭后，暂住在防空洞里的人们便裹着湿漉漉的床单，用薄纱盖住眼睛，张大嘴巴以免耳鼓膜遭受巨大冲击，连呼吸也是小口小口的，因为，他们头上，熊熊大火正在肆意蔓延。一名哈姆市的德国军医报告称："地下室里不断发现患有猩红热和白喉的孩子……但愿这次我们不会染上斑疹伤寒。"

"科隆已不可能再继续居住了，"一篇日记中记道，这无疑会令哈里斯感到无比喜悦，"没有水，没有煤气，没有电，也没有食物。"9 月中旬的数次空袭过后，斯图加特市中心"已不复存在"："我们不得不从人身上爬过去，才能远离火海，"一位女士回忆道，"我不禁想道，'我们正在经历最后审判日'。"共计 60 个月的空战中，埃森市接连 39 个月遭到猛烈轰炸；272 次袭击过后，这座城市的 6.5 万座建筑仅剩 5 000 座未遭破坏。盟军的一名机组成员在其航空日志中写道，从高空俯视，这座燃烧着的城市就好像是"一个翻滚沸腾的巨型火锅"。

杜伊斯堡的钢铁工业中心遭受了近 300 次轰炸；11 月的一天，轰炸机指挥部朝它投下了与德军在整个二战期间朝伦敦投放吨位等同的炸弹。在汉诺威，一名男子在一次空袭后骑着自行车穿过烧焦的废墟，他写道："夜晚已经完成了它的使命……一遍又一遍，你能说的只有，'这里是，啊，那里也是！'"奥斯纳布吕克市的废墟被讽刺地称作"赫尔曼·戈林广场"，在 9 月 13 日一次长达 14 分钟的空袭中，盟军在这里投下了 18.1 万枚燃烧弹和 2 171 枚烈性炸弹；一个月之后，又投下了更多。10 月 15 日，5 000 人在布伦瑞克市的一场"巨大的烈焰旋涡"中丧生。在海尔布隆市，7 000 人（该城市总人口的 1/10）死于 12 月初的数次空袭。延迟引爆的炸弹让救援队陷入困境，而熊熊火焰在这座树木覆盖率达 50%以上的城市里肆意燃烧；遇难者中还有数百人是因通风设备简陋吸入一氧化碳而死在地窖中。戈培尔在日记中写道："一座工业重镇完全陷入火海之中，实在可怕至极。"他对"礼貌周"大加赞赏，极力强调德国公民是友善可亲的。

即使远在荷兰海岸，飞行员们都能看见烈焰中的科隆，小说家、诗人 W.G. 泽巴尔德写道："就像黑暗中炽烈燃烧的红点，就像一颗静止不动的彗星的尾巴。"根据历史学家耶格·弗里德里希的记载，人们用粉笔在被烧得漆黑的公寓墙上写出此前居住者们的姓名，不幸丧生者的名字旁则画上十字记号；生还者每人收到了 210 马克的补贴，用于埋葬家中死者。

曼海姆市附近的一间被摧毁的房子里，人们在挖掘地下室中因窒息而死的居民的残骸，1944 年时，后来成为德国总理的赫尔穆特·科尔还只有 14 岁，他描述当时情景道："他们就躺在那儿，面色铁青。"被委派到停尸房和墓地工作的警察靠酒精来支撑精神和身体。"你还记得我们在学校里时读过席勒的《钟》吗？"汉诺威市的一个小女孩给一名在前线服役的纳粹下士写信说，"'许多人必须要去往满是敌意的世界。'那时我们没仔细想过……我们在阴郁之中单调乏味地度过了我们最好的年华，就这样埋葬了我们的青春。"

空战仍在持续，几乎每日每夜都有数以千吨计的烈性炸药和燃烧弹投下，一周又一周，一月复一月。许多的母亲在撤出汉堡时已精神错乱，她们不愿弃自己夭折的孩子而去，无奈只得用硬纸箱子"掳走"这些孩子的尸体。克雷费尔德市的一名消防员说道："热浪如此强烈，我们都无法碰触脑袋上的金属头盔。"英国皇家空军在达姆施塔特上空发起的一次为时一小时的空袭燃起了冲天大火，整个地区的 3 000 名消防员动用了 220 件灭火装置投入救援。

"身上着火的人们就像活火炬一样跑过，"一名目击者称，"我听见了他们那撕心裂肺的临终惨叫声。"死者当中，有一些人已被热浪完全卷在一起，以至于人们不得不用工具将这些尸体分离开来逐个埋葬。护士们的权宜之计是用沙拉油浸湿被烧死者身上裹着的床单。一名生还者写道："我看见一个人拖着一个有五六个隆起处的大麻袋，看起来好像是拖着几棵卷心菜。那些隆起物是他家人的头，一整个家庭。"

此时此地，这里刮起了摧枯拉朽的旋风——这旋涡，这层层盘旋的火焰，这世界的毁灭者。"破坏仍将继续，"一位柏林人写道，"直到整个世界流血至死。"

这场胜利令人恼火

在攻入法国南部后的那个月，参与"龙骑兵行动"的大军推进了约 400 英里，但之后的 6 星期里，他们仅艰难前行了不到 50 英里。11 月中旬，大军仍被牵制在孚日山脉的西坡：正如卢西恩·特拉斯科特所担忧的，由于大军未能挺进瑞士边界附近的贝尔福山口，已遭受重创的德国第十九集团军得以喘息。德军的 9 个孱弱之师沿一条从瑞士到莱恩—马恩运河的长达 84 英里的前线，横踞在这片高地上。

与之对峙的是 9 月正式组建的第六集团军群，这一集团军群由两个集团军组成：亚历山大·帕奇的第七集团军在北面充当左翼，德·拉特尔的法国第一集团军在南面充当右翼。艾森豪威尔把第 15 军从第三集团军调遣到了第七集团军，巴顿因此颇为恼怒，这样一来这支美法联军便有了 4 个军约 50 万人的兵力。现在他们整装待发，准备执行被描述为"有史以来第一次在冬季作战条件下穿越孚日山脉"的壮举。

很少还有人能感到乐观。隐约可见的孚日山脉仿佛一个深 30 英里、宽 70 英里的花岗岩斜坡；山脉被少数几个山口通道分裂开来，山中树木郁郁葱葱，以至于像帕奇这样曾出征瓜达尔卡纳尔岛的老兵都回想起了当年的丛林战斗。"群山、树木和雨水是我再也不会喜欢的东西，至少打仗时如此，"第 36 师指挥官约翰·达尔奎斯特在 11 月给妻子的信中写道，"但在战争结束前我恐怕还会遇见更多这样的东西。"第 36 师、第 45 师和第 3 师的意大利老兵们不愿再打一场冬日的山地战，此外至少有一个团报告了"令人担忧的心理和生理低迷状态"。

在这个季节，掉队和逃亡频频发生；补充兵员被描述为"笨拙无能且缺乏训练"，山地还遍布深深的淤泥，连侦察机专用的飞机跑道都不得不用草绿色上色的原木来铺设。"战壕足"、冻伤、德军布置的地雷和钢制捕兽夹对盟军而言是火上浇油。

10 月 27 日，初雪落下，美军士兵们往帐篷的缝合处涂抹凡士林，企图保持干燥，但实际是徒劳的。尽管运往第戎的紧急物资已经被送上了 B-24 轰炸机，但冬季军装却迟迟未到。到 11 月初，共有 60 万人及约 100 万吨的物资穿过了马赛和土伦，越过了蓝色海岸地区的沙滩。但去往前线的长路漫漫、各种各样的估算误差及法国港口城市猖狂的黑市交易（在马赛装卸的船货中有 20% 的货物被盗，往往都是海盗所为），致使食品、弹药和燃料陷入紧缺。

第七集团军的一名护士琼·温椎中尉写道：

> 要不是自杀违反了家庭传统，我早就这么干了，因为无论去哪儿，都比这儿温暖……我厌倦了战争的喧嚣、伤亡、无眠、饥饿……我们的厨子从军以前是名丧事承办人，他给我们的所有食物都做了防腐处理。

这个季节，依然有无数个心碎的时刻不断闪现，提醒着人们，在这场世界大战中丧生的数百万人是一个接着一个死去的。10 月末战死的人中就包括达尔奎斯特的副官、诺贝尔文学奖得主辛克莱·刘易斯之子威尔斯·刘易斯中尉。这位哈佛大学毕业生的名字取自 H.G. 威尔斯的姓氏，年轻的刘易斯被一名狙击手击中了头部，倒在达尔奎斯特怀中死去。"我有两年没见过我儿子了，"他的母亲给达尔奎斯特写信说道，"对于一名军人而言，死在他的将军的怀中是一项伟大的传统，我觉得，威尔斯本人一定会赞赏这一文学化的象征的。"

帕奇的独子亚历山大·M. 马克·帕奇三世在同一周也被反坦克火力夺走了生命。这位第 79 师的一名连长，在诺曼底战役中肩部中弹，四天前，枪伤初愈的他刚刚回到战场。帕奇将军下令将马克的遗体送回他位于埃皮纳勒的司令部。"再见了，儿子，"他在敞开的坟墓前说，接着喃喃自语道，"也好，他再也不会受冻、淋湿和挨饿了。"两周后，帕奇给妻子朱莉娅写信道："自你收到我的去信后，我一直害怕收到你的第一封信。它今天寄到了。"

> 你明白，也只有你能明白我的痛苦有多么深沉……这是我们的私密悲痛，绝对私密。其他任何人都体会不到。最艰难的时刻，我已经熬过去了，那是马克死后的那段时间。那时我不停地收到你的来信，多么快乐的信啊。你应该在那些信里叫我别让他这么快回到他的部队去的。一想到我未能劝服他，我就感到无比痛苦。我永远也不会原谅我自己。

"我不能也不允许让自己沉浸在这不可挽回的损失中，"他对她说，"一边写，眼泪一边从眼中淌下……我们必须听从上帝的旨意。"这位优秀的军人坚持战斗着，但奥马尔·布拉德利后来写道："帕奇遭受的心理创伤是如此摧枯拉朽，与此同时，他作为一名军长的效力也因此而减弱了。"回想起帕奇的遭遇，达尔奎斯特将军对他的妻子说："人类竟可承受如此之多，难以理解。"

★★★

10 月末，巴卡拉镇被解放，盟军收获了众多当地闻名遐迩的水晶珍品，多数完好无损，这其中就包括赫尔曼·戈林的一套精致茶具，只不过它们被盟军军官们没收来啜饮香槟了。达尔奎斯特还从一家法国啤酒厂买了 10 万加仑啤酒，工程兵们用抽水机把啤酒抽出来供士兵们饮用。人们干了一杯又一杯——为了战死者，为了生还者，也为了无常的生命本身。"雨又下起来了，"达尔奎斯特给家里写信说，"我讨厌雨。雨水让我们的工作难上加难。"

与法国人之间无休止的摩擦也给工作带来了许多不必要的麻烦。德·拉特尔·德·塔西尼上将，那头战斗野兽，他煞费苦心地激励着手下 25 万兵员，想将这群乌合之众结成一支名副其实的军队。"我们的非洲士兵在昏暗的森林里迷失了。"德·拉特尔后来写道。在这样的寒冬，殖民军队仍穿着不合时宜的夏装，且极易感染"战壕足"病；一些法国士兵还穿着木鞋。奉戴高乐之命，许多殖民地原住民被送往后方，给未经过训练的法国内政部部队非正规军腾地方。

这一"洗白"措施意在增进法国人的民族团结；戴高乐还希望换下在地中海的法军战斗中负担重重的非洲士兵，同时让 40 多万名抵抗运动中的战士（其中有许多人是共产党员）受到严格的管制。殖民地原住民一度构成了法军一半以上的兵力，如今这一比例下降到约 1/3。塞内加尔人和喀麦隆人蹒跚着走下孚日前线，将他们的步枪、头盔和厚大衣交给小跑着奔上前线的法国人。这支戴高乐所谓捍卫法国自尊的"十字军"，给法国第一集团军增添了 13.7 万多名"马基"游击队员，这是一支战斗技巧单薄、后勤支持无力然而"充满生气却躁动不安的力量"。德·拉特尔发现，自己陷入了一场"与物资短缺、混乱秩序及殷勤奉承为敌的战斗"。

那年秋末，法国军队的物资供应组织 901 基地共有 1 200 名后勤人员和 200 辆车辆。据美军的后勤专家估算，一支由 8 个师组成的军队应有 10 万人以上的兵力，但德·拉特尔麾下从未有过哪怕是这一数字 1/3 的兵员。从法军口粮中 1/3 的葡萄酒到一名士兵在山地作战一天所需的 10 磅燕麦片、14 磅干草和 2 盎司盐，什么东西都依赖美国人供应，也因过度依赖而显出种种病态。美国陆军平均每天要替戴高乐给欧洲战场上每位法国士兵支付 6.67 美元的后勤费用。

随着冬天的迫近，美法联军的摩擦也愈演愈烈。德·拉特尔发现，阿尔及尔的一间加拿大军方仓库中仅有 2.5 万件供给法国士兵的军装，他当即宣布，除非他的将士们收到了毛绒衣物，否则他将"被迫让他们从战斗中撤退"。在给第六集团军群司令部的信中，他写道："这支军队受到了区别对待……这样的歧视严重有损军队的生存和作战能力。"德·拉特尔控诉称，法国第一集团军得到的弹药、燃料和口粮还不及供给第七集团军的 1/3，致使"前线兵力几近窒息"。

美军军需官断然否决了他的控告，并反驳称，在帆布物资极其紧缺和重要的情况之下，鲁莽的法国士兵毅然不顾后果地损毁了 3 000 个尖顶帐篷。一名美军将领描述德·拉特尔道："他每个星期都要这样申讨至少两次，每到这时，他就好像心理失衡了一般。"有一次，正值乔治·马歇尔前来视察之时，德·拉特尔依然不明智地大发雷霆，还痛斥特拉斯科特的第 6 军抢了分配给法军的汽油。总参谋长满脸不快地走了出去。随后，马歇尔突然朝德·拉特尔大喊道："一路上，你都在欢欣庆祝，干个什么事都慢吞吞的。现在你倒批评起特拉斯科特来了，他可是一名战士，而非整日空谈的人。"最后，参谋长给德·拉特尔起了一个他能想起的最坏的绰号："你就是个政客。"为表达不满，德·拉特尔辩称："那是我的职责。"

现在特拉斯科特走了，起初他本是应艾森豪威尔号召，前去将新建的第十五集团军整顿成一支占领军，"这差事没那么容易"，最高统帅警告说，但马克·W.克拉克接管了所有驻意大利盟军部队之后，特拉斯科特又突然被派去统帅第五集团军。在孚日告别仪式上，随着一支乐队稀里哗啦地奏起一首《小兵》，特拉斯科特粗糙的脸颊上流下了两行眼泪。接替他成为第 6 军指挥官的，是曾掌管过第 11 及第 2 装甲师的新英格兰人爱德华·H. 布鲁克斯少将。

特拉斯科特离开后，南线的主导人物就成了那位后来精心策划突破孚日山的那场进攻的军官——第六集团军群指挥官雅各布·劳克斯·德弗斯中将。时年 57 岁的德弗斯生于宾夕法尼亚州约克市，其祖父是一名铁匠，其父亲为一名珠宝匠。在家乡约克，小时候德弗斯每个星期天都要和父亲一起爬上梯子，以确保东市街上法院大楼前的大钟分秒不差。德弗斯是巴顿在西点军校的同学，他打过棒球、篮球和长曲棍球，后来曾回到西点教授数学。西点军校的年鉴说他"天资聪颖"（在陆军服役期间他一直非常警惕），且是"一名极其认真的年轻人，颇具清教徒风范"。

同德·拉特尔一样，德弗斯是一名天赋异禀的炮兵和管理者，他是其部队中晋升将军的最年轻的军官之一，在 1940 年抢在近 500 名资历更老的上校之前，赢得了自己的第一枚将星。在装甲部队担任长官的两年里，他帮助一支对战马念念不忘、多因循守旧兵将的坦克部队完成了一个现代化的进程。（"今天，我犯了很多错误，"他常在演习中对下属说，"你们也是。"）在马歇尔和麦克奈尔的拥护下，1943 年 5 月，德弗斯成为欧洲战场上的美军统帅，直到艾森豪威尔回到伦敦部署"霸王行动"，德弗斯才被匆匆派遣到地中海，担任如今构成欧洲西北部盟军右翼的众多部队的指挥官。

德弗斯能力出众，处事果断，善于以其壮志雄心充分调动将士们的士气。据说，马歇尔任命德弗斯为某委员会成员，让他举荐晋升的将官时，他将自己列在第一位。或许是因为他脸上常常挂着过于热切的笑容，一位英国将领也说他像"一个没长大的男孩"。他和马克·克拉克相处不恰，可以说已到了互不理睬的地步，而作为德弗斯的同学，巴顿则认为他是"一个气量极小的人"。"甲壳虫"·史密斯曾评价："德弗斯话太多，且从不在意自己说了什么。"布拉德利曾对他破口大骂，谴责他"总是说个不停……自高自大、为人肤浅、心胸狭隘又不大聪明，还总是喜欢在准备不充足的情况下贸然行动"。

更糟糕的是，巴顿在巴黎的一次会议后写的一篇日记中记道："艾克很讨厌他。"最高统帅显然对德弗斯心怀旧恨：1943 年，德弗斯不愿让轰炸机中队从英格兰转移到北非，这让艾森豪威尔颇感不快；一年后，德弗斯又拒绝放特拉斯科特离开地中海去参加"霸王行动"，这让艾森豪威尔更加恼怒。"艾克说，他讲了一大堆，就是不谈正事。"凯·萨默斯比在日记中写道。巴顿道出了艾森豪威尔的真实的想法，而后者曾对马歇尔说："我对德弗斯将军没有丝毫的不满。"但也承认德弗斯偶尔让他觉得"不太舒服"。马歇尔让艾森豪威尔对美军在欧洲战场上的 38 名高级将领进行评估，最高统帅将德弗斯排在第 24 位，并对他给出了唯一一条负面评论：

> 满腔热血，但他的叙述和评估时常不尽准确；为人忠实且精力充沛……
> 至今为止，他还未能让美军的高级将领对他有信任感和信心。

第六集团军群司令雅各布·劳克斯·德弗斯中将
（左），与他麾下的第七集团军司令帕奇将军在一
起。德弗斯能力出众，行事果断，处理易怒的法
国下属很有一套，他还深谙激怒美国同僚的诀窍。

艾森豪威尔小看了德弗斯。美军驻地中海空军司令艾拉·C.埃克中将认为他是"我在战争中见过的最有才干的指挥官"。除此之外，德弗斯在调解各国差异、建立有效军事同盟方面的能力仅次于艾森豪威尔。

虽然德弗斯在日记中承认，德·拉特尔"是个非常难对付的人，只听得进他想听的东西，也是一个喜怒无常的家伙，相比他给我们添的乱子，他给自己的参谋和将士惹的麻烦更多"，但在与这位他心目中的"伟大的、能鼓舞人心的领袖"打交道时，德弗斯还是表现得相当稳健而自信，尽管他"根本都不知道那个名字怎么念"。德·拉特尔不会讲英语，而法语则是德弗斯在西点军校时成绩最差的科目，但他们却都有德弗斯所谓的"那种共同语言——手势和微笑"。实际上，是一位曾在法国上学、当时正任中校的前美国参议员亨利·卡伯特·洛奇，有效充当了他们两人之间的联络员。

但是，在他的同胞面前，德弗斯却表现得非常纯真。在11月的日记中，提到布拉德利，他描述称"还是那个优秀的人，一如既往"；事实上，德弗斯的指挥部就是效仿他十分欣赏的第十二集团军群指挥部建造的。虽然他曾在给妻子的一封信中苦苦思索，缘何他在最高统帅部会有潜在的"敌人"和"无止境的贬低挖苦"，但他仍觉得艾森豪威尔和史密斯是友好的，"只是有他们自己的工作方式"。但当他的将士们准备投身孚日战场时，即使是他那源于自负的沉着气质和机灵过头的微笑有时也难免有所减损。

"除了十足的蠢货，没人会做我打算做的事情，"他对下属说，"这就是我能出其不意打败他们的原因——他们想不到我们会来的。"一名与德弗斯很亲近的参谋断定，"他像魔鬼一样孤独"。

★★★

最高统帅部下令，让第六集团军群掩护布拉德利的南面侧翼，消灭位于莱茵河以东阿尔萨斯地区的敌人，突破齐格菲防线，并确保在位于斯特拉斯堡东北方40 英里处的卡尔斯鲁厄和 70 英里处的曼海姆安全渡河，这一切都是为艾森豪威尔的计划服务。他打算在 1945 年挺进德国境内之前，将从瑞士到奈梅亨两地间的莱茵河左岸清理干净。考虑到过去 6 个星期遭遇的重重困难，凡尔赛宫里的策划者们对南线已基本不抱希望。其时，新近组建、尚无经验的部队在美军中所占的比重渐高，第 100 和第 103 步兵师及第 14 装甲师都在此列，更不必说簇拥在德·拉特尔麾下的那群乳臭未干的非正规军。

德弗斯非常有野心。有消息称，德军沿孚日山脉部署的兵力仅等同于 4 个步兵师和 2 个装甲师。德弗斯估计，如在 11 月中旬发起进攻，应当能在两周之内挺进阿尔萨斯平原并抵达莱茵河，然后再转向北方，孤立萨尔区。此时，法国人复仇心切：德军开始用焦土政策来报复法军，还把许多 16 岁至 60 岁体格健壮的阿尔萨斯平民运过莱茵河做强迫劳工，而德国党卫军则宁可把农场、村庄和城镇一一烧毁，也决不愿将寒冬里的庇护所拱手让与盟军。"别被这些山困住，"德弗斯警告他的部队说，"否则你们就永远出不来了。"

在大雪创造出一番德·拉特尔所谓的"斯堪的纳维亚景观"后，他于 11 月14 日星期二发动进攻，迈出了第一步。各种各样的虚假情报（包括伪造的战地指挥所和一份声称法军将在 11 月中旬开始休假的公告）表明，敌军要么对北面的高孚日山有所图谋，要么就是住进了冬季营房。相反，德·拉特尔派出了一支秘密护卫队，在瑞士边界附近的杜河沿岸支援他的第 1 军。

两小时的密集炮击轰得德军不知所措，当天中午，法军步兵也奋勇冲锋。横跨杜河两岸的两个师如一把钩子咬住北面的贝尔福山口，这一缺口从南面将孚日山脉与侏罗山脉和瑞士的阿尔卑斯山切断开来。一位德军师长在白雪皑皑的森林中陷入了河边的陷阱，死在摩洛哥步兵的枪口之下；盟军从他身上缴获了一张地图和一份详细说明德军左翼防守阵地的笔记。

到星期四，法军的坦克已"无往不胜"，德·拉特尔报告称。德军炮手缴获的苏联榴弹炮已弹药无多，姗姗来迟的 30 件新式 88 毫米口径反坦克武器则缺少瞄准器和很多重要部件。少数后备兵员也被丢向了已土崩瓦解的阵线，其中有骑

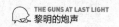

着自行车在雪中穿行的步兵和一群失聪士兵组成的"聋人中队"。

法国突击部队涌进了贝尔福镇,手里还端着面团托盘的国防军面包师吓得手足无措。三个法军坦克纵队亮着灯,沿着 N-463 公路"咯噔咯噔"一路东行。到 11 月 19 日星期天下午 6 点 30 分,一支第 1 装甲师的侦察队抵达了贝尔福以东 30 英里、瑞士边界以北 4 英里的蓝灰色莱茵河。欢欣鼓舞的炮兵连朝河对岸高高地射出几枚炮弹,这是自 1940 年以来第一支驻足德国领土的法国炮兵部队。

尽管希特勒下令不得退让一厘米,但德军第十九集团军还是放弃了阿尔萨斯南部的一大块楔形区域,很长时间之后,这支集团军才得到支援。法国军队内部的混乱不堪也给了德国人一些喘息的机会。正当一支孱弱的分遣队折而北上来到地处沙朗佩的大桥之时,其他部队却热切希望解放他们的阿尔萨斯同胞,而非转向河西 7 英里处的米卢斯。星期日上午,20 名德军邮政系统的工人在给军事邮件分类时被抓获,另外 60 个还在熟睡中的德国人则在行军床上投降。但是,党卫队士兵和一个旅的全新黑豹坦克(从纽伦堡的工厂里直接送上前线的)再次筑起德军的防线。米卢斯的残酷厮杀持续了 4 天,11 月 23 日星期四,德军在沙朗佩以南距大桥仅 3 英里处发起反攻,打得法军落荒而逃。德·拉特尔的部队在接下来的两个半月时间内没能继续挺进:他们俘获了 1.5 万名德军,却也付出了 9 000 人的伤亡,此时的法国第一集团军已筋疲力尽。

★★★

如今,取得决定性突破的希望都寄托在第七集团军集中于德弗斯左翼的那 8 个师上。在这里,高孚日山向下蜿蜒至矮孚日山,萨韦尔恩隘口与贝尔福山口在地形上南北相对。虽然隘路中有些地方宽不足百码,但通往斯特拉斯堡的主要铁路线都从这里取道,莱茵—马恩运河及一条古老的车行道同样要经过这里,一位 18 世纪的旅行作家称此处为"人类的杰作之一"。

自 11 月 13 日起,来自韦德·海斯利普少将麾下第 15 军的两个师,1.2 万名步兵,便在往西通向山口的道路上艰难行进,他们经过了已经残损的一战战壕,高大的针叶树木被厚厚的湿雪压弯了腰。山口交织部署着德军四道防线,由于害怕遭受报复,上千名国民掷弹兵受党卫军指使把守于此,第七集团军的情报人员称这支军队中充斥着"虚假的斗志"。

到 11 月 19 日星期日,金属的重量开始发挥作用。据称美军的火力"把森林里的树木烧得只剩老人脸上蓬松的胡子那么多"，撤退中，德军将附近房屋付之一炬，在熊熊火光中可以看见它们的轮廓。在那个星期天，正当德·拉特尔的人马陆续挺进莱茵河地区之时，第 44 师沿着 N-4 公路行进了 9 英里，而就在南面的第 79 师则在萨尔雷布尔成功突围。法国的三色旗高高挂起，法国警察也穿上了 4 年前被藏起的制服。人们可以听见越来越多的投降德军高喊着："朋友！"其中还有大批炮兵一边呼喊着，一边把他们的大炮系到前车上准备拖走。雨水先是变成了雪花，而后又变回大雨。"比我在其他地方见过的雨都要大。"德弗斯在星期一的日记中说。但是，哪怕是最恶劣的天气也无法挽救德军这条已彻底崩溃的防线。

　　一位颇有声望的英雄戴着一顶法国军用平顶帽，挥舞着一根马六甲手杖，驾车驶入步兵撬开的防线缺口。8 月，菲利普·勒克莱尔将军麾下的法军第 2 装甲师攻下了巴黎；现在，被临时调去第 15 军的勒克莱尔密切关注着另一座亟须解放的沦陷城市。三年前远征非洲期间，他和他手下的勇士们在库夫拉俘虏了意大利卫戍部队后，曾立下一个颇具戏剧性的誓言："我们发誓，直到我们的国旗、我们那美丽的国旗再次从斯特拉斯堡大教堂升起，我们决不放下武器。"

　　过去几天里，勒克莱尔就在一座森林城堡的客厅地板上不时假寐，其余时间就眯着眼睛、噘起嘴唇，在地图上研究通往阿尔萨斯平原的林中道路和田间小径。"干掉魔鬼，"海斯利普终于对他说，"勒克莱尔，这是你的祖国。斯特拉斯堡是你们的。"

　　然后部队便继续前进。法军先锋开着谢尔曼坦克一路追击，看着用马拖着的德军弹药车和炮架蹒跚着绕过了一个又一个急转弯，向东穿过了萨韦尔恩隘口。一名目击者叙述道：

> 勇敢的骑兵策马疾驰，他们又转过了一个弯，然后在断断续续的机枪弹雨之中，很快被德军炮手和驾驶员抛弃了。几路人马拼命狂奔，还是被盟军装甲部队抓获了，后者小心翼翼地前进，唯恐在横穿道路时失去了机动性。

　　马蹄声和车轮声混乱交织在一起，法军的坦克兵奋力追赶逃亡的敌军，增援队员扛着 15 门大炮、领着 50 多名士兵踏进战壕。随着敌军士兵高举双手从灌木丛中走出，法军分遣队指挥官通过无线电向勒克莱尔报告："我们打赢了。"11月 22 日在萨韦尔恩镇被抓获的 800 名战俘中有一名德国将军，据描述其"站得笔直，戴着手套，穿着皮革大衣"。他被反拧着双臂押到勒克莱尔面前，身躯微微倾斜着，断断续续坚持说道："我们还没彻底失败。"事实相反。"分秒必争地前进。"勒克莱尔命令道，而在 11 月 23 日星期四（感恩节）的早上 7 点 15 分，装甲车纵队和 5 列谢尔曼坦克在滂沱大雨中向斯特拉斯堡开进。"我们呼啸着穿过平原。"一名美军联络官报告称。16 个以福煦和内伊等战斗英雄命名的要塞守卫着城市西面的道路，但既没有重炮也没有后备队支援，他们已是强弩之末。

10 点 30 分，法军的坦克涌进了斯特拉斯堡市中心，国防军军官们大都正挤在轿车里，或正与妻子在林荫大道的商店橱窗前闲逛，他们被机枪扫射吓破了胆，当场被俘。城堡公园的 7 架反坦克炮还没来得及射出一发炮弹，就被隆隆作响的 75 毫米口径火炮击得粉碎；紧接着从城市公园射出的法军的榴弹炮弹如雨坠下，吸引了河对面的德军炮兵连发回击。"玻璃窗叮叮当当碎了满街。"《纽约时报》描述道。一份加密无线电报奉劝勒克莱尔说道："衣服已浸在碘酒里了。"法军的先头部队正穿过斯特拉斯堡，向莱茵河上的几座桥梁推进。

勒克莱尔的帽子被大雨冲走了，现在他坐在一辆敞篷吉普车中，在轻型坦克、半履带车和 70 名士兵的护送下，朝斯特拉斯堡驶去。倾盆大雨中，他一眼就望见了斯特拉斯堡大教堂那粉红色的砂岩石尖塔，这一株哥特式的"傲然高耸、枝繁叶茂的上帝之树"高约 500 英尺，两个多世纪以来，一度是世界上最高的建筑。一面法国三色旗在尖塔前冉冉升起。"现在我们死而无憾了。"勒克莱尔喃喃地说。

但是，现在还不行。11 月 23 日星期四中午，一位被俘的德军工程兵被迫与其司令部通电话，传达法军招降的最后通牒；好不容易联系上 G 集团军群指挥官赫尔曼·巴尔克将军，他却被告知："如果不立即停止你在斯特拉斯堡的一举一动，你的家人就会身陷集中营。"城中的大部分区域已经不再属于德国，怒不可遏的希特勒威胁要令第十九集团军的每一位军官降职一级，但莱茵河通往德国沿岸地区凯尔的桥梁仍处于德军控制之下。在迫击炮和火炮的支援下，一座座碉堡和一条由落伍士兵组成的有效防线让法军在距离莱茵河不到 600 码处踌躇不前。德军不愿放弃这最后的半英里，而勒克莱尔又无法击退他们、渡过莱茵河，桥头堡前的僵局演化成了一位法国军官所谓的"彻底的火炮对轰"。

"斯特拉斯堡尸横遍野，"一位美军工程兵在日记中记道，"孩子们还在街上玩耍，好像什么都没发生。"美法联军清理完被孤立的德军前哨，把 6 000 名国防军士兵和 1.5 万名被拘禁的德国平民集中在城市公园和一间啤酒厂。"一个接一个，"法军的一份报告中记录道，"我们俘获了其他堡垒、营房、办公室和医院里的一切活口。"

11 月 25 日，法国和美国军队解放了阿尔萨斯首府斯特拉斯堡两天后，一位法国妇女欢迎一名美军士兵。

★★★

斯特拉斯堡的解放带来了两个意义重大的发现。在城市西南方 30 英里处，美军第一次击破了德军的纳茨维勒集中营。7 000 名幸存的囚徒多被往东面疏散，但大量证据表明暴行仍然存在。纳茨维勒建于 1941 年，这里关押着众多法国的反抗者、犹太人、同性恋者和其他被认为无法融入社会的人；许多人被迫在附近的花岗岩采石场或军工厂里从事着艰辛的工作。

附近一间旅馆里有一个毒气实验房间，实验对象大都是从奥斯维辛送来的吉普赛人，据说，被选中参与实验的受害者被不断喂食糖果和蛋糕。其他人体实验还包括斑疹伤寒症、黄热病和芥子气。作为纳粹党卫军一项关于"劣等种族"研究的一部分，成堆中毒而死的犹太人尸体被装上卡车，运往斯特拉斯堡的一间解剖实验室做解剖或放置在酒精中保存着。其他尸体则被火化处理，据说，家属需支付 75 马克才能取回一缸骨灰，共有 1.7 万人丧生于纳茨维勒及其附属的集中营。

第二个发现同样意义非凡。勒克莱尔的装甲先头部队后面紧跟着一支代号为"阿尔索斯"的美军情报小组，物理学家 J. 罗伯特·奥本海默和路易斯·W. 阿尔瓦雷斯向他们下达了秘密指令，告知在调查"Y 计划"（德军的原子弹研发工作）时，需留意搜寻的线索。在巴黎和埃因霍温的飞利浦工厂中发现的证据表明，斯特拉斯堡大学是一个关键的原子研究中心。

"阿尔索斯"的特工们冲进了实验室、办公室和私人住宅，逮捕了一干德国物理学家和化学家；在一个大腹熔炉的烟囱里，他们还救回了一堆卡在其中未及烧毁的科学论文残片。他们的首要目标是诺贝尔奖得主维尔纳·海森堡的亲密搭档——物理学家卡尔·冯·魏茨泽克。虽然魏茨泽克远在德国，但他的论文、研究数据和信件都留在斯特拉斯堡，被特工们一一没收。

正如曼哈顿计划司令莱斯利·理查德·格罗夫斯中将在后来给最高统帅部的信中所写，斯特拉斯堡的缴获物提供了"我们所掌握的最完整、最可靠、最真实的信息，显示了有关德军在这些专业领域所做努力的性质与程度。幸运的是，这些信息证实了我们的推论：德国人落后于我们"。德国人已经远远落后：最高机密评估发现，在原子弹研究方面，"德军没有任何实质性的进展"，或"并未做出很大努力"，且"制铀工作未进入大规模生产阶段"。

虽然，据推测"Y 计划"应是德军优先的项目，但缴获的文件显示，德国的科学家曾被迫提交一份"紧急情况证明"，准许购买"两把计算尺来执行一个有重要军事意义的计划"。"阿尔索斯"的指挥官鲍里斯·T. 帕什上校报告称，审问结果和其他证据确认，"纳粹在原子弹开发领域的进展还不及我们 1941 年的研究水准"。

勒克莱尔和他的副官们暂住在始建于 19 世纪的莱茵宫宴会厅里，昔日的皇宫曾被国防军占作司令部 4 年之久，其也因此被第 2 装甲师的军官称作斯特拉斯堡唯一一座"因矫饰做作的设计风格，非常适合取个德国名字"的建筑。小商贩们将 1940 年被改成德文的店面标牌换回了法文，但是过程却是缓慢而痛苦的。

50 多万名阿尔萨斯和洛林居民被驱逐至德国当劳工，另外还有 14 万人被强制征入了德国军队。勒克莱尔张贴布告警告称，"城中每有一名法国士兵被击倒，我们就会射杀 5 名德国人质"，这一威胁很快遭到了德弗斯的否定，因为此举违反了《日内瓦公约》。"毫无疑问，法国人对德国人已恨之入骨，"情报官员 J. 格伦·格雷写道，"那种生发于仇恨的力量真是又奇怪又可怕。"

人们在教堂前举行了一场典礼，庆祝斯特拉斯堡回归法国，他们敲响了大钟，高声唱起了《马赛曲》，但与此同时，仍有高射炮朝 8 个德国空军的不速之客发起了密集射击，这一阵喧嚣分散了司仪神父的注意力。勒克莱尔在一封发给戴高乐的电报中宣告，他已经履行了自己在库夫拉立下的誓言。1940 年造访斯特拉斯堡时，希特勒也曾许下诺言："我们绝不会把它交还法国。"德国元首也遵循了他的承诺——他没有将这座城市交还，是法国人自己将其夺回来的。

★★★

近三个月过去了，第七集团军仍未做好渡过莱茵河的准备。在罗纳河及杜河上进行的两次渡河短训中，美国士兵学习了建造桥梁的疑难精要、木筏和渡船的战术策略及强击登陆舰在激流中的操作方法，有 800 名操作员接受了舷外马达操作训练，而工程兵们则对德军在河中制造洪流的能力进行了详细的探察，并设法取得了瑞士军方的秘密保证，确认上流的水坝将得到保卫。最高统帅部否决了用两个空降师攻占桥头堡的提议（"市场花园行动"的遭遇让这样的行动蒙上阴影）。现在，8 个步兵营正奉命攻占河流的对岸。

即使从斯特拉斯堡到凯尔的大桥仍屹立未倒，这条途径也只能通向迷宫般的黑森林，因此第七集团军的行动策划者们早就注意到了拉施塔特（一座斯特拉斯堡再往北距离 25 英里处巴洛克风格的德国小镇）的一处渡口。侦察队发现，此地河边的守卫者并不多。而德弗斯则突然失踪了一天多，他私自前去斯特拉斯堡上游河床向侦察员询问详情了，但他的司令部却一度因此陷入了惊慌。

德弗斯设想从拉施塔特前往卡尔斯鲁厄，接着向西转到齐格菲防线的碉堡后方，从而将德国第一集团军困在帕奇和巴顿的包围之间。正当勒克莱尔的坦克队风风光光地穿过斯特拉斯堡之时，一条长达 35 英里的护卫队护送堆积着水陆两用军车、架桥设备和船艇的卡车，开始往河边陆地的集结地进发。11 月 23 日感恩节那天晚上，帕奇的工程兵告诉他，48 小时内他们即可渡过莱茵河。

艾森豪威尔对德弗斯的计划几乎一无所知。11 月 24 日星期五早晨，他和布拉德利驱车前往孚日山，接着到南锡同巴顿开了一个简短的会议。他们发现等着他们于 11 点 30 分到吕内维尔会面的德弗斯和帕奇，于是小队人马在倾盆大雨中驶下 N-4 公路，开了近 30 英里到达第 15 军位于斯特拉斯堡的指挥所。德弗斯看起来"一如既往地兴高采烈，孩子气十足"，布拉德利的副官切斯特·汉森少校写道，然而"帕奇则显得严肃老成得多"。

与海斯利普共进午餐后，下午 2 点他们又向前行了 30 英里，穿过巴卡拉来到第 6 军位于孚日圣迪耶的指挥所，1507 年，《宇宙学入门》（第一本以"美利坚"命名新大陆的书）就是在这里出版发行的。如今的孚日圣迪耶遭到了德国破坏者的劫掠，又被他们用燃烧弹和炸药进行一番滥炸，这里的纺织厂、储木场和建于 11 世纪的教堂都倒在了一片灰烬之中。烧得焦黑的墙下，长着"方方正正、毫无表情的阿尔萨斯式面孔"的居民挤作一团，这里曾是他们的家园，汉森如是写道。艾森豪威尔将这里称作"我所见过的遭遇肆意破坏的最可怕的景象之一"。

最后车队又向西行进了 40 英里，于下午 6 点到达第六集团军群位于维泰勒的司令部。在一个喧闹的鸡尾酒会上，充足的苏格兰威士忌让一行人等恢复了精神，接着，他们到精致优雅的传统酒店享用了迟来的晚餐。用过咖啡后，德弗斯引导艾森豪威尔和布拉德利来到了他的楼顶套房，三人在一张桌子旁坐下。最高统帅丝毫没有浪费时间。当天早晨，巴顿曾请求让第15军回归第七集团军，布拉德利也同意调动至少2个师来巩固第七集团军长达70英里的战线。尽管已经攻陷梅斯，巴顿仍然停滞不前，至今还未抵达萨尔河。

"他陷入了泥泞中，面临的却是混凝土堡垒。"德弗斯同情地说。

艾森豪威尔愁眉紧蹙。德军从北面向海斯利普的部队发起了反攻，前线传来的最新信息令人心绪不宁：国防军装甲教导师的70辆坦克运送着正在享用感恩节土鸡的骑兵，只有密集的炮轰佐以巴顿第4装甲师的及时帮助才能阻止敌军的前行。得知第七集团军正朝拉施塔特的莱茵河岸进发，艾森豪威尔更加陷入了窘境。那儿的渡口，他抱怨道，是"直捣柏林的绝佳途径"。

"艾克，我在阿格诺河上，朝北前进，"德弗斯一边说，一边提高了声音，"我从林子里搞到了渡过莱茵河所需的一切。河对面有许多碉堡，但并没被占领。"

"那些碉堡就好像灌木篱墙一样。"布拉德利说。

"布拉德，我们没看到什么灌木篱墙。我们发现了碉堡，这些碉堡都没被占领，"德弗斯说，"我们可以用最少的兵力搞定它们，真的，突然袭击，这会给德国人带来无休止的麻烦。"

对话持续到了星期六凌晨，双方的语调越发尖厉。德弗斯指出最高统帅部曾鼓励我们，抓住可以攻陷莱茵河桥头堡的一切机会。为何现在又要退缩？不是应该给第七集团军而非第三集团军加强兵力吗？巴顿的部队应该被调去第六集团军群，这样他们就可以一起包围萨尔州了，这样想难道不合理吗？

德弗斯大吼起来。艾森豪威尔意欲在挺进德国中部之前，把整个莱茵河西岸清理干净的计划在他看来似乎毫无意义。最高统帅部到底是想要一心一意消灭敌军还是只想占领领土？德弗斯还主动贬低了他的论证，称从拉施塔特渡过莱茵河的策略只是一次仅需耗费"几个小时工夫"的突围，并不需要动用整个集团军。此外，他还将其与巴顿在1943年8月的那个事迹拿来比较，当年巴顿在布罗洛以区区一个营的兵力，通过两栖登陆抵达西西里岛北海岸，迂回到敌人背后——这个类比实在荒唐，因为当年的行动最后以惨败告终。

艾森豪威尔仍毫不动摇，事实上，几天之前他就下定决心。穿过阿尔萨斯，他们虽然收获掌声，但"离罗尔河太远了"，他评论道，这里的莱茵河渡口并不能通往任何"绝对关键性的区域"。艾森豪威尔已厌倦了争辩，于是向德弗斯下达了明确命令：第七集团军马上转向北行，前往莱茵河西岸，而法国人则继续在斯特拉斯堡下游驱逐来自阿尔萨斯的德军。有传闻称德弗斯的固执令艾森豪威尔"暴跳如雷"，最高统帅还是做出了些许让步，告诉他第 15 军会留在第六集团军群麾下，此外还将调来另外一个装甲师以增援。

将军三重唱到此为止，三人都带着满心不悦睡了几个小时。第二天早上，命令传达了下去。11 月 25 日星期六，第七集团军 X-376 号行政备忘录通知各指挥官，最近计划"有变。目前为止，我们还未计划渡过莱茵河，而前进的方向将折而北向，跨过孚日山脉，并逐渐与莱茵河平行"。来自第六集团军群的 3 号通知信命令法国第一集团军彻底铲除莱茵河以西的剩余德军，而勒克莱尔的第 2 装甲师则受德·拉特尔指挥从斯特拉斯堡南下。最高统帅部的行动规划者们开始计划由巴顿和帕奇发起一次联合进攻，并注解道："虽然第三集团军和第七集团军合力进攻的并非前线上最重要的防区，但它却提供了快速退回并再次发起主力进攻的最好时机。"

德弗斯在日记中吐露："不渡莱茵河的决定对帕奇和我自己来说都是打击，因为我们已经做好了准备。"

★★★

半个世纪后出版的美国陆军官方史料虽不愿对高层命令作评价，但也认为艾森豪威尔的决定"难以理解"。最高统帅"选择了一个需耗费火力、损伤惨重的作战'策略'，而非更为精巧的战术"。最高统帅部鼓动部队穿过孚日山脉发起一场损失惨重的进攻，此后盟军既没有清晰的南翼战略目标，也没有歪打正着获得成功的灵活性。

连巴顿都认为，德弗斯应该越过莱茵河，虽然在凡尔赛和卢森堡他都不怎么支持发动第三集团军的坦克大军攻占拉施塔特的桥头堡。正如一位美国陆军历史学家后来所控诉的，艾森豪威尔因"误用第六集团军群"，不经意间给了德军喘息的机会，让希特勒得以继续筹划 12 月中旬向阿登高地发起的秘密反攻。如果在感恩节后渡过了莱茵河，很可能会让德军陷入麻烦，无力策划即将发生的所谓的突出部战役。

无疑，最高统帅对德弗斯的个人偏见让这些事件有了更多内容可供称道。有些人还认为，艾森豪威尔对身为其同学和知己的布拉德利多有偏袒。德弗斯在维泰勒的深夜会议中曾心想艾森豪威尔到底是不是"和我同一个队伍的人"。一天后，德弗斯在写给妻子的信中轻蔑地提及了未点破名字的"伟大战略家"，并因没有收到"任何鼓励……更快结束这场战争"而深感惋惜。他在日记中补充道:"依我看,上级的命令并不适合巩固侧翼取得的成功,这真是一场悲剧。"

然而德弗斯自己也犯了错误,尤其是他没能认识到法国人是多么软弱无力。德国第 19 军的 8 个装甲师中有 6 个已被消灭,只剩 5 万人残存在阿尔萨斯一处被孤立的三角形地区,该地区沿莱茵河蜿蜒 45 英里,位于高孚日山以西 25 英里处。虽然希特勒在 11 月 26 日颁布法令称"放弃阿尔萨斯是绝对不可能的",但龙德施泰特估计这片以科尔马镇为中心的孤立地带坚持不了三个礼拜。德弗斯在日记中说:"我希望法国陆军能在 12 月 15 日前在自己的防区内消灭德军。"

但事实并非如此。德·拉特尔称"在黑暗与尘雾的帮助下",有 30 个德军营支援了这一孤立地带,但事实上,在希特勒发布法令之后的两周里,仅有数千名士兵抵达莱茵河西岸。法军已精疲力竭,下级军官间充斥着挫败情绪,以及一名美国将军所说的"我从未见过的混乱"。德军因此得以松懈了他们的防线。

更令人沮丧的是,一些讨厌彼此不亚于憎恶敌人的法国人竟同室操戈,争吵不休。勒克莱尔断然拒绝了德弗斯下达的从斯特拉斯堡南下与德·拉特尔会师的命令,并声称"我不会听从任何以前曾遵奉维希法国、任何我认为是变节者的指挥官的命令"。而在德·拉特尔方面,他的人马出于轻蔑拒绝使用勒克莱尔的化名,反而直呼他在战前的名字。巴黎人似乎并不能解决争吵,而德弗斯则在日记中坦言:"让法国人继续把守孤立地带时遭遇了许多麻烦。"他后来补充道:"这是我在战争中唯一一次指挥失败。"即使有了美军第 36 装甲师的支援,德·拉特尔还是没能突破这一孤立地带;几个月来它仍是盟军侧翼的一道开放性伤口,也是"杰克·德弗斯和艾森豪威尔之间种种惊慌与猜忌"的源头,一名美国上校写道。

第七集团军的工程兵将他们的强击登陆艇运回了吕内维尔的补给仓库,等待天气转晴的日子。12 月 2 日,德军的炸药炸跨了凯尔的桥梁,伴着一声雷鸣般的巨响,在莱茵河中激起阵阵浪花,而斯特拉斯堡的桥头堡驻兵则乘船逃回了德国。两条短程铁路和靠近科尔马的三座浮桥让孤立地带的德军得以补充食物,维持过冬。凶狠的狙击手和炮兵火力定期朝河对岸扫射。来自凯尔的广播警告阿尔萨斯人称,德意志很快就会回来重夺斯特拉斯堡。"最高统帅部把我们当私生子对待,"第七集团军的一名军官后来给家人写信道,"我有点儿为我们的进展感到惭愧。"又一次,表面上的战斗胜利却终因令人恼火的事情而被人们牢记。或许,灰烬的苦涩就是战争本身的滋味。

THE
GUNS
AT
LAST
LIGHT

第 8 章　冬日阴影

　　苏军在东线战场的胜利，使得英美担忧战后的世界格局更有利于苏联。盟军此时在西线战场经历了一次战略上的倒退，在英军指挥官蒙哥马利看来，艾森豪威尔领导无方，盟军无异于群龙无首。在盟军掉以轻心之时，希特勒却将第三帝国的未来押在了一张牌上，准备发动一场声势浩大、出其不意的杀戮，揭开西线大捷的新篇章。

可悲的是，我们永远都只是人类

盟军每天都会在德国上空撒下约 900 万张传单，每个月就要消耗 1 000 吨纸张。在战争结束前，盟军总共散发了 60 亿张传单，用于煽动暴乱或者招降。在刚开始执行这项任务的时候，飞行员驾驶 B-17"空中堡垒"轰炸机在布鲁塞尔上空 3 万英尺的高度，将成捆的传单从投弹仓抛入气流中，希望这些传单能落在被德军占领的法国，然而大部分传单都落在了意大利。

1944 年 4 月，盟军开始大规模生产 T-1"梦露"传单炸弹，从而极大地提高了空投传单的精确度：这种炸弹的气压弹头引信能够在 2 000 英尺高空引爆 5 英尺长的汽缸，在 1 平方英里的范围内散播 8 万张传单。单次任务中，一架 B-24"解放者"轰炸机能向 5 座城镇倾泻 100 万张传单。

心理战小组对以往战争中的投降诱因进行了研究，就像日本人在柯里几多岛使用的战术一样，试图找到瓦解那些毫不妥协的德军的关键。许多传单都附上了由艾森豪威尔亲笔签署的安全通行证，并且强调盟军会秉承人道主义精神善待战俘，使战俘能够享受到与"世界上伙食最好的军队"同样的食物。与此同时，布拉德利的集团军群每个月都要用大炮发射 1.5 万枚传单炮弹，每枚炮弹中装有 500 份传单，并沿着前线用扩音器鼓动敌军投诚。这种做法被称为"热呼叫"。

9 月末，卢森堡电台开始播放德语广播，主要播放被纳粹禁播的名曲《最高统帅部之声》等信息节目，以及悲惨的战争新闻，其中还包括近期空袭轰炸对每条街道造成的伤亡报告。

盟军还投放了数以百万计带有延迟引信的燃烧弹。燃烧弹还附带了用九国语言印刷的说明书，以此鼓励尤其是非德国的奴役劳工实施破坏活动。战略情报局印制的《3 号战地手册》还指导破坏者如何将木屑、头发、糖或者糖浆混入德军的油箱——向每 10 加仑汽油中加入 100 克上述物品效果最佳；而加入半品脱尿液或者盐水也可以实现同样的效果。"尽量在人多的情况下行动，"手册建议道，"如果你在工厂，把锅炉的电线砍断，几乎所有人都有嫌疑，自然不会轻易怀疑到你身上。"

然而，德国仍在顽强抵抗。一些盟军战略师认为，1943 年 1 月罗斯福总统在卡萨布兰卡会议上宣布的"坚持无条件投降方针"是在拖延战期。约瑟夫·戈培尔及其他纳粹宣传员声称，罗斯福的这种要求"意味着奴役、阉割及毁灭德国的国家身份"。一位美国政府的分析师警告说，大多数德国人认为"如果战争继续下去，他们就没有什么可以失去的了"，其他人则认为，德国负隅顽抗是出于对苏联人和盖世太保的恐惧，"而和会议上提到的内容没有任何关系"，战争副部长约翰·J. 麦克罗伊如是说道。

对于类似先前用于意大利的修改条款的"有条件的无条件投降"提案也没能获得罗斯福的支持。这位总统在"霸王行动"之前便这样声明道："我希望'不计一切代价阻止无条件投降提案'成为一纸空文。""德国人必须意识到，"他后来补充道，"他们整个国家已经被卷入了一场违背现代文明、无法无天的阴谋当中。"

当然，最终在很长一段时间里，胜利对于盟军而言仅仅是一种信念。甚至是在诺曼底登陆之前，最高统帅部在一项如今代号为"日蚀"的计划下，就战后如何管理德国进行了 72 项研究。然而，围绕很多细节问题，如欧洲战后重建、德国的未来政治架构、占领亚琛的经验等，各国都未能达成一致。罗斯福倾向于在一场艰苦的战争之后实现一种艰苦的和平，即如他所提出的"美国陆军每天为 8 000 万德国人提供三碗汤"的设想。由于他最初的想法是每天一碗汤，因此后来这一设想被看作是一种慷慨的举动。因此，罗斯福总统代表美国人民表示，超过 4/5 的美国人支持"无条件投降并且将德国削弱为三流势力"的做法。

最高统帅部于 1944 年夏起草了《德国军事管制政府手册》，建议在重建战后经济和管理机构方面实行有建设意义的捐助。"这本所谓的手册真的很糟糕"，罗斯福在给战争部长史汀生的信中写道，"应当将这本手册所有的复印件都撤回。"

于是，所有的副本都被召回，尽管一位最高统帅部官员略表遗憾地说道："不管怎么样，还没有人读过这本手册呢。"直到 12 月，有关管理德国的方案仍没有进行任何的修订。甚至连艾森豪威尔下达的命令——"我们是作为征服者来到这里的，而不是压迫者"，在被翻译成德语时也显得有些荒谬，因为德语中的"征服"也包含"掠夺"和"吞并"的意味。这个问题最终被反映到战争部的高级语言学家那里，他们用"胜利的军队"替换了"征服者"这个词，以尽量弱化某些煽动性色彩。

苏联红军在东线战场的胜利，使得英美可以更加专注于战后的事宜，因为华盛顿和伦敦都意识到，苏联军队可以很快占领莱茵河以东的全部德国领土。一位战争部分析师预言：

> 德国的失败会促使苏联在东欧和中东地区确立其军事统治地位，使世界的相对军事力量格局发生极重的变化。在过去的 1 500 年里，恐怕也只有罗马帝国的覆灭能够产生与之相提并论的冲击。而战后，大英帝国已经在经济上和军事上处于落后地位。

丘吉尔也发现，英国的帝国大业已岌岌可危，即便他一直在以自己的方式设法避免其迅速衰落。10 月中旬在莫斯科与斯大林的一次私人会议上，英国首相在一张纸上简单标了一些符号，提出在战后的权力分配中，要充分发挥莫斯科和伦敦对欧洲东南部势力的影响。

具体而言，他提议，苏联在罗马尼亚拥有 90% 的势力范围，而英国在希腊拥有相同比例的势力优势，而苏联在保加利亚拥有 75% 的势力，在南斯拉夫和匈牙利的分配方面，双方达成平等。斯大林在纸上打上一个蓝色的对钩，并且告诉丘吉尔要保存好这张"淘气的文档"。尽管这项"百分比协定"并不具备任何法律效力，对实际结果也几乎未起到任何的影响，但是得知此事之后的美国人还是非常恼怒，尤其是罗斯福（对战后在欧洲划分势力范围相当反感），非常抵触这项"预谋"。

当年秋天，另一项争论成为关于德国未来命运讨论的主要话题。白宫对于最高统帅部的手册给予否认，美国财政部长小亨利·摩根索则提议分裂德国，并且将各个部分都削弱成无法进行武装侵略的、中立的农业国家。罗斯福对这项计划逐渐产生了热情。正如历史学家沃伦·F. 金博尔后来写道，总统与摩根索，"他们好似两位杰斐逊派的农场主"，提议通过"让德国人重新开始种地起家"，以洗刷他们的罪恶。

9 月中旬于魁北克召开的一次英美战略会议上，丘吉尔对摩根索提出的计划抱以怒视，并将其形容为"违背人性的、粗野且多余的方案"。但是，当摩根索预言如果将德国人从煤炭和钢铁市场上的竞争中排挤出去，可以确保英国在 20 年内保持繁荣时，丘吉尔几乎瞬间改换了腔调，支持通过关闭鲁尔和萨尔，"重新创立一个与 19 世纪末相似的农业国家"。而对于德国人，丘吉尔补充道："这是他们自作自受。"

英美智囊团中的其他人对此非常惊恐。当其美国同僚科德尔·赫尔称，摩根索的提案为"一项盲目的报复计划"时，英国外交大臣安东尼·艾登"勃然大怒"。史汀生警告说，这种"迦太基式的和平"很有可能带来"巨大的祸患"，尤其鲁尔和萨尔还是战前欧洲生活和生产原材料的主要来源。蒙哥马利更提出，将德国东部的一大片土地转让给波兰，然而这显然也留下一个难解的问题——德国民众如何在他们的土地属于波兰的情况下，继续以种地为生。连乔治·马歇尔也没有把蒙哥马利的建议放在眼里，尤其是立即枪决所俘虏纳粹领导人的提议。

无疑，这项计划将很快被泄露出去。"报纸会将这项计划疯狂地传播出去。"史汀生满意地记道。一位伦敦的编辑称，在摩根索的计划中，德国为"一片没有车轮转动的废墟"，英国内阁公开指责美国财政部长"愚昧无知"，并补充道："制定一项姑息或者助推混乱局面的政策并不困难，只是这样的政策效率极低罢了。"罗斯福巧妙地否认有这项计划，笑着对史汀生说道："亨利·摩根索犯了一个愚蠢的错误。"德国报章同样对这项计划反应激烈，它们纷纷警告德国人民称，要殊死抵抗英美"食人族"，并且英美人的"邪恶的歼灭计划"显然是"受犹太人启发的"。就连之前的 60 亿张向德国人承诺投降后可获得宽恕与和平的传单，其宣传效果亦就此打住。

这个意外事故令罗斯福对战后规划的热情大打折扣。10 月底，他对赫尔说道，"为我们还没能彻底占领的国家制定细致的方案，对此我没什么兴趣。"与此同时，他也公开向德国人民保证，战后不会卑鄙地奴役他们。于是，有关具体如何占领及开展军事管制等相关问题的商讨均被推迟到下一个季度。

一份早期方案曾考虑将德国划分为七个独立的国家。1944 年初，英国外交部草拟了一份更加可行的协定：假设苏联拥有德国东部除了柏林之外 40% 的土地，在剩下的地区则形成三个占领区，由西方战胜国共同管理。数月以来，罗斯福一直反对将美国占领区设在与法国相邻的地区，因为他对戴高乐颇有成见。但是在魁北克的会议上，罗斯福最终还是做出让步，因为艾森豪威尔率领的美国军队要求在巴伐利亚及德国西南部设立美国占领区，同时保证这一区域到英国占领区的北海港口畅通无阻。

这项计划及后来其他的计划最终没有获得正式批准。艾森豪威尔最初认为，战后的德国应该由一个盟军指挥官单独进行管理，但是后来也做出了让步，并说道："苏联人将会……拥有对德国东部地区的专属管理权。"一些美国的军事家继续想以柏林为中心划分扇形区以分配占领区，而不能将柏林划入苏联占领区；美国驻英大使约翰·G. 怀南特对这样的提议进行了强烈谴责，称其"对苏联不怀好意"。

由于在战后政策上无法达成共识，军事家们只能继续在地图上瞄准柏林画下一个又一个大箭头。罗斯福已经厌恶了蒙哥马利苛刻的解决方案，但是他仍然是无条件投降的热烈拥护者。至于其他问题，罗斯福告诉丘吉尔："这场战争会有重大的现实意义——会创造一个新的天堂，一个新的星球。"

★★★

还没等向艾森豪威尔承诺"你不会再听到我指挥任何工作"，蒙哥马利便再次投入作战。作战室地图上的大箭头指向鲁尔及更远的地区，但是蒙哥马利却将矛头指向最高统帅。他私下里向他的英国同事表达了对艾森豪威尔的计划、才干甚至其本人的不满。"之前，他没有指挥过任何一场战役。"蒙哥马利在 11 月中旬写给布鲁克的信中说道，"如今，第一次指挥如此大规模的军事行动，他根本不知道该怎么做。"

11 月 21 日，他在另一封信中补充道："最高统帅部的乐观态度没有任何根据。"布鲁克本应该对情况有更好的了解，但实际上却助长了蒙哥马利的愤怒和不忠。他于 11 月 24 日回复蒙哥马利道："我也认同你的看法，艾森豪威尔根本不是当总司令的材料，他缺乏战略眼光，没有能力制订或者执行军事行动计划。"两天后前往伦敦之时，蒙哥马利更是补充道："艾森豪威尔非常无能……非常非常无能。"

11 月 28 日星期二的下午，蒙哥马利口中盲目、幼稚、无能的艾森豪威尔连夜拜访了驻比利时安特卫普东部城镇宗霍芬的第二十一集团军群总部。在那里他听取了蒙哥马利的意见，只不过用词相对外交化。蒙哥马利在他的办公室里来回踱步，对着墙上的地图皱眉，拇指和食指托着下巴。"西线战场毫无进展"，他已经抱怨了好几个小时。而在艾森豪威尔准备睡觉的时候，蒙哥马利的副官克里斯托弗·C.道内中校给他拿来了一瓶威士忌和一瓶苏打水，之后便返回蒙哥马利的办公室。而此时蒙哥马利正在口述一份对布鲁克的便条。"我们谈了三个小时"，蒙哥马利汇报说，"他承认犯了一个重大的错误"，并且同意"我应该全权负责阿登北部的作战指挥，而布拉德利应该服从我的指挥"。

惊讶的道内打断道："长官，艾森豪威尔不会同意的。"

"就发送这条消息。"蒙哥马利呵斥道。第二天早上，在艾森豪威尔视察英国、加拿大及波兰的军队之前，蒙哥马利又给布鲁克写了很多无聊的空话，并在附言中指责布拉德利是个不称职的陆战行动策划者。毫无疑问，他现在非常希望回到盟军在诺曼底时候使用的部署……让布拉德利隶属于他的作战指挥之下。很明显，蒙哥马利对艾森豪威尔的言论另有想法，因为在 11 月 30 日星期四，他给艾森豪威尔发了一封"私人并且机密"的电报以"确定会谈时双方就主要问题早早达成共识"。在初秋，他写道，艾森豪威尔同意将盟军的主要力量布置在北部，以消灭莱茵河西岸的敌人，同时控制沿岸的各个桥头堡。

> 我们没有取得任何进展，也没有希望能有所改观。这会令我们在战争中一败涂地。如今，我们又正在遭受一次战略上的倒退……必须放弃教条，不能同时攻击这么多的地区，更何况我们目前没有丝毫的底气能确保取得什么具有决定性意义的成果。

比利时的阿登高地作为一道天然屏障将西线战场隔开，他补充道，这南北两部分战场应该拥有各自的指挥官。

> 我和布拉德利默契十足。诺曼底登陆的时候，在您的指挥下，我们并肩取得了伟大的胜利。然而您将我们两个分开之后，事情的进展就没有那么顺利了。我相信，为了确保胜利，您会希望让我们重新合作的，而且我们中的一个应该拥有阿登北部的行动控制权，如果您认为我可以而且应该承担这一任务，我愿意接受。

12 月 1 日星期五，艾森豪威尔的凯迪拉克绕着卢森堡市南部的佩特鲁斯河行驶，此时，他已得知，布拉德利由于重感冒在阿尔法旅馆卧床不起，他的脸部因为荨麻疹而肿胀不堪。艾森豪威尔手中攥着蒙哥马利的信件，怒不可遏。"我第一次看到他这样愤怒。"布拉德利后来回忆道。蒙哥马利信件通篇都在谴责对布拉德利的领导力；蒙哥马利甚至还鲁莽地召开了另外一个会议，而除史密斯和德·金根这两位"没有发言权"的参谋长，其他人等都被排斥在外。布拉德利一阵破口大骂之后已经说不出话来。而艾森豪威尔花了很长一阵子才让自己冷静下来，以口述一篇 15 段的回复，这一切再次展示出其冷静、宽容与大度的一面。

"你信中提到的某些事情，恐怕我不敢苟同。"他说道。

> 我不确定自己完全明白您所谓的战略倒退具体指的是什么……自诺曼底之后，事态变得糟糕，我认为并不仅仅是因为我们没有获得需要的东西。事实上，现在的情况与诺曼底的时候比较相似，并且一直以来都是这个样子。

他提醒蒙哥马利，英军在北部的后勤线拉得太长，为了给第二十一集团军群每天提供额外的 500 吨物资，将使"布拉德利麾下 3 个师"不得不失去摩托化运输能力。"如果我们不是在这么宽的正面行进，我们就会有一条狭长的后勤补给线，而这条补给线的右翼将遭到敌人持续的威胁。"

> 只要德弗斯和巴顿能够继续清理右翼的敌人，让我们能够集中兵力，我就不打算让他们停下来……有备无患，这对日后的战情至关重要。

艾森豪威尔只对有关让参谋长联席会议保持沉默的建议表示了不满。"参与会议的是您的参谋长还是布拉德利的参谋长对我来说无所谓。除非有极特殊的情况，我的参谋长都会到会……而我也决不会让他保持沉默的。"

最后，艾森豪威尔暗示道，他们两人中只有一个有远见卓识。

> 非常感谢你的坦诚，以及一直以来表现出的友好姿态，但是我希望你不要仅仅因为我们并没有实现最初期望的全部目标，就将我们伟大军队过

去的表现看作是失败的……我们必须将从马赛到下莱茵河的所有战事看作一个整体，看作一个更大的威胁。

如今已经非常明显的是，蒙哥马利已经无法扮演一名忠诚可靠的军官。作为一个唯我论者，蒙哥马利根本不在乎自己所处的主从关系。甚至是英国国王的侍从武官也在日记中写道："尽管这样的唯我主义可能是作为一名成功的将领所必需的，但是却使得这样的人很难成为理想的合作伙伴……有时候我甚至想知道，蒙哥马利毋庸置疑的才华，是否也在有些时候将他带到了精神不稳定的边缘。"或许上述言论有些夸大，因为个体参与不一定意味着独断专行。

尽管如此，提到蒙哥马利，艾森豪威尔的传记作者斯蒂芬·E. 安布罗斯后来写道："他在劝说的艺术上完全是门外汉。他习惯于单独处理一个问题并且得出一个解决方案……他只懂得以居高临下或者攻击性的态度，或者同时以这两种态度来传达他的想法。"

一位英国官员在一次会议上见过蒙哥马利之后，描述他如何"像一只小鸟一样坐着，头朝向一边如针尖一样锋利，并且眼睛炯炯有神……他是一位鹰钩鼻，双眼炯炯有神，引人注目，但是在政治事务上有点天真的人"。布鲁克在日记中写道，蒙哥马利"在法国反复唠叨指挥系统的问题，他已经有了自己的想法……无法忍受自己不能拥有对地面军事行动的绝对控制权"。

但是，其他英国上层人士则接纳了他对西线战场及对艾森豪威尔的看法。"我们的确在西线战场经历了一次战略上的倒退。"12 月 3 日，丘吉尔在对南非士兵及政治家扬·史末资这样说道。而对于罗斯福，丘吉尔在三天之后的电报里说道："我们确实未能实现 5 个星期之前下达的战略目标，北部仍然没有到达莱茵河。"罗斯福总统则乐观地保证道："一次对我们有利的决定性转折即将到来。"但是即使作为艾森豪威尔的可靠盟友的拉姆齐上将，也对德甘冈说道，他觉得艾森豪威尔不可能会变得明智。

一些蒙哥马利的拥护者则更野蛮。布鲁克记录说，在一次最高统帅部位于兰斯的新前线总部的午餐会上，凯·萨莫斯比被"晋升为女主人，并且坐在桌子的一端……艾森豪威尔制造了一堆不良的绯闻，给他自己带来了一些不好的影响"。

在接下来的日记中，布鲁克补充道，艾森豪威尔"表现得很超然，和他的女司机一起在兰斯的高尔夫球场打球……我认为无论他再怎么努力，也无法胜任战

盟军最高统帅部打算在欧洲北部发起一场冬季战役。11 月中旬，艾森豪威尔在兰斯的前进司令部召开了会议，从左至右分别为：帝国总参谋长兼陆军元帅艾伦·布鲁克爵士、艾森豪威尔、温斯顿·S. 丘吉尔首相。

争的指挥工作"。

兰斯的球道上布满了最高统帅部的帐篷，根本不适合打球，并且艾森豪威尔的英国军事助理詹姆斯·F. 高尔特后来证实，在长时间的战时合作过程中，这位最高指挥官从来没有在任何高尔夫球俱乐部游荡。

然而诬蔑还在继续。"艾森豪威尔作为最高指挥官完全是失败的……战争如今已经进入了群龙无首的处境，"布鲁克写道，"我们必须从艾森豪威尔手中拿过控制权。"

★★★

在蒙哥马利的要求之下，另外一次高级指挥官秘密会议定于 12 月 7 日星期四上午于马斯特里赫特召开。马斯特里赫特是 9 月第一个被解放的荷兰城市，也被称为荷兰最古老的城镇。在这里，罗马人曾开采出石灰岩并且在马斯河上架设桥梁，圣瑟法斯曾于 4 世纪将其主教区设在这里，西班牙的土匪在 1597 年围城 4 个月，并最终在城内大肆掠夺且屠杀了当地 8 000 名百姓；在一个世纪之后，路易十六也在这里围城，直到军事工程师沃邦通过紧挨着防御工事挖掘战壕的方式摧毁了马斯特里赫特的城堡，而这项技巧也成了在接下来的两个世纪里围城军队所广泛采用的攻城战术。

对于荷兰人而言，唯一可算安慰的是杀死了著名的法国火枪队长查尔斯·德阿塔格南。他被一颗火枪子弹打中喉部之后在大仲马的小说中获得了永生。

艾森豪威尔与泰德在星期三（12 月 6 日）的晚上在卢森堡的阿尔法旅馆探望仍在病中的布拉德利，之后他们三人一起开车前往马斯特里赫特。在美国第九集团军的会议室里，艾森豪威尔身着裁剪精巧的制服夹克。会议开始之前，与会人员先为盟军在秋天痛击敌人，让敌人承受"远比我们要大"的消耗而鼓掌。据最高统帅部的情报部门估计，当前的军事行动正以每个月 20 个师的速度消灭德军，而每个月最多只能允许 5 个遭重创的师进行休整并成立 12 个新的师。然而由于莱茵河秋汛，艾森豪威尔补充道，"明年 5 月之前可能都不会进行大规模的渡河行动"。自从 11 月初开始，英国第二集团军一共只向前推进了不到 10 英里。

按照艾森豪威尔的要求，蒙哥马利接下来发言阐述他的观点。"总体规划"，蒙哥马利说道，必须切断鲁尔，以迫使敌人开展运动战，以进一步消耗德军的燃油和其他原料的配给。他认为唯一适合运动战的地区是鲁尔的北部。"因此，我们必须集中全部力量从鲁尔北部穿过莱茵河，战线上其余部分的行动则以防御为主。"

艾森豪威尔先表示同意，之后又提出反对。确实，孤立鲁尔，迫使敌人采取运动战是非常重要的；此战略的关键在于，要使德军受制并将其一举击败。但是，把盟军的进攻点从分散集中到一点，将使龙德施泰德将其部队移动到更宽广的前线上，这样，一条从法兰克福直通卡塞尔的大道，在巴顿看来"非常可行"。

蒙哥马利不同意。他认为："从法兰克福的突击没有可能取得成功。"在这一点上，他补充道，是他与艾森豪威尔的根本分歧。

他们一直争吵，用布拉德利的话说："又是一次冗长而无意义的讨论。"一次，蒙哥马利要求在阿登南北设立各自的指挥系统。艾森豪威尔则反对说，他要以接下来的军事行动为基础来安排指挥，而不是根据盟军阵线之后的地理因素。他指出，鲁尔是一个很显著的分界线，第二十一集团军群在北，而第十二集团军群在南。蒙哥马利再次表示反对。他说，这一次，"和之前的观点有根本区别"。

这次会议结束时，艾森豪威尔试图化解矛盾。在被布拉德利称为"一次典型的艾森豪威尔式的妥协"面前，蒙哥马利在北部的行动将会作为盟军的主要进攻战略；这位陆军元帅将会把美军第九集团军纳入其指挥范围内，获得多达 10 个师的支援。布拉德利将会重新获得霍奇斯的第一集团军和巴顿的第三集团军的指挥权。这两支队伍分别位于阿登高地的南部和北部，并且在右翼受到德弗斯集团军群的保护。这个宽正面战略再一次获得了支持，盟军的七支军队都将参与到行动中。鲁尔将会被盟军从南北两翼包抄占领，与汉尼拔在公元前 261 年的坎尼会战中消灭罗马军队的方式如出一辙。汉尼拔那场传奇般的战役在艾森豪威尔的设想中一直拥有至高无上的地位。

"这次会议虽然表面上很和谐，但是实际上却是徒劳。"泰德在之后给空军元帅波特尔的信中写道，"蒙哥马利那种几乎是在蔑视他人的做法显得极其固执，不愿意参与协商，也不愿意听取他人的任何建议，这使得整个交流过程异常困难……对此，艾森豪威尔表示很失望，并质疑召开这种会议的价值。"

其他人也都因此灰心。"又是一团糟。"蒙哥马利跟泰德说，"自 9 月 1 日开始，所有的事情都是一团糟。"12 月 7 日星期四晚上他给布鲁克写信道：

> 我个人认为整件事糟透了。这将会分散我们的资源和兵力，并最终酿成失败的恶果……你必须让艾森豪威尔停止指挥陆军战斗。我很遗憾地说，在我看来，他根本不知道自己在做什么，并且你也要明白，布拉德利的影响力受到了限制。

几天后，布拉德利这样描述蒙哥马利。"他不愿意承认除了他自己之外，其他人的观点都有可取之处……他的决策带有强烈的个人主义色彩，希望能够独自指挥整个行动。"布拉德利告诉艾森豪威尔，如果第十二集团军群有蒙哥马利的指挥，那么他将把这种安排看作"我已经失败的暗示"，并因此请求卸任。艾森豪威尔的知己埃弗雷特·休斯将军从巴黎写信给他的妻子说道："我们终究只是人类，有一点很可悲，从来都长不大。"

粗暴无礼和悲伤的情绪在每个人心中蔓延，令他们作为追求正义与胜利的军队的将官身份大打折扣，这样的情况在战争中经常发生，疲惫和紧张迅速蔓延，而在这种情绪下做出的成百上千个令人担忧的决定也使得上万人的生命处于风雨飘摇之中，同时也侵蚀着每一个指挥官的心灵。

战争，作为对人格最无情的揭示，像一面棱镜把一束光线按照频谱剥开一样，揭露出这些人的真性情。在这里，他们被公开，被暴露，为众人所知，如果需要公平，他们将会坚定地前往高地，就如同跨越莱茵河时那样。

胜负全在此举

12 月 11 日星期一清晨，铁灰色的天空笼罩着灰绿相间的陶努斯山，一个车队载着希特勒及其 50 名参谋和保镖，穿过黑森州，朝远方他们在光辉岁月所建的一个避难所开去。这支护卫队从吉森火车站加速往南开向法兰克福，15 英里后开上西坡，途经新哥特式齐根贝格城堡门外的岗哨。在一条狭窄的车行道上，两旁丛生的树木如天棚般掩护着车队开过最后一段路程。由于途中车胎被碎石割裂了，护卫队不得不停车，元首从他的豪华轿车后座钻了出来，面部浮肿，苍白如幽灵。

没眼光的人可能会认为，鹰巢的 7 栋半木结构的楼房无异于简陋的村屋或野外的狩猎营地。很多房屋的木制门廊都装点着花篮，屋内装饰着橡木制落地灯和流苏百叶窗，狩猎战利品鹿角挂在凹凸不平的松木嵌板上。但仔细看便会发现，这些村屋其实是碉堡，有厚厚的混凝土墙和加固的屋顶。这些楼房由建筑师阿尔伯特·斯佩尔于 1939 年设计而成，本来是用作西线战役（包括许久之前爆发于敦刻尔克的战役）的司令部的。外围建筑被伪装成干草堆或谷仓，一条迷宫般的地下通道连着每一栋房屋，通道配有笨重的金属门和窥视孔。

为防止空中窥探，除了当地野生的松柏树外，还增加了人工植树。四周安放着一圈隐蔽的高射炮。以一座砖墙掩饰的混凝土储仓长达半英里，穿过一个浅谷延伸至齐根贝格城堡，那儿有一座建于 12 世纪的石塔。齐根贝格城堡被荒废了几个世纪以后，终于在 19 世纪得以翻新，近些年来被改造成了一所收治军官伤员的康复医院。

希特勒钻进他的私人小屋，其被称为"1 号行宫"（Haus 1）。自从 6 月份与龙德施泰特和隆美尔在马尔吉瓦勒会面之后，元首如同他的帝国一般日渐羸弱。他的跛脚越来越明显。最近，医生为他切除了声带上的一处囊肿，加之从柏林到吉森的彻夜行程，更让他精疲力竭。"他好像要垮了，"一位军官后来写道，"他的肩膀垂了下来，走路时左臂不停地晃动。"

几个小时之后，他将要向属下的陆军指挥官公布与敌人抢占胜利先机的计划，那情形就像 1761—1762 年冬天腓特烈大帝（普鲁士国王）面对欧洲劲敌挑战时所面临的局面。"如果缺乏坚定且狂热的韧性，那么所谓的精神就只能算是一束鬼火，"最近，希特勒对其副官说道，"这是人们一生中最重要的东西。"命运将他带入此刻，带入这片黑暗的森林，他已经准备好了，就像他的总参谋长阿尔弗雷德·约德尔将军所言，"胜负全在此举"。但是，首先他需要好好休息一下。

即便是一个自大狂也能感觉到第三帝国面临消亡的危机。现在，苏军已进入波兰；巴尔干人也已立足德国境内；罗马尼亚、保加利亚和芬兰已经脱离轴心国；而德国在匈牙利、南斯拉夫、阿尔巴尼亚和希腊的既得利益面临威胁；比利时、卢森堡、荷兰半境及法国全境（除被围的阿尔萨斯和一些港口外）均已失守；在意大利，陆军元帅凯塞林竭力守住除波河流域之外整个半岛的最后一道防线——哥特防线。

德国的军工厂同样陷入困境。9 月份，纳粹国防军消耗了 7 万吨炸药，但工厂的生产量仅达这个数字的一半。尽管日渐降低的汽油储量已对车辆的使用构成限制，但从 1 月份到 10 月份，军用卡车的损耗量仍达 11.8 万辆，而与此同时，新出产的卡车仅有 4.6 万辆。从 10 月到 11 月，盟军对鲁尔区实施的轰炸几乎使钢铁产量减半；到 12 月，德国电力供应猛跌 1/3。即便鲁尔区煤炭资源堆积如山，但依然无法缓解其他地区资源短缺的现状，因为煤炭运输状况令人担忧。

帝国政府在广大工厂中强行取消假期，每周工作 60 小时，坦克和飞机制造厂更甚，工人们的每周工作时长达 72 小时。在提洛尔，"全国劳动楷模"可获得额外的食物供给、维生素和假期作为奖励，而失败主义者和消极怠工者则被执行枪决。700 万名战犯和外籍劳工中有很多人沦为奴隶，占据了全国农场、煤矿和工厂劳动力的 1/4。

现在，为了支撑战事，每月都有 5 万人阵亡。而后，通过将草案规定的应征年龄下限降至 16 岁，上限升至 50 岁，希特勒得以另外征募 75 万人，与此同时，他还下令在国内搜寻所谓的"后方猪仔"。一位护士在描述医院的伤员时称，"出于对被送回前线的恐惧"，他们在夜间拆开自己包扎好的伤口以推迟愈合。

即使各条战线上的德军都处于撤退态势，但包括国民掷弹兵和装甲部队在内的 30 多个师仍被作为预备队，为大反攻做好储备。10 月，一支民团被授予"人民突击队"称号，从属希姆莱的党卫军。坊间流传着一个笑话，一家养老院挂免扰牌称"因响应征兵而暂时关闭"。

大规模征兵抢走了德国工业领域的技术工人，但到 12 月份，希特勒的军队已达 243 个师，360 万人，其中 200 万人年龄在 30 岁以上。从数量和精神面貌上看，和之前的纳粹国防军相比，这些队伍显得苍白乏力。多数连只有一位军官统领，很多部队的装备十分可怜，被戏称为"弓箭兵"。

元首一向对秘密武器十分着迷，在现在这种情况下更是如此。其中有些十分简单，比如可以转角射击的步枪，据测试报告显示，它在 400 米射程内的精准度尚可；其他的则需要在业已拮据的全国范围内动员生产汽油和电力。第一架喷气式飞机已于秋季投入使用，飞向天空，正如一位飞行员所言，"好像有一位天使在推动它"。

到年底，纳粹德国空军会收到 500 多架 Me-262 战斗机（德国梅塞施密特公司生产，此机型为人类航空史上第一种投入实战的喷气机。——译者注）和 Ar-234 "闪电式"轰炸机（由德国阿拉多公司生产。——译者注），但应对眼下的战斗，它们显得出奇地低效（一架战斗机的战斗力取决于它的飞行员），而且非常容易发生意外，譬如燃油短缺、盟军空袭和元件故障，包括发动机涡轮中的叶片断裂。U 型电力驱动潜艇十分具有独创性，相比传统潜艇，它的流线型船体和电动马达可实现更长时间的水下作业及更快的水下行驶速度。

到 11 月，德国船厂每两天就生产出一艘新潜艇，但当它们被交付给海军后，或者当盟军水雷和炸弹袭击船只和基地时，这些潜艇的缺陷暴露无遗。虽然进入 1945 年后，德军潜艇继续从加拿大圣劳伦斯湾到美国东海岸之间广阔的水域下攻击盟军舰船，但 U 型潜艇几乎没能击沉任何船只。在战争的最后 9 个月期间，整个德军潜艇部队击沉的盟军及中立国船只不足 100 艘。

关于德军喷气机、电力驱动潜艇和转角射击步枪的奇迹最后被证明根本不存在。如果德军能够预先防范国家迫在眉睫的失败，那么即使德军士兵们只拥有步枪、榴弹炮和坦克，盟军也定会被杀得片甲不留。希特勒曾推断，那场杀戮必将是一场声势浩大、英勇无敌、出其不意的攻击。

★★★

12 月 11 日下午 5 点，大雾笼罩陶努斯山，两辆大巴开进齐根贝格城堡。当一群高级将领排队走进屋时，暴雨正倾盆而下。很多人认为，他们被召集于此是为了在 12 月 12 日星期二给龙德施泰特庆祝 69 岁生日，但随后接到命令，要求他们在城堡衣帽间交出佩枪和公文包，这明显不是庆祝的气氛。就这样，两辆大巴继续蜿蜒前行半小时，在森林小径中穿梭。军、师两级指挥官们或窃窃私语，或目不转睛地盯着打在车窗上的雨水。迂回的路线试图掩饰他们仅绕着峡谷行进了 1 公里，大巴在鹰巢官员俱乐部 "2 号行宫" 前停下，那栋建筑与元首的 "1 号行宫" 由一条走廊相连。

每辆大巴和俱乐部的正门之间都有两列全副武装的党卫军卫队形成的警

戒线，黑军靴踏出的脚步声在陡峭的台阶上沉重作响，声音一直延伸至一间地下战情室。根据指示，每位军官都在长方桌旁坐下来，身后站着一位佩枪的党卫士兵，那略显恐吓的意味正如一位将军后来所言，害怕得"连伸手拿手绢都不敢"。两位西线德军高级将领龙德施泰特和莫德尔面无表情地坐在一起。

10 分钟后，希特勒步履蹒跚地走了进来，在房间最前方一个独立的小桌前坐下，面露难色。两侧分别坐着约德尔和身材高大、戴单片眼镜的国防军首领——陆军元帅威廉·凯特尔。这两人被人私下称为"Nick-Esel"，即"点头的驴子"，他们只是一大群唯唯诺诺者当中的一分子。元首的手颤巍巍地扶了扶眼镜，拾起手稿。那些自 7 月 20 日暗杀行动之后就再也没见过他本尊的人，此刻对他的样子倍感震惊。一位上将写道，他看上去像"一个受了伤的人，面色苍白，衰弱不堪……他坐在那里，似乎被肩负的责任压垮了"。他用右手扶起晃动的左臂，"眼神空洞，背弯了，双肩也无力地垂了下去"，另一位军官写道。

之后，他开始发言，苍白的面颊中露出些许激动的神色，无神的双眼似乎又一次被点燃了。他用高亢的声调滔滔不绝地演讲了 50 分钟，主题是历史、命运及他如何反抗由丘吉尔发起和"全世界犹太人"在背后支持的"包围德国策略"。

> 历史上从未有过那样一个集结了如此多重异质元素和不同目标的敌人联盟。一边是新兴的资本主义国家，一边是马克思主义者……甚至现在这两边是处于对立的状态……并且他们之间的矛盾随着时间的推移愈演愈烈。如果现在我们能够予以重拳还击，那么这条表面维系着的统一战线随时都有可能在一阵雷霆重击中轰然倒塌。

随着盟军队伍分别从东面和西面互相靠近，这个并不神圣的联盟内部的紧张关系就越发严重。他预计，加拿大可能会成为第一个退出战争的国家。元首宣称："世界历史总会有兴衰沉浮。"

> 没有第二次布匿战争（公元前 264—前 146 年，古代罗马与迦太基之间的三次战争；罗马人称迦太基人为"布匿"。——译者注），罗马就不会声名远扬……没有七年战争（1756—1763 年，欧洲两大军事集团英国-普鲁士同盟与法国-奥地利-俄国同盟之间的对立战争。——译者注），就不会有

普鲁士……最终能够将胜利收入囊中的队伍不仅最具谋略，而且最为英勇。

为了达到终极目标，他制订了一个计划，起初代号为"保卫莱茵河"，但最近更名为"秋雾"。泄露这项伟大秘密战略的人将被处以死刑。

★★★

9月，当他身患重病卧床不起时，这个念头如同一场狂热的梦重现脑海。他沉思着约德尔所说的"邪恶的命运笼罩着我们"，又一次在地图前颔首弓腰，眼睛死盯着阿登高地，那块一个世纪以来曾两次遭受德国侵略的地域。两支德国装甲部队将很快抵达烈日和那慕尔之间的默兹桥，这突如其来的冲击将切断北部蒙哥马利的第二十一集团军群和南部美军的联系，根除盟军对鲁尔区的威胁。

摧毁西线的 30 个师就可以消灭 1/3 的英美兵力，迫使丘吉尔和罗斯福求和；相反，东线苏军有 500 多个师，就算消灭 30 个，也算不上一次有效的打击。因此，他宣布德国的命运必定是"拿下西线"。至于攻击的最终目标，在一次会议上希特勒和他的高级将领们脱口而出一个词："安特卫普"。

反对者马上说，不能这么打。即将指挥这场进攻的龙德施泰特了解到这项计划不过是希特勒的空想，元首的命令让他极为震惊。他更倾向于战略防御，就像一位中尉所言，"任何情况下都不能发起攻击"。没错，1940 年他的确领军征服了阿登高原，但当时他带领了 71 个师，相当于分拨给"秋雾行动"兵力的 2 倍，那些队伍的实力远比目前的国防军强大得多。

1941 年入侵苏联时，德军拥有 123 个师、2 500 架攻击机、5 倍于此次攻击可用的兵力。龙德施泰特断言，由于燃油、弹药和人力的短缺及德国空军给予的支持有限，要想在冬日向前挺进 125 英里直达安特卫普，眼下的兵力实在过于羸弱。

尽管不确定为什么盟军在欧洲境内止步不前，但龙德施泰特在其起居室还是严肃地对亲信们说："盟军士兵们无计可施，只能拖延时间等待各国元首协商谈判。"他的参谋长齐格弗里德·韦斯特法尔将军写道："以现有的兵力无法接近安特卫普这样一个遥远的目标，而且难以想象侧翼兵力在楔形攻势的两侧都毫无掩护，暴露无遗……让我备受打击的是，整个进攻计划根本就不切实际。"然而，希特勒却对这些反对声充耳不闻，并告诉龙德施泰特："我想，在判断战情方面，我比你更在行，元帅。我是来帮你的。"

即使是曾宣称热衷于冒险的莫德尔也抗辩说元首的战略"他×的发霉了"。作为要为"秋雾行动"提供大半兵力的 B 集团军群司令，他和龙德施泰特一样认为拿下安特卫普的目标难以实现。他们俩都倾向于一个折中的计划，被称为"小解决方案"，而希特勒宏伟的计划则被称为"大解决方案"。

"小解决方案"提议，德军席卷亚琛北部，切断美军第一和第九集团军之间的联系，歼灭 10 ～ 15 个师。12 月 2 日，在柏林帝国总理府一次长达 6 小时的会议上，受命于元首领军此次进攻的两位集团军司令——哈索·冯·曼陀菲尔和泽普·迪特里希，也支持"小解决方案"。他们辩称，不仅是因为该方案符合兵力现状，还因为国防军还要为回收德国的部分领土而与美军殊死抗争。

元首始终坚定不移。他仍旧认为，只有让盟军遭受重击才有可能把他们逼到谈判桌前；只有重夺安特卫普这般戏剧化的胜利，才能让敌军深信，他们的抗争都是徒劳无功、永无止境且毫无希望的。

他向参与此次作战的 38 个师承诺，将有 2 000 架飞机支持作战行动——终其一生，他都抱有如此的幻想，即使秋季的作战大大削弱了德军实力。事实上，12 月 9 日经希特勒批准的最后进攻计划和他在同一年秋天发表的"远见"并无二致。龙德施泰特收到了一份副本，其上有元首的批注："计划不予变更。"

★★★

以下就是那个"不予变更"的计划：莫德尔 B 集团军群属下的 3 个集团军在 100 英里宽的正面发起进攻。第一梯队包括分属 20 个师的 20 万人、2 000 门大炮及近 1 000 辆坦克和突击炮；第二梯队有 5 个师，外加几百辆装甲车。第十五集团军的 6 个师被部署在攻击地区的北部咬住亚琛附近的美军部队。"秋雾行动"中，莫德尔总计有 30 多个师的兵力。

考虑到孚日山脉可能发生的意外，北海和阿尔卑斯山脉之间的地形不像阿登高原那样崎岖。阿登高原是一片丛林密布、海拔不足 2 500 英尺的皱褶台地，深深的河床遍布从德国边界到默兹流域之间 60 英里的地域。1914 年 8 月，当 4 支德国集团军的 100 多万士兵蜂拥穿过阿登高原时，法国人曾坚信"该地无法穿越"的想法被推翻了。两次大战期间，比利时及卢森堡政府热衷于汽车旅游的开发，修建了 10 条全天候公路，从德国边境通往西部，途经多座结实的石桥。然而，该地无法被穿越的说法一直盛行，直至 1940 年 5 月才终止。当时德国人仅用 3 天时间就穿越了阿登高原，其速度甚至是原计划的两倍。年轻的隆美尔带领的装甲师夺取了位于迪南的默兹河上的第一个桥头堡。

几周以来，"秋雾行动"琐碎的细节耗费了希特勒的全副精力，从给每支突击队分配 3 条毛毯（元首非常坚持这一点），到把驻阿尔萨斯的军队视为安全隐患，将其调离前线。11 月，德国所出产的装甲车有 1 345 辆被运到西部，仅 288 辆被运到东部。在挪威的几个师被迫将其许多车辆转入西线。作战计划的制订者打算复制 1940 年的策略，一位军官称："收紧缰绳，让各支队伍加入竞赛。"约德尔希望德军在 48 小时内抵达默兹河，战地指挥官们则认为给他们 4 到 6 天的时间才比较现实。直到德军装甲先锋队抵达布鲁塞尔，蒙哥马利的第二十一集团军群根本没料到会发生重大冲突。安特卫普陷落之后，德军一些不甚明确的计划号召从意大利、丹麦和挪威增援国防军。

两个坦克集团军将组成"长矛之刃"：在北部，右翼的迪特里希麾下的第 6 装甲军将对敌人发起主攻。迪特里希曾是屠夫学徒，下巴宽大，鼻似鱼叉，酷爱杜松子酒。他在一战期间任坦克军士，从 20 世纪 20 年代初开始就深得希特勒器重，曾任元首的梅赛德斯汽车私人卫队队长，那时的他身配左轮手枪与河马鞭。近期，他曾在法国、南斯拉夫、希腊和苏联指挥党卫军作战，据称，1943 年其手下 2.3 万精兵只有 30 人幸存且未被俘虏。传言其为了给 6 名死去的德国士兵报仇，下令枪杀了 4 000 名苏联人。

龙德施泰特给迪特里希的评价是"正派但愚笨"，但同时也承认他是"秋雾行动"中表现卓越的战术指挥官。迪特里希带领 9 个师，共计 12 万精兵（其中 1/3 属于党卫军）。他的第一梯队包括了 500 辆坦克和突击炮，其中大部分穿越 5 英里宽的罗谢姆狭口（Losheim Gap，一块高地，曾于 1914 年被德国骑兵占用，1940 年被隆美尔占用），来到比利时，然后急速穿过五条大道抵达列日附近的默

指挥德国第六装甲集团军的泽普·迪特里希将军，过去曾是个屠夫学徒、啤酒馆里的斗殴者。照片拍摄于 1945 年底，他被关在纽伦堡的牢房里，等待着接受战争罪行的审判。

兹河，接着转向西北，朝安特卫普开进。

在左翼，第五装甲集团军携 7 个师穿过比利时南部和卢森堡冲向默兹河，掩护迪特里希侧翼，防止来自西南方向的反击。第五装甲集团军司令曼陀菲尔，身材精干——身高 5 英尺 2 英寸（约 160 厘米），体重 120 磅（约 54 千克），是一位曾参与对苏和对非作战的老兵，虽常年受头痛折磨，但在他人口中一直是"一位英勇善战、气宇轩昂的指挥官"。曼陀菲尔的队伍收到了 1 000 门炮和充足的弹药，但他仍为燃料补给担忧，警告说丘陵和结冰地带需要 2 倍甚至 5 倍的汽油配给。莫德尔的军需官预计 450 万加仑汽油已能满足抵达默兹河途中的需求，另外增加 400 万加仑则可满足夺取安特卫普的需求。

但迄今为止，只有 300 万加仑汽油顺利运抵装甲部队处，其中大量储藏在遥远的大后方——莱茵河谷。"如果你需要什么，"莫德尔劝道，"就到美军大营里去抢。"相比之下，德军第七集团军和另外 7 个师的处境更为窘迫，他们被部署在左翼的偏远位置，从南侧掩护迪特里希的队伍。希特勒命令希姆莱集合 2 000 匹马以提高运动速度。从 12 月初开始，有 1 000 辆火车用于运输"秋雾行动"的大批军队穿越莱茵河，晚上他们在特里尔和慕尼黑—格莱德巴赫之间下车，在黑夜中赶往前线。安全仍旧是最重要的：不能点火，尽可能少抽烟，烹食时只能用木炭。参与此计划的军官都做了保密宣誓，并被禁止乘坐飞机出行，以防中途遇袭或被俘。盖世太保时刻提防情报泄露。曼陀菲尔在一家餐厅吃晚餐时大声发起谣言，声称他的队伍计划于 1 月穿越萨尔河发起攻击。

直到最后一刻，作战地图仍旧被密封着。所有机动车辆均不得靠近距前线 8 公里以内的区域，这一禁令妨碍了侦察和炮兵协调。为了防止官兵出逃，突击部队在最后一晚才转移至攻击战壕。为掩盖发动机的嗡嗡声，"白鹳"式飞机在低空飞行时安装了"隔音屏障"。最初计划于 11 月下旬发起的攻势被推迟至 12 月 10 日，而为了储备更多燃料以满足更长远的驻扎需求，攻击又被拖延了近一个星期。现在德军把进攻发起日安排在 12 月 16 日星期六，这一天正是那位最高雅的德国人——贝多芬的诞辰纪念日。

★★★

在俱乐部的地下室里，希特勒长达两个小时的演说已进入尾声，他的双眼依然明亮，声调依然铿锵。第二天晚上，他还要在第二批高级将领面前再重复讲一遍。

"我们的军队必须取得胜利……日耳曼人民不能再忍耐如此猛烈的轰炸袭击,"希特勒对将领们说道,"我们人困马乏,敌人也是一样,并且他们的伤亡非常惨重。"根据德国情报部门估计,单是美军方面在不到三周的时间里伤亡人数已达 24 万(这一数字完全不准确)。"就战略角度而言,"希特勒说,"敌我双方势均力敌。"

位于柏林的中央气象局预测,一个星期之内阿登高原的天气都不适宜飞行,那将大大减弱盟军的空中优势。"军队的厮杀必须残酷无情,无须任何顾忌,"希特勒说,"他们将面临一波又一波的恐怖来袭。"

> 战争无疑是对参战双方耐力的考验。当一方或另一方意识到在战争中不再能取胜时,成败自然就有了定数。对我们而言,最重要的任务是迫使敌军意识到这一点。他们永远也别指望我们会投降。我们绝不会!绝不!

直到说得筋疲力尽,希特勒才停了下来。龙德施泰特缓缓地站起身来,身着土灰色军装的他被尊为普鲁士的尊严。他代表手下的将领们宣誓效忠元首,不会令元首失望。就在不到一个月以前,这位陆军元帅还声称"强烈质疑"这项孤注一掷的计划。现在证明他也是一位只会说"是"的将军,也是一只"点头的驴子"。

零　线

巴黎在光荣解放后三个月的时间里,再次陷入窘境。"大部分区域都没有灯光,没有油气,也没有热能,"澳大利亚作家艾伦·穆尔黑德写道,"街上仍旧没有巴士,没有出租车。每条林荫道都是自行车的河流。"由于肥皂和热水短缺,腿疮传染病大肆蔓延。"洗个热水澡比泡个香槟浴都难。"美国战地记者玛莎·盖尔霍恩补充道,"因为没有皮料做鞋子,妇女们脚上的木底鞋开始在街上当当作响,听上去像极了马蹄声。"饭店的老顾客们都穿着大衣喝胡萝卜甘蓝汤。

少量能源仅限于供给 75 岁以上的老人、3 岁以下的儿童和病患。一捆木柴的黑市价格可卖到 120 美元,以官方汇率计算折合 6 000 法郎。富人们有时能买到 1 吨木屑用于壁炉,也能从黑市买卡车用的汽油。一位美军军官在家信中写道,他住的公寓"冰冷得像个收容所";还有一名士兵被分到一个阴暗潮湿的房间,他报告称"很多个夜晚,我们都是开着窗户,在睡袋中睡过去的"。一位最高统帅部的军官去看了一部歌剧后描述道，乐师们穿得厚厚的，穿着正装的观众也裹着毛毯。"就像打开了一扇冰箱门，"他写道，"幕布上升的瞬间，一阵寒风从后台吹向我们。"

以赛亚·伯林在给一位朋友写信时说道，这座城市似乎"空荡而死寂，就像一具优雅的尸体"。至于真正的尸体，巴黎火葬场获得的汽油仅够每天烧两个小时，所以处理尸体时通常会烧得很快或者根本不烧。

到 11 月下旬，情况开始变得明朗了些，据福里斯特·波格所言，这座城市开始"重现生机"。战术专家将盟军野战集团军和遥远的后方战线之间的界线定义为"零线"（light line），这条界线的西段，夜间不再强制停电。巴黎又变成了光之城，主要是因为瓦朗谢讷（Valenciennes，*法国北部城市。——译者注*）附近的大煤田全面开放，并且很快就达到了一座城市基础设施和地铁运行所需的资源供应，每天产量可达 7 000 吨。12 月中旬，最高统帅部报告称，"巴黎的电力消耗达到和平时期用量的 94%"，其中"部分为不必要的照明使用"。

对于零线后方的解放者们来说，日子过得不错，而对于待在巴黎的军官们而言，生活简直太美好了。有一个陆军消费合作社只对将官们开放，里面备有香水、手链、钢笔和打火机。埃弗雷特·休斯将军在描述凡尔赛附近狩猎鹧鸪的场面时写道："方圆数英里以内的农夫们都围了上来，举止神态像极了狙击手。"兵站区后勤部司令李将军，必须确保艾森豪威尔的食品柜里有充足的鲜牛奶、黄油和水果，白宫甚至还为最高统帅寄来 1 蒲式耳切萨皮克牡蛎。

前线部队怨声载道，称"所有该死的行政步兵都住在美琪饭店"，那里是李将军的指挥部。"兵站区后勤部的设立令人震惊，"波格说道，"每天工作时间是从 8 点半到 5 点半（多数时候是接近 4 点半），一个星期休半天。"美琪饭店的住客们会在香榭丽舍大道和贝里街角落的一个奢华的三层咖啡馆里厮混，法国女服务生把精美的菜肴端到硬挺挺的台布上，一个美军乐团在夹层的楼厅上奏起乐曲。

美琪饭店并非绝无仅有。在李将军的精心安排下，51 位将官下榻乔治五世酒店，还有更多人填满了凯多塞酒店，那里的服务台柜员和接待人员都身着双排扣礼服大衣。留驻巴黎的最高统帅部的军官们占用了旺多姆广场的 J.P. 摩根银行，从前作曲家弗雷德里克·肖邦就在附近的一栋房子里逝世，其位置与凯旋柱正相对，这些圆柱由在奥斯特利兹战役中收缴的敌人武器熔浆建造而成，颇具传奇色彩。最高统帅部的军官们在莫里斯酒店用餐，这里曾是肖尔蒂茨将军的最后堡垒，据历史学家安东尼·比弗和阿耳特弥斯·库伯所言，还能从那里的橱柜上嗅到纳粹国防军军靴皮革的味道。队伍中流传着一支曲子：

> 集团军群，不要前进，
>
> 最高统帅部才是更合适你们的地方。
>
> 如果有人叫你们废物，
>
> 千万别在意，
>
> 这时，你只要说，"感谢上帝，我平安无事"。

英国人在巴黎占用了 12 家酒店，加拿大人占用了 2 家，而美国人则足足占满了 300 多家。一瓶价值 300 ~ 600 法郎的香槟以官方汇率计算折合 6 ~ 12 美元，而按照黑市汇率则为 1.2 ~ 2.4 美元。尽管购买者要拿两个空瓶子来换一满瓶酒，但垄断者仍会涨价，因为西班牙软瓶塞短缺。兵站区后勤部 12 月 2 日的一份备忘录以"分配给将官的威士忌和杜松子酒"为题，记录了 1 月份期间分配给每位集团军司令 6 箱，每位军长 4 箱，每位师长 3 箱，每位准将 2 箱。副官们能从位于布鲁塞尔的比利时博览会基地找到一些烈酒。

对于普通美军士兵而言，巴黎是一个不可思议的避难所，给了他们战地之外最好的生活。10 月下旬，集团军在巴黎开设了第一家休假中心，随后又开设了这片大陆上的第一个美军俱乐部（后来共开设了 51 个）。位于卡布辛大道上的大饭店里，巴黎最初开业的俱乐部一张床一晚 30 美分。尽管演奏乐团 12 月中旬因恶劣的天气飞过英吉利海峡离开了这里，俱乐部里每晚还是要播放格伦·米勒（Glenn Miller，美国著名音乐人，20 世纪 40 年代大型跳舞乐队时期，他的乐队的作品风靡全美，他将爵士乐的激情和大型乐队的豪华丰盛完美地结合起来，被誉为"格伦·米勒之声"。——译者注）的管弦乐。

很快，每天有 1 万名士兵涌向这座城市。"刚结束在巴黎的旅程，"一个第七集团军的士兵在给妻子的信中写道，"真的很美妙，但我在地板上睡，因为床太软了，像滚在奶油里。"一位在战略情报局工作的女士形容街上装饰奇怪的车队，就像"一个摩托车或自行车拖着一个盖了帆布的浴缸"，车上载着成百上千"为了找乐子出手阔绰"的美国大兵。法国女作家西蒙娜·德·波伏瓦总结道："年轻的美国人逍遥自在的生活方式就像在演绎解放本身的模样。"

　　部队包下香榭丽舍大街上的影剧院和两个以歌舞杂耍表演见长的音乐厅。美国退伍军人协会提供汉堡和波旁威士忌，而酒吧的名字也试图引起大兵们的思乡之情，像是"阳光灿烂的街边"和"纽约"。军部的特别服务为士兵们安排了各式各样的活动，从钢琴伴奏朗诵到吉特巴舞课，同时还分发了成百上千个小物件，诸如写生画、黏土模型和皮革工艺品等。长期被精心收藏起来的巴约地毯又一次在卢浮宫展出，其中影射 1066 年法国诺曼底人战胜盎格鲁 - 撒克逊人的部分被巧妙地掩盖了。

　　12 月初，美国作家格特鲁德·斯泰因和爱丽丝·托克勒斯结束了被放逐法国南部的岁月，带着他们的狗巴斯科特回到巴黎。红十字会安排美军参观他们的住所，士兵们每 50 人一组，手中常常拿着香烟和香皂等礼物。士兵们也参观了毕加索位于奥斯汀大街的画室（海明威曾在那条大街留下一箱手榴弹）。画室的访客阶级各异，一位观察家写道："底层有美军士兵和美国记者，然后是共产主义代表和面露不悦的杰出党员，此外还有一些常客，最后是为毕加索而来的人。"这位艺术家——有时只穿着内衣裤接待访客，拿出一些照片让大家看被战火摧毁的伦敦，他大声叫道："太可怕了！全世界都是如此吗？"

　　当然，对于很多士兵而言，文化是他们最不感兴趣的。两吨半的卡车隆隆作响，开往杜伊勒里宫。他们叫嚷着："我们都要去找个妞儿上床，来点儿法式浪漫！"据兵站区后勤部估计，这座城市至少有 230 家妓院，共 6 000 名获准从事卖淫工作的妓女站街，另外还有 7 000 名未获注册的。据巴黎警察局估计，这些未注册的妓女中，有 1/3 患有性病。3 包契斯特菲尔德香烟就能招到一个妓女。

　　一项研究发现，许多士兵会在巴黎待上两天甚至更长时间，这期间，其中 2/3 的人至少有过一次性买卖，而且经常是在那种名叫"我在哪儿"的房间。皮加勒区常被称为"猪巷"，到处都是站街女，士兵们能够在各个角落听到她们的招呼。"跟我来，宝贝儿！"她们叫唤着。一位军需官在"性病接触方式"反馈表上自曝，他曾在巴黎街道上拉上 9 个妓女，带她们到 6 家不同的宾馆，尝试 7 种"性接触"，所有这些都在 8 小时之内解决掉。"我们的士兵们，"一位美军军官写道，"已经被春梦撂倒了。"

　　撂倒他们的不仅仅是春梦。此时，欧洲地区的性病也在以 2 倍于往常的速度蔓延，而且整个法国 2/3 的性病感染者都出自巴黎。自在 1830 年开始就对部队中性病的传染引起重视的美军部队认为，每年只可容忍有 30‰ 以下的士兵患病，而到 1944 年 10 月中旬，在欧士兵中的患病概率已调高到这个数字的 2 倍。这个数字在美国陆军航空兵中也成倍增长，而 222‰ 的发病率已是在卢瓦尔河营地驻扎的兵站区后勤部可承受底线的 7 倍。盟军力量面临另一种威胁，艾森豪威尔宣告禁止"所有的妓院及类似组织的成立"。

29 家预防诊所在巴黎成立，还有大幅标语宣称"诊所在这里"，强制性的医疗检查得以迅速推广。在马尔索大街的一家宾馆内，海军指挥官们禁止任何女士入内，除非她能"证明自己贞洁"。12 月的一份军报警告称："别忘了在我们到这里之前，德国佬也在法国厮混了很久……所以，你们这些蠢货现在用的是'二手货'。"

性病的患病率仍在攀升。因治疗梅毒和淋病而暂时休假的士兵被说成是"嫖娼团"，而优良表现勋章更被认为是"无性病勋章"。为口粮和巧克力而从事性交易的女人们则被称为"好时巧克力条"，而妓院就是一个"性房"。法国外交部要求最高统帅部考虑"分配一定数量的房屋给那些为盟军提供服务的妓院"，因为"秘密卖淫的现象值得关注"，与此同时，性病也开始在法国人民中间大肆传播，但艾森豪威尔拒绝了。巴顿提议"给妓院提供一些青霉素"，因为"试图扭曲人性的举动必然徒劳无功"，最高统帅厉声答道："我坚决不同意……为了给法国妓院行方便而冒险让这么重要的药物面临短缺，对此，我完全不能接受。"这次巴顿闭口不言。

★★★

巴黎的情况依然继续，或者依然歌舞升平。埃菲尔铁塔附近的商贩们在卖纸风车和气球；在邮票市场的摊位上，集邮者们在用放大镜查看手中的珍品；法国共产党员们松开紧握的拳头向穿戴着红色绑带礼帽的英国官员行礼，因为错把他们当成了苏联人；年轻的女士们穿戴着飘逸的裙子和大沿帽子骑着自行车穿梭在林荫大道中，一片生动的景象照亮了每个人的心情。

11 月，戴高乐政府已经关闭了一些不得体的舞厅，因为 200 多万法国人还被关押在德国劳工营或监狱。但巴黎北区蒙马特高地周边仍不时会举办一些秘密舞会，卡巴莱歌舞表演和夜总会仍有开放，其中有狮身人面俱乐部，曾被比尔·莫尔丁（Bill Mauldin，1921—2003 年，美国漫画家和作家。二战时期他所描绘的两个厌倦了战争的美国兵约瑟和威利使他声名远播。——译者注）描述为"挤满法国人，全都抽着（从黑市购买的）骆驼牌香烟"，里面有"只头戴蕾丝网帽，脚着高跟鞋，其他什么都不穿"的女服务员。最生动的一幕出现在斯克里布酒店，那里是被派往最高统帅部的约 1 000 名记者的住处，其中包括威廉·夏姆尔、乔治·奥威尔和罗伯特·卡帕。"就像巴黎中心的一个美国飞地一样，"西蒙娜·波伏瓦写道，"白面包、鲜鸡蛋、果酱、糖和罐装猪肉。"那个酒吧总是人满为患，提供一种名叫"痛苦的混蛋"的特色混合麻醉品。这个记者站每天共从巴黎发出 10 万多字，加上成百上千的图片和几千尺的电影胶片。

24 位最高统帅部监察官坐在酒店第二层的套间里，审查一系列复印件，同时偶尔对列有一长串"敏感段落"的清单瞥上几眼，该清单列出了不得公开披露的细节，比如军事行动、部队实力等，都被用彩色粉笔潦草地写在了一块黑板上。在澳大利亚记者奥斯马·怀特及通讯社聘请的敏捷的法国青年在一楼简报室和调度室来回穿梭的努力下，斯克里布大厅传来蜂鸣器的三连响，意味着一篇新闻报道发出去了。

在整个非常时期，贫困不定时地困扰着巴黎，包括牛奶、面包，甚至政府用纸的短缺。印着"维希"信头的纸张被再次利用，"法兰西国"字样被删去，印上了"法兰西共和国"。尤其令美军士兵担忧的是战区香烟短缺：单是在欧美军士兵的吸烟量就达每天 100 万盒，而兵站区后勤部 12 月提供的数量为 8 400 万盒。近海处的货船装着两个月的供给品，包括 100 多万条毛毯和睡袋，但因为弹药和燃料船优先停泊，几个星期来都未找到泊位。直到危机有所缓解，香烟才从零线后的后方梯队转移到前方，为此艾森豪威尔开始摆出和士兵们团结一致的姿态。

对于兵站区后勤部和其他给盟军提供食物的供货商而言，关键的问题在于黑市交易的泛滥。大量咖啡、汽油、轮胎、毛毯、军靴、香皂和吗啡都以暴利出售。一包美国军中福利商店中 5 美分的好彩头香烟在香榭丽舍大街街边叫卖到 2 美元；一罐 20 磅的咖啡或 50 份 D 种应急口粮巧克力叫价 300 美元；而士兵们标准的风笛袋也演变成了人们眼中的"黑市袋"。英国突击队以 100 英镑的价格兜售一桶 200 磅重的丹麦黄油，以供他们待在丽兹酒店的住宿费。

一辆 3 个发动机、40 节车厢的火车装满了香烟和其他补给品，却在从诺曼底到巴黎的这段路上消失无踪，尽管乘坐观察机的情报员调查了很久，仍然杳无音信。为了防止被转移到黑市，5 000 匹缴获的德军马匹在秋季已停止被分发给法国农民，但那也无法阻止奥斯马·怀特在圣奥诺雷郊区街一家不正规的餐馆享受"以马肉冒充的上等牛排配拉图红酒"。

据艾森豪威尔的宪兵司令估算，12 月有 1.8 万名美军逃兵和 1 万名英军逃兵在欧洲战场流窜。人数相当于一个师的逃兵，躲藏在巴黎的风月场所，经常参与黑市交易。他们从部队偷来卡车（每天偷有成百上千辆卡车），在后闸门处以75 美分的价格兜售 K 种应急口粮，或者干脆以 5 000 美元一口价兜售 2 吨半卡车的补给品。最终，4 000 名宪兵和侦探在巴黎街头巡查，他们从 9 月到 12 月抓捕了近 1 万人，包括贩卖大麻给士兵的法国人。

位于莫尔捷大街的一座五层法军营房被改造成能拘留 2 000 多名歹徒的牢房，与此同时，那些只是擅离职守的兵员在宪兵的押解下用卡车分成 16 批次运回前线。在巴黎铁路营，许多被捕士兵都因盗窃罪而被交由军事法庭审判，其中近 200 人被判入狱，有人刑期长达 50 年——而后那些同意执行战斗任务的得以减刑。渎职和不端行为依然猖狂，直至战争结束，这座光明之城、学识之城、爱之城，又获得了另外一个昵称——"塞纳河的芝加哥"。

★★★

12 月 12 日星期二，近傍晚 6 点，希特勒在鹰巢召见"秋雾行动"第二组的将军们，而艾森豪威尔则乘坐豪华轿车穿过伦敦昏暗的街道，赶往唐宁街 10 号与丘吉尔及其智囊团会晤。自前一天从凡尔赛飞抵伦敦之后，最高统帅就一直待在那间能够俯瞰格罗夫纳广场的高层办公室里，忙于开展各项会晤，这天下午又到同一条街上的美国大使馆，礼节性地拜访了约翰·G. 怀南特大使。

当轿车往东南方向疾驰，穿过皮卡迪利大街朝白厅开去，艾森豪威尔能够清楚地看到，伦敦不像巴黎那样富有生机勃勃的复苏气息。灯火管制依然行之有效，街道上几乎不见车辆往来，正如一位游客所言："稀稀落落的蓝色光点拖曳着沉重的夜色，车开去后留下的仍是黑暗的夜。"在克拉里奇酒店，一位门卫举着电筒引导顾客们穿过人行道。距圣诞仅有两个星期了，可是玩具店和蛋糕店依然空无一人，连土豆都处于缺货状态。这座城市最盛行的娱乐活动要属英国著名影星劳伦斯·奥利弗主演的电影《亨利五世》（Henry V）及一个展示德国人暴行的蜡像展览了。"纳粹集中营的恐怖。走进来，看看真正的纳粹行径，"大天幕上写道，"免费提供儿童娱乐区。"

11 月政府解除了禁止制作冰激凌的禁令，并且随着德国入侵威胁的解除，民团可以在一场盛大阅兵后解除战备状态。但 50 年一遇的寒冬已至，破损的窗棂和缺损的瓦片加重了灾情。傍晚时分，无家可归的人和不安的人群仍旧带着他们的折椅和毛毯躲进避难所和地铁，"洞穴居民们已经为即将到来的这一夜做好了准备"。一位美军飞行员记道，有时他们睡在站台周围 5 层高的铁架上。

泰特美术馆的藏品都被储存在皮卡迪利线和中线的废弃地铁车站里；埃尔金石雕（古雅典雕刻品残件。——译者注）被藏在艾维斯彻站底下的一条空隧道里。伦敦街头一个熟悉的场景是，一个送电报的小男孩手里攥着坏消息，为了寻找正确的地址猛拽窗帘。出发送信前，他们会被告知："这个优先处理，是死讯。"

就像在安特卫普，在伦敦市内也可以第一时间接到死讯，因为希特勒决定将他的 V-2 火箭几乎完全集中投在比利时港口和英国首都。11 月中旬，丘吉尔最终确认，9 月初以来发生的那些离奇的爆炸并非煤气管道爆炸。1 000 多枚导弹将落在不列颠的土地上，而这当中近半会落在伦敦市。

和 V-1 一样，被戏称为"大本钟"的 V-2 火箭对战况影响甚微。据德国官员估计，柏林方面在 V 型导弹方面的投入相当于生产 2.4 万架战斗机所需的投入。具体说来，V-2 火箭的制造投入是 V-1 火箭的 100 倍，但实践证明，作为一种恐怖的武器，其效能甚至不及一枚空投的炸弹。因为英国人无力防御以 5 马赫的速度飞行的导弹，所以不像遭到 V-1 火箭攻击时那样全力防御，对于 V-2 火箭由于没有采取任何防护措施，所以无论是盟军防空部队还是战斗机中队的兵力都没有受到牵制。

雷达常常可以发现 V-2 火箭从荷兰发射升空，但其发出的警报完全不起作用。只有运输局可以提前一两分钟得到通知，暂时关闭泰晤士河下的水闸。"你只能那样晃晃悠悠，做着白日梦，直到遭受重击。"一位目击者说道。因为盟军认为利用地面火力击中 V-2 的概率非常低，所以制造假象也终被作为一项应对策略。德军通过被英国反间谍组织控制的情报机构得到了有关 V-2 袭击位置的假情报，而这个情报使德军导弹设计者开始怀疑他们的预设位置不够准确。很快，平均弹着点东移，这样的转移大约挽救了 1 300 名英国人的生命，另外还防止了 1 万人和 2.3 万间房屋遭受损失。

但是仍有近 3 000 名英国人在数枚 V-2 火箭的袭击中丧生，成千上万人因此流离失所。"我从未见过这样的场景，一座座三四层楼高的大楼轰然倒塌。"一位幸存者说道。最恐怖的袭击发生在 11 月 25 日星期六下午，在工人阶级聚集的德特福德市，人们正在当地的伍尔沃斯大街排着长队买平底锅。一位商店外的年轻妇女描述道："突然，一片死寂，就像一个人停止了呼吸，之后一个巨大的响声猛地袭来，我脑海中一下子一片空白。"一位幸存者回忆烟雾退去后的场景时说道：

> 一个马头横在水沟里。一辆婴儿车被炸得面目全非，里面还有一只戴着羊毛套袖的小手。酒馆外有一辆残破的巴士，还有几排乘客的尸体坐在里面，覆盖着一层灰土。伍尔沃斯哪儿去了？一切都没有了。

12 月 12 日 168 人在此次爆炸中丧生，还有更多的人受伤。"'伦敦能够挺住'的标语会盛行起来，"一位英国政府官员在给罗斯福的亲信哈里·霍普金斯的信中写道，"但要忍耐的痛苦似乎很多。"

★★★

12 月 12 日星期二晚上，艾森豪威尔到访时，没有导弹落向白厅，但恐怖的阴霾从未走远，仍徘徊在附近被炸毁的商店和用海狸皮遮蔽的空窗户里。傍晚 6 点，丘吉尔在军情室会见最高统帅，一同与会的还有特德、布鲁克和其他英国高级官员。布鲁克和蒙哥马利一样，试图"摆脱艾森豪威尔的控制"，曾极力想要与乔治·马歇尔直接会面，但陆军参谋长马歇尔拒绝了他的邀请，并转而告知艾森豪威尔在伦敦要坚定自己的立场。

艾森豪威尔现在指挥着西线的 69 个师，他希望在 2 月前扩张到 81 个师。最高统帅指着首相的大地图再次重申了自己的作战计划：蒙哥马利的第二十一集团军群在美军第九集团军的支持下攻取鲁尔区北部；布拉德利的第十二集团军群向南推进，德弗斯的第六集团军群在右翼做掩护；这一双向推进能够利用盟军的机动性，同时迫使德军在宽正面、高风险的防御作战中耗尽燃料储备。

布鲁克窄小而凶气十足的脸上露出急切的表情，好似一只游隼发现了鸽子。那天深夜他在日记中写道：

> 艾克重申了他的计划，考虑分别从鲁尔区的北部和法兰克福朝德国双向进军。我断然否决了这一计划，并指责艾克违背了集中兵力原则，而这已经导致过他的失败。我批判了他的计划并强调集中一个方向作战的重要性……艾克居然不希望在 5 月份之前穿过鲁尔区！

两年前，在卡萨布兰卡也出现过同样的局面，布鲁克针对一项进攻突尼斯的计划质问艾森豪威尔。当时毫无防备的艾森豪威尔不知所措，慌乱地走出了房间。这一次，他气定神闲，对布鲁克的异议予以坚决回应，并耐心且有条不紊地解释自己的初衷。通过双向推进，从荷兰到阿尔萨斯逼近莱茵河能够使得盟军最终实现"集中兵力"。莱茵河流域在冬季容易洪水泛滥，阻碍盟军东向发起进攻的步伐。10 月和 11 月的作战非常残酷，盟军部队只占领了德国 500 平方英里的领土，但纳粹国防军已经元气大伤，德意志帝国也是如此。

"艾克很棒，"英国海军上将、第一海务大臣安德鲁·布朗·坎宁安写道，"稳掌船舵。他显然十分重视布鲁克提出的异议，但拒绝受其左右。"在鸡尾酒会和晚宴上，争论依然在继续，很快演变成了带有英美战略磋商性质的周旋。

那个夜晚在一阵阵尴尬的沉默和对战后盟军团结的无谓讨论中结束了，最高统帅承诺将自己的余生贡献给战后的团结。布鲁克备受打击，甚至考虑辞职，尤其当丘吉尔在一旁帮腔，赞扬艾森豪威尔的高瞻远瞩时。布鲁克在日记中坦承，他试图"指出温斯顿或艾克的战略是一个根本性的错误"，但是彻底失败了。一天后，首相声称，他之所以没有在谈判桌上和布鲁克联合对付那个唯一的美国人，仅仅是因为他得扮演一个高尚的东道主的角色。

星期三清晨，艾森豪威尔飞回凡尔赛，疲惫的他看上去和布鲁克一样沮丧。在给马歇尔的电报中，他写道："过去几周里，布鲁克元帅似乎因过去几周我方作战时的'分散'行动而备受困扰。"他还向玛米坦言，自己非常期待一个 3 个月的假期，到一个遥远的海滩上好好放松一下。"上帝啊，上帝，"他补充道，"一定要是个晴朗的好天气。"

★★★

艾森豪威尔深知，比起行军路线，这场冗长的战事还有更多险情。战争每拖延一天，都会令英国更加软弱，令其维护战果和战后秩序的建立更显乏力。

"我非常担心在法英军数量的减少会成为一个决定性因素，影响我们在战略或其他事务上的话语权。"丘吉尔给蒙哥马利发电报说道。德国情报机关认为，英军 14 个师还在等待被部署至欧洲大陆，但首相和布鲁克则不以为然。事实上，英国人实在是捉襟见肘，正如一位身在伦敦的参谋长警告的那样，即使调配现有的两个师去弥补其他部队的减员，但指挥官们却仍然面临"一个棘手的问题——在接下来的 6 个月保持军力上升"。尤其步兵团的兵力消耗比陆军部的增补概率更高：一个于 6 月 6 日抵达法国的步兵连军官，在这场战争结束前，他有 70% 的可能受伤，20% 的可能阵亡。

英国所处的困境也并非个案。"我们所有人现在都面临兵力不足。"10 月，罗斯福写信给丘吉尔时说道。美军人员短缺更成问题，因为艾森豪威尔也需要兵力优势。12 月，相比英军 500 万的兵力，美军达 1 200 万，但依然无法满足贪得无厌的全球化竞争态势。现在，美军有 100 万人部署在太平洋战区，但陆军航空队需要 13 万人驾驶和维护新型的 B-29 轰炸机，此外已有 30 万工人投入建造超级空中堡垒飞机。

大约 500 万人获准延期服役，很多士兵暂时休战，被安排到情势紧迫的工厂就职。12 月，2 500 名士兵被遣送回国投身炮弹生产，另外 2 000 人加入轮胎厂工作，更有数以千计的士兵转而成为铸造工人、工匠或者其他行业的工人。现在，马歇尔倍感压力，因为国会意图削减军力，以便投入人力生产日用消费品，使从烤箱到别克汽车的生产，都能一一回到正轨。

为了扩充队伍，义务兵役制为已为人父的士兵提供免税优待，1944—1945 年将扩军 100 万。被征入伍者的平均年龄从 1940 年的 22 岁升至 1944 年的 26 岁，很多新兵的年龄在 35 岁以上。8 月份，原禁止 18 岁以下兵员参与海外作战的禁令被取消了，对应征者"生理有缺陷"的界定标准也自 10 月份起有所放宽。

征兵体检人员被建议"不要在体检结论中使用'低能者'和'失智者'等术语"，但 33 万应征者中，很多至少可归类为痴呆症患者，之后更因各种心理缺陷而被遣回。一份 3 页纸的说明书建议征兵官如何查证应征者是否装病，包括装癫痫发作、尿床和"由吸食药品（如甲状腺剂）所致的"心律失常。逃避服兵役者"可能会自伤或自残手指脚趾（多为右手和右脚）……有些人会将手放到车轮下自伤来达到目的"。

随着秋季的结束，对兵员的需求愈加紧迫——无论应征人员本身合格与否、自愿与否、健全与否都在征召之列。从 10 月到 11 月，美军在欧洲的作战伤亡成倍增长，已至每日 2 000 人次；12 月 7 日，这个数字更达 3 000 人次。由于"战壕足"的传染，11 月非战斗伤亡也已成倍增至 5.6 万人次。因此，尽管最后 89 个师即将部署到欧洲，甚至从登陆日起已有 30 万补充兵员到位，但布拉德利的第十二集团军群仍于 12 月报告称，每个师都不满员。布拉德利宣称："在战场上，一名尉官在遇袭或撤退前的平均寿命为 12 天。"12 月 3 日，巴顿提示其副官："我们的境况不妙：每一个编有 3 个装甲师和 6 个步兵师的集团军缺员 1.1 万人。"

★★★

所有作战部队都深感困苦。"装甲部队补充兵员的管理和运输是一大败笔。"一位美军调查员写道。但再没有比步兵团的损失更严重的了，一个士兵将之形容为"作战地图上的一条黑线"。根据一战的过时数据和其他与欧洲战场无关的二战数据，美国陆军部预计步兵的伤亡会占到伤亡总数的 64%。这一预测略显拙劣：在 12 月之前，真实的数据为 83%，参与激烈战斗的师伤亡数据更高。1944 年 1 月，陆军预计当年内需补充步兵 30 万人，而最终数据接近这一数据的两倍——53.5 万人。

到 1944 年年底，陆军 800 多万士兵中不到 200 万在作战单位服役。那是远远不够的，尤其因为海军、海军陆战队和空军已经吸纳了高比例的聪明而又健壮的年轻人。代号"745"的步枪兵是最为短缺的"珍稀物种"。一个步兵师可能拥有 1.4 万多名士兵和另外 2.4 万人的辅助部队，但其中的核心部分是 27 个步枪连中的 5 200 名步兵。其他人则操纵迫击炮、机枪、炉灶、收音机、听诊器、推土机和办公桌。"我们发现自己彻底缺乏步枪兵补充人员，因为陆军部无力为我们输送足够的补充兵源。"

布拉德利麾下的人事参谋警告说：随着伤亡人数的增加，兵源短缺状况更为紧迫，宿命论思想开始在参战士兵中蔓延。一位老兵写道："没有一个人能安然无恙地走出步兵团，那扇大门是单向的，最后你离开的时候是被他们抬着走的。"保罗·富塞尔中尉认为，"步兵们没人能够长期避免这种心态，除非他们掌握一条真理——死者不知道自己看上去像什么。"

为了召集更多步兵加入战斗，陆军部使出了浑身解数。当 40 个新兵师还在美国本土接受训练时，他们便从中拣选出可用的士兵和士官。结果其中 17 个师失去至少 2/3 的列兵和无数尉官，这些人作为补充兵员被派往海外，之后又有一批新兵填补他们留下的空缺。这种调整不仅破坏了各师原来的结构（第 65 师报告称，甚至在离开美国本土之前，很多排已经轮换了 16 名排长），而且与此同时，很多美军士兵在之后的作战中明显发觉自己受训不足。"行动中，我们不得不把他们带到山后，手把手教他们怎么给步枪上膛。"一位陆军准尉抱怨道。

把军需部队和其他支援部队转为步兵的应急计划也在 11 月下旬启动。这些所谓的"奇兵"或"备胎"常常不够格，在许特根经历惨重伤亡之后，那些正在重建的团中至少有一个拒绝纳入几百名新手。"总的说来，这些人被转为步兵之后思想状态不太好。"一份调查报告中提到。一项针对步兵师所做的调查显示，约 3/4 的被调查者认为"步兵团得到的补充兵员，多数不适合当兵"。富塞尔中尉写道，步兵受到的心理暗示是："你就是一个牺牲品。不管你家里人多么重视你，在这里都不起作用。"

即使对齐装满员师的部署也很混乱。在一个被称为"红色名录"的计划指引下，有 29 个师表面上看"装备齐全，在登陆后的 15 天内就可以完成战斗准备"，它们从 9 月份起陆续抵达海外战场。结果，本应为这些师准备的坦克和重型装备，未能顺利通过纽约埃尔迈拉的仓库运至港口，因为这座仓库每个月都会挤满上千辆军用轨道车。拥堵的交通和混乱的秩序令场面十分难看，有 30 位埃尔迈拉的工人专门为撕去错误的出货标签加班加点，而美国陆军部承认，"文书工作不力致使整个流程进展陷入困境"。因此，很多抵达欧洲的部队没有关键的作战装备，其中进驻马赛的 3 个师缺乏通信设备，最高统帅部不得不花费数月的时间为他们弥补这方面的缺失。

与陆军的兵员补充系统相比，"红色名录"还算是一个行之有效的计划。成千上万的士兵来到这片大陆上，不幸的是他们对战斗毫无准备。艾森豪威尔承认，每个来到这里的士兵都"魂不守舍，被分流各处的他们不知要去向何方，也不知道将要发生什么"。很多人连炊具、刺刀或军衔徽章都没有，补充进来的中尉和上尉们都在肩头用胶布贴了个仿制的标志。由于太多人连武器都没有，陆军部只好将 5 万支一战时的"古董"步枪分配给这些步兵。"我们离开米德堡时没有半支步枪，我们抵达苏格兰时没有半支步枪，我们抵达法国时没有半支步枪，我们抵达比利时还是没有半支步枪。"一位士兵回忆道。

补充兵员乘坐不保暖的法国"40/8"箱式货车行进数日，这种车一般可以载 40 人或 8 匹马，但艾森豪威尔在写给马歇尔的信中说道："为了解决士兵们在车中无法躺卧的困难，我们已经将每辆车的荷载人员降至 35 人。"之后士兵们在被称为"存货库"的补充兵员中心待了数周甚至数月，他们躺在铺着稻草的帐篷里，即便水土不服、作战技巧拙劣，仍旧等待着补充到各部队中。《星条旗》的一份

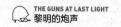
揭秘报告称:"很多补充兵员30天都没洗澡。"

"我们想要感受到自己的价值,""存货库"中的一位美军士兵解释道,"作为补充兵,我们什么都不是……完全没有用武之地,一点儿也不受重视。"《星条旗》的报告补充道,如此停滞不动的状态,已经演变成"一种精神虐待"。为了缓解这些新兵上战场前的恐惧,陆军试图把"盐水"分开,也就是将这些刚从美国来的补充兵员和刚出院的伤员隔离开来。"久经沙场的老兵们,"一名营长解释说,"会吓坏这些不经世事的毛孩子们。"

12月1日,兵站区后勤部的李将军提议将"补充兵"这个词改为"增援力量",他对布拉德利说:"因为'补充兵'这个词暗指炮灰,我们可以用另一个词代替它。"

圣诞节过后不久,这一改动就会生效,但再委婉的说法也无法掩盖一个事实——"这一补充系统令我们的将军和士兵的士气深受打击"。即便如此,自6月6日起驻欧美国陆军还是得到了近50万兵员的补充,其中多数"盐水"不分离。尽管这一系统存在缺陷和无礼之处,但它仍在7个月的时间里让美国陆军保持了相当的实力。

不过,现在兵员匮乏的状态仍然十分紧急。12月8日,最高统帅部预计,到年底,增援力量将面临2.3万人的缺口,但仍足以抵御德军的任何攻击。从伦敦回来之后,12月15日,艾森豪威尔命令从后方梯队中挑选出更多作战部队,原本将迫击炮手和其他补充兵训练成"745"(步枪手)需八周训练课程,如今要压缩在两周内完成。不少军官已在考虑,允许黑人士兵加入白人步枪兵连队的时机是否成熟了,但目前这种激进观念很难在高级指挥部中站住脚跟。

针对现在的形势,奥马尔·布拉德利比谁都要焦躁,他的集团军群有85万士兵、近4 000辆坦克,但在这么多人中,仅能召集到不足编制80%的步枪手。他计划将新增援来的队伍分流,效仿此前英国人的做法,尽管他也承认这样的调整将"大动干戈"。

由于五角大楼方面未能给他提供足够的步枪手,布拉德利相当恼怒。"难道他们没有意识到我们有可能会在欧洲战场上输掉这场战争吗?"他曾问艾森豪威尔。他通知最高统帅部,他计划从卢森堡飞抵凡尔赛,对自己目前所面临的麻烦进行详尽的阐述。会议被安排在12月16日星期六早上——贝多芬诞辰纪念日那天。

悠着点儿，战士们，前方危机四伏

诚然，线索、征兆和预判都曾存在过；无疑，它们同时也被错失、忽略和搪塞掉了。被称为"突出部战役"的死亡之战过去后数十年来，将领、学者和普通士兵等一直在思索这个美军情报部门自珍珠港事件以来最严重的失误，以及该战役的死伤惨重。只有站在历史的制高点上才能找到真正的答案，尽管最简单、最真实的答案却最难以令人满意，那就是——失误造成大量伤亡。本应该知道的东西却不知道，本可以做到的却没有做到。只有勇气及其辅助因素，比如坚韧、沉着和运气，才能令其事半功倍。前方的考验需要巨大的火力支持，会造成不计其数的流血伤亡，也终将演变成美国军事史上规模最大、最具决定性意义的战斗。

9 月，盟军情报部门首次意识到，在虚张声势的迪特里希的领导下，德军成立了第六装甲集团军。当月，他们从日本驻柏林大使馆拦截了一条发往东京的情报，其中提到，希特勒将为西线战役筹集 100 万新军，"很可能从 11 月开始"。

10 月下旬，一份绝密文件揭露称，纳粹德国在亚琛北部的 11 个机场囤积燃料和弹药。随后的情报显示，德国在西线的实力已是之前的 4 倍，可能拥有 850 架飞机，他们转变了之前集中空中兵力驻守本国的策略。俘虏供出的消息和一条被截获的德军命令表明，德军著名的突击队将领奥托·斯科尔兹内——曾从一个山顶监狱中救出墨索里尼，或许正在为一项潜伏任务召集能说"美国话"的士兵。

自 11 月中旬以来，美军第一集团军已向德国西部实施了 361 次侦察任务，发现莱茵河两岸出现了非同寻常的有罩盖的灯光，河西岸有医用列车和盖有帆布的货车来往，似乎在运送坦克和卡车。12 月上旬，盟军情报部门报告称德军不断行进的军用列车有近 200 辆。

但是，所有这些信息都不足以证明德军有进攻计划，至少从现有的证据中难以摸清其思路。根据最高统帅部的判断，德军第六装甲集团军和额外的德国空军飞机可被视作保卫鲁尔区的反击力量，但不足以发动"一场真正的反攻"，因为燃料的短缺和德军普遍的衰弱。一条被截获的德国空军有关空中侦察默兹河上桥梁的命令后被视为一个诡计，因为这个地点对于保卫鲁尔区的人而言实在远得出奇。

12 月 3 日，第二十一集团军群的一份情报评估是关于德军试图重占安特卫普的谣言。这份评估报告指出，"谣传中的对安特卫普的进攻……不在其实力范围之内"。毕竟，上百份已确认的报告中描述了德军颓败萎缩的现状。

那些最接近前线的战术分队（沿齐格菲防线部署开来）没有太多的预见性。12 月初，审问德军战俘的美第 5 军军官没有重视一些报告，它们表明德军正在加强技巧和进攻战术的训练。正在莱茵河西岸演习的坦克被假定为正在历练的新手，就像正在阿登高原上演练的美军新手一样。12 月 14 日，一名被审问的妇女称比特堡附近的森林里满是德军装备；12 月 15 日，4 名被俘的纳粹士兵提到有更多作战单位抵达前线。但诸如此类的线索都没有让盟军敲响警钟。阿登高原附近的第一集团军 7 个师都没有预见到德军的进攻计划。反之，第 99 师断言，"整个德军即将分崩离析"。

盟军如此掉以轻心受多方面的因素影响，其中包括正在指挥德国陆军的并非谨慎的龙德施泰特，而是希特勒。"从军事角度而言，现在这场战争似乎掌控在士兵们手中，"第二十一集团军群一份报告指出，"这种转变令敌军更容易理解我们的用意，但很难打败我们。"任何明智的统帅都不可能在一场冬日的进攻中冒险丢掉第六装甲集团军，因为这是西线德军的最后一支机动预备队。福里斯特·波格发现，美军指挥官们想象着德军的状况，坚信因为"在这种情况之下，我们是不会发动攻击的，因此他们也不会这么干"。其实为防万一，我们应该"预想一下一个疯子会怎么干"，布拉德利的情报处长后来写道。

盟军高级官员过于迷信超级机密，就像 1943 年他们在凯塞林隘口之战之前那样。到 1944 年底，布莱切利公园（Bletchley Park，战时英国密码破译中心，二战期间，密码破译专家在布莱切利公园曾破译不少轴心国的密码与密码文件系统。——译者注）的密码破译专家们每天要为盟军提供 50 条从德军方面拦截的情报，披露了许多涉及众多军事行动和作战力量的细节。"如果超级机密没有价值，他们怎么会如此依赖那个地方？"一位最高统帅部的军官说道，"但事实上，那里又什么都没有。"蒙哥马利的情报处长 E.T. 威廉姆斯准将认同这一观点。战争结束后，他立即写道："那里不是德军情报的最好来源，而是唯一来源。我们开始意识到：那就是超级机密的危险所在。"

诸多拦截到的情报给出很多令人激动的线索，例如有关部署在西线机场的德军飞机的信息；但也因为诸多担忧而引发了一系列恼人的问题：为什么意大利前线要给龙德施泰特输送 1 000 辆卡车？为什么希特勒的私人卫队向西线转移？如果迪特里希的任务是保卫鲁尔区，那为什么第六装甲集团军的火车还要向前推进那么远？但是，德军对"秋雾行动"消息的严格封锁，以及部队严令关闭无线电的举动，使盟军难以洞察德军的蛛丝马迹。

后来证明，有些人确实具有非凡的洞察力。雷厉风行的第一集团军情报处长蒙克·迪克逊上校，在 12 月 10 日发布的第 37 号情报评估报告中写道："敌军在莱茵河据点西侧力量的持续增强一再表明，敌人将把赌注压在一场反攻之上。"但是，迪克逊错估了德军的突袭地点——他认为在亚琛北部，"在罗尔和埃尔夫特河之间"；他也错估了时机——他认为是在"我们的主力部队渡过罗尔河时"。并且，由于迪克逊与最高统帅部及第十二集团军群的情报官员关系紧张，这些人认定他不过是杞人忧天，于是暗中对其不甚明确的警告加以阻拦，于是迪克逊随后暂时离开斯帕 4 天，到巴黎休假。

12 月上旬，艾森豪威尔的情报处长肯尼斯·W.D. 斯特朗少将指出，德军第六装甲集团军可能会穿过阿登高原发起进攻，这一说法警醒了比德尔·史密斯，他匆忙打发斯特朗去见布拉德利。在卢森堡召开的一次长达 45 分钟的会议上，要么就是斯特朗未能及时传递紧急情报，要么就是布拉德利拒绝对其忧心之事展开讨论。布拉德利承认，美军第 8 军在高原边缘地带部署得相当浅，但前线背后部署有足够的增援力量。显然，布拉德利安慰自己，敌人已然爪牙不全。他在近期乘车穿越阿登高原时思忖道："我认为他们不会穿过这里，至少在这里不会有所行动。我不相信他们会冒险一试。"回到凡尔赛，斯特朗向史密斯转述了其与布拉德利的对话，史密斯表示不应以此事惊动艾森豪威尔。

也许唯一正确的预判发生在较远的南面，巴顿和他的第三集团军情报处长奥斯卡·K. 科赫准将觉察到他人未能触及的迹象：有一支危险、孤注一掷的德军部队保有相当的破坏力。科赫坚持认为德军在近几个月的撤退"并非一种溃败或瓦解的表现"，那恰恰是希特勒的战术拖延手段。

12 月 7 日，他写道，"在第十二集团军群向北进军的莱茵河西岸，德军集中有大规模的装甲力量"；两天后他指出，位于阿登高原的第 8 军不堪一击。12 月 14 日，科赫援引有关最后 14 个德军师部的位置之谜表示，这些部队大多配备坦克，若集结起来可带头发起反攻行动。他补充道，相比阿登高原，这场攻击更可能发生在亚琛附近。但是，巴顿则不以为然。"第一集团军令第 8 军按兵不动，这是一个严重失误的决策，"他在日记中写道，"因为德军很可能正在第 8 军的东侧构建兵力。"

然而，在盟军另一个高级委员会中却盛行着一种自大的言论，称他们确信德军没有预备队可以投入齐格菲防线的作战了。"西面的一次突然袭击就差不多能将其歼灭",英国空军情报机构于12月6日断言。令布拉德利的情报处长埃德温·赛博特准将苦恼的是,好像没几个将军会读他那浮夸的报告,所以他命令曾任《纽约客》总编的军官将其12月12日的评论打印成文。所言尽是令第十二集团军群保持乐观的字句。"巨大的消耗已然掏空了西线德军的力量,"文中宣称,"并且德军的防线缺乏纵深,越来越脆弱,不堪一击。"德军部队很可能会轰然瓦解,"无论在什么地方,只要给我好的时机和天气,我们就能在攻击他们时取得重大进展"。

蒙哥马利则无须别人代笔去肯定他的观点。12月15日他写道,希特勒面临着非常可怕的困境,"因此他不能发动大规模进攻"。同一天,蒙哥马利用潦草的字迹给艾森豪威尔写了一张便笺,要求撤回英国度圣诞,同时附上一张5英镑的收据,要求艾森豪威尔兑现两人在1943年10月打赌的赌注,当时后者断言战争将在1944年圣诞节结束。

"我还有9天的时间",最高统帅答道,"虽然几乎可以肯定你能拿到额外的5英镑过圣诞节,但是不到那一天,你休想拿到它。"

★★★

12月中旬,玛琳·黛德丽(Marlene Dietrich,*二战期间,著名德裔美国演员兼歌手。——译者注*)在阿登高原出尽了风头。她身着定制的羊毛制服和及地的长内衣,头盔依然难掩其靓丽的卷发。她跟着劳军联合组织剧团乘坐卡车奔赴一个又一个营地,每天换装三到四次,要么是尼龙长裙,要么是适合歌唱表演的长袍,演出曲目包括《爱上爱情》(*Falling in Love with Love*)及《看男孩们在密室中能得到什么》(*See What the Boys in the Back Room Will Have*)。

她一边喝着法国的苹果白兰地御寒,一边向士兵们分发她的个人照做成的明信片,上面有她用唇膏签的名;同时她收下那些神魂颠倒的士兵们送的武器,最后她的行李箱里装了11把手枪。有时,她会开元首的玩笑,称希特勒为"愤懑的素食者"。她指责战争要全部归因于"他失败的感情生活"。据说那年初秋,在巴黎的丽兹酒店里,她全身上下只戴了一顶时髦的帽子在走廊中穿梭,还问别人:"我可爱吗?"另外还有传言称,她曾与巴顿发生过关系,巴顿给她的代号是"美腿"。当电影导演比利·怀尔德问起有关她和艾森豪威尔的绯闻时,她答道:"亲爱的,怎么可能是艾森豪威尔? 他甚至都没上前线!"

12 月 14 日星期四的雨夜，玛琳·黛德丽来到一个整洁的比利时小镇巴斯托涅，在第 8 军司令部表演节目，她唱起了《莉莉·玛莲》，并克制自己不去抓身上的虱子。一夜过后，她又来到了卢森堡北部的迪基希，距离她的祖国德国约 6 英里，在烟雾缭绕中歌唱的她，被上百个美军士兵团团围住，这支队伍是刚结束在许特根森林的作战任务，仍处于休整期的科塔的第 28 师。那个夜晚，士兵们都手舞足蹈，口哨声此起彼伏，但第二天起床号依然会早早响起。在星期六，她预定返回比利时为第 99 师演出。"营房旁的信号灯下，"士兵们哼着小曲爬上床铺，"亲爱的，我记得你曾经为我守候的样子。"

美军分发的《比利时城市指南》向士兵们保证，阿登高原是一个"练习你喜爱的冬季运动"的好地方，而那一地区也被说成是"倦乏之军的安静天堂"。"亲爱的妈妈、爸爸，"一个美军士兵近来写道，"这里的天气非常澄明、晴朗，像极了此时你们在白雪皑皑的阿迪朗达克山脉（位于美国。——译者注）能看到的风景。"

一个士兵一边吃着炸鸡和法式炸薯条，一边在一间温暖的营房里给他的妈妈写信："如果一直是这个伙食，我就要发福了。"星期六，在距罗谢姆狭口几英里的洪斯费尔德，士兵们一边看着声道受损的电影，喊着他们自己编的台词，一边急切地盼着玛琳的出现。在更远一点的西部地区，位于维尔萨姆的美军士兵们迎来了另一个劳军联合组织剧团，其中有一位边吃咸饼干边唱歌的喜剧演员。每位美军士兵只需 10 美元，就可以给家里发一个配送圣诞花的电报，但不少母亲误以为收到了死亡通知书而吓了一大跳。

12 月 15 日星期五，第一集团军位于斯帕的指挥部接待了一批探访者，其中有一支由众多专业棒球运动员组成的代表团，队员包括梅尔·奥特和巴基·沃尔特斯。他们在战地指挥所里没发现几位高级指挥官，其中多数人都在休假，要么在巴黎，比如 G-2 情报处长迪克逊上校，要么在伦敦，比如 G-3 作战处长、G-4 后勤处长，以及炮兵、军械和防空部门的高级主管。集团军司令霍奇斯将军礼貌地和客人们交谈了半个小时，随后便因疲乏和天气寒冷回住处休息了。与此同时，造访第 106 师的是一位名叫西奥多·盖泽尔的士兵，也就是著名的苏斯博士，他和好莱坞导演弗兰克·卡普拉一同制作了一部宣传电影，而后还创作了一首打油诗来为其接下来两天的经历留念："我们以无人能及的速度，打得敌人落荒而逃。"

1 万名比利时民众从罗谢姆狭口北部的边缘地区撤了出来，主要是因为其中很多都是日耳曼人，正如希特勒所宣称的，"他们将一直在思想上与德国紧密联系"。

一些农民获准收获晚季的马铃薯，照料乳畜群，但不产奶的牛则被圈进屠夫们搭起的屠宰棚里不住地叫着。之后，军用卡车将牛肉运到了司令部位于布鲁塞尔和安特卫普的仓库。星期六早晨，另一项搜捕计划在比辰巴赫展开，这里是第99师的战地指挥所。松柏类植物沿着前线整齐地生长着，因而被称为"麦田森林"。连队的收音机调到"莎莉轴线"（Axis Sally，二战期间一个电台宣传节目的外号。——译者注），其标志性的口号被美军士兵们争相模仿："悠着点儿，战士们，前方危机四伏。"

美军第一集团军的34.1万名士兵中，有68 822名隶属第8军，这支庞大的队伍以3个师的力量镇守集团军的右翼。他们占据着长达85英里的前沿阵地，是一般战术准则所建议的前线长度的3倍之多，沿比利时边境蜿蜒而下，穿过卢森堡直抵第3军阵地。两个军的战线在两地得以延伸，穿过德国境内的西尼艾弗尔，即比利时阿登高原延伸地形上的一片雪山地。

情报人员预计第8军的正面有2.4万名德军。敌军规模如此之小，因此第一集团军下令布下一个骗局，让德军以为美军有增兵阿登高原的举措，借此诱使更多德军前来迎战，从而减弱南北两面龙德施泰特防线的兵力。许多第8军的士兵戴着假的红肩章，开着带有假部队标志的卡车，广播假冒的交通信息，播放聚集起来的坦克的声音……所有这些假象都意在表明盟军占有巨大优势。事实上，许多装甲团本应只镇守3 500码的前线，而在这样一块支离破碎的国土上则应为2英里，但是现在他们被要求镇守6英里甚至更长的战线。

整个秋季的大多数时间里，4个美军师占领着这个地区，控制着这里的地形，开展撤退及进攻演习。但在最近几周里，他们被两个刚从许特根森林血战撤下来的师所取代，疲惫的士兵们需要寻找一个宁静天堂进行休整。还有刚刚抵达欧洲的第106步兵师，它是欧洲战场上经验最少、最年轻的师，因为该师有大量的士兵年仅18岁。第106师被部署到西尼艾弗尔，并穿越罗谢姆狭口，在齐格菲防线以西梯次布防，纵深1英里左右，就像一个形状奇特的瓶塞。和很多新组建的师一样，第106师在国内勤奋训练了数月，却被先派往海外的部队抽调了部分兵力。

到1944年8月，有7 000多名士兵被调出该师，其中包括很多斗志昂扬的步兵，而他们留下的空缺则被后方梯队中作战能力遭到质疑的新兵填补。该师于12月6日抵达勒阿弗尔（Le Havre，法国港口城市。——译者注），然后马不停蹄地乘坐卡车横穿法国，于12月11日傍晚7点抵达阿登高原前线。当时他们已经"麻木、湿透、冻僵了"，正如军事历史学家R.欧内斯特·杜佩后来所写。他们逐人逐坑地顶替第 2 步兵师，人员跨越了 28 英里长的区域。被替换下来的第 2 步兵师则在后方狂奔向淋浴间和热腾腾的食物。

第 106 师中几乎没人见识过怒发的枪火，有些人不懂得将步枪归零校正以确保射击精度。无线电静默阻碍了对新设备的试验和校准。各营都报称，缺乏冬衣、地图、机关枪三脚架、迫击炮、反坦克炮和巴祖卡火箭筒。由于新兵没有及时合理地烘干袜子，"战壕足"病迅速蔓延。尽管上级命令要在此地"加强防御工事"，但是巡逻队很少会冒险前行；如果有人那样做，就会遭到德国军犬的威胁。

悠着点儿，战士们，前方危机四伏。

"森林中满是高大的松树，一片晦暗。一场雪之后便成了一方黑白相间的世界，"罗谢姆前哨的一位炮兵在给妻子的信中写道，"这就是莎士比亚的喜剧《皆大欢喜》中的那片阿登森林。"在英国喜剧当中，森林往往是那些决意为爱献身的角色的避难田园。

12 月中旬，那些试图在阿登高原的小树林中取暖的士兵们，没人认为这片景色诗情画意。从德国西部发射而来的 V-1 火箭日夜在头顶上空躁动，向安特卫普射去。前沿据点（一些人被要求驻守在交叉路口的村庄低地）因地形易受攻击而被戏称为"糖罐"。一位即将离去的第 2 师上校对顶替他的第 106 师的人说："这儿一直非常安静，你手下的人得学会'悠着点儿'。"

★★★

12 月 15 日星期五夜里，20 个德国师用稻草和抹布蒙住炮车车轮和马蹄，往最终集结地缓慢行进。拖车及其疲惫的司机在路边站定，道路如今只能单行，因此宪兵被授权可以开枪射击违规车辆的轮胎。距攻击出发线最后 1 公里时，士兵们用手抬或肩背运弹药。军需官发放了定量的"刺激强化型特殊食物"，其中包括 50 克咖啡、葡萄糖片、巧克力、水果条和奶粉。"有些人相信生活，但生活并非他们的全部！"一名党卫军第 12 装甲师的士兵在给妹妹的信中写道，"知道我们是在攻击并将敌人从祖国的领土上赶走就够了。这是一项神圣的使命。"

2 万名士兵涌进 3 英里深的集结地。7 个装甲师和 13 个步兵团发起了首轮攻势，他们的装备包括近 2 000 门炮、1 000 辆坦克和突击炮，对 61 英里宽的盟军阵线展开袭击。与此同时，另外超过 5 个师和 2 个重装旅等待发起第二轮攻势，这让德国人在火炮和坦克方面分别约占据 5∶1 和 3∶1 的优势。龙德施泰特麾下最好的师满装率为 80%，其余各师的满装率为 50%。载有足量燃料的装甲车在正常巡航条件下可行进 100 英里，但在寒冷且地形陡峭的阿登原地是无法做到的。他们没有多少备用配件和反坦克炮，但对于一项"神圣的使命"而言，或许也不需要这些。

希特勒的确将第三帝国的未来押在了一张牌上。星期五，德军最后一条西线战地日记条目宣告："明日将揭开西线大捷的新篇章。"

★★★

位于比利时巴斯托涅的红房顶兵营被第 8 军充作战地指挥部，星期五晚上，众人举杯庆祝集团军抵达英国一周年纪念日。军长特洛伊·H. 米德尔顿将军有理由为该军在诺曼底的战斗记录及在布雷斯特的减员感到骄傲。密西西比人米德尔顿于 1910 年应征入伍成为列兵，到 1918 年 11 月，他已经是一战中最年轻的美国陆军上校。在乔治·马歇尔看来，他是"法国战场上的优秀团长"。1937 年，他曾离开部队，相继担任路易斯安那州立大学教务长及副校长。1942 年，他再次回到军营，在西西里和萨勒诺战役中任第 45 师师长，后成为艾森豪威尔最青睐的集团军司令。此刻，在退回车厢睡觉前，他最后一次祝酒，为过去和未来的战斗干杯。

东面数英里处，依稀的马蹄声和低挡前行的汽车发动机的咆哮声，传向乌尔河旁的美军哨所，这条河是卢森堡与德国的界河。哨兵们前所未有地关注战斗的前兆，于是在夜里，他们将听到的噪声逐级上报。位于巴斯托涅的米德尔顿指挥部发布了一条星期六的天气预报："多云阴天，下午 1 点左右降雪，能见度 2 英里。"而关于阿登高原的战斗，他们只做了极简单的总结："无事可报。"

THE
GUNS
AT
LAST
LIGHT

第 9 章　突出部战役

　　惨烈的突出部战役再次表明，战争从来不是线性发展的，而是一场混乱无序、后退与前进并存、莽撞和活力共生、丧气和兴奋交替的动荡。于是，以约阿希姆·派普为首的德"屠杀之师"血洗马尔梅迪成为整个欧洲战场最臭名昭著的恶行，步步紧逼的德军让第一集团军选择撤离……巴斯托涅决战之后，夺去布拉德利 2/3 指挥权的蒙哥马利趾高气扬地独揽荣耀。西线德军已再无气力，然而只有其集中营传来的些许战俘消息才足以震颤整片"悲痛葡萄藤"。

嗜血之师

12 月 16 日（星期六）凌晨 5 点 30 分，德军的火炮阵地陡然喷射出铺天盖地的火焰，猛烈的炮火不住地钻进前方深红的盟军战壕里，所及之处尘土四溢，加之浓重的火药味儿，十分呛鼻。一团团直径 88 毫米的绿色火球以每秒半英里的速度穿透夜色，俨然将正在小睡的阿登高原拥入怀中。六膛火箭发射器尖利的啸声在山谷中回荡。美国士兵们此时只得瞪着眼睛蜷缩在战壕里。但德军似乎还觉得这一波巨响不够震耳欲聋，紧跟着机枪子弹便"哒哒哒"泼水般地扫射出去，装有大量铁路道钉的炮弹炸得杉树枝和士兵的残肢横飞四野。装甲车隆隆地从东边驶来，车轮嘎吱嘎吱轧过地面，大炮嘶吼着紧跟其后，令人极度恐慌。一位美军 99 步兵师的士兵回忆说道："你觉得世界末日就要来了。"

对有些人来说，末日的确已经迫在眉睫。晨曦珍珠般的光芒自上而下沿着山坡流泻下来，而德军的照明弹则不断呼啸着腾入半空，给战场上厚厚的积雪镀上了一层淡淡的、金属般的红色和银色，似乎时时刻刻都在催促着晨光的脚步。美军士兵们弯背穿过树林，士兵们的身影一一映在晨光中。他们有的穿着雪地装，披着白色斗篷；有的穿着厚重的灰绿色大衣，戴着边缘翘起的头盔或鸭舌帽。他们痛苦的呻吟声盖过了步枪子弹上膛的声音。

一个美国兵躲在牲口棚里逃过了星期六早晨的大屠杀，他低声地说："德军来了一个集团军。"由于防线太过稀疏，奉命坚守的美军士兵们试图把战壕挖得更深一些，没有工具，他们就用头盔和饭盒。其他人穿过第一批死者的陈尸之地，

突出部战役打响后不久，比利时的一个十字路口处，德军士兵正从 3 名阵亡的美军士兵身上剥夺靴子和其他装备。美军缴获这张照片后，军方审查员涂去了通往比林根的路标和其他标识。

仓皇地往后方逃去。那些死者面无表情，而活人则一脸惊恐。

　　战斗打响了，这是德军在西线最后一次大规模的殊死挣扎。直到几个小时后，美军指挥官们才意识到这次密集的炮火倾泻根本不是佯攻；几天后，他们才承认，星期六早上截获的有关龙德施泰特下达的进攻命令的情报真实可信。眼下的战势岌岌可危，这次激战将会持续一个月，横跨半个地球来到这片高原的几十万人都被卷入了这场厮杀。戏剧第一幕——或许也是最关键的一幕，在横跨 60 英里的三块血腥之地，即美军的左翼、右翼和致命的中心地带上同时拉开帷幕。"你们的伟大时刻已经到来！"龙德施泰特在那道命令中宣称，"你们身负神圣使命，为我们的祖国和我们的元首效忠，你们必定所向披靡！"

　　这位元帅的号令得到了身材精干的年轻党卫军中校约阿希姆·派普的热烈响应。而当日早上罗谢姆西北部拥挤的交通却令他怒不可遏。对于他而言，伟大的立功之机确实已经来临，可他却迟到了。横跨铁轨缺口的公路桥早在 9 月份就被当时撤退的德军摧毁了，而被派来修桥的工兵们却被堵在狭隘的引道上，骡车、马拉炮架和虎式坦克已经把那里堵得水泄不通。长长的坦克和多辆运兵车排成的长龙在德法边境蜿蜒数英里，寸步难行。

★★★

　　神采奕奕的派普头戴鸭舌帽，帽檐上镶着一个骷髅徽章，作为党卫军第 1 装甲团的团长，他受命率领一支约 6 000 人和 72 辆坦克组建的特遣队，急速穿越比利时境内，在于伊占领位于列日和那慕尔之间的默兹河岔路口。年仅 29 岁的他在整个"秋雾行动"中表现突出，被公认为是第六装甲集团军进攻的先锋人物。他出生在柏林的一个军人家庭，英语和法语都相当流利，长相俊美，酷似雅利安人。

早在 1938 年，他就担任过海因里希·希姆莱的副官，在进攻波兰之前还娶了希姆莱的一个秘书。他大部分时间都在东线作战，烧杀抢掠无所不为，所到之处寸草不生，他带领的营因此被称作"喷枪营"。他的两个兄弟也都是党卫军，并已战死沙场，但这丝毫不影响派普对德意志帝国大业的热衷。盟军轰炸机让多个德国城市陷入恐慌，即使在这种情况下，他也从不质疑元首希特勒的命令，理所当然地把恐怖当成是一种战争利器。

12 月初，派普乘坐一辆豹式坦克在波恩附近巡查了一段后报告称，坦克团一个晚上可以走 80 公里，不过条件是"能有一条通畅的专用道"。可是，当他知道自己 12 月份的指定路线是往默兹河方向行进的时候，便抱怨道："那些路不是给坦克走的，是给自行车的。"星期六的这场大拥堵证实了他的看法，尽管他下令年轻的骑兵们"往前冲，遇到挡路的尽管撞下去"，但他们最终只能另寻一条路绕行。等他们穿过罗谢姆的时候，已经是晚上 7 点 30 分。

4 辆豹式坦克开路穿越漆黑的丛林，士兵们不得不一直挥舞白色的手帕。12 月 17 日星期日早晨 6 点刚过，派普就率领军队开进洪斯菲尔德，意外发现几部美军车辆停在路边，筋疲力尽的美国士兵们正酣睡其中，暴行就此开始：8 名美军士兵被押至车外，他们穿着内裤，赤着脚，被迫高喊"同志，我投降"，但最终还是惨死于德军机枪之下；另外 5 名美军手举白旗从一座住宅里走出来，但其中 4 名仍被当场射杀，另外 1 名苦苦哀求，却终究难逃被坦克碾死的命运。派普的士兵脱下死者的靴子穿在自己脚上，继续往西北方向 2 英里外的布林根行进。

德军情报部门认定布林根是盟军的油库所在地，党卫军因而决意进攻此地，并在炸毁十几架停在小镇外飞机跑道上的侦察机后，顺利缴获 5 万加仑的汽油，此时已经是星期日上午 10 点。当时，几名美军士兵和他们的宠物狗躲在酒窖里，为了不让狗发出叫声，他们甚至活活掐死了自己的爱犬。另外 200 名美国士兵就没有那么幸运了，他们被德军抓获，并被押解到广场上给豹式坦克加油，然后被关押在附近的囚笼里。

往日，这个广场曾是一个熙攘嘈杂的牲畜交易场，现在已变得死气沉沉。截至此时，派普已经比预定的行进计划迟了好几个小时，且距离目的地于伊仍有 60 英里的距离。这时，派普接到命令称，"不必理会暴露的双翼和所有的佯攻"，于是他带队改道朝西南方向加速行进，但这一战术转变不经意间给了美军一个极其宝贵的喘息机会。当时党卫军第 12 装甲师正从东面对艾森伯恩的美军第 2 师和第 99 师发起进攻，如果派普再往西北方向走几英里，从比辰巴赫进抵艾森伯恩，就可以和 12 装甲师成功会合，把正在全力撤退的 3 万美军全部围剿。

然而，这个意外之喜对第 285 野战炮兵观测营 B 连来说却是飞来横祸。他们当天早上刚刚接到命令，匆忙撤出德国，前往卢森堡。上午 11 点 45 分，该连 140 人分乘 33 辆车在布林根以西 10 英里的马尔梅迪的瓦隆镇外面停下来吃午饭。午饭是碎肉、豌豆和菠萝。1 个小时后，他们拔营继续往南行进。行程中，大批陆军工兵不断往白蜡树上缠炸药，试图炸倒这些大树充作路障。正当该连沿着 23 号公路急速穿越马尔梅迪的时候，当地的比利时民众突然指着前方大叫："德国人！德国人！"

德国人终于到了，在艰难地蹚过那条泥泞得连履带车都难以通行的乡村小路后，他们早就憋了一肚子火。临近午后 1 点时，在马尔梅迪下方 3 英里处的波格涅兹村十字路口，派普的党卫军和美军炮兵 B 连正面遭遇。德军用机枪和坦克对准美军疯狂射击了整整 2 分钟，直到派普看到 15 辆底特律卡车被炸毁后才下令停火。美军士兵有的被射杀，有的逃进了丛林，有的藏在战壕里，剩下的 100 多人把白旗系在枪筒上不断挥舞以示投降。

豹式坦克把烧着的车辆统统推下路面。美军战俘们高举着双手在雪地上站成 8 排，德军搜去他们身上的戒指、香烟、手表和手套。派普坐在自己的车上看了几分钟，就跟着先头部队继续沿 23 号公路朝里诺威尔驶去。

下午 2 点 15 分，两辆坦克上的机枪突然冲着几排高举着双手的战俘们一通狂扫。没有人知道到底是谁放了第一枪，也永远都无从知道。"第一阵枪声响起的时候，包括我在内的所有人都下意识地趴倒在地上。"后来成为国会议员的荷马·D. 福特回忆说。当时他是其中的一名上等兵，被抓获时正在路口充当宪兵指挥交通。机枪整整扫射了两分钟，地面早已血流成河，俘虏们痛苦地在地上翻滚、呻吟。党卫军则大步流星地跨过横七竖八的尸体，不时踢一下躺倒的美军士兵的腹股沟。随着一句要命的"这个还有气"，党卫队员们便冲着他的头颅或心脏补上几枪。福特活了下来，他见证了当时的情形：

> 那些德国兵冲着地面开枪的时候，我左臂受伤了……我躺在雪地里……我害怕他们看到我浑身发抖，幸好他们没有……我能清晰地听到他们"咔嗒"一声扣动扳机的声音。

整整 20 分钟，德军刽子手们四处搜寻活着的人，还用英语狂傲地叫着："你们这些杂种！"一位美国随军医生及两名美军伤员也同时被射杀了。十几个美国兵仓皇逃进岔路口的一座破烂的小餐馆里，德军发现后，点燃了那栋房子，从餐馆里四散逃出的美国兵纷纷被射杀。在接下来的两个小时里，党卫军朝着半埋在土里的尸体不停地开枪，直到最后连他们自己都玩腻了这种残忍的把戏。由于毛细血管里面的血液迅速被冻僵，死者的脸很快就成了暗紫红色。

派普当时并不知道他手下的士兵刚刚犯下了战场上最臭名昭著的恶行。他们抵达里诺威尔的时候已经是下午 3 点左右，结果发现美国的指挥官们都已经撤走了，这让他们失望万分。之后，他们来到当地的迪穆兰酒店，这儿是一座三层楼的旅社，装配有铁艺阳台。在酒店的餐厅，党卫军仅仅花了 30 分钟便将美军吃剩的午餐风卷残云般一扫而空。一名德国中士带着 8 个美军俘虏到野外为 3 名阵亡的德国士兵挖掘坟墓；干完之后他就将其中的 7 个俘虏爆头，剩下的一人则身负重伤，仓皇逃进森林，不料很快又被抓住，被送进集中营。

由于冬季天短，派普所带领的先锋部队丝毫不敢耽搁，继续朝西挺进。在一个曾经挂满了圣诞装饰品的比利时教室里，墙壁上到处是弹孔，黑板上写着这样一段法文："上帝让我认识了他，让我去爱他，让我在此岸世界侍奉他，却在彼岸世界里幸福地和他在一起。"

当派普的队伍来到昂布莱沃河沿岸斯塔沃格镇上方草木丛生的绝壁时，已暮色四沉。镇守斯塔沃格镇的美军只有一个工兵班，然而正当 3 辆豹式坦克冲过唯一的桥梁时，带头的坦克被地雷炸坏，无法正常行驶，派普的队伍终于被迫停止行进，他心想，或许守军比他预想的更强大。要攻占斯塔沃格镇，必须先让队伍修整一下。这几天，队伍跋山涉水深入比利时整整 25 公里，连续三天三夜都没睡，必须要休息了。于是，他下令队伍原地驻营休息至破晓。此时，他们距离默兹河还有 42 英里。

在他们身后的马尔梅迪附近，80 多具被冻僵的美军尸体面无表情地躺在雪地里，不过其中有十几个是诈死。这些人在雪地上躺了两个多小时之后，慢慢爬起身来，跌跌撞撞地朝丛林走去。很快，美军战俘遭屠杀的消息从一个散兵坑传到另一个散兵坑，并迅速传至第一集团军在斯帕的指挥部，而此时，派普正要下令原地休整。多数美军士兵愤恨起誓"决不宽恕德军俘虏"，甚至有两个团下达了这样的正式命令。"美军从现在开始拒绝接收党卫军战俘。"第九集团军的战斗日志中写道，"这些报复性的还击可能很快被用在所有德军士兵身上。"情势岌岌可危。

★★★

派普的队伍在美军左翼撕开了一个小口，不过，如果要让第六装甲集团军从中穿过，这道口子必须撕得更宽一些才行。现在迪特里希将军正集中精力对付第99 师这支美军新编部队。德军第五集团军已经进入了他们的防线，在北起蒙绍南至兰泽拉斯之间撕开一道 20 英里长的口子。12 月 17 日星期天早上，第 99 师各营被冲得七零八落，查尔斯·P. 罗兰上尉将这场灾难称为"一场红色噩梦"。士兵们乱作一团，纷纷向西逃窜。逃行途中更从失事的吉普车中抽出汽油，想要点燃大火以切断道路，阻断追兵。可是已经来不及了，敌人已至，或手持刺刀跳进散兵坑里横劈竖挑，或持枪从地窖的窗子径直开枪。

"一位年轻的中尉像跳吉格舞的橡皮腿娃娃那样缓慢地颤动着身体，两眼中间竟是一个恐怖的蓝色弹孔。"罗兰后来写道。炮兵把铝热剂手榴弹塞进炮筒；驾驶员在弃车逃进丛林之前拧开散热器的小活栓；通信员砸毁配电盘；副官们烧毁秘密文件；士兵们在混乱中彼此误伤；还有几个家伙意外打死了他们的少校，而一名上尉试图让他们镇定下来的时候也被误伤了。在比辰巴赫，一份又一份急件被送进临时战地指挥所，师长沃尔特·E. 劳尔少将在起居室里故作漫不经心地弹着钢琴，士兵伤亡人数不断攀升，即将突破 2 000 人，而且这一数字还在不断攀升。瘦高身材的理查德·H. 拜尔斯中尉是一名炮手，来自克利夫兰。望着头顶上闪过的机炮轨迹，理查德想起诗人艾伦·西格 1916 年在法国牺牲之前留下的一句诗："我和死亡有个约会 / 就在午夜某个火光冲天的小镇。"

事实上，离德国边境 3 英里左右有两个比利时小镇（科林柯尔特和罗瑟拉斯），就在党卫军第 12 装甲师行进的路上。这支"屠杀之师"曾经在诺曼底登陆战中残杀过多名加拿大战俘，后来整编时又加入了很多希特勒青年团团员，并配备了130 辆坦克和突击炮。其下辖的两个装甲掷弹营星期日早上到这两个小镇侦察时，发现美军第 2 步兵师的老兵们已经赶赴前线，便立即回报师部挥军追赶。匆忙之下，有些士兵的皮带和枪筒上还挂着圣诞礼物。一位目击者说："他们不像士兵，倒像邮差。"

星期日破晓时分，德军发起全力进攻，炮火十分猛烈但终究未能获胜。他们从一条小道打到另一条小道，一栋房子打到另一栋房子，寸土必争；手榴弹、刺刀、反坦克炮各种武器统统上阵。美军指挥官频频对炮兵高喊"开火"。混战中硝烟滚滚，两军将士被俘，被释，再被俘。反坦克炮和隐匿的火箭筒群共发射了近 3 万枚炮弹，摧毁了不计其数的豹式坦克和履带车，一位德军指挥官甚至把这两个小镇叫作"完美的装甲车墓地"。德军原打算从 10 英里以南的奥芬迂回包抄美军防线，然而，数百名散落在雪地上的国民掷弹兵尸体宣告了这一策略的失利。此次交锋中，德军伤亡人数达 554 人，而美方仅伤亡十几人。

12 月 19 日星期二傍晚时分，除了决定留下和第 2 师共同奋战的人，第 99 师残部均匆忙向后方撤退。在浓雾的掩护之下，他们离开克林柯尔特和罗瑟拉斯，放弃了那两个火光冲天的小镇，往西 1 000 码去寻找更好的阵地。不久，他们发现了一座 2 000 多英尺高的山峰，西南—东北走向，易守难攻，但在比利时军用地图上没有标示。美军指挥官用附近村庄的名字为这块高地取名"艾森伯恩山脉"。第 5 军司令杰罗少将信誓旦旦地说："德军如果真敢来，无异于自投罗网。"

第 5 军的炮手们把几百根炮管和 90 毫米口径的高射炮搬到山脊的背风坡；一部分士兵把土填进空弹药木箱筑起防御工事，在页岩山坡上挖掘地道，用松木和从附近比利时的兵营里拆下来的门板在空地上搭建房屋。第 2 师的步兵占据山脊的右面，第 99 师的步兵驻守在山脊的左面，第 9 师的老兵们拿下了北部蒙绍下方的地盘。一位指挥官将在艾森伯恩附近的战地指挥比喻成"在演绎一出吉尔伯特和沙利文的歌剧——一大群军官们抱着地图、双筒望远镜、防毒面具等物件漫无目的地转悠"。

无法获得任何有价值的消息，大家甚至连敌军的大概位置都不知道。各种荒谬的谣言漫天飞，甚至有报告称"疑似降落伞将空投虎式坦克"。"我简直想要仰天长啸，把那种空虚不安的感觉宣泄出来。"拜尔斯中尉在给他妻子的信中写道。就在这时，一位上校突然走进指挥部说道："不用再担心了，第 1 师就在这里。"

对第 9 师而言，第 1 师的到来有如及时雨。在最需要精湛炮术之时，没有人比得上克利夫特·安德鲁斯少将，他戴着眼镜、抽着烟袋、表情严肃，被大家亲切地称为"薯条先生"。一周前，克拉伦斯·休伯纳被调任第 5 军的副军长，安德鲁斯接任第 1 师师长。安德鲁斯很快就组织协调 35 个营完成了"集火射击"的任务——400 多门大炮集中针对一个目标射击。这时，该师第 26 步兵团也及时赶到，两支部队各自把守布林根到马尔梅迪之间的两条干道。

整整三天三夜，德军空降兵和党卫军第 12 装甲师一次又一次向美军防线发起猛攻。安德鲁斯的师部接到消息："击退敌军进攻！送担架！"接着又是一条："火拼激烈，正在消灭大批敌人。"

其中，第 26 步兵团第 2 营遭遇的攻击最为猛烈。突尼斯盖塔尔湾战役后，该营由德利尔·M. 丹尼尔中校指挥。这位中校是一名昆虫学博士，对付虫害得心应手。当时，20 辆货车先后将德军步兵运至布林根，在装甲车的掩护下，他们蹚过淹没车轮的泥水，准备发起夜袭，但是却被白磷弹和反坦克炮发射的高速英式脱壳弹击退。反坦克炮的引擎发出轰鸣，脱壳弹拖出一道道尾焰。德军 8 辆装甲车横冲直撞，机枪和大炮狂轰滥炸，几个小时后，他们突破了该营的防线。

美军火箭筒群和反坦克炮奋起反抗，成功击退德军。12 月 21 日星期四情势更紧迫，黎明前，德军用榴弹炮和六膛火箭发射器整整狂轰滥炸了 3 个小时，接着两个营的空降兵和装甲掷弹兵从西边的松树林冲出来，30 辆装甲车开路。党卫军坦克沿着防线来回碾压散兵坑里的美军士兵，2 营右翼终被瓦解。

"快把你们所有的大炮都给我送来！"丹尼尔用无线电发出求救信号。8 个小时打了 1 万发炮弹，在欧洲战场，如此的炮弹密集度可谓空前，让敌军步兵团寸步难进。可是敌方装甲车已经逼近营指挥所，距离只有不到 100 码了。该营指挥所设在一个名叫比辰巴赫屋的农场大院里。坦克和机枪的密集射击把 4 英尺厚的石墙烧得起了泡。白天，丹尼尔和他的参谋带着伤员们缩在地窖里焚烧机密文件。谢尔曼坦克和新型 90 毫米轻型反坦克炮在一个谷仓后面奋力反击，终于把德军的进攻全部击退，仅有一辆装甲车逃走。夜晚降临，四周静得可怕。

巡逻队报告称，死亡德军"多如草"，未来的盗墓者应该可以在这里找到接近 800 具尸体，加上 47 辆损毁的装甲车和自行火炮的残骸。距离许特根战役遭受毁灭性打击仅 3 周时间，丹尼尔的部队又损失了 250 人。在艾森伯恩山这场持久战中，光是第 2 师和第 99 师的伤亡和失踪士兵就达 5 000 人次。然而，美军还是守住了防线。

德军第六装甲集团军在突出部的"北肩"发挥了最高水平。迪特里希需要在右翼部署一道 8 ~ 12 英里宽的缓冲带，以确保德军进攻部队在朝默兹河缓慢行进时不会遭受美军炮火的袭击。然而，在穿过比辰巴赫时，大型载重车辆被迫驶出主干道，向南寻找二级道路。党卫军第 1 装甲团的三条指定路线都非常拥堵，而其他道路都处于盟军火力范围内。由于一个师未能及时赶到贻误了战机，而另一个师遭遇美军猛烈的反击，从北侧蒙绍附近发起的进攻也告失败。在这场战役中，党卫军 12 装甲师再遭重创，其他部队又表现平平，显得笨拙而僵硬，只有派普的突袭让人仍保有期待。

美军则显示出极大的灵活性，他们出色地掌握了"集火射击"的战术。光是 12 月 17 日一天，就有近 6 万名美国生力军投入阿登战役。美军 4 个步兵师守住了北肩，致使德军西线总指挥在战争日志中不得不承认："艾森伯恩进攻收效甚微。"而 B 集团军悲叹"实际战况比预计进展慢多了"。迪特里希和他的副官们似乎总是与战机擦肩而过，前景堪忧，龙德施泰特和莫德尔见包抄围攻未能奏效，一致决定立即将重心从第六装甲集团军转移到南部曼陀菲尔的第五装甲集团军。在北线受阻被压缩的情况下，德军的左翼也出现新的险情，此时，从卢森堡通往巴斯托涅再到默兹河的道路就显得尤为重要，可谓生死攸关。

★★★

12 月 16 日星期六早晨，曼陀菲尔发起进攻时，两个装甲师并肩冲锋，活像一群狼冲进了羊圈。此次交锋中，美军防御兵力不超过一个团，如此狼多羊少的局面，让人不禁心生绝望。科塔率领的第 28 师在许特根战役中损失了 6 000 人，还没有恢复元气，却还要驻守乌尔河沿岸一条长达 20 英里的防线，其下 3 个步兵团全被部署在前线。情报部门曾预测对岸德军只部署了 2 个师的兵力，可是科塔的队伍却接连遭遇了 5 个师的狂攻，除此之外还有一批强劲的德军增援部队正赶往战场。

火炮和迫击炮组成的火力网将战地电话线和卡车轮胎炸得粉碎，德军渗透部队在迷雾中悄悄沿着美军前哨站后面的河床徒涉乌尔河。前哨站迅速后撤，来不及撤退的岗哨要么被端掉，要么投降。一名被抓获的工兵回忆说："他们搜到我的时候，发现我口袋里有用手帕裹着的牙齿，他们就没收了。"照明弹和探照灯驱走夜色，照亮了美军的炮兵阵地，德军的奇袭部队很快突破了美军防线，可榴弹炮群的炮筒却从未冷却，仍在接连不断地发射。

美军的一个装甲师从峰顶一条被称作"天际线公路"的道路上奔袭而下，却遭到德军的埋伏：11 辆轻型坦克被摧毁，"就像瓦罐进了打靶场"。第 28 师的战地指挥所坐落在距离乌尔河以西 10 英里，以酿酒和制革为主业的维尔茨镇上，科塔在指挥所里鹦鹉学舌般重复第 8 军军长米德尔顿将军从 10 英里外的巴斯托涅司令部发出的命令："不惜一切代价守住阵地。"一名士兵在战地日记中草草写道："这个地方已经守不住了。"

　　然而，德军在北部遭遇到更多的障碍，进攻严重受阻。当第 2 装甲师试图穿越一座乌尔河上的桥梁时，10 辆坦克刚过，桥就塌了。工兵分别在格蒙德和达斯堡架起两座坚固的桥梁供装甲车通行，然而，本已十分陡峭的 U 形引道被美军炮兵破坏得更加凹凸不平，使其行进速度极其缓慢。尽管科塔部署在两翼的两个团在德军火焰喷射器和装甲车的攻击下放弃了阵地，仍无法改变德军被严重拖延的作战进度。

　　在美军右翼，德军第七集团军的 4 个步兵师构成"秋雾行动"的南部屏障。美军第 109 步兵师用 3 天时间后撤 4 英里至迪基希，跟第 9 装甲师的部分兵力会合。而同样在许特根战役中受到重创尚未恢复元气的第 4 步兵师则破坏了德军包抄美军后路的计划。在科塔驻扎地左侧，第 112 步兵团两个营的驻地被迅速占领，但是士兵们操起步枪顽强抵抗；曼陀菲尔的第 58 装甲军在试图越过乌尔河寻找据点途中受到重创。到了星期天深夜，德军的装备和人数都占上风，但 112 步兵团仍在有条不紊地向西北方向撤退，尽管他们与第 28 师的余部被敌军隔开，但仍保存了相当的实力。在科塔的首肯下，该团继续悄悄向北行进，进一步支援比利时圣维特镇的驻军加强防守。

　　科塔现在只剩下一个团——第 110 步兵团，该团负责防守第 28 师中心部位 11 英里长的防线。这条防线承受着来自曼陀菲尔最猛烈的进攻。德军第 47 装甲军的三个师奉命从巴斯托涅找到一个突破口，根据元首的指令，他们应当速战速决。星期天中午，第 110 团的兵力已被瓦解，不过并没有被完全打散。

　　9 世纪时期，曾有很多贵族在克莱沃这个中世纪小镇的一座城堡里生活过，特别值得一提的有勃艮第公爵和盲人约翰。城堡位于岩石林立的一个山坡上，在那里能俯瞰通往巴斯托涅的要道。现在，包括文书和面包师在内的 100 名身穿长皮衣的美国兵正在紧张地设置路障，力图封锁城镇，并站在女巫塔的垛口向德军开枪射击。地牢里传出惊恐的哀泣声，几十个女人和孩子正躲在其中避难。

　　沿此路继续上行 1 英里就是克莱拉威利斯寄宿酒店，神情严峻的团长赫尔利·E. 富勒中校通过无线电将该团所处的险境报告给科塔："敌军至少有十几辆装甲车正在从高地向克莱沃射击，城堡被包围了，弹药匮乏，火炮部分被摧毁了，部分正在撤退。""不惜一切代价守住阵地。"科塔继续重复道,"不许撤退。一个人都不许撤!"

星期日晚上 7 点 30 分,富勒再次用无线电向师部求救,将其面临的困境比作阿拉莫之战,正在此时,一名参谋闯进来报告称敌军坦克已闯进外面的街道。"没时间啰唆了!"富勒对科塔那边接电话的中尉吼了一声就摔下了听筒,就在这时,三枚炮弹飞了进来,旅馆的正面被彻底炸毁。富勒冲上三楼,抓起卡宾枪和大衣刚要撤走,却发现十几个惊慌失措的士兵躲在 10 号房。

这时,楼梯上传来德军上楼的脚步声,他们向窗子丢进一枚炸弹,炸得玻璃、石膏和铁片飞落各处,一名中尉当场殒命,5 名士兵受伤。富勒匆匆忙忙给一名伤到眼睛的士兵扎好绷带,牵着他来到 12 号房间,一架跨度为 15 英尺的铁梯正搭在通往旅馆后面的一处陡峭的天然石阶之上。士兵抓着富勒的皮带跟在他身后,两人小心翼翼地爬上石阶。当他们爬到绝壁上往下看时,目光所及的克莱沃已是火光冲天。富勒打算前往西边的巴斯托涅,但是没有成功:四处逃窜的士兵们很快就在嘈杂的炮火声中失散了。几个小时后,躲在维尔茨附近的灌木丛中的富勒被德军抓获,他被摔上货车押送到莱比锡附近的战俘集中营。

那座城堡也起火了,火焰从塔顶缓缓地蔓延至地面,滚滚黑烟把雪白的内墙烧得乌黑。12 月 18 日星期一早上,克莱沃的美军最后一次发出无线电呼叫后,一辆坦克就撞开了城堡厚实的木门。下午 1 点,零星的守军挂起白旗以示投降。沉默笼罩着克莱沃,除了火焰的噼啪声和德军烧杀抢掠的噪声,小镇一片死寂。在红十字会曾经驻扎的小旅馆里,前窗玻璃上还写着:"当然,我们的门是开着的。"

在一个距离克莱沃不远的卢森堡小镇里,惊慌失措的人们正用锤子和斧头拆除那块秋天刚竖起来的巨大的标语牌——"欢迎美军"。12 月 19 日星期二第 109 步兵团撤走后,3 000 名男女老幼抛下 400 名无法逃走或执意不肯离开的人,冒着严寒趁夜色逃到迪基希。科塔命令士兵们将没有寄走的圣诞包裹和信件通通堆在维尔茨的院子里,浇上汽油烧掉。师部指挥所星期二撤走,他们先后经过巴斯托涅、希伯来特,最后来到纳沙托。紧随其后的军乐团、工兵、军需官和电报员被德军空降兵发现后遭到残杀,德军仅用冲锋枪和 40 辆装甲车便攻下了维尔茨。

"就这样结束了。"陆军官方战史写道,"只剩下枪声、焚烧的车辆和哀号的伤员。"一些美军士兵见状带着地图和镭盘指南针一群一群地逃走了。被俘的有几百人，其中包括一名年轻军官，他写道："我被当作发动机罩上的装饰物绑在德军一辆指挥车上，两条腿搭在格栅上。指挥车一路往东，穿过德军增援部队的行军纵队，被德军当作战利品嘲弄。"

至此，第 110 团彻底溃败，减员 2 500 人。60 辆美军坦克瞬间成为冒着浓烟的残骸。不过，德军再次付出时间的代价，48 小时才行进了几英里，其实这对防御者而言还是相当划算的。南肩一方的进展也像北肩一样。第五装甲集团军虽然正在朝巴斯托涅行进，但是三个师屡屡受阻，蜗牛般的行进速度完全打破了希特勒再打闪电战的幻想。

★★★

只有在德军突击的中心地带才能感觉到"秋雾行动"的真正成功。美军第 106 师由 1.4 万名新兵组成，很多人都躲在盟军占领的齐格菲防线碉堡内。星期六（12 月 16 日），德军先锋部队围绕西尼·艾弗尔的陡峭山地，从左右两侧以钳形攻势夹击盟军。曼陀菲尔将军希望在一天内攻下圣维特镇。此镇是比利时商贸中心，距该镇以西 16 英里处是 5 条公路和 3 条铁路的交汇点，通过这个枢纽可以从阿登森林横跨比利时全境，所以这一地区至关重要。

虽然美军均处于敌众我寡的境地，但当日清晨双方激烈的交火还是扰乱了敌军的原定计划。德军的一个纵队被打得晕头转向，一名德军士兵用英语喊话："休息 10 分钟，我们再战。"

可惜美军的优势只是昙花一现，至少左翼的形势是如此。第 14 骑兵大队 1 600 人当中有一半人被堵在罗谢姆隘口，队长小马克·V. 迪瓦恩中校命令他们开着劣质装甲车和几辆自行反坦克炮驻守在 8 块低洼地带。这位沉闷的中校十分严苛，总是对比利时各地的市长们说："你们该死的城市太脏了。把它们清理干净！"面对来自南线第六装甲集团军的空降兵和来自北线第五装甲集团军的国民掷弹兵，骑兵大队的防线岌岌可危。迪瓦恩从曼德弗里德发回报告称："前线未遭损失，情况仍在掌控之中。"

然而，那几个搭建在洼地上的要塞一个接一个地被德军突袭部队攻下：克莱温克尔、艾弗斯特、科博斯谢德。罗斯发出最后一条消息——"坦克距指挥所还有 75 码。瞄准，射击！"——之后就没声音了。星期六下午 4 点，德军炮弹炸伤了指挥所的一名参谋，并将迪瓦恩掀到地上。这时，位于圣维特的第 106 师师部才做出指示，批准迪瓦恩撤退 2 英里。骑兵们把曼德弗里德付之一炬，向另一道山脊撤去，并将十几辆自行反坦克炮当中的 8 辆炸毁。

迪瓦恩的行为非常怪异，或许他是被炸晕了。当他的骑兵们还在掘壕坚守之时，他却跑到圣维特的师部指挥所，在忙乱的师部消磨了整整 13 个小时，悠闲地享受了一顿热腾腾的早餐，面包、奶酪、蛋糕、咖啡，一样也不肯落下。一个参谋没觉得他的行为有什么异常，可副师长却觉得他"几乎语无伦次……十分紧张，有点儿控制不住自己的行为"。参谋长说他"好像既兴奋又焦虑"。事实上，师长艾伦·W.琼斯少将自己也焦虑不安，他没能给部下提出什么建议，也没能安抚他人的情绪，只让他们挺住。

星期天拂晓时分，迪瓦恩回到骑兵队，在没有遭遇敌军威胁的情况下命令骑兵队往回撤，然而这次撤退并没有得到师部的批准。当天午后他又跑回圣维特，闯进琼斯的办公室，面红耳赤地嚷道："德国人现在就在我们后面！他们已经突破了北线。我的骑兵队快要完蛋了！"被送回骑兵队后，这位中校再次违令撤退，这次竟然一口气撤到圣维特西部，退到距离原阵地 17 英里外的波托。

星期天傍晚，迪瓦恩再次出发前去圣维特。这次，他带着主任参谋和全体参谋军官，分乘三辆吉普车和一辆装甲车，开着防空灯往圣维特驶去，不过这次是朝东南方向走。不料他们刚走到雷希特东边 1 英里处，就遇到了悄悄往西行进的德军队伍，于是他们赶紧掉头，就在这时，一声尖锐的"立定！"惊住了他们。德军纠察队越走越近，一名士兵不停打量着装甲车上的白色星星徽章。这时，坐在第一辆车上的一名参谋突然开枪打死了那名士兵。紧接着，一名中士端起 0.5 英寸口径机枪射击，双方开始交火，迪瓦恩等人在丛林中失散。

半夜，衣衫不整、语无伦次的迪瓦恩出现在位于波托一处被征用作为指挥所的小客栈里，对一位下属说："我命令由你接管骑兵队。"星期一（12 月 18 日）凌晨 4 点，他被军队的牙医送到维尔萨姆。后来拉罗克的军医发现迪瓦恩"眼神疯狂"，好像在指挥交通，并一直说服过路人立即反攻，便给他用了 6 克阿米妥钠，让他陷入深眠状态，并将他从前线撤走。

然而损失太大了，即便是派一名中坚分子指挥第 14 骑兵大队作战，也未必能让它躲过即将临头的大祸。美军左翼突然大乱，德军空降兵星期天（12 月 17 日）就已穿过曼德弗里德抵达兰泽拉斯，和派普中校的人马会师，逼迫 99 师往北退，迫使南部的第 106 师陷入困境。

442

此时，在圣维特，琼斯将军正在向第 8 军军长米德尔顿将军寻求良策。琼斯身材矮壮，是一个地道的华盛顿人，一头油亮的头发，留着克拉克·盖博式的胡子。事实上，除了工兵营，该师全员参战。第 106 师各团到底应该驻守 28 英里的防线，还是应该撤退？

米德尔顿在巴斯托涅接到琼斯打来的电话时说："显然你比我更了解情况，不过我认为还是撤退比较明智。"然而，由于电话受到干扰，琼斯并没有听清米德尔顿的后半句话。信号干扰在战争中实属常见，但这次却酿成了一场灾难。琼斯挂上电话后告诉圣维特的指战员们。"米德尔顿说我们应该坚持住。"就在这时，米德尔顿告诉巴斯托涅的部下："我刚才接到琼斯的电话，我告诉他把部队撤离西尼·艾弗尔。"但是第 106 师还在坚持，尽管它的两翼受到异常猛烈的攻击。米德尔顿后来评论说："他可能觉得他能挺住。可是他错了……只能算是勇气可嘉。"

★★★

此外，琼斯一直坚信援军已经前来支援。第 8 军承诺，第 7 装甲师和第 9 装甲师的部队很快就会抵达，可能就在几个小时之后。这种乐观的估计没有预见到双车道和三车道上堆积着密集的人流和车流造成的大拥堵，一位少校是这样描述当时的情景的："大家各行其是，都只顾着往前挤……我从来没见过这么严重的拥堵。"另一名军官感叹道："毫无秩序和纪律可言，不像行军，混乱得惨不忍睹。"一名坦克手开着坦克以每小时 1 英里的速度钻过人群往前挪，他报告称"车里的人被吓疯了，拼命地往后钻，他们已经完全丧失了理智"。

到星期天（12 月 17 日）中午时分，只有第 7 装甲师 B 旅的先头部队抵达了圣维特。新提拔的陆军准将布鲁斯·C. 克拉克是该旅的旅长，他原本都准备动身去巴黎做胆结石手术了，可是突然接到命令前来增援，命令中说道："圣维特的艾伦·琼斯遇到了麻烦。"克拉克来自纽约北部，是一位工程师，面部轮廓分明。而当他赶到圣维特却发现琼斯面对的麻烦不仅是三面均被德军围困的险境、四分五裂的骑兵部队，还有他本人对在西尼·艾弗尔某地任中尉的儿子的深深的关心。师部的参谋们正在忙着烧地图，匆忙地将设备装箱准备撤离。

下午 1 点，琼斯再次给上司米德尔顿打去电话，报告说："情况有所好转……我们很快就可以渡过难关。"这让克拉克目瞪口呆。挂掉电话后，琼斯告诉克拉克，米德尔顿的"麻烦都已经够多的了，不要再让他为第 106 师操心了"。

枪声越来越近，两位将军慌忙冲上师部 3 楼。师部设在尖顶的圣约瑟夫隐修院里，修道士们常年在这里照料病人、给年轻人传道、为逝者沐浴遗体。炮口的焰火映在小镇东边的绝壁上，闪烁着耀眼红光。琼斯扭头对克拉克说："我已经尽了全力了，但实在无计可施，这里的一切就交给你了！"说完，琼斯将军就迅速消失在疯狂向西撤退的人群中。

由于琼斯执意坚守阵地，被留在西尼·艾弗尔的第 422 和 423 两个步兵团和 5 个炮兵营在即将合拢的包围圈里暴露无遗。星期天，德军从北部和南部包抄过来的部队在勋波格会师，该包围圈从东圣维特横跨比利时边境。第 106 师下辖的第 3 个团即第 424 步兵团驻守在圣维特镇南部，当天早些时候，他们奋力击退敌人的进攻，从敌军的包围圈里钻了出来。然而，到傍晚时分，其余 9 000 名美军官兵却都被困在德国一个积雪覆盖、荒无人烟的沼泽里。刺骨的寒风吹过杉木林，带来的还有美军后方德军装甲车引擎发出的轰鸣声。士兵们在沿着西墙分布的散兵坑里抱作一团取暖。"呼啸的风声中，士兵们面无表情。"一名军官回忆道。

星期一凌晨 2 点 15 分，琼斯将军终于发来一份电报，命令这两个团往勋波格撤退，称圣维特一支先头部队会协助他们突围，空降兵会把弹药、食物和水空投给他们。第 422 步兵团团长乔治·L. 戴思南中校垂下了头，说道："他们会被剁成碎块的。"

厨师做了一大摞的薄煎饼后便把厨房砸了。拂晓时分，他们在浓雾中启程了。蜿蜒曲折的纵队艰难地蹚过积雪，朝着接近罗盘指向的 270 度方向茫然行进。卡车、吉普车和牵引炮车沿着牛羊行走的小路或山径跟在队伍旁边。人们竖起耳朵寻找头顶上 V-1 火箭发射的声音，依稀顺着那个声音往西走。就连戴思南都忍不住嘀咕："我们到底他 × 的在哪里？"他们早就准备好了巨大的橙色板条，准备画出空投区，可是根本没看到前来空投的飞机。恶劣的天气和"指挥不当"——空军后来对当时的混乱情况给出了如此的说法。英格兰的飞机无法起飞，只有比利时和法国之间飞机场上的二十几架飞机载着应急物资来回穿梭，寻找陷入包围圈的两个团，却始终徒劳无功。

到了中午，盟军飞行员没能找到美国士兵，还被德军发现了。在德军大炮和迫击炮的火力攻势下，两个团的行进纵队被切断，伤亡数百人，队伍被驱散在山野中。德军的炮火至少从三个方向袭来，炮手们都搞不清该向哪个方向还击。迫击炮的弹药用光了，很多步兵只能潦草打了几梭子。饥寒交迫的军队匍匐着钻进沟壑，躲在杉树林里等着夜色降临。这时，已经跑到维尔萨姆的琼斯将军又发来一份电报，称装甲增援部队可能不会来了。他还说：

> 攻下勋波格，重创那里的敌军，然后朝圣维特进攻。完成这项任务对祖国至关重要。祝你们好运。

星期二破晓时分，第 422 团陷入绝境但仍保有斗志的三个营一齐冲了出来，却遭到德军坦克和机枪的迎头打击。几门自行火炮从士兵中间轧过，留下沉重的巨响，他们被迫再次隐蔽起来。在此之前，他们差点儿朝附近河床上影影绰绰的人群开枪，后来才发现是第 423 团的战友。团长查理斯·C.凯文德上校靠在一棵树上，神情沮丧，陷入沉思。随团牧师说："唔，上校，我们原计划可不是这样的，对吧？"凯文德摇摇头："对，牧师，不是这样的。"

到下午 1 点，美军损失严重，其中一个营只剩下 50 人。猛烈的炮火将雷姆沙伊德和奥镇之间的牧场炸得面目全非。没有戴头盔的年轻士兵们在凛冽的寒风里目光痴呆，瑟瑟发抖。"他们身上的皮肤变得灰白发黄，就像刚死去的人一样。"一名中尉写道。德军的喇叭高声放着班尼·古德曼和阿蒂·萧的歌曲，其中夹杂着"投降就有热水浴、热炕头、热蛋糕"的叫嚷声。一名躲在战壕里的士兵啜泣着喊道："狗 × 养的德国杂种！"当看到一辆谢尔曼坦克在勋波格道路上铿锵前行时，士兵们顿时精神振奋。然而，当敌军机组从谢尔曼坦克里朝外开枪时，人们才明白这辆坦克已经被德军俘获，顿时，所有的希望都破灭了。

下午 2 点 30 分，戴思南上校把剩下的 2 000 人召集在仅剩的方圆 400 码左右的阵地上，对大家说："现在我们已经走投无路，我打算给大家一条生路，尽量让大家都活下来，就算把我送上军事法庭也他 × 的无所谓了。"他的话在士兵们中间迅速传开了："毁掉所有的武器和装备，我们要投降了。"士兵们用树干砸毁他们的步枪，把所剩无几的弹药夹丢进小河里，一名少校把两条白色的手帕系在一起，前去交涉投降的条件。戴思南坐在战壕口上默默地流着眼泪。半英里以外的凯文德上校也做出了同样的决定，他给部下 30 分钟的时间销毁所有武器和物资。炮兵指挥官站在急救车上挥舞着防雪披风，高声喊道："我们投降！"

一列又一列的士兵们高举着双手走出来。只有几个宁死不降的人或藏匿起来，或仓皇地逃入森林。这次向德军投降的美军士兵共有 7 000 多人，这是美军在欧洲战场上最糟糕的一次惨败，也是除巴丹战役之外美军在战争中最大规模的一次集体投降。"美国陆军的所有师长当中，只有我这么快就丢了一个师。"琼斯悲恸欲绝。两天后，他被解职，后因心脏病发作而被送到巴黎附近的"病员分遣队"。"第13号撤离令"下发后，他回到华盛顿，每天从政府领取 7 美元的补助。

长长的俘虏队列步履蹒跚地朝德国走去，琼斯的儿子也在队列中。路边的雪地里躺着哀泣求救的伤员。德军增援部队踏着正步走了过去，机枪装在独轮车上左右摇晃，街边的群众无知地讨论着"装甲车是如何穿过默兹河的？"。人群中，有一名被俘的炮手看到坦克拖着坦克，坦克拖着没有了引擎的大巴车，画满了红十字标志的大巴和卡车里塞满了弹药和兵员。

"不准逃跑！"德军看守大声吆喝着，"如果你们敢逃，就让你们尝枪子。"很多美国士兵的外套和毛毯都丢了，到了夜里，他们只能抱着团相互取暖。饿得受不了了，有的人就抓过蜡烛塞进嘴里，还有人从猪槽里找到土豆皮，狼吞虎咽地吞下去。他们走进莱茵兰城镇，平民们骂骂咧咧地诅咒他们，朝他们扔石头。"德国兵让我们脱下靴子送给平民。"423 团的一名小队长在日记中写道。他还说，在科布伦茨，一个穿西装的人"用公文包砸我的脑袋，卫兵说最近的狂轰滥炸让这位先生很不满"。在驶往德累斯顿俘虏劳动营的火车上，22 岁的上等兵小库尔特·冯内古特（后来他成了一位著名作家）在寄往印第安纳的家书中说："刺刀对坦克，胜负显而易见。"

> 德国大兵们押着我们往林堡走，没有食物，没有水，不让我们睡觉……到了林堡，我们被塞上车，车厢上了锁，60 个人挤在一间不通风、没暖气的篷车里……车厢底全是刚拉的牛粪……仅能容下一半人躺着睡觉，另一半人只得站着。

从这个战场往东 100 多英里就是陶努斯山脉的鹰巢，此时，那里的副官和司令部的文书们正在整理阿登战役的最新报告。尽管发起进攻的两支部队让希特勒先生大失所望，但是来自西尼·艾弗尔的战报却让他精神振奋。默兹河、安特卫普两役都已经取得全盘胜利。元首对他的将军们宣布："胜利在望——大获全胜在望。"

愚蠢的"按兵不动"

星期六（12 月 16 日）清晨，卢森堡铅灰色的天空让人阴郁沉闷。原打算乘飞机到凡尔赛申请步兵增援部队的奥马尔·布拉德利只好改乘汽车前往。驾驶员往将军的座驾里堆上一打可口可乐，早上 8 点，车子便载着这位将军开上冰雪覆盖的道路向西驶去。布拉德利没有关注战情室的早报，上面警告他提防德军的进攻。不久前，他再次登上《时代》杂志的封面，这是六个月以来的第二次，不得不说杂志给予他如此"殊荣"，颇有些恭维的味道。

现在他穿着修剪整齐的毛皮大衣，坐在凯迪拉克的后座上喝着苏打水，看上去疲惫不堪。5 个小时后，车子抵达阴雨连绵的巴黎。他走进丽兹酒店准备吃午餐，坐定后望向窗外，此时，旺多姆广场周围的烟囱死气沉沉，关于盟军陷入困境的谣言就是从这座酒店的餐厅传出去的。很久前，海明威也曾经住在楼上的套间里，当时，他的书和酒瓶扔得到处都是，后来，由于流感而导致高烧不退的他更在这间大厅高声宣布："彻底突袭。我们可能要拼了……把子弹上膛，把炮筒擦亮。"

接近下午 3 点的时候，盟军远征军最高统帅部的一名上校手里拿着一份急件，蹑手蹑脚地走进艾森豪威尔在凡尔赛的特里亚农皇宫酒店的办公室。此时，办公室里除了布拉德利外还有四个人，他们围坐在会议桌旁，正在和最高统帅进行商谈。前线发来的文件明确指出："阿登遭到了'程度极其猛烈、范围极其广泛的袭击'，并已经确认德军派出大量兵力参战。"最高统帅部情报处长斯特朗少将拿起地图仔细察看，地图上显示敌军的进攻是针对美军第 5 军和第 8 军的。

斯特朗怀疑希特勒的策略是先拿下默兹河，然后直取布鲁塞尔。比德尔·史密斯提到，最近第十二装甲集团军群数次收到情报，要他们警惕德军已恢复元气的第六装甲集团军。真是哪壶不开提哪壶，但布拉德利对此却始终持怀疑态度。布拉德利说："敌军的这次行动看上去不过是一次骚扰性进攻而已，企图以此瓦解盟军朝莱茵河发起攻击，骚乱很快就会停止。"会议就要结束的时候，斯特朗警告道："低估敌军会犯错的。"

当晚，艾森豪威尔和布拉德利在圣日耳曼昂莱的一座大别墅里共进晚餐，这座别墅曾被龙德施泰特占领，现在归盟军最高统帅使用。尽管阿登方面传来的消息令人沮丧，但现在他们仍旧兴致高昂：华盛顿刚刚有消息传来说，总统决定提拔艾森豪威尔为五星上将。整整等了 16 年，艾森豪威尔才从少校提拔为中校，但是从中校提拔到五星上将，却只用了短短 45 个月。两位老友先开了一瓶香槟，然后又倒了些苏格兰风笛手威士忌，一边小口啜饮，一边打了五局桥牌。

艾森豪威尔在随后打给马歇尔的电话中坦承，对于"秋雾行动"的威力，"我们所有人，无一例外，都被震惊了"。直到过了近一周，最高统帅部的情报部门才确定德军企图把盟军队伍从中间劈开。事实上，艾森豪威尔一开始就感觉到阿登的麻烦绝不是骚扰性的进攻。在赶去圣日耳曼吃晚餐之前，他坚持要求布拉德利发出指示，把第 7 装甲师从北边调去圣维特，第 10 装甲师从南边调去巴斯托涅。布拉德利回答说："把第 10 装甲师调到巴斯托涅可能会令巴顿不满。"艾森豪威尔厉声说："告诉他，在这场该死的战争中艾克说了算。"

其他部署随后也很快到位。现在可以供最高统帅部调动的拥有实战经验的预备队就只剩第 101 空降师和第 82 空降师。两个师都希望能多修整一个月，他们参加完"市场花园行动"后，又在奈梅亨附近奋战了好几个星期，到现在还没恢复元气。一战经验表明，首先要从两翼钳住来袭敌军的肩部，从而消灭敌人的突出部分。统帅部下令两个师的空降兵火速赶往阿登，协助友军遏制德军肩部，同时加紧其他部署，同时指示英军的 1 个装甲师和 3 个步兵师马不停蹄地赶往第二战场，美国的运兵船也在极速驶往法国；下令前线的指战员要不惜一切代价守住默兹河上的桥梁，在必要时可以考虑全部炸毁，同时命令巴顿准备向北进军，把遭到围困的第 8 军（米德尔顿任军长）纳入麾下。

艾森豪威尔在下达的另一道补充指令中说："敌军突然从固定的防御工事中冲出来，这给了我们千载难逢的机会，他们会因孤注一掷而一溃千里。"必须守住物资仓库，必要时可付之一炬，全部撤离。还要加强巴黎周围的防御。尽管如此，一位到凡尔赛访问的法国军官还跑来问斯特朗将军："你怎么还不整装准备撤离？"

在发给马歇尔的电报中，艾森豪威尔一再保证，"没有丝毫迹象表明应该把责任归咎于布拉德利"，他"头脑相当冷静"。然而，布拉德利并没有真把危机放在心上。在回司令部的路上，他乘坐防弹轿车并由宪兵队护送。他把目光投向沿途的风景，发现路旁的牧场里有一只野鸡，这位经验丰富的"猎手"还兴致勃勃地指给大家看。

回到卢森堡后，得知德军至少有 14 个师正在发起进攻，他还嘀咕道："该死的希特勒，这个杂种哪里来的这么多兵力？"考虑到他在阿尔法酒店的办公室距离前线仅几十英里，为防备可能的袭击，他将之迁至酒店背面的房间里，而且不再走前门，转而从厨房进出。副官们把他吉普车和头盔上的星级标志遮起来。频繁响起的空袭警报和轰鸣的高射炮无数次打断他的睡眠，他只好服用安眠药。参谋们惊慌失措地把秘密文件埋到司令部的庭院里，把隆起的土堆伪装成坟墓，还竖起一个木头十字架，挂上身份识别牌。

然而，布拉德利还是一副无动于衷的样子。他下令后勤人员和工兵们继续为"跨越莱茵河计划"做准备。12 月 18 日星期一晚饭过后，他看着一张地图告诉一名副官："我不会太当真，尽管其他人可能不会同意我的看法。"

★★★

在那些不同意德军发起大规模进攻的人中就有科特尼·霍奇斯将军。在位于斯帕的集团军司令部里，他和布拉德利都对德军发动进攻一说毫不相信（不过他一天多之后就改变了看法）。一支工兵连照旧在 12 月 17 日星期天去布根巴赫修理铁路桥，而霍奇斯起初拒绝取消针对罗尔的进攻。在一场圣诞聚会上，一名据说原先在俄克拉荷马州当职业歌手的参谋引吭高歌："噢，多么美丽的清晨啊！多么美好的一天啊！"随军记者们在斯帕的葡萄牙饭店的 6 号房间聚会，大家举杯欢庆，一名记者写道："大家欢快地或站、或坐，或躺在床上，或围在屋内，每个人都唱着一曲下流小调，什么'星期一我亲着她的脚脖子'之类的。"

第一集团军 14 个师负责驻守从亚琛到卢森堡 165 英里的防线，而霍奇斯大部分高级参谋都还在伦敦和巴黎度假。随着 12 月 17 日星期天各部战况的到来，设在布里坦尼克饭店的集团军部陷入深深的焦虑。

教堂钟声响起，通知平民从傍晚 6 点到第二天早上 7 点执行宵禁。斯帕外面的迫击炮兵把锡锅和餐具分散到他们四周，暂时当作警示渗入者的工具。厨师、新闻检察官和比利时火枪手们聚集在据点周围。由随军律师和会计临时组建的巡逻队将天上的飞鸟当成了德军的空降兵紧追不舍。靴子上沾满泥水的士兵闯进布里坦尼克饭店的鸡尾酒餐厅，从红木吧台后面拖出牙医的椅子和病房里的器具。

害怕德军报复的比利时宪兵打开牢门，放出 21 名里通外国的奸细，盟军宪兵队赶紧又把他们逮了起来。"上头发了铝热剂手榴弹，可以供我们用来销毁文件。"福里斯特·波格在日记中写道。在星期天晚上，点燃篝火的人中就有战术空军指挥官皮特·奎萨达少将。突尼斯的老兵们想起德军 1943 年 2 月发起的进攻，当时盟军从凯塞林隘口向后撤退了足足 80 英里。

或许，此时的情景让霍奇斯将军担心遭遇类似当年的溃退。星期天中午，他紧闭办公室大门，坐在椅子上，趴在桌子上，电话也不接，两天来大部分时间他都处于如此消沉的状态。疲惫、虚弱和绝望让他心里五味杂陈。美国陆军最强悍的战术指挥官欧内斯特·N. 哈蒙少将后来称"霍奇斯可能是我见过的意志最不坚定的人，还总是装出一副统帅的姿态。"第一集团军司令"即将崩溃"的消息传到卢森堡，据说艾森豪威尔和布拉德利曾考虑过撤掉霍奇斯，但最后还是选择等待李奇微将军的第 18 空降军赶来增援之后再做安排。第一集团军能干而专横的参谋长比尔·基恩少将接过指挥权，直到 12 月 18 日星期一下午霍奇斯恢复状态，并下令从斯帕撤退为止。

军官们还在烦恼怎么收拾烫得平平整整的花花绿绿的衣服，还在想要不要带上他们的酒柜，就听到战情报告说德军装甲车距斯帕只有 6 英里了，紧接着又传来一份报告称德军只有 2 英里了。虽然日后两次报告均被证实是不准确的，但却切实推动了盟军撤离的速度。"我觉得德国人当时被迫从巴黎撤走的时候肯定也是这样。"波格写道。比利时的小学生们在操场上齐声歌唱《星条旗永不落》的时候，他们的父母正撤下美国国旗和罗斯福总统的照片。

一个犹太女人啜泣着恳求司令部："把我的孩子带到一个德国人无法伤害他的地方去。"1 200 名伤员和医生 90 分钟内全部从第 4 康复医院撤出，跌跌撞撞地奔向于伊城。不幸的是，V-1 火箭击中了两支撤离的卫队，20 多个美国兵被当场炸死，载重车底盘被炸得粉碎，乌黑的碎片散落在道路上。

12 月 18 日星期一，霍奇斯还逗留在布里坦尼克饭店时，一名军官低声对他说："赶紧自救吧，将军。要是我们被打垮可是您却没有被俘，那情况可够糟糕的。"晚上 10 点，司令部开始朝列日附近的绍德方丹撤退，半夜，新的司令部在德班大酒店成立。星期二早上，一名军官走进布里坦尼克饭店时，发现桌子上放着早餐，树上挂着圣诞装饰品，文件丢得到处都是。

一名英军联络官向蒙哥马利报告称，"和霍奇斯'完全失去了联络'"——第一集团军的军官在绍德方丹拦住路过的卡车司机，向他们咨询战况。尽管霍奇斯已经不再那样失常，但他仍旧与世隔绝，消息闭塞。德军发起进攻整整一周了，他都没去战场视察过。很多下属单位都不清楚第一集团军的司令部转移到了何处。

第 18 空降军军长马修·李奇微少将（左），在突出部战役期间与第 82 空降师师长詹姆斯·M. 加文少将交谈。（美国陆军军事历史研究所）

一位少尉在家书中写道："我们不能仅用三天时间就把奋战了三个月的战果丢掉，否则就会一溃千里。"

撤出囤积在比利时东部的物资比匆匆放弃一处设在酒店里的司令部费劲得多，但是这项任务完成得相当出色。有的物资存放在既无法转移又无法摧毁的地方——比如，800 万份口粮就被安放在列日附近。巴黎的司令部也计算过，即使默兹河沿岸的所有补给站都被敌人占领，后方也有足够的物资可供整支军队维持 10 多天的正常补给，直到美国的紧急物资运抵这里。但是，小型补给站、医院和维修站必须全部转移到默兹河西岸。在第一集团军 1 700 辆卡车和 2 400 节火车车厢的协助下，4.5 万吨物资和 5 万部车辆被安全转移，同时转移的还有一支由后方梯队士兵、伤员及其他临时雇用成员组成的 25 万人的队伍。

他们用 3 英里长的导爆索在马尔梅迪附近的一处空地炸毁了手榴弹、地雷和爆破筒——一起被炸掉的还有 20 吨白糖、大米和面粉。最关键的物资就是距离党卫军派普中校的先锋部队不到 10 英里的那 350 万加仑汽油，这批汽油的装载规格多为每桶 5 加仑，每堆 1 000 桶。斯塔沃洛附近的油库隐匿在丛林中，面积几平方英里。星期天晚上，派普抵达斯塔沃洛，仅劫得 80 万加仑汽油、30 万加仑的润滑油和原油，另外 13.4 万加仑的汽油被充作 28 号公路的路障引燃。此外还有 200 万多加仑汽油已被载重 10 吨的拖车和火车匆匆转移到对岸。德军此次截获了一些次要物资，但那时龙德施泰特的燃油储备已经日益紧缺，如果不是截获了盟军的燃油，他的坦克和卡车燃油供应必定捉襟见肘。

★★★

斯帕附近的人们也许曾经把乌鸦和椋鸟误认作德军的空降兵，但确实有 1 000 名空降兵被空投到马尔梅迪北面，而且，为了进一步瓦解美军的防御部署，这些空降兵并没有佩戴德军标识。

德军诸事不利。指派给空军训练用的飞机场根本无迹可寻，JU-52 飞机的飞行员有一半都没有参加过实战飞行，而很多空降兵要么是初学者，要么自1940 年在进攻荷兰后就再也没有跳过伞。"别害怕。我保证在进攻第一天的下午 5 点亲自接见你们。"迪特里希将军对执行这次空降任务的指挥官弗里德里希·冯·德·海特上校说："他们的防线背后只有犹太无赖和银行经理。"混乱和重大失误使预定的跳伞计划拖延了一天。

12 月 17 日星期天早上，咆哮的侧风把空降兵刮到了距离预定空投区 50 公里之外的地方。有 200 名空降兵被误投到波恩附近，还有几架飞机被美军打了下来。空降兵只带了一门迫击炮，没带多少弹药，也没能通过无线电联系上总部。冯·德·海特把 300 名部下聚拢在一起，准备三五成群逃回祖国，结果无意间闯进了交火区。海特上校在蒙绍附近藏匿片刻，就出来投降了。1 000 名空降兵中的 2/3 或被杀或被俘，德军在二战中的最后一次空降行动就这样以失败告终。

事实证明，"秃鹰行动"（GREIF 行动）也没能取得胜利。在派头十足的维也纳人、突击队长奥托·斯科尔兹内的率领下，第 105 装甲旅新征募了 2 000 人深入封锁线后方实施勘测和破坏。他们配备的车辆包括几十辆被改装成谢尔曼坦克的豹式坦克和喷成草绿色的德制福特汽车，此外还有此前缴获的几辆美军卡车、吉普车和巡逻车。

该突击队由大约 150 名会说英语的士兵（其实能把英语说得比较地道的只有十来个，而且大部分都是前海员）负责率领 X、Y 和 Z 三个突击小组去攻占默兹河的三座桥梁。他们同时携带了伪造的战俘身份证明资料，还有从美军战俘身上剥下来（以需要消毒为借口）的军装。为了模仿美国大兵吸烟的技巧和其他美国人特有的习惯，这些人认真观看了《卡萨布兰卡》，以模仿片中的亨弗莱·鲍嘉。

但这一切终究都是徒劳。第六装甲集团军在北肩遭遇的种种不幸打乱了斯科尔兹内的部署，美军从一名阵亡的德军军官身上发现了"秃鹰行动"的整套计划，这让美军提高了警惕。12 月 18 日星期一，第一集团军的宪兵队在艾瓦耶附近拦住了一辆吉普，里面的三名士兵答不出当天的口令，经过一番搜查，在他们身上发现了德军士兵工资册和手榴弹。另外，他们还在默兹河的列日桥上发现了四个可疑的人，其中包括一个冒充美国士兵的家伙，他身上揣着两张身份证明，一张是塞西尔·德莱尔上尉的身份证，一张是二等兵理查德·布姆加德纳的军人身份识别牌。宪兵队发现他们在美军野战服里面套着纳粹臂章。乔装的德军奸细 16 人被俘，35 人被当场击毙，他们都没来得及发起一次针对默兹河的破坏行动。之后，斯科尔兹内的突击队被充作正规步兵投入马尔梅迪附近的战斗，由于缺乏经验，没有配备炮兵，这支部队遭到重创，死伤惨重，斯科尔兹内本人也身负重伤。

"秃鹰行动"唯一的成果就是在美军中掀起了歇斯底里的排查浪潮。德军一名上尉在列日被俘，信口开河地声称，德军派出了一支暗杀艾森豪威尔的小分队，而他就是那个小分队的一员，现在已经有 60 名队员渗透到了美军战线。没多久，这个人数就从 60 增加到 150，而且还有传言称这些人可能会假扮成押送被俘德军将领前往最高统帅部的美国兵。报道称，法国各地有几百辆吉普车载着嫌疑犯和那些出言不逊的家伙；巴黎的和平咖啡馆周围竖起了四十多个路障，有消息称，斯科尔兹内和他的亲信会在这里接头。

警察发出的布告上说："斯科尔兹内身高 6 英尺 8 英寸，面相夸张，两颊上有伤疤，可能是在维也纳和一名芭蕾舞娘打架时弄伤的。"据说，有的特务身上还揣着硫酸瓶，随时准备泼到那些怀疑他们身份的哨兵脸上；特务们英语说得比美国兵还好；他们在辨认是不是自己人的时候会敲两下头盔作为暗号，或系上蓝色的围巾，或把军装上衣第一颗扣子解开；有的特务可能伪装成神父、修女或酒吧老板。第一集团军的官方历史干巴巴地记载着："比利时或法国酒吧的老板们向美国兵卖了几个星期的廉价葡萄酒、白兰地、劣质香槟之后，在众人的谣言、疑心和歇斯底里中成为纳粹党卫军上尉。"

检查站的宪兵们试图通过测试各种俗语的说法和单词的发音把冒充者揪出来。比如让被测试者读出"wreath""writhe""wealth""rather""with nothing"的发音。有的宪兵会问道：美国"风之城"是哪个城市，因为有一份情报称"很少有德国人能正确发出'Chicago'的读音"。测试题目还包括：一枚航空邮票多少钱？那个姓辛纳特拉的歌手叫什么名字？米奇的女朋友是谁？小石城在哪个州？

其中当然也不乏失误排查，如一位说话带匈牙利口音、脸上总是带着习惯性笑容的战地摄影记者罗伯特·卡帕因为不知道内布拉斯加州的首府而被逮捕。

军队历史学家弗罗斯特·波格在被问到他的家乡肯塔基州的首府是哪里时，小心翼翼地回答说："肯塔基的首府是法兰克福，不过你们有可能会认为是路易斯维尔。"影星大卫·尼文当时是第二十一集团军群的一名军官，他被问道："1940年世界职业棒球大赛中获胜的是哪一方？"他回答说："这我真的记不得了。不过，我倒是知道我 1938 年跟金格尔·罗杰斯合过影。"

厨子、面包师和文书都接受了有关火箭炮、迫击炮和地雷的使用培训。乱开枪的美国大兵在一座检查站放倒了 4 名法国平民。一位军医被哨兵盘问时说："你这个狗杂种，别挡着我的路。"哨兵毫不犹豫地朝他的肚子开了一枪。凡尔赛的特里亚农皇宫酒店附近不时响起杂乱的枪声，酒店被密实地包裹在蛇形铁丝网里。一天夜里，比德尔·史密斯住的房子后面突然枪炮齐鸣，这位参谋长被吓得穿着睡衣，端着卡宾枪就冲了出来。"我们冲进花园，左右一通狂射。"当时刚好正在拜访参谋长的外交官罗伯特·墨菲后来回忆道："第二天早上发现一只流浪猫被打得浑身是孔。"

他们认为斯科尔兹内和他的暗杀小组成员仍旧没有肃清。艾森豪威尔被迫同意把办公室从圣日耳曼的大别墅搬到附近的一个小营房里。他的豪华轿车每天都会沿着之前常走的路线往返最高统帅部，但是后座上坐的不是艾森豪威尔，而是鲍尔温·B. 史密斯中校，他宽阔的双肩、硕大的脑袋和不耐烦的样子酷似最高统帅，于是他成为统帅的完美替身。

★★★

12 月 19 日星期二早上，真正的艾森豪威尔和泰德坐着一辆从非洲转运来的凯迪拉克防弹轿车抵达凡尔登，他们要在这里一座泥泞的四方院内的营房里召开会议。布拉德利、德弗斯和巴顿也陆续抵达。巴顿坐在配备树脂玻璃车门的吉普车里抽着烟，一支机枪放在旋转枪架上。中午 11 点 30 分，他们爬上楼梯，来到一间潮湿的石头营房里，里面放着一口大肚火炉和一张大桌子，墙壁上贴着一张地图，地图上一个红色的箭头显示 20 辆德军坦克正在接近默兹河附近的那慕尔，这比之前战情报告里提到的敌军方位更靠西。布拉德利恼火地指着那个红色箭头诘问："这是什么玩意儿？"一个情报官连忙道歉，跑过去把弄错的标记撕掉。

"我们不应该把现在的状况当作灾难，而应当作机遇。"艾森豪威尔说着，后背往椅背上靠去，"与会的诸位应当感到振奋。"坐在另一头的巴顿插话说："咱们不如干脆让那些狗娘养的先逼近巴黎，然后截断他们的退路，将他们一网打尽。"

两个参谋事无巨细地阐述了前线的战况：德军至少投入了 17 个师的兵力，几个师的相关材料已基本厘清；防守压力最大的地方可能会是圣维特和巴斯托涅两个要点；德军的动向已经明确；尽管持续阴天让盟军飞机无法起飞，但是德国空军 12 月 18 日星期天一天就向圣维特出动了 600 架次；法军 7 个营和 6 个兵站区后勤部会协助防守默兹河。从星期六开始，美军在阿登的兵力已经翻番达到 18 万人，其中包括 10 个步兵师和 3 个装甲师，此外还有增援部队将很快赶到。

接着，艾森豪威尔发言：德弗斯的第六集团军群将作为阿登之战的总预备队，在阿尔萨斯实施防御；分散的兵力必须聚集，以便积极协同作战；守住列日南边的有利地形，切断敌军炮兵的补给线；通过挤压德军突出部分的左右两翼，加固默兹河的防守，挫败敌军的进攻，形成"供给荒岛"，就可以粉碎龙德施泰特的突出部，使此战成为名副其实的"突出部战役"；美军反击的目标在于拿下莱茵河；第三集团军目前负责防守一条长达 80 英里的防线，辖下有 3 个军正对萨尔河，现在该集团军必须北转插入德军已经暴露的左翼。艾森豪威尔严肃地看着巴顿问："乔治，你多久可以发起进攻？"

"12 月 22 日。"巴顿回答说，"3 个师共同作战，第 4 装甲师、第 26 师和第 80 师。"

艾森豪威尔身子略微前倾，用手指飞快地掐算了一下距离、时间和几个师的情况。这次调遣需要整个军向左侧急转，而且要在积雪覆盖的路上行进近 100 英里。"别太天真了，乔治。如果你动作太快，就无法保证 3 个师同时就位，最后会变成一盘散沙。"他说，"你从那么远的距离调 3 个师过来，23 日能到我就很满意了。"

"我 3 天就可以发起一次遭遇战。"巴顿说，"6 天可以给你搞一次协同进攻。"有人窃笑起来，光秃秃的地板上传来一阵令人不安的脚步声。巴顿扫了参谋一眼，接着说："我们可以做到！"

离开营房之前，巴顿给自己的集团军司令部打电话，下达了一系列指令：第 12 军掉头前往卢森堡，和第 3 军会师后朝比利时开进。"任何一个人对某些人来说都是狗 × 养的。"他鼓励他的参谋，"要做最好的狗 × 养的。"

艾森豪威尔拒绝了布拉德利的午餐邀请，打算在回凡尔赛的路上啃三明治。临上车前，艾森豪威尔扭头对巴顿说："乔治，每次我晋升的时候都会遭到攻击。"

巴顿低声笑了笑："是的，每次你遭到攻击，我都会助你摆脱困境。"他们握了握手，艾森豪威尔笑逐颜开。"他看上去乐观、自信、浑身充满无比坦率的活力和愉悦。"布拉德利的副官切特·汉森少校在日记中写道。

"他身上有一种特别的魅力，其昂首阔步的姿态、爽朗开颜的表情、疾言厉色的声音能让周围所有的人都变得友善起来。"汉森写道，"他就是这样一个人，快乐、高调、民主、精悍、思维敏捷、反应迅速、自信满满。"

★★★

在凡尔登，艾森豪威尔要求他的副官"不要因现状而气馁失望"。然而，形势的发展让布拉德利难免惊慌失措，甚至几近火冒三丈。

12 月 19 日星期二晚上，英国情报部门说，通往那慕尔的道路非常容易受到攻击，如果德军突击部队跨过默兹河，可能只要几个小时就能抵达布鲁塞尔。蒙哥马利向布鲁克透露，他对最高统帅部作战处副处长 J.F.M. 怀特利少将提出，"艾克应该把前线北边的所有部队都交由我指挥。我觉得应该有人直接跟他提出这一点"。在凡尔登，怀特利和同为英国人的斯特朗少将都认为，阿登战场由两位统帅共同指挥，蒙哥马利负责北边，布拉德利负责南边，比第十二集团军群单独作战更好。

北边，布拉德利依旧与前方消息不通，下属将领们只能通过电话和无线电找到他，这让大家深感无奈。大家抱怨说，从星期六敌军开始进攻到现在，第一集团军、第九集团军及其附属空军的参谋都没来过。艾森豪威尔曾要求第十二集团军群把司令部迁到更中心的地带，可是布拉德利竟然荒唐地反驳说："那会把卢森堡人吓坏的，他们会以为我们战败了，不得不撤出去。"

星期二夜里，怀特利和斯特朗把比德尔·史密斯从床上拖起来，把打算扩大蒙哥马利职权范围的计划告诉他，还警告要避免前线情况进一步恶化，比德尔一下子被激怒了。他恼火地说，这两个英国人显然认为美国人没有能力处理危机。他们对朋友的忠诚何在？这种背信弃义的狂妄自大让人忍无可忍。这两个人应该主动考虑辞职，马上滚回英国去。

怀特利和斯特朗看到史密斯的反应，灰溜溜地走了。史密斯打电话给艾森豪威尔，向他汇报此事，结果发现这位最高统帅深夜 11 点还在办公室。史密斯怒气冲冲地把这次纷争报告给他。虽然并不情愿，艾森豪威尔还是承认这么做确实有所裨益。显而易见，如果让蒙哥马利指挥，他肯定会更乐意把英国的预备队投入战事。艾森豪威尔看着墙上巨大的战略地图，毅然决定同意这个提议。他拿起油脂铅笔在地图上画了一条线，这条线从默兹河沿岸的吉维特向东穿过阿登，一直延伸到德国境内的普鲁姆。圣维特在这条线的北边，巴斯托涅在南边。

艾森豪威尔注视着那条分界线，陷入沉思。就在这时，史密斯给卢森堡城的布拉德利打去电话：

> 艾克正在考虑把你北边的两个集团军交给蒙蒂（蒙哥马利的昵称），由他负责第二十一集团军群以北地区的突出部作战……这么做似乎挺合乎逻辑。蒙蒂负责突出部北面，你负责突出部南面。

布拉德利的回答相当谨慎。他说，那天上午在凡尔登没有任何迹象显示有这样的计划和安排。尽管德军有 3 个集团军插进他的司令部和北面的集团军中间，但他认为德军彼此间沟通不便不会给盟军造成多大麻烦，还说："我怀疑做出这样的调整有必要吗？"

12 月 20 日星期三上午，艾森豪威尔亲自给布拉德利打电话，告诉他这样的调整势在必行。布拉德利满腔怒火。"拜托，艾克，如果你这么做，我没法向美国人民交代。我要辞职。"此时，好不容易获得史密斯谅解的斯特朗就在艾森豪威尔办公室。他看到这位最高统帅顿时气得面红耳赤。"布拉德（布拉德利的昵称），需要向美国人民交代的是我，不是你。你辞不辞职都要照办。"布拉德利继续抗议，不过没那么气急败坏了，直到艾森豪威尔最后盛气凌人地结束了这场谈话："听着，布拉德，这是我的命令，不容争辩！"接着，他给宗奥芬司令部的蒙哥马利打去电话。"我们现在有两个战场，两个独立的战场。"艾森豪威尔冲着听筒大声说道，"我认为最好由你负责北侧，由布拉德利负责南侧。"

午后 12 点 52 分，最高统帅部日志明确写道："北翼由蒙哥马利元帅统领，他将率领美军第一集团军和第九集团军，还有他自己的集团军；第十二集团军群只剩下巴顿的第三集团军。"布拉德利司令部的一名军官报告说，布拉德利"气得脸色铁青。一边来回转悠，一边咒骂蒙蒂"。

事实证明，幸灾乐祸的不只是德军，蒙哥马利也显露出了这种神色。星期二半夜，他就在宗奥芬的营地里，坐在小狗、金鱼和金丝雀中间，给布鲁克写信说："似乎我们现在不得不为摇摆不定的策略和缺乏适当的掌控而付出代价。"

这里一片混乱，到处都是撤退的迹象。局面近乎失控，没有人知道怎么回事，只知道情况不对。总的来说，事态紧急，美军被彻底截成了两段，德军可在默兹河的那慕尔长驱直入。

其实事实并非如此。美军没有被截断，也没有开始全面撤退，那慕尔附近更没有德军，也许会有几个迷路的空降兵。不过，第一集团军确实急需援助。这位陆军元帅一得到机会，就立即全身心投入战斗，正如后来一位作家写的那样，"他的活力和热情就像他的虚荣一样爆棚"。星期三凌晨 2 点 30 分一受命，蒙哥马利就派一位少校前往绍德方丹去找霍奇斯开了一场"床边会议"，从睡梦中被拖起来的霍奇斯这才知道，为了确保河堤和桥梁的防守万无一失，英军 4 个师正朝默兹河赶来。布鲁塞尔公路上成堆的汽车和手推车被搭成路障。

蒙哥马利在星期三下午 1 点 30 分乘坐一辆绿色的劳斯莱斯赶到了绍德方丹，挂在车前护盖上的英国国旗和五星三角旗迎风飘展，头戴红色帽子的宪兵开着吉普车在前方开路。他像往常一样穿得不伦不类：脚蹬毛皮靴，下身穿蓬松的灯芯绒裤子，上身穿着套头毛衣。爱丽丝·卡彭特写道："他脱掉裹在外面的熊皮大衣，拿起装着三明治的盒子、保温茶壶和用油脂铅笔画满标记的形势图，大步流星走进去。"

一名美国军官说他像"一只拿着拐杖上蹿下跳的猴子，又像一位不可一世的英雄"。而当他昂首阔步地走进德班大酒店的时候，一名英军军官却说他"像来拯救苍生的救世主"。其实这些对蒙哥马利的描述都不准确。他礼貌地拒绝了霍奇斯共进午餐的邀请，"噢，不用了，我自己带了"，他把地图铺在一张椅子上，平静地说："我们先来看看现在的形势……首先我们必须整顿战场。"

3 个小时后，他们制订了一个计划，并达成一项协议。英国军官们后来在报告中称，尽管霍奇斯和他的参谋疲倦而沮丧，但是他们守住阵地的决心更坚定了。尽管霍奇斯担心第一集团军的两个师已经被围困，事实上陷入包围圈的只有不太走运的第 106 师的 2/3 的兵力，但他还是非常坚决地拒绝了蒙哥马利让他退出北肩甚至默兹河沿岸的建议。此时的蒙哥马利动了怜悯之心，他想："第一集团军只需在辛普森将军第九集团军的协助下尽力守住他们能守住的地方，配合巴顿将军从南部发起的进攻，对德军来自北线的进攻给予必要的打击就可以了。"

登普西的第二集团军将源源不断地从荷兰为他们输送兵力，而英国的储备物资也将补给美军的损耗，其中包括 100 门发射 25 磅炮弹的大炮和 30 万发弹药、

2 万套雪地装，2 000 枚绊索式照明弹和 350 辆配有鸭嘴系缆墩以方便牵引的谢尔曼坦克。晚上 9 点，默兹河上所有的桥梁都做好了拆除的准备。很快，英军第 30 军就报告称："敌军想要横渡默兹河，机会渺茫。"

蒙哥马利在回宗奥芬的路上一直在考虑援助霍奇斯。不管之前是什么困扰着霍奇斯，现在看来一切都已经恢复正常。"换成是我，我肯定不会用霍奇斯这样的人。"蒙哥马利在报告中写道，"不过现在的他已经好多了。"艾森豪威尔在私下里给蒙哥马利的电话中对这个看法表示赞同："霍奇斯是非常低调的人，其实他很有闯劲儿，只是比较内敛。除非精疲力竭了，否则他一定会奋战到底。"

最高统帅司令部下令：这次指挥部署的调整必须严守秘密。美军在"秋雾行动"中惨遭失败的消息被新闻审查机构严密封锁。现在审查机构必须确保欧洲战场的美军受一名头戴黑色贝雷帽的英国人领导的消息不会传到美国本土。"他们似乎还挺喜欢有人对他们发号施令的。"蒙哥马利告诉布鲁克。至于布拉德利，艾森豪威尔则奖励他一枚青铜勋章，作为对他失去 2/3 指挥权的补偿。他还要求马歇尔考虑提拔布拉利德为四星上将。"我对他的信心从未动摇。"艾森豪威尔写信给上司称，"这样做通常会收到相当不错的效果。"

巴斯托涅战役

村庄被烧毁，身后的德军紧追不舍，难民们仓皇逃向巴斯托涅。一本旅游手册在描述这个地方时说它是"阿登高原最凄凉的古镇"。尽管军队贴出布告称"无人管制的车辆将被宪兵队扣押"，中心广场还是被运货马车堵得水泄不通，车上破损的家具和行李堆得像小山一样高。星期日停电后，大道两旁的商店纷纷闭门谢客。12 月 18 日星期一中午，连圣母院女子学校（一所寄宿学校，几百名难民在里面避难）地窖的廊道上都可以清晰地听到隆隆的大炮声。

第 101 空降师的第一队空降兵冒着冷冽的狂风骤雪从数百英里之外的兰斯赶来，星期一黄昏时分终于抵达。李奇微将军率领的第 18 空降军被调去协助弥合第 5 军和第 8 军之间的缺口；加文的第 82 空降师正赶往斯帕西南面的维伯蒙；第 101 空降师正奔赴巴斯托涅。前一天夜里，军士们一溜小跑冲进军营大声叫嚷："赶紧起床，你们不再是预备队了！"剧场里的芭蕾舞表演即将进入高潮之时，军官们便冲了进来，命令观众当中的空降兵们马上集合，准备战斗。

蒙哥马利（中间）在突出部战役初期获准指挥阿登山区北部的所有盟军部队，到1944年12月下旬，他麾下的集团军司令包括：中将迈尔斯·登普西爵士（左一），英国第二集团军；考特尼·H.霍奇斯中将（左二），美国第一集团军；威廉·H.辛普森中将（右二），美国第九集团军；哈里·D.G.克里勒将军（右一），加拿大第一集团军。

　　自11月份离开荷兰后，第101空降师每周都会发生几十起恼人的擅离职守、酗酒闹事的事件，士兵们比赛看谁在兰斯打烂的窗子最多。最糟糕的是包括师长麦斯威尔·D.泰勒少将在内的高层领导都不在营地。师长在华盛顿，副师长和17名军官正在英格兰做关于"市场花园行动"的演讲，而师参谋长早在一周前饮弹自尽了。现在师指挥权落在一位师部炮兵主任身上。

　　这位性情温和的炮兵指挥官是来自华盛顿特区的安东尼·克莱门特·麦考利夫准将。他在一战末期毕业于西点军校，在两次大战之间的年代从一名炮手慢慢得到提升。他对科技和社会革新都非常感兴趣，在加入第101师之前，曾经从事吉普车和火箭筒的改良工作，还曾参与种族关系研究。麦考利夫也曾以空降兵身份参与诺曼底登陆，之后在荷兰参与滑翔翼空降。现在，他顺势受命，率领自己的第101师赶赴巴斯托涅。

　　几千名补充兵仅仅接受了不到一周的实地训练，便匆匆挤进麦考利夫身后的运兵车。"像一罐子橄榄"，一篇报道中这样描述当时的情景。这些人当中有的没有头盔，有的没有步枪，于是他们便向正在撤退的美国兵索要这些装备。那些正在撤退的部队把巴斯托涅西边所有的路都堵得水泄不通。兵战区后勤部派出一支紧急护卫队，携带5 000把挖壕铲、2 000套羊毛裤、5 000双6码到14码的御寒罩靴前来支援。

　　12 月 18 日星期一他们整整跋涉了一个夜晚，星期二一大早，1.2 万名浑身湿透的空降兵瑟瑟发抖地涌进巴斯托涅，那里的形势晦暗不明，复杂多变，美军行动举步维艰。星期二上午 10 点，第 101 空降师的 4 个团全部抵达巴斯托涅，随之而来的还有晕头转向的炮兵部队和沿路强拉过来的装甲部队。麦考利夫将军把指挥部设在火车站正对面的商务酒店，把他的第一名伤员安置在当地的神学院。星期三一大早，米德尔顿将军讲了几句动员令之后就匆匆坐上一辆帕卡德撤离了，第 8 军在巴斯托涅西南 18 英里处的纳沙托建立了新的司令部，米德尔顿正要往那里撤退。

　　此时，德军第五装甲集团军的 3 个师正在逼近巴斯托涅，他们从美国饶舌而粗心的电台广播中得知美军已派来增援部队。从科塔的第 28 师在卢森堡发起抵抗开始，战斗形势就再没有按照德军的计划发展过。时间一分一秒过去了，燃油短缺越来越严重。装甲车的履带毁掉了道路，致使成批的轮式车辆陷入泥沼；排雷的工兵太少，坦克纵队不得不操起从农场棚屋里找来的耙子和压路机自己动手；曼陀菲尔的摩托纵队速度慢得像蜗牛，就连没精打采的徒步西行的步兵都比他们快；莫德尔元帅私下里曾怀疑"秋雾行动"达不到任何目的，更不用说攻下安特卫普了。

在巴斯托涅，第 101 空降师的指挥权落入
安东尼·克莱门特·麦考利夫准将手中，
他是个身形矮小、态度和蔼的炮兵指挥官。

　　巴斯托涅及其七条放射状道路实在是太重要。用一名行军指挥官的话来说就是"我方交通线上的一个脓肿"。德军摧毁了巴斯托涅镇东部的路障，用示踪弹烧毁了美军的半履带式车辆，然后逐个干掉身上着火的美国大兵。两个掉队的炮兵营在隆维利向 200 码开外的开阔地疯狂扫射，损失了一半的榴弹炮，直到幸存者跌跌撞撞地撤回巴斯托涅。奈弗的守军在一夜之间就损失了 40 辆谢尔曼坦克，被迫在劈头盖脸的手榴弹攻势中匆忙撤退。"我们不是被赶跑的。"一名军官在无线电中说，"我们是被手榴弹的火焰驱走的。"在德军第 2 装甲师、第 26 国民掷弹兵师和模范装甲师这 3 个师猛烈的攻势下，美国守军开始向后退缩。

　　不过美军并没有彻底溃散。星期二白天，隆维利的战斗耗去国民掷弹兵师宝贵的 4 小时。就在同一天，北线的美军工兵炸毁了数条涵洞、数架桥梁。他们伐倒树木，埋设铁丝网，致使寻找西去之路的德军第 58 军撞进了无数死胡同。

★★★

　　与上述迟滞敌军同样重要的是第 10 装甲师一部固守的三个位于巴斯托涅镇外的据点。米德尔顿在星期日晚上下令坚守此地。激烈的战斗在巴斯托涅镇以北 4 英里的诺维尔灰岩坑打响，那里浓雾密布，幸而 15 辆谢尔曼坦克和其他装甲车及时抵达，与德军第 2 装甲师的大部分兵力展开有效对抗。

　　星期二清晨，沉闷阴郁，东边隐约传来德军坦克隆隆的行进声，后面跟着影影绰绰的灰色身影。美军瞄准前方拉响大炮，打响手枪——由于没有地图，瞄准时只能凭粗略估计。迷雾很快散去，像一张帘幕被缓缓揭开，1 英里外漫山遍野的德军装甲车和掷弹兵因此暴露无遗。美军自行反坦克炮对着德军 9 辆装甲车一通猛轰，瞬间摧毁了其中的 3 辆。德军步兵见状匆忙掉头逃窜，呼啸的枪炮在他们身后穷追不舍。

　　这场激烈的恶战持续了一整天。德军在一条硝烟滚滚的山脊上发起进攻，第 101 空降师的 1 个营与其奋勇厮杀，从清晨开始直至下午 2 点仍在继续。德军的火力网把诺维尔捣得粉碎，空降兵指挥官阵亡，另外 10 名装甲兵指挥官身负重伤，只有炮兵还在还击。德军掷弹兵从三个方向攻陷美军最后的阵地。

　　12 月 20 日星期三中午，一份无线电报传回师部，上面写道"预备队已使用，情况万分紧急"。麦考利夫批准剩余部队在下午五点撤回巴斯托涅，他们冒着呛人的硝烟乘黑撤回。4 辆谢尔曼坦克，空降兵们只开回 1 辆。美军伤亡逾 400 人，而德军第 2 装甲师则损失 600 人和 31 辆装甲车。此外，德军前往默兹河的行程至少被耽搁了 2 天。诺维尔沦陷几个小时后，盖世太保就杀掉了 7 名逃出包围圈的比利时人，其中包括一位校长和一位村里的牧师。

巴斯托涅东边的要地现在得到了第 501 空降步兵团的增援，其防御相当牢固，对模范装甲师和第 26 国民掷弹兵师来说是难啃的硬骨头。奈弗附近的美军通过铁丝网和步枪射击俘获了不少德军伞兵，伞兵们戏称这是个"巨型捕人陷阱"。"我们不接受战俘。"一名上尉在报告中说，"我们就当他们是杂草，把他们扫倒。"德军重组之后于星期三卷土重来，结果一头撞上巴斯托涅枪炮齐发的"火力大坝"。

德军没有从正面进攻当中捞到什么好处，急忙调整战术。曼陀菲尔命令第 2 装甲师往西越过乌尔特河，然而，汽油严重短缺使该师不得不浪费一天的时间等待运油车。模范装甲师留下一个团，和第 26 国民掷弹兵师一道围困巴斯托涅，剩余兵力从左路绕行，避开巴斯托涅南边。星期三，第五装甲集团军收到为数不多的几份令人振奋的报告，其中有一份称第 101 空降师的一个医疗分队被消灭，因为他们没有在巴斯托涅西边交叉路口的营地布设岗哨。

接近半夜时分，德军巡逻队的 6 辆装甲车和半履带车对着医疗帐篷和救护车一通扫射——"子弹就擦着耳边飞过去，我都忍不住要伸手去拂开了。"一名二等兵在报告中称。不到几分钟时间，军医就被俘了，同时被俘获的还有 10 名卫生员、100 多名现役士兵和伤员，被缴获的物资包括担架、手术仪器和盘尼西林。

"最重要的是，"米德尔顿曾指示麦考利夫，"不要被包围。"至于怎样才能让 1.8 万名誓死守住巴斯托涅的美国士兵不被 4.5 万名德军包围，特别是在无法得到增援的情况下，他并没有做出具体的指示。星期三，盟军出动了 29 架飞机，但受天气状况影响，只有 9 架成功飞抵阿登上空。第二天，也就是 12 月 21 日星期四上午，德军切断了最后一条通往南边的道路。至此，巴斯托涅完全陷入敌军包围圈。乐观情绪在德军指战员中蔓延开来。

12 月 22 日星期五中午 11 点 30 分，4 名德国人手持白旗出现在巴斯托涅西南刚落了一层新雪的云杉林。一名说英语的上尉对一名美国军官说："我们是和谈使。"他拿出一张便条，上面的字是用收缴的美军打字机打的，元音都是用手添加上去的，写着"an den amerikanischen Kommandeur der eingeschlossen Stadt Bastogne"，后面附有给被围困的巴斯托涅市美军指挥官看的翻译备注：

战场风云变幻……为了被围困的美军不被全歼，你们只有一个选择：从我方出示本便条那一刻算起，给你们两个小时的时间考虑。若你方拒绝该提议，德军一个炮兵群和 6 个重型高炮营将准备踏平此地……为此造成的平民伤亡将与美国倡导的人道主义精神相悖。

第四十七装甲军司令海因里希·冯·鲁特维茨中将签发

中午 12 点 25 分，最后通牒被送进麦考利夫丢满烟头的指挥部，前一天猛烈的夜袭轰炸令指挥部弥漫着浓烈的火药味儿。不管有没有被包围，第 101 师始终都维持满员的状态：下辖的 4 个团中，只有 5 个营遭到猛烈攻击。该师途中还收编了 600 名散兵游勇，大部分是第 26 师的士兵，一顿热乎乎的饱饭后，便把他们编成"快速反应营"。巴斯托涅军械库里有 40 辆谢尔曼坦克，装甲兵的指战员给步兵弟兄们油印了坦克战术指南。6 个炮兵营按序呈环形排列，火炮掩体准备就绪，确保每一组都能打到一个方位点。

尽管如此，当了 25 年炮手的麦考利夫还是一再告诫炮兵们："要等看到他们的眼白再开炮。"车辆都被涂上厚厚的白灰作伪装，衣橱里的床单被做成了防雪披风。从现在开始，士兵们每天只吃两餐，但是厨子们已经马不停蹄地用红十字食品储藏室里找到的油炸粉烙了很多饼。

一位法国名将在滑铁卢被劝降时，曾用一句国骂予以坚决拒绝——"Merde!"（狗屎。——译者注）或许是受到这句"流芳百世的骂辞"的启发，麦考利夫收到德军的最后通牒时只回了一个字："呸！"一名空降兵把它交给"和谈使"，那名困惑不解的"和谈使"问道："这到底是答应还是不答应？"

"当然是不答应。"美国人说，"如果你不明白'呸'是什么意思，我可以用更浅显的英语告诉你，那就是'去死吧'……我们会把踏进这个城市的德国人杀得片甲不留。"

"我们也会消灭你们，这就是战争。"

直到此时，曼陀菲尔才知道鲁特维茨走了这么一招臭棋，他顿时暴跳如雷。"简直是疯了！"他对鲁特维茨说，"现在我们不得不把炮兵和轰炸机调过来履行你的恐吓宣言，把这里夷为平地。"此时，巴斯托涅已经成了曼陀菲尔将军左翼上的一根毒刺，而圣维特则是他右翼上的一根荨麻刺。圣维特镇得名于一位名为圣维图斯的西西里男孩，他因被戴克里先皇帝投入油锅而殉难。

圣维图斯是舞蹈家、犬类和慢性过度睡眠者的保护神。自 12 世纪建镇开始，总有各种不幸和灾难降临在它头上。1543 年、1602 年和 1689 年……但是没有一次比 1944 年 12 月遭受的打击更残酷。尽管第 106 师在西尼·艾弗尔的带领下很快被击溃，但是德军于傍晚 6 点占领圣维特的计划还是功亏一篑，曼陀菲尔的挫败感与日俱增。

★★★

12 月 18 日至 19 日，圣维特镇的战斗打响。德军的几次冲锋都被击退，先是被两个工兵营击退，接着克拉克将军的第 7 装甲师的 B 特遣队也投入战斗，在它右边又得到第 106 师残部和第 9 装甲师特遣队的襄助。现在圣维特成为美军在阿登高原最东端的阵地，成为在三天之内阻挡德军的"水坝"，抵挡如潮水般从南、北和东三个方向冲过来的德军。

补给线被切断，榴弹炮每天只有七发炮弹可用，炮手们在仓库里翻箱倒柜地搜索弹药。有的炮连报告他们发射"宣传弹"，就是为了让炮弹在德国兵耳边呼啸。12 月 20 日，步枪兵们被告知"每开一枪必须保证放倒一名敌人"。在圣维特支离破碎的街道上，踩到碎玻璃的牲口仓皇蹿进火光冲天的屠宰场；精疲力竭的军官们贪婪地嚼着安非他命；士兵们靠在装满沙子且浸泡了汽油的锡桶上取暖，油烟熏黑了他们的脸和军装。在当时的状态下是如何发起还击的，一名士兵回忆道："冻得缩手缩脚，迈着沉重的步伐，衣衫褴褛，积雪从裤腿钻进了膝盖。"一名第 106 师的幸存者写道："我在这里变老，一次次地死去。"

12 月 20 日，曼陀菲尔下令第 66 军的两个国民掷弹兵师在党卫军坦克的协助下向圣维特发起进攻。12 月 21 日星期四，德军大炮撕裂了美军防线，身穿灰色军装的步兵潮水般穿过茂密的丛林，装甲车平射的照明弹晃得谢尔曼坦克乘员睁不开眼睛。傍晚 7 点 35 分，"该死！"一名连长在无线电中说，"他们把我的人从坑里炸了出来，一炮一个。"半个小时后，克拉克的防线就被撕开三个裂口。晚上 10 点，他下令部队往圣维特西边后退 1 公里，但是近 1 000 名美军已经阵亡或被俘，还有 2 万名仍在萨尔姆河东边一个被压缩得越来越小的突出部上，很容易遭到攻击。

霍奇斯将军把斯塔沃洛南边第一集团军的防御之职全数推到第 18 空降军头上，马修·李奇微现在要奋力守住的阵线瞬间扩大了 3 倍——从 25 英里宽陡增至 85 英里宽。李奇微不明白，既然第 101 空降师能在被围攻的情况下继续浴血奋战，为什么萨尔姆河突出部上兵力相当的美军就做不到？12月22日星期五一大早，萨尔姆河的美军显露出濒临溃退的迹象：侦察队不见了；圣维特南边三英里处的纽布鲁克一个营的参谋或阵亡或被俘。克拉克报告称，他的特遣队已经丧失了一半的兵力，简直要人仰马翻了。

"这个地方一文不值。"克拉克补充道，他强烈要求撤退，在圣维特以西12英里的维尔萨姆扎营。第7装甲师师长罗伯特·W.哈斯布鲁克准将告急，称燃油和弹药严重匮乏。

上午11点，哈斯布鲁克告诉李奇微："如果我们在入夜前不撤出这里……整个第7装甲师会被敌人吞掉。"第9装甲师特遣队也将面临瓦解，李奇微告诉他的老朋友、第9装甲师司令威廉·M.霍格准将："我们不会把你们留在这里任敌人宰割……会把你们救出去的。"霍格哀怨地问："怎么救？"12月22日星期五中午，李奇微极不情愿地下令哈斯布鲁克把所有的美军都撤到萨尔姆河对岸。时刻关注着圣维特势态的蒙哥马利越发焦虑，直至看到撤退的一幕才高兴地说："他们可以载誉而归了。他们的表现足够精彩了。"

星期五夜里，漆黑的天色持续了14个小时，寒流将淤泥冻结，大部分士兵得以成功撤离，避免了造成比在西尼·艾弗尔更大规模的投降。一份发给战地指挥官的电报中指示："命令：向西行进，向西行进，再向西行进。"美国士兵对着结了冰的M-1步枪撒尿把它们解冻，呈一列纵队穿过森林小径和农场小道。他们步履沉重，抓着前面战友的皮带或打包带，一个跟着一个往前挪，还有一部分人则无力地爬上被敌人轰炸得壳体斑驳的坦克车。

德军炮兵搜寻着道路和交叉口，只有后来抵达的90辆载有5 000枚炮弹的载重汽车队获得批准通行，由萨尔姆河西岸的炮手给予敌军猛烈还击。士兵们朝着萨尔姆城堡和维尔萨姆的桥梁撤退，"他们裹在厚厚的围巾里，只露出两只眼睛"。一位中尉写道。哈斯布鲁克站在路肩上迎接自己终获安全的部下。维伯蒙南部82空降师的一名伞兵对着路上的纵队喊："各位，你们到底在赶什么呀？我们都来这里两天了，连一个德国人的影子都没找到。"一个疲倦的声音回答道："你就待在这里别动，伙计，一会儿你就看到了，根本不用你找。"

李奇微预计共有1.5万名士兵和100辆坦克成功撤离，损失的坦克不少，而且在萨尔姆河东岸的伤亡已接近5 000人次，比在西尼·艾弗尔的损失更为惨重。很长一段时间内，克拉克和哈斯布鲁克都会因为李奇微推迟下达撤退令而怨恨他。

但是，撤退前的抵抗使得第五装甲集团军两天攻克圣维特和周边道路的希望完全破灭，实际上，这整整耗费了他们近一周的时间。

"我们这里不用担心。"李奇微星期五晚上 9 点致电第一集团军说，"我们状态很好。"德军再一次像玩"寻宝游戏"一样对圣维特进行地毯式搜索：交通乱作一团，不管是莫德尔还是曼陀菲尔，都只能徒步从勋波格走到圣维特；莫德尔这位陆军元帅甚至还站在路边冲往西走的坦克和卡车挥舞着手臂。

"多得数不清的战俘。"一名国民掷弹兵写道，"莫德尔亲自指挥交通。他个头矮小，其貌不扬，戴着单片眼镜。现在进展顺利……所有正在行进的军队都开上了美军的车辆，变成机动部队。"

很快，大轰炸开始了。从 12 月 25 日圣诞节那天起，盟军轰炸机往圣维特投下了 1 700 吨高爆弹和燃烧弹，把火车站、圣约瑟夫修道院和建于 14 世纪的布切尔石图尔姆塔夷为平地：空袭中，大部分房屋被炸成了齑粉；数百名的比利时平民被掩埋在废墟里；道路被炸弹炸毁，德军工兵穿过铁路站场，沿着迂回曲折的煤渣跑道修建了一条路，以便圣维特的征服者继续追击。"我们应该把这些目空一切的大嘴巴扔进海里。"一名德军中尉给他的妻子写信说，"他们打不进我们德国。"

★★★

阿登的散兵坑内的美国兵第一次看到德军 Me-262 喷气式飞机从头顶上飞过，瑟瑟发抖地问道："我们怎么会没有秘密武器？"然而，成千上万的德军现在已经感觉到美国新式武器的威力。这种新式武器很多普通美国士兵都没听说过，这次是第一次用于突出部战斗。这种秘密武器大小跟电子管差不多，可以极大地增强火炮的杀伤力。军事迷们称之为除原子弹之外"战争中最突出的科技发展成果"。

这种新式武器起源于 1940 年。人们普遍认为，要打下一架敌机，平均需要消耗 2 500 枚高射炮炮弹。野战炮和高射炮的炮弹要么在与物体产生接触的时候爆炸，要么在预设飞行时间之后由引信引爆，这两种技术均缺乏打击精度。科学家和工程师们一直试图寻找一种可以感知炮弹接近目标的引信，以确保炮弹在检测到飞机进入爆炸碎片杀伤半径以内时引爆，而不是在升到 1 万英尺或 1.5 万英尺的高度后漫无目的地爆炸。这种引信必须能够经受得住连续的猛烈炮轰，其中包括在飞离炮口时产生的 20 000 G 力 [G 力（G-Force）原为航空专有名词，广泛作为高速移动时承受力道的单位。——译者注]力和炮弹以 500 转 / 秒的速度旋转产生的离心力。此外，这种引信还必须足够简单，体形必须压缩到弹头那么大，并确保可以在流水线上批量生产。

最终研制成的设备后来被叫作"VT"或"T-98"（近炸引信），代号"Pozit"。它携带一只微型无线电发射器，可以在飞行时发出信号。当发出的电波遇到固态物体被弹回，引信上的接收器就会检测到反射信号，从而启动点火电路，引爆炸弹。1943 年 1 月，美军"海伦娜"号舰艇在南太平洋发射了第一枚 5 英寸的 Pozit 炸弹，当场打下一架日本飞机。但是，18 个月来，这种引信只能在开阔水域或者友军境内作战时使用，否则轴心国的工程师就有可能会设法修复哑弹，剽窃这种引信的设计。

考虑到近炸引信 Pozit 炮弹的威力是定时炸弹的 5 倍，英军曾秘密对试图打击伦敦的 V-1 火箭使用过，在保卫瑟堡海港和诺曼底附近的桑葚镇的战斗中也使用过。最近，英国兰开斯特轰炸机载着一批近炸引信从辛辛那提的兵工厂紧急飞往安特卫普，以对付德军的飞弹。

供野战炮使用的近炸引信已经研制出来，这种引信在接近地面时就会反弹无线电信号，在 50 或 75 英尺的高处引爆炸弹。在北卡罗来纳州的实验表明，这种炸弹不受地形、天气、光线的影响，就连隐藏在壕沟内的目标都躲不过它爆炸时向四周飞溅的碎片而造成的致命打击。一位高级将领称它是"自引入高爆榴弹以来弹药领域最重要的新进展"。

在得到参谋长联席会议批准后，最高统帅部在深秋时决定把圣诞节定为欧洲战场使用近炸引信炮弹的开火日。1 000 多名指战员和参谋得到秘密通知："将在 6 个集团军中做示范射击。"而希特勒迫使开火日提前："秋雾行动"开始后，艾森豪威尔把开火日提前了一个星期。第 99 师的一名炮手描述称："炮弹堆积如山，工兵们手持扳手和锤子，把一根（引信）撬下来，再装上另一根。"

野战炮兵们最开始使用这种炸弹的那几天里，军情报告写道："消灭了巴斯托涅东部的大批敌人，封锁了圣维特西部德军的主要供给线。"第十二集团军群欢欣鼓舞地报道称："近炸引信是恐怖的武器。"最高统帅司令部推断德军变得心烦意乱。

300 家美国公司很快开始大批量生产这种引信，月产量达 200 万只，每只成本 20 美元。"新炸弹带着有趣的引信，毁灭性极强。"巴顿在 12 月底写给集团军军械处长的信中写道，"那天夜里我们截住一个试图渡过绍尔河的营。整整一个营的兵力，我们消灭了 702 人。"这样的夸张其实很常见——巴顿在上报数字的时候常常会夸大其词。突出部战役中出现过很多未经证实的声明，极力宣扬近炸引信的致命杀伤力。

其实，第十二装甲集团军群在突出部战役中一共发射了不到 20 万枚近炸引信炮弹，就算把该集团军 1/4 的重型炮弹都算上，也只占了炮弹消耗总量很小的一部分。新技术也不是没有缺陷，大树、烟囱、尖塔和离群的侦察机都有可能提前引爆它。

然而，近炸引信有多么让美军斗志昂扬，就能让德军多么灰心丧气。几名德军的军官说它是"电镀炸弹"或"磁性点火器"，他们以为是地磁引爆了引信。一名德军战俘非常肯定地说："它悬在半空中，直到找准地点才爆炸。"据说炮弹碎片会割穿敌军沙坑上方厚重的原木，据说一枚 155 毫米的炮弹可以把方圆 76 码范围内的物体都撕成碎片。这种残暴简直就是"纯粹的大屠杀"，另外一名德军战俘不满地说："就连魔鬼来到这里也逃不掉。"

★★★

那魔鬼的党羽怎么样了？再没有比党卫军第 1 装甲师的先锋——杀气腾腾的派普中校更好的目标了，几天来，美军炮兵一直在向正在跨越比利时国界的派普纵队发射这种新型炮弹。

派普朝默兹河进军的旅程越来越"堂吉诃德"（不切实际）。这支先锋部队在马尔梅迪大屠杀之后，在斯塔沃格镇外修整了一夜，而后扭头往西南方向的特鲁瓦蓬进军。他们不知道，盟军的大油库就在他们正北方。美军工兵迅速炸毁特鲁瓦蓬的 3 座桥梁。在炸其中一座时，德军士兵已经站在了桥面上。屡屡受挫、迫切需要汽油补给的派普沿着昂布莱沃河穿过一片废墟，遭到两架轰炸机的轰炸，至少有 2 辆装甲车和 5 辆半履带装甲车在空袭中被炸毁。他们踏上一座桥梁引道，迎面遭到第 30 师的猛烈轰炸。3 000 枚炮弹打得炮筒通红，为了冷却炮筒，炮兵们不得不向上浇水。

很多桥梁要么被美军守军摧毁，要么不够牢固，经不住 60 吨重的虎式坦克。事实证明，挺进维伯蒙和塔格诺，和把燃油桶丢进昂布莱沃河并希望派普能在下游截住几只一样，都是徒劳无功的。两天的激战吞没了盘踞在斯图蒙一座小山上的圣爱德华疗养院。当时，260 名正在接受治疗的比利时人就缩在疗养院的地窖里。装甲车径直将炮弹射进窗口，谢尔曼坦克奋起还击，手榴弹在走廊上滚来滚去。

屋顶塌陷的时候，人们都吓坏了，神父为他们做了全体祷告（赦免），但是最终德军连一名平民都没打伤就被打退了。

派普及其队伍已经跋涉了 60 英里，但是距离默兹河还有 16 英里，他陷入包围圈的风险越来越大。12 月 21 日星期四，他下令部队从斯图蒙后撤 4 英里到

一辆口径为 155 毫米的自行式"长汤姆"火炮正在轰击东面的敌军目标。克服了 1944 年夏初和秋季的弹药短缺后，美军炮手在 1945 年初对敌人射来的一发炮弹往往会回敬十发或更多的炮弹。

拉格莱兹。这是个群山环绕的小村庄，有 30 家住户。幸存的 1 500 名官兵带着 100 多名美军战俘开始掘壕防御，他们还剩下二十几辆坦克。当天夜里，派普在一家农舍的地窖里向一名被俘的营长哈尔·D. 麦考恩少校解释说："我们正在消灭共产主义的威胁。"年轻的派普中校用非常流利的英语说："我们要留下欧洲最棒的人种，消灭劣等人种。"他所谓的"劣等"显然包括前几天被他们屠杀的比利时平民和很多手无寸铁的美国士兵。

星期五晚些时候，美军机关枪、坦克、坦克歼击车和大炮对拉格莱兹发起猛烈袭击，德军说拉格莱兹变成了"锅炉"。155 毫米自行火炮从附近的城堡朝视野所及之处轰炸。派普手里抓着一把全自动手枪，从碎石堆中间冲出来，吼叫着给部下打气。而此时他的副官却钻进地窖藏了起来。傍晚 8 点，德国空军的运输机飞来，为被围困的德军空投汽油和弹药，但是这些补给品大部分都被美军缴获，只剩几捆装有香烟、杜松子酒和一箱鲁格手枪的物资被德军拾获。美国陆军航空队的轰炸机瞄准的是拉格莱兹，却轰炸了马尔梅迪。这种失误后来还出现过两次，致使三十几名美军和比利时人丧命。

"形势严重恶化。步兵弹药不足。"12 月 23 日星期六一大早派普就发电报称，"这是最后的突围机会。"直到下午 2 点，他们才收到党卫军第 1 装甲军批准他们撤退的电报，这时，美军已经越来越逼近。白磷弹和近炸引信弹端掉了德军藏身的拉格莱兹教堂。一名士兵从军装上扯掉武器准备逃跑，被发现后便被拖上断墙枪决。派普用轰炸声做掩护，毁掉了最后 28 辆装甲车，70 辆半履带装甲车和 20 多门大炮。

12 月 24 日星期天凌晨 2 点，德军在两名意大利向导的带领下，排成一列纵队，悄悄撤出小村庄。麦考恩少校被枪口顶着前行，300 名德军伤员和另外 130 名美军战俘被留在拉格莱兹的地窖里。该纵队从一座小桥穿过昂布莱沃河，沿着特鲁瓦蓬附近的山脊线往下走，摸进萨尔姆河的河谷。拂晓时分，派普发现头顶上有侦察机，就让手下躲在大树下，并分配了口粮：每人 4 块饼干、两大口白兰地。麦考恩趁他们跟美军巡逻队短暂交火之机顺利逃脱，他用口哨吹着《扬基歌》，在树林里游荡，直到被第 82 空降师的岗哨发现。

派普纵队来到天寒地冻的萨尔姆河，并选择一处浅滩渡河。为了穿过 40 英尺宽的河面，个头儿高的德国兵搭成人梯。圣诞节早上，派普抵达拉格莱兹东南几英里处的维恩，和那里的德军会合。他率领的 5 800 人只剩下 770 人。他们一路逃窜，美军大炮在他们身后紧追不舍。他们的军装沾上冰水上了冻，在积雪上留下了斑斑血迹。派普和他的追随者后来被指控，在他们残暴肆虐的一周时间内，共屠杀了 350 名手无寸铁的美国人和 100 多名比利时平民。不过，现在还不到审判他们的时候，要等到战争结束后，最后审判日的到来。

★★★

12 月 23 日星期六，阿登高原大雪纷飞，酷寒（被称为"俄罗斯高寒"）随之而至。艾伦·穆尔黑德描述道："一个光芒四射的世界，所有的一切都披上了雪白和蔚蓝的外衣：冰雪覆盖的丛林间晶莹剔透，光芒刺眼，山谷里投下了深蓝色的影子，天空呈现出完美无瑕的冰蓝色。"暖气管冻住了，就连煤气罐都上冻了。空降兵不肯让掘墓者掩埋德军冻僵的尸体，那些尸体就像沙袋一样堆在步兵防守阵地的周围。美国兵把所有能找到的布片都穿上身，就连女人的连衣裙也被当作披巾裹在肩膀上。"大家看上去岁数差不多。"玛莎·盖尔霍恩写道，"疲惫、压力和无休止的寒冷令众生全然无异。"

部队把金属板做成雪橇，用石灰和盐制成白漆，给草绿色的汽车涂上伪装色。比利时花边被编成了头盔网，用来做裹尸布的床单被做成雪地装。外科手术充气手套沾上油漆，装饰着医院的圣诞树，然而，"在这个严寒的季节里，奄奄一息的伤员们像一根根正在熄灭的火柴棒"。空降兵路易斯·辛普森写道。一间病房里住满了头部和胸部负伤的美国兵，一名护士描述道："他们因呼吸困难而发出呼噜呼噜的声音，听上去像不协调的无线电广播正穿过帐篷。"

前线各处不时爆发小规模的冲突和对战，就连节日期间都没能停止。派普被击退，第六装甲集团军供给不足，德军右翼无望取得突破性进展。美军埋了23.7万枚地雷，设了370道路障，炸毁了70座桥梁，从而进一步阻碍德军在北肩的进展。在更远的南侧，第七集团军进展缓慢，让企图突进巴斯托涅的曼陀菲尔部队左翼暴露无遗。由于配件和汽油紧缺，在莱茵河谷的新装甲车被拆卸，省得它们被运到前线途中耗费油料，以避免过度消耗燃油。

但是，在圣维特西面德军的中心地带，掷弹兵们围成拱形，把萨尔姆河和乌尔特河的盟军困住。12月23日，装甲军先头部队接近距离维尔萨姆20英里的马尔凯，这里离默兹河上的迪南很近。莫德尔在一条25英里长的战线上硬塞进12个师。尽管他们受到燃油和弹药短缺的困扰，但是在行军途中仍能保持相当强的杀伤力。现在新的问题开始困扰美军第一集团军司令部。就在德军把炸弹丢进绍德方丹炸毁德班酒店的前几个小时，司令部再次撤走，一直退到马斯特里赫特附近的通厄伦。为了表明自己的决心，12月24日早上6点，李奇微打电话给下属各师师长说：

> 情况很正常，让人非常满意。敌军用完了所有的预备队，这是他们在这场战争中从西线发起的最后一次大规模进攻。我军将阻止他们的脚步，对他们发起进攻，最终让他们粉身碎骨。

其他人远没有这么乐观。西伯利亚高寒气流送来了一碧如洗的晴空，这是自德军发起进攻以来天空第一次放晴。盟军飞机成群结队飞上蓝天。在一场被称作"处理地形"的战役中，仅圣诞节前两天时间，就出动了1.2万多架次飞机，它们接连打击了科布伦茨、特里尔和科隆的高速公路、飞机场、桥梁和铁路中心等地标。

欢呼雀跃的美国大兵伸长脖子看着"掠夺者""空中堡垒""解放者""兰开

斯特"等各型飞机一拨又一拨地出现在上空,从西边飞往战事最惨烈的地方。"轰炸机喷出的蒸汽在蔚蓝的天空留下一道道美丽的弧线,如同洁白的轻羽。"一名第 99 师的士兵在给妻子的家书中写道,"战斗机拼得你死我活,它们的轨迹像涂鸦在蓝天上的线条。"莱茵河西岸的德军车队被困在积雪寒冰里,马拉犁几乎无法为进攻的 3 个集团军清理出道路。莫德尔的补给和增援梯队成为盟军战斗轰炸机(德军称之为"雅各布")肥硕的靶子。"我们宁愿在公路上步行也不愿坐车。"圣维特附近一名德军少尉在日记里写道,"凡在路上会动的东西,都会不断遭到'雅各布'的袭击…(他们)像一群大黄蜂在天空中盘旋。"

★★★

放晴的天气终于让坚守巴斯托涅并严词拒绝敌军最后通牒的第 101 空降师有机会获得补给。由于在西尼·艾弗尔的第 106 师已被击溃,12 月 23 日星期六中午前,第一批 C-47 飞机把很多原打算空投给该师的物资空投给了第 101 空降师。

截至下午 4 点,240 多架飞机先后送来 5 000 枚炮弹、近 5 000 枚迫击炮弹、2.3 万枚手榴弹、几十箱吗啡、300 单位的血浆和 1 500 条绷带。吉普车在巴斯托涅西部的空投场附近忙碌地往返,空降兵们拾起运输机投下的物资,把弹药直接拖到炮兵连和散兵壕。第二天,飞机出动的架次更多了,它们运来 1 000 份口粮、250 万发机关枪子弹和近 1 000 枚无线电电池。

此外,麦考利夫将军还得到战斗机飞行员詹姆斯·E. 帕克上尉无私的帮助。帕克上尉早在几天前就在口袋里揣上了足够多的无线电晶体,以一名空军支援军官的身份来到巴斯托涅,直接和前来支援巴斯托涅的 P-47 空军中队交流。在帕克的指引下,数百架飞机如同密集的大黄蜂蜂群,把凝固汽油弹和高爆弹投向曼陀菲尔的装甲车、卡车和突击炮。皑皑白雪让敌人无所遁形。

巴斯托涅的形势暂时得到缓和,但是还没有逆转。星期六深夜,德军从西面和西南方向发起的进攻越来越猛烈,以致意志消沉的美军军官握手诀别。尽管得到了空中补给,但守军只有 500 加仑的汽油和一天的口粮。第 101 空降师的炮手接到麦考利夫关于"等看到敌人眼白再开炮"的指示,每天只能定量发射 10 发炮弹。巴斯托涅的防线总共只有 16 英里长,所以每个角落都处于枪林弹雨之中。一位少校写道,这座城镇"好像用铁屑喷撒过"。

3 000 多名平民和美国士兵一起被围困在巴斯托涅,他们藏身的地窖中洒满了石炭酸，但还是无法掩盖臭气熏天的粪便味儿。几百名美军伤员躺在教堂铺着锯屑的地板上，剩下的人就缩在弥漫着气性坏疽味儿的比利时陆军车库里。一名目击者说："他们头发蒙上了一层灰尘，乍看都是灰白色，苦难和疲倦让他们满面沧桑。"

两位医生在工具室改装的手术室里就着手电筒的亮光将伤员坏死的四肢截肢；垂死的人挨着墙壁躺在为那些求生无望的人留出的空地上；患了"战壕足"病的伤员躺在其他被充作陈尸所和病房的建筑里；伤势较轻的人挤满了没有屋顶的房子，这里之前被用作室内步枪打靶场。四处翻垃圾的人在第 8 军一间仓库里发现了咖啡，在一堵墙壁后面发现一批白糖，这点儿战利品加上白兰地和薄荷甜酒被当作镇痛药送去安抚伤员。库房里发现的 2 000 个麻布袋被散兵坑里的伞兵们裹在靴子上御寒。

凝固汽油弹的爆炸声在镇上回响，寒风呼啸中夹杂着喋喋不休的机枪声。短暂的一天又过去了。平安夜那天晚上，一位身穿法衣的牧师抱着手风琴，站在临时搭建的圣坛上，在摇曳的烛光中主持圣餐礼。他说："你们不需要计划，因为上帝的计划将会战胜一切。那些攻击你们的人也是基督的敌人。"神学院的拱顶小教堂里，破破烂烂的帆布堵住了彩色玻璃上的洞，士兵们一同唱起了《小城伯利恒》。

被刷成白色的比利时兵营被临时充当为第 101 空降师的司令部，一名美军文书坐在电话总机前，电话里低低地传出略微走调的歌声："圣诞老人进城来。"当天下午，巴顿发来的一条电报曾向他们承诺，"平安夜礼物就在路上，坚持住"。可是直到现在，他们连援军的影子都没看到。麦考利夫在部下面前极力掩饰自己的失望，却在给米德尔顿将军打电话的时候忍不住抱怨道："我们被抛弃了。"

下午 5 点 10 分，一名勇敢的飞行员驾驶着 L-4 "蚱蜢"，在手电筒的指引下，将一箱盘尼西林空投在一片雪地上。这是巴斯托涅平安夜里最后的一件喜事。明亮的月色笼罩着巴斯托涅的大街。

两个小时后，德军轰炸机开始对这个小镇发起第一轮空袭。一枚炸弹落在纳沙托路附近的战地救护站，救护站房顶瞬间塌了下来，将 12 名士兵埋在底下，一名平民护士当场死亡。在这个最神圣的夜晚，市政厅四周火光四起，几名躺在杂物中的兵员被活活烧死，巴斯托涅弥漫着烧焦皮肉的恶臭。

★★★

平安夜，巴顿和众人在卢森堡冷冰冰的圣公会教堂参加了烛光圣餐礼。他和布拉德利坐在曾经为德国独裁者保留的长凳上。红十字会一名志愿者描述巴顿说："砖红色的脸庞，圆圆的前额略往后缩，上面披散着几根稀疏的银发，这位疲惫的老人，悲伤、孤独、寂寞，他深邃的目光后面隐藏着内省的痛苦。"其实她看走了眼：即使阿登让他疲惫，但这个世界上绝没有什么比打仗更能让他神采飞扬。

巴顿抬头仰望夜空中的点点繁星，低语道："圣诞节，圣诞节，送纳粹去见鬼之夜。"他坐在疾驰的敞篷吉普车里，一支手枪挂在派克大衣外面的枪套里，另一支掖在腰间。凛冽的寒风吹得他双眼蒙上了一层水雾。巴顿冲着宪兵们咆哮着，叫他们督促部队尽力前进。他亲自查问哨兵，确定他们知道今天的口令。他对参谋说："现在看我们的了。那些德国浑蛋们想决一死战，那就放马过来吧。"他祈求上帝让天气放晴，就像阿喀琉斯恳求宙斯把特洛伊城墙前面的浓雾散去一样。万能之主听到了他的祈祷，他在日记中写道："晴朗冷冽的圣诞节，杀光德国人的好天气。"

巴顿兑现了自己在凡尔登狂傲的誓言。12 月 22 日，他率领 3 个师对北线发起攻击。这一壮举实属惊人，第三集团军的大部分兵力要在守住萨尔河阵地的前提下向左急转，调兵遣将的同时还要把 57 吨的新地形图分发下去，拆除并重新架设庞大的通信网络，囤积燃油和弹药，包括供给集团军 108 个炮兵营的 1 200门大炮的炮弹。巴顿告诉参谋，凡遇党卫军战俘一个活口不留。在他的敦促下，一些谢尔曼坦克的前壳上额外焊了一层甲板，总厚度达 4 英寸，这些"庞然大物"将在前方带路，引领部队向南行进。巴顿敦促人们："全速前进，我们胜利在望了！"

指战员和士兵们磕磕绊绊地前行。宪兵的无线电通信保密能力太差，德军很快就侦听到了第三集团军的行进路线、部队构成和目的地。突袭很快变成双方在 30 英里宽的战线上正面对垒。有些坦克乘组没有拂去覆盖在荧光识别牌上的积雪，结果遭到 P-47[全名 P-47 雷霆式战斗机，美国陆军航空军（美国空军前身）在第二次世界大战中后期使用的主力战斗机之一。——译者注] 的猛烈轰炸。进入 10月份以来，河面上的坚冰让越野部队可以乘车通行，然而，很多冰面上频频发生因打滑而引发的意外事件。

巴顿下令第 4 装甲师在巴斯托涅南边 7 英里冒险发起夜袭，然而该师只往前推进了 400 码就损失惨重，只剩下一个坦克营和 14 辆谢尔曼坦克。德军在到处都是粪肥的、丑陋的小村庄肖蒙埋下伏兵，将一支装甲特遣队击退了 1 英里，击毁 11 辆谢尔曼坦克，并使其近 36 个小时不能前进。"我部想方设法找来东西生火。"装甲部队的一名军官写道，"躺在地上的死者冻得硬邦邦的，把他们装上卡车时像在装载圆木，只要捡起来丢进去就可以了。"

"这或许是我的错，因为我坚持要大家不分昼夜地发起进攻。"巴顿在日记中写道。即使从军作战四十年之久，他还是觉得"要用漫长的时间去认识战争，去真正学习如何作战"。他曾经信誓旦旦地说，第三集团军会在 12 月 24 日赶到巴斯托涅，但是由于第 4 装甲师行军缓慢，导致德军空降兵持续不断地渗透到扫荡过的村庄里。巴顿两次给暴怒的艾森豪威尔打电话，对自己的延误表示歉意。"这场大雪糟透了。"他说，"很抱歉。"巴顿接着对部下说："形势至此，我很难受。"

为了寻找德军防线的缝隙，R 装甲特遣队作战指挥部在圣诞节凌晨从第 4 装甲师右翼绕行 30 英里到该师远在纳沙托附近的左翼。只剩下 20 辆谢尔曼坦克的第 37 坦克营在小克莱顿·W. 艾布拉姆斯中校的带领下，率先向北部发起进攻。30 岁的小克莱顿·W. 艾布拉姆斯是新英格兰一位铁路机械师的儿子，毕业于西点军校，1936 届校友中有 60 位终获将军衔，他便是其中之一。一架被炸毁的桥梁阻滞了该营的前进，艾布拉姆斯抽着雪茄，大把大把地吞着阿司匹林，下令推土机推倒一堵石墙，把石头丢进小溪里铺设堤道。

12 月 26 日星期二下午，该营爬上了一座位于巴斯托涅西南处 3 英里的山脊。13 个炮兵连向艾斯诺伊斯村发射了 500 多枚炮弹。友军的炮弹落得太近，误伤了几个美国士兵。谢尔曼坦克和半履带装甲车在弥漫的硝烟中冲上街道，德军国民掷弹兵从地窖里涌出来，双方短兵相接，官方历史称之为"一场刀枪棍棒交杂的激烈混战"。一名德军军官在电话里报告："他们即将穿过艾斯诺伊斯，抵达巴斯托涅。"随后，他和 500 名德军守兵缴械投降。5 辆谢尔曼坦克和 1 辆半履带装甲车在查尔·博格斯中尉的率领下全速向南行驶。

炮火对着前方的一片杉树林猛轰，击毙了防线上一团混乱、来不及应战的德军士兵。接着，3 辆坦克对着一栋混凝土结构的房屋开炮，炸死了躲在里面的 12 个德国兵。博格斯发现了地面上五颜六色的降落伞和前方道路两侧的散兵坑。"到这边来！"他站在炮塔上高声喊道，"我们是第 4 装甲师的。"几名戴着草绿色头盔的士兵从散兵坑爬出来，下午 4 点 50 分，巴斯托涅胜利解围。20 分钟后，麦考利夫见到了艾布拉姆斯，礼貌地跟对方打招呼："很高兴见到你们，中校。"

在一座被炸毁的谷仓里，有人用粉笔在被熏黑的墙壁上写道："吉劳埃到此一游。"（第二次世界大战期间美军虚构的美国兵名字，所到之处都留下了"Kilroy Was Stuck Here"的字样，也就是"本人到此一游"的诙谐说法。——译者注）现在，

"吉劳埃"这个无所不在、充满讥讽意味的解放者终于被解放。70 辆救护车和补给车很快驶进这个沉闷的小镇，700 名敌军战俘列队而出，第 101 空降师的军士一个一个地查看这些战俘的鞋子，只要看到谁脚上穿的是美军士兵的靴子，就用枪托狠狠地砸上去。为了守住这个毫无生气的比利时集镇，美军在八天时间里伤亡达 2 000 多人。

除此之外，第 4 装甲师还损失了 1 000 人，现在这个师的坦克数目跟一个营的差不多。龙德施泰特的参谋长后来在总结"秋雾行动"失败的 7 大原因时，把"未能攻克巴斯托涅"列在第一位。

对此，巴顿有自己的看法。他从不会嫌恶宏伟的历史。几天后他告诉记者，巴斯托涅战役对这次战争就像"葛底斯堡战役对南北战争一样，意义重大"。

多少伤亡换得起一桩荣誉

12 月的最后一周，艾森豪威尔被《时代》杂志评选为"年度人物"。该杂志封面上的他居于中央，美、英两国国旗在身旁飘扬，整个封面以军队和坦克为背景。其实，这荣誉多少有一些名不副实，因为现在德军还占据着盟军地盘上一个 40 英里宽、60 英里深的突出部。

而且在 12 月的下半月，美军付出了惨重的代价：损失近 600 辆坦克、1 400 辆吉普车、700 辆卡车、2 400 挺机枪、1 700 门火箭筒、5 000 支步枪和 6.5 万件大衣；有一座大型停车场被德军占领，以至于美军不得不下令炸毁其中的所有车辆，包括美军的军车。

美国人最大的忧虑还是德军装甲先锋部队在南面的第 8 军和北面的第 18 空降军之间撕开了一道口子。但是疲劳、分散、缺乏油料和弹药阻碍了敌军的步伐。有时候，一个旅的一部分拖了另一部分的后腿，卡车要用四天的时间跑回波恩去运炮弹。到圣诞节那天，德军第 2 装甲师距离迪南只有 5 英里了，很快就可以抵达默兹河附近与英军坦克对垒了。乔·柯林斯第 7 军的 4 个师现在有近 10 万人守在一条宽达 50 英里的阵线上发起反击。厄尼·哈蒙少将的第 2 装甲师只用不到一天的时间就从罗尔河急行军 70 英里，率先与德军先头部队遭遇。

萨尔姆河至默兹河的残酷战斗整整持续了三天。台风和闪电呼啸着扫过迪南东边福伊圣母院的树顶。哈蒙的坦克在塞勒斯附近的丛林中挑开一道缝隙，共炸毁或缴获 142 辆德军车辆，抓获战俘 500 人。12 月 26 日，曼陀菲尔准许第 2 装甲师弃车徒步撤退，把 6 个营的装备全部丢在身后。最东面，在一辆英军喷火坦克的威慑下，驻守在于曼最后一座城堡的 200 名德军缴械投降，与此同时，13 个炮兵营协力将党卫军第 2 装甲师赶出了马奈。在塞得佐特（美国兵戏称此地为"冒失鬼"）的混战中，德军自己乱作一团，这次交战是第六装甲集团军最后一次出击。此后，莫德尔便下令迪特里希进入防御状态。

过去一周，艾森豪威尔苦苦寻觅战机，企图发起反攻，进一步将德军过分扩张的阵型围困起来，从而实现其歼灭整个莱茵河西岸敌军的雄心。圣诞节后拦截的一份密码情报显示，莫德尔所部的坦克和突击炮存量已十分有限；而尽管最近美军损失惨重，但第一、第三和第九集团军还保有近 4 000 辆坦克。但是，至于何时、何地发起反攻，盟军统帅们则意见不一。

巴顿的计划是第三集团军由南向北，沿着敌军突出部的基线进攻，打到比特堡时折向东，以期将突出部内的敌军全部"包饺子"。柯林斯在 12 月 27 日星期三的备忘录中写了三个备选计划，但强调"2 号计划"为首选，即从北部朝圣维特发起猛攻，并由南部的第三集团军助攻。蒙哥马利对此有些迟疑，担心龙德施泰特仍有足够的兵力发起第二次袭击，将美军击溃后直抵列日。柯林斯再三考虑之后对蒙哥马利说："没有人能击溃这些军队，不可能！"他补充道："盟军如果不从突出部的根部发起反攻，就会给敌人留下退路，他们很有可能会从这里撤走。你会把德国人挤出口袋的，就像在法莱斯时那样。"

事实上，不能把法莱斯战役的失利全归罪于蒙哥马利，他在欧洲战场上一直都鼓励大胆突破——比如在"市场花园行动"中，以及在鼓励美军穿过布列塔尼死胡同时都是这样。可是现在，他似乎开始谨小慎微，或许正是之前第一集团军遭受的打击让他心存余悸。他怀疑巴顿能不能及时赶到巴斯托涅，能不能挡住曼陀菲尔；怀疑往南到圣维特的路况不好会阻碍柯林斯计划的实施。

所以他不想赌第一集团军和第三集团军能拦住突出部宽达 40 英里的根部，而是想谨慎地让两个集团军从巴斯托涅北边的乌法利兹（突出部的中间地带），对敌军拦腰发起进攻其目的在于击退敌军，而非将其合围，而且这一行动要在德军攻势，按他的话讲"确定已经衰竭"后进行。

这位陆军元帅的谨小慎微令艾森豪威尔十分恼怒。星期三，听说蒙哥马利终于考虑发起反攻时，艾森豪威尔甚至挖苦道："感谢上帝！"

"蒙蒂真是让人烦心。"同一天，巴顿在日记里写道，"战争充斥着风险，可他偏偏不想承担任何风险。"

迪克森同样赞同蒙哥马利的观点，认为龙德施泰特可能会再次发起侵袭，他数了数，德军还有 17 个师尚未投入战斗。越来越糟糕的天气让人们越发谨慎，到 12 月 28 日星期四，连续五天的晴好天气结束了，随之结束的还有盟军空军机群的大力支持。

蒙哥马利后来宣称，北侧的进攻方位由霍奇斯决定，而这位在"秋雾行动"中遭受打击正高度焦虑的将领倾向于更为保守的乌法利兹路线。德军的一枚 V-1 火箭在距离第一集团军位于通赫伦的司令部 300 码的地方爆炸，附近的玻璃被震得粉碎，四处飞溅，扎伤 65 人。或许这就是压倒霍奇斯的最后一根稻草。在第一集团军的指挥日志里，一名副官写道："过去两周里，霍奇斯受够了两翼暴露的苦。"

★★★

由于受到大雾、雪堤的影响，加之不断有报道称德军准备实施暗杀，艾森豪威尔的专列于 12 月 28 日星期四午后才缓缓驶入比利时阿塞尔特站附近，这是一个位于宗奥芬以南 5 英里的小镇。卫兵们在火车站拉起警戒线，寻找可能伺机作乱的破坏分子，机枪组蜷伏在月台上，按要求形成交叉火力网。蒙哥马利下午 2 点 30 分到达，发现艾森豪威尔已经在他的书房里，正迫不及待要跟他讨论扭转阿登局势的最终方案。两位参谋长史密斯和德·奎因甘德在没有暖气的走廊里等着。蒙哥马利简要介绍了他的计划：4 个军从北部和西北挤压突出部中的德军，而后两翼在突出部的半腰乌法利兹会师。

这位陆军元帅没有说明这次变动巨大的反击计划何时启动。"但打仗需要后备军。"蒙哥马利说。根据他自己的判断和"骑兵们"的报告（年轻的英军联络官们往返各战场向他本人报告），他认为第一集团军的兵力不足以与德军抗衡，因为敌人至少还有 7 个师，有足够的能力发动至少一次激烈的战斗。他建议最好先放任敌人向默兹河突进，让他们自己陷入困境。蒙哥马利没有直接回答艾森豪威尔关于到底哪天发起反攻的问题，而是话题一转，要求艾森豪威尔制订一个"未来作战总规划"，按照这一规划，"所有可调用的进攻部队都要拨给北线"，最好把战役指挥权授予一名指挥官。

艾森豪威尔见他重提此事，便立即结束会晤，和蒙哥马利一道来到站台：机枪手收起三脚架，卫兵们登上火车，火车经由布鲁塞尔回到凡尔赛。尽管蒙哥马利坚持要求盟军发起反攻前所有必备条件都要到位，但艾森豪威尔认为他已经迫使前者承诺 4 天内，也就是最晚 1945 年 1 月 1 日星期一那天，从北部发起反攻。

他错了。蒙哥马利回到宗奥芬营地后就给布鲁克发电报说："艾森豪威尔显然心情不佳。他明显意识到如果之前接受英国的建议，而不是美国将军们的提议，现在就不会有这么多的麻烦。"他还认为近期和布拉德利会晤后，对方最终承认自己缺乏军事才能。蒙哥马利在给布鲁克的信中写道："可怜的家伙，他真是一个正派的人，战争对他而言就像不得不吞下去的苦药。"

蒙哥马利认为第二十一集团军群已经让战局重回正轨。"我们已经把这堆烂摊子都收拾好了。美军的两个军组织有序。"蒙哥马利告诉英军总司令部。他还希望英国战争部知道自己每天都向伦敦方面报告自己的作战情况，但是自己并没有对盟国远征军最高统帅这么做。他推心置腹地说："你们对情况了如指掌，比艾克的消息要灵通得多。"

接着，作为一个在政治方面略显天真的人，蒙哥马利再次高估了自己的能力。12 月 29 日星期五，他在致艾森豪威尔的便笺中写道："我们已经惨败过一次……必须由一位统帅掌握号令全军的权力，你不太可能事必躬亲，所以何不提名他人来担任这个职务呢？"他在信中还附上一张提议下达给第十二和第二十一集团军群的命令，上面写道："从现在开始，一切行动听从第二十一集团军群司令的指挥。"最后，他还解释说："再次跟您提出这个问题仅仅是因为我担心盟军再次遭受溃败。而如果指挥不统一，我们很可能会再次陷入类似的险境。"

恰好就在蒙哥马利的便条送达艾森豪威尔之前，后者收到了乔治·马歇尔的私信。马歇尔说："'伦敦某报'呼吁由元帅统领你所有的地面部队。"这位陆军参谋长还说：

> 在任何情况下，都不要做出妥协。你拥有我们绝对的信任，如果这么做，就会在国内引起可怕的怨怼……让他们见鬼去吧。

到底让谁见鬼去，信里没说明白，不过艾森豪威尔显然认为马歇尔所言的正是蒙哥马利。星期五，凯·萨摩斯比在日记中写道："他们对蒙蒂十分恼火。"接着又写道："比德尔·史密斯和艾森豪威尔都认为，自从一年前在意大利说想加入统帅团队以来，蒙蒂就变得很离谱。"

　　12 月 30 日星期六，当德·奎因甘德带着一个令人不快的消息抵达凡尔登之时，艾森豪威尔的耐心终于被耗光了。该消息称，北线至少要到 1945 年 1 月 3 日才会发起反攻。如果这样，南部的巴顿就要孤军作战，和已得到强劲增援的德军对垒。艾森豪威尔发现自己上当了，他大发雷霆，命令参谋们把蒙哥马利承诺于 1 月 1 日发起反攻的文件找出来。"没必要找了，"德·奎因甘德告诉他，"狡猾的蒙蒂不可能在文件上签名。"

　　"好！比德尔！"气得面红耳赤的艾森豪威尔扭头对他的参谋长说，"我要发一份电报给参谋长联席会议，说我无法与那个人共事。他们可以解除我的职务，我绝对没意见。有他没我，有我没他。"

　　德·奎因甘德现在意识到蒙哥马利将面临的危机，因为他知道马歇尔那张措辞严厉的便条，并且他也知道那个从不隐瞒意图的美国人迫切希望让哈罗德·亚历山大统率第二十一集团军群。德·奎因甘德提出马上驱车去宗奥芬。"能不能请您等到我回来再发这份电报？"他问艾森豪威尔。"好吧，弗雷迪。我可以等到明天上午。不过，我觉得你最好不要去了，今晚天气不好。"德·奎因甘德一出门就赶紧上路，连夜奔波 200 英里，匆匆赶到蒙哥马利的营地。艾森豪威尔也给这位陆军元帅发了一封电报，态度极其冷淡：

　　　　我不同意让一个集团军群的司令自行作战的同时还能给另外一位集团
　　军群的司令发出指令……你说，必须把指挥布拉德利的权力交给你，否则
　　就一定会遭受溃败，这让我很纠结。我可以告诉你，在这个问题上，我无
　　能为力……我们只有将分歧提请参谋长联席会议定夺。

　　德·奎因甘德半夜才筋疲力尽地赶到宗奥芬。艾伦·穆尔黑德后来告诉福里斯特·波格："当时德·奎因甘德快累垮了，有点儿歇斯底里，浑身威士忌味儿……之后在电话中急切地对蒙蒂说：'我必须马上见到你。'"而听到他所叙述的凡尔赛的情况之后，蒙哥马利便开始不住地在住所里来回踱步。

　　"如果继续这样下去，你们其中一个就必须离开。"德·奎因甘德说，"走的人绝对不会是艾克。"

　　蒙哥马利不以为然："那谁能取代我？"

"这一点他们早就计划好了。"德·奎因甘德说,"他们想用亚历山大替换你。"蒙哥马利的气势突然弱了下来,就像 1943 年 3 月在马雷特战役中失利的时候一模一样。"那我该怎么办,弗雷迪?"他焦躁地问,"我该怎么办?"

其实,德·奎因甘德早已起草了一份给艾森豪威尔的道歉信,他从自己的军装里掏出来一张纸,对蒙哥马利说:"在这儿签上名字。"蒙哥马利匆匆签好名字,叫勤务兵赶紧发出这份绝密信函:

> 亲爱的艾克……不管你做出什么决定,我都会百分之百地服从,不折不扣地执行,我相信布雷德也一样。非常抱歉,我之前那封信可能令你不快了,请你忘记它吧。
>
> 你忠诚的部下,蒙蒂

危机过去了但裂痕仍在。蒙哥马利把道歉信发给艾森豪威尔不久,就私底下发电报给布鲁克说:"最高统帅部和美国方面总体倾向相当乐观……我无法赞同这种盲目的乐观主义。"艾森豪威尔感谢蒙哥马利发来一封很棒的电报,但是与这位陆军元帅之间不间断的摩擦仍旧让他彻夜难眠。"艾森豪威尔是个小人,"蒙哥马利在战后如是说,"他的心胸像他的肩膀一样狭窄。"

★★★

艾森豪威尔刚刚压制住北翼蒙哥马利的抗命,南翼又有了麻烦。开始是第六集团军群拒不服从命令,接着南翼遭到德军的猛攻,其猛烈程度跟"秋雾行动"不相上下。

尽管德弗斯将军统领着法军 10 个师和美军 8 个师,不过自从艾森豪威尔 11 月下旬禁止盟军从斯特拉斯堡附近横渡莱茵河之后,他就再没什么战绩。美军第七集团军接到命令,分成两队分别向南北背向行进:向北支持布拉德利的北翼,向南协助德·拉特尔将军消灭科尔马附近德军的突出部。美军在德国向北延伸的边界上凿开几个洞后,却发现齐格菲防线异常牢固。他们在西墙沿途的公厕里贴上布告写道:"到希特勒家去拉屎。"

科尔马包围圈跟比利时的突出部宽度差不多,深度大概是突出部的一半,非常坚固。达尔科斯特将军的第 36 师隶属于德·拉特尔的法军第一集团军,该师报告称，法军官兵似乎对解放阿尔萨斯没什么兴趣，在德军迅速加强对科尔马突出部的防守后更是如此。"敌军今天对三条战线发起进攻。"达尔科斯特在 12 月中旬的作战日志中写道，"法国人让我们孤军苦守科尔马包围圈整整两个星期。"法军内部各派争论不休，勒克莱尔将军声称，不管是他还是他的第 2 装甲师都无法听命于德·拉特尔这样的曾给维希政权效力的卖国贼。德弗斯写信给乔治·马歇尔说："我这里现在有两个问题'少年'，一个勒克莱尔，一个拉特尔。"

12 月 19 日，艾森豪威尔在凡尔登下令第六集团军群在突出部战役中协助布拉德利，将兵力输送过去，由攻转守。三天后，德弗斯停止了对科尔马的进攻，此时希特勒仍旧占领着 850 平方英里的法国国土。然而，艾森豪威尔却希望法军再往后退一些：12 月 26 日，最高统帅部的一名参谋带给德弗斯一张最高统帅亲自标识过的地图，上面明确指示美法联军必须后撤 40 英里，即放弃斯特拉斯堡和阿尔萨斯平原，到看上去更容易防守的孚日山脉建立防线。

12 月 27 日，德弗斯飞往凡尔赛，期待尽其所能据理力争。他说："从莱茵河撤退会激怒法国人，助长德国人的气焰，将好不容易夺下的萨维尔恩隘口置于敌军炮兵火力打击范围内。"艾森豪威尔坚决不同意改变策略。情报显示，大批德军正在美军第七集团军当面集结，这令他心存余悸。他告诉德弗斯，第六集团军群必须"撤回到孚日山脉布防，待机而发，直到阿登战役结束"。最高统帅部指示：将补给站转移至深山；抽调德弗斯辖下美军，一个装甲师和一个步兵师作为孚日山脉西部的最高统帅部预备队。德弗斯在日志中写道：

> 德国人肯定会马上对我发起袭击……我放弃的地方比我现在要去的地方更坚固……放弃斯特拉斯堡对法国人来说是一场不折不扣的政治灾难。

戴高乐完全支持德弗斯：12 月 28 日，他派时任法军总参谋长的阿方尔斯·朱安将军去凡尔赛求证关于撤出阿尔萨斯的传言是否属实。朱安来自阿尔及利亚殖民地，是一个英勇善战，性格豪爽的人。他头戴巴斯克贝雷帽，用左手敬礼（他的右手在 1915 年因伤致残），因此十分引人注目。朱安逼问比德尔·史密斯，得到的答案是："现在还不确定，不过最高统帅部在研究制订相关的计划。"其实，史密斯当天早上就下达了最后命令。朱安驱车回到圣·多米尼克路，警告戴高乐："肯定有蹊跷。"

史密斯闪烁其词，德弗斯也顺势拖延。他把自己的司令部西迁 70 英里到维泰勒，指示参谋准备设立 3 个阶梯式的后方阵地，最后在孚日山脉东面设立最终防线。帕奇将军接到准备让第七集团军撤退的命令时，朝参谋使了个眼色："我们不会那么做，情况没那么糟。"德·拉特尔反应更激烈，他大骂："神经病才会把到手的地盘让给敌人。"他花了两天时间，把德弗斯的撤退令改编成自己的第 201 号将军令，这份 12 月 30 日生效命令指示所部法军"维持现有战线的完整性，不放弃阿尔萨斯一寸土地"。德弗斯发电报给艾森豪威尔称："撤到孚日山脉需要两周时间。"

最高统帅顿时火冒三丈。"马上打电话给德弗斯，告诉他照我说的做！"他对着史密斯咆哮道，"告诉他必须服从命令，缩短防线。"德弗斯从维泰勒打来电话，无力地辩称艾森豪威尔之前的命令缺乏斟酌。"我不会这么跟他说的。"史密斯厉声说，"他认为你不可靠。"而艾森豪威尔的书面指示让德弗斯毫无回旋余地：

> 你现在肯定承受着守住法国国土的政治压力，但是，如果这导致你面临损兵的风险，你就必须抵制这种压力……绝不可危及你部在东线主要阵地的完整。除此之外，你必须做好准备放弃孚日山脉以东的领土，并承担由此造成的政治后果。

德弗斯屈服了，他告诉部下："所有部队都必须在 1945 年 1 月 5 日前撤到孚日山脉。"他在日记中写道："艾克让我别无选择。"而艾森豪威尔现在恨不得一脚踢开德弗斯，把他的部队交给帕奇。

德弗斯在日记中写道："就算是头勤勤恳恳的老黄牛，也会被过度繁重的活计累死。最高统帅部让我守那么长的防线，却调走了我那么多人，这完全没道理。"戴高乐通过朱安向盟军提出不放弃斯特拉斯堡，"把它变成另一座斯大林格勒"。

1944 年的最后一天在纷飞的大雪和嘀嗒的时钟声里悄然逝去，而这也似乎隐藏着某些预兆。一架侦察机在前一晚发现一支笨重的德军炮兵部队正朝新的火炮掩体推进。第七集团军取消了假日庆典，全军处于高度戒备状态。一名坚持要为辞旧岁干杯的记者宣称："世界从来没有哪一年像今年这样灾难重重，值得纪念。"德弗斯在 12 月 31 日的日记中十分凄凉地写道："帕奇打电话给我……他肯定自己今夜一定会遭受袭击。"

★★★

的确，德军当天夜里就发起了进攻，这是其在西欧发起的最后一场大规模进攻。希特勒在鹰巢再次给 G 集团军群的指挥官们鼓劲。他隐瞒阿登战役失败的事实，声称他们获得了通过"北风行动"痛扁美国人的机会。西南部 8 个师将沿着孚日山轴线由上而下发起进攻，再次夺取萨维尔恩隘口，而后和占领科尔马包围圈的第十九集团军会师。这次进攻还会迫使巴顿从巴斯托涅撤退，以避德军锋芒。元首甚至指出，阿尔萨斯的法军疲软无力、组织散漫，而美军第七集团军要防守长达 126 英里的防线，肯定力不从心。

虽然没有拦截到有关德军下达具体进攻命令的情报，但是有足够的证据显示，萨尔布吕肯当面的德军将发起进攻。帕奇非常肯定，德军的主要进攻目标是第七集团军位于哈尔特山脉的左翼，同时还会向东对哈尔特山脉和莱茵河的中间地带发起辅助进攻。

"德军于零点 30 分对第七集团军的阵线发起进攻。"帕奇的参谋长在 1945 年 1 月 1 日星期一的日志中写道，"德国佬着了魔一般地号叫着。已打垮他们！"皓月当空，萨尔河附近的雪原笼罩在皎洁的月色下，闪耀着银色的光芒，怒吼的纳粹党卫军的轮廓清晰可辨。美军水冷式机枪从左到右疯狂扫射，单单一架机枪就干掉了 100 多名进攻者。国民掷弹兵的尸体在一个山坳里堆积如山，随后这里被称为"停尸谷"。"只攻占了一些无关紧要的地盘。"G 集团军群的日记里写道，而后星期二黄昏时分，"攻势减弱"。

新年那天，德军发起了最蔚为壮观的进攻，900 架纳粹空军飞机在西线上空盘旋，有的距离地面只有一树高。代号为"BODENPLATTE"的"底板行动"，也被称为"宿醉突袭"开始了。据说，在这次行动中，刚刚庆祝过新年庆典的飞行员们还戴着白手套，穿着军礼服和漆皮鞋。突袭摧毁了 17 个盟军机场，炸毁了 150 架停在机场的飞机，另外还破坏了 100 多架其他飞机，其中包括蒙哥马利的专机。

不过，德军自身也损失惨重。为了保密起见，他们并没有将这次"底板行动"的计划告知高射炮手。为此，在他们损失的近 300 多架飞机中，有一些是被他们自己的高射炮打下来的。更糟糕的是，这次行动让他们损失了 237 名飞行员，其中包括诸多经验丰富的飞行员、教官和指挥员。"孤注一掷令我们损失殆尽！"一

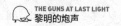

名纳粹空军的军官说。

尽管德军右翼的"北风战役"一败涂地，但其在向东 10 英里处发起的辅助进攻却收获颇丰。进攻从昔日马其诺防线的地堡开始，沿着地形延伸至比奇。党卫军第 6 山地师绕过美军在下孚日山的据点，将第七集团军的防线狠狠折弯，这让最高统帅部心生警惕，也让位于西南 30 英里处的斯特拉斯堡的盟军胆战心惊。斯图加特的广播宣称："德军奇袭部队正在会合，准备攻占该市，那些曾经协助过盟军的阿尔萨斯人将会受到报复。"法国一名中尉说："第七集团军分遣队正在沿着莱茵河集结的流言像导火索一样迅速蔓延，引起了大面积恐慌。"

三色旗降了下来，公务轿车加满油，这让人们更加恐慌。新闻报道称，"通往西边的道路拥挤不堪，女人们推着婴儿车和手推车，手推车上堆满了家具"，斯特拉斯堡硬着头皮迎接又一次的命运逆转。一名士兵发现扣在路中间的餐盘，原来人们还心存侥幸，希望这些盘子能被德国兵当成反坦克地雷，至少能稍稍阻滞他们反扑的速度也是好的。

★★★

夏尔·戴高乐在他的声明中再次使用第三人称："放弃斯特拉斯堡不仅严重伤害了这个国家的尊严，而且深深打击了人民对戴高乐的信心。"1945 年 1 月 2 日星期二，他亲自写了一张便条给德·拉特尔说："法军决不同意放弃斯特拉斯堡……我命令你全权处理此事。"几乎在同一时间，德弗斯发电报给德·拉特尔，指示他在星期五上午之前将左翼向孚日山脉撤退，这势必要置斯特拉斯堡于德军的铁蹄之下。美国人的命令在法军司令部掀起了轩然大波，一名参谋写道，两位领导下达的两个截然不同的命令让德·拉特尔左右为难，他说这关乎"国家尊严"。

戴高乐可不认为这有什么为难的。德·拉特尔提议等盟军最高统帅部批准守卫斯特拉斯堡，戴高乐回答说，"我无法接受你的意见。"然后接着说，"德·拉特尔，你唯一的职责就是对法国负责，为你的祖国效忠。"据说，在巴黎举办的一个下午茶会上，戴高乐夫人故意冷落德·拉特尔夫人。斯特拉斯堡市长给他送去一张该市大教堂的照片，上面写着："给德·拉特尔将军，我们最后的希望。"此时的德·拉特尔痛苦地躺在简易床上，自从第一次世界大战中吸入毒气以来，他一直忍受着肺炎后遗症的困扰，现在简直是痛苦不堪。

星期二晚上 9 点，朱安将军出现在凡尔赛比德尔·史密斯的办公室，他用左手敬了个军礼，然后花了整整 5 个小时长篇大论反复陈述着一个论题：如果放弃斯特拉斯堡，后果不堪设想，而最高统帅也将遭到严厉指责。直到凌晨 2 点，他才从口袋里掏出一封戴高乐的信，信中威胁要将法国军队从最高统帅部辖下撤走。"我们离不开他们。"戴高乐告诉朱安，"不过他们也同样离不开我们。"

"朱安昨夜对我说的那些话实在太过分了，他要是个美国人，我早就一拳抡给他了。"1 月 3 日星期三的早会上睡眼惺忪的史密斯对艾森豪威尔说道。斯特朗和斯帕茨两人也在最高统帅的办公室，大家争辩了整整一个多小时，史密斯还是认为撤到孚日山脉势在必行。第六集团军群报告了"北风行动"给整条阵线造成的压力，德弗斯已经接受了艾森豪威尔的命令要"忘记斯特拉斯堡"。但毕竟放弃那个城市将会危及盟军的团结，斯特拉斯堡的军政长官警告帕奇："你们将会让美国国旗蒙上不可磨灭的羞耻。"

当天凌晨 5 点，斯特拉斯堡发出急件称将会遭到"可怕的报复"和"大屠杀"。疏散计划已于当天下午起草，最先撤走 1 000 名公务员，尽管只有两辆可供疏散的列车，但是至少可以顺利转移 10 万名平民。而此时，左右为难的德·拉特尔终于决定听从戴高乐的命令，下令第 3 阿尔及利亚师准备保卫斯特拉斯堡。

艾森豪威尔对乔治·马歇尔说："除了天气，这场战争中最让我头痛的就是法国人，他们甚至在登陆艇上列队。"有时候，为了取得战略优势，将领必须做出战术性撤退，这一点在司令部跟在战场上一样。到星期三中午，艾森豪威尔才醒悟，为了盟军的团结，他应该让步。虽然戴高乐提出下午 3 点会面，但在正式答应这一要求之前，艾森豪威尔还是打算先使出一两招。

史密斯打电话问德弗斯，德军现在距离阿尔萨斯首府还有多远。

"大约 30 英里。"德弗斯回答说。

"好，有多远把他们赶多远。"史密斯说，"现在看来，你可能要守住斯特拉斯堡。"

下午 2 点 15 分，随着丘吉尔和布鲁克的到来，这场闹剧愈演愈烈。这两人在恶劣的天气下乘坐颠簸的飞机从英格兰赶到凡尔赛，艾森豪威尔到机场把他们接回自己的住所，匆匆吃过午饭，他们就一同来到特里亚农皇宫酒店的会议室。戴高乐很快就来了。他绷着脸，朱安跟在其身后。几个人坐在扶手椅上围成一圈，形势图摊在地板中央，戴高乐交给艾森豪威尔一封他下令德·拉特尔防守斯特拉斯堡的信。

阿尔萨斯的地图上显示，德军 3 个军正从北部往南冲，而科尔马突出部还有 6 个师随时可以对阿尔萨斯发起进攻。艾森豪威尔指着地图说："敌军在阿尔萨斯的进攻已经持续了两天，而科尔马包围圈的形势对我们非常不利。"漫长的防线不仅让法军和美军面临危险，而德弗斯也没有任何预备队，他的两个师还要被调去增援战况激烈的阿登。

"阿尔萨斯是个神圣的地方。"戴高乐说。放任德军再次侵占斯特拉斯堡会让法国政府倒台，导致整个国家濒临无政府状态。

丘吉尔讨喜地说："我一直都说阿尔萨斯对法国来说至关重要。"

艾森豪威尔说："即使如此，我也不愿迫于政治原因调整军事计划。把法国军队从最高统帅部辖下撤走的做法太愚蠢了，盟军为法国付出了那么多。参谋长联席会议已经同意为法军的 16 个师提供武器装备，戴高乐将军最近还提出要把所有 50 个师都装备齐全。如果戴高乐将军执意孤军作战，最高统帅部将别无选择，只能推迟为法军提供燃油和军需品的计划。如果德·拉特尔的军队服从命令，积极作战，铲除科尔马包围圈的敌军，便可以扭转这次危机。"

此时，最高统帅的脸已经涨得通红，戴高乐居高临下看着他的大鼻子说："艾森豪威尔将军，这么做风险极大，义愤填膺的法国人民可能会禁止你们使用铁路和通信系统……如果你执意要求执行撤退令，我将命令法军的一个师设置路障把自己封锁在斯特拉斯堡里，到时候，人神共愤，你将不得不深入其中为他们解围。"

在这个节骨眼上，丘吉尔像一只猫一样优雅地从椅子上起身蹲下来，伸出食指按在地图上，低声说道："斯特拉斯堡，这个地方。"

此时，艾森豪威尔已渐渐平静了下来，他同意做出让步："那就守住斯特拉斯堡，把神圣的阿尔萨斯留给法国，将撤退令取消。"之后，他若有所思地坐了下来，啜了一口茶，对戴高乐低声说："我和蒙哥马利之间有些矛盾。"

会议结束了。"我认为你的做法很明智，也是非常正确的。"丘吉尔对艾森豪威尔说。到了外面的走廊，他又拉着戴高乐的手，用法语磕磕绊绊地低声说："艾森豪威尔有时候意识不到他的决定会造成怎样的政治后果，但即使如此，他仍是一位杰出的最高统帅。"戴高乐什么都没说。但当艾森豪威尔把戴高乐送到特里亚农皇宫酒店前门跟他告别的时候，有人告诉他："获得荣誉需要付出代价，你马上就要成为胜利者了。"第二天晚饭的时候，戴高乐对一位同伴说："你能想象吗，他们竟然让我们把军队撤出斯特拉斯堡？种种迹象表明，那些美国人把激情等同于政治，把逻辑等同于军事艺术。"

斯特拉斯堡得救了，星期三下午晚些时候，这个好消息在该市迅速传开，欢腾的人群高唱着《马赛曲》，宪兵队营房前的三色旗再次冉冉升起。第七集团军带扬声器的卡车辘辘驶过市区，让大家保持镇静。艾森豪威尔授权德弗斯可以使用最高统帅部的预备队，命令还要求主要由法国军队尽可能地固守该市，但是不得令你部的完整性遭到破坏。

★★★

"北风行动"仍在继续，德军以至少一个军的兵力对美军发起三次进攻，此外他们还从科尔马沿着莱茵河—罗讷运河一线对法军发起一次进攻。第七集团军的右翼沿着阿格诺附近的莱茵河向后折弯了 10 多英里，德军从距离斯特拉斯堡只有几英里的冈布桑渡过莱茵河，随后又被打了回去。但是，为了攻占这些战略意义微不足道的地盘，德军遭受了无可挽回的损失，伤亡人数达 2.3 万。

帕奇坚守萨维尔恩隘口和莱茵河—马恩河防线，最高统帅部也没有把巴顿从阿登高原调走。阿尔萨斯的德军部队发回报告称，由于没有足够的步兵，"北风行动"宣告失败。希特勒斥之为过度"悲观"。他拒绝将集训不到一个月的国民掷弹兵投入战斗。这些新训部队的很多兵员都是从东欧招募的，连德语都不会说，其中一支整编师因其特殊的饮食需要而被称为"生奶油师"。

"我们必须相信仁慈的上帝有其终极目标。"在与戴高乐发生冲突后，艾森豪威尔写信给玛米说，"这些日子很难熬。"指挥的重任很少让他感觉如此沉重。卫兵们还在寸步不离地保护着他的安全，他没有时间锻炼。尽管他会定期写信回家，但妻子还是责备他写信太少。

此外，还有很多新的麻烦。情报显示，德军可能很快就会使用毒气。据说，德国的科学家正在研制一种射线，可以让盟军飞机的发动机在飞行中突然停转。然而，屋漏偏逢连夜雨。1 月 2 日，机翼结冰和飞行员的失误致使一架双引擎"哈德森"飞机在起飞的过程中突然坠毁，事故发生在凡尔赛以南 5 英里的 A-46 机场，艾森豪威尔最忠实和最受重视的顾问——海军上将拉姆齐在这次事故中不幸遇难，当时他正要飞往布鲁塞尔跟蒙哥马利协商安特卫普的防御问题。1 月 7 日星期天，法国海军乐队奏响了肖邦的葬礼进行曲，一辆炮车载着拉姆齐的棺材缓缓驶向塞纳河畔附近山坡的一座坟墓。悲痛的艾森豪威尔也在送葬队伍之列。

当天下午晚些时候，艾森豪威尔办公室的日历上写道："E（代指艾森豪威尔）4点30分就离开办公室回家去了，这些日子他非常消沉。"

悲痛的葡萄藤

新闻报道称，美军第一和第九集团军现在受一名英国人的统领。1月5日，这一消息得到最高统帅部的确认。凡尔赛的声明只说这种调整得到了"有关各方的一致认可"，却没有说明这只是临时安排。那些自鸣得意的伦敦报纸在报道中把美军部队说成是"蒙蒂的军队"；在蒙哥马利的暗中鼓励下，新闻界呼吁在欧洲西部建立一个"适当的"指挥体系，由一名统帅统领全军作战。

"我们没什么要道歉的。"布拉德利对他的参谋说，"也没什么要解释的。"他的副官切特·汉森少校在日记中写道："现在连我们这些被英国人称为'亲英派'的人都被英国的电台和报纸激怒了，我们又恼怒又屈辱。以前那些美好的友谊几乎消失殆尽。"

1月6日星期六，蒙哥马利发电报给丘吉尔提到，他计划召集记者解释"德国人是怎样被'拦截'而后被'击退'的，现在又将怎样被'消灭'"。同时，对任何提及美国人在阿登战役中失利的人都要进行反驳："我要告诉大家，盟军整个团队是怎样团结一致，抛开民族考量的……我会着重强调我和艾克之间的伟大友谊。"

同一天，他给伦敦一位密友写信称，"所有的矛盾都源于美国人完全不懂我们和德国人之间的游戏规则"。当情报处长威廉姆斯准将问他为什么想召开新闻发布会时，蒙哥马利解释说，"艾森豪威尔的领导才能受到了质疑，我想纠正这一错误。"威廉姆斯忠告他："千万别！"司令部的其他人也觉得蒙哥马利有些自以为是，都努力劝阻他。艾伦·穆尔黑德甚至恳求德·奎因甘德让蒙哥马利三缄其口，以免犯下不可收拾的错误。

"采取这种态度召开新闻记者会实在有趣。"德·奎因甘德说。

"我只想打赢这场战争。"穆尔黑德回答说。

1月7日，蒙哥马利头戴黑色双徽章贝雷帽，套着降落伞背带，出现在宗奥芬的众多记者面前。穆尔黑德说他"穿得活像个小丑"。蒙哥马利这么做其实是出于好意，他赞扬美国兵"作战勇敢，临危不惧，不屈不挠，是一流的士兵"；

赞颂艾森豪威尔是"我们团队的首领",宣称"我对艾克百分之百地忠诚,我们是最好的朋友";他并没有提到布拉德利,却称英国军队"英勇奋战",夸大了在战场边缘作为预备队的英军的重要性。

然而,他的大部分发言都围绕着自己的雄才伟略:在近三个星期前就果断取得了指挥权,"我要做的第一件事就是整顿战场——让它恢复正常"。蒙哥马利说:

> 看到当时的情况,我当机立断自行采取措施,确保德军无法渡过默兹河,就算他们抵达默兹河也没关系。我通过几项措施平衡兵力分配……我深谋远虑……那场战役意义非凡。我觉得那可能是我打过的最棘手也是最见功力的战役。

蒙哥马利把"击退"德国人跟他 1942 年在埃及打退隆美尔的战绩相提并论。最后他非常诚恳地宣称,"我们再也不要做出任何有关盟军团结的消极评论了"。

发布会结束后,记者们纷纷向报社发送稿子。"噢,天哪,你为什么不阻止他?"穆尔黑德问威廉姆斯,"这简直糟透了。"英军的很多军官都有同感。一名军官写道,蒙哥马利"恬不知耻地兴高采烈"。德·奎因甘德说他像个孩子一样表现出一副不谙世事的自负嘴脸,而另一位将军说他"像一只趾高气扬地站在自己粪堆上的公鸡"。丘吉尔的私人秘书在日记中写道:"蒙哥马利星期天对媒体发表的那番扬扬得意、强硬傲慢和自鸣得意的讲话触怒了很多人。"

《每日邮报》的头版头条"蒙哥马利预判进攻,'独'力挽狂澜"充分体现了舰队街的典型情绪。一个德国无线电台故意在一篇虚假新闻报道中模仿 BBC,援引蒙哥马利的话说:"美国人有点儿不知所措……阿登战役现在终于可以结束了,这多亏了蒙哥马利元帅。"

"他理所当然地把所有的荣耀都揽到自己身上,集团军将领的名字一个都没提。"第九集团军在作战日志抱怨道:"军队中正在滋生怨恨的情绪。"再没有比布拉德利更愤懑的人了,"他对蒙哥马利的蔑视已经变成了强烈的怨恨"。最高统帅部的一名英国将军在报告中说。特德将军在日记中写道:"现在让布拉德利和元帅合作绝无可能了。"

1月9日,布拉德利两次打电话给凡尔赛。"他对英国报纸为蒙哥马利加油助威感到无比愤怒",凯·萨默斯比写道。布拉德利也召集记者,用地图和指示棒按照自己的版本解释当时的战况，模棱两可地说当时美军指挥官在阿登薄弱的防线上自觉承担"可能的风险"。私底下，他严厉谴责蒙哥马利，"那位陆军元帅企图败坏我的名声，好夺取作战指挥权"，还说，"他为达目的不择手段"。

布拉德利再次打电话给艾森豪威尔警告说："我无法在蒙哥马利手下工作。如果要把所有的地面部队都交给他指挥，你必须送我回国。"

艾森豪威尔一再向他保证，他没有想过要扩大蒙哥马利的权力范围："我一直以为你是我唯一可以依赖的人，不管我要求你做什么，你都会听我的。"

"我唯一做不到的就是这件事。"布拉德利回答说。

艾森豪威尔只好再次拼命安抚这位情绪激动的部下，然后从中斡旋，让他们把注意力集中在眼前的任务上：准备远征德国，把龙德施泰特从突出部击退。但是，他在写给布鲁克的信中承认："我担任盟军统帅这么长时间以来，从来没遇到过这么棘手的问题。"

★★★

拦截、击退而后消灭德国人并不像蒙哥马利说的那么轻巧。12 月下旬，龙德施泰特报告称，两个装甲集团军在"秋雾行动"中已经被迫完全转入防御状态。德国的一些军事家力劝元首把他的装甲部队调到东线去——苏联已经于 12 月下旬包围了布达佩斯，可是元首却回答说，东线的问题"必须自行解决"。1 月初，德军的 20 个步兵师和 8 个装甲师还在突出部负隅顽抗，现在德军步兵团平均规模只有美军的一半，而美军装甲师平均拥有的坦克数量是德军的两倍。即便如此，这么庞大的部队还是没那么容易被击退。"德国士兵怀着坚定的决心英勇奋战。逃兵很少。"最高统帅部如是评价。

然而，德军伤亡众多，巴斯托涅附近的国民掷弹兵有些连队只剩不到 30 人。由于缺乏弹药，迫击炮和反坦克炮都搬给了后方部队。1 月份，德军两次削减口粮，现在每人每天只配给 11 盎司面包和 1 盎司油脂，土豆和蔬菜早就吃光了；西线司令部配给的汽油所剩无几，摩托侦察兵正在郊外到处寻找汽油；有一个师的士兵一周多来都是骑着自行车奔忙。在一座校医院里，一位德国医生问一名因受伤而痛苦嚎叫的德国兵："你到底是军人，还是个骗子？"

美军第三集团军的一名士兵告诉记者奥斯马尔·怀特："我们的炮弹对他们是10:1，这就是奥秘所在。"德军战俘被迫爆破石材铺路，美国卫兵在一旁呵斥："快点儿，狗娘养的！"他们还算幸运的。巴顿在日记中透露了几起"射杀战俘的不幸事件（我希望我们能瞒过不提）"，剩下的战俘被依法处决，其中有 18 名战俘是斯科尔兹内的特工，他们被抓获没几天就被特别军事法庭定罪，被判决"步枪枪决"。

3 个被定罪的战俘让隔壁房里被俘的德军护士给他们唱圣诞颂歌。"过了一会儿，我们不得不阻止他们。"一名上尉报告称。"他们扰乱了我们的军心。"记者 W.C. 海因茨目睹了那 3 名战俘被处决的过程。"我垂下头看着地面，满眼洁白的霜冻、结冰的草丛和坚硬而低洼不平的土壤。"海因茨写道，"我告诉自己，我现在所看到的将是他们弥留之际最后看到的景象。"他们被紧紧捆住，蒙上眼睛，心脏的部位被别上圆形的纸板，"3 个人直挺挺地靠在杆子上，就像正在等待被行刑的木头人"。一阵致命的枪声让他们瘫软下来，血流满地。

德军对巴斯托涅的最后突袭一直拖到 1 月份的第 2 个星期，这是阿登战役中最为激烈的一场恶战。与第三集团军对垒的德军从 3 个师猛增到 9 个师。恶劣的天气令飞机无法起飞，盟军空军只能再次望"空"兴叹，美军炮手不得不用喷灯和撬杆给被冻住的炮架解冻。巴顿本来希望能用一天时间突进 17 英里，夺取乌法利兹，然而第 3 军和第 8 军平均一天才行进 1 英里。

直到 1 月 3 日，蒙哥马利才率领第一集团军从北部发起进攻，而且进展相当缓慢。浓雾、冰雪、地雷、崎岖的地形、被炸掉的桥梁和负隅顽抗的德军让柯林斯的第 7 军举步维艰，进军乌法利兹让他们损失 5 000 多人。1 月 8 日，希特勒终于同意莫德尔放弃突出部的西侧。但不到 3 天，德军全面撤退的迹象就被美军觉

突出部战役期间，一个身穿美军军装实施破坏的德国士兵，被俘后在比利时被绑上行刑柱执行枪决。（美国陆军军事历史研究所）

察到了，他们在一码一码、极不情愿地后退。1月14日，希特勒断然拒绝了龙德施泰特和莫德尔撤回莱茵河的恳求，要求他们撤到西墙后必须停下，然后重开攻势。

1月16日星期二上午11点40分，北线的骑兵巡逻队和南线的装甲步兵巡逻队在乌法利兹郊外会合，这标志着第一和第三集团军成功会师。盟军用1 000吨炸弹和不计其数的近炸引信炮弹把这个瓦隆地区的集镇炸了个底朝天。巴顿写道："自这场战争开始以来，我还从来未见过这样的景象。"在等待推土机从碎石瓦砾中开路的当儿，他吟了几句打油诗：

> 乌法利兹小镇，
> 屈膝苦苦哀恳，
> 上天庇佑黎民，
> 避开皇家空军。

一天后，艾森豪威尔把第一集团军还给了布拉德利。霍奇斯送给蒙哥马利5磅咖啡，对他的援助表示感谢。1月18日，第一集团军司令部迁回斯帕的布利特尼克饭店。那个地方没遭到破坏性的打击，只有家具歪歪斜斜，被剥光了装饰品的圣诞树摇摇欲坠。尽管布拉德利百般抱怨，第九集团军还是继续由英国统帅指挥，他只得乖乖遵照最高统帅部的指示，将司令部从偏远的卢森堡城搬到那慕尔。那慕尔是一座河滨小城，曾以出产优质刀具闻名。

布拉德利和他的参谋在那里以公爵的派头占据了一座巴洛克风格的别墅，拥有大理石地板、天鹅绒窗帘和巨幅比利时贵族油画，枝形水晶灯吊在他办公桌的上方，众天使微笑的面庞隐约映在壁画上方20英尺高的图板上。布拉德利住在奢华的达斯冈饭店——美国兵按照其发音称之为"妓女营"。站在这里向远处望去，那慕尔大教堂和默兹河谷尽收眼底。就这样，布拉德利俯视他所统领的一切。

一个村庄接一个村庄，一个农场接一个农场，美军士兵们一寸寸地收复失地。米德尔顿把第8军司令部又迁回巴斯托涅，第101空降师向他打包票称："巴斯托涅的司令部虽然旧了但还可以用，那里的德国人已经被清理干净了。"1月23日，第7装甲师收复了已变成一片废墟的圣维特，俘获一名德军炮兵指挥官，这名指挥官在其最后一篇日记里写道："枪炮声离市区越来越近……我要把自己所有的个人物品都寄回家。形势会如何发展，谁也说不准。"

1945 年 1 月 13 日，美军第 347 步兵团的士兵们在巴斯托涅北部排队领取食物。不久后，美国第一和第三集团军在阿登山区会合。

1 月 15 日下午 6 点，希特勒撤离鹰巢，第二天早上乘"勃兰登堡"号返回柏林。安特卫普不再会有纳粹的军靴，甚至连默兹河对岸都不会再有；盟军不会再分崩离析，华盛顿和伦敦也不会再为和平请愿。希特勒的空军副官回忆道："元首曾感叹：'我知道这场仗打输了。上天的力量太强大，它背弃了我。'"

然而，希特勒还是将军队从容不迫、有条不紊地撤出了阿登。由于燃油和配件不足，曼陀菲尔一天就丢弃了 53 辆坦克。不过，大部分坦克都顺利脱逃。南线，第五装甲集团军和第七集团军的 13 个师分别从 5 座桥梁穿过乌尔河。艾森豪威尔对同僚承认："敌军可能会大面积撤退。"攻占乌法利兹近两周后撤退的德军关上了西墙最后的那扇铁门。

同时，东线的问题已经无法"自行解决"。苏联红军在喀尔巴阡山集结了 180 多个师和 9 000 架飞机，准备在冬季发起进攻。1 月 12 日，苏联红军猛烈的攻势将德国人从匈牙利赶到波罗的海，此种形势是前所未有的。1 月 22 日，希特勒下令第六装甲集团军前往匈牙利保护仍旧处于德军控制下的几个油田。

整整数周，迪特里希的疲惫之师横穿德国。为了省油，他们只好步行，同时拖拉机拖着几百辆车。一名德国历史学家后来写道："东线再次呈现出会削弱其他防线的真空泵特征。"

　　西线的战事陆续结束，好日子终于来了。比利时和卢森堡再次获得解放。孩子们在卢森堡的采石场坐着雪橇欢笑打闹，对仍然潜藏在东边的德军上空呼啸的炮声视若无睹；飞向科隆、杜伊斯堡和柏林的炸弹在天际留下一道道白色尾烟；在阿登，男女老少们站在门廊前看到身穿草绿色军装的队伍从门前经过急切地问道："你们肯定他们真的再也不会打回来了吗？"

★★★

　　"炮声渐渐销声匿迹，亡者的尸体垒得很高，"玛莎·盖尔霍恩写道，"就像一团团黑乎乎的植物。"几个星期以来，这个铁血之地已经不再举行丧礼，只用推土机和风泵将尸体草草处理。3 000 多死于阿登战役的平民的尸体都裹在毯子里，被放置在教堂的地窖等待解冻。列日往东 15 英里就是亨利-夏佩勒的美军公墓，掘墓人夜以继日地埋头苦干，每个墓坑挖到深 5 英尺、宽 2 英尺、长 6.5 英尺，一天就埋了 500 名美军士兵。

　　下葬前，死者的靴子会被脱掉留给活着的人再穿。两张身份识别牌，一张卡塞在死者嘴里，另一张钉在墓碑的十字架上面。工作人员为丢了身份识别卡的死亡士兵拍照；尽可能地搜寻死者身上的洗衣标签、文身和其他能标识身份的线索；给他们绘制牙科图表；将他们的指尖擦洗干净，注射液体以令指纹更加清晰可辨，所有这一切努力都是为了日后能明确死者的身份。

　　墓地登记小组在阿登搜寻到的死者当中发现了那些在马尔梅迪附近被派普的手下残杀的士兵。1 月中旬，盟军重新占领伯涅兹十字路口后，墓地登记小组在

1945 年 1 月 15 日，美军第 3 装甲师在比利时俘虏了一名年轻的党卫军士兵。

两英尺深的积雪下面找到了他们。一个个冻僵的尸体硬邦邦的像极了雕塑，调查员把它们放置在有暖气的小棚屋里，用刀片割开野战装的外套和裤子口袋，清点遗物：5 级技师卢克·S.斯沃茨的口袋里装着一支钢笔、两支铅笔、一本《新约》、一把梳子和一枚护身符；一等兵罗伯特·科恩身上有 13 枚硬币、两个打火机和一本希伯来人的祈祷书。

战后，据军方统计，从 12 月 16 日到 1 月 25 日，美军在阿登和阿尔萨斯战役中伤亡人数高达 10.5 万，其中 19 246 名将士阵亡。成千上万的老兵们忍受着"战壕足"、冻伤和各种病痛的折磨。虽然美军在太平洋战场上的损失也在不断上升，但二战中美军伤亡人数的 1/10 都出现在阿登战役。是役美国投入兵力 60 万人，是葛底斯堡战役人数的 4 倍。

这 60 万人中有 2.3 万多人被俘，大多数战俘都被关押在德国战俘营，每天只有 700 卡的口粮，喝的是人造咖啡，"那只能算一种液体，脏得以前我们都只会用来洗澡"，一名被俘军官后来回忆道。第 106 师被彻底消灭，该师的士兵家属们为了寻找亲人组织成立了"悲痛葡萄藤"，志愿者们每天夜里守着短波无线电收听德军的广播，里面偶尔会提及某个战俘的名字。这个办法是一位匹兹堡伐木工人想到的，他的儿子也在西尼·艾弗尔失踪了。

6 万多名伤病员很多都曾命悬一线，他们常常瞪着眼睛躺在病床上。一名外科医生写道："他们像刚从摩天大厦的窗台上救下的人。""很多人都需要几个月乃至几年的时间恢复正常的精神状态。"一名受伤的军官说。3 月份，拥挤的医院里到处都是担架，上面躺着肢体残缺的伤员，就像《飘》中亚特兰大战役后的场景。1 月 13 日的恶战中，一名士兵逃过一劫，德军一枚炮弹在其身旁爆炸。后来他给内华达的父母写信说道："往下一看，我的右手不见了……爸爸，到时候我得学习用左手投球，您要对我有耐心。"

★★★

德军的损失很难精确计算，尤其是在美国人有意夸大的情况下。巴顿有时候会按衣服的数量编造个数目，有时候会按照战俘数字的十倍来估算敌军伤亡数字。美军一个集团军估计，在"秋雾行动"打响后的当月，德军损失 12 万人，这个数字太夸张了。而布拉德利则声称德军伤亡 25 万人，这个数字就太离谱了。一项战后分析认为德军伤亡人数为 8.2 万，而另一项研究则显示应为 9.8 万。德国官方历史中称死亡人数 1.1 万，受伤人数 3.4 万，被俘、失踪和伤病人数无法确定。

1 月下旬，德军还有 289 个师，这竟与 12 月 10 日最高统帅部的统计数字相同。莫德尔成功保住了自己的部队结构，这跟整个德意志面临的困境格格不入。曼陀菲尔说："B 集团军群的司令把弓生生拉断了。"西线德军的燃油储备彻底耗尽，弹药只剩他们需求量的 1/3。德国空军不堪一击，希特勒形容那种形势下的防空作战像"打兔子"。

在阿登战役中，德军损失了 700 多辆装甲车，后备兵力几近耗光，铁路磨损十分严重，以至于到 1 月 19 日，德国所有的铁路运输都被迫叫停，只允许运煤车和国防军运输车正常运行。历时 5 年多的战争，德军死伤或被俘士兵达 400 万人次。希特勒声称，他在七年战争期间腓特烈大帝的一封亲笔信里找到了共鸣："我开始打仗的时候投入的是全欧洲最出色的军队，现在只剩下一堆大便。"

巴顿对杀戮是这样理解的。"当你抓住一条鲤鱼把它丢到船上的时候，它断气之前总会奋力扑腾几下尾巴。我觉得这是它最后的那一下扑腾。"他告诉记者。曼陀菲尔持同样的观点，突出部战役让德军大伤元气。他警告说："德军此后只能进行肉搏战。"

除了麦考利夫这样的中坚分子，美国的将军们在阿登战役中少有声望。美国陆军曾把自己当作进攻精神的化身，但他们的拿手好戏却是防守，比如在萨勒诺、安齐奥和莫尔坦。布拉德利和蒙哥马利策划的 1 月反攻计划瞻前顾后，不是诱敌深入，也不是当头痛击，而是把敌人赶出突出部，而这一计划竟最终得到了艾森豪威尔的批准。"把敌军大部包围在突出部，进而围歼"的策略几乎没有人响应。在高级将领中，最杰出的还是巴顿。他在与德军第七集团军、第五装甲集团军的半数兵力和第六装甲集团军的部分兵力对垒时，作战灵活。布拉德利说"他是我们伟大的战地指挥官之一"，这个评价名副其实。

丘吉尔企图修复英美之间的关系。在下议院发表的一篇讲话中，他不吝赞美之词："美国军队几乎承担了所有的战斗任务，也几乎承担了全部损失。他们的伤亡人数是我们的 60 ~ 80 倍。毫无疑问，突出部战役是开战以来美国人打得最伟大的战役，而且我也相信，该战役将成为可载入美国史册的大胜仗。"丘吉尔后来对其秘书说，"美国陆军左右开弓，左手在阿登打仗，右手穿洋过海朝日本进军，这可是无比强大的军事力量"。蒙哥马利也在写给艾森豪威尔和"亲爱的布拉德"的短笺里显示出少有的恭敬姿态："能够指挥这样的军队令我感到万分荣幸。"

然而，对由英国将领率领美国野战军作战深恶痛绝的那些人来说，再多的甜言蜜语也不足以平息他们的怨愤。"艾克怎么就不像个男人？"巴顿在 1 月 24 日的日记中写道，"就算没有艾克和蒙蒂，我们也会发起进攻，打场胜仗。"

艾森豪威尔声称："德军的进攻没有取得任何决定性的成果。"事实上，"秋雾行动"加速了第三帝国的灭亡。1944 年下半年，希特勒把全副注意力都放在西线上，将东线的物资、坦克和兵力储备都调往西线。德国一名历史学家认为，这对苏联红军而言真可谓天赐良机。德国把 11 月和 12 月的全部燃料都用于支援阿登战役，现在其与苏军作战的几百辆坦克和突击炮都因为没有汽油而停在东线无法启动。到 1 月 20 日，苏军 200 万雄师或绕开或粉碎德军防御，在东普鲁士和喀尔巴阡山之间撕开一道近 350 英里宽的缺口。英美联军还没有抵达莱茵河的时候，斯大林的军队已经开始朝距离柏林 50 英里的奥得河进军。这才是突出部战役最伟大的战果所在，虽然那里距离阿登有 1 000 公里。

德军潮水一般退去后，艾森豪威尔先后在地图上画了几个大箭头。他的时间安排虽然被迫中断约 6 个星期，但结束这场战争的基本策略没有改变：盟军继续摧毁莱茵河西岸的德军，3 月份"冰雪融化"的时候攻占桥头堡，接着挺进德国的心脏。艾森豪威尔在 1 月 20 日写给参谋长联席会议的长信中反复强调："蒙哥马利必须对鲁尔区北部发起进攻，这是我们的主要目的。"不过他也认为，"敌军在这个地区的防守固若金汤。"最高统帅部后勤部估计只能支持盟军在鲁尔区 35 个师的供给，除非在莱茵河上修建新的铁路桥。

这样艾森豪威尔就有更加正当的理由启动第二条轴线：由布拉德利的集团军群从美因茨和卡尔斯鲁厄向法兰克福和卡塞尔发起进攻，而巴顿一直都在劝诱艾森豪威尔选择这条走廊作为远征路线。

现在，西线盟军占据着一条 729 英里宽的阵线，共计有 73 个师、370 万官兵，其中美军占 2/3。除了近 1.8 万架战机，还有在意大利待命的航空队作为补充，艾森豪威尔手上还握有火炮、坦克、情报、供给、运输及其他现代战争所需的各种主要资源。五角大楼为美军 7 个师横渡大洋提速，还把另外两个原本没有指定给欧洲战场的师调来，在阿拉斯加、巴拿马和其他没有战争的战区仔细挑选部队，马歇尔相信一定能找到丰腴的肥肉。

步枪排长太紧缺，以至于他们在枫丹白露的路易十五厢房紧急开办军官学校，开设识图课、巡逻课和伪装课，对新升任的中尉们进行集训。这些学生当中的很多人都将跟3万名接到战场委任状的士兵一道奔赴前线。美国陆军在一个月内征兵的人数从6万人激增到9万人，3月份更猛增到10万人。最高统帅部希望，到5月份为止，西线陆军可以达到85个师。

只有这么多，不足的话也只能克服眼前的困难。英国男人都上了战场，美国的兵员储备几乎耗干，这样跟德国和日本打下去，战斗将十分艰苦。艾森豪威尔还想要10万名海军陆战队员，那简直是痴心妄想。巴顿算了一下，要在西欧获胜需要增加20个步兵师，这恐怕只能是一场白日梦。只有这么多人，艾森豪威尔必须用给他的这有限的军队打赢这场战争。

阿登战役再次证明：战争从来都不是线性发展的，而是一场混乱无序、后退与前进并存、莽撞和活力共生、丧气和兴奋交替的动荡。勇气、怯懦、胆略——每一种品质在金戈铁马的沙场上都将展露无遗。就重要性和惨烈程度而言，阿登战役可谓空前绝后、旷古绝伦。战争虽然是集团军与集团军、集团军群与集团军群之间的对抗，但每一位士兵的命运却往往是最令人关切的。

"每个人心中都怀着某些共同的情感——希望、爱、乐观、信念。"第2步兵师的一等兵理查德·E.考恩在12月5日寄往堪萨斯的家书中写道，那天恰是他22岁的生日。两个星期后，他为了掩护战友撤退，端着机枪向德军扫射，最终壮烈牺牲在科林科尔特附近。"这个消息让我痛不欲生。"他的母亲听到噩耗的时候说。考恩被授予荣誉勋章，是32名在阿登战役中有英雄事迹的人物之一。而他也和成千上万的死难士兵一起，伴随着他最后的希望、爱、乐观和信念，被埋在那些2英尺×5英尺×6.5英尺的墓坑里。

此时的沙场上依旧烽火连天。蒙哥马利的活动板房墙壁上贴着很多照片，有隆美尔和龙德施泰特的，也有他自己的，其中有一张弗朗西斯·德雷克爵士1587年对卡迪斯发起进攻之前的冥思画像。

"任何伟大的事业都必须有一个开端。"德雷克曾经写道，"然而，只有一直坚持到底才能获得真正的荣誉。"对于第二次世界大战这份为文明本身而战的伟大事业也是如此——获取真正荣誉的时刻已经来临。

第 10 章　　阿尔戈行动

1945 年 2 月 2 日，英美两国要员在马耳他岛举行会议。会议上，针对盟军向莱茵河推进的作战计划美英双方曾僵持不下，然而，无论英国人如何吹毛求疵，艾森豪威尔依然稳稳占据上风。在斯大林的"盛情邀请"之下，同盟国首脑齐聚雅尔塔。会议虽没有通向美国人所憧憬的"正义平等世界"的大门，但也绝不是向苏联可耻的妥协。"东西"将如何和解？而此时，再光明的前景，对于瑞士边界到北海前线的百万将士而言都是虚无。在冰寒的战野之上，他们尸横遍野，还有必要问他们"为什么要打仗"吗？

马耳他的"旗帜"

1945 年 2 月 2 日星期五，清晨的暖阳和恬适的微风为马耳他港送来地中海早春的气息。皇家海军"天狼星"号舰艇上回响着《星条旗永不落》的旋律，一支皇家海军乐队正在认真练习此曲。自从 1943 年 7 月艾森豪威尔率领最高统帅部在攻陷西西里之前抵达马耳他岛以来，这个小岛还从未这么热闹过。数百名盟军指挥官涌到首都瓦莱塔，代号"板球"的英美战略会议即将在这里召开，会上将讨论涉及战争与和平的重大问题。1940—1943 年，轴心国用 16 处炸弹轰炸把马耳他炸成了废墟，碎石瓦砾阻塞了每条街道。瓦莱塔一片荒凉，近于闹鬼的样子，而这也正是瓦莱塔在马耳他语中的意思。要找几座完整的房子容纳前来参加"板球"会议的代表实属不易，这让会议筹备组十分烦恼。他们警告说："预计会造成一定程度的不便。"同时还警告："马耳他人把散布谣言当成一种全民消遣，所以请勿在公共场合讨论任何问题！"

光是美国人就占了 16 处营房、豪华大宅和临时准备的招待所，其中包括当地的基督教青年会所和拉斯卡里斯城堡。拉斯卡里斯城堡是一座潮湿的大杂院，很久以前圣约翰骑士团（一个修道会，成立于十字军第一次东征期间。——译者注）住在这里。马耳他的建筑师们偏爱蜂蜜色的砂岩，这种砂岩多孔渗水，用一名飞行员的话说："用它建造的房子即便没有被敌军的炮弹炸坏，也像一座四面透风的冰窖。"盟军指挥官用餐时也穿着冬装，一名海军上将说他睡觉的时候身上裹着好几层：厚睡袍、雨衣、大衣和几层毛毯，不然冻得根本睡不着。

502

由于兵营不够用，美军就在 9 艘停靠在马耳他港的军舰上搭建了临时营房。马耳他港地理位置优越，一名参观者对其赞不绝口，说它"可能是全世界最惊人的天然良港"。之后，一艘从那不勒斯前来的坦克登陆舰被征用为停放指挥车的海上车库。为了弥补生活上的不便，每个军官被允许携带 75 磅重的行李。此外，英国给每个人派了一名勤务兵，负责每天为他们取报纸。"他给我擦过的鞋子整整亮了好几个星期。"一名美国代表惊叹道。高效的洗熨服务处通宵工作，酒吧准时在傍晚 6 点开门。一支由 20 个人组成的管弦乐团在海军上将官邸演奏到半夜，这座官邸过去曾经是每位来马耳他的皇家海军舰长的住宅，宽大的楼梯上挂着大理石卷轴，凡是曾在过去一个半世纪内指挥过地中海舰队的英国海军指挥官都名列其中，纳尔逊勋爵就是其中之一。

一名当地的图书管理员担任起导游的任务，向来宾介绍马耳他的历史。他从腓尼基人和迦太基人说起：遭遇海难的圣约翰如何利用他的热情和两场魔术表演让马耳他人皈依基督教；16 世纪的骑士团每年如何在万圣节向罗马教皇进贡一只猎鹰当作年租——达希尔·哈米特在他的小说《马耳他的猎鹰》中对此进行了颇有神秘色彩的详细描述；1565 年，土耳其强盗如何在攻占圣埃尔莫堡后将抵抗者钉在十字木架上丢进大海港，而马耳他人为了报复又是如何将土耳其战俘斩首，把头颅塞进炮膛后射向敌人的阵地。显然，马耳他的历史显示这里并非一个和平安乐之地。星期五上午 9 点 30 分，英勇好战的美军巡洋舰"昆西"号的灰色船头缓缓驶过圣埃尔莫堡，改装后的"萨凡纳"号（17 个月前在萨勒诺险些被德军滑翔炸弹炸沉）负责这次的护航任务。6 架喷火式战斗机像鱼鹰一样在头顶上盘旋，码头海堤上和屋顶上的人群高声欢呼着。"昆西"号上的一名乘客写道："海港的入口太小了，我感觉我们的大船不可能开得进去。"

巡洋舰以 4 英里的时速沿着石堤缓慢前进，一个身披斗篷的身影站在驾驶室翼桥上，叼着烟斗，蓬松的头发上扣着一顶苏格兰花呢便帽。为了这次旅程，他用过很多代号："青铜""石榴石""钢铁"，还有英国人给他取的"Q 上将"，不过现在他的身份不再需要隐瞒了。水手和海员们立正站在露天甲板上，21 门大炮纷纷鸣响，"天狼星"号上的军乐队奏起了排练已久的美国国歌，欢迎美国总统富兰克林·D. 罗斯福的到来。外交官查尔斯·E. 波伦是这样描述当时的情景的：

　　　阳光照耀着波光粼粼的海面，微风轻拂，城墙和英军战舰上的旗帜随风飘扬……罗斯福坐在甲板上，身披黑色披肩，向正在行礼的英国军舰和码头上欢呼的人群致意。他是个举足轻重的历史人物。

港口另一边，英国军舰"猎户座"号的后甲板上站着另一位重要人物，他身穿海军制服，抽着雪茄，一直挥着航海帽，直到美国总统看到他正向自己挥手致意。这个人就是温斯顿·丘吉尔。海港上突然一阵肃静。另一名目击者写道："一切都静止了，这时候，每个人都意识到，这是一个伟大的历史时刻。""昆西"号把右舷靠近9号泊位，粗大的缆绳套住系船柱，海港的领航员给船舱里的人打出信号示意："关闭引擎。"

离开华盛顿11天以来，罗斯福所乘的船只行进近5 000英里。他对航海一直很着迷，只不过这一次天公不作美，很多时候他都只能待在客舱里。在船上，罗斯福很少看国务院提供的简报和研究报告，大多时候都在睡觉或看电影，诸如《劳拉，不管贫穷还是富有，我们的心都是年轻快乐的》等影片，偶尔也会看悬疑小说解闷，小说的名字总给人不祥的预兆，比如《死亡疑云》之类。他的房间有一架专用电梯直通驾驶室，他喜欢坐在舰队司令的专用转椅上，眺望青灰色的大海，巡视"昆西"号上从船头排到船尾的船员。

一次，船员在水下发现两个可疑物，船长立即派一名水性出众的特工贴身守护在总统身旁，声称："万一'昆西'号被鱼雷或水雷击中，你就马上抱着总统跳进大海逃生。"幸运的是，可疑物被证实只是两条鱼。而他们遇到的唯一一次危险就是在驶出纽波特纽斯港口后的第二天，一次汹涌的大浪让驱逐舰"萨特利"号旋转了61度。吃过晚饭，罗斯福会打打扑克或金罗美纸牌，每局赌半美分；他也会不时陷入沉思，反复思考最近的大选（他最终以432票对99票第4次当选总统）和随后在白宫（而非国会大厦）举行的就职典礼，他的十三个子孙为他欢呼雀跃。

1月30日，为了给总统庆祝63岁大寿，船上的随行人员先推着4个大蛋糕走进罗斯福的房间——每个任期一个蛋糕，接着，第五个蛋糕也被推了进来，上面用糖霜画着一个大大的问号。"昆西"号船员送给他一个用诺曼底登陆日那天发射的炮弹弹壳制成的烟灰缸。

在"昆西"号靠港后，早上10点一过，水手长吹起哨子，宣布第一批客人抵达，乔治·马歇尔携美国海军部长欧内斯特·J.金上将走上踏板，此时总统正坐在甲板上一门大炮旁的细藤椅上晒太阳。将领们看到罗斯福的模样十分惊愕，默默交

换了一下眼神。他脸色苍白，面容枯槁，黑眼圈十分明显。当时同在巡洋舰上的
波伦后来写道：

> 罗斯福的样子让我十分震惊……这一周的航行相当悠闲，而他却显得
> 极其虚弱，疲惫不堪，不仅如此，他看上去好似染了重病，我从来没见过
> 他那么憔悴的样子。

《时代》杂志收集了很多关于罗斯福身体状况的流言，并整理成以下三种说法：
他被秘密急送梅约诊所；三个精神科医生与之随行；他患有贫血。真实情况更糟。
几十年后人们才知道，他的血压从 1930 年的高压 128、低压 82 攀升到 1944
年 12 月的高压 260、低压 150。去年，罗斯福体重减轻了近 30 磅。"很多东西
我都不能吃。"12 月的时候他曾抱怨道，"连尝都不能尝。"心内科医生的检查结果
显示"他的皮肤、嘴唇和甲床出现微蓝色斑点，呼吸困难，腹部不适，心肌肥大，
肺部有积液"——这些都是充血性心力衰竭症状。慢性出血痔的病情因其无法站
立和行走而持续恶化。8 月份在华盛顿演讲时，罗斯福还曾出现轻度心肌梗死的
症状。多重病痛的折磨，使他不得不定期服用苯巴比妥，注射可待因。

他的私人医生要求尽量不让他知道实情，他顺从地按照医嘱吞下那种绿色的
洋地黄药丸，从来不问那些药丸是什么，与此同时，他勉强配合医生提出的戒烟和
戒酒的要求，每天只抽 10 根雪茄，喝一杯半鸡尾酒。星期五他在瓦莱塔写信给秘
书说："我需要增加睡眠，还需要再增加。"白宫新闻处每天都要从官方照片中翻找
能给公众看的照片，让他看上去不那样衰老、无助，而这个任务似乎越来越艰巨。

然而，就算这个人身体虚弱，他的内心却一直坚定不移。就像学者詹姆
斯·麦格雷戈·伯恩斯后来写到的那样："直至生命终结的那一天，罗斯福都是
一位诗人、梦想家、实干家、布道者、为了信念而战的斗士及国家元首。"现在，
他急于听到盟军在西线取得的进展。由于艾森豪威尔因他所谓的"战事需要"
不肯来参加"板球"会议，因而马歇尔和金不得不花上半个小时向罗斯福介绍
最高统帅部的计划：抵达莱茵河，攻占桥头堡，从两条互补的路线向鲁尔区挺进。
他们还概述了蒙哥马利单独从北边发起突袭的安排。

总统叫人拿来地图，回忆起年轻时骑车穿越莱茵兰的往事，那时的他精力充
沛、无忧无虑。他对那个地方的情况了如指掌。他说，艾森豪威尔的计划天衣无缝，

他以三军统帅的身份对这个计划表示完全支持。

水手长再次吹响号角，丘吉尔也来到后甲板。他满面春风，身穿得体的蓝色军装，胸前的口袋露出一角叠齐的手帕，既整洁又时髦。他在这次旅程中也有很多化名："瓦尔登上校""肯特上校""钨""铬"。事实上，70 岁的丘吉尔也身染疾病，三天前乘坐飞机抵达瓦莱塔时还发着高烧，身体状态欠佳。"在过去几个月里，他的身体状况差了很多。"其医生查理斯·莫兰在 1 月 31 日星期三的日记中写道，"他变得非常啰唆。"

阳光、威士忌和几把伯奇克牌似乎让两人恢复了元气。吃午饭的一个小时里，丘吉尔跟罗斯福相谈甚欢，说自己"全心全意热爱美国独立宣言中阐明的原则"，罗斯福听后会心地一笑。丘吉尔时常抱怨在大英帝国实施这些原则常常要"用手推车推着温斯顿上山"。罗斯福说，尽管打败日本估计要到 1947 年，但是欧洲的战争今年应该可以结束。和平局面的来临将为重建新的世界秩序奠定基础。

丘吉尔掏出一根 8 英寸长的雪茄，灵机一动使用烟灰缸上的短蜡烛点燃。他说，世界上有很多国家的公民都畏惧自己的政府，必须把他们从那种畏惧中解救出来。他甚至略显夸张地说："只要我还有一口气在，我就会对此支持到底。"罗斯福只能表示赞同，他们将一起在全世界推行"四大自由"（美国总统罗斯福 1941 年制定的言论、信仰、免于匮乏、免于恐惧的四大自由。——译者注），其中包括免于恐惧的自由。不过那时罗斯福想先去马耳他转转，然后用晚餐时再与丘吉尔会面。丘吉尔站起身来，罗斯福补充道，"离开华盛顿后，我每晚睡 10 个小时，可还是觉得像熬了通宵一样累"。

2 月 2 日，富兰克林·D. 罗斯福总统和丘吉尔首相在马耳他的大海港登上美国海军"昆西"号军舰。安娜·罗斯福·贝蒂格（左）和莎拉·丘吉尔·奥利弗在驶向克里米亚的漫长旅途中陪伴着她们的父亲。

在这个阳光明媚的日子里，罗斯福坐在房车里，在马耳他岛总督的陪伴下，穿过破败的瓦莱塔、吉安塔菲哈和姆迪那，行驶了 30 英里。车队开过的时候，马耳他农民和商人不约而同地摘下头上的帽子畅快地挥舞，把手举上眉梢向他们致敬。当天下午 4 点 30 分，罗斯福回到"昆西"号上，丘吉尔坚持要洗澡放松一下，半个小时后才赶到，二人在军官室里一起喝了几杯鸡尾酒。除了陆军航空队司令哈普·阿诺德第四次心脏病发在家休养之外，英美参谋长联席会议的成员们都到了。

盟军的高级军官们向美国总统和英国首相汇报称，大家对艾森豪威尔结束欧洲战争的计划一致表示赞同。丘吉尔这次的发言即便以健谈标准来衡量也略显过头：他提出沿莱茵河部署预备队，还建议尽量多攻占奥地利的地盘，牵制苏联人。他早就意识到，军队的部署将决定战后的政治格局，但这是他第一次明确提出英美联军应该抵抗苏联的扩张。罗斯福不时点点头，但是很少开腔。晚上 8 点，大家开始吃晚饭。

这次"亲切友善"的聚会掩饰了英美高级统帅之间围绕战争的意见冲突，而这种冲突始于三天前，也就是 1 月 30 日星期二中午英美参谋长联席会议开会的时候。这是自 1942 年 1 月他们第一次达成一致意见以来的第 182 次会晤。在马耳他港附近一座被称为"蒙哥马利官邸"的老商业楼里，由于煤油炉取暖器会散发出呛鼻的气味儿，军官们宁愿穿着大衣挤成一团，也不愿打开取暖器。

比德尔·史密斯代表盟军最高统帅部再次详细介绍了艾森豪威尔的计划：摧毁莱茵河西岸的德军，跨过莱茵河，之后通过两条轴线挺进"德国心脏"；整顿莱茵河沿岸从阿尔萨斯到波兰之间的防线，在盟军最后发起进攻时可以把莱茵河作为一道屏障。史密斯说："美军第九集团军负责增援北面的蒙哥马利，第二条轴线则以布拉德利率领的第十二集团军群为主力，突入法兰克福和卡塞尔，从南面协助包抄鲁尔区，如果第二十一集团军群左勾拳受阻，他们可以来一记右勾拳。"

英国陆军元帅布鲁克再次站出来唱反调。身体瘦弱、脸色蜡黄、弯腰驼背的布鲁克私底下被称为"榴弹上校"，虽令人敬畏却很受欢迎。《经济学人》杂志称："人们钦佩他，畏惧他，也喜欢他：就是这种逻辑。"他的爱好平常而讨喜：在湖畔钓鱼；考克斯的橙色苹果点心；模仿歌剧；为野生动植物拍照（在这方面他堪称先锋人物），他最最喜欢的是鸟类——可以专注地看奈普的《关于鸽子的论著》。他在法国长大，父亲是北爱尔兰自治区一位从男爵，家里有九个孩子，布鲁克最小。"布鲁克曾经希望成为一名医生，然而，第一次世界大战枪林弹雨的大对决证明年轻的布鲁克是一名天才炮手。"一名传记作家如是写道。他充分利用数学和心理学知识，特别擅长徐进弹幕射击和众所周知的反身一击，消灭从掩体中露出踪迹的敌人。

这个战术很适合布鲁克。从来不好饮酒作乐的他在历经 5 年的世界大战后，常常会消化不良，精神不振。"我觉得我跟温斯顿一天都合作不下去了。"布鲁克前几天在日记中写道，"他行将就木，既不能认清形势，也做不出什么明智的决策。"但是，让他最苦恼的还是美国的"表亲们"，特别是在这种英国势力减衰、美国影响力不断增强的情况下。

现在，就像在索姆河战役运用反身一击战术那样，布鲁克把目标对准了史密斯。这位英军元帅简洁明了地表示，他认为盟军没有足够的兵力同时在两个地方开展大规模作战。必须选择其中一条进攻路线，也只能选择一条，而北面蒙哥马利的路线显然前景更为乐观，因为它距离安特卫普和鲁尔区都更近。如果布拉德利同时从南面进攻，势必会占用一部分装备和物资，从而削弱盟军的优势。

之前艾森豪威尔就因为把战线拉得过长而致使防线过于薄弱，突出部战役已经充分暴露出这种战略的致命弱点。如最高统帅部所说："占领整条莱茵河可能会拖延进度。"蒙哥马利是不是要在这河边等到科尔马包围圈彻底被消除？等到布拉德利的军队跨过罗尔河，荡平萨尔河？

关于这个问题的争论已经持续了整整 5 个月，但是史密斯在为最高统帅部的计划辩护时一直都保持着维护团结的姿态。他说，艾森豪威尔原打算支持北面每一个可以维持后勤供给的师，但是地势决定蒙哥马利只能从一条可容纳四个师的狭窄正面去进攻莱茵河。一旦遭遇龙德施泰特残部的集中反扑，就有可能陷入困境。蒙哥马利自己也承认，在横跨莱茵河的铁路桥建好之前，他那边的莱茵河东岸只能勉强支撑 24 个师的物资供给。艾森豪威尔致力于支撑 36 个师，并想再补充 10 个师的兵力，争取取得突破性进展。但是，在敌人显然无力防御整条西线的时候，为什么美军和法军的近 40 个师要保持蛰伏状态？史密斯接着说道："把所有的鸡蛋都放在一个篮子里风险太大。"

马歇尔对此表示同意，他警告说："依赖一条线路进攻不可靠。"会议在各方没有达成共识的情况下休会。史密斯赶紧给凡尔赛的艾森豪威尔发去电报。他在电报里写道，英国人"坚持要求以书面形式确定从北面发起主攻"；他们还想确定对鲁尔的进攻不会等你们消灭了莱茵河西岸的所有德军之后再开始。最高统帅马上回电：

> 你可以代我向参谋长联席会议保证，在能够开战的前提下我可以迅速拿下莱茵河各岔口，不必等到把整条莱茵河都攻下。此外，我将以最大兵力和顽强意志从北面向莱茵河突进。

布鲁克对此并不满意，因为艾森豪威尔坚持要把军队分开。这位"榴弹上校"在 1 月 31 日星期三的日记中承认："下午 2 点 30 分，我们再回到会议桌上的时候，形势异常复杂起来，比德尔·史密斯又给艾克发了一封电报，这真让人受不了，艾克的回电令我们再次陷入僵局……我觉得非常疲惫，我老了！"

更糟的是，午夜时分，正当住在圣安东宫的布鲁克要睡觉的时候，史密斯来到他门口，要求再跟他好好谈谈。之后，他们之间的争论愈发激烈。布鲁克说："艾森豪威尔已经够焦头烂额的了，他的司令部是不是离前线太远了？他有足够的能力承担起这份职责吗？或者说，他是不是特别容易受到下属意见的影响？"史密斯厉声说："该死！现在我们就把话说清楚！"深夜，他们唇枪舌剑了一个小时，最后都筋疲力尽了。入睡前布鲁克写道："我认为这次谈话对我们双方都有好处，有助于明天工作顺利开展。"

"事情似乎没有这么简单。"乔治·马歇尔得知史密斯与布鲁克的深夜之争后心生警惕，他已经受够了。英国的吹毛求疵暗示着他们对艾森豪威尔缺乏信任，而且布鲁克和他的同僚显然在支持蒙哥马利跟他的上司对着干。马歇尔告诉金上将说："这件事交给我处理吧。"

2 月 1 日星期四下午，首脑们再次聚集一堂。马歇尔走进房间，要求所有的部属和记录员们都出去。马歇尔一进来，布鲁克就坐到椅子上。英国人为什么如此担心布拉德利和巴顿对艾森豪威尔的影响，而不担心罗斯福对艾森豪威尔的影响？"罗斯福从来没有和艾森豪威尔将军见过面，也从来没有给过他只言片语的提示。这是出于我的建议，因为他现在是盟军的统领。"马歇尔强压怒火，声音越来越高。"事实上，对当下丘吉尔向艾森豪威尔施加的压力，美国的参谋长们更加担心。"马歇尔说道，"英国首相从来都是毫不犹豫地向最高统帅直接施压，他总是绕过英美参谋长联席会议独自行事。"马歇尔宣称："我认为你们的担忧毫无根据。"

他还没说完。英国人怎么能强行把一名陆军司令安插在最高统帅和他的三个集团军群司令中间？马歇尔打算辞职，他已将这一想法如实告知艾森豪威尔。马歇尔说："蒙哥马利是导致这场闹剧的主要原因。他已经得到了自己想要的一切，其中包括美国第九集团军的指挥权，却还在贪得无厌地觊觎总指挥权。实话实说，他只不过是一名畏首畏尾的指挥官，一名粗鲁无礼、不忠不义的下属，却妄图掌控一切，尤其他对所有的美军官兵态度很有问题。"

乔治·马歇尔的一番慷慨陈词把大家惊得目瞪口呆，整个会议室鸦雀无声。布鲁克战后回忆道："马歇尔显然对策略一无所知，甚至不能将不同方案的优劣弄清楚，无法自行做出判断，仅仅信任和支持艾克，觉得为艾克清除干扰就是他的责任。"但是，英国第一海务大臣坎宁安上将却说："马歇尔的抱怨其实不无道理。"

目前，美国人义愤填膺，明显在气势上占了上风。布鲁克陷入沉默，参谋长们突然同意在最高统帅部的主要作战计划上签名，盟友间很可能出现的两败俱伤局面暂时得以控制。

第二个月，英国人密谋用哈罗德·亚历山大替换特德作为最高统帅部副司令，他们认为前者更听话，尽管布鲁克曾认为他"胸怀有限，全局视野不足"而将其排除在统帅名单之外。在马歇尔的支持下，艾森豪威尔向英国提出，如果亚历山大从意大利来到最高统帅部，统帅部会给他安排职务。斯帕茨接任特德成为西线的空军指挥，"在我和我的集团军群司令们中间建立任何中间指挥部都没问题"。

大家都认识到，现在美国人占了上风。"首相心里很不爽。"凯·萨默斯比在日记中摘要记录道，"但是艾克说他会没事儿的。"

★★★

2月3日星期六深夜，瓦莱塔西南的卢加机场飘着雨丝，被称为"17号使命"的机群由25架运输机组成。繁忙的停机线笼罩在弧光灯的光芒之下；卡车和指挥车沿跑道驶来搜寻各架飞机；行李搬运工把手提箱和板条箱吊进密封箱，机密文件上绑着黑色的带子，贴着黄色的标签；乘客们陆续登机；手拿写字板的机长们认真地检查乘客们手中蓝白相间的登机牌。"板球行动"已经结束，现在即将开展的是"阿尔戈行动"——赶到黑海上克里米亚半岛的雅尔塔与约瑟夫·斯大林会晤。

近几个月，罗斯福曾提议把会址定在苏格兰至耶路撒冷的中间地带。斯大林说自己健康状况不好，而且鉴于他在东线和德军作战的伟大战绩，要求将会场安排在雅尔塔，而这一城市的位置让英美的官员们不得不在旅游手册上四处翻找。"我一再强调这个决定会给您带来重重困难，但是，考虑到斯大林元帅的健康状况，您只能准备前往了。"美国驻莫斯科大使 W. 埃夫里尔·哈里曼在 12 月下旬写给罗斯福的信中写道。

　　且不提长达 7 个小时、1 400 英里的飞行对身体状况极不稳定的罗斯福来说有多么危险，其他的问题也十分麻烦：盥洗室设备匮乏，没有酒吧；旅行者需要带上睡袋和充足的防虫药；雅尔塔的电压跟别的地方都不一样，是 330 伏；土耳其政府虽然同意"17 号使命"机队飞越其领空，但无法保证机队不会遭到炮击。总统顾问们曾反对罗斯福踏上这么危险的旅程，但是罗斯福坚持要去。他的助理哈里·霍普金斯后来评论说："他的冒险精神一直指引他前往不同寻常的地方。"

　　罗斯福和丘吉尔同意把各自的随从人数限制在 35 人以内，但是光是计划从马耳他乘飞机前往的就有 700 人，从莫斯科去克里米亚半岛的人就更多了，还有很多人会坐船前去。美国随行的有 330 人，其中有 14 位将军、15 名上校、18 名保镖，8 名厨师和多名服务员。英国随行人员的花名册有 11 页，其中包括 62 名信号员、58 名海军陆战队员、1 名负责膳食的上尉给养、2 名电影放映员、5 名地图室军官、17 名丘吉尔的随身侍从。每个随行人员都要为自己的离开编造一个可信的托词。英国商务部考虑周全，给他们签发了 2 400 份购物券，用以添置御寒服装。丘吉尔一人要了 72 份购物券，用于购买新制服和内衣裤。

　　鉴于雅尔塔条件落后，英国粮食供应部门通过"17 号使命"机群运输的物资包括：144 瓶威士忌、144 瓶雪利酒、144 瓶杜松子酒、200 磅烤熏肉、200 磅咖啡、50 磅茶叶、100 卷手纸、2 500 张餐巾纸、650 个西餐盘、350 套茶杯茶碟、500 个平底玻璃杯、100 个玻璃酒杯、20 个盐罐和胡椒粉瓶、400 套餐具、36 张桌布、13 个糖罐。此外，皇家海军"法兰克尼亚"号另外载着 864 瓶威士忌和杜松子酒、180 瓶雪利酒、2 万盒美国卷烟、500 盒雪茄、1 000 盒火柴，取道达达尼尔海峡前往雅尔塔。

　　另外一条指定的"雅尔塔航行 208 号"船载着几百瓶莱茵河白葡萄酒、苦艾酒、哥顿金酒、尊尼获加红方威士忌和乔治四世威士忌、1928 年产凯歌皇牌香槟，此外还有 2 万盒切斯特菲尔德和菲利普·莫里斯香烟、500 盒罗伯特·彭斯雪茄和 1 箱手纸。作为额外补贴，另有一批货物发送到雅尔塔，由英国驻莫斯科大使代收，其中包括 12 瓶 1928 年玛歌酒庄产的葡萄酒、法国白兰地和啤酒，1 000 盒普雷厄尔香烟、48 瓶白马威士忌、布莱克 & 怀特威士忌和 69 号橡木桶威士忌。"保证人人都有酒水喝，"丘吉尔对白宫方面说，"威士忌对斑疹伤寒症有好处，还可以防虱子。"

"我们在夜色中离开马耳他。"一名上校写道，"就像一群迁徙的海鸟。"凌晨 1 点 50 分，第一架飞机起飞了，蓝色的火焰从排气管道喷射出来，飞行员把油门踩到底，飞机在卢加的短跑道上全速滑行。其他的飞机随后每 10 分钟一架陆续起飞。按照飞行计划，这些运输机要横跨地中海，飞到德占克里特岛上空。接着，机群在飞越土耳其海峡和黑海之前，朝左边 90 度大转弯，拐到爱琴海上空，横跨巴尔干半岛和萨莫色雷斯岛。周遭一片寂静，起飞时飞行员将灯全部熄灭，乘客们把手表的时针往前拨两个小时，尝试入眠。

丘吉尔搭乘一架由美国陆军航空队提供的四引擎 C-54 "空中霸王"。他声称，英国技工们用了 5 万张动物皮毛装饰豪华客舱。丘吉尔裹在大衣里，"像一个泫然而泣的可怜婴儿"，其女儿萨拉（当时与之同行）如是形容。停机线上还停着一架名叫"圣牛"的 252 号 C-54，这次它要载着一位名叫"海军上将"的旅客开启第一段旅程。很快，一架电梯把坐在轮椅上的罗斯福送入飞机后部的客舱里。后来丘吉尔回忆当时的情景说："罗斯福的脸苍白得透明，给人一种净化的感觉，而他的目光则十分遥远。"

喷火式战斗机和 P-38 轰炸机在头顶上轰鸣，近几个星期以来，空勤人员通过不断实验确定最低飞行高度，以在确保安全的前提下尽可能提升旅程的舒适性：飞机将在 6 000 英尺的高度飞行，引擎喘息着，银色的螺旋桨在湿润的月光下轰响。凌晨 3 点 30 分，"圣牛"起飞后向东转了个弯，驶进茫茫夜色。

雅尔塔交锋

雅尔塔像一座掼入黑海和克里米亚山脉之间的天然剧场，似乎生来就是为戏剧所建。古时的雪崩在巍峨的山峰上刻下了一道道灰色疤痕，小镇之上云雾缭绕，俨然"一番塞拉山的景象"，马克·吐温曾在《傻瓜国外旅行记》中写道。正是在雅尔塔的别墅里，安东·契诃夫写下了《樱桃园》和《三姐妹》，他在《带小狗的女人》中写道：

那些关于本地风气败坏的传闻，有许多是假的……他就不由得想起那些关于风流艳遇和登山旅行的传闻。于是，来一次快捷而短促的结合，跟一个身世不明、连名字都不知道的女人干一回风流韵事这样的诱人想法，就突然控制住了他……这座城市以及它那些柏树一副死气沉沉的样子，然而海水还在哗哗地响，拍打着堤岸。一条汽艇在海浪上摇摆，汽艇上的灯光睡意蒙眬地闪烁着。

那片曾经被古人称为"黑海"和"对陌生人友好之海"的大海哗哗地拍打着海岸，这片海岸曾先后被辛梅里安人和斯基台人、希腊人和热那亚人、鞑靼人和俄罗斯王公们占领。每年长达 2 000 个小时的日照时间可与尼斯媲美，如此的自然条件对健康十分有益。这里有 36 座各式疗养院，第一座便是由包括契诃夫和马克西姆·高尔基在内的进步知识分子们投资修建的。1920 年，列宁一声令下，雅尔塔变成工人们的疗养地、无产阶级的乐园。无花果树、桑树和毛榉树林就生在海边，俯瞰那深不可测、宝石一般的莹润海面。

然而，德国人来了。他们包围了附近的塞瓦斯托波尔，三年的战火彻底摧毁了克里米亚。由于斯大林邀请英国人和美国人到雅尔塔会晤，这里必须加以整饬，为此人们忙乱了几个星期。成千上万的红军彻夜掩埋炸弹炸出的大坑，粉刷破败的房屋，清理十九世纪宫殿里的粪便，因为那里曾被德军充作马厩。1 500 节载有毛毯、玻璃和黄铜门把手的车厢用了近 4 天的时间从莫斯科开到这里（敌人撤走前把雅尔塔所有的门把手都锯下来带走了）。

会务组从大都会酒店、国立酒店、斯普莱迪德皇家酒店和莫斯科酒店征集了厨师、侍者、女仆和管家随时待命，他们同时收集了亚麻布、床、窗帘、盘子和镀银餐具以备后用；每个夜晚，苏联卫队都把克里米亚翻找一遍，在农舍、会议室和学校里搜寻刮脸镜、洗脸盆、衣架、时钟和挂画；泥水匠、管道工、油漆工、电工和上光工通宵达旦地加班干活；500 名罗马尼亚战俘则忙着栽种灌木和亚热带花卉。

德军还在雅尔塔海港埋有水雷，英、美的船舶无法通行，只好改道往塞瓦斯托波尔开去。一名苏军军官耸耸肩解释说："他们又没留下布雷地图。"船舶货舱卸载的办公设备、200 吨无线电设备和"法兰克尼亚"号上的烈酒装满了一辆辆卡车，车队绕过 50 英里的山路，拐过 900 个急转弯，运往驻地。1 月 28 日，美国海军军医在雅尔塔展开"卫生审查"，发现"受到床虱感染的迹象"，成百上千个床垫和枕头都喷上了 10% 浓度的 DDT 煤油溶液，亚麻布也喷上了 DDT 粉，此外，苏联厨房员工还接受了"卫生操作"培训。

除 160 架战斗机、几个高炮连外，苏军还派出 4 个团的兵力负责保障雅尔塔的安全，由 620 人组成的斯大林的安全卫队里又增加了 12 名格鲁吉亚私人保镖。他们个个端着冲锋枪，在方圆 12 公里的小镇里搜查了 7.4 万次，835 名"反苏"嫌疑分子被逮捕。岗哨把苏、英、美领导人围得密不透风。携带窃听耳机和定向麦克风的窃听人员也抵达雅尔塔，准备最大限度地窃听私人谈话。

尽管苏联女仆和管家竭尽全力，但是"阿尔戈会议"的条件仍旧比以往卡萨布兰卡、魁北克和华盛顿等地举行的几次秘密会议条件差。英国代表团接到简讯称，"由于必需品匮乏，19 名上校要共用一个房间"。英国首相的军事助理黑斯廷斯·伊斯梅中将后来写道："估计很难再找到一个比这里更不方便、不适合开会的地方了。"

然而，比起拥挤的住处和床上的跳蚤，还有更让他们忧心忡忡的。"这很有可能成为一场具有决定性意义的协商。"丘吉尔对罗斯福说，"这次战争的结局很有可能会比上一次世界大战更令人失望。"阿尔戈会议将影响战后格局，现在，所有遗留问题都要靠阿尔戈英雄们自己去解决。

2 月 3 日星期六中午 12 点 10 分，"圣牛"抵达克里米亚西海岸的萨基机场，20 分钟后，英国首相那架精心装饰过的"空中霸王"也到了。罗斯福披着披肩，头戴灰色软呢沿帽，坐在专用电梯里下了飞机，来到冰雪覆盖的跑道上。特勤局一名工作人员将他送上一辆苏联吉普车。被美国人私底下称为"石头驴子"的苏联外交部长维亚切斯拉夫·莫洛托夫在车上跟罗斯福打了个招呼。丘吉尔抽着雪茄站在旁边，和总统一起接受了戴着白手套、踢着正步的仪仗队的致敬，其实他们枪里的实弹早就被充公了。25 架"17 号使命"飞机排成一条直线，卫队长高举着一把剑，"像一根擎天冰柱"走过，查尔斯·莫兰写道。一支乐队奏了三支国歌，接着弹奏了《国际歌》：

> 旧世界打个落花流水，
>
> 不要说我们一无所有，
>
> 我们要做世界的主人。

"总统看上去衰老、瘦弱而憔悴。"莫兰接着写道，"他坐在那里，目视前方，嘴巴微张，就好像根本没在呼吸。"粗制滥造的控制塔附近有 3 个大帐篷。帐篷里的桌子上堆满了盘子，盘子里盛着鲑鱼、鲟鱼、白鲑鱼、鱼子酱和黑面包，热腾腾的茶水旁边摆放着成罐的伏特加、法国白兰地和香槟酒。马歇尔身上裹着卡其色毛皮大衣，不以为然地扫了一眼宴席嘀咕："还是赶紧开始正事儿吧。"

很快，一队轿车和巴士驶上通往雅尔塔的石子路，80 英里的路程要走 5 个小时。照片或电影脚本都不足以向西方盟国生动再现战争给东方盟国带来的灾难：到处都是破败的楼房、谷仓、小农场、火车、坦克和卡车。农妇们披着披巾、穿着及膝靴，站在贫瘠的荒野上和被炸成废墟的果园里摆着手。田野上除了几只羊没有其他牲畜，没有农用机械，没有劳作的农民，哨兵倒很多，他们身穿厚大衣、头戴羔羊皮帽，每隔 100 码就有一名哨兵，每有车辆驶来，他们都会把步枪抬至30 度的角度敬礼。

丘吉尔在默诵拜伦勋爵的史诗《唐璜》消磨时间。从荒凉凄冷的辛菲罗波尔往上走，地势逐渐升高，从湿软的沼泽过渡到冰峰雪峦。"罗曼诺夫路"在克里米亚最高峰罗马 - 库什峰侧翼的石灰岩上蜿蜒，而后迂回延伸至曲折的海岸公路，越走越热。直到傍晚 6 点，他们才抵达雅尔塔。女交通管理员挥舞着红色和黄色的旗帜，示意他们通行。丘吉尔和英国代表团被安排的住处是沃龙佐夫宫。伊斯梅说这里"融合了苏格兰城堡和摩尔人宫殿的元素，不可思议"；谈到家居摆设，另一位客人说道，它们呈现出"一种近乎恐惧的丑态"。宫殿始建于 19 世纪，是俄国总督的府邸，从那里可以俯瞰黑海的美景，德国进攻克里米亚时，它曾被充作陆军元帅埃里希·冯·曼施坦因的司令部。此刻，壁炉里燃起熊熊火焰，身着黑色制服的苏联管家们为服务来访者忙得团团转。萨拉·丘吉尔随口说了一句"鱼子酱加柠檬汁味道更好"，一棵结满果实的柠檬树盆栽就马上出现在客厅里。波塔尔中将偶然发现大玻璃缸里没有鱼，他们就马上捧着几条金鱼放进去。

莫兰抱怨道，"唉，这里什么都不缺，就是不够干净，跳蚤太多"。美国后勤人员很快就背着 DDT 喷雾器来了，但是对丘吉尔来说为时已晚，尽管专列从莫斯科为他运来一张没有跳蚤的大床，但他的两只脚已经被咬得惨不忍睹。高级将领们挤在为农奴修建的小屋里——"我们这么多人挤在一个房间里，像住在宿舍的大学预科生。"整座宫殿只有两间盥洗室供应冷水。萨拉在写给她母亲的信中说，她看见"三位陆军元帅排队等着"上厕所。英国首相抱怨雅尔塔是"里维埃拉的地狱"。或许只有布鲁克喜欢这里，他在日记中写道："我看到了白嘴潜鸟、黑凫、

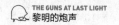

鸬鹚，还有很多海鸥和潜水鸭，海豚追逐鱼群捕食。"

　　美国人被安排在 10 英里外的里瓦几亚宫。这座两层楼的平顶宫殿内有 50 个房间，由石灰岩和大理石建成，立于海岸之上。住客们终于到了，行李箱和野战背包堆在大厅里，服务人员向他们鞠躬，尊称罗斯福"阁下"。（"总统对此似乎没有感到不悦。"一位将军记道。）这里同样是一个怪异的混合体，风格典雅，但生活不便。身穿燕尾服的使者端着银托盘，上面放着小蛋糕，精致的高杯里盛着滚烫的茶水，光洁的餐盘里一小团晶莹的鱼子酱点缀其中。在一个临时客厅里，一名苏联理发师和美甲师随时准备为美国客人服务。

　　里瓦几亚周围有一大片繁茂苍翠的空地，其间有一条 15 公里长的林荫大道，布满香柏、紫杉和外形酷似叹号的黑色扁柏。然而，这栋住了 100 多人的两层的宫殿却只有 4 个浴缸和 9 个盥洗室，按照年龄、军衔和性别（随行的有两位女性，总统的女儿安娜为其中之一）来分配，浴室的门上用图钉钉着卡片注明分类。附近的鹿苑随随便便挖了几个坑，权充临时公共厕所。每个代表都收到通知称"请勿偷窃房间装饰品或餐具做纪念品"。

　　里瓦几亚笼罩着一种悲剧气息。这座宫殿建于 1911 年，为最后一任沙皇尼古拉斯二世和其皇后亚历山德拉的夏宫，耗资 200 万卢布。东正教神父曾持香炉和圣水为每个房间做过祈福。不难想象，当时的情形应该是：这对沙皇夫妇带着 4 个女儿和病弱的儿子乘坐帝王专列从圣彼得堡来到这里。他们品着鹿舌和烟熏鲱鱼在殿内尽情享乐，或乘坐停泊在宫殿不远处海滩上的三桅皇家游艇出海。

　　据说，前门外大理石凳上的狮子头就是用来讽刺沙皇本人的。据说，为了躲避杀手，他每晚都睡在不同的房间，而楼梯外的小房间就是神秘的拉斯普京与皇后私会的密室。1917 年退位后，尼古拉请求到里瓦几亚退隐，结果他和家人全部被暗杀，而后这座宫殿成为结核病疗养院。1941 年，德军的一个师把师部设在此处。希特勒许诺，战争结束后就把这里赐给龙德施泰特作为奖赏，为此它才侥幸逃脱被付之一炬的命运。此刻，罗斯福就睡在一楼的套间里，里面的装饰仿佛"早期的普尔曼卧车"，黄铜灯罩上缀着黄色的丝绸流苏，地上铺着深绿色的地垫。马歇尔住在楼上一间卧室里，他的同僚金上将住在皇后的内室。

★★★

　　2 月 4 日星期天下午 4 点，沉重的木门被缓缓推开，一支特勤分队跨进里瓦几亚的门厅，佩枪的苏联安保方阵紧随其后。一辆黑色的帕卡德出现在半圆形的车道，一个虎背熊腰的矮个子下了车，头戴圆军帽，大衣上戴着肩章，缀着 6 颗铜扣，裤腿塞进高加索软皮高跟靴里，卡其色的束腰外衣上戴着红色绶带和"苏联英雄"金星奖章。

他有一双目光深邃的黑眼睛，灰色大胡子好似一把扫帚，但微微的笑容让他多了几分和蔼，几颗不规则的牙齿也随之露了出来，比染过色的骨头还黑。即便天色越来越暗，且其两颊上涂了一层厚厚的滑石粉，但坑坑洼洼的痘印依然清晰可见，那是六岁那年出天花留下的疤痕。没人再说话——仆人倒茶时小心翼翼，不让茶具间发出磕碰声，下级军官伸长脖子，身体前倾，生怕错过"戈兰德尔"（Grendel，8 世纪英国史诗《贝奥武甫》中记述的一个作风凶猛的半人半兽，此处代指斯大林。——译者注）的惊鸿一现。

就连富兰克林·罗斯福都被约瑟夫·斯大林勾起了兴致。罗斯福热情地笑着，从皇宫临时书房里的书桌后面伸出手，跟那位元帅打招呼。他们有一些共同点：天生精明、对政治敏锐，以及坚信自己的国家应当成为超级大国，而最近的格局也将由他们说了算。但在其他方面，他们便截然不同。罗斯福生于贵族门第；斯大林则出身贫寒，父亲酗酒，母亲是农奴。几个星期后，罗斯福告诉他的内阁成员，荒唐的是，斯大林年轻时接受的神职学校教育"给他的天性中灌输了一些东西，让他的行为举止像个基督教绅士"。

事实上，正如布尔什维克报纸《真理报》第一任编辑所言，斯大林沉着冷静、言简意赅，而且彬彬有礼。布鲁克给他的评价是："有军事头脑，口才一流。"然而，他也是一个报复心极强、城府极深的人，对希特勒从不手软。但是，罗斯福却一再对他的副官们说："我对付得了他。"斯大林在几个月前就发现，"丘吉尔是那种会为了 1 戈比（kopeck，苏联铜板。——译者注）把手伸进你口袋的人……而罗斯福则不同，他只会对大钞动心思"。

罗斯福和斯大林寒暄起来，他们头顶上挂着一幅油画和一盏枝形吊灯，油画上农夫正在田野里耕作，吊灯的灯泡形态各异，相互辉映。能抢在与丘吉尔会晤之前跟斯大林私底下聊一聊，罗斯福感到非常高兴。斯大林能说几句简短的英语，估计是从好莱坞电影里学来的，特别是"你算说对了！""那又怎么样？""这到底是怎么回事？"波伦在一旁翻译、记录，罗斯福一再跟斯大林说，他在里瓦几亚真的"住得很舒服"。

其实为了确保总统方便、舒适,苏联服务人员曾数次召开全体大会,部署细节。斯大林说,自从两人上次于德黑兰会晤的 14 个月来,盟军在战场上的形势"大好"。东西两条战线正在收缩,两边的盟军也逐渐接近,他希望艾森豪威尔将军不必通过英美联合参谋长委员会就可以直接跟苏联战地指挥官沟通。总统说,敌人对克里米亚的掠夺令人震惊,这让他"比一年前更坚定了作战的信念",他一再要求,斯大林在晚宴上应提议为"德军 5 万名军官被执行死刑"干杯。斯大林回答说,敌人在乌克兰南部的大屠杀比在这里的更惨无人道。为把 1 000 万德国殖民者安置在东部,德军实施了"生存空间"(Lebensraum,由纳粹分子提出,指占领国土以外可控制的领土和属地。——译者注)计划,在乌克兰执行种族灭绝之暴行。斯大林说,双方作战都很残忍,因为德国人"野蛮残暴,似乎对人类深恶痛绝"。

罗斯福递给斯大林一支烟,自己也点了一支。他说,英国人是"上帝的选民,也希望吃到属于他们的那份蛋糕"。至于法国人,他对丘吉尔把戴高乐排除在"阿尔戈行动"之外的说辞衷心赞同。(丘吉尔最近写信给其外交大臣安东尼·艾登说道:"无法想象,让这个阴险恶毒、满怀敌意的家伙跟我们一起作战,那让人恼火至极。")然而,总统认为,战后还是应该让法国跟三巨头一同在德国设立占领区。

斯大林问,为什么?法国在这场战争中的贡献聊胜于无。

"只是出于善意。"罗斯福答道。

斯大林点点头,操着浓重的格鲁吉亚口音说:"这会成为唯一原因。"

之后,他们握手告别。

后来,斯大林一边往自己的烟斗里装烟叶,一边朝轮椅上那个衰弱的人做了个手势,自言自语地说:"上天为什么要这么惩罚他?"

★★★

2 月 4 日下午 5 点 10 分,丘吉尔抵达里瓦几亚。第一次全体会议在国宴厅召开。与会人员共 28 人,其中一半坐着罩着白色锦缎椅罩的圆椅,另一半则坐在靠墙的椅子上。国宴厅长 50 英尺,宽 30 英尺,6 扇拱形窗面朝花园,两端都有胡桃木的双开门和圆锥形的火炉,火炉里火焰欢快地跳跃着。1911 年,尼古拉和亚历山德拉曾经在这个敞亮的大厅里为他们的大女儿——奥丽加·尼古拉耶芙娜女大公庆祝 16 岁生日,举行化装舞会和社交舞会。秋月笼罩着黑海,沙皇送给奥丽加一条镶有 32 颗钻石和珍珠的项链。据说,到了 11 月份,这里的夜晚还会溢满玫瑰花的香味儿。

"阿尔戈会议"大部分时间都在听取前线报告。马歇尔将军没有看稿子，简明扼要地说明了一下西线的状况。他说，位于阿登高原的德军突出部已被歼灭，艾森豪威尔希望 3 月份渡过莱茵河。蒙哥马利已准备好向东南进军，从杜塞尔多夫进攻莱茵河，美国第九集团军朝同一个目标往东北进军，协助蒙哥马利渡河。盟军将由此包围鲁尔区，而不是对它发起正面强攻。布拉德利的集团军群朝法兰克福方向发起辅助进攻，德弗斯的集团军群在右翼做掩护。现在，每天都有近 10 万吨物资抵达欧洲各港口——就在前两天，还有 60 多枚 V-1、V-2 火箭参与了对安特卫普的空袭。盟军对德国持续进行猛烈的轰炸，马歇尔接着说：在不到一年的时间里，德国的燃油产量陡降至高峰期产量的 20%。

苏方由阿列克谢·I. 安东诺夫大将介绍情况，虽然是照本宣科，但内容非常振奋人心。1 月中旬，苏军在华沙发起冬季进攻三个星期内，向前推进了 300 英里；德国人显然认为，斯大林会等到天气暖和一些再采取行动，所以被打了个措手不及。斯大林希望红军每天向前推进 10 ~ 12 英里，他们做到了，现在红军士兵就站在奥得河岸上，距离柏林不到 50 英里。在波罗的海，东普鲁士的敌军已经被切断，苏联军队正以排山倒海之势涌向什切青、但泽和哥尼斯堡。西里西亚工业区已经被拿下。红军政委正忙着悬挂告示牌，上面用柴油胡乱写着"你们现在身处该死的德国"。安东诺夫预计，德军 45 个师在这次大进攻当中被打垮。

苏联与德国的坦克数量比为 7 : 1，步兵为 11 : 1，炮兵为 20 : 1。希特勒将西线的预备队转移，但很多都转到了布达佩斯或维也纳、匈牙利的油田。斯大林插话道，在波兰西部的前沿阵地上，苏军有 180 个师，而德军只有 80 个师。当时他和安东诺夫都没注意到，一个星期前，克拉科夫附近的奥斯威辛集中营（纳粹集中营中最惨无人道的一个）被解放。

调查显示，德军在集中营中实施了多项惨绝人寰的医学实验。当时被关押其中的人超过 100 万，其中绝大多数为犹太人，但最终幸存下来的只有几千人。德国人还没来得及把 7 吨从女人身上剃下来的毛发运走，同时还留下了包装整齐的348 820 套男装和 836 515 套女装，堆得像金字塔一样的假牙和眼镜，而这些东西的主人早已经化成灰烬。

安东诺夫说："我们希望盟军加快在西线的进攻速度。"柏林东边的防线非常坚固。尽管在凡尔赛，艾森豪威尔提出，苏联在 3 月 31 日进入德国首都的胜算

三巨头在雅尔塔会晤：丘吉尔、罗斯福和斯大林在利维拉别墅的阳台上合影。此刻的罗斯福还剩下两个月的生命。

是 3：1，但这显然太过乐观了。很多苏军师只剩不到 4 000 人，且缺乏空中支援，弹药匮乏。奥得河的桥头堡状态不佳，雨雪交加，道路泥泞，军队行动受阻。此外，由于欧洲铁轨比苏联轨道窄，补给运输也很不顺畅。敌军的还击威胁着红军在东波美拉尼亚的两翼。安东诺夫说，这三个星期，红军伤亡达 40 万人次，几乎是美军在阿登战役中伤亡的 4 倍。金上将称赞苏军作战勇猛，斯大林回答说："在苏军中，要想不做英雄，是相当需要勇气的。"

晚上 8 点 30 分，罗斯福、丘吉尔、斯大林和 11 名其他与会人员休会用晚餐，据波伦说，"气氛非常融洽"。他们知道罗斯福迷信，为了避免引起他的不快，晚宴小心翼翼地避开了 13 这个数目。菲律宾侍应生端上鱼子酱、鲟鱼、牛肉、通心粉、炸鸡、水果、夹心蛋糕，还有伏特加和 5 种红酒。"全世界都会关注这次会议。"丘吉尔宣称，"如果这次大会取得成功，我们将会获得 100 年的和平期。"一名外交官说英国首相"喝下大量的高加索香槟";斯大林敬酒祝酒那么多次只喝了半杯伏特加,然后就开始谨慎地喝水。

直到宴席的最后半个小时某些政治议题才露头,当时,席间刚好提到战后时代很快来临。"我们三个人必须决定该如何维持世界和平。"斯大林说,"除非我们决心维持和平,否则世界就不会太平。"当然,"如果认为阿尔巴尼亚跟我们这些赢得战争的大国有同样的发言权,那就太可笑了",他接着说,而且苏联"决不同意大国采取任何行为前都要得到小国的认可"。

罗斯福同意他的观点,认为"身系维持世界和平的重任",但也不能忽略小国的需求。他说:"举例来说,美国就有很多波兰人心系波兰的未来。"

"但是,你们那 700 万波兰人当中只有 7 000 人投了票。"斯大林打断了罗斯福说道。这个统计数字显然是有些少啊。

丘吉尔宣称,大国"在履行道德责任时应当……适度温和,尊重小国的权力"。他站起来,提议为"全世界的无产阶级群众"干杯,接着说,"雄鹰在翱翔时,应当允许小鸟儿们欢唱,但不用去理会它们为什么歌唱"。

晚上 11 点多,宴会结束了。很多工作都留待日后解决,不过,总统、首相和元帅一致认为会议取得了良好的开端,但并非所有人都这么认为。安东尼·艾登就在日记中写道:"我觉得这是一次很糟糕的派对。总统含糊其辞、模棱两可,未能取得预期效果。"丘吉尔"拼了老命要让和谈进行下去,发表长篇大论。斯大林对小国的态度相当冷酷"。

★★★

不过,斯大林对德国的态度更加冷酷。他明确提出,会议将于 2 月 5 日星期一下午再次召开,并告诉罗斯福和丘吉尔,"我还想讨论一下 ……肢解德国的问题",还提醒他们,在德黑兰会议上,总统曾经提出要把德国分解成 5 个小国家。"现在不是已经到了做出决定的时间了吗? 如果你们也这么认为,我们就开始讨论这个议题吧。"

丘吉尔说,"我们一致同意肢解德国,但是,具体应该以哪种方式解体、如何划分界线,这些问题十分复杂,无法在这五六天当中解决。这需要对地理地形、历史文化和经济构成做非常详细的调查研究……当然,我们对德国的土地、自由、生命保留所有权利……不需要跟德国人探讨。"

斯大林对此表示赞同,"对,只要我们想,随时可以拿走"。

罗斯福声称，他还是希望"把德国分为 5 ~ 7 个国家"，但是，事实上，自从英美对亨利·摩根索的农业计划稍作思考之后，就放弃了这种苛刻的方案。

丘吉尔说："我们要决定的是 8 000 万人的命运，仅用 80 分钟去思考未免太仓促了。"他接着说，不管盟国做出怎样的决定，都不能让敌人知道。"艾森豪威尔不想让消息泄露出去，因为一旦德国人知道，肯定会更加负隅顽抗。不能将我们的决定公之于众。"

斯大林叼着一根香烟，说道："当然了！这些问题到目前为止只能让我们自己知道。一定要等他们投降之后才能公之于众。"

罗斯福扫了一眼哈里·霍普金斯悄悄塞给他的便条，哈里建议把这些问题留待三国外交部长商讨出秘密研究肢解方法后再行探讨。就战后应当如何分配德国占领区的相关问题，总统发现欧洲的伦敦咨询委员会已经对占领区分配问题达成一致，但是这一分配方案并未经过三大国政府的批准。他翻出一张纸，上面草草画着将德国一分为三的地图，其中包括共同管制区柏林。这时，丘吉尔提出，是不是应该也给法国划出一个占领区，或许这个占领区可以从英国和美国的占领区当中划取，因为在战后休养生息时期，"法国或许能够帮得上忙"。

斯大林问罗斯福，美国军队将会在欧洲驻留多长时间。"我会让美国人民和国会为了重建和平而全力配合，但是军队不会在欧洲待很长时间。"总统答道，"最多两年吧。"

"德国应当由那些坚定地反抗纳粹的人和牺牲最大的国家来管理。"斯大林说，"我们无法忘记，在这场战争中，是法国为敌人打开了大门。"

丘吉尔对这位元帅的健忘症无法视若无睹。（"他像个女人一样热爱着法国。"莫兰那天傍晚在日记中写道。）不过他非常狡猾，并没有直截了当地提起斯大林 1939 年跟德国签署的《苏德互不侵犯条约》，也没有说起莫斯科在纳粹国防军陆续取得胜利后发给柏林的贺电，而是若有所思地说，每个国家"在战争开始的时候都有不得已的苦衷，都犯过错"。他坚持要求，在战后欧洲，"法国必须占有一席之地"。

可是这场大灾难应该由谁来买单？苏联的大部分地区都被炸成了废墟——罗斯福和丘吉尔在克里米亚已经亲眼见到，重建需要花上数年时间。自从 1941 年德国入侵以来，斯大林就提出赔偿要求。他说，苏联现已提出了具体计划：通过对飞机制造厂、合成油设施和类似行业的国有化，将德国重工业削减 80%，苏联要求柏林连续 10 年以货物形式支付赔偿款 100 亿美元，对英美也应当赔付同样的款额。

在这一问题上，华盛顿和伦敦也比较犹豫。罗斯福说，美国现在并不想跟德国索要任何赔偿（美国官方私下估计，战争结束后，德国全部财产不超过 2 亿美元），不过，他也不想看到德国人比苏联人民生活水平高。丘吉尔则坚决反对斯大林的提议，他暗自认为斯大林的赔偿计划简直是"疯了"。德国跟法国一样，在制衡苏联在欧洲的势力方面至关重要，况且他可不想坐视未来的贸易伙伴就这么破产。

回想起 1919 年签署的《凡尔赛和约》中的破坏性条款，丘吉尔对斯大林说他"总觉得德国会哀鸿遍野，这一想法让人十分不安"。他接着说，如果胜利者想让德国这匹挽马拉着马车往前走，那"至少要给它喂草料"。斯大林对此嗤之以鼻，他说："你还得小心别让这匹马掉头踢你两蹄子。"这个问题看来也只能留待日后解决了，指定一个委员会，专门研究赔偿问题。

★★★

三位领袖和他们的副手们像试图打造出一个新世界的铁匠一样尽心竭力，接着冥思苦想了 6 天。罗斯福私下对丘吉尔没完没了的长篇大论十分不满——"这个问题我们整整讨论了半个小时"。总统在记事本上胡乱写道，英国首相又开始滔滔不绝地高谈阔论起来。丘吉尔发表高见时辞藻华丽，时而激昂慷慨，时而沉郁顿挫，波特尔中将报告称，"他说得飞快，也不管翻译能不能跟得上，有些话根本翻译不出来。"一些代表提出离开会议厅稍事休息。

一天傍晚，美国高官去看《玉女神驹》，这是一部由米基·鲁尼和当时只有 12 岁的伊丽莎白·泰勒主演的新电影。莫兰去参观了他的同行契诃夫的别墅，其间对一个木听诊器和一个托尔斯泰半身像爱不释手。一群英国将军去参观了克里米亚战场，布鲁克翻找旧地图和战役说明，试图搞清楚轻骑旅扑向巴拉克拉瓦的战史材料。

在里瓦几亚宫，阿尔戈会议上争议最激烈的问题莫过于波兰未来的命运，8 次全体会议中有 7 次都在讨论这个问题。目前，美国和英国承认波兰在伦敦的流亡政府——在丘吉尔看来，他们是"一群正派而又实力薄弱的傻瓜"；而莫斯科方面则支持另外一个设在华沙的亲苏派临时政权。"如果我们继续承认不同的波兰政府，全世界都会看到我们之间仍然存在根本性的分歧。"丘吉尔断言，"结果将会令人扼腕。"15 万名波兰将士与西方盟国并肩作战，而 1 000 万红军在东欧作战，现在波兰全境都处于红军的控制之下，莫斯科可谓胜券在握。

斯大林站起身来说，波兰"是敌人进入苏联的走廊，而在过去 30 年里，德国人两次从这里侵入我们的国家"。丘吉尔很不服气，他提醒斯大林，1939 年英国参战本来就是为了维护波兰的主权。他说："如果波兰不能成为自由独立的国家，无论什么解决方案都无法令我们满意。"罗斯福想从中斡旋，他问苏联人"举行自由大选需要多长时间"。莫洛托夫答道："不到一个月。"

结果，波兰两年都没能举行大选，波兰人民也没有获得自由。但是，正如历史学家沃伦·E. 金博尔后来所说的那样，非武装冲突的对抗似乎无法改变斯大林的信念，因为他始终认为，苏联在伟大的卫国战争中遭受的巨大损失已经为他们赢取了决定东欧政治走向的特权。丘吉尔在来雅尔塔之前就曾经悲叹道："除了希腊之外，巴尔干半岛各国都走上了布尔什维克主义的道路，对此，我却束手无策。"现在，"眼睁睁地看着可怜的波兰遭遇同样的命运，我依然无能为力"。

波兰东部和西部的边界线最终都会向西移。波兰东部面积相当于密苏里州的地盘被划给了苏联，苏联由此获得一个更宽阔的缓冲区；而波美拉尼亚的大部、东普鲁士和西里西亚则被从德国划给波兰，成为波兰西部和南部领土。随着战势的发展，位于华沙的苏维埃傀儡政权欲统治波兰，1944 年重返波兰的红军长期占领波兰约半个世纪之久。"为了达成主要目标，我们不得不做出可怕而羞耻的让步。"丘吉尔后来写道。

而对于罗斯福来说，两个至关重要的因素决定着他对波兰和其他问题所持的立场。第一，反映在参谋长联席会议 1 月份的备忘录中，那份备忘录显示，苏联将迅速对日本宣战，"为我们的太平洋战争提供最高限度的援助，这一点十分重要"。在菲律宾，麦克阿瑟还没能攻下马尼拉；在太平洋中部，美国计划于 2 月中旬发起下一次袭击——进攻硫磺岛；在缅甸，英国几个月后才能攻占仰光；而在新墨西哥州，无法保证原子弹（美国拥有原子弹的秘密并没有通告莫斯科）就一定能奏效。

五角大楼方面非常担心，如果在欧洲战场取得胜利后，太平洋战争再拖延 18 个月，美军会遭受重大伤亡，而苏联答应牵制位于中国东北地区的日军，并为盟军提供西伯利亚东部的空军基地，这对英美参谋长联席会议来说极为重要。此外，如果莫斯科卷入亚洲战场的战争，美国也许可以遏制苏联在欧洲的勃勃野心。

斯大林在德黑兰会议上勉强同意苏联对日本开战。现在，他非常明确地表示要调配远东战场的 25 个师准备对日作战，在德国投降后的三个月里，他还将额外为盟军提供军事援助。作为交换，莫斯科提出，苏日战争后，他们要接收 1905 年沙皇俄国丧失的领土。另外，他们还要收回千岛群岛和作为抵押的远东地区的港口和铁路。为了让敌人误认为苏联在太平洋战争中继续保持中立，从而可以对其先发制人，这份于 2 月 10 日正式签署的协议并未对外公布，而是锁在白宫的保险柜里。苦恼的美国谈判专家抱怨说："跟苏联人做买卖，买一匹马你得付两次钱。"

第二个影响罗斯福立场的因素也是他最关心的问题——创立一个世界组织，通过平衡大国的安全需求和小国的权力来维护世界和平。他希望在全球范围内建立战略军事基地，由他称之为"联合国"的组织掌控，一名顾问称之为"可爱的创意"；联合国这个组织会让美国在战后把手伸进更广阔的世界，也可以为苏联提供一个与西方交换意见的平台。该组织将成立一个安全理事会，确保小国的发言权和大国的否决权。之前各国就曾对这一议题展开过讨论，可是由于在安全理事会的构成问题上无法达成一致，谈判迟迟无法推进，因为莫斯科坚持要求苏联 16 个加盟共和国都在安全理事会占有一个席位。

雅尔塔会议上，莫洛托夫同意把 16 个名额削减到 2 ~ 3 个额外席位。"这个提议可不怎么样。"罗斯福写道，如果苏联这么要求，那就相当于美国 48 个州都享有一个席位。但是最后他还是妥协了，答应除了在安理会给苏联保留一席外，还在联合国大会上多给莫斯科两张选票——一张给乌克兰，一张给白俄罗斯。这个交易的内容也一直对外保密。

★★★

"阿尔戈会议"终于磕磕绊绊地结束了。用丘吉尔的话说，他们已经"精疲力竭"，特别是在大会闭幕后还参加了两场盛大的宴会。第一场宴会于 2 月 8 日晚上 9 点在尤苏波夫宫举行，由斯大林主持。尤苏波夫宫曾经是一座摩尔人风格的疗养别墅，为参与协助策划谋杀拉斯普京的王子所有。席间，桌子下面的蚊子一边叮咬人们一边嗡嗡地叫着，宴会厅里干杯声此起彼伏，波伦算了一下，席间一共祝酒 45 次。斯大林称丘吉尔是"世界上最勇敢的人……百年一遇的人才"。丘吉尔则恭维斯大林"伟大国家的伟大领袖……我们大家衷心认为斯大林元帅的生命是最宝贵的"。英国首相描绘出一番令人陶醉的景象——"站在山巅，未来可能斩获的荣耀就在我们面前缓缓展开"。

罗斯福晚餐前已经喝下两杯鸡尾酒，他也举杯敬斯大林，说他是"动员全世界反抗希特勒的主要发起者"；他接着说，"这场宴会的气氛像家庭聚会"。客人们围着桌子相互碰杯；只有傻瓜才不听从苏联人的建议，在喝第一口伏特加之前，先吃点黄油和肥得流油的鲑鱼保护胃部。

一个高大壮硕、身穿黑色羊驼夹克的人站在斯大林椅子后面，指点元帅该吃什么、喝什么。罗斯福问斯大林，那位身材矮胖、戴着夹鼻眼镜的苏联客人是谁，斯大林回答说："噢，你说那个人啊，那是我们的希姆莱。"他就是拉夫连季·帕夫洛维奇·贝利亚，一个虐杀成性的凶手和强奸犯，苏联秘密警察首脑。

2月10日星期六，第二次宴会于阿尔戈会议的最后一个夜晚在沃龙佐夫宫举行，由丘吉尔主持。事先抵达的苏联特工们蹲在墙壁后面和桌子底下窥探，用手指轻叩椅子和柜子。身着华服的英国仪仗队站成一排在前门台阶上迎接9位客人的到来；3位领袖在丘吉尔的地图室里耗费了半个小时的时间，研究西线和东线的战争形势。丘吉尔突然引吭高歌，激昂地唱起"当我们结束莱茵河上的守卫"，罗斯福开玩笑说，"首相唱的这首歌是英国的秘密武器啊"。

这次盛宴菜肴十分丰盛，有鲟鱼冻、烤乳猪、香槟烩白鱼、烤羊肉串、草原野山羊、鹌鹑和鹧鸪。丘吉尔起身举杯向斯大林祝酒。他说："战火把之前的误会统统焚烧殆尽，我们觉得我们结识了一位可以信赖的好友。"总统接着说："我们在雅尔塔共建一个新世界，一个没有不平等、没有暴力的世界，一个正义、平等的世界。"斯大林用手绢擦了擦激动的泪水。宴会结束后，他跟在脚穿皮靴的保镖们身后离开宫殿，首相带着英国代表团全体人员到前厅送别，高呼元帅万岁。

宴会结束了。2月11日星期天早上，三位领袖共同签署了一份公告，确定他们在和平时期的"神圣职责"和战时一样，即维护盟国统一。公告当中一份《被解放的欧洲的宣言》上背书了"法定的世界秩序"和"全世界人民选择成立何种政府的权利"。

下午3点45分，罗斯福离开里瓦几亚，向斯大林告别时说："我们很快将在柏林再会。"他送给元帅一本书——《目标：德国》，该书由陆军航空兵出版，里面收录了诸多炸弹袭击的逼真照片。两个苏联佣人扛着送给美国人的礼物：格鲁吉亚红酒、鱼子酱、牛油、橙子、橘子。斯大林还承诺把罗斯福在里瓦几亚用过的办公桌运到华盛顿，因为罗斯福曾经"在那张桌子上辛苦地伏案工作"。

当天一大早开始，丘吉尔就情绪不佳，早饭后，他哀怨地哼着《女王的士兵》的片段。此次会议上的两次失误让他十分抑郁：其一，没能捍卫波兰主权——他用"那个该死的东西"来代指那份公告；其二，毫无疑问，英国对战后世界格局的影响力正在削弱。但是，一想到马上就可以从塞瓦斯托波尔登上"法兰克尼亚"

号回家，他的心情开始转晴。一位"玛丽王后"号上的前厨师被充为返航的厨师，而斯大林派来的人送来了成堆的礼物：7 升鱼子酱、72 瓶香槟、18 瓶伏特加、1 箱巧克力、7 箱水果，以及各种红酒、白酒和香烟。

萨拉·丘吉尔写道："爸爸和蔼可亲、生机勃勃得就像个做完作业、走出校门的孩子，他从一个房间跑到另一个房间，说，'来吧，来吧'。"她接着说，斯大林"像个鬼一样消失不见了"。

★★★

"我累坏了，但是问题不大。"罗斯福在回华盛顿的路上写信给埃莉诺说。他情绪不错，甚至兴致高昂地模仿起斯大林的斯拉夫口音——"我没想过，这是个好主意，我签字。"——丘吉尔模仿他举起手的样子，就像靠在绳子上的拳击手。

总统说："丘吉尔那副样子就好像总是在害怕挨打一样。"虽然他累坏了，但是没时间休息。在塞瓦斯托波尔的军舰上航行一夜之后，他于 2 月 12 日星期一早上抵达萨基机场，登上"圣牛"，飞往埃及。他原打算与身在阿尔及尔的戴高乐见上一面，但是因被排除在"阿尔戈会议"之外而愤懑不已的法国人断然拒绝了。

于是，总统再次登上停泊在苏伊士运河附近的"昆西"号，陆续接见几位在他看来将对影响战后殖民地产生重大影响的领导人。最先前来的是戴着土耳其毡帽和墨镜的年轻埃及国王法鲁克一世，紧跟着是身材矮小的埃塞俄比亚皇帝海尔·塞拉西一世——犹大支派的雄狮、上帝挑选的子民、所罗门和示巴女王的后裔。最后，美国的驱逐舰"墨菲"号来到昆西的右侧，仪表堂堂的沙特阿拉伯国王伊本·沙特前来会面，他身穿黑色长袍，带着大队侍从，其中有一名预言师和一名品菜师，还有几名佩带短弯刀的侍卫、一名皇家咖啡师及其副手和 9 名奴隶。

这还不算，他们还赶来了一群羊，要吃的时候就在"墨菲"号后面的甲板上杀一只，所以羊的数量越来越少。领航员把麦加的大致方位指给他们供他们祈祷。国王送给罗斯福一把金刀、一瓶香水和几条阿拉伯长袍，其中包括送给埃莉诺的"宫廷盛装"；作为回礼，罗斯福送给他一些盘尼西林和一张轮椅——这位国王基本不走路。他在写给秘书的信中说道："一天见了 2 个国王、1 个皇帝。一切都很顺利，只不过我需要睡眠。"

在 1 艘巡洋舰和 7 艘驱逐舰的护送下，"昆西"号回国了。总统在船上的大部分时间都在晒太阳，但是阳光无力再为他的双眼增添光彩，也无力把他的两颊晒成铜色。正如丘吉尔后来在回忆录中写到的那样："他的生命即将走到尽头。"2月28日上午9点，他终于回到白宫，完成了13 842英里的航程。他对埃莉诺说："这是一场全球性的战争，我们现在已经开始把它变成全球性的和平。"

★★★

"我们由衷地相信，大家一直祈祷的新时代即将来临，这次谈判就是黎明前的曙光。"哈里·霍普金斯说，他身患肝病，仅剩不到一年的生命了。另一位代表欢欣鼓舞地说："我们非常确定，我们取得了首次为和平而战的伟大胜利。"马歇尔说："相对我们取得的成就，就是让我在那里待上一个月我也没意见。"就连布鲁克也十分高兴，他在日记中写道："大会结束了，整体说来结果符合我们的预期，令人满意，也是历次集会中氛围最为融洽的一次。"

罗斯福和丘吉尔坚信，斯大林元帅充满善意。"他只是想确保自己国家的安全，除此之外，别无要求。"总统说，"他并没有其他企图，而是在努力争取世界民主与和平。"首相也告诉英国战时内阁："我确定斯大林对世界和波兰是善意的……他不会铤而走险的。"他接着说："我认为我没有看错斯大林。"他是一个"伟大的好人"。

《联合公报》披露"阿尔戈会议"的细节后，公众反应普遍良好。《纽约时报》称赞这次会议达成的协议"证明那些心怀希望的人是正确的，甚至超出了他们的预期"。3月中旬，白宫收到的民调结果显示，在接受调查的人当中，尽管其中38%的人对大会知之甚少而没有提出看法，但只有11%的美国人认为大会"不成功"，余下的绝大多数都认为对波兰问题的处理"已经是所能做到的最好安排了"。在盲目的乐观之中，《纽约时报》声称："彻底消除了对三大巨头在和平时期能否像战时那样合作的质疑。"

不到几周时间，形势突然遇冷。丘吉尔坐在那里听着留声机里日本天皇的声音，为"成功的阴影"而悲叹，他担心自己轻信了斯大林，正如内维尔·张伯伦轻信了希特勒那样。"我们把整个世界踩在脚下。"他沉思着说，"我们一声令下，2 500万人就要冲上战场，赴汤蹈火。而我们之前似乎是朋友。"雅尔塔达成的《临时协议》很快就被撕毁了。西方盟国匆匆决定了如何肢解德国和相关赔偿问题。而莫斯科却牢牢抓住东欧，在布加勒斯特建立了共产党政权，把几十万的德国人赶到乌拉尔山做苦役。

波兰领导人因为反苏而被捕，完全不顾《被解放的欧洲的宣言》；在伦敦流亡的波兰人说"波兰的盟友现在成功实现了对她的分割"。阿尔戈的甜蜜情谊很快就化为乌有，英美曾幻想用甜言蜜语消除苏联对外国人的仇视，现在这种幻想破灭了。马歇尔提醒参谋长联席会议重视"苏联对美国军事当局的不合作态度越来越明显"的报告，罗斯福 3 月中旬抱怨道："我们根本没办法和斯大林合作，他在雅尔塔承诺过的事一件都没有做到。"他还对华盛顿的一位朋友说："我没说过结果一定令人满意，只能说我已经尽最大努力了。"

之后，各国开始相互指责，联合国成员资格和引诱莫斯科对日宣战的条件等一系列秘密条约最终被泄露出来。很快，雅尔塔声名尽毁。"即便不意味着彻底的叛国，也算是可耻的挫败。"一位英国历史学家写道，"雅尔塔会议可与 1938 年 9 月召开的慕尼黑大会相匹敌。"在日后的几十年里，西方的代表们饱受争议，从苏联对东欧的统治到共产党政权在中国、朝鲜、印度支那的崛起，无一不让他们成为众矢之的。罗斯福的虚弱不仅被当作会谈时畏首畏尾的直接原因，也被看作西方无力应对斯大林好战行径的象征。"他的精明机敏全都不见了。"莫兰在写到罗斯福在会议期间的表现时说，"总统犹豫不决。"然而，正如丘吉尔对公众所言的那样，那些与之并肩奋战的人们发现，他"以超越体能的精神力量、超越身体极限的意志力做出了不懈努力"。总统对各种复杂问题做出了合乎情理的指示，历史学家普洛基后来写道："他突出的能力表现为建立联盟、达成协议、为达主要目的而开展的策略。"艾登写道，尽管罗斯福"给人的印象不够强势……但我并不认为身体的衰弱影响了他的判断"。

雅尔塔传来的照片显示总统脸色枯槁、身体瘦弱，像一个行将就木的人；美国海军彩色胶片上看来确是如此，但看上去他依然很活跃也很警觉。参加罗斯福第 992 次总统新闻发布会的记者们发现，他口齿伶俐、幽默风趣、应变自如；当被问到本次会议是否为长期和平打下了基础的时候，他答道："要是你能告诉我 2057 年你的后代会是谁，我就可以回答这个问题……我们可以展望遥远的未来，只要人类还相信这样的事情。"

两代人之后，雅尔塔既没有被看作是通往罗斯福所憧憬的那个"正义平等的世界"的大门，也没有被看作是向莫斯科可耻的妥协，而是被看作东西和解的复杂结果。罗斯福"在很大程度上遵循了早期计划，也取得了大部分他所预期的成果"，其中包括获得苏联对联合国的支持和对日宣战。莫斯科确实履行了诺言，在德国投降三个月后准时对日宣战。他们的宣战也许并没有像金上将在雅尔塔预想的那样"挽救 200 万美国人的生命",但是,随着美国两枚原子弹的爆炸,他们的宣战迫使东京最后下定决心投降。苏联在战斗中消灭的德军远远多于其他盟军消灭的德军数量总和,不过付出的代价也相当惨重,2 600 万苏联人战死沙场。外交家乔治·F. 凯南称斯大林"无论在政治上还是军事上,都对西方边境构成了一个缓冲区",这一点无可否认。罗斯福的话听上去悲哀而恼怒,不过他的解释准确地诠释了欧洲在 1945 年 2 月的政治现实:我已经尽最大努力了。

战争把三巨头凝聚在一起,粉碎德意志法西斯的共同目标显然比困扰任何盟国的离心力都强大。现在和平的无序状态威胁着维系三巨头的纽带,战后利益和必然的分歧一个接一个显现出来。就连在战争期间碰过 9 次面、在一起度过 120 天时间的罗斯福和丘吉尔也感觉他们之间的血缘纽带和历史纽带越来越不牢靠。

在"昆西"号上,记者问罗斯福,丘吉尔是否希望重新组建一个战前帝国,总统回答说:"是的,在这类事情上,他是半个维多利亚人……亲爱的老温斯顿在这个问题上永远都弄不懂……当然,这种说法是非正式的,不宜公开报道。"但是,丘吉尔知道罗斯福"不会对帝国坐视不理",他告诉莫兰:"这似乎让他十分沮丧。"精明的艾登怀疑总统"希望那些昔日的殖民地国家一旦独立后在政治和经济上依赖美国"。

2 月份,莫兰发现:"温斯顿(于 1943 年 1 月)在马拉喀什花园提到罗斯福的时候曾经对我说,'我爱那个人',和当初相比,现在已经物是人非。"或许,在那么多东西都烟消云散之后,还期望这种情感能持续下去实在是一种奢望。从雅尔塔回来后的几天里,英国首相警告说:"我们现在正在进入一个无法估量的世界……看得太远是个错误。在命运的链条上,某一刻只能控制一个环节。"然而,对于那些感觉命运随风不可把握的人来说,正在召唤的明天和不可估量的形势比险境更值得期待。"美国人很高调,"莫兰写道,"他们觉得自己站在世界之巅。"

倦乏的斗志

从瑞士边界到北海前线,对于那里的 7 个集团军,近 80 个师的几百万名战士们来说,此刻一切都无所谓了,完全无所谓。此时,他们一心想着怎样才能在这冰冷的夜晚找到一丁点儿的温暖,找到一顿半温不热的饭菜而不是冷冰冰的罐头和硬邦邦的食物;如何才能熬过这个夜晚,看到第二天的曙光,然后再熬过一个接着一个的夜晚,就这么熬过去。秋季动员宣言"1944 年凯旋"已经被苦涩的"熬过 1945 年"所代替。第 70 师的一名士兵在写给明尼苏达州父母的一封信中道出了很多美国士兵的心声:"我完全不记得为什么要打仗了……或许从整个局势来看,这里所进行的一切都是有意义的,但是作为普通一兵,眼前的一切实在很难理解。"

即便德军从阿登撤走,但是几十年来最寒冷的冬天加剧了战争的苦难。"我两只手抖得像音叉。"驻洛林的一名二等兵写道,"但最糟糕的还不止如此,寒风仿佛钻进了脊柱……我像一包簌簌发抖的冰块。"第 84 师的一名士兵说,他早上在泥泞的散兵坑里醒来,发现两只脚"一直到脚踝的地方都被冻在一大块冰里",战友们用刺刀帮他把冰凿开,把双脚抽出来。人们围绕着"为了避免冻伤,睡觉的时候是应该把两只手夹在腋下还是胯部"这个话题展开了激烈的争辩。被炮火声惊醒的士兵却发现一大把头发被粘在了冰地上。

士兵们流行盖天然冰屋,他们挤在一起,从装口粮的箱子上剥下纸板,就着微弱的火光取暖。他们已经学会熟练地用镐在上冻的地上撬下一小块草皮,然后引爆 0.25 磅(约 110 克)TNT 炸弹,炸出一个散兵坑。洛林一个混凝土防御工事上的涂鸦写着:"奥斯汀·怀特,芝加哥,病逝,1918 年;奥斯汀·怀特三世,芝加哥,病逝,1945 年。我希望这是我最后一次在这里写下自己的名字。"

最高统帅部计划到 2 月 1 日生产出 100 万套灯芯绒衣裤,然而由于工具和短夹克衫不够,只做了 96.4 万套。1 月份欧洲的煤炭产量下降了 40%,部分原因是比利时的煤矿工人罢工,以及运河结冰使库存的煤无法运输。美军士兵耗费整整一个月的时间试图从挪威的沼泽里弄一些泥煤,但最后还是无功而返。为了挖出埋在雪地里的伤员,他们从阿拉斯加和拉布拉多运来雪橇犬,可是运抵洛林时已是开春时节,野战部队要它们一点儿用都没有,还白白多了几张要吃粮食的嘴。

一名第 99 师的中尉在 1 月份写给妻子的家书中说道:

> 迄今为止,我在床垫上睡过,在钢铁甲板上睡过,在铺了一点儿干草的、潮湿的混凝土板上睡过,在肮脏的地面上睡过,在床上睡过,在担架上睡过,在坦克登陆舰(LST)上睡过,在卡车里睡过,在散兵坑睡过,在吉普车前排座位上睡过,在吊床上睡过,在地窖里睡过,在一楼、二楼、三楼的地板上睡过,在碉堡里睡过,在指挥车后窗的搁板上睡过,在干草棚里睡过,在雪地上睡过,在棚户里睡过。

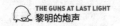

你不断地看到、听到、嗅到恐惧。它们让你回味，让你回忆，因为你永远都无法忘记。第 75 师一名士兵在散兵坑里跟重伤的战友一起度过了永远都无法忘记的一个小时，当时连吗啡都没有："我想打晕他，把他头盔取下来，把他的下巴抬高，然后用最大的力气打下去……可是没有用，什么办法都没用，他在慢慢地流血而死。"另一名美军士兵被派去管理战场上收集来的尸体，他写道：

> 到处都能看到尸体，它们漂在河里，横在路上，在沟里发胀，在沙坑里腐烂，在散兵坑里被炸碎，在坦克里燃烧，埋在雪地，趴在门廊，在水沟里激起水花，在布雷区被肢解，甚至被炸飞到树上。

一名记者问美军第 23 步兵师的一名二等兵："你希望国人了解什么情况？"他说："告诉他们，这里和地狱一样糟糕。告诉他们很糟糕、很严重。就是这样。就是这样。"第七集团军的一名护士 1 月份写信给家人说："昨晚，我们接收了一名 19 岁的士兵，他来自得克萨斯州，双腿都被炸飞了。他很难过，因为再也没办法穿那双漂亮的牛仔靴了，但还没来得及做手术就死了。"还有一名在第三集团军被称作"恐怖物品陈列室"的休克病房里服役的护士说："或许他们的母亲在他们死去时没在跟前是一件幸事。"

战俘营的守卫打开一列装着在法国境内俘获的德军战俘的货运车车厢，发现有 104 名战俘窒息而死。他们曾苦苦哀号，可大家都置若罔闻，调查人员发现"车厢内壁有牙齿印和抓挠的痕迹"。艾森豪威尔写信给马歇尔说："我讨厌向德国人道歉，可是这次，除了道歉我似乎别无选择。"他通过瑞士向柏林发去消息称："最高统帅对这次意外事故深表歉意，已经采取措施严防此类事件再次发生。"

战争让战士们变得刻薄、愤世和早衰。"告诉我，你到底为什么要救我？"第 30 师的一名上尉在西墙血腥战役中被救下来后说。另一名士兵回答说："为了太平洋战争。"对第 100 师的美军士兵来说，"死亡并不可怕，可怕的是生死未卜"。一名小队长发现，他手下厌战情绪严重的士兵"冷漠、无生气、沉默寡言"。有的故意把手或脚伸出散兵坑，希望真的实现所谓的价值百万美元的负伤。

但是，对绝大多数人来说，"城镇一个接一个来了又走了，我们继续灰心丧气，一蹶不振"。第 275 步兵师巡逻队遭到德军伏击后，其中的一名士兵写道："事情并没有完全按计划发展，也常常不会按计划进行。"对保罗·富塞尔中尉来说，战斗给他上的最苦涩的一课就是"关于人类意外事故和偶然事件的永恒显现，以及任何地点、任何时间均不可能盲目乐观"。

> 所有的计划不可能只是具有讽刺意味的退缩，而是几乎一定会如此。显然，人类不是机器，而是神秘莫测的组合体：他们具有扭曲的愿望且会犯错，他们会产生误解也会歪曲事实，不能用预期去预计他们的作为。

人们开始变得冷酷，不光是士兵，就连不是士兵的人也如此。红十字会的一名美国志愿者在 2 月份的一篇日记中写道："我变得多么铁石心肠啊！那些以前会触动我灵魂的情感，现在几乎让我完全无动于衷。这就是生存的艰难。"第 84 师的一名士兵说，他看到美国士兵们在结冰的牧场上把德国人的脑袋当球踢；当一枚迫击炮弹把附近街上一名美军骑兵炸得尸首分离的时候，"我坐在那里继续吃东西，反正我又不认识他"。反间谍官员 J. 格伦·格雷在日记中写道，"昨天我们抓到两名间谍……其中一名在招供前遭到严刑拷打。非常恐怖……我觉得哈姆雷特的底线非常恰当。这里异常苦寒，我心里很难受。"

并不是所有人都学会了仇恨，也并不是所有人都会通过杀戮德国佬、德国笨蛋、德国胚、德国杂种、德国杂碎、德意志人找到满足感甚至快感。对 4 000 名美军士兵进行调查后发现，尽管 4/5 的人明确表达过对德国领导者的仇恨，但是明确表示仇恨德国士兵的人不到一半。然而，到了深冬，军队中的仇恨者和行凶者越来越多，军队变成残忍的杀戮机器。第 35 师的一名军官写道，马尔梅迪战役之后，"对希特勒军队和全体德国人的仇恨在我们中间迅速蔓延，我从来没见过这么深刻的仇恨"。一名英国士兵说，"在这里，杀戮不再是道德问题——甚至都不再成问题"。

"他们渐渐明白，只有死掉的德国人才是好人。"第 12 军参谋长在写给他父母的信中说，"结果，我们杀掉的敌人越来越多，接受的俘虏越来越少。"在撞毁一栋德国人的房子时，第 2 师的一名士兵高喊着："去他 × 的德国人！去他 × 的德国房子！去他 × 的，去他 × 的！"一名加拿大士兵写道："几个德国佬高举着双手走进来，嘴里喊着'朋友，朋友'，我们抄起机关枪冲着他们就是一梭子，把他们撂倒了。"第 15 步兵团的一名中尉在日记中写道："伯顿中士多少有几分晕了，他开枪打死了两名试图投降的德国佬……我们中间最棒的兵都是最嗜杀的兵。"

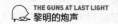

富塞尔是这样描述第 103 师在森林的一个深坑里发现了大约 15 名德国人时的情形的：

> 他们投降的愿望十分明显，大多数人都因为恐惧和绝望哭起来。我们的士兵沿着坑站成一排，并没有加以理会。牛仔和好脾气的南方人高声笑着、吆喝着、欢呼着，像在狂欢一样朝坑里开枪，直到把最后一个人撂倒……这让他们得到了极大的满足。

"杀戮会让人上瘾。"第 86 师一名二等兵在写给父母的家书中写道，"什么准则能抵御得了它的诱惑？"

★★★

1 月 31 日星期三早上 7 点半，一辆美国陆军武器运输车朝圣玛丽欧米讷郊外的一座装着橙色百叶窗的灰色农舍驶去。那是一座阿尔萨斯小镇，以矿产丰富闻名，位于科尔马往西北 15 英里处。一名骨瘦如柴的二等兵戴着手铐在四名宪兵的押送下从后面的货舱走下来，他叫埃迪·D. 斯洛维克，今年 24 岁，来自密歇根州。孚日山脉的一场暴风雪拖延了他们从巴黎经由萨韦尔恩隘口赶往此处的行程，也拖延了二等兵斯洛维克的受刑时间。对艾森豪威尔而言，当务之急就是清除科尔马包围圈的敌人，把他们从阿尔萨斯赶走，然后加固盟军右翼的防御力量。然而，在此之前，首先要由 12 名枪手在布儒瓦路 86 号围墙高耸的花园里执行一次枪决。

作为一个不法之徒，其实二等兵斯洛维克并没有多么邪恶，而是比较混账。他 12 岁就被拘留，15 岁辍学，几次因盗窃、故意伤害和侵占财务锒铛入狱。最开始征兵的时候，征兵局判定他为 4-F 型，不符合征兵标准，因而免除了他的兵役，英国将他这种情况称为"LMF"——缺乏道德意志型，结果他后来又被重新划分为 1-A 型，也就是最终符合征兵标准的类型，这反映出美军步兵当时极度短缺的状况。或许，他身上唯一讨人喜欢的品性就是他对妻子安托瓦内特的痴情，入伍 372 天，他给妻子写了 376 封信，而且都是用铅笔写的。他告诉妻子："过去我拼命追求你。现在我觉得自己会碰到很多麻烦，适应这种生活比追求你难得多。"

军中的违纪行为让艾森豪威尔十分头疼，斯洛维克并不是个案：最高军事法庭开庭 1.1 万次，审理美军士兵在欧洲战场犯下的严重罪行；特设军事法庭和轻罪军事法庭开庭 12.6 万次，审理违纪行为。11 月，艾森豪威尔在日记中写道："纪律越来越糟糕。"一个月后，他对下属说："强奸、谋杀、故意伤害、抢劫、入室盗窃等大量犯罪行为已经引起了密切关注。"法国的地方长官哀叹，他们从"解放者变成劫匪、强奸犯和杀人凶手"。

瑟堡的报纸宣称："从来没见过这么放荡、堕落的情景。"（一名美军陆军宪兵司令承认："很不幸，这篇社论说得确实有道理。"）朱安将军写信给艾森豪威尔说，现在平民妇女"就算有男性陪同也不敢出门做杂工了，她们害怕被美国士兵搭讪"。尽管美军在欧洲的部队只有不到 0.5% 的士兵涉嫌严重犯罪，但最高统帅部在 1 月下旬的备忘录中写道，"相当大一部分法国人"都认为美国军队军纪涣散，行为恶劣。严厉的惩处措施断断续续起到一些威慑效果。一项对军人罪犯的研究表明，很多人的"心理年龄仅为七八岁"，还有的是心理变态者或酗酒者。其中有 1 400 起案件被判定违反第 64 项战争条款——殴打军官、拔枪威胁军官或"故意违抗命令"，这类战争违法行为的一般刑罚是 15 年监禁，极其恶劣的行为尽管会被判处 30 年监禁，可在美军中却屡见不鲜。只要刑期超过 6 个月，都会被开除军籍。美军士兵被处以极刑的有 443 人，其中大部分都是犯有谋杀罪或强奸罪。

在经过可疑的法定诉讼程序后，死刑绝大多数会落在黑人士兵头上。70 名死刑犯在欧洲被执行死刑，其中包括几名被当众绞死的罪犯；美国陆军部手册第 27 条 4 款明确规定，刽子手所使用的绳子必须是"马尼拉麻绳，直径为 1.25 英寸……反复拉伸，消除弹性"，麻绳表面涂上"蜡油、肥皂或油脂，以确保拉过绳结时足够光滑"。

如果有人擅离职守超过两个月，美军将确定其为逃兵。其实，有战争的地方就有逃兵。过去，临阵脱逃会被行刑队执行死刑。1914 年到 1920 年间，英军被判死刑的有 3 000 多人，最后被处决的不到 10%；1930 年以后，英国废止了针对临阵退缩和脱逃处以死刑的条款。二战期间，德军核准了 5 万名罪犯的死刑，最后被处决的人数超过了核准人数的一半。二战期间，美军的逃兵有 2.1 万名，到 20 世纪 40 年代后期，被捕的只有不到一半。欧洲有近 2 000 名逃兵被判有罪，被处决的只有 139 人。但是，自从 1864 年以来，美国就没有处决过一名逃兵。

斯洛维克在跟加拿大一支部队一块儿生活了几个星期后，于 10 月份被捕。当时，如果他肯上前线，还可以获得赦免，但他拒绝了，说"要是把我送上前线，我还会逃走的"。11 月 11 日，他在许特根森林接受了两个小时的军事法庭审讯后被定罪。在一座法国监狱里，他写了一封信给艾森豪威尔，恳求他大发慈悲赦免自己的死刑。这封信有 6 个段落，写道："我不知道怎样忏悔才能让你知道我对自己犯下的罪是多么悔恨……我恳求你看在我家中妻子和母亲的分上，可怜可怜我。我一定为您效犬马之劳，二等兵埃迪·D. 斯洛维克。"

不幸的是，12 月 23 日，当最高统帅看到他这封求情信之时，刚好是阿登战役处于低谷的时候。他正在凡尔赛的办公室开会，而会议正处于众所周知的"悬而未决的时刻"。艾森豪威尔不仅核准了死刑，而且为了杀一儆百，他还指定由斯洛维克所在的部队——"荷兰人"科塔将军的第 28 师第 109 步兵团行刑。斯洛维克写信给安托瓦内特说："亲爱的，我遇上点儿麻烦。"

在穿过孚日山脉的时候，宪兵们把手铐的钥匙弄丢了，于是只好用钢锯把他的手铐锯下来，好让他能抓住降落伞的尼龙绳。一位神父聆听了他的忏悔，然后把他即将成为寡妇的妻子写给他的 28 封信交给他。科塔召集 12 名精心挑选的神枪手组成行刑队，提醒他们是"军队中最出色的射手"；一名医生告诉他们心脏的位置，但是考虑到这次近距离平射的射程只有 20 码，他没有在斯洛维克的胸口别上射击的标记。他们往他的头上套上一个黑色的头套（由当地一名女裁缝师按照军队"能罩住囚犯的头和脖子并遮住光线"的要求裁制的）；又用一条毛毯裹住他的双肩御寒。斯洛维克拒绝做最后陈述，只恳求"照直打，不要让我太痛苦"。

1 月 31 日上午 10 点，灰蒙蒙的天空笼罩着花园，科塔手抓轻便手杖，和另外 42 名目击者站在雪地上。罪犯低声祷告完毕，摇晃着穿过拱门，被绑到 6 英尺高的木桩上。射击队快步走过来，立定，向右看齐，上枪，随着一声令下，一齐放枪。只有 11 颗子弹打中了斯洛维克，没有一颗打中他的心脏，还有两颗打在他左臂上。在这个可怕的时刻，就连军队中最出色的神枪手都忍不住发抖。射击队准备装填弹药的时候，3 个医生用听诊器去听伤者浅浅的呼吸和不规则的心跳声。

10 点 8 分，一名医生宣布："不用再开枪了，二等兵斯洛维克已经死亡。"在过去的 8 个月里曾经历过奥马哈海滩登陆、圣洛战役、许特根战役和阿登战役的科塔后来说起当时的情景时说，那是"我人生中经历的最难熬的 15 分钟"。

一名神父给斯洛维克的尸体涂上油，他将被埋葬在瓦兹河-恩河沿岸苏瓦松附近的第一次世界大战一座公墓外面，那里一大片不圣洁的土地都是为那些死得不光彩的人留的，斯洛维克被埋在 E 区第 3 排。"这里异常苦寒，我心里很难受。"

★★★

艾森豪威尔承认，科尔马包围圈的问题困扰着他，让他十分苦恼。他称之为"整条阵线上的一个溃疡"，坚持"必须彻底清理南部战场，就算因而延误北部的进攻也在所不惜"。

他越来越懊恼，因为没有任何迹象表明，希特勒打算放弃阿尔萨斯 850 平方英里地盘。在这片冰雪覆盖的大地上，曾经横七竖八地挖着深沟战壕，现在布满地雷，12 个山村现在俨然成为科尔马周围的堡垒，形成一条长达 130 英里的战线。美军轰炸机试图通过空袭切断德军的供给线，横跨莱茵河的铁路、公路桥和 10 个渡口隐藏在持久不散的烟幕里根本看不清楚。逆流而上的盟军工兵布放了 200 多枚触发式水雷，但毫无用处。纳布里萨克附近一段的防守固若金汤，元首甚至为了嘉奖守军勇气过人为他们颁发了铁十字勋章。

德弗斯将军最初试图通过一项名不副实的两翼包抄行动——"振奋行动"来削减科尔马的敌军，然而，由于法军 1 月下旬表现不力而功亏一篑。在南部，拉特尔将军的第 1 军在一次密集炮火进攻中耗光了法军所有的弹药，还损失了半数的坦克和反坦克炮，结果无功而返。他们在"光滑的冰地"上蹉跎了 11 天，直到 2 月初，连一个目标都没找到。法军第 2 军从北部对一条 7 英里宽的阵线发起进攻，比第 1 军的表现略胜一筹，但是科尔马的墙壁上到处写着——"阿尔萨斯还是德国的"。

美法之间的兄弟情谊一直以来就很微妙，现在越来越脆弱了。德弗斯在日记中写道："北线和南线都意外受阻，我们无力向前推进。跟拉特尔将军之间麻烦不断……前线的情况不乐观。"他悲叹道，法国人缺乏"全力以赴的干劲儿和意愿"。勒克莱尔将军再次拒绝听从拉特尔的指挥，以至于德弗斯说，如果他"在苏军中早就被枪毙了"。德弗斯一再逼迫拉特尔封锁他零散的战线，搞得那个法国人大发雷霆："该死！我到底是不是这里的指挥官？如果是，就让我指挥。如果不是，就把我撤掉！"艾森豪威尔私下抱怨："法国人确实让我们很失望。"

美军也有自己的麻烦。在阿登战役后已经"精疲力竭"的科塔的第 28 师于 1 月中旬被并入拉特尔的法国第一集团军。经验丰富的第 3 师在进攻科尔马北部时并入法军第 2 军作战，士兵们套上床单和临时准备的长睡衣作伪装，扛上木板，打算渡过遍布沼泽的平原上不计其数的溪流。但是谢尔曼坦克无法从木板上渡河，在梅森·鲁热，装甲纵队的第一辆坦克穿过伊尔河上一座很不牢固的桥梁时坠入水中，这次灾祸让三个步兵营暴露在远处河岸敌方坦克反击的炮火下。

惊恐万分的美国士兵在平原上"惊慌失措地逃窜"，渡过两岸陡峭且结了冰的伊尔河。敌军炮弹追着他们轰炸，在他们背后拉起一道道白色的机炮轨迹。一名上尉报告说："就像内战时的可怕情景。"一个团损失了 80% 的装备和 350 人，其中很多都藏身在沼泽地灌木丛中被俘。一名二等兵写道："我们被俘后衣服都结冰了，走起路来像纸一样发出咔嚓咔嚓的脆响。"为了嘲弄他们，德军炮手把写有被俘美国士兵名字的传单塞进传单罐后发射过来。

奥迪·墨菲以非比寻常的勇气为这一天挽回了声誉。墨菲十分年轻，甚至还不到投票的年龄，每周刮胡须不过一次，然而，在跟随第 3 师沿罗讷河而上，横跨孚日山脉作战期间，他已经获得两枚银星勋章，接受一次战场委任，身负一次重伤。重伤后来转为坏疽，迫使医生从他右髋和半边臀部剜掉几磅肉。经过两个月的复原后，他于 1 月中旬回到第 15 步兵团，很快成为连长，而两年前他在北非以一名列兵身份加入该连。现在这个连只剩下 18 名士兵和一名军官——也就是他。

1 月 26 日，200 名德军步兵和 6 辆装甲车从里耶德维附近的丛林向他们发起袭击。当时墨菲少尉手里还抓着地图和战地电话，他二话不说，跳上一辆高速轻型反坦克装甲车，端着 50 毫米口径的机枪对着敌人狂扫 1 个小时，一边阻击敌人，一边高喊火炮开火。"河谷里、草地上和丛林里的敌人通通被他射杀了"，一名军士报告称；附近一条沟渠里，包括 12 名德国人在内的死者"像鹧鸪一样瘫在地上"。墨菲后来说："周围的一切似乎放慢了节奏，变得异常澄清。"拉特尔称这是"沙场上最英勇的行为"，但是墨菲感觉"活着没有什么值得欢欣鼓舞的"。他后来获得了荣誉勋章。

最后，盟军以压倒性优势肃清了科尔马。被激怒的艾森豪威尔调遣美军第 21 军增援拉特尔。拉特尔原有 8 个师，现在又多了 4 个师。这次增援让德弗斯在兵力、坦克和火炮弹药上均处于 5:1 的优势。拉特尔高呼："感谢上帝！"到 2 月 2 日星期五，第 28 师肃清了科尔马郊区，然后避在一旁让法国坦克解放该市。拉特尔说："你们的城市回归到祖国的怀抱了，三色旗再次在这里飘扬。"

2 月 5 日，北部和南部纵队在鲁法克会师，科尔马包围圈里的德军被切成两段。北部的第 3 师包围了纳布里萨克，那里是 17 世纪沃邦要塞之一，被称为"壁垒之城"。激烈的战斗打响了，坦克、迫击炮、火箭筒和手榴弹横扫犹太人的公墓。美国士兵怒吼着"举起手来，浑蛋们"。不过，一个团的报告称："士兵们根本不接受俘虏，嫌他们碍事。"几百名从纳布里萨克匆匆南撤的德国人就好像"穿着绿色军装的泥靶子"，遭到火炮的无情虐杀。一名法国爱国者将一条狭窄隧道指给美国士兵。隧道的入口在干涸的护城河里，从东北城墙下穿过，直通城堡里面，但是里面幸存的德国士兵只剩下 76 名。

2 月 9 日星期五上午 8 点，敌军炸毁了莱茵河上位于沙朗佩的最后一座桥梁。残骸跌入河中，溅起巨大的浪花。拉特尔说："我亲爱的法国战友们，你们是缔造全国伟大事件的工匠……德国人在法国度过了最后一个夜晚。"（实际上，阿尔萨斯的东北角仍旧处于希特勒的控制之下，除此之外，法国还有几个港口被德军占领，并且他们在那里苟延残喘了几个星期。）科尔马包围圈最终被肃清了，只不过所耗费的时间比拉特尔所预计的一周多出三倍。

卡车把德国人的尸体拉到另一个乱坟岗——"他们相互缠绕着，就像许多被冻死的小鸡，丢在运载货物的箱子里"，一名美军士兵描述道。根据拉特尔的统计，科尔马包围战中，美法联军伤亡达 2 万人；而报道称，德国战死或走失人数为 2.2 万。希特勒在阿尔萨斯的负隅顽抗，导致德军 8 个师中每个师只有不到 500 人逃脱。

美军的总结不无道理：德军第十九集团军"牺牲得没有任何价值"。德国人早在 6 个月前，盟军登陆法国南部的几个小时内就望风而逃，现在他们已经成了一段毫无声息、鬼魅般的记忆，一个影子兵团。

★★★

心怀前所未有的怒火的盟军飞行员们坚定了他们从空中将德国炸成齑粉的决心。用几千架轰炸机对德国实施大规模空袭，对盟军而言，已是家常便饭，甚至是每天的惯例。早春时节，英国将第一枚 2.2 万磅重的"地震炸弹"投向比勒费尔德，

奥迪·墨菲中尉（右）获得第 3 步兵师师长约翰·W.奥丹尼尔的祝贺。墨菲这个来自得克萨斯州的五年级辍学生，由于在法国战场上展现出的勇气而获得战场提升和荣誉勋章。（美国陆军军事历史研究所）

炸毁了 100 码长的铁路高架桥，在地面上炸出一个 30 英尺深的大坑。此后还将有 40 枚这种炸弹被投在德国境内。每一枚的威力都十分强大，其威力只有原子弹可以与之匹敌。1 月下旬，100 磅重的 M-47 白磷弹首次投入使用，它被美国空军的战术家称为"杰出的杀伤性燃烧弹武器"。每枚白磷弹的威力是 155 毫米火炮发射一轮白磷弹所造成火势的 6 倍。凝固汽油弹的创新性应用也开始蓬勃发展，对此，美国战争部副部长罗伯特·A. 洛维特解释说："如果我们要进行全面战争，那不妨让战争变得尽可能恐怖。"最高统帅部签发的一份长达 43 页的清单里列举了德国的纪念性建筑、历史遗迹和艺术文物，要求军队在空袭中避开这些"对世界具有象征意义的建筑物"，用艾森豪威尔的话说："我们奋战就是为了将它们留存于世。"美军一名下士在写给家人的信中提到他对空袭的态度时，显得十分淡漠。他写道："多亏盟军的空军，欧洲大部分地方都变成了巨石阵。"敌人的城市一个接一个遭到轰炸，正如德国作家 W.G. 泽巴尔德所言，它们被炸得"一片死寂"。

英国空军战略专家曾考虑要对德国的小城镇也展开空袭，但是后来推算轰炸机"一个月最多只能消灭 30 个城镇"，而摧毁 100 个这样的小城镇"所消灭的人口仅为德国人口的 3%"。柏林还是比较事半功倍的目标，在飞行员们中间，柏林被称为"大柏林"。柏林是纳粹政权的所在地，人口占德国总人口的 5%。距离上次重创仅 2 个月，乔治·马歇尔在马耳他提出再次对柏林进行空袭，以阻挠德军对东线的支援，回报苏联的善意。英国对这一主张非常赞同：轰炸将军哈里斯早就要求痛击柏林，直到"纳粹德国的心脏停止跳动"。据估算，一次全力轰炸会造成 27.5 万名德国平民死伤，还可以"造成大规模混乱"，从而"摧毁他们已经动摇的斗志"。

持怀疑态度者的反对声被淹没了。美军第 8 航空队司令杜利特尔将军认为，"通过恐吓"让自 1942 年以来不断遭受空袭的人们"投降屈服的希望极其渺茫"。轰炸威慑着欧洲抵抗最顽强的城市。"把'大柏林'列为轰炸目标可真不怎样。"一名飞行员说，"我不赞成狂轰滥炸。"然而，艾森豪威尔在写给比德尔·史密斯的便笺中说："我认为这是件好事。"

这个代号为"霹雳"的"计划"于 2 月 3 日实施，空军从柏林上空投下 2 279 吨炸弹，代价是 22 架 B-17 轰炸机被高射炮炸毁。这次空袭是开战以来对柏林发起的最猛烈的一次空袭，但结果却令人大失所望：3 吨炸药中只有 1 吨在距离轰炸目标不到 1 英里的地方爆炸，有的机组甚至连世界第 6 大城市都没能找到。德国政府

2 月中旬，最后一股敌军被逐出阿尔萨斯的科尔马包围圈后不久，美国第七集团军的 155 毫米榴弹炮在纳布里萨克轰击莱茵河对岸的一个德军观察哨。

宣称"霹雳"造成 2 万人死亡；而美国航空兵官方历史后来将死亡人数核定为 2.5 万，之后分析认定死亡人数仅为 2 893 人；受伤人数 2 000；无人投降。

即使如此，空袭也摧毁了不少设施，如火车站、集装箱场、住宅区、发电厂、皮革厂、印刷厂、酒店、报社和各座政府大楼，其中包括航空部、外交部、盖世太保总部和帝国总理府。一位德国女士写道："那是个美丽的早晨，阳光明媚，鲜花盛开，有蓝色的风信子、紫色的番红花，还有含苞待放的复活节百合花……你再也享受不到那么美好的东西了。"

根据国防军的记述，人们在地铁站里感到惊恐万分，"在恐慌中相互撕扯，完全忘了自己，开始互相殴打"；还有的人"像暴风雨中的小鹿"撞在一起。一名幸存者回忆道，白磷弹"沿着墙壁和街道燃烧起来，火势凶猛，整个城市陷入一片火海"。空袭导致 12 万名德国人无家可归。一个人在日记中写道，柏林人好像"时光倒退"，回到了穴居时代，"只有在我们的眼睛里，还能找到些许的生机"。

整个 2 月份都安排了经过精心策划的空袭任务，其中最典型的就是"号角行动"。这次行动出动了 3 500 架轰炸机和近 5 000 架战斗机，进一步捣毁了德国境内的交通设施，让"相对原始"的小村镇中的德国人生活在死亡的威胁中。火车、火车站、驳船、码头和桥梁遭到猛烈轰炸，但是，铁路并未出现大面积瘫痪，而德国平民的意志力也似乎没有被摧垮。美国陆军航空队猜测："或许我们正在努力摧毁那些没有斗志的人的斗志。"

整个冬天最声名狼藉的空袭发生在 2 月 13 日夜里，皇家空军轰炸机司令部 800 多架轰炸机对德累斯顿进行了彻夜空袭。随后两天，美军第 8 航空队也派出同等数目的轰炸机参与空袭。分散各处的火焰渐渐融为一片火海，阵阵热风把大树连根拔起，把屋顶掀开，吞没。一个女孩写道："我喊一声，大烟囱就应声倒地了。我看到一堆灰烬显出人形……那是我妈妈。"在被问到如何评价空袭的效果时，轰炸将军哈里斯答道："德累斯顿？没有这个地方。"纳粹官方统计声称，一座挤满了东线难民的城市在空袭中死亡人数达 20 万，但是经过半个多世纪的详尽研究，实际死亡人数只有 2.5 万。党卫军分队奉命把那些尸体拖向火葬坑，他们在特雷布林卡就执行过这样的任务，所以已经驾轻就熟了。两个月前在西尼·艾弗尔被俘的上等兵冯内古特也被派去拖尸体，他写信给印第安纳州的家人说：

> 我们被押着从防空洞往外拖尸体，有女人、孩子和老人，他们有的是被炸死的，有的是被烧死的，也有窒息而死的。把尸体拖到大火葬场的路上，人们恶狠狠地诅咒我们，拿石头砸我们。

轰炸没日没夜地吞噬着德意志一个又一个地方。德国 1/5 的住房在空袭中被毁，750 万人无家可归，40 万人命丧黄泉。70 座城市被烧成废墟，众多被烧焦的尸体横七竖八地堆在地上。提到埃森市庞大的克虏伯工厂，一位目击者称："这座全世界最大的武器生产厂连一个发夹都生产不了了。"提到杜伊斯堡、杜塞尔多夫、多特蒙德、伍珀塔尔、波鸿及众多工业中心的情况，《时代》描述道："它们在夜里像燃烧的大火把，白天也在闷烧，最后变成一片焦黑死寂。"

然而，毫无生机的生活还是要继续，就连斯帕茨将军都在谴责这种从 2 万英尺的高空迫使德国屈服的"妄想"。只有征服和占领德国才能说服德国人：德意志完蛋了。只有打败敌人才能结束战争。

★★★

蒙哥马利元帅的眼中闪烁着胜利者的光芒，他开始调兵遣将，希望能率兵攻打柏林。他计划于 2 月 8 日星期四启动代号为"真实"的行动，率领加拿大第一集团军的 34 万兵力，从奈梅亨沿莱茵河左岸向东南推进。两天后，"手榴弹行动"启动，美国第九集团军 30 万人在 40 英里长的防线上跨过罗尔河向东北突进，第一集团军乔·柯林斯的第 7 军 7.5 万人从右翼增援。该军配有 2 000 门大炮和 1 400 辆坦克，将和加拿大人在莱茵河并肩作战，包围鲁尔工业区。

但是，要想横渡罗尔河这条与莱茵河平行的中等大小的河流，必须先攻占河流上游的两个水库——施瓦门纽尔水库和乌尔夫特水库，阻止德国人在关键时刻泄洪。1944 年深秋，美军就曾经试图攻占或炸毁那两个水库，结果以失败告终，"该死的水库"成了美军司令部恼人的诅咒。只有把这些阻碍因素剔除后，才可能渡过罗尔河，攻下莱茵河，从而占领鲁尔区。

2 月初，盟军轻松攻占乌尔夫特水库，不过那仅仅是因为德军聚集到库容为 200 亿加仑的施瓦门纽尔水库附近。在近一周的时间里，缺乏经验的第 78 师得到了强有力的增援，先是第 82 空降师的一个团，接着是经验丰富的第 9 师，他们再次攻占了去年深秋时在许特根战役中得而复失的地盘：卡尔峡谷和科莫尔什特。卡尔峡谷的路旁还排着第 28 师几十具被诡雷炸死的美军的腐烂尸体。2 月 8 日，美军 40 个炮兵营密集射击，在街头巷尾展开激烈战斗，炮火打得碎石乱跳，盟军最终拿下了施密特。现在，他们距离施瓦门纽尔只有 2 英里了。

2 月 9 日星期五晚上 8 点，第 309 步兵团的一个营从草木繁杂的丛林中爬到水库边，发现这座水库蔚为壮观：170 英尺高、1 200 英尺宽、基底近 1 000 英尺厚。德军的迫击炮和火炮雨点般地落下来，炮口的火舌在远处海岸线上闪耀着光芒。

美军发射了 4 万枚炮弹还击。炮火照亮了大地，5 名工兵在步兵的掩护下，一溜小跑穿过水坝。这时，施瓦门纽尔水库阀室发出一阵不祥的隆隆巨响。横跨闸沟的桥梁已经被摧毁，于是他们跳过护栏，沿着大坝北面往下滑，进入下面的门口。令人窒息的闷热和压力让他们呼吸困难—— 一位中尉回忆道，当时"就像进入大海深处的一条隧道"——但是，他们在里面并没有找到炸药。工兵们计算过，德军要在这个巨型建筑上炸出一个洞，至少需要 50 万磅的 TNT 炸药。

但是，水库已经遭受致命损害。几支巡逻队发现哨所、电力室和排水阀已经彻底被摧毁。洪水以 15 英尺的宽度喷涌而出，以无法阻挡的势头从水库边缘下方 90 英尺处的水闸奔流而下。德军还把炸药塞进水渠的闸门里，让乌尔夫特水库的蓄水泄入施瓦门纽尔水库，从而确保罗尔山谷将连续几天被淹没在 100 万吨的洪水中。

雪融水和雨水已经让罗尔河不堪重负，水位站的读数每两个小时都会明显上升。现在洪水横冲直撞，奔袭而下。寓意不祥的代号"约翰斯顿"（美国宾夕法尼亚州西南部城市，1889 年时曾受特大洪水之灾。——译者注）警示第九集团军迎战泛滥的洪水，只不过此处遭遇的是汹涌的潮水，而不是扑面而来的水墙。很快，罗尔河的水位就上升了 8 英寸，而且还在继续上涨。

征得蒙哥马利同意后，第九集团军司令比尔·辛普森中将把进攻罗尔河的时间延后 24 小时，之后又无限期推迟。工兵报称，上游的水流正以近每小时 10 英里的速度奔腾而下，河流湍急，无法架桥。河流下游利尼希上空的侦察机发现原本 100 英尺宽的河面正急剧扩张到 1 000 码宽，有些地方的宽度甚至超过了 1 英里。

整整两个星期，美军 15 个师都在西岸苦苦等待水势减缓，水库排空。幸运的是，辛普森具备很高的军事素养，包括耐心和冷静。辛普森的父亲是内战时期南方邦联军老兵，退役后在佩科斯河经营牧场。辛普森身高 6 英尺 4 英寸，十分清瘦，棱角分明，头盔戴在他的光头上像一顶无檐便帽。辛普森把他的妻子看作"让我安定下来的平衡轮"。菲律宾、墨西哥和默兹 - 阿尔贡的战斗经验告诉他，作为一名年轻军官，"能用炮弹轰炸的地方决不派步兵冲锋"。艾森豪威尔对马歇尔说："他各方面都十分优秀。"布拉德利称第九集团军"罕见地沉着"。一名十分欣赏辛普森的陆军航空队军官说他"经验丰富、沉着冷静、信念坚定，没有显示出一丝焦虑不安"。他的司令部人员也是如此。

正当辛普森耐心等待良机的时候，由英军和加拿大军组建的加拿大第一集团军不可避免地承担了进攻的重任。他们从奈梅亨蹚着泥水，穿过莱茵河和马斯河之间的沼泽和灌木丛，步履沉重地跋涉而来，用艾森豪威尔的话说，是"一场动作迟缓的、艰难的比赛"，并最终将 1.1 万名敌军俘虏装进口袋，把 20 个德国村庄烧成灰烬。伦敦《星期日泰晤士报》的一名记者 R.W. 汤普森写道："机枪发出急促而刺耳的嗒嗒声，就像火势凶猛的火焰烧过干欧洲蕨。"他说："堰坝那个夜晚的情景让我想起炸脖龙，双目喷着火焰爬过郁金香丛，一边往前走一边嘟哝。"

★★★

2 月 12 日，龙德施泰特报告称，B 集团军群只剩下不到 300 辆坦克，编制内含 7 个师，但实际兵力不足 1 个团；据说德军每个营的正面都有盟军一个师的兵力。就像在西西里和诺曼底那样，蒙哥马利的军队拖住了敌军的主要预备队，让美军取得突破性进展。

万事俱备，只欠东风，第九集团军终于要出击了。他们希望抢在罗尔河水势完全减缓之前发起突袭，在几天内一举消灭敌人。2 月 22 日，辛普森下令第二天早上启动"手榴弹行动"；之后他将睡帽扔到一边爬到床上，观看平·克劳斯贝主演的《与我同行》。2 月 23 日星期五凌晨 2 点 45 分，电影一结束，2 000门大炮齐响。"加农炮的火焰和炮弹爆炸时的光芒照亮了天空。"第 19 军的一名中校报告称，"在这样的深夜看文件丝毫感觉不到光线的摇曳。"

45 分钟后，3 个军在 17 英里宽的阵线上向前推进。敌人的炮火和仍以每小时 7 英里的速度奔泻的河水，让盟军在进攻中损失了 600 艘冲锋舟。凌晨 4 点20 分搭建的一架人行桥突然被一艘急速行驶的冲锋舟撞垮，倒下的树木和德军炮手摧毁了更多的人行桥。德军的迫击炮炮弹飞过河流，美军士兵在枪林弹雨中冲向对岸。第 30 师工兵修建的一座桥梁在被弃之前被炸毁过 8 次。由于天气潮湿寒冷，右翼乔·柯林斯的第 7 军有一个营在船上连一台发动机都启动不了，其他的船舶要么沉没了，要么被敌人的火炮或美军打偏的白磷弹炸散架了。一位营长报告称这里"乱作一团"。

几个小时后，勇猛的部队终于克敌制胜。锚索紧紧锚固，到早上 7 点，美军在洪水泛滥的河流上搭建起三座人行桥。星期五下午 4 点，一座更为坚固的桥梁投入使用，第一批车辆从桥上渡过罗尔河。日暮时分，桥头堡已经深入敌方 4 英里，德军发动的 3 次微弱反攻均被粉碎。美军伤亡 1 400 人，大部分都是工兵。辛普森的司令部里有一张图表，上面 13 个步兵团的每个营都标着"正在渡河"或"已过河"的记号。星期六黎明，6 个师的 28 个营全部成功渡河，另外 10 个师到傍晚时分也会跟上。列着"攻占城市名录"（其实大部分都是德国村庄而已）的单子上的名字已经增长到第 16 个。

星期六傍晚，罗尔河上搭建起 19 座桥梁，其中 7 座桥可供坦克通过。侦察兵在一家旅馆发现了可随时旋开桶塞饮用的啤酒，德军的一门六管火箭发射器连一枚炮弹都没来得及发射就被俘了。"僵局似乎开始被打破。"第 30 师的师长报告称。2 月 26 日星期一，3 个军横跨一个桥头堡，在 25 英里宽的阵线上呈扇形散开。在第 7 军的掩护下，第九集团军开始向前推进，平均每天行进三四英里。星期二，辛普森奉命率军前进，谢尔曼坦克列队穿过科隆平原，朝杜塞尔多夫驶去。成群结队的战斗轰炸机毫不留情地猛轰四处逃窜的敌人；灯火通明的村庄在燃烧，没有遭到轰炸的手推车翻倒在一旁。战争似乎突然回到了过去，正如一位历史学家后来写到的那样，"回到了八九月份那些幸福安详的日子"。

3月1日星期四，辛普森的先头部队已经抵达诺伊斯，莱茵河在他们的步枪射程范围内。美国将领们站在一个7层楼高的谷仓上拿着望远镜报告说，他们看到了"死气沉沉、毫无生气的庞然大物杜塞尔多夫……林立的工厂烟囱没有一个冒烟；前方数英里的铁轨上没有一列车厢"。

第九集团军的阵线上有8座桥梁横跨莱茵河，德军工兵将它们全部炸沉。美军企图一举拿下上卡塞尔交叉口的行动功败垂成。当时敢死队在夜幕的掩饰下潜行，谢尔曼坦克被伪装成德国装甲车，会说德语的美国士兵坐在挡泥板上。不料在拂晓时分，一名骑着自行车的敌军士兵识破了盟军的伪装，于是大声呼叫示警。枪林弹雨横扫大街，尖锐的警报声此起彼伏，美军车队在一团混乱中冲向斜坡，但未成功。这时，桥梁、塔楼和车行道随着一声巨响被炸到河中，溅起巨大的浪花。辛普森提出，兵贵神速，现在应迅速对莱茵河北岸的杜塞尔多夫发起两栖登陆进攻。他认为，此刻第19军发起突袭可以把战斗周期缩短几个星期。

巡逻队报告称："敌人完全陷入混乱无序的状态，不管在河岸这边还是在莱茵河的对岸，都没有足够的防御力量阻止我军迅速渡河。"蒙哥马利以一句"不要渡河"回绝了辛普森的提议，并说，第九集团军如果没有准备充分就贸然尝试攻入"工业荒原"鲁尔区"很不明智"，而且还冒着消耗宝贵的架桥资源的风险。元帅的理由貌似合情合理，但是义愤填膺的辛普森认为，蒙哥马利纯粹是为了追名逐利，想让英国人成为首先渡过莱茵河的军队。在这位司令看来，这是极其"自私的想法"。美国军官们越来越爱嘲笑英国军队，说他们是一支"喝茶时间到了的军队"。

"手榴弹行动"结束了。第九集团军在不到两周的时间里，战线从罗尔河推进了50英里，直抵莱茵河。面对顽固的德军，加拿大第一集团军仍旧向前推进了40英里。两支军队于3月3日在杜伊斯堡西部的格尔德恩会师。两支军队伤亡总数2.3万人次，俘获德军俘虏5.1万人，共造成3.8万名德军士兵伤亡。

尽管遭受到致命打击，幸存的德军撤退时依然井然有序。渡过莱茵河后，他们炸毁了杜伊斯堡和韦泽尔的所有桥梁。盟军开始大量聚集在伟大的莱茵河沿岸，不知道该怎样渡河，也不知道该从哪里渡河。然而，龙德施泰特还是告诉希特勒，德军在西线各处的境况"都非常糟糕"，就连元首也不得不承认"他的心情沉重"。

THE
GUNS
AT
LAST
LIGHT

第 11 章　飞渡莱茵河

　　战争当中没有真正的荣耀可言。盟军一边向莱茵河高歌挺进，一边趁乱打劫，堕入醉生梦死的末日氛围中。然而飞渡莱茵河的计划困难重重，他们只能通过雷马根仅存的一座桥攻破防线。德军负隅顽抗，用 1 400 磅炸药等着在盟军过桥时炸毁桥梁。但希特勒已无法阻止盟军前进的脚步，后者将撕开德军的防线，来一场血雨腥风的报复行动。

激战雷马根

盟军跨过萨尔河，沿着摩泽尔河而下，直捣莱茵兰。那儿紫罗兰和桃金娘含苞待放，果树上点缀着刚冒出的嫩芽。工兵们正在往饱受炮火蹂躏的沼泽地里铺铁轨，他们从附近的村庄搬来砖头和石块，往路旁的壕沟里填埋，为源源不断往东行驶的护卫队铺出一条道路。一名英国中尉说道："这总比干别的好，至少干得有点儿成就感。"

德国难民从沦陷区艰难地跋涉而来，他们拖着行李箱，扛着包裹，里面装着心爱的台灯和台布。残垣断壁上还能看到德语书写的军事口号——"元首指挥我们，一切听从元首指挥"；但也不乏宣泄绝望的标语，比如："打倒希特勒！打倒战争！"教会为阵亡士兵张贴了"讣告"，名单在几百、几千、几万地递增。

美军的卡车朝后方驶去，车顶上扣着煤斗，每个敞开的车厢里都塞满了战俘。"他们脸朝后站在车厢上，灰绿色的军装肮脏不堪"，W.C.海因茨写道，"随着卡车的颠簸，所有人都来回摇晃着身了"。德国妇女有的抱着孩子站在门口，有的朝卡车投掷面包，她们殷切地看着眼前匆匆掠过的脸庞，希望能找到自己熟识的那张。

奥迪·墨菲在家信中写道："我正在一个堆放饮料的地方。这里跟我以前到过的地方都不一样。这里的房屋更漂亮，也更现代化，但还是比不上我们的家乡。"

由英、加和美军构成的第二十一集团军群的 24 个师汇聚在莱茵河以北，而霍奇斯第一集团军的 3 个军 13 个师正并肩朝科隆和科布伦茨之间的莱茵河突进。司令部在 3 月 3 日的作战日志中写道："这让人不能不欢欣鼓舞。"与此同时，巴顿第三集团军的 12 个师迅速攻占了南部已经变成瓦砾堆的比特伯格，然后穿过萨尔－帕拉丁奈特后急转弯，跟帕奇第十七集团军的 14 个师协同作战。他们沿着哈尔特山脉两翼从宽达 17 英里的战线上发起进攻。谢尔曼坦克上安装了扩音器，高声招降的声音两英里外都听得到，凡是拒绝向这辆"废话连篇的马车"投降的城镇都会遭到坦克和榴弹炮的痛击，直到那些冥顽不化者死在炮火中，或在城头上竖起白旗。

第 13 军军长小阿尔万·C. 吉列姆少将给身在佐治亚州的妻子写道："昨天我在路上抬眼往远处望去，看到 12 座城镇陷入火海，地平线上到处都是熊熊燃烧的大火，烈焰四窜。"尤利希镇有 1 700 栋建筑，完好无损的只剩下 300 栋，杜伦镇的 9 332 栋房子只剩下 13 栋未被烧毁。正如一名工兵所描述的那样，这里是"我这辈子见过的毁灭最彻底的城市"。门板被拆下来掩盖德国人的尸体，木料不够，就用纸袋做棺材。

"到处都弥漫着死亡的气息。"艾利斯·卡彭特在看到另一个被炸成瓦砾的地方之后写道，"推土机沿着镇中心的大路推过去，镇中心像一座正在燃烧的假山庭院。"盟军战斗轰炸机追逐着四处逃窜的敌人，一名飞行员称之为"捕鼠行动：我们轰击地面，驱走害虫"。连天的炮火点燃了露天的煤层。艾伦·穆尔黑德说，燃烧的煤层像一个"可爱的、像金子般流动且光热辉映的游戏"。3 月初，一名后勤补给军官给远在弗吉尼亚的家人写信："地球被烤焦了。"

不过，盟军迅速攻占了莱茵河附近一个十分宁静祥和的地方。由于动作迅速，那里得以保存完整：牧场一幅醉人的田园风光，人们生活富足安康。"那么多的牲口，都喂得膘肥体壮；漫山遍野跑着小鸡、猪猡和骡子；"穆尔黑德写道，"每栋房子里似乎都有盖着上好亚麻布的橱柜。"记者 R.W. 汤普森归结道："五金器件、金属制品、油炉、家具和床垫库存可观，废弃的办公室里纸张质量上乘。"玛莎·盖尔霍恩还在废弃的糖果厂里发现了"堆积如山的食糖、巧克力、可可粉、牛油、杏仁粉"和塞满了荷兰奶酪、葡萄牙沙丁鱼、挪威罐头鱼和果汁桶的房间。

这里充斥着德累斯顿板材、锡啤酒杯和鹿角战利品，盛产小牛皮制作的歌德和席勒肖像画；卤水锅里煮着蛋，屋子里弥漫着烤鹅的香味儿，桌子上铺着花团锦簇的桌布，精美的碗橱里摆放着银餐具。这里有第三帝国颁发给在分娩中表现坚强的母亲的奖章，到处都是从巴黎或里昂掠夺的法国化妆品。每栋房子都在床架上挂着十字架或摆放着基督教的书籍。有的房子插着盟军的旗帜，有的房子贴着标语，声明里面住的是荷兰人或比利时人，而墙壁上掉色的地方昨天还挂着元首的肖像。"没有谁是纳粹分子，这里从来没有纳粹分子。"盖尔霍恩写道，"或许写进歌词里更好，那么德国人就可以把这当副歌来唱了。"

不过，这里也即将遭到洗劫。"我们一边迅速推进，一边趁乱打劫。"第29师在慕尼黑－格拉德巴赫的一支部队在报告中写道。德国的城镇被"处理"了，房子从头到脚被"解放"了，从莱卡照相机到手风琴，里面的东西被搜刮得一干二净。

一支部队的宪兵司令投诉美军士兵们"趁乱打劫、欺凌平民"的"强盗行径"，直指有些人为了搜寻珠宝而挖掘中世纪的坟墓，另一些人用探雷器砸毁地板、搜索花园。W.C.海因茨看到一名士兵骑着偷来的自行车，胳膊上挂着半打女装，把自行车和服装塞进吉普车里。四处抢劫的宪兵被称为"纳粹打劫武装队"。据第45师一名士兵的描述，一支"典型的步兵巡逻队，涉及两次枪杀案和十次抢劫案"。穆尔黑德说："成百上千的汽车被拖出车库……喷成卡其色后开走。"法军把德国的摩托车、打字机和黑白花牛拖回洛林。英国的士兵洗劫了一家五金店，把螺丝钉、钉子和小五金件席卷一空，仅仅为了满足"于无人之境偷窃商店的欲望"，《每日邮报》一名记者如是总结。

一名二等兵说当时人们处于"醉生梦死、混乱不堪的末日氛围中"，在这样的氛围里，有些东西即便逃过洗劫，也难逃被肆意破坏的命运。一名加拿大士兵回忆自己如何破坏一栋威斯特伐利亚的房子：

> 我先是举起一把铁锤，把100个盘子和茶杯砸得粉碎。接着举起一把斧头，向中式陈列柜和餐具架砍去。然后把所有的家具都砸烂……我在一架钢琴上放了一枚手榴弹，往钢琴里面泼了一盆糖浆。我砸掉了所有的法式房门和带镜子的房门，把灯具扔到大街上。那时候的我简直太疯狂了。

"我没有为德国人感到难过。"英国陆军少校彼得·卡林顿说，"毕竟他们才是始作俑者。"盟军将领们也在努力贯彻最高统帅部的"不亲善"法令，该法令严禁"和德国人友好、亲善、亲切交往"，尤其禁止"跟妇女和女孩打情骂俏"，违反规定罚款65美元。很快，追求德国女孩（被称为"亲善行为"）变成了"65美元问题"。"不要成为迷恋大利拉的参孙（参孙为《圣经》人物，蒙上帝赐予的力气，拯救以色列百姓。他的力量来自头发，后与心怀叵测的妓女大利拉相爱，泄露了力气的来源和秘密，落入陷阱，头发被剪，力量全失，被敌人关进地牢。——

译者注），"武装部队广播网警告道，"她会剪下你的头发——连脖子根一块剪掉！"然而，"亲善行为"越来越流行，常常是用香烟或者巧克力当作"妇女诱饵"。"亲善行为"成为发生关系的代名词；"不亲善"是指"不受孕"。美军士兵争辩道："没有对话的性交不叫'亲善行为'。"巴顿提议："告诉第三集团军的人，只要他们的头盔还戴在头上，就不叫'亲善行为'。"军队卡车驶过莱茵河畔的村庄时，车上一些大嗓门的士兵就会可怜巴巴地冲路旁的年轻女人高喊"跟我上床吧"。

★★★

3 月 5 日星期一，乔治·霍奇斯将军下令在餐桌上摆上香槟，庆祝第一集团军即将抵达莱茵河，"为尽早渡河"准备好烤面包。第二天，第 7 军冲进德国第四大城市科隆，这里以前聚集着神秘主义者和异教徒，传说圣厄休拉和 1.1 万名处女在这里惨遭异族人屠杀，卡尔·马克思在这里创办了《莱茵报》，神父们曾经一天内为 1 000 次集会举行宗教仪式。现在，这座城市的 77 万名居民只剩下 1 万人。在过去 3 年里，盟军轰炸机的 24 次袭击把它变成了"焦黑的尸体上大张着的嘴巴"，诗人史蒂芬·斯彭德如是描述。这里就像那些一片死寂的城市一样，已经面目全非，完全没有生命的迹象。

德国国民自卫队的老兵躲在被掀翻的有轨电车后面发起反击，狙击手从瓦砾堆后面偷袭。房屋一栋接一栋被炸毁，街区一个接一个被摧毁，谢尔曼坦克炮手有条不紊地用白磷弹炸掉地面上的建筑，步兵们用手榴弹炸毁地面下的地窖。第 3 装甲

"科隆已没有生命存在"，德国的一位作者在日记中写道，诗人史蒂芬·斯彭德将这座破碎的城市比喻为"焦黑的尸体上大张着的嘴巴"。尽管莱茵河上的桥梁和数以千计的建筑物被摧毁，但科隆大教堂幸免于难。

师一部坦克冲进科隆的飞机场,摧毁了 16 门意图形成散兵线的 88 毫米口径高射炮。13 世纪的双尖塔大教堂仍旧矗立不倒,尽管它遭到了炸弹、炮弹和燃烧弹的轮番轰炸,中殿的地板上到处都是天花板和彩色玻璃碎片。记者珍妮特·弗兰纳如是写道:纳粹的旗子"像猩红的垃圾被丢弃到大街小巷的角落里","毁灭者自身被毁灭了"。

3 月 7 日星期三,霍奇斯报告称攻克科隆。然而,这个城市和莱茵河东岸的联系太紧密了:星期二和星期三中午,霍亨索伦大桥长达 1 200 英尺的部分桥体被炸落在河里。第一集团军尽早渡河的希望似乎越来越渺茫。

一名工兵中士在日记中写道:"莱茵河。我不知道我在期盼什么,我把它当作另一条密西西比河。这条该死的河在往北流淌。"它确实往北流淌。莱茵河发源于瑞士的 150 条冰河,从瑞士奔往欧洲的万水之源——北海,而后形成一道非同寻常的护城河,守卫西部免遭侵犯。尽管莱茵河的蓄水量排名仅为全世界第 15 名,介于幼发拉底河和罗讷河之间,但是它水面宽阔、水深浪险、水流湍急,因此工兵们把渡河比作"短途海航"。美国陆军工程兵部队报道称:"整条河都没有适宜涉水而过之处,即使是浅滩区也无法渡过。"

而且,这一年冬季的水位是 25 年来最高的,有些支流的水流速度接近每小时 11 英里。莱茵河在德国境内的 31 座桥梁已经被那些"破坏天才"摧毁了。由于德国工厂遭受空袭停产,这条河近几十年的污染情况第一次有所改善,河水也相对清澈起来,然而,太多残骸掉在河床上,盟军无法溯流而上前往奈梅亨。丘吉尔办公室发给比德尔·史密斯的一张"绝密"便条中,把盟军 7 个集团军 80 个师横渡莱茵河的困难比作"又一次诺曼底登陆"。

飞渡莱茵河的计划甚至早在诺曼底登陆之前就已经起草了。该计划十分周详,对河岸、水流、天气和冰雪条件都进行了缜密的研究,堪比罗马人对基督降临之前建造栈桥的具体记述,不亚于法国人 19 世纪在斯特拉斯堡打桩的详尽记录。密西西比维克斯堡的工兵部队在瑞士境内盟军特工的帮助下,借助截听到的德国人通过无线电向引航员通报的每日水位读数,认真研究水文学的历史数据。他们建造了 170 多个莱茵河模型,并在格勒诺布尔建立了一个水利实验室以进行精密实验。1 月份,莱茵河洪水预报处成立,但外交官们因担心罗尔河滋生洪涝灾害,便向瑞士施压,让后者派驻兵力和火炮保护上游的水坝。

卢瓦尔河上的渡河班培训了数百名舷外发动机操作手、专业打桩人员和水陆两用车驾驶员。卢森堡公国的轧钢厂生产了 5.4 万吨巨型工字梁，用于建造桥梁。佛罗里达、明尼苏达和密歇根的造船厂建造了数百艘 17 英尺高的胶合板船，每艘船可以运送 12 名步兵和 3 名工兵；每 6 艘船捆成一捆，由运输飞机或快艇火速运往欧洲。1 月份，法国造船厂参考冲锋舟的照片，依照造船工程师设计的图纸投入建造工作。砍伐树木、压制胶合板、用盈余的电线做成螺钉和钉子；下订单五周之后，美国陆军收到了 700 艘船。

能承载一辆谢尔曼坦克或 60 人的登陆舰从英国运往安特卫普，然后从艾伯特运河溯流而上，最后用巨型拖车拖到莱茵兰。拖车体型庞大，只好用推土机在前面开路，并把路边的建筑统统推倒，给拖车让路。用于这次"内陆海航"的大型船只装在卡车上，从 300 英里外的勒阿弗尔运来。目击者说，它们抵达的时候"身上顶着树冠、电话线和法国村庄的房屋碎片"。

到了 3 月初，前线仓库里存储了 1 100 艘突击舰、124 艘登陆舰、2 500 台舷外发动机、500 万板英尺的木料、6 000 架浮桥和足够建造 60 多架桥梁的钢材和料件。其实大家都认为，去夺下一架已经建造好的桥梁比新建一座桥简单多了。

★★★

然而，仅存的一架桥矗立在波恩以南 15 英里的雷马根。雷马根是一座古罗马小镇，跨坐在一条由马可·奥勒留（*古罗马皇帝、斯多葛派哲学家，著有《沉思录》。——译者注*）铺设的道路上。莱茵河在这里流入一道弯曲的玄武岩峡谷：往北，齐格弗里德（*德国民间传说中的英雄。——译者注*）在龙岩山屠杀了巨龙，在巨龙的血液中沐浴，从此变得无坚不摧；往南，恺撒大帝在高卢战役期间分别于公元前 55 年和公元前 53 年在河上架起过两座桥梁。

现存的桥梁于 1918 年建成，以一战期间德国在西线发起最后进攻的埃里希·鲁登道夫命名。这座桥长达 1 000 多英尺，宽度可容两辆火车并列通过，四个大石磴上有对称的拱形，每头都有带射击孔的石塔。只需在轨道上铺上厚木板，汽车就可以从上面通过。在东岸，轨道消失在"小矮人的洞穴"里，这是一条横穿埃佩勒·莱伊山的隧道。这座山高 600 英尺高，陡峭险峻。当地的完美主义者抱怨这座桥破坏了美丽的河景，当这座桥的存在导致盟军一再对该地区实施空袭（包括 1 月份导致 36 名平民丧命的袭击）时，他们就更加牢骚满腹了。

德军曾于 1918 年下半年从鲁登道夫桥上撤退。时至今日，德军士兵重蹈覆辙，再次从这条桥上撤退。他们混杂在难民和家畜中间，偶尔会有伤病员运送车载着伤员经过。一名年轻的高射炮炮手说，3 月 7 日星期三早晨，队伍穿过雷马根拥挤的街道，朝着桥梁蜿蜒行进，"大炮都用马和汽车拉着，没错，甚至还有靠士兵拉着的"。这个地区的守军现在不到 1 000 人；大部分都是战斗力低下的国民掷弹兵，而且他们的指挥体系混乱不堪，也不甚完整。莫德尔元帅许诺要增强这里的防守，但是到目前为止，没有一兵一卒前来支援。

1938 年，桥上安装了 60 个装有炸药的箱子，这些边缘钉了锌条的箱子通过一条结实的导管用电线连接在一个安装在隧道内的电力爆破开关上。科隆附近一座桥梁的提前爆炸（显然是美国炸弹引发的）促使元首下令，必须等到敌人距离桥梁只有 5 英里时再装填炸药，不到"万不得已"，不得启动点火器。

3 月 7 日星期三早上，不够详尽的报告称美军先遣部队率先抵达俯瞰雷马根的西部峭壁附近。炸药装好后，B 集团军群又说这支美军是掩护盟军突进波恩和科隆的佯攻部队，所以事态并不紧急。其实他们的敌人比他们预料的更近。前一天夜晚，也就是 3 月 6 日深夜，美军第 3 军军长约翰·米利金给第 9 装甲师的师长约翰·W. 伦纳德打电话说："你看到雷马根那座黑色小桥梁了吗？"他们两人都在盯着地图研究，"如果你碰巧到了那里，那你就名垂青史了。"

星期三上午 8 点 20 分，灰蒙蒙的天色薄雾笼罩。一支坦克步兵特遣队从距离莱茵河 10 英里的梅肯海姆启程了。走在最前面的是先遣队卡长卡尔·H. 蒂默曼中尉，他是第 27 装甲步兵营 A 连的连长，上任还不到 24 小时。蒂默曼出生在距此地往南不远的法兰克福，他当兵的父亲曾于 1919 年娶了一位德国的战时新娘，然后才返回内布拉斯加州。在梅肯海姆的一个地窖里，这位疲倦不堪的军官曾经在一张便条上草草地写信给他的妻子：

> 战争当中没有什么荣耀可言。或许那些从来没有打过仗的人发现了某种根本不存在的荣耀和魅力……告诉妈妈我们明天就要渡河了。

现在，蒂默曼中尉很快将证明自己错了。再过那么短短的一刻，荣耀将被他揽入怀中。下午 1 点，在两个童子军的挥手召唤下，他坐在吉普车上风驰电掣，发现下方的莱茵河峡谷笼罩在朦胧的雾霭中。"天哪，快看！"一名中士嘀咕，"你们知道这条河到底是哪里吗？"蒂默曼拿起双筒望远镜，他看到牛马、士兵、卡车和平民们步履蹒跚地从桥拱下穿过。就在下方，白色的旗子和床单在雷马根的窗口随风飘扬。两辆冒着蒸汽的机车静静地停在远处的河岸上。

3 个排的官兵下到雷马根城，从一个门口到另一个门口交互跃进。蒂默曼越过雄伟的圣阿波利纳里斯教堂和一个写着"市民们和朋友们：请保护我们的公园"的布告牌。德国守军发起零星抵抗，遭到一个排的装有 90 毫米坦克炮的新式 M-26 潘兴坦克密集的还击。德国人流着眼泪把国民自卫队的藏身地指给盟军，几个自卫队士兵吓得在里面缩成一团。一名被俘的敌军将领穿着佩戴精致饰带的军装，审讯后才知道他原来是一名火车站管理员。

接近下午 2 点时，西面斜坡上突然喷出一股夹杂着泥土和铺路薄片石的黑色土柱。原来为了防止美国坦克攻占桥梁，德军投出的炸弹把地面炸出一个 30 英尺宽的大坑，弹坑冒着滚滚浓烟。鲁登道夫桥的石塔内传出一片枪炮声。密集的子弹打在大梁上噼啪作响。美军士兵冲过河上最后一批房屋的时候，将刺刀上了膛。第 27 装甲步兵团团长对蒂默曼说："我们对岸见！晚餐有鸡肉吃了……冲啊！"蒂默曼的目光穿过眼镜扫向远处的河岸，远处几个影子沿着河岸线跑进隧道。他说："他们似乎想等我们上桥后再炸毁桥梁。"

在不到半英里远的地方，一场混乱席卷东岸。白磷弹的滚滚浓烟钻进隧道，平民们和惊声尖叫的孩子们缩成一团。德军士兵沿着桥梁的斜坡四处逃窜，几名士兵已经被吞没在橙色的火焰里，美军坦克的炮弹摧毁了河岸，直接拍在埃佩勒·莱伊山上。这时，德军三名副官还在对是否应该以书面形式下达炸桥命令争论不休。河面上传来"炸桥！"的阵阵呼声，终于，一名上尉叫道："大家都趴下！张开嘴保护耳膜！"他按下了点火开关。

可是没有任何反应。他又按了一次，接着又按了一次，还是没有任何反应。一名中士以百米冲刺的速度冲出 90 码，跑到桥上，点燃爆破线，然后冒着枪林弹雨窜回隧道里。

随着一声沉闷的隆隆巨响，钢轨底座的厚木板像稻草人一样站了起来。防洪堤腾起滚滚黑烟。鲁登道夫桥仿佛长叹了一口气，轻轻浮到空中，然后又跌回石基上，虽遭袭击，却仍安然无损。

没人能说清那 1 400 磅炸药为什么没能如期爆炸：是弹药出错，还是雷管出错？也可能像某些人猜测的那样，坦克炮弹奇迹般地炸断了主缆。

蒂默曼和手下稍作停顿便冲上桥梁，一通猛砍斩断电线，把弹药扔进河里。

4 辆潘兴坦克和 12 辆谢尔曼坦克在西岸一字排开，对着东边的炮塔猛烈轰炸，直到步兵们端掉德军一个机枪老巢。来自托莱多的亚历克斯·德拉比克中士一马当先，冒着枪林弹雨，以之字形路线跌跌撞撞地冲向对岸，头盔掉了都顾不上捡，第一个跨过莱茵河，抵达彼岸。包括蒂默曼中尉在内的其他人紧随其后，横渡莱茵河。

到傍晚时分，A 连 120 人成功渡过莱茵河。一个排的战士开始攀登埃佩勒·莱伊山。他们一边往上爬，一边躲避镇守顶峰的德军高射炮组推下山坡的乱石。美军只开了一枪就让躲在小矮人洞的 5 名德军工兵缴械投降；美军士兵用卡宾枪打碎了主控破坏开关。一门 90 毫米坦克炮炸毁了德军一长列货运列车的火车头，火车突然翻倒，白色的蒸汽从机车锅炉的炉膛里升腾而起，像洁白柔软的羽毛。一列客运列车从北部驶进埃尔佩尔小站。美军士兵埋伏在壕沟里，等到那些中年士兵们扛着步枪跳上月台，他们大喊着"Hände hoch"（举起手来）冲出来。

躲在铁轨隧道东口的一名德军士兵被俘了。20 分钟后，200 名士兵举着白旗出现了。他们穿着长皮衣，高举着双手，走过他们既未守住又未摧毁的大桥。在出来投降之前，雷马根的守军司令威利·布拉特吉上尉告诉手下赶紧给德军最高指挥部送信："告诉他们，桥梁没有炸毁，美国人已经渡过河了。"

夜幕降临，没有月亮的夜晚漆黑一团，一名军官说当时黑得"伸手不见五指"，以至于工兵们只好用双脚来感觉雷马根的街道缘石在哪里。推土机慢慢地填满了西面斜坡上的弹坑，3 火炮兵营开始做准备工作。士兵们从德国的房子上拆下木料，用作铁轨的基底。精疲力竭的驾驶员坐在车上打盹，因为现在桥梁已经成为交通运输的枢纽，他们随时待命渡桥。晚上 10 点，3 个疲惫的步枪连抢占对岸，打退了由 100 名德军工兵和携带半吨炸药退守埃佩勒·莱伊山附近的防空兵们发起的反击。

到了半夜，士兵们腰间系着发光纽扣，步行带领 9 辆比潘兴坦克略窄的谢尔曼坦克悄悄爬过桥梁。德军的曳光弹四处寻找桥梁，却往往发射得比桥梁高出几英尺。一名上尉报告称，桥梁上传来"让人伤脑筋、预兆不祥的嘎吱声"。更为不祥的是，当第 10 辆车通过桥梁时，一辆轻型反坦克装甲车突然向右侧滑，在东边桥墩的附近卡在桥面上的一个洞里，卡了整整几个小时。

一名军官说："那是我一生中最痛苦悲惨的时刻。"那辆装甲车卡在那里动弹不得，把路全部堵死了。工兵们争论不休，有人说应该把它推到一旁，有人说用千斤顶把它顶起来，有人说用起重机把它吊起来，还有人说干脆把它炸掉。黎明的曙光慢慢爬上了埃佩勒·莱伊山。大家终于把那辆该死的车拽出来拖走。扩展桥头堡的行动恢复向前，通向桥头堡纳粹国防军的一位将军所说的"德国的内大门"。

★★★

古老而庄严的兰斯被盟军授予了一个不怎么庄严的代号——"摇篮"，从 2 月初开始，这里就成最高统帅部的前线指挥部。这个城市声名斐然，一是从 5 世纪法国国王克洛维信仰基督教算起，已有不止 24 名法国国王在该市登基；二是正在方圆几英里的白垩地窖里发酵的香槟美酒。盟军的参谋们常常在结束了一天的工作后小酌几杯，他们闭上眼睛品尝不同瓶子里的香槟，而后争论库克香槟、泰廷爵和酩悦香槟孰优孰劣。

艾森豪威尔正在从白雪香槟酒庄借来的房子里吃饭，这里距离斯特拉斯堡大教堂不远。3 月 7 日，他邀请了几位空降兵将领共进晚餐，其中有李奇微、加文和麦克斯韦尔·泰勒。他正抱怨汤做得不合口味时，一位副官走进来轻声让他去接听布拉德利打来的电话。哈里·布彻听到最高统帅兴奋地说道："布拉德（布拉德利的昵称），这太棒了！对，你尽其所能径直渡河吧。这是我们最有成就的突破了……让那些做计划的见鬼去吧。对，接着干，布拉德……就算地形不怎么理想，我们也要加以充分利用。"

艾森豪威尔笑容满面地回到餐桌上，叫人送香槟来庆祝。他说："刚才是布拉德，他夺下了莱茵河上的一座桥。他甚至还为此道歉，说那座桥在偏僻的雷马根。"

他们为夺桥成功而干杯，为勇夺渡桥的战士们干杯。然而，用不了多久，最高统帅就会意识到，桥梁偏远的地理位置给盟军带来的问题不亚于它带来的益处。米利金将军坦承："决不会有人选择那座桥渡河。"那里路况极差、地形崎岖不平，是雷马根的瓶颈地带；盟军原本大力支持蒙哥马利在 90 英里以北的地方渡河，如今这一计划发生变化——这种紧急状态使得利用当下的势态比支持第一集团军迅速度过鲁登道夫桥（后来被称作"鲁迪桥"）更为艰难。

当时，艾森豪威尔派 5 个师跨过莱茵河，命令他们夺下距离河岸 7 英里的干线公路。3 月 8 日星期四傍晚，8 000 名美军士兵占据了一个宽 2 英里、纵深 1 英里的桥头堡。工兵们担心曾经摧毁了奈梅亨铁路桥的德军蛙人前来骚扰，于是在上游扎了三个防护栏，其中一道钢丝网一直延伸到水面下方 10 英尺深的地方。探照灯的灯光整夜在水面上来回搜寻，装甲兵对可疑的漂流物开枪，船上人员每隔 5 分钟就把深水炸弹丢下水，每晚都要用掉 7 吨炸药。

星期五凌晨，工兵们正在埋头加固弱不禁风的鲁迪桥时，第一艘渡船渡过了莱茵河，两艘汽油运输船和弹药运输船紧随其后。建筑队也开始在下游几百码远的地方建造浮桥。河上的汽艇靠近新建的桥梁，"自杀班"不顾行军迫击炮和火焰的弹幕射击，用 4 英尺长的道钉修建跨桥，并越修越长。

猛烈的炮火袭击在 10 分钟内毁掉了 19 座浮桥，杀死杀伤工兵 17 人，其中包括 20 岁的一等兵马里恩·普里斯特。他徒劳地用双手掩住胸部的伤口说："兄弟们，我中弹了。"他的战友称："他还没倒在地上就死了。"即使如此，到了星期日下午 5 点，也就是进攻开始后的第 32 个小时，第一辆吉普车终于驶过了 1 000 英尺长的桥梁。几个小时后，第二座跨桥建成。到了 3 月 12 日星期一，3 个步兵师和一个装甲特遣队的一部分占领了一片宽 14 英里、纵深 4 英里的桥头堡。

★★★

对德军最高统帅部来说，鲁登道夫桥落入敌手是一场巨大的灾难。一份被截获的超级机密显示，龙德施泰特下令要"全力以赴立即摧毁"那座桥和盟军的桥头堡阵地。莫德尔率领第 11 装甲师从杜塞尔多夫率先发起反攻，然而他们的燃油和军需品极度缺乏，真正开展反攻不过是空想。不过他们还是很快集结起 100 多门大炮对桥头堡发起猛攻，每隔 2 分钟便发起一轮轰炸。3 月 9 日，有 3 枚炮弹落在鲁迪桥上，在桥面上炸出一个 15 英尺大小的洞，一辆弹药运输车起火。此外，庞然大物"卡尔"迫击炮也加入战团。这门迫击炮重达 137 吨，口径 600 毫米，射出的炮弹重达 2 吨，但准头不足，效果欠佳。据说一枚炮弹击中了雷马根一家银行，把德国纸币马克打得满大街飞。

赫尔曼·戈林想征集敢死队驾驶飞机去炸毁桥梁，德军指挥官认为这一建议不切实际而予以驳回，但其实在被驳回之前，这一计划就已被盟军截获并破译。德国空军派出近 400 架次飞机在雷马根上空盘旋，其中包括喷气式飞机和老式斯图卡式俯冲轰炸机，而它们不过是自投罗网。这些袭击者很快就遭到了 25 个防空气球和近 700 门高射炮的反击——这是二战期间美国陆军进行的最密集的炮火轰击，他们奉命对任何带翅膀的东西杀无赦。

据一名军官说，敌军每架靠近的飞机都要"花掉美国纳税者 100 万美元的防空弹药"。炮手们宣称他们打下来 100 多架飞机。密集的炮火给地面上的友军造成了 200 多人的伤亡,主要是因口径 50 毫米的子弹纷纷落下而造成的红肿和擦伤。

根据希特勒的指令,荷兰的 V-2 发射基地也对该桥梁发射出 11 枚火箭,这是二战期间唯一一次在战术层面上使用该武器。这些火箭炮没有一枚击中目标,距离目标最近的一枚打中 3 名美国士兵和一个距离莱茵河几百码远、满是牲畜的谷仓空地。

雷马根的沦陷显然引起了德国高层的相互指责和报复行为,希特勒马上付诸行动。龙德施泰特嘲笑西墙是个"老鼠洞",惹得元首勃然大怒,9 个月来第二次解除了他的指挥权。元首往龙德施泰特军装上别了个没什么实际意义的小玩意儿,说了一句"我感谢你的忠诚",就再次把他送到巴德特尔茨去治疗风湿病。他的参谋长写道:"没有人能跳出自己的影子。"3 月 10 日,西线总司令由陆军元帅阿尔伯特·凯塞林接任。过去两年半以来他在北非、西西里和意大利一直都是盟军的克星。

4 名负责炸毁鲁登道夫桥的低级军官成了替罪羊,悲惨的命运落在他们身上。一个草草成立的军事法庭只用了 30 分钟就给他们定罪、判刑,还不允许神职人员聆听他们忏悔。他们的军衔被剥了下来,刽子手从他们脖子后面开枪,随便挖了个坑就把他们埋了。他们写的家信也被烧掉。

★★★

据说,这种残暴的判决让德军上下都出现了一种"桥梁精神错乱症":德意志日益缩减的国土上仅剩的桥梁和涵洞被军官们使用巨量 TNT 炸药疯狂炸毁。但是,不管是凯塞林还是私设的军事法庭都无法阻止美军潮水般涌向雷马根的脚步。

3 月 12 日的渡河大军中包括一支与众不同的部队,那就是第 394 步兵团 K 连 5 排,该排的士兵都是黑人。其实美军中有 53 个黑人步兵排,阿登战役后兵员匮乏,他们作为志愿者应召入伍。很多黑人放弃他们曾经在黑人勤务营担任厨师、驾驶员和工人时获得的中士军衔,转而以列兵身份参战。一名黑人观察家后来说:"正是希特勒让我们走出了白人的厨房。"

第 394 步兵团一名上士高声叫着:"往前冲,你们不再是军需官,你们现在是陆军战士!"当然,他们确实是战士,90 万名非裔美国人穿上了卡其色的军装,不过他们现在所组成的各排,分散在 11 个师当中,隶属于白人连队,听从白人军官的指挥。尽管意大利和太平洋的两个黑人士兵师作战勇敢,战绩辉煌,尽管黑人士兵构成的炮兵营和坦克营在阿登战役前和该战役期间都表现出色,但是将他们编入作战部队、整合到作战团所遇到的阻力还是相当大。

巴顿在日记中写道："黑人士兵即便披上盔甲，作战思维也不够敏捷。"甚至有人说，教会黑人步兵射杀德国白人会导致他们回到国内射杀美国白人。一名黑人士兵后来说："我们最终证明白人的想法是错的。"另一名黑人士兵写道："我是一个美国黑人，我效忠于美国政府，为保护世界的安全和民主而奋斗，可我从来都不知道这种民主是什么样的。"对很多在德国作战的白人士兵来说，事实再简单不过，第394步兵团一名前沿炮兵观察员的话一针见血："我们紧缺人手，所以他们很受欢迎。"

修理鲁迪桥花了9天时间，战术桥梁承担了大部分的渡河运输任务。200多名焊工、钻工、铁匠和木匠冒着枪林弹雨聚集在桥上修补弦杆、纵梁和路面上的坑洞。测量值显示鲁迪桥上游那边有点儿下陷，朝南倾斜，但是工兵们认为桥梁已经很稳定。

其实不然。3月17日星期六下午3点，随着桥面突然发出一声巨响，一颗铆钉崩开了。接着，就像毛瑟枪扫过纵梁一样，铆钉纷纷崩开。一个纵向挂钩戛然断裂，颤抖的路基上腾起滚滚尘土，木料四分五裂，钢板刮着钢板，刺耳的声音在埃佩勒·莱伊山谷回响。一名工兵上校后来说："路基上的人丢下工具，抱头鼠窜。"中心跨桥沿着逆时针方向扭曲，众人纷纷朝山坡上跑去。接着整座桥似乎扣在了一起，"姿态十分优雅，就像老式电影里的慢动作"，随着一片白色的巨浪腾起，它坠入了莱茵河。

当时还在桥上的人有28人死亡，63人受伤。东头桥墩上发现一名少校的尸体，只能依靠橄榄叶的军衔勉强辨认他的身份；其他人则永远地消失在莱茵河里。脚手架和桥桁架木材差点儿从踏板道上冲到下游去，工兵们赶紧拿着斧头和杆子把碎片移走，而船夫们忙着打捞河里的幸存者。至于桥梁为什么会倒塌，一直没有定论。盟军之前的空袭对桥梁造成了伤害，而且这座桥本来就承受着繁重的交通压力，又遭到狂风的侵袭、反复焊接、捶打、V-2火箭、大炮和距离此地不到1英里的8英寸榴弹炮组上千枚炮弹轮番轰炸的波及。一名工兵在日记中写道："我们大多数人都很乐意看到这个该死的东西倒塌。"

星期六深夜，德军7名在维也纳游泳池接受过专项训练的蛙人溜进莱茵河，意图用塑胶炸药摧毁战术桥梁，可是他们还没来得及靠近，就纷纷被俘或被射杀，还有的因体力不支或迫于炮火和炫目的探照灯爬上岸。一周内，雷马根附近的莱

鲁登道夫铁路桥，拍摄于 3 月 17 日清晨的河东岸，莱茵河对岸的德国小镇雷马根清晰可见。这张照片拍摄完 4 个小时后，这座铁路桥突然塌入河中，正对桥梁进行维修的 28 名美军士兵全部身亡。

茵河上架起 8 座军用桥梁，为 25 英里宽、8 英里纵深的桥头堡提供给养。法兰克福的干线公路最终于 3 月 16 日投入使用，它将成为进入德国心脏的主干道。

3 月 19 日星期一，艾森豪威尔同意第一集团军 9 个师强行渡过莱茵河，希望他们能与从科布伦茨横渡莱茵河的巴顿的第三集团军会师。霍奇斯在比利时东部城镇斯帕反复强调："战争结束了，告诉你，战争已经结束了。"其实战争并没有结束，就算他反复强调也无济于事。但是，通往德国的大门已经打开，而且将永远无法再度关闭。

利剑出鞘

德军陆军元帅凯塞林身上那种轻松的乐观主义和巴伐利亚人特有的温和敦厚让他安然度过五年战争时期。这个满脸笑容、冷酷无情、精于世故的人被美国人称为"微笑的阿尔伯特"。他出身于酿酒世家，因一个偶然机遇入伍。他的父亲是理查德·瓦格纳的故乡拜罗伊特的校长。地中海的盟军都非常清楚，他们的对手凯塞林是一个出类拔萃的陆军指挥官，曾经负责从埃及北部的阿拉曼往意大利北部的大撤军行动。

他精力充沛，果敢自信，而且具备成功将领最宝贵的特质——运气，九死一生的经历让他名声斐然。他 48 岁从炮兵转到空军，并学会驾驶飞机，飞行中经历 5 次飞机中弹坠落，而他每次都能死里逃生。希特勒评价道："只有凯塞林那样的乐天派才能成为军事指挥官。"

这位刚走马上任的西线总司令雷厉风行，一丝不苟地执行元首的命令："挺住！"这个命令简洁明确却难以执行。现在，凯塞林的好运气显露出即将弃他而去的迹象。去年10月，他的指挥车被德军大炮误伤，直到现在，他还没有从这次事故中恢复过来。他无法出行，不能亲自检阅前线战况，手下到底有多少支部队都不知道。2月份莱茵兰战役开打以来，德军约25万人失踪，其中大部分被盟军俘虏后关进了战俘营里。纳粹国防军的地图显示，有些师所属各团都只剩下番号。

参谋们估计西线德军的实力削减到"前线每1000米最多只有100名战士"。柏林的指令和质询简直就是痴人说梦，比如："海峡群岛要塞还能再撑一年吗？"部队中流言四起，说美国人为了避免日后再出一个希特勒，将射杀所有德军下士。

3月中旬，战地指挥官们怂恿凯塞林把国防军全部撤回到莱茵河东岸，因为坚守西岸的飞地不仅毫无指望，还有可能造成惨重的损失。但是元帅不同意撤军，担心这会引起溃退。他全面贯彻执行希特勒"挺住"的政策，3月17日，他下令"维持现状"，告诉下属们"避免……被歼灭"。

然而，仅仅过了3天，这位德意志最乐观的乐天派也不得不承认，美国人已经"撕开了我们的防线"。敌人行进的脚步或可拖延，但已经无法阻止。凯塞林沉吟道："巧妇难为无米之炊。"

★★★

乔治·巴顿在巴黎待了两天，由比德尔·史密斯陪同去城外一个皇家保护区狩猎。巴顿打中了3只鸭子、3只野兔和1只野鸡。狩猎回来途中，他坐在包厢的法式扶手椅上，一边啜饮香槟，一边接受观众们的热烈欢迎。他写道，滑稽剧女孩"几乎裸露到没有人感兴趣的地步"。而后他便匆匆返回前线，继续待在炮火连天的战场上。战场上的杀戮往往会激发巴顿的想象力，特别是在萨尔—帕拉西奈特战场上。比如在特里尔，20次空袭和第三集团军的猛攻将该市变成了一堆73万立方码的瓦砾废墟。战后创办纽约芭蕾舞团的列兵林肯·柯尔斯坦说："废墟似乎凝固了，仿佛一场骚乱突然被制止，空气都失去了将原子聚拢在一起的能量。几乎没有剩下一件完整的东西。"

通往古罗马剧场的入口仍旧矗立在那里，旁边还有夜晚剧目的读本——恺撒大帝的"高卢之战"。这让巴顿在3月中旬的日记中写道，他"可以嗅到集团军的汗臭味儿"。他想要的因素都齐全了：角斗士与野兽扭打在一起；古罗马军团官兵骑士们曾"沿着同一条大路挺进",而现在轮到他的集团军踏上这条大路；恺撒大帝也曾在这里苦苦思索飞渡莱茵河的最佳良策。

他的将才很少或许从来也没有如此敏锐、坚定、残忍过。随着帕奇的第七集团军像一把大镰刀一样从南方横扫而至,美国人在萨尔俘获了 9 万名战俘,攻占了 3 000 平方英里的地盘,摧毁或占领了德国无可替代的钢铁厂、化工厂和炼油厂。美军的机动性让敌人心烦意乱,美军的火力给他们以迎头痛击。一名德军师长报告称:"我们醒来后几乎看不到任何人造物的存在。"一名护士在日记中写道:"很多年轻人悲惨地死去,或者为了活下去苦苦挣扎。他们死死抓着我的手,仿佛我能拉住他们,不让他们滑入黑暗的深渊。"

巴顿敦促那些停滞不前的人:"道路无所谓,地形无所谓,两翼暴露也无所谓。"当一门自行火炮被卡在一座铁路桥的下面时,巴顿告诉那个倒霉的指挥官:"上校,你可以炸毁那门该死的大炮,也可以炸毁那座该死的桥,还可以炸掉自己的脑袋,你炸哪个我都无所谓!"

3 月 21 日星期三,第三集团军的 3 个军抵达莱茵河。米德尔顿将军的第 8 军绕过摩泽尔河,包围科布伦茨。他们报告称,"没有开一枪一炮,事实上连敌人的影子都没看到。"不到 2 000 名的德国守军闻风丧胆,趁着浓雾蹚过莱茵河逃走了。从上游方向 40 英里处的美因茨直到第七集团军地盘上的沃尔姆斯,敌军的后卫部队都在忙着逃跑。他们找来所有能浮在水面上的交通工具,乘坐其上渡过莱茵河。桥梁一座接一座地被炸毁,包括路德维希港和格尔梅尔斯海姆港的桥梁。星期四,巴顿宣称:"我们要渡过莱茵河,我们要马上渡河,我一天都不能等了。"

他没有吹牛。晚上 10 点 30 分,在美因茨和沃尔姆斯中间一个盛产红酒的海港小镇奥本海姆,第 5 师的 2 个营乘坐突击艇悄悄渡过莱茵河,让睡袋里的敌人大吃一惊。3 月 23 日星期五拂晓时分,6 个步兵营已经以 20 人的伤亡代价抵达对岸,紧接着向东推进,穿过被称作"行走死神"的火线后方。坦克后面跟着渡船,他们跨过一座浮桥；美军士兵在对岸推倒栅栏,好让三列车队通过。巴顿记述他如何"驶向莱茵河,跨过浮桥,站在桥中间往莱茵河里撒尿,然后捧起对岸的泥土……效仿'征服者'威廉一世的做法"。

他在打到比利时那慕尔省的电话中高声说:"布拉德,我们过河了!你可以告诉全世界,第三集团军在蒙蒂前面渡过了莱茵河。"布拉德利告诫他:"要告诉媒体,是美国人渡过了莱茵河。"美国人没有发动空袭,没有实施空降突袭,甚至没用一枪一炮就渡过了莱茵河。一天内，第5师就把桥头堡推进了5英里深。为了"制造恰当的竞争氛围"，巴顿下令第三集团军的所有部队立即向吉森进发，与第一集团军会师。

巴顿在给妻子比阿特丽斯的信中写道："我热爱战争，热爱战争所带来的使命感和兴奋感。和平会要了我的命。我可能会变成一个大麻烦。"

★★★

在第二十一集团军群对莱茵河发起进攻的"劫掠行动"和"校队行动"中，丘吉尔提出要乘坐一辆英国坦克到战场上去。他后来解释："我是个老头，我工作勤奋，为什么不能找点儿乐子？"被劝阻后，他穿上第4女王轻骑兵团上校的军装——半个世纪前，他曾经在该团任职。3月23日，他和布鲁克登上一架道格拉斯C-47，飞往荷兰和德国边境的芬洛。英美联军的硝烟绵延50英里，把莱茵河笼罩在中间。一名目击者报告："浓厚的雾霾，从空中看这里跟曼彻斯特或伯明翰一模一样。"

蒙哥马利的司令部设在一个松树林里，占据了一块原本属于一所马术学校的空地。隆美尔和龙德施泰特的照片挂在墙壁上，像过去打了败仗的鬼魂那样。晚餐后，英国首相爬上蒙哥马利贴了地图的旅行车，笼子里的金丝雀正在那里吟唱着咏叹调。元帅解释道，几个小时前，他已经让副官们将他的总体计划付诸实施了，代号为"两人出海"。英国人要来了。

按照蒙哥马利的命令，120万盟军士兵向前推进。这次行动的复杂性和宏伟的规模足以和"霸王行动"匹敌。3个集团军集结在莱茵河西岸，英军第二集团军夹在中间，加拿大第一集团军向北发起进攻，美军第九集团军朝南发起进攻，

3月26日，第89步兵师（隶属于巴顿的第三集团军）的士兵渡过莱茵河。一个美军营甚至还没将冲锋舟推入水中便遭到猛烈的火力打击，德国人在河中游纵火焚烧淋上汽油的驳船，以此为防御。该师付出了伤亡300人的代价后才到达东岸。

大军的真实情况被笼罩在浓重的雾霾里。东岸韦塞尔周围的敌人为数不多，正如德军一位将军所说，他们看上去是"一支军队的影子"，"就算抵抗也只是装装样子"罢了。英国陆军可能正在减少，因奈梅亨的艰苦奋战消耗了相当于 35 个步兵营的战斗力，如今兵力仍未得到补充。然而蒙哥马利却打算发起最后一场辉煌的军事盛会，其规模要配得上一个帝国的面子。

按照"劫掠"计划，3 个军当夜进攻莱茵河，其中包括两支英军和一支美军。之后不到 12 个小时，"校队行动"开始，一个英美联合空降军将会空降到头昏脑涨的敌军阵地上，实施突袭——这转换了以前的战斗顺序。6 万名工兵齐集在莱茵河的这边。5 500 门大炮炮身高昂，准备射击：一门 105 毫米榴弹炮可在一个小时内将 2 吨致命碎片喷射在 9 英亩的地盘上。为了削弱敌人的抵抗力，盟军在过去 3 天时间里往这个战场发射了 1.5 万吨炸弹。光是英国人就往这里囤积了 12 万吨物资和 6 万吨弹药，却仍旧比不上美国人投入的物资多。丘吉尔在一枚巨大的炮弹上用粉笔写了几个字："希特勒亲启。"

蒙哥马利最后捏了捏自己的脸颊，确定一切都没有问题之后，才回到自己的卧室。远处的炮火声表示"劫掠行动"已经开始。在这个温暖舒适的傍晚，丘吉尔和布鲁克在松树林中一边散步，一边回忆过去 30 个月来他们所取得的进展，从阿拉姆哈勒法和埃及的阿拉曼到希特勒的老巢。不到 10 点，丘吉尔最后抽了一口雪茄，上床休息去了，这位老骠骑兵需要补充睡眠。

20 英里以东，莱茵河上的战斗越来越激烈，用艾伦·穆尔黑德的话说，"连天炮火的猛烈抽打势不可当"。3 500 门大炮连续轰炸，烈焰和炸弹猛烈地鞭笞着对岸，将其置于地狱之中。猛烈的震荡向后穿越河流，震得集合在淹水草甸上的英国士兵作战服来回翻动。英国士兵们喝干马克杯里的朗姆酒，用锅底灰把脸颊抹黑。埃里克·塞瓦赖德写道，敢死队"排成长长的纵队走出丛林，只有靴子和皮带唰唰作响……他们背着行囊，略弯着腰，有人唱着歌"。

厄利康高射炮发射出一连串的示踪弹，一直延伸到东方，像一串明亮的红宝石，敢死队登上冲锋舟，爬上"水牛"两栖登陆艇，很快便沿着示踪弹的方位朝对岸进发了。枝型吊灯般的照明弹在头顶上嘶嘶作响，把银色的光芒洒在河面上。一名英国军官对手下说："如果你碰巧听到几颗流弹的声音，不用在意，它们不是有意冲着你来的。先生们，它们都是以自我为中心的。"

"探路者"飞机在韦塞尔教堂尖塔上空盘旋，为英国轰炸机指明轰炸目标。

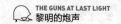
穆尔黑德站在一座俯瞰莱茵河的假日别墅二楼上，仰望"探路者"的轨迹，觉得它就像"匆匆掠过天空的毒蛾"。

> 它把几簇红色的燃烧弹投进市中心，这意味着韦塞尔只有 10 分钟的寿命了——这种感觉多么强烈！整个天空都淹没在兰开斯特轰炸机的怒吼声里和随后洪水般的震荡波里……建筑、树木和市区绿地的草皮全都被从地球上掀了起来……一阵劲风撕裂了河面。

R.W. 汤普森写道："一股深红色的浓烟裹着火焰袅袅上升，像一个裂开的巨型伤口，河水血红。"一名英国少校在日记中写道，不知"是否释放出了超越人类力量的威力"。轰炸机和一艘 1 000 吨的平底驳船开走了。正当一团紫罗兰烟幕缓缓遮住韦塞尔时，敢死队登上了东岸。穆尔黑德写道，敢死队员们"蹑手蹑脚，排成一队，领头的拿出一根白布条，悄悄潜入那座城市"。韦塞尔这座城市，或者说这片被烧焦的断壁残垣，很快成了他们的地盘。英军第 12 军和第 30 军一拥而上，对莱茵河发起猛烈进攻。

溯流而上几英里，第九集团军 4 万名炮手以每分钟 1 000 多枚炮弹的速度疯狂轰炸，一直持续到凌晨 1 点。1 个小时后，已暴增至 12 万兵员的辛普森第 16 军率先把 700 艘登陆艇中的第一批吊下水。他们用医用电热毯焐热舷外发动机，起动机的吊索猛地一拉，正如一位作家描述的那样，凸月下"一群群小艇飞快地掠过水面"。机炮轨迹引导着第一批盟军在彼岸登陆，并在机场安置好着陆用的彩灯。一名少尉报告称，德军的抵抗"没动真格"，两个突击大队共伤亡 31 人。在河岸这边，头戴白色头盔的登陆指挥官吆喝着落伍的士兵，载重 21 吨的起重机将体型更大的登陆艇吊入莱茵河。

3 月 24 日星期六早晨，美军 13 个步兵营在东岸攻下宽达 8 英里的阵线。工兵们在河流西边 5 堆器械中间拆除伪装，包括装饰渔网、细铁丝网围栏、沥青毡、被煤灰染黑的织布，露出大片的浮筒、纵梁、桁架和锚索。建桥者们搭建桥梁确实尽心竭力，也极有天赋。

★★★

星期六上午 10 点，丘吉尔轻松舒适、兴高采烈地坐在韦塞尔以西 5 英里的克桑滕一座山坡上专门为他摆设的扶手椅上。天空万里无云，暖洋洋的太阳冉冉升起，一枚 V-2 火箭向西南方的安特卫普飞去，乳白色的凝结尾遮住了太阳的一边，当然它的目标也可能是伦敦。英军的大炮隆隆作响，捶打着莱茵河上的目标，炮弹爆炸放射出耀眼的橙色光芒穿透了清晨的薄雾。英国首相看着脚下的船队和救生艇陆续穿过河面的忙碌景象，沉吟道："应该让下面平原上我的士兵们穿上红外套往前冲，不过现在我的军队实在太庞大了。"

后方的嗡嗡声越来越震耳欲聋，丘吉尔一反常态，敏捷地跳起来。盟军的战斗机群突然升空，后面跟着整齐的运输机队。他们飞得很低，地面上的人都可以看到站在打开的舱门口的空降兵。双目所及之处，一架架拖航机陆然出现在天空，每一架后面都拖着一两架滑翔机。丘吉尔首相三步并作两步奔下山坡，高声喊着："他们来了！他们来了！"韦塞尔北部上空，第一批橙红色的降落伞缓缓打开，穆尔黑德描述道："就像一朵朵巨大的罂粟花。"

"校队行动"拉开帷幕。英军第 6 空降师从英格兰东部的 11 座飞机场出发，呈纵队飞往布鲁塞尔南部上空，与从巴黎附近 12 个机场起飞的美军第 17 空降师会合。在 3 000 架盟军战斗机的掩护下，庞大的机群遮天蔽日：1 700 架运输机和 1 300 架滑翔机，往战场上投送了 1.7 万名空降兵和滑翔员。他们受命从韦塞尔上空攻占有利地形和林地，以增援夺取桥头堡的部队——英国空军一名指挥官说是为了"准备多头并进，好让陆军在我们后面闲荡"。

其实他们在这方面的作用实在有限。他们轻而易举地攻占了 10 个着陆区和降落区。然而，数万吨的炸弹、数十万枚炮弹、数百架次对可疑防空区的空袭并没有如愿逐出敌军，也没能阻止 20 毫米的机动高射炮冲上阵地。第 513 空降步兵团的一名军官写道："就在我们飞越莱茵河上空的时候，机翼和机身已经被炸出几个洞。高射炮的炮弹打在机身上就像冰雹打在瓦楞铁屋顶上。"子弹打穿了底板的钢垫，服用过抗晕机药物茶苯海明的空降兵东倒西歪，紧张得缩头缩颈，收紧臀部。该团一名营长报告称，就在降落伞在半空打开的那一瞬间，"我回头望了望，看见我们飞机的左翼突然着了火"。塞瓦赖德看到另一架飞机"一侧机翼和机身分离开来"。

飞机的机身像铅锤一样坠向地面，机翼也随后掉下来，像一片巨大的叶子，飘舞着掠过半空。还有一架飞机两个引擎都着了火，像美丽的金色丝带划过空中。

敌人的示踪弹点燃了滑翔机的木构架和纤维蒙皮。一名空军少尉称，他看到英军一架哈米尔卡飞机在半空中就解体了，机舱里的人"像木偶一样掉下去"。一名空降兵下士看到一架滑翔机在一个着陆区上空倾斜飞行，结果被地面火力击中，"像敲开一个鸡蛋，吉普车、大炮和里面的人纷纷掉下来"。第 6 空降师的 400 架滑翔机只有 88 架安全着陆，32 架在地面上被德军火炮和燃烧弹摧毁。英军滑翔机飞行员伤亡人数达 1/4。美军 50 多架滑翔机被毁，有的被炮火击中，有的一头撞上大树或电线杆，还有的栽进被一名军官称为"烈火地狱"的地方。

一名滑翔员记述道："驾驶盘在半空被高射炮击中，双翼和机首与机体分离。驾驶员和副驾驶员中弹。12 名人员受伤。"据报道，在第 N 着陆区，很多滑翔员"坐在座位上死去，所载货物或被烧毁，或被迫击炮摧毁"。跟美军空降兵一起跳伞的罗伯特·卡帕眼睁睁地看着德军的射手将卡在树上的空降兵打死，他愤怒地用他的母语匈牙利语诅咒德国人。一名美国士兵听到后告诉他："别再做你的犹太祷告了，远水解不了近渴。"一架低空飞行的 B-17"空中堡垒"着了火，载着前线摄影师和前线通信员匆匆逃回莱茵河西岸。一名幸存者从中弹的轰炸机里面跳出来，看到"我们周围全是……被烧毁和摧毁的 C-47 坠落在田野上"。

对第一次参加实战的"柯蒂斯 C-46 突击队员"来说，这个上午简直就是鱼游釜中。与 C-47 相比，C-46 体型更大，有两扇跳伞舱门，机舱可载空降兵人数是 C-47 的两倍。五角大楼的研究报告称，"鉴于燃油箱的位置和尺寸及液压管路的混乱"，C-46 没那么安全。子弹打在 C-46 铝壳上往往可以打出 5 英寸宽的裂痕，燃油箱被打穿后，漏出的燃油会通过炙热的排气系统朝机首蔓延。美国陆军航空部最终选择不在所购买的 3 000 架 C-46 上安装自封燃油箱。自封燃油技术早在 20 世纪 20 年代就开始投入研究，在 1940 年不列颠战役中，英国击落德国的梅塞施米特式战斗机，自封燃油技术的研究由此更趋完善：给燃油箱垫上两层橡胶，即一层硫化橡胶，不可渗透；一层具有吸收能力。

当子弹打穿燃油箱后，漏出的燃油就会被有吸收能力的那层橡胶吸收，橡胶层吸饱燃油后就会膨胀起来堵住弹孔，跟伤口的血液凝固原理一样。自封燃油技术起初用于战斗机，最近一些 C-47 也安装了自封燃油箱。但是安装自封燃油箱会增加机身重量、减少油箱的容量。为了加快生产速度，尽管空军之前在西西里就曾付出沉重的代价，但五角大楼还是决定不给 C-46 安装自封燃油箱，一名愤愤不平的空军中校指责这个决定是"过失犯罪，不啻谋杀"。

"校队行动"一名幸存的中士事后回忆道:"当时我看见炮弹飞过,飞机的蒙皮都被撕脱了。我们旁边还有一架 C-46,空降兵已经站在舱门口了,可它突然中弹,两侧的翼根都燃烧了起来。"这样的场面在韦塞尔上空一再上演。机组成员报告称:"似乎每次只要致命的地方被击中,C-46 都会起火。"第 313 空降兵运输联队出勤的 73 架 C-46 中,有 19 架被毁,38 架受损。调查员说,失踪的飞机中有 14 架成了"火焰喷射器",飞机"燃油箱起火导致被烧毁"。曾经在西西里、诺曼底参加过战斗的第 52 空降兵运输联队表示:"C-46 这种兵员运输机不适合参加实战。"

"校队行动"灾难大片即将上演。午后 1 点,几个空降师完成 3 个小时进攻任务后,第 8 航空队的 B-24 "解放者"开始一拨又一拨盘旋在战场上空,从 100 英尺的低空投下 600 吨弹药、汽油和其他物资。由于高度太低,动作笨拙的四引擎轰炸机成了射击的靶子,240 架"解放者"中有 15 架失踪,104 架受损。

在韦塞尔北部被击落的飞机中有一架绰号"天使女王"的 B-24 J 42-50735,这架飞机载着第 704 轰炸中队从萨福克起飞。此次出勤任务中该中队有 8 人死亡,其中包括来自密苏里的领航员厄尔·C. 奇克中尉。随军牧师说,他是"性情和善的朋友,正直善良的同伴,讨人喜欢的战友"。奇克的轰炸历程是先从意大利起飞,后转场至英格兰起飞。在执行任务中,他数次历经惨痛遭遇:第 13 次执行任务时机组人员受伤;第 15 次执行任务时在法国迫降;第 17 次执行任务时两个引擎被击中;第 21 次在马格德堡上空执行任务时被高射炮击中,机翼、尾翼和炸弹舱全部受损。这是他第 30 次出勤,执行完这次任务他就完成定额,可以回家了。3 月 18 日,他写信给得克萨斯州的女朋友说:"应该不会太久了。我们可以一起做很多事。"

"天使女王"唯一的生还者是一个机枪射手,他在接近树顶的高度跳出飞机。他后来写信给奇克住在密苏里的妈妈说:"飞机就在距离我只有 500 码远的地方坠毁,所有人都死了,我是唯一生还者……这是我有生以来写过的最艰难的一封信。"轰炸联队一名军官证实了灾难的发生:"最后看见他们的时候,一个引擎已经起火了,他们紧急迫降在敌人领土上……命运已定,再无转机——命中注定。"

当天傍晚时分,丘吉尔回到蒙哥马利设在松树林空地的营地。女王陛下的大军现在已经在莱茵河东岸站稳了脚跟,首相为此情绪高涨。他宣称:"德国人挨揍了! 我们逮到他们了! 他们完蛋了!"晚餐时,丘吉尔和大家一起欣赏戏剧朗诵,朗诵剧目节选自比利时剧作家莫里斯·梅特林克的颂诗《小蜜蜂的生活》(*The*

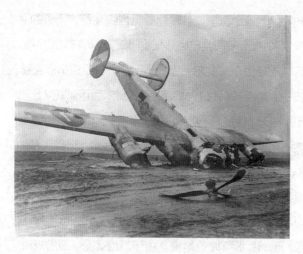

一架 B-24 "解放者"坠毁在德国的田野里。240 架低空飞行的"解放者"为横渡莱茵河的盟军士兵空投补给物资,其中的 15 架坠毁,104 架受损。

Life of the Bee)中"蜂群"行动和"雄性大屠杀"两个章节。首相和元帅吃完饭回到地图室,听取英国军官汇报"劫掠行动"和"校队行动"的进展情况。

总而言之,汇报让丘吉尔心情愉快。从左翼的英军第 51 高地师到右翼的美军第 79 师,盟军的桥头堡沿着莱茵河东岸扩展到 25 英里宽,从水边往东推进了 7 英里。工兵们正在忙着修建各种桥梁:一天内,第九集团军的占领区将开通第一座可供坦克通过的桥梁。3 月 24 日星期六,盟军俘获 3 000 名敌军官兵,开展"劫掠行动"的地面部队已经与空降部队会合。而且,至少还会有一天难得的晴好天气。

对"校队行动"中垂直包围所起到的作用,人们一直争论不休,正如蒙哥马利颇具歌剧风格的"劫掠行动"被巴顿和布拉德利等人嘲笑为"多此一举"一样。支持者认为空降瓦解了敌军炮兵部队,防止了德国人阻碍盟军渡河,打开了通往鲁尔区的通道。第一联合空降军司令布里尔顿将军认为这一天取得了"惊人的战果"。

然而,"校队行动"确实留下了污点。它提醒人们,在战争中,战绩和悲痛很少会像这样不成正比。敌人的防御消极懈怠,空降兵当时所夺取的目标没有一个能逃得过盟军 3 个军的进攻。这次行动既没有大幅度推进盟军在莱茵河上的阵线,也没有加快桥梁的搭建速度,而两个空降师的伤亡人数却接近 3 000,其中死亡 460 人。除了损失的 C-46 和 B-24,另有 300 多架 C-47 受损,30 架被摧毁。运输机机组成员伤亡 357 人,其中死亡者和失踪者超过一半。只有极少数的滑翔机可被修复。空降兵再次成了盟军司令口袋里发烧的硬币,不花出去就浑身难受。

士兵们把这次行动戏称为"校队篓子"，安葬队拿着修剪锯和梯子整整忙碌了两天时间才把所有死者安葬妥当。命运已定，命中注定。

★★★

第二天，即 3 月 25 日早上，丘吉尔、布鲁克和蒙哥马利到莱茵河附近一座德国教堂里参加了长老会一位牧师举行的圣枝主日仪式。首相对他的部队发表了一番"影响深远、至高无上、发人深省、将引导我们事业前进的"训诫。接着，他向众人做了一个代表胜利的 V 字手势，带着随从匆匆离开。他们即将赶往河滨城市莱茵堡，与艾森豪威尔、布拉德利和辛普森会晤。

阳光明媚。他们一行 6 人在一个煤矿经理住宅的花园里聚餐，雪白的桌布上放着炸鸡。一名英军少尉报告称："我们的士兵私下抱怨伪装方式，只吃了几块剩下的蛋糕。"他们信步往河边走去，士兵们正在河边忙碌，他们志在必得的神情不辜负梅特林克的颂诗。布鲁克为盟军最近的战绩向艾森豪威尔道贺。这位最高统帅后来引述布鲁克的话："谢天谢地，艾克，你实现了自己的计划，当时你完全正确。"然而布鲁克对此断然否认，这位元帅随后写道："我当时绝对不是这么说的，我到现在都认定他当时完全错误。"

在当时，这种小分歧似乎微不足道。艾森豪威尔和布拉德利离开后，丘吉尔调皮的目光落在附近一艘登陆舰上。他宣称："艾森豪威尔走了，现在我说了算。咱们干吗不去对岸看看呢？"他们在莱茵河上潜行了半个小时左右，耳畔回响着炮弹往复的尖啸声。英军一名军官写道："在风中点不着雪茄似乎比连天炮火更让他烦躁。"但是心急火燎的辛普森最后终于受不了了，他对蒙哥马利说："趁他还没被打死，赶紧带他离开这里。"

回到西岸，丘吉尔攀上一座被炸毁的铁路桥的桁架。此时，德军的大炮正在四处搜索搭建桥梁的美军施工人员，炮弹把上游的河水炸起 300 码高的水柱，而且距离下游越来越近。辛普森恳求道："首相，你前面有狙击手，他们正在瞄准桥梁的两侧，现在已经开始朝你身后的道路开枪了。"布鲁克说，丘吉尔"两只胳膊抱着桥梁上一根已经扭曲的大梁，扭过头来噘着嘴巴瞪了辛普森一眼"。他终于走回岸边，蹒跚着回到安全地带。

丘吉尔在给蒙哥马利"演"了一出《马尔巴罗的生平与时代》之后重新登上飞机，在 12 架喷火战斗机的护送下返回伦敦。《马尔巴罗的生平与时代》

是丘吉尔写给他的勇士祖先的四卷本赞歌。他在第一卷中写道："他战无不胜，攻无不克，所向披靡。"

★★★

盟军7个集团军很快完成了渡河任务。远处左翼的加拿大第一集团军穿过了韦塞尔的桥头堡。虽然辛普森仍对分配给第九集团军的阵线宽度和英军拖拖拉拉的进攻节奏十分不满，但是到3月27日，第二十一集团军群已经从莱茵河岸推进了20英里，开始包围鲁尔区的北缘。

在南部的右翼部分，帕奇第七集团军的两个师早在3月25日就发起攻击，在36辆水陆两用坦克的掩护下渡过莱茵河。第15军以伤亡200人的代价俘虏德军2 500人。不到72个小时，帕奇击败萎靡不振、有生战斗力不到6 000人的敌军，夺取桥头堡。

早在1944年11月就率先抵达莱茵河畔的法国军队在最后渡过莱茵河，而且还是在戴高乐的敦促下。戴高乐打电话给德·拉特尔说："我亲爱的将军，就算美国人不帮你，你也必须渡过莱茵河，哪怕你得划艇过河……卡尔斯鲁厄和斯图加特这两个城市就在前方等着你，即使它们不欢迎你，你也要去。"德弗斯将军深表赞同，可是德军撤走前把小城施派尔所有的船都沉入水中，迫使法军勉强用一艘橡皮艇对付，每次只能摆渡10人过河，直到后来才组建起一支小型舰队。3月31日黄昏时分，一个连终于登上东岸，攻下两米远的地盘，足够插上一面三色旗，至少可以让戴高乐满意了。

3月26日英军第二集团军情报称："这次敌军土崩瓦解了。敌人在莱茵河和易北河之间再也没有防御体系可言。现在没有任何东西能够阻止我们前进的步伐。"

3月25日，横渡莱茵河期间，丘吉尔站立在莱茵河上一座被炸毁的铁路桥旁。美军军官要求他回到安全处时，首相"用双手搂住一根扭曲的大梁，扭过头来……撅着嘴，满面怒容"。（美国陆军军事历史研究所）

霍奇斯的第一集团军对此深表认同，第 77 号情报预计："敌军会相继溃退或投降。"

遗憾的是敌人没那么容易被击败，战场依然需要流血牺牲。不过盟军加快了攻城的步伐，每天出动 1.1 万架次飞机，以帮助完成最高统帅部提出的"彻底歼灭德国武装力量"的指示。3 月份是二战以来轰炸最猛烈的一个月：用掉了 13 万吨炸弹。丘吉尔从莱茵兰考察回来，在 3 月 28 日那天的回忆录当中写道："有人通过各种托词认为轰炸德国城市纯粹是为了制造恐惧感，现在得纠正这种想法了。否则，我们将不得不接手一个满目疮痍的地方。"义愤填膺的"轰炸将军"哈里斯反唇相讥，指责丘吉尔"侮辱他亲自制定的政策"，丘吉尔只好撤回他的会议记录。然而，战略轰炸队伍很快就发现他们参战的机会越来越少，正如一名军官写的那样"渐渐减弱"，仅仅是因为没有目标可供他们轰炸了。

但是地面部队却不然，他们要冲过长达 250 英里的战线。这场战争又成了坐车奔波的机械化战争，正如约翰·斯坦贝克所说，成了"具有机械精神"的士兵之战。《泰晤士报》热情称颂，运动战、距离战和马力战适宜"习惯于大地方、习惯于洲际铁路、习惯于横贯全国的货运链、习惯于漫无尽头的公路和数百万辆汽车，习惯于邮购商店、百货公司和超市的民族"。

在过去一年里，美国在两个方面的成就超过了所有轴心国的总和，尤其是在数量上。二战期间，美国工厂生产的卡车比德国多 7 倍；现在有 70 万辆车奔波在欧洲大陆上，美国陆军就像飞驰在德意志帝国领土上的"一座配备武器的巨大车间"。艾森豪威尔的军队每天要消耗 400 万加仑汽油。86 艘远洋油轮载着汽油，通过 3 500 英里的输油管道，装在 3 000 个油桶里，送到前线。从1944 年 6 月 6 日开始算起，美国陆军平均每天搭建 10 座桥梁，其中包括横跨默兹河的 14 条主干道公路桥。他们还将在莱茵河上搭建起 57 座桥梁，从这些桥梁上通过的车辆中包括 6 000 多辆坦克。

利剑已经出鞘。很多人心中开始燃起希望，正如一名英军上尉所写，"如果运气好，可能会熬到战争结束"。艾森豪威尔在写给马歇尔的信中显得有点儿沾沾自喜：

> 当然，我非常开心……不是吹牛，我真是觉得特别心满意足，当时上上下下的人都反对我和布拉德利认定的事，可我们还是坚持下来，最终取得了辉煌的成就。

敌人确实应当怕他

没有谁的剑会比巴顿的剑更敏捷、更可怕。德军一名狙击兵对着第三集团军司令部一通乱射，惹得巴顿大怒。作为报复，他下令在德国境内四处放火。

巴顿在日记中写道："几百个村庄找不到一个活物，连一只鸡都找不到。绝大部分房屋都成了废墟，这是他们自找的……大部分都是我干的。"他的复仇大军靠近法兰克福，这里是另一个"砖石废墟"。他写信告诉比阿特丽斯，艾森豪威尔要推荐他晋升四星上将，不过"现在我挺开心的，也不在乎什么军衔……我希望事情进展顺利，不过似乎顺利得有点儿不真实了"。《泰晤士报》在一个版面上用大标题"第三集团军的巴顿，敌人确实应当怕他"来介绍巴顿。

艾森豪威尔在写给这位可怕的将领的一封私人信件中写道：

> 我真是为你感到骄傲。你是从非洲战役开始就跟我并肩作战的指挥官之一，而且从头到尾都表现得十分出色。我们现在基本上已经进入最后阶段，我希望这场战役能结束这次大战。我相信第三集团军一定会战斗到最后。

奇怪的是，巴顿在这个关键时刻竟然为了非洲未了之事严重分心，导致事情无法"进展顺利"，从一开始就毁掉了他挺进德国心脏地带的军事行动。他心爱的女婿约翰·奈特·沃特斯中校在 1943 年情人节那天在突尼斯被俘。当天凌晨，德军对凯塞林隘口发动了猛烈进攻，沃特斯成为德军的 4161 号战俘，跟 1 500 名其他美国军官被关押在波兰北部的第 64 号军官战俘营。在这里，偷偷收听 BBC 被称作"读懂金丝雀"的电台说"打手来了"是警告你卫兵走过来了。战俘们组织了一支舞蹈队、一个戏剧团、一个合唱团，还创办了一份战俘营报纸和一个藏书 5 000 卷的图书馆。

沃特斯有一本袖珍笔记本，标题写着"回忆录"几个字。他从 1943 年 2 月 14 日开始写日记，第一条就是"被俘，仙人掌之夜"。两年来，他用寥寥几笔简明扼要地记述了大大小小的事件，包括红十字会和瑞典基督教青年会的历次视察。1944 年 6 月 6 日那天的日记只有一个词——"进攻"。日历上每个日子都用红色铅笔打了叉，表示这一天又熬了过去。沃特斯很少提及战俘营里单调的生活。1944 年 10 月 1 日，他在日记中写道："又一个月过去了，这一切何日才到尽头？"

　　沃特斯还有一本《战时日志》，日记本裹着棕色的麻布片，封面上画着一个独立钟，封页上写着英国长篇小说家亨利·塞东·梅里曼的碑文："战争是一种净化器，可以净化社会气氛，让娘娘腔和女汉子回到他们应该待的位置。同时，它也是个简化器。"沃特斯在日志中一丝不苟地记录着"战俘例餐"的菜单：每人每天会分到 35.7 克肉、318 克大麦面包、200 克卷心菜、100 克胡萝卜、143 克大头菜等。他小心翼翼地从食品包装上揭下食品标签，贴在日记本里，如"顶级花生酱""克罗格乡村俱乐部高级水果蛋糕""理查德逊 & 罗宾斯李子布丁"，似乎想从记忆中的食品中摄取一些能量。

　　每封寄给他的信件都详细地标注了日期、邮寄时长和审查编号；每件从红十字会或家中寄来的包裹都详细做了"包装损坏严重"或者"包装状态良好"的标记，里面的东西也一一罗列了出来，从铅笔、鞋带、维生素片到克里比奇纸牌、麦当劳香烟，甚至还有滑冰鞋。

　　苏联发起的冬季大反攻突然将第 64 号军官战俘营的战俘们送上了远解之路。德军抢在红军前面裹挟着数百万名难民、战俘和集中营的犯人往西撤退。1 月 21 日，沃特斯和他的战友被押出战俘营，身上带着偷来的刀具和藏在一名军官风笛里的收音机，刀具上还刻着纳粹专用的十字记号。沃特斯在 1945 年 1 月 28 日的日记中草草写道，他们经过五个星期的艰苦跋涉，历经"低温和暴风雪天气"，穿越德国北部 300 英里。有的人死了，有的人被射杀了，还有的人失踪了。

　　2 月 22 日，他写道："仍旧是最艰苦的日子。"幸存者发现自己的粪便像山羊肠子，这是患病的前兆；天气太冷了，有的人不再洗澡，他们要留着身上那层薄薄

约翰·奈特·沃特斯中校 1943 年在突尼斯被俘，此后一直被关押在德军战俘营中，他的岳父乔治·巴顿试图对哈梅尔堡战俘营发起一次突袭，以便将他救出，但行动未获成功。这张照片拍摄于沃特斯最终获得解放后所在的医院病床上，他继续留在军队里，最终成为一名四星上将。

的油泥抵御寒冷。人们饥寒交迫，画饼充饥，想象着回到家后要如何大快朵颐，有人甚至罗列出一串餐馆名单，还捏造它们各自的菜单，盼望有朝一日能去饱餐一顿。

2月26日，战俘们被赶进几辆篷车里，以蜗牛般的速度又走了10天，来到法兰克福以东50英里的一座有8世纪风情的巴伐利亚小镇。3月8日，沃特斯在日记中写道："清晨6点抵达哈梅尔堡，驱虫等。"他们沿着赫尔曼—戈林—斯特拉斯线行进，来到一片监狱区，里面有3万名登记在册的俘虏，大部分都是苏联人。这里是第13军官战俘营B区，里面有5 000名盟军军官，其中包括1941年被俘的塞尔维亚人和突出部战役期间被俘的第28、99和106步兵师的1 500名美国人，此外还有倒霉的第14骑兵队。营地的高级军官查理斯·C.卡文迪什上校于近3个月前在西尼·艾弗尔率领第423步兵团投降。

哈梅尔堡的条件十分艰苦：每餐每人一份甜菜或卷心菜汤、一块黑面包和一份萝卜酱；每周每人可以单独洗一次冷水澡，限时4分钟；每间破旧的小棚屋里挤着80个人；狂轰滥炸的盟军飞机不时还会对他们造成误伤。沃特斯在3月19日的日记中写道："防空警报一旦拉响便全天轰鸣。情况越来越糟，远处车声辘辘。"

巴顿本以为1月中旬就会听到沃特斯中校获救的消息，但是2月9日最高统帅部告诉他，根据苏联提供的情报，沃特斯跟一群美军战俘被押往西边了。一个月后，盟军和红十字会零零散散的情报显示，沃特斯可能刚刚抵达哈梅尔堡。3月23日，也就是第三集团军横跨莱茵河那天，巴顿写信给比阿特丽斯："我们正朝约翰那里前进，或许会赶在他被押走之前抵达。"两天后他又写道："希望明天就能赶到，救出约翰。"

突入敌军阵线60英里解救将军女婿的重任落在了来自纽约布朗克斯的红发上尉亚伯拉罕·J.鲍姆的头上，这位24岁的上尉个头儿高挑，性情坚毅，是一名苏联犹太人移民的儿子。他在学校学的是服装设计，曾在曼哈顿服装区当服装剪裁师，珍珠港战役后参军，在第4装甲师服役，后擢升为军官。

巴顿没有公开自己的真实想法，只下令第12军派遣一支装甲纵队对哈梅尔堡发起突袭。道格拉斯·麦克阿瑟曾经在菲律宾救出几个营的美军战俘，巴顿暗地里希望这次突袭的成功可以让那次营救行动相形见绌。为了确保营救人员能认出沃特斯，他令副官、前得克萨斯游骑兵少校亚历山大·C.斯蒂勒少校随营救队前去哈梅尔堡。这次行动表面上是为了"寻找刺激和欢笑"，斯蒂勒在途中才告诉鲍姆，他们要解救的战俘中包括巴顿将军独生女的丈夫。

巴顿曾计划向东部派遣一支4 000人的装甲特遣队，但是有人提出，一支灵活机动的小型别动队营救成功的概率更大。巴顿接受了劝告，最后只给鲍姆 300 多人、16 辆坦克、27 辆半履带车、3 门自行突击炮、7 辆吉普车。这支别动队刚打完渡河战役，过去 4 个小时严重缺乏睡眠，而且只带了 15 张地图。巴顿的下属当中有些人对将军发起这次突袭心存疑虑，并不仅仅因为哈梅尔堡处于一支正在朝北行进的部队的东面。

3 月 26 日星期一下午的策划会上，主要为这次行动提供坦克部队的克莱顿·艾布拉姆斯中校拍着桌子说："这么干到底有什么意义？简直完全没道理！"在鲍姆的别动队出发几个小时后，巴顿写信给比阿特丽斯："整整一天我都像一只猫一样坐立不安，因为除我之外的所有人都认为这次行动过于冒险。我真希望这次能成功……如果我失去这支部队，可能会再次造成变故。"他还在日记中写道："我认为那支德军没有强大到可以对他们造成伤害。"

他大错特错。在阿斯查芬堡附近与德军发生过几次小规模战斗后，别动队于 3 月 27 日星期二凌晨 2 点 15 分抵达 26 号公路。他们一边切断敌军电话线，一边发起进攻。天刚蒙蒙亮，德军正在阅兵场上操练，神出鬼没的别动队一举击败德军。美军坦克和机枪的猛烈火力撕碎了美因河上洛尔以东的驳船、拖船和沿岸的火车；斯蒂勒少校描述说，坦克上的高射机枪的射击让敌军士兵跳起来"像鹌鹑一样四处逃窜"。在格明登，德国守军集结在一起，把桥梁炸成了"一堆碎石和水泥"，威力十足的"铁拳"，摧毁了别动队的三辆坦克，还打伤了鲍姆的膝盖和手。别动队从南边绕到一条碎石路上，在星期二午前解救了 700 名苏联战俘——鲍姆对一名德国平民说："祝你好运！"接着，他们掉头向东，下午 3 点抵达哈梅尔堡。

他们就在这里遇到了大麻烦。德军在格明登的废墟中发现的一张美军地图暴露了这支队伍的行踪，负责跟踪这支橄榄色队伍的一架"白鹳"侦察机发来的报道显示他们的目的地极为可能是哈梅尔堡。因此，当鲍姆率领部下从西往东走时，德军一个突击炮营也从东边向哈梅尔堡开来。美军别动队沿着一条曲折的道路朝位于哈梅尔堡南部高地的战俘营靠近时与德军突击炮营发生遭遇战。德军从下往上在美军背后开火，等到美军还击时，很多车辆已经被毁，其中包括三辆半履带车。别动队的弹药拖曳出的轨迹惊动了战俘营的看守，他们端着老式比利时步枪在栅栏外对着美军射击。军官战俘营的防空警报疯狂地尖叫起来。枪炮声和滚滚浓烟唤醒了战俘，远处白色的五角星让大家欢腾雀跃。

有人请求一名在阿登战役中被俘的神父聆听自己的忏悔，不过大多数人都站在窗子边欢呼，直到坦克开始轰击营地。谢尔曼坦克包围了几座守卫塔和一个水塘，还将营区几栋房子付诸一炬：鲍姆的炮手错把塞尔维亚人的军装当作了德军军装。战俘们倒在地上，互相悄声警告："不要抽烟，不要开灯。"德军一名指挥官急于投降，特许沃特斯少校带领 5 名志愿者在枪林弹雨中走出大门，他们挥舞着一面美国旗帜和一块绑在杆子上的床单。

距离营地几百码远的地方就是沃特斯的左翼，这几名志愿者穿过一个四周围绕着木板栅栏的空场地。沃特斯转过身，刚好撞上一名德军士兵把步枪塞在板条中间胡乱扫射，子弹打中沃特斯的右臀，打碎他的尾骨，从左臀部穿出。他像石头一样倒在地上，被裹在毯子里送到附近的德军医院，可医院拒绝为他治疗。于是他又被拖回战俘营，扔给塞尔维亚的外科医生，可这些医生只有几块绷带和一把权充手术刀的餐刀。

就在这时，鲍姆的坦克已经冲破周围的栅栏，俘虏们热情地欢呼着迎向他们。很多人胳膊下面夹着铺盖卷，口袋里塞满从食品储藏室里抢来的罐头，准备马上逃走。鲍姆本来以为只有 300 名美国军官，结果点了一下人头有 1 292 人；蜂拥而至的人群让他感觉自己仿佛置身于泰晤士广场。此时已经是傍晚 6 点 30 分，天色渐渐暗了下来，敌军肯定会再次发起进攻。

鲍姆爬上一辆吉普车的引擎罩上，示意人群安静下来，然后告诉他们："我们没想到人数这么多，所以带来的吉普车不够坐。"他指着西边说："我出发的时候，阵地距离这里大约 60 英里，就在那个方向，盟军在美因河。"他往自己的坦克和半履带车上塞了 100 来个人，剩下的只能步行，不能步行的只能留在哈梅尔堡等待大军营救。一时之间，人群中怨声载道。

夜空中星光隐现，鲍姆组织几百名军官带着几个指南针和几张地图步行上路了。他们拖着沉重的脚步，在昏暗的夜色中摸索，朝西方走去。先头部队带着坦克，每辆车上都塞满了营救出的战俘。队列朝西南而去，希望能遇上帕奇的第七集团军。然而他们未能如愿，还有更多麻烦在等着他们。夜色中炮火和反坦克火箭筒不断骚扰着他们，车辆被烧毁了，死伤人数不断攀升。他们原本计划从哈尔利奇和海斯德福取道 27 号公路，但是侦察兵报告前方布满了伏兵和路障。

3 月 28 日星期三凌晨 3 点过后，鲍姆下令部队在一座幽暗的山丘上隐蔽起来，这座山丘距离第 13 号战俘营 B 区西南仅 4 英里，在地图上被标示为 427 号山丘。伤员被送进一座石头仓房，8 辆半履带车里最后一点汽油也被充进仅存的 6 辆坦克里。乘车的战俘中体力较好的 12 人两人一组举着白旗回到哈梅尔堡，他们在上午 9 点 30 分回到战俘营，发现前天夜晚步行逃跑的许多军官已经被抓回营地。

早上 8 点过后，鲍姆带着他的残部缓慢地沿着山脊爬下 427 号山丘。马上他就后悔了："他 × 的！"山脊线在坦克、大炮、迫击炮和机枪的猛烈攻击下陷入一片火海。斯蒂勒少校后来曾写道："他们在黎明时分摧毁了我们。"橄榄色的车一辆接一辆着火了，无线电传来了最后一条莫尔斯电码信息："鲍姆别动队被包围。敌军炮火猛烈。需要空中支援。"鲍姆一边大喊着"大家各自逃命吧！"一边冲进了树林，斯蒂勒紧跟在他身后。

犬吠声在山坡上回荡。美国士兵一个接一个倒下或被俘。一名德国士兵发现鲍姆和斯蒂勒躲在堆满落叶的树坑里，鲍姆摸索着他的 45 式自动枪，对方举起手枪冲着他左腿开了一枪，这是他在这次营救行动中第三次受伤。他们被迫再次返回哈梅尔堡，鲍姆趴在一辆马车上。一名卫兵告诉这些美国人："好好睡一觉吧，小伙子们，你们今晚累坏了。"

约翰·沃特斯受伤后挣扎着在他的"回忆录"中写了以下几条日记：

3 月 27 日：举着白旗被德国人射伤。

3 月 28 日：手术、就医。痛苦。

3 月 29 日：就医，吗啡。

3 月 30 日：就医，痛苦。

尽管德国广播把哈梅尔堡的反击当作德意志胜利的前奏大事宣传，但巴顿在数天后才得知这次突袭行动失利的详细情况。第 13 号战俘营 B 区的几名军官摆脱了追捕者，跌跌撞撞地来到美军的阵地，断断续续地描述了如何获救、逃走、遭遇炮火袭击的过程。大多数战俘和包括斯蒂勒在内的营救者被押送到慕尼黑附近的营地，直到一个月后第七集团军抵达才获救。至此，鲍姆别动队的行动彻底宣告失败，所有的车辆都丢失，死伤和失踪 57 人，其他人都被俘了。在这次冒险行动中死亡战俘的具体人数无法统计。

巴顿不但推卸责任，还百般搪塞。他归咎于第 12 军军长曼顿·S. 艾迪少将，说他派遣的别动队规模太小。3 月 30 日，他对媒体记者说，鲍姆别动队的行动本来在很大程度上就是一次佯攻。"我觉得，拿一支小部队来冒险，可以彻底迷惑敌军，让他们无法判断我们的动向。"巴顿说，"这确实可行，他们还以为我要

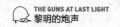
去纽伦堡呢。"后来他坚持声称自己在那次突袭行动之后很久才听说沃特斯的关押地。3月31日，他在给比阿特丽斯的信中写道：

> 我一周以前就听说战俘营的所在地了，但是并不确定他真的在那里。我派了一支部队去攻打它，但却担心部队被打败。不管怎么说，这种做法理所应当。

这次惨败的具体细节渐渐明朗，批评的声音越来越强烈，巴顿没能成功掩饰事情的真相。他告诉比阿特丽斯："他们要拿我营救约翰这件事做文章。我真是恨透了媒体。"突袭行动10天后，第14装甲师攻占了哈梅尔堡，发现包括沃特斯和鲍姆在内的那些重伤战俘没有被押解到慕尼黑，而是留在了塞尔维亚人的医务室里。巴顿派一名军医和两架小飞机前去把他的女婿紧急送往后方的法兰克福医院；年轻的沃特斯身体慢慢得到恢复，后来晋升为四星上将。鲍姆和其他美军伤病员继续被留在战俘营里待了几天。后来鲍姆晋升少校军衔，并荣获杰出服役勋章，以表彰他"忠于职守，勇于职守"。巴顿亲自把勋章别在鲍姆的医院病号服上。

巴顿滥用职权，为了个人利益行事莽撞，不计后果。他的表现跟在西西里的那次一样，再加上这次他百般遮掩，实在不配统领大军。然而，胜利在望，他的上司们顾不上理会公共舆论的谴责。布拉德利也认为那次突袭行动实在"冒进"，但他一言未发，后来总结道："失败本身就是对巴顿最严厉的惩罚。"

艾森豪威尔发电报给马歇尔，直指这次突袭"徒劳无功"，是"巴顿最近的怪诞行为"。第三集团军的司令已经"失去了整整一连的中型坦克和整整一排的轻型坦克，还愚蠢地引起对这次行动的审查"。艾森豪威尔补充道："巴顿是个问题儿童，但他确实是个积极进取、英勇无畏的军事领袖。"

血雨腥风的报复

现代技术男子学院是一栋三层红砖楼房，位于亨利·乔里艾大街。艾森豪威尔在兰斯的办公室占据了该学院楼房的第二层，他的窗子俯瞰铁路货车编组站和破破烂烂的兰斯火车站；还可以看到在轨道上方，德军战俘拿着长把扫帚清扫教堂的围地。

军车引擎隆隆作响，伴着齿轮刺耳的声音，一列列车队缓慢地从狭窄的街道爬过去。最高统帅部的前线指挥部现在有 5 000 多名盟军官兵，比原计划的人数多了整整一倍。由于学院无法容纳，他们还征用了一所音乐学院，就连塔列朗大街、法国兵营和法国金狮卢浮宫酒店都挤满了各式各样的办公室。入夜后，住在酒店的士兵会把步枪吊在肩膀上，在夜总会里跳吉特巴。

最高统帅部的一名少尉在混迹兰斯一段时日后给家里写信说："在这些日子里，法国的味道太好了。"

> 我们会闻到混合着洋葱和油醋汁的烤牛肉味儿，还有法国天然油酥点心的香味。空气中弥漫着栗子树的花香……紫丁香的花儿怒放，紫藤枝条垂下来，那么多的果树！我都要沉醉了。

最高统帅辜负了这大好春光。尽管盟军最近在战场上屡屡获胜，但他显得沮丧而疲惫。布拉德利说，艾森豪威尔"看上去很糟"，一只膝盖疼痛难耐，呼吸系统也有问题，背上长了一个脓包，需要手术切除。凯·萨默斯比说他情绪"十分低落"，他的"生理状况和心理状况从未像这么糟糕过"。"史密斯也承认，他已经濒临崩溃的边缘了"。史密斯自己的身体状况也不大好，有溃疡出血，罹患传染病，卧床数日，备受折磨，这让艾森豪威尔的情绪雪上加霜。埃弗雷特·休斯写道："艾克情绪暴躁，抱怨'事情实在太多了'……他的行为像个疯子……敏感易怒、咄咄逼人、焦虑不安、自我孤立。"

最高统帅迫切需要休息。3 月下旬，他带着史密斯飞往戛纳，在一座租借的别墅里消磨了 5 天的时光，除了睡觉、晒太阳、偶尔玩玩桥牌，什么都不干。才刚抵达他便蒙头大睡 48 小时，到露台上吃完午饭后又接着倒头大睡。他抱怨道："我无法集中精力。"不过这次休假效果不错，他返回兰斯的时候身体已经恢复，可以为结束战争做准备了。但他对玛米说："在这场战争中，我们这些身背重负的人将再也无法找到宁静和安详的感觉。"

他从里维埃拉返回时修改了作战计划。3 月初蒙哥马利曾告诉布鲁克："艾克接受了教训，现在他采取任何行动事先都会征求我的意见。"可是 3 月 27 日星期二，蒙哥马利前一天刚告诉艾森豪威尔，他率领美军第九集团军和英军第二集团军从莱茵河拔营，进军易北河，后者次日就向他传达了一个不啻晴天霹雳的命令：

你跟布拉德利在卡塞尔—帕德博恩一带会师后，即刻把美军第九集团军的指挥权交还布拉德利。由布拉德利……负责沿爱尔福特—莱比锡—德累斯顿一线推进，与苏军会师。由贵集团军群负责掩护布拉德利北翼……由德弗斯掩护布拉德利右翼。

艾森豪威尔向他担保，这个计划"本身很简单"。出于对蒙哥马利放肆的厌烦，他在电报中补充道："正如你所说，形势看上去十分不错。"

当然，最高统帅把主要进攻路线从盟军北线改为中线也不无道理，但他星期天在和蒙哥马利、丘吉尔等人去棕榈林郊游时一字未提，既没有跟蒙哥马利商量，也没有跟丘吉尔讨论。正如艾森豪威尔在写给马歇尔的信中所言，很重要的一点是"我烦透了平衡他们之间的关系"，现在只想各顾各。何况，蒙哥马利在北线的军队不得不穿越遍布沼泽的威斯特伐利亚平原，那里地势低洼，河道遍布，装甲部队极易受阻；而更靠南的走廊地带畅通无阻，而且路况良好。

现在每天都有1万名德军士兵投降，尽管盟军有些情报人员担心死硬分子可能会窜进阿尔卑斯山或组织游击队继续负隅顽抗，但纳粹国防军已经濒临全军覆没的境地。兵贵神速，最高统帅部已经吸取教训，用怀特利将军的话说："不管什么事，想迅速干成就不能交给蒙哥马利。"

蒙哥马利惊得目瞪口呆，称这是"艾克对我的当头一棒……恐怕是苦差一桩"。没有辛普森将军的影响力，第二十一集团军群多半无法迅速赶到易北河，更休提柏林。他写信到伦敦："最高统帅部亲美势力正在设局，他们要剪除英国集团军群的双翼。如此看来，美国人是打算单打独斗，结束这场战争。"他对布鲁克说的话更过分，向对方发出警告："艾克的这项新计划会拖延战争。"蒙哥马利并未如愿获得众人的同情，英国第一海务大臣坎宁安上将说："蒙哥马利受到美国人猜忌，只能怪他自己。"

不仅如此。从"霸王行动"开始，盟军的决策者们就把攻占柏林当作最终目标。艾森豪威尔9月曾公开声称："柏林是主要目标，不管我怎么想，我们都毫无疑问应该集中所有的精力和资源尽快攻克柏林。"现在最高统帅改变主意了。同样在那个致命的星期三，他在"发给斯大林元帅的私人电报"中说，他的大军将从"最佳轴线"进抵东南部距离德国首都100英里的莱比锡和德累斯顿。在随后发给蒙哥马利的电报中，他说："不管在哪份计划里我都没提过柏林。就我个人而言，那个地方现在不过就是个地理位置……我的目标是摧毁敌人的有生力量。"

他这么做同样不无道理。苏联红军现在距离柏林只有 30 英里，而且处于十分有利的形势。自从 1 月份以来，他们就集结了 100 万人为这次进攻做好了充分准备；而此时英美联军距离柏林足足 200 多英里。布拉德利和其他司令们预计，攻占柏林代价巨大，仅美国可能就要损失 21 万人。马歇尔警告艾森豪威尔避免造成"不幸事件"，也包括日益靠近的东西方军队之间发生友军自相残杀的惨剧。4 月初某日，美军飞机和苏军飞机就因粗心疏忽发生 5 次冲突，并相互开火。战后的占领区早已确定，不管谁攻下柏林，对柏林的划分协议都会生效。进军柏林、维也纳或布拉格，会给即将参加太平洋战争的美军造成不必要的损失，而且还有可能导致莫斯科违背对日宣战的承诺。

布拉德利的先头部队斜着往东南方向行进，把德意志帝国切成两半，把巴伐利亚和奥地利跟柏林分隔开来，有效阻止了德国人执行希特勒于 3 月 19 日签发的焦土政策令。艾森豪威尔终于领悟罗斯福对持久和平的愿望是以美苏合作为基础的，跟苏军比赛谁先冲进德意志的核心对这种合作无益。后来他反问一位采访他的记者："假如我们占领了柏林，你们会怎么做？"

伦敦可没那么容易接受这些因素：艾森豪威尔的新计划不仅抢了蒙哥马利的风头，他还直接跟斯大林联系，这在英国人眼里可是越权行为。马歇尔和美军参谋长们对艾森豪威尔越权这一说法提出异议。3 月 30 日，他们写信给布鲁克等人："战地指挥官是判断采用哪种措施能尽快摧毁德军有生力量的最佳裁判。"第二天，丘吉尔不惜放低姿态，也卷入争论之中："我们有可能会因为与战略性角色失之交臂而受到谴责。"星期天，他写信给罗斯福：

> 柏林意味着极高的战略重要性……毫无疑问苏联军队将攻克奥地利，进入维也纳，如果再占领柏林，他们会不会误认为我们的共同胜利主要是出于他们的贡献？

英国首相建议："北部和中部的盟军现在应该把各种障碍和回避搁置一旁，以最快的速度进军易北河。"然而，美国人是不会被人牵着鼻子走的。正在佐治亚州温泉度假的罗斯福婉拒了丘吉尔的提议，他说："在我看来，指定给北翼英军的进攻目标非常合理。"

艾森豪威尔一再向马歇尔保证："我决不会为了政治荣誉而采取任何不合理的

军事行动，除非参谋长会议下令我这么做。"不过并没有人给他下达这样的命令。1944 年春天他受命"进入欧洲大陆"，进而摧毁德军有生力量，这条命令的两项使命并未发生实质性的改变。

他已经完成了第一项使命，现在就要履行第二项使命了。盟军西线的重型卡车多达 450 万辆，兵力约 90 个师，而他们的敌人已经难以为继：德军只有 65 个损失惨重的师，作战能力仅相当于 24 个师。汽油日益耗尽，以致德军上下戏称他们有一种新的组织形式——"50 人装甲组"，由 1 人掌握方向盘，1 人负责射击，剩下的 48 人推车。

蒙哥马利仍不甘心。他向最高统帅部提出让美军给英军 10 个师，助他取下吕贝克，进而攻占柏林，他说："我认为柏林作为战略目标具有重要的价值。"艾森豪威尔斩钉截铁地回绝了他："你必须明白，在进攻莱比锡期间，你必须承担起掩护布拉德利北翼的责任，而他没有责任掩护你的南翼。我的指示很明确。"蒙哥马利顺从地回答："您的指示我完全明白。"

丘吉尔看到再争论下去已没有任何意义，就在一份措辞优雅的协定中首次宣称英美联军是"并肩作战的最真挚的朋友和同志"，接着他对罗斯福援引罗马剧作家特伦斯的名句："Amantium irae amoris integratio est."意为"恋人吵架是爱情的一部分"。

★★★

《最后一次围捕》（ *The Last Round-Up* ）的歌声从武装部队电台飘扬而出，美军第一、第三和第九集团军的卡车驶上德国公路，司机们欢快地踩着油门。尽管那些从来没开过高架桥的司机们遇到交叉口还不太会走，但大家都说那宽阔的两车道公路简直就是"梦想的大道……像擦亮的地板一样平坦"。司机们为了不让自己睡着就哼着"向前进，基督的士兵"。情报特遣队涌进被盟军占领的城市，四处搜寻纳粹余党，同时也搜罗工业机密。他们从工厂和大学找出 35 组移动微缩胶卷，还从纳粹国防军的仓库里搜寻精准的苏联地图，以备万一。

城镇一个接一个被迅速攻克：林堡、威尔堡、吉森（霍奇斯率先抵达吉森，巴顿为此还送了他一盒香烟）、马尔堡、基尔夏因。一名少校认为"横扫德国的速度简直就是一出疯狂版《爱丽丝漫游奇遇记》"，既令人兴奋，又残忍无情。敌军官兵胆敢反抗就一枪打死，敌人村庄胆敢拒绝投降就夷为平地。3 月下旬，四处搜罗汽油和车辆的纳粹军队占领了美军一座战地医院，谣传他们枪杀医生，强奸护士,这掀起了盟军一场狂热的致命追捕:他们拒绝了 500 名敌兵的投降请求,当场将其射杀,后来才答应接受另外 800 名敌兵的投降。一名士兵写道:"我多么希望这场战争赶紧结束啊!我现在开始害怕了。如果死在这个节骨眼那就太不值得了,眼见道路尽头通往玫瑰园的门已经微微开启。"

是时候将套在鲁尔区脖子上的套索勒紧了。第九集团军往东疾驰,很快与他们的司令布拉德利会合。3 月 28 日星期三,布拉德利下令第一集团军向北急行军,与辛普森的先头部队第 2 装甲师会合,而巴顿的第三集团军则往东北朝卡塞尔行进,掩护霍奇斯的右翼。第一集团军和第九集团军将在帕德博恩会师(帕德博恩在 8 世纪被查理曼大帝设立为主教辖区),或者说即将在该市的废墟上会师更为确切,因为在星期二,英国皇家空军对该市进行了长达 30 分钟的空袭,兰开斯特式飞机丢下 7.5 万枚燃烧弹,分别引起 3 000 起火灾,土木结构的房子给熊熊烈火提供了燃料,整座城市陷入一片火海。

据说当时天空的颜色都变了,先是黄色的霾,接着变成了泥煤般的褐色,最后一片漆黑。敌人打算在此地负隅顽抗,由 60 辆豹式坦克和虎式坦克在该市下方铸成一条防线,大部分兵员都是党卫军新兵,其他兵员分别来自各路军队,其中包括空军、国民掷弹兵、希特勒青年团和党卫军的极端分子。

3 月 30 日那个清冷阴郁的星期五,柯林斯将军的第 7 军率领第一集团军的骑兵在前一天从马尔堡急行军 45 英里,与第 3 装甲师的 4 支纵队在帕德博恩会师。在南部一个名为"哭泣谷"的地方,美军遭到伏击,侧翼的一辆谢尔曼坦克被敌军坦克和反坦克火箭筒击穿,一辆履带车被炸毁。几辆虎王坦克炮弹齐发,把射程内的车辆和美军官兵消灭殆尽。机炮轨迹沿着柏油路上蹿下跳,像着了火的弹子。17 辆谢尔曼坦克、17 辆半履带拖车和军车、吉普车、救护车组成的车队燃烧了起来,火焰很快照亮了整片天空。万幸的是,敌军坦克炮手无法把机枪压低到足以扫射躲在路旁水沟里的美军士兵的程度。P-47 雷电战机沿着山脊线丢下的凝固汽油没起到一点作用,只是把天空照得更亮而已。

火焰、烟雾和此起彼伏的炮火让师长亲自冲上阵地,莫里斯·罗斯少将对当天的战绩贡献似乎无人能比。他个头很高,沉默寡言,钟爱骆驼牌香烟和歌剧,柯林斯和很多赞赏他的人都认为他是美国陆军中最出色的装甲部队司令。他在第一次世界大战的圣米耶战役和本次世界大战的南非、西西里和挪威战役中都赢得了不少战斗荣誉。现在罗斯少将率领近 400 辆坦克,步兵像藤壶一样挤在坦克上。

罗斯出身于白俄罗斯犹太人家庭，祖父和父亲都是"拉比"（意为"学者"。——译者注）。罗斯在丹佛长大，从小说的是意第绪语，直到 16 岁参加科罗拉多国民警卫队时才离开家。从 1918 年开始，可能受到军官团中反犹太主义的影响，他改变了信仰，声称自己要么是卫理公会教徒，要么是圣公会教徒，要么是一般的新教徒。前两天有一名记者在马尔堡附近问罗斯战后有什么计划，他回答说："我有个儿子，他今年 4 岁，我跟他还不熟呢，我们要好好熟悉熟悉。"

不，他们再也无法好好熟悉了。黄昏时分，罗斯率领他的部属走在先头部队的东边，这队由 3 辆吉普车、两辆摩托车和一辆装甲车组成的车队两翼突然着火。他低声咒骂："现在我们真他 × 的要修整一番了。"车队在枪林弹雨中匆匆逃离，但是夜色降临时，4 辆装甲车露出行迹，每辆都发射出致命的双尾焰，这是虎王坦克的武器特征。一辆坦克迅速转过身，将罗斯的吉普车钉死在一棵李子树上。

罗斯说："看来他们搞到我们了。"虎王坦克的指挥官端着一把冲锋枪从炮塔口跳出来，他一边吆喝一边做着手势。罗斯将军、副官和吉普车司机高举着双手站在路上，附近阵地上谢尔曼燃烧的火焰映着他们的身影。就在罗斯伸手取下手枪，准备丢在路上的时候，德军士兵开枪了。两发子弹打在他右臂上，另外一发打在他右颊上，4 发子弹射穿了他的胸膛，另外 4 发打中了他的头部，最后 3 发分别打在他的腹股沟、大腿和后腰上。副官和司机看到这副情形翻身滚到沟里，在夜色的掩护下蹿进丛林，顾不上身后司令被打成筛子的尸体。

当天夜里，敌军又退回了帕德博恩。一个排找到罗斯的尸体，把他裹在仪仗队的毯子里放进一个储粮箱带回去。一名少尉说："那不可能是他！那肯定不是他！"当听到死者身份已经完全确认了之后，这位少尉说："我多么希望这不是他。"罗斯先是被埋葬在一座临时坟墓里。坟墓上面挂的是木制十字架，后来被重新安葬在雄伟的马赫拉腾公墓里。在犹太牧师的坚持下，墓碑雕饰的是犹太教的标志"大卫之星"，犹太牧师在坟墓旁为他吟诵了犹太祷文。

1949 年，在听证会证实他改变信仰之后，重新往墓碑上挂了一枚拉丁十字架。不管墓碑上挂的是哪种标志，逝去的都是一名英勇的战士，他的惨死预示着德国决不会轻易投降。战争犯罪调查由 30 年后成为水门事件丑闻检察官的莱昂·贾沃斯基少校主持，调查结果显示，罗斯被射杀是意外事件。那时候，美军的报复行动已经酿成了一场血雨腥风，他们将帕德博恩南部各村庄夷为平地，焚烧房屋，射杀敌军伤员，所过之处，寸草不生。后来人们在伊特恩的公墓后面发现了 27

1945 年 3 月中旬，第 3 装甲师师长莫里斯·罗斯少将迎接了夏尔·戴高乐（右），并得到一名法国将军的拥抱。没过三周，被认为是美国陆军中最优秀的装甲部队指挥官之一的罗斯中弹身亡。（美国陆军军事历史研究所）

具德军官兵的尸体，据说他们是缴械投降后被杀的，另外还在多伦哈根发现 18 具尸体。据报道，美军士兵曾阻止德国人掩埋同胞的尸体，数日来任它们风吹雨淋，以提醒生者战争曾酿成什么苦果。吃腐肉的乌鸦围着尸体跳来跳去，步态僵硬，冷漠无情。以前也是如此。

★★★

帕德博恩的疯狂反抗让柯林斯将军不得不改变进攻计划。3 月 31 日星期六凌晨，柯林斯下令第 3 装甲师向西行军 20 英里，而第九集团军的第 2 装甲师向利普施塔特靠近。利普施塔特的防御力量不强：那里现在主要靠国民自卫队的民兵驻守，他们连正规军装都没有，武器只有旧式捷克造步枪。被击溃的国防军从莱茵河往东撤退，他们把衣物和装备塞进手推车和偷来的婴儿车里，拖着沉重的步子穿过街道。一名纳粹头目从一所军事医院搜来工兵，从一个存放 V-1 火箭的仓棚找来炸药，从空军弹药库里找来炸弹，让工兵去炸毁利珀河上的桥梁。不过这件差事显然办砸了，利普施塔特利珀河上的桥梁安然无恙。据说，一名德国医生开始为纳粹党卫军的士兵们除去左臂内侧的文身，去文身的伤疤像子弹留下的疤痕。

复活节的星期天凌晨晴朗而温暖，随军牧师在美军枪炮阵地附近的乡村教堂为这个圣洁的清晨匆匆举行庆典，榴弹炮就在耳畔呼啸。一名伞兵在写给父母的信中说："每次炮弹爆炸，圣坛上的烛光就会闪烁不定，松散的窗棂就会咯咯作响。教堂里挤满了美军士兵，他们身上的作战服肮脏不堪。"利普斯塔特的钟声也召唤着虔诚的德国人，他们像爆炸的弹壳，沿着巴巴罗萨路而下，聚集在一起。卫戍部队骑上自行车匆忙逃走，民团跑到他们的军营抢走内衣和床垫。

中午，侦察机报告称，第 2 和第 3 装甲师的先头部队分别从西面和东面渐渐聚拢，第 2 装甲师的先头部队由一位名叫沃纳·奥赛尔莫的军士带领，他 8 年前从利普施塔特移民到底特律开了一家肉店。下午 4 点刚过，两支纵队完全合拢，他们拍着彼此的肩膀哈哈大笑，鲁尔包围圈就此形成。难民和被解放的苦役洗劫了利普斯塔特市中心的商店，砸碎了银行的玻璃窗，用烟头点燃百元马克大钞。

用艾森豪威尔那句志得意满的话说，这是"历史上最伟大的双层包围圈"，它在德意志工业核心区周围设下了一道宽 75 英里、纵深 50 英里的屏障，将其牢牢困住。他们并不十分确定到底将谁困在了这片 4 000 平方英里的地盘上，盟军情报机构也只说这个包围圈大概围住了德军第十五和第五装甲集团军的一些兵力和第一空降集团军的两个军。其实他们还困住了陆军元帅莫德尔，他的 B 集团军群现在面临被全歼的命运。莫德尔没有兴趣在被炸毁的工厂、被烧毁的城市和矿渣坑里背水一战，但希特勒下令不准撤退，违令者格杀勿论。

莫德尔受命等待新成立的第十二集团军的支援，不过这个集团军很大程度上是想象出来的。现在莫德尔手下的所有兵力都被牢牢钉在了鲁尔区，其中包括穿着短裤的中小学生狂热分子，他们因为不怕死的精神被人们称为"耶稣升天节突击队员"。莫德尔在复活节那天写信给妻子："所有的恐惧都源自魔鬼，而勇气和欢乐源自上帝……反正我们迟早有一天要死。"

为了早日让敌人灭亡，布拉德利下令四支部队缩小鲁尔包围圈。已经回到第十二集团军群的第九集团军从北面挤压包围圈，他们势如破竹，攻破一个接一个业已破烂不堪的城市。有的城市完全无力抵抗，比如杜伊斯堡和埃森市；而有的城市则负隅顽抗，比如哈姆，他们花了 4 天时间才将其拿下。第一集团军从南面推进，所到之处多为郊野，道路崎岖，他们每天只能推进 4 到 6 英里，但还是解放了数十万苦役。

不断推进的炮火和铝热剂手榴弹无坚不摧。在西格堡一家工厂里的防御点，德军伞兵们用机床挖掘了一个很深的二层地下室，盟军用了 50 个喷火器就让他们投降了。哈斯布鲁克将军的第 7 装甲师抓获了敌第 81 军的军长和 2 万名官兵。他给妻子写信说："上级指挥部的参谋们太兴奋了，不断打断我们，我不得不出面制止。"

莫德尔问他的参谋们："战败的将领该怎么做？"接着说："在古时候，他们会服毒自尽。"鲁尔要塞的地盘不断缩小。随着哈姆附近的粮仓被美军占领，被围敌军的弹药和食物储备大大缩减；跟上级之间的联络也越来越不稳定。莫德尔的参谋长说，柏林愚蠢的命令"根本看不懂，更谈不上能贯彻下去了"。

经过探查，他们发现美军的防线坚不可摧，根本找不到可以突围的薄弱点。

第 18 空降军的军长李奇微将军派人穿过火线送来一封信，要求莫德尔效仿阿波马托克斯的罗伯特·E. 李将军（阿波马托克斯是美国弗吉尼亚州中南部一个城镇。1865 年 4 月 9 日，南部联邦将军罗伯特·E. 李在阿波马托克斯县城向联邦军尤利西斯·S. 格兰特将军投降，美国南北战争就此结束。——译者注）：

> 80 年前的 4 月份，他率领的军队兵员锐减，无法进行有效战斗，最终被几支强大的军队完全包围，于是他选择了有尊严地缴械投降。现在你也应该选择这么做。

莫德尔对盟军招降置若罔闻。莫斯科指控莫德尔是战争早期造成拉脱维亚 50 万人死亡的帮凶，莫德尔可不打算听由苏联裁决。他说："元帅决不当俘虏，这种事想都别想。"他派一名副官悄悄穿过封锁线帮助莫德尔家族从德累斯顿逃往西边，并把自己的私人文件资料付之一炬。接着，这位元帅竟然下令 B 集团军群解散。这支部队既然已经不存在了，他也就不会被打上率领部队投降的烙印了。他问参谋长："用历史的眼光来看，我们是不是已经竭尽所能证明我们的忠诚了？"

随着包围圈逐渐松懈，莫德尔带着三名军官逃往杜塞尔多夫。他们取道一条伐木道，穿过该市东北部的丛林。他们坐在欧宝闪电轻型卡车里，在黑暗中拍打着四处纷飞的蚊虫，收听柏林电台广播，结果听到戈培尔正在谴责 "verrätische Ruhrarmee（鲁尔背信弃义的军队）"。

莫德尔沉痛地说："我从心底认为我一直在为一名罪犯效忠。我凭着良知率领部下作战……却是在为一个罪犯政府效忠。"他把结婚戒指和一封写给妻子的信装进信封，走到一株老橡树下，对下属说："把我埋在这里。"然后对着自己的脑袋扣下了瓦尔特佩枪的扳机。

★★★

4 月份，鲁尔区上空一架 B-26 的飞行员以为自己看到的是"一片犁过的黑土地"。经过认真观察，他才发现"原来是一大片人……挤在一起，比牛群的牛还要密集"。盟军情报机构原本预计鲁尔包围圈困住的德军有 8 万人左右。4 月 5 日，这个数字陡增到 12.5 万；第二天，艾森豪威尔告诉马歇尔，他觉得包围圈里有 15 万德军，而"我们至少会抓住 10 万"。这些数字还是太低估了这个包围圈。

他们将从这里俘获敌人 7 个军、19 个师的 32.3 万名战俘，远远多于在斯大林格勒和突尼斯俘虏的人数，而且还包括 24 名将军和 1 名海军陆战队上将。

一名德军指挥官在接受审讯时说道："我的军事生涯中确实曾有过辉煌的日子，是的，的确很快乐，可现在我多么希望自己已经死了。"美国决策者原以为到 6 月底为止，只要造出可以容纳 90 万名战俘的设施就足够了，没想到德军战俘的人数到 4 月中旬就超过了 130 万，鲁尔区包围圈致使战俘人数激增。加文对他的女儿抱怨说："我们的战俘比老鼠还多。"

第 78 师一名卫兵徒步赶着 69 名德军战俘回伍珀塔尔附近的师部，结果抵达师部战俘营的时候变成了 1 200 人。整个包围圈里到处都是挥舞着"手帕、床单、桌布和衬衫"的敌军部队。据某个师的军史描述，当时战场上"铺天盖地一片白色"。一支部队骑着自行车来投降，从头到尾都保持着整齐的队列；另一支部队坐着马车来投降，马蹄声哒哒地响，队形整齐得像阅兵式。他们到了盟军阵地就自动解散队形，四散分开，准备被关押。

陆军官方历史如此描述当时来投降的乌合之众：

> 年轻人、老人、傲慢的纳粹士兵、沮丧的步兵、大腹便便的预备役军人、女护士、技术员、希特勒青年团的团员、戴着单片眼镜的严肃的普鲁士人，蔚为壮观的情景足以让好莱坞的星探们手舞足蹈……有的带着黑面包和啤酒，有的带着乐器——手风琴、吉他，还有的带着女朋友或妻子，希望能把他们关在一起。

一根带刺的铁丝网一圈就是一个围栏。美国哨兵们抱着卡宾枪，强忍着哈欠。警戒线里坐着曾经的战争超人，他们唱着哀怨的军歌追忆美好的往昔，四处寻找着烟头，不时从灰色的束腰衣里迅速抓出一只虱子。

大批德军战俘。4 月 25 日的这张航拍照片表明，约有 16 万名德国人被赶入雷马根附近的临时战俘营。截至 4 月中旬，光是美国人的战俘营便关押了 130 万名敌军俘虏，而鲁尔区的俘虏仍在不断运来。

THE
GUNS
AT
LAST
LIGHT

第 12 章　凯　旋

　　战争可以把人性的丑恶推向极致——美军将搜刮到的大批财宝、设备和技术人员秘密转移到国内；在臭名昭著的集中营中，饥饿的俘虏从死尸身上挖出内脏充饥；柏林的噩梦也开始了，强奸、烧杀、掳掠，一片乱象；即使到了签订投降协议之时，盟国之间也不乏利益纷争。战争同时也发人深省，即使以天空为纸，以海水为墨，也无法记叙那深沉的苦难，以及带着血水与污点的荣誉——唯有沉默。

野兽的标志

为了最终摧毁德意志第三帝国，奥马尔·布拉德利将军把司令部转移到法兰克福西边的威斯巴登。他新近被晋升为四星上将，《星条旗》报称他为"战争制造者奥马尔"。4 月 11 日星期三傍晚，艾森豪威尔乘坐 B-25 从兰斯飞到威斯巴登与他会面。第二天一大早，他们就挤进一架"小熊"轻型飞机，沿着公路往东北飞出 80 英里，去往赫斯菲尔德小镇。同样被晋升为四星上将的巴顿将军正在那里等候他们，随他前来的还有一支装甲护卫队和一支吉普车队，车队中间有一辆车装饰着最高统帅专用的五星标志。

他们会面后径直坐上车，往东疾驰 20 英里，穿过一条被称为"富尔达峡谷"的低洼走廊地带，于上午 10 点 30 分抵达梅尔克尔斯的图林根村庄。一个坦克营在这里发现了一些东西，巴顿觉得应该让艾森豪威尔来看看。

煤矿口出勤计时员办公室的墙壁上挂着德国元首的照片，旁边还有一幅德语书写的警世格言："你的力量什么都不是，人民的力量才是一切！"第十二集团军司令埃迪将军带领他们走进一个摇摇晃晃的货运电梯，载着他们慢慢下降到伸手不见五指的矿井里。巴顿开玩笑说："如果那根'晒衣绳'断了，美国陆军会一下子冒出好多高级指挥官的空缺。"电梯下行 1 600 英尺后门终于打开了。

一名卫兵冲他们敬了个礼，然后才认出来访者，不禁惊呼："天啊！"他们来到一个宽敞的地道，看到德意志国家银行专用的雕刻着货币的金属模板，以及成捆的国防军专用钞票堆放在地上。布拉德利看着成堆的钞票说："估计用不了多久

592

德国军队就发不成工资了。"

其他几个矿井也相继发现了宝藏：4 月 2 日，在一个潮湿的铁矿里，士兵们发现了 6 个贴着"亚琛大教堂"标签的大木条箱，里面有一座查理曼大帝的半身银质塑像，塑像上镶嵌着他的一片头盖骨碎片。这座矿藏的其他箱子里装着伦勃朗、凡戴克和梵高的画作，以及贝多芬第六交响乐的手稿真迹。然而，这些珍宝都无法跟梅尔克尔斯矿坑内发现的宝藏相提并论，艾森豪威尔一脚跨进美国工兵用半束炸药在银行金库大门上炸开的洞口时就意识到了这一点。

在长 150 英尺、宽 75 英尺的"8 号房间"里，7 000 多袋刚从柏林运来的黄金和其他战利品整整齐齐地码放在 12 英尺高的天花板下。天花板上悬挂着几盏灯，此时灯光摇曳。有些战利品是从柏林用双层巴士运来的。除了 8 307 块金砖和 55 箱金块，这座宝库还堆放着 3 682 麻袋德国货币、80 袋外币、3 326 袋金币（其中 711 袋里面装着 20 美元的金币，每袋价值 2.5 万美元）、8 袋金戒指和一小袋白金条。

房间后面堆着 200 个背包、行李箱和大皮箱，每个箱包上都贴着"梅尔默"的标签。布鲁诺·梅尔默是纳粹党卫军一个有盗窃癖的上尉，这些东西都是他从集中营受害者那里偷来的，包括珍珠、表壳、金牙、逾越节茶杯、香烟盒和勺子。为了节约空间，许多金属被锤打成了金属片。盟军在附近其他地道和矿井内还发现了 200 万册从柏林各图书馆转移来的书卷、400 吨专利文件、33 木箱从魏玛搜集的关于歌德的收藏品和鲁宾斯、戈雅的画作，还有从柏林国家大剧院运来的戏装。布拉德利对巴顿说："这要是在以前自由掠夺的时代，谁抢了算谁的，你就成了世界上最富有的人了。"

巴顿半开玩笑地提议把 250 吨金子（德意志黄金储备的绝大部分）做成金奖章，"给第三集团军每个小杂种发一枚"。据最高统帅部最后估价，梅尔克尔斯矿井这批宝藏价值 5 亿多美元。不过这里最终将成为苏联的占领区。时间紧迫，美军迅速按照计划用 30 辆载重 10 吨的卡车将这批战利品运往法兰克福——美国占领区，由 2 个宪兵营、7 个步兵排负责护送，由 P-51 野马战斗机在空中掩护。他们还在该煤矿发现了成千上万的艺术珍宝，全部用德国军用羊皮大衣精心裹好运走。

在按照协定即将成为苏占区的地方，到处都在以转移"军事物资"为掩护进行类似转移，这引起了莫斯科的强烈抗议，说大批财宝、设备和技术人员都被秘

第三集团军的士兵在德国小镇梅尔克尔斯下方的一座盐矿中发现了战利品，其中包括金条、金币、艺术品和从集中营遇难者那里偷来的贵重物品。"如果现在还是过去那种自由劫掠时期，士兵可以保留其战利品的话"，布拉德利对巴顿说道，"你会成为世界上最富有的人。"

密转移到西方，但抗议并未起到什么实质性的作用。美国通过一项代号为"航空邮件"的行动迅速把数千名化学家、工程师、物理学家、内科医生、数学家和各种科技成果转运到国内，其中包括：哈雷物理化学研究院的 241 位科学家和新型航空器设计图；比特菲尔德的法本公司的 45 位技术专家和 500 吨重铬酸钾、200 吨高锰酸钾；耶拿的蔡司工厂的 213 位雷达专家和其他领域的专家，以及德国一种新型轰炸瞄准器。除此之外还包括地对空导弹设计图、34 万项德国专利研究的材料和足够装配出 75 枚 V-2 火箭的零配件。

除了那批宝藏，巴顿还有东西要给艾森豪威尔看。他们匆匆在第十二集团军司令部吃过午饭，一道乘坐专机前往哥达，而后跟护卫队一道，徒步向南走 10 英里。德国一名逃亡者说，在遥远的奥尔德鲁夫有个精心建造的指挥部。这早在上周就引起了艾森豪威尔的兴趣，他授权巴顿派出第 4 装甲师的一支别动队，希望能找到敌军的高级司令部。然而，他们运气不好，凯塞林元帅刚好逃之夭夭，只抓住几个冒充病人躲在当地医院里的德军士兵。神秘的司令部令人大失所望：兴建于 1938 年，在一个巨大的地下隧道内部，里面有电话交换台、铺着地毯的办公室和抽水马桶，还有一座电影院，但是这个地方还没用过。希姆莱曾计划把这里修整一新，到 4 月 20 日元首 56 岁生日那天送给他当疗养院。

不过，这次探险也不能说毫无收获，因为美国人在这里解放了第一个集中营。奥尔德鲁夫营地被称为 S-3，设立于 1944 年秋天。它是 80 多个卫星惩戒营地之一，这些营合起来就是臭名昭著的布痕瓦尔德集中营。布拉德利在描述这次去 S-3 考察时的情形时说：

> 我们路过围栏。3 200 多具瘦弱的尸体寸缕未着被丢进浅墓坑里，还有许多尸体仍留在大街上被射杀的地方……一名卫兵指给我们看，那些饥饿的俘虏从死者身上掏出内脏充饥，在尸体上留下了狰狞的黑痂。

一名居民指着一个绞刑架给他们看，受害者在这个绞刑架上被钢琴丝吊死。有些人从脖子后面被手枪射杀。巴顿在日记中写道，随着盟军从西逼近，纳粹党卫军"让奴隶挖掘出尸体，丢在一个巨大的矿筛上，矿筛建在砖石底座上，由 60 厘米长的铁轨搭成。他们给尸体浇上沥青，在底下铺上煤，煤层上架起松木，然后点燃松木"，留下"骨骼、头骨和烧焦的躯干"，然后大部分卫兵换上便装四散逃走。

美军一现身，当地复仇情绪高涨的囚犯就把没来得及逃走的看守打死的打死、刺死的刺死。一名记者在仔细查看纳粹党卫军的特征后说："你认真看看他们的脸，看他们缺少了什么，看他们身上有没有野兽的标志。"集中营仍旧散发着排泄物和毛发烧焦的臭味。另一条死人沟里撒着石灰，"几乎填满了骨灰和残骸，里面到处都是瘦弱的四肢"，第三集团军特派通信员奥斯马尔·怀特如是写道。布拉德利说："巴顿恶心得受不了，走到角落去。"

年轻的美国士兵神经质地咯咯笑起来，艾森豪威尔威严地瞪了他一眼，问道："到这时候还不恨他们？"这位最高统帅对他旁边的官兵说："我们听说美国士兵不知道为了什么而战，现在至少他们知道了为了反抗什么而战了。"

★★★

艾森豪威尔和布拉德利答应星期四在赫斯菲尔德第三集团军营地住一个晚上。晚饭后，他们拿着一捆地图到巴顿的大篷车里彻夜长谈，研究如何调兵遣将。

在德军阵线的中心地带，莫德尔 B 集团军群的覆灭给兵力增长到 12 个军、48 个师、130 万兵员的第十二集团军群留下一个 125 英里宽的豁口。

鲁尔区肃清后，哈尔茨山脉有南北两条进攻路线。按照第十二集团军群的计划，第九集团军应该取道上面的路线，进军马格德堡；第一集团军取道下面的路线，横穿图林根平原，朝莱比锡进军；第三集团军已经比布拉德利的右翼更靠东，应该等着兄弟部队并肩齐进，然后转而向德累斯顿进军；而帕奇的第七集团军掉头横穿下方的巴伐利亚和奥地利，掩护巴顿的右翼；新成立的第十五集团军由杰罗将军率领，跟在后面收拾占领区。

尽管所有部队都有很大进展，其中辛普森的第九集团军已经从莱茵河往前推进了 226 英里，但艾森豪威尔希望美军阵线往东不要超过捷克边境附近的开姆尼茨。至于柏林，他一再重申，要把这座城市留给苏联，由苏联对德国首都发起最后进攻。

"艾克，我不知道你是怎么想的，"巴顿说，"我们最好迅速取下柏林，继续向奥得河进攻。"

艾森豪威尔摇摇头，带着一丝恼怒说："它既没有战术价值也没有战略价值。"进攻柏林不但会跟苏联红军造成冲突，还会给美军带来大量的难民和战俘，而每个战地指挥官都已经接收了太多难民和战俘，并为此不堪重负。此外，还有一个问题让艾森豪威尔心情沉重。

他担心纳粹残兵意图退守阿尔卑斯山脉里一个被称为"全国堡垒"的据点，开展持久的游击战，或者最后拼个鱼死网破。不管哪种方式都让德国人有理由宣称德意志第三帝国从来都没有投降。这个极权国家将以哪种方式灭亡，是掩面啜泣还是拼死一战？对此，最高统帅部无人知晓，但是盟军情报机构及最高统帅本人认定希特勒政权一定会进入深山垂死挣扎，以歌剧《诸神的黄昏》那种戏剧性的方式收场。

早在 1943 年秋季，盟军决策者就预见双方最终将在阿尔卑斯山希特勒的老巢进行一场殊死战斗。1944 年 9 月，艾森豪威尔警告马歇尔，德国狂热分子"可能企图进行一场漫长而艰苦的游击战"。2 月份，他对布拉德利提议训练突击营，去袭击那些"将不得不强行拿下的游击战老巢"。

盘踞在海拔 1.2 万英尺的坚不可摧的堡垒从东边的萨尔茨堡一直延伸到西边的康士坦茨湖，甚至经由勃伦朗山口延伸到意大利境内。英国情报机构对此表示怀疑，因为战争期间截获的 15 万条情报没有任何迹象显示德国有这样的计划，除了一条 3 月中旬日本驻柏林大使馆给东京发去的信息暗示可能有"最后的战场或阵地"。英国派驻奥地利的特工发现敌军"没有任何组织抵抗的迹象"。4 月初，美国陆军部一项研究报告称"没有迹象显示巴伐利亚或奥地利在修建任何防御工事阻止盟军从北边进入'堡垒区'"。

艾森豪威尔的情报首脑斯特朗少将则不轻信传言，他后来解释道："阿登战役后，对德国人我再不会冒险了。"斯特朗坚信"德国模式就是鱼死网破"。3 月份他发布了一条可怕的警示情报：负责侦察阿尔卑斯山 20 个场所的空军巡逻队发现了绵延不绝的建筑工事，很有可能就是德国庞大的防御体系。他将其规模与法国的马其诺工事群落相提并论，还说"在该堡垒地区已经设立了纳粹政权一些至关重要的部门和人事"。

一家情绪激动的媒体也凭空捏造出纳粹死硬分子正在阿尔卑斯山的悬崖峭壁上忙碌的景象。科利尔的杂志在 1 月下旬报道称，在贝希特斯加登德国元首的行宫附近有一个庞大的游击队训练营。《纽约时报》提出，"全国堡垒"的炮台不计其数，比卡西诺山更坚不可摧。

战略情报局对希特勒进行了心理研究，标题是"他的传奇一生"，研究罗列出这位元首终结生命的 8 种方式，从自然死亡（"可能性很小"），到逃往中立国（"极其不可能"），到被俘（"最不可能"），而其中自杀被认为是"最有可能的结果"，但是该研究最后总结称："最后他可能会把自己锁在象征着子宫的居所，不让世人找到。"

战略情报局的其他评估报告称：贝希特斯加登储藏有大量的食物、武器和弹药，至少可以支撑 18 个月；每天都有 150 辆卡车将更多的战争物资运到堡垒去；阿尔卑斯地区的农民每天可以给 75 万人提供 2 500 卡热量，尽管膳食"多少有些不平衡，几乎完全没有糖可供食用"；堡垒的工厂可以制造小型武器和反坦克炮，尽管他们缺乏焦炭、铅、锌和炸药。3 月下旬，战略情报局局长威廉·多诺万将军递交给罗斯福一份个人备忘录，声称纳粹"制订了进行地下活动的详细计划"。

记者威廉·L.夏伊勒怀疑最高统帅部的情报"被英美神秘作家渗透"，但是任何人的想象力都比不上第七集团军的丰富。

帕奇的情报处长 3 月 25 日称："据报道，萨尔茨堡地区的山洞和地窖里存放了大量肉类和罐头食品。"据说，从2月1日开始，每周都有3到5列货运车把大量物资运到那里，水力组装厂甚至能制造梅塞施米特战斗机。3月下旬，第七集团军一份分析报告警告说，这一切可以"创设一支精锐部队，绝大多数是纳粹党卫军和山地军，人数在20万到30万之间……都被纳粹精神洗过脑"。

其实真相远没有如此夸张。1944年秋天，蒂罗尔的地方长官听说战略情报局正在担心他们在阿尔卑斯设立据点，于是决定加重美国的"堡垒精神错乱症"，希望盟军面对德国的拒不妥协，在提出无条件投降的要求时不那么苛刻。于是他向德国元首进言，妄图影响元首的决定。

然而希特勒对防御战没什么兴趣，直到今年春天才开始在阿尔卑斯北部修建坦克障碍，把几个阵地匆匆拼凑在一起，抵御苏联从匈牙利发起的进攻。凯塞林像玩"过家家"一样把阿尔卑斯山上所有的防御阵地都解散了，被俘的德军将领在被问到有关堡垒的问题时一脸茫然，威斯巴登的美国审讯者煞有介事地展开一张地图，上面赫然标示着一个秘密"瓦尔哈拉殿堂"，即便如此，那些德军将领还是丈二和尚摸不着头脑。

更令人难以置信的是所谓的"狼人行动"。这项准军事叛乱行动得到希姆莱的首肯，代号取自德国一本关于"三十年战争"（1618—1648年期间的欧洲战争。——译者注）的小说中茹毛饮血的"变狼狂"。"狼人"突击队除了以通敌为缘由暗杀了亚琛的市长外，什么都没干，只胡乱写了些标语——"叛国者，注意，狼人在监视你"。多诺万将军还曾考虑雇用巴斯克杀手去猎杀所有的"狼人"，结果一无所获。

然而在最高统帅部，关于"全国堡垒"的神话几乎一直流传到战争结束。4月下旬，布拉德利还警告前来参观的国会议员："我们可能还要持续战斗一个月甚至一年的时间。"而史密斯则对记者说，德军"100到125个师"有可能会转入阿尔卑斯深山。最高统帅部把德国南部和奥地利的200多个洞穴列入清单，要求对这些洞穴进行不间断的空中侦察。艾森豪威尔已经下令德弗斯的集团军群前往山区阻止德军对堡垒进行增援，如有必要，由第1联合空降军负责协助；出于同样目的，也要向萨尔茨堡派去几支部队。到4月为止，美军和法军已有近36个师涌向德国南部和奥地利。

4月22日，斯特朗将军的情报称阿尔卑斯山里面有"不少于70个地下工程"和纳粹抵抗迹象，那里集结了包括纳粹党卫军和装甲部队在内的100个师。斯特朗写道，虽说有组织良好的守军看上去"不太可能"，但看来希特勒或他的某个追随者企图在南部死战到底"。事实上，直到 4 月份最后一个星期，希特勒才签署设立山区据点的命令，以山内堡垒作为"背水一战的壁垒"。然而这也是一种假象。一名德国将军在战后接受审讯时说道："最终，灾难如期降临。"

4 月 13 日星期五子夜过后，艾森豪威尔和布拉德利回到他们在第三集团军营地的客房。巴顿虽然怀疑所谓堡垒是"夸大事实"和"凭空想象"，但他已经习惯在床上放一把卡宾枪，因为传说德国杀手会乘滑翔机降落在美军后方阵地上。和平的临近让他满怀忧伤。

这个星期，他给比阿特丽斯写信："有时候我觉得自己可能走到了生命的尽头。我还能怎么做？好吧，如果真是这样，请记住我爱你。"他又随手写了几首关于战争的诗，似乎想让战争在他的意念中永垂不朽。科利尔的杂志刚刚退回他的一首写得很烂的诗，那首诗是这样写的："刺刀之歌：出自火热的熔炉，满腔热情地抖动，我最初就将之打造成破坏的姿态。"他写信给一个朋友：

> 对我来说战争并不难，而是充满乐趣的探险……对我来说，最好在最后一场战斗的最后一秒战死沙场，一身轻松地飞上云端，任凭你们对我口诛笔伐。

巴顿上床前看了看手表，发现手表已经停走，于是扭开收音机，想听听电台播报时间，没想到却听到一条令人惊骇的公告。他睡意全无，从自己的营房冲出去，把这条致命的消息告诉艾森豪威尔和布拉德利。富兰克林·D. 罗斯福死了，他这一生从未开过一枪，但却在这场历史上最具毁灭性的战争中成了伟大的战士。他在一场生死攸关的斗争即将结束之时溘然与世长辞，而在某种程度上，正是由于他的号召力，才让美国人为这一事业献身，最终在这场殊死战争中取得胜利。

丘吉尔听说美国总统逝世的消息后哭得像个孩子。他后来写道："他积极促使世界新秩序以势不可当、不可逆转的形式取代了旧秩序，从而决定性地、永久性地改变了人类的社会轴心和道德轴心。因而，他的存在应被视为人类最威严的事件之一。"罗斯福的总参谋长只说了一句话："人生的价值还有更甚于此的吗？"

罗斯福于佐治亚的小白宫逝世。当时他极度需要休息，于是带上他的集邮册，乘坐总统专列"斐迪南·麦哲伦"号来到温泉疗养院。星期四，就在去世前几个小时，他还摆好姿势让人给他画肖像。画家从他的双眼开始下笔，据称画到某个地方还从画架那里走过来比画他鼻子的大小。他还签署了一项关于扩张商业信贷公司的法案。

就在准备用午餐时，他突然举起颤抖的右手去抚前额，然后身子往前一倾，经诊断是脑出血发作。他被抬进卧室，换上睡衣。他的血压陡增至高压 300、低压 190，病情发作两个小时后，他停止了呼吸。医护人员给他的心脏注射肾上腺素，不过已经无济于事了，3 点 35 分，医生宣告他死亡。他的医生说："任何措施都无济于事了，只能看着他逝去。"特勤处化验了他的早餐，没有发现毒药。

亚特兰大殡仪馆的馆长 J. 奥斯汀·狄龙 7 个小时候后抵达隔板房，门廊白色柱子的周围摆放着绚丽的玫瑰花。狄龙在门外等候，直到第一夫人埃莉诺·罗斯福跟丈夫道别后擦干眼泪走出来，他才走进卧室，看见总统身上盖着床单，一条薄纱吊索压着他的下颌，使他的嘴巴合拢起来。

狄龙把罗斯福已经僵硬的遗体放在一张处理工作台上，旁边有几盏明亮的落地灯。狄龙给遗体洗面刮脸，然后缓缓地往右边颈动脉和颈静脉注射尸体防腐剂。他动作缓慢而谨慎，以防尸体膨胀起来。接着他又沿着股动脉和桡动脉注射，一共打了 6 瓶。之后，他开始往胸腔和腹腔里面充气，接着小心翼翼地缝合所有切口。狄龙后来说道："每项工作都特别艰难。"在工作 5 个小时后，狄龙为遗体剪了指甲，往脸上抹了点儿胭脂，为其穿上白衬衫和蓝色的双排扣西服，戴上深蓝色的领带。穿戴完毕，他指导罗斯福的勤务兵亚瑟·普雷蒂曼轻柔地给总统梳理头发。

星期五，国家级报纸上刊登的每日讣告增加了这么一条："陆军－海军死者：富兰克林·D. 罗斯福，总司令。妻子，安娜·埃莉诺·罗斯福夫人，白宫。"在欧洲战场上，艾森豪威尔下令："换丧服，放礼炮，降国旗，降军旗，鉴于战争期间条件受限，国丧从简。"第 15 步兵团一名少尉在日记中写道："这简直就是晴天霹雳，从我 14 岁那年起，他就是总统了。"罗斯福终于可以如他所需，永久地安息。人生的价值还能更甚于此吗？

集中营惨象

对坐在驾驶舱内的美国飞行员来说，盟军往东进攻的势头就像"高山顶上的泥石流，正在疯狂地冲向易北河"；从坦克的炮塔或吉普车的座椅上看，这场战争同样气势磅礴，因为那些以每小时 40 英里的速度进入奥地利的人就像"一股势不可当的熔炼物"。那些看到同胞被俘的德国人"抱头鼠窜往后方狂奔，跑得上气不接下气"，第 86 师一名美国兵在家书中如是描述。

用通信记者汤普森的话来说，这就是奇幻帝国"龙之国"，只不过龙的牙齿似乎掉了，火焰也熄灭了，显得可怜巴巴。不堪一击的路障被德国平民称为"61 号路障"，估计是因为美国士兵看到它们先哈哈大笑了 60 分钟，然后花 1 分钟把它们拆除。第七集团军巡逻队攻占了一座步兵学校，200 名应招士兵举起木棒抵抗，还不断地敲打水罐来模仿机枪的声音。守军司令官坚持要放弃他的军刀。

第 84 师的士兵抓住一名德军士兵，这名士兵身上带着一张作战地图，显示汉诺威市的守军集中在南部和西南部，于是他们从北面和西北面发起进攻，几个小时就攻下了该市。大学城海德尔堡没有组织任何抵抗就举手投降，窗台上花盆箱里的红色天竺葵在数百面白旗下盛放。一份评估报告说，第十一集团军 7 万敌军士兵涌入哈尔茨山脉，但是很快这支军队就"不像一支军队，而像一群乌合之众"了，该集团军司令沃尔特·卢赫特天天都在躲避美军的追击，先藏在一个村庄，然后躲进一座采石场，而后又缩进护林员的小屋、山洞和修道院，最后在灌木丛中被俘。

美军攻入一座城市，发现一家人上吊自杀，父亲、母亲、女儿，就连他们的狗都被吊死了。他们在遗书中写道："我们无法承受德国战败的耻辱。"或许战争远不止让人悲戚。在看到一对老夫妇对着他们被烧毁的农舍老泪纵横后，第 2 步兵师的一名连长写道："他们有什么权利站在这里哭泣，抱怨我们让他们无家可归？他们这些人有什么权利如此悲伤？"据说曾经用自己的奴隶工厂守卫德意志第三帝国的企业家阿尔弗雷德·克虏伯因战争罪被捕时也泪水涟涟。他在埃森市附近被带走的时候，125 名仆人带着一只周末旅行袋在后面穷追不舍，仿佛主人的问题只要一两天时间就可以解决。

克虏伯的休格尔别墅被称为"德国最丑陋的建筑"，共有 260 个房间，一间两层楼高的更衣室里摆了 20 个胡桃木柜子，铺着白色的狼皮地毯，一块巨大的大理石中间被挖成一个浴缸，上面是鹅颈管的金水龙头，一张可以容纳 65 位就餐者的大餐桌，天花板的壁画上描绘着一位跨坐在新月上的女神，她的头发用一颗星星扎起来。

"春光明媚，阳光灿烂，云雀歌唱，翠鸟羽毛闪亮，小鹿穿过森林，身上闪过白光。"汤普森写道。他跟着英国军队，正在朝着不来梅港进军。奥斯马尔·怀特说，"窗帘后面的人露出脸庞，胆怯地看着我们，老人拄着拐杖，抓着帽子对胜利者致敬"，在被责问"你喜欢元首吗"时拼命摇头，"不！"他们哭喊道，"不，我不喜欢元首！"怀特记述了一名经过的行人被美国士兵盘问的情景：

> 士兵：你去哪儿？
>
> 行人：去我父亲家。
>
> 士兵：干什么去？
>
> 行人：我母亲被杀死了，我要去替我父亲料理家务……允许吗？没有
> 禁止吧？
>
> 士兵：据我所知没禁止。

然而，龙在蛰伏。每次有一个排投降，总有另一个排负隅顽抗。4月份，美军士兵战死欧洲战场的人数多达 10 677 人，几乎可以跟 1944 年 6 月的死伤人数相匹敌。4月中旬，纳粹党宣传部部长戈培尔在广播中警告，悬挂白旗的房屋将会被当作"鼠疫细菌"。他还下令将逃跑和投降的人吊死，在他们脖子上挂上懦夫的牌子。

很快，全德国的路灯杆和电话线杆上都吊上了挂着牌子的异端。纳粹军官警告："如果我们战败，那就意味着所有人都沦为亡国奴，每个党员都会被处死。"4月份，哈尔茨山脉的纳粹头目告诉德国妇女，她们会被"拐骗到黑人妓院"去。纳粹空军培训飞行员如何跟盟军的轰炸机同归于尽，并告诉他们犹太人、共产党人和西方民主国家之间有着怎样的关系。戈林告诉他的"神风特攻队"队员："以你们的生命为赌注，拯救我们的国家。"这种"彻底献身的使命"没有几个在天空中成功实现，但前线到处都听到纳粹党卫军和希特勒青年团成员自杀的消息。4月14日，第七集团军巡逻队射杀了几名携带用土豆捣碎器制成的手榴弹的男孩。一名记者描述："此情此景令人心碎，这些孩子的脸上毫无属于他们那个年龄的天真烂漫。"

尽管阿尔卑斯"全国堡垒"是个阴郁的白日梦，但到处都是临时设立的堡垒还是使最高统帅部对执意自毁的德国心存顾忌。布拉德利报告称，在阿沙芬堡，

"妇女和儿童站在房顶上朝我们的军队丢手榴弹",而受伤的老兵们从医院病床上爬起来蹒跚着走上火线。在内卡河沿岸遭受多年炮火蹂躏的海尔布隆,德国军官开枪打死被美军迫击炮打得四散逃命的希特勒青年团分遣队。海尔布隆整整坚持了 4 天,直到 4 月 13 日,这个曾经的中世纪美丽小镇变成了废墟,军史学家说它在"1945 年的整个夏季都散发着熏人的恶臭"。

冷溪近卫步兵团的一名下士抱怨道:"这些愚蠢的浑蛋为什么不肯投降?"盟军士兵都曾对这个问题感到疑惑不解。这场无可避免、即将降临的灾难增强了德国的民族凝聚力,恐惧、苦难和对上次世界大战的痛苦记忆让他们齐心协力。那些耸人听闻的宣传,包括苏军在东方的暴行,关于盟军对无条件投降的要求,以及那些关于"黑人妓院"的传言,都坚定了他们反抗的决心。

"母亲,您问我什么时候回家,我也不知道,"杰克·戈尔登上尉给得克萨斯州西摩的家人写信时说,"我看不到战争的尽头。我看不到德国顽抗有什么好处,可他们就是不肯放弃。"现年 23 岁的戈尔登毕业于得州农工大学,在国外已经待了两年多时间,在北非战场、吉拉和奥马哈海滩登陆中参加过多次战斗,获得两枚银星奖章和一枚紫心奖章。他用草书匆匆写道:"我有点儿累了,而且我的神经紧绷,为了一件微不足道的小事对别人大发雷霆。"他率领的炮兵营隶属于第 1 师第 16 步兵团,从 6 月 6 日以来一共发射了 7.5 万发炮弹。他接着写道:"我们不把非洲和西西里的战斗计算在内,因为那似乎已很久远,就像另一场战争里的事。"

戈尔登在 4 月 3 日从德国寄回的家书中显得比较宽慰,因为他的兄弟,陆军航空兵的一名少尉现在终于准备回家了。他说:"这减轻了我心中的担忧。每次看到有轰炸机坠落我都祈祷那不是比尔的飞机。"他接着写道:

> 德国的城市太多了,我们来不及全部用大炮去轰炸。我觉得我们应该朝每座城市都轰炸上千轮,好好教训教训他们……够了!够了!

这是他最后一封家书。4 月 15 日星期日,在哈尔茨堡山麓,两名伏兵持自动手枪从阿麦伦克森一栋房子后面冲上第 16 步兵团步枪连刚刚肃清过的道路,打死了坐在吉普车里的戈尔登上尉。

戈尔登的死成为其家人"生命中最难以承受的打击"。战争部长史汀生在吊哈中写道："失去深爱的人是种永难磨灭的伤痛。"够了，够了！

艾伦·穆尔黑德写道："欧洲有一半国家的人都在路上，他们背着行李，拖着沉重的步伐，为了避开路过的军车沿着路沟蹒跚而行。"事实上，欧洲几乎每个国家的人都在路上，一名目击者称之为"庞大的、往前蠕动的难民群"。盟军军官预计，光是徒步穿过第十二集团军群在德国的占领区的"流离失所的难民"就有来自47个国家的420万人。1945年春季，流亡中欧的难民有1 100万人左右。

有的人是被迫上路的，其中包括盟军的战俘们，他们要被押解到国土面积已经缩水的德意志帝国更深处的战俘营去。达雷尔·W.科茨是一名炮塔射手，1942年中弹后被俘，被关押在17B战俘营，苏军从东部逼近之际，敌人抢先将他们这些来自17B战俘营的4 000名战俘从奥地利押走。他的日记记录了当时的情景：

> 4月9日：我们大多数人都要求吃过饭再走，可他们拿起刺刀和步枪，我们只好改变主意。
>
> 4月11日：今天晚上我们非常饿，就用雨水煮了一些野草填肚子。
>
> 4月14日：又下雨了……悲惨至极。行军至傍晚6点。
>
> 4月15日：老天爷，求求你让巴顿快点儿来吧。
>
> 4月19日：今晚有汤喝。他们肯定是把马鞍在热水里滚了一下，难喝得要命。

盟军赶在德军转移前营救了部分战俘。4月12日，第九集团军冲进布伦瑞克附近德军第79军官战俘营的大门。阿登战役中被俘的伯纳德·艾伯斯坦少尉在当天的日记中写道："大家欢声高呼，手舞足蹈。在我旁边，一条腿已被截肢的美国军官激动得说不出话来，吸着鼻子，泪流满面。"由于食物严重匮乏，医疗条件极其落后，很多人的身体状况都非常糟糕。第七集团军一名来自威斯康星的护士写道："小伤口就蒙上厕纸，截肢的地方就蒙上抹布……他们全身上下都是抓痕，都是被虱子咬了之后挠伤的。"在敦刻尔克撤退和西部沙漠战役中被俘的英军俘虏有的被监禁了整整4年甚至更久。

一名英国士兵看着他的营救者说："这就是吉普车的样子了。"他们坐着卡车一路往西，去往盟军的后方，每看到一个被摧毁的德国城市都疯狂地欢呼。在数百万步履蹒跚的行进队伍中，有数十万都是被解救的苦役工人，他们在工厂和营地被攻陷后获得了自由。最高统帅部在卢森堡的电台广播中用各种语言引导那些未获营救的人："找地方躲起来，等着盟军，按照国别分组，选一名负责人。"他们对那些已经被营救的人发出指示："原地待命，不要乱跑，遵守纪律……用你们的行为为你们的国家增光。"然而，饥饿、复仇、不遵守纪律及各种混乱现象不时冒出，盟军军官将其称为"被解救综合征"。

最高统帅部推测，难民"历经 2 到 5 年德国奴隶制度的铁腕统治后可能会温顺驯服、感恩戴德、软弱无力"。美军一份评估报告总结道："他们完全不是那样……刚刚被解救的人烧杀掳掠，无恶不作，有时候甚至破坏自己的住所。"获得自由的劳工在鲁尔区烧杀掳掠，入室盗窃，把家具拿去当柴烧，丢弃身上的破衣服，换上商务套装和睡衣，或者穿上从德国人的衣橱里搜罗来的衣物。

在法斯勒本，出狱后的囚犯饥饿难耐，趴在一家烘焙房里舔地板上的面粉。在奥斯纳布吕克，"莽撞的"苏联战俘在一个仓库里发现了 V-2 火箭的燃料，误以为食品而大口吞吃以致丧命。在汉诺威市，有人冲进一家酒窖，砸碎酒瓶和酒桶，喝得烂醉如泥，有几个掉进 6 英寸深的酿酒池里，醉得眼斜嘴歪，直到美国宪兵队将酒窖口封锁起来。

数千名难民罹患肺结核、白喉等传染病。卫生官员在莱茵流域跟踪到斑疹伤寒的爆发。他们竖起路障，防止东欧的流民涌往西欧。难民身上被撒上杀虫剂 DDT，成群结队地集中到新营地。营地的扩音喇叭里响亮地播放着最高统帅部布道的声音："哈利路亚！上帝获胜，邪灵已成灰烬！"

然而，难民潮仍在继续。奥斯马尔·怀特写道："天气严寒，但是有人甚至光着脚，有人把双脚裹在毯子撕成的碎布条和麻布片里。"

> 路上有农用拖车、送牛奶的马车、面包师的手推车和双轮轻便马车，其中一些车由瘦骨嶙峋的马拉着前进，但大多数都是由男人或女人拉车。有一次我看到一辆旧式蒸汽压路机，冒着黑烟和火星，在柏林—法兰克福的公路上拖着一长串的马车和拖车。那个队列又令人惊异又滑稽可笑……伴着深沉的苦难。

挖得甚浅的坟墓旁"竖起一束稻草当墓碑"。这种死者尚算幸运，许多不幸的死者连坟墓都没有。第 90 师的医疗队说起他们在上巴伐利亚州一条路上发现的尸体时十分哀伤："一个人死的时候正在按摩自己的脚，还有一个人正趴在一条车辙上饮水，他双手和膝盖伏在地上，脸埋在车辙里，整整两天时间都维持着那个姿势。"

对解放者来说，这股铺天盖地的难民潮让人心力交瘁。第 82 空降师的一名伞兵在家信中写道："就个人而言，我懒得理会……这让人变得冷漠无情。"埃里克·塞瓦赖德如此描述自己的心绪："一种无精打采、萎靡不振、无力进取的状态，渴望回家，不想再思考这一切，但内心却隐约怀疑，只要自己活着就无法停止思考它。"

★★★

还有更糟糕的事情让人不得不思考——远甚于此。奥尔德鲁夫是西方军队在德国境内解放的第一个集中营，但算不上是最令人发指的营地，随后解放的几个集中营和新的证据暴露了德意志帝国的全副丑恶嘴脸。一名随军犹太学者对一位战事通信员说："如果以天空为纸，以世界上所有的水源为墨汁，把所有的树木都做成钢笔，你都记述不了这样的痛苦和恐惧。"

第 3 装甲师和第 104 步兵师攻克北豪森市后发现，一个被目击者称为"停尸房"的地方堆了几千具尸体。一名医生汇报："被饿死的人躺在肮脏得无法描述的秽物里，一个法国男孩缩成一团，跟他死去的同伴挤成一团，似乎想让自己暖和点。"在附近几条被用来组装 V-1 火箭的隧道里，美国士兵把一个被俘的德国科学家痛打一顿，接着，为了给一位通信团的摄影师报仇，又痛打了他一顿。柯林斯将军下令 2 万名德国平民将北豪森的死者运到半英里以外，埋葬在 24 个公墓里。柯林斯对他们说："对任何一名德国人来说，没有比做该市的市民更可耻的了。"

历经数年战争的士兵们难以置信地看着任何人都不曾见过的景象，惊骇得目瞪口呆。拉尔夫·英格索尔少校看到兰兹博格集中营的尸体后写道："他们身上没有一点脂肪。现在你看到自己的腿就会产生排斥感，因为它的形状会让你想起那些腿。这是种人性堕落的经历。"

在路德维希斯卢斯特附近的韦贝林集中营，加尔文将军下令当地平民为受害者挖掘万人冢，安葬死者遗体，并在周围栽上常青树，后来他们被改葬到城市广场的坟墓里。第 82 空降师的一名少尉在写给姐姐的信里描述道:"每具尸体都被拖了出来,高举着双手,裹在白色的床单或桌布里。我们都为看到这样的情景而感到耻辱。"加尔文安排一组影片摄制组来记录这次安葬的过程。数年后,每当他看着镜头里的情景时便泪流满面。一名空降兵说:"这是我们人生历程中的一个关键时刻,告诉我们是什么人,我们信仰什么,我们支持什么。"

4 月 15 日,第 11 装甲师闯进汉堡以南 50 英里的贝尔根 - 贝尔森集中营,英国军队和文明世界也由此见证了这样的时刻。一名英国情报官员报告称:"一股排泄物的臭气迎面袭来,像猴笼的臭味。""一群怪异的类人猿"在门口迎接他们。4 万名男女老幼被塞进原本只能容纳 8 000 人的地方。从 1 月份以来,他们每天只能以一点清汤、14 盎司的黑麦面包和喂牛用的甜菜为生。

但是,这 4 天以来没人给水,也没人给任何食物。饥饿难耐之下,他们开始挖出死者的心脏、肝脏和肾脏充饥。一名医生说,被挖过内脏的尸体不计其数,"像天上的星星,数都数不清"。营地丢着 1 万具尸体:2 000 具填满了南边的一个墓坑,剩下的 8 000 具堆满了一家简陋医院周围的四个深坑。英国军队报告称:"临时营房里里外外都堆满了死尸、粪便、烂布和秽物。"一名士兵说他看到"一个女人蹲在地上啃一根大腿骨……战争可以把人性的丑恶推向极致"。一名记者承认自己"像个孩子一样用手捂住眼睛不敢多看"。

BBC 的一名通信员描述道,幸存者的身体像一副"完美的骨架","脸像蜡黄的羊皮纸,眼睛像在纸上挖了两个洞"。据医生统计,这些幸存者(一名情报官员说他们是"形容可怕的小丑")当中发现了 1 万例肺结核、1 万例斑疹伤害、2 万例肠炎,此外还有很多人患上了伤寒。一位生活杂志的记者说,一个人蹒跚着走过来,嘴里小声用德语咕哝着什么。"我听不懂他在说什么,而且我永远都不会知道他在说什么了,因为他说了一半就倒在我脚下死了。"

在这些被英国医生称为"恐怖营地"的集中营幸存下来的人中,有 1.3 万人于获救后陆续死于疾病,且以每天 1 000 人的速度死亡。死者或被推土机推进墓坑,或由赤脚的德国卫兵拖进公墓,旁边站着发号施令的英国士兵。一个月后,所有的幸存者都被转移到后方,贝尔根 - 贝尔森被付之一炬,夷为平地。

约 15 万名集中营囚犯在从一个囚禁地迁往另一个囚禁地时就已命丧黄泉。他们或被卫兵当场杀死,或被饥饿、寒冷和疾病压垮。德国境内到处都是这种惨象,但美军第 102 步兵师某营 4 月 15 日在马格德堡以北 25 英里的加尔德莱根看到的景象比这些更惨不忍睹。在一个阴燃的砖石谷仓，里里外外丢着 1 000 具尸体，除了政治犯和犹太人，还有来自北豪森附近各营地的囚犯。

这些囚犯刚抵达加尔德莱根时，就有数百人被处决。剩下的人被锁进谷仓，谷仓里撒满了浸过汽油的稻草和麻布袋。他们被关进去后，步枪、机枪和反坦克火箭筒枪炮齐鸣。不仅如此，士兵们还往里面扔了 50 枚手榴弹，将谷仓变成一片烈焰冲天的焚烧场，濒死的人们用俄语、波兰语、法语、匈牙利语和荷兰语呼号求饶，也有人高唱着《马赛曲》《共产国际歌》或波兰国歌被活活烤死。美国军队抵达时，火已经熄灭，而被烤焦的尸体连续几天都冒着黑烟。这座谷仓中被烧死的受害者共有 1 016 名，能够辨认身份的尸体寥寥无几。

对美国陆军来说，布痕瓦尔德集中营以其规模和罪恶制度的明显证据为解放的意义增添了一个绝无仅有的惨烈注脚。布痕瓦尔德建于 1937 年，位于歌德、席勒、弗朗兹·李斯特的故乡魏玛市郊外。截至 1945 年 3 月，被囚禁在布痕瓦尔德和周围集中营的囚犯已超过 10 万人。囚服上的三角牌按照他们违规的类型分为不同颜色：红色是政治犯，粉色是同性恋，绿色是罪犯，黄色是犹太人。4 月 11 日午后，扩音器里传来一道命令："所有的纳粹党卫军马上离开营地。"一名目击者报告称，哨兵们"大步跑进森林里"。

下午 3 点 15 分，营地上空升起一面白色的旗子。1 个小时后，第三集团军第 6 装甲师的先头部队冲进营地大门，大门上方的一块巨大标语牌写道："Recht oder Unrecht, mein Vaterland。"意为"不管对错，都是我的祖国"。他们从这个营地解救了来自 31 个国家的 2.1 万人，其中包括工程师、律师、教授、编辑和 1 000 名还不到 14 岁的孩子。他们每天仅靠 600 卡的热量活下来。一名营救者描述："他们骨瘦如柴，枯槁干瘪，简直就像猴子或烧石膏，你必须一遍遍地提醒自己，他们是人类。"

一个复杂而可怖的世界很快出现在众人眼前：在这间水泥地窖"窒息室"里有 45 个壁钩，被害者被绞死或挂在壁钩上吊死，如果被害者挣扎，行刑者就用木槌痛殴他们；在 46 区曾经进行过令人毛骨悚然的医学实验；在解剖室里，囚犯的文身或被割掉或被削皮，割下来的皮被拿去做成灯罩、壁挂，或做成手套送给司令官夫人。一支军队汇报："囚徒被各种刑具殴打，从拳头、树枝、棍棒、狗鞭、短马鞭、橡胶管、牛尾鞭到皮带、枪托、铁铲、铁锹把、石头，无所不用。不仅如此，他们还会被恶狗咬。"还有的囚犯双手被捆，一连几个小时被吊在丛

4 月 11 日，美军第 6 装甲师解放布痕瓦尔德集中营后发现了大量死去的囚犯。据估计，布痕瓦尔德及其附属集中营至少杀害了 5.6 万名囚犯。

林里的大树上，不停地号叫哭喊，因此纳粹党卫军称该丛林为"歌唱森林"。扩音器播放着嘈杂的音乐，以掩盖营地马厩或步枪打靶场上的行刑队"第 99 特遣队"的枪声。

纳粹党卫军在布痕瓦尔德及其附属营区至少杀了 5.6 万人，剩下的很多囚犯被"填充"进由 6 块砖做成的大锅，一次"填料"18 人，20 分钟便化为灰烬。这座火葬场的门口上方一行黑金色的字吸引了奥斯马尔·怀特的目光：

蠕虫不会吞噬，但火焰会烧毁这具身躯。
我活着的时候，一直深爱这光和热。

巴顿命令魏玛市民举起双手放在脑后穿过布痕瓦尔德，又把照片发给乔治·马歇尔看。似乎为了培育这个死亡营地的一丝生机，他亲自给一座温室里被烤焦的植物浇水。向来擅长旁征博引的记者爱德华·R. 莫罗发现布痕瓦尔德让他词穷才尽，他对广播听众说："这里的恶臭用任何词汇都无从描述，大部分情景都让我失语……如果这些对布痕瓦尔德尚算温和的描述冒犯了你，我也绝无歉意。"

美国陆军承认此前对一战暴行的宣传用词夸张，给人们"造成了难以磨灭的怀疑心理"；1944 年 12 月初的一份调查显示，只有 1/3 的英国人相信德国人确实十恶不赦。早在几个月前，当盟军攻下几个犯罪实施地和集中营时，纳粹酷刑和凶杀的骇人证据就陆续呈现在人们眼前了，比如比利时的布里登克监狱、法国的纳茨维勒和波兰的马伊达内科之类的集中营。然而，直到 1945 年 4 月，纳粹政权的滔天罪行才引起西方的极大愤慨。来自欧洲的新闻纪录片遭禁，因为好莱坞担心这些影片会让电影爱好者恶心或对新闻影片公司产生憎恶心理。然而，关于贝尔根－贝尔森、布痕瓦尔德或其他人间地狱的照片和目击者陈述充斥着报纸版面和电影屏幕。华纳兄弟和其他制片厂与五角大楼协作，推出纳粹暴行纪录片。另一份调查显示，到4月中旬为止，已有4/5的英国人深信德国纳粹恶贯满盈。

就连在战争中已然麻木的士兵也对此深有感触。第8步兵师的一名士兵在巡视韦贝林之后愤怒地问："我们是在跟什么样的人战斗？"如果这个问题不好回答，那么想必以下问题的答案特别明了：我们是什么样的人？我们应该做什么样的人？大获全胜不仅需要消灭战场上的敌人，还要见证战争中所暴露出的人性。保罗·富塞尔少尉写道："年少的士兵很少会成为伦理学家，但是在看到集中营后，军中开始树立起对道德的端正态度，而且得到大家的一致认同。"第157步兵营的一名士兵证实了他的说法："我参军39个月，在国外作战23个月。如果早知道我们是为了阻止这样的惨剧而作战，我愿意再经受一次战争的苦难。"

★★★

4月20日星期五，为了庆祝希特勒的生日，柏林人在"危机时期口粮"的基础上享受了一份加餐：一磅咸肉或香肠、半磅大米、一盎司咖啡。盟军的飞机连续一整天对柏林狂轰滥炸，平民们为了领到这份美食冒着生命危险排队。一个女人对丈夫说："我们应该带着这些口粮马上升天。"就算这样，德国还是发行了纪念邮票，盖销标识上印着"我们在保卫欧洲不被布尔什维克主义侵犯"。不管是邮票还是标语，都显得这个政权没有发觉自身扭曲的幽默，因此特别具有讽刺意味。

此时，红军正从东、西、北三个方向勒紧这座城市的脖子。当天，苏联通过远程大炮向希特勒送去"生日祝福"，红军的炮弹首次落在柏林市中心。很快，这座城市炮火四起，嘉士达百货商店外的购物者被炸死，德意志国会大厦的圆屋顶被击碎。一个柏林人在日记中写道："没有特快列车进出，所有交通都停了下来。邮政和电信也停止办公了。在灾难即将降临的时刻，我们与世隔绝了。"

据报道柏林4月份有近4000人自杀。纳粹党卫军的一条报道说："到处都是用毒药、手枪或其他方式结束生命的人。"弗里德里希哈根地区一名16岁的女孩写道："牧师开枪打死妻子和女儿后自杀；H太太开枪打死两个儿子，割断女儿的喉咙，然后自杀……我们的老师 K 太太上吊自杀，她是个纳粹党人。"棺材一销而光，有的死者被裹在报纸里。

即使如此，德国仍组织诞辰庆典。游行队伍穿过奥林匹克体育场游行，德国女孩唱着"举起我们的旗子，在清晨的微风中飘扬"。纳粹的忠实信徒们兴致高昂，狂饮杜松子酒，以至于酩酊大醉，吐得浑身秽物。首都断壁上写着"我们永不投降"的口号，还有一条含义模糊的标语："为了这一切，我们要感激元首。"

元首本人在帝国总理府地下那座 30 个房间的地堡里泰然自若地迎接生日庆典。他的助理讷讷地对他说"生日快乐"。自从离开鹰巢，希特勒大部分时间都住在这座迷宫里，储藏室里有罐头牛肉，通风机不停地嗡鸣，门厅里铺着寒酸的红地毯。他曾经在这里跟他的情人、会跳查尔斯登舞的巴伐利亚女人爱娃·布劳恩共度欢乐时光。现在他脸色苍白，弯腰驼背，裹着一件灰色的外套，遮住了他颤抖的左臂和左腿。在生日这天，他爬上 37 阶台阶，到布满弹坑的总理府花园给几名希特勒青年团的团员颁发铁十字勋章，然后拍拍他们的脸以示鼓励。这是他最后一次在地面上的世界现身。

当天下午晚些时候，他在三扇铁门后面把亲信们召集在一起，包括戈林、戈培尔、希姆莱、建筑师阿尔伯特·斯佩尔、外交部长希姆·冯·里宾特洛普和国防军的首领们，这是他们最后一次集会。有人建议他离开柏林，很多享有特权的"红腹锦鸡"（意指东方占领区行政官员。——译者注）都已经逃走了。他摆摆手，拒绝了这一提议，对最高统帅部作战部长说："约德尔，只要战争还在继续，我就要战斗下去，直到最后我开枪自杀。"那天傍晚，几个副官和秘书在他的书房里为他举杯祝寿。他的秘书马丁·鲍曼在日记中写道："不幸的是，元首生日那天并没有生日的喜庆气氛。"当晚希特勒回房休息后，大家爬上阶梯到幽宅般的总理府喝着香槟，放着唯一一张唱片《红玫瑰给你带来幸福》，翩然起舞。

当天，美军第七集团军攻下纽伦堡，作为对这一天的纪念。这座城市是天文学家、印刷公司和玩具制造商之城，如今在美国地图上被认定为"纳粹闹剧之城"。就是在这里，纳粹党举行了黄昏集会；就是在这里，德国制定了剥夺犹太人公民资格的法律。海斯利普将军的第 15 军花了三天时间才攻破这座城市。自西西里战役以来就并肩作战的第 3 师和第 45 师分别从北面和东南面发起进攻。

各营并肩作战，破坏了德军的回转炮塔。然后，美国士兵一个房间接一个房间、一个地窖接一个地窖地与德国人战斗，直到最后在这座老城的中世纪城墙上撕开

4月20日，纽伦堡的佩格尼茨河，当天是希特勒的56岁生日，就在当天，这座支离破碎的城市（已沦为"废墟的冲积扇"）落入美国第15军手中。

一个缺口，才打垮了2 000名孤注一掷的士兵、150名拿起武器的消防员和几个平民狙击手小分队。到星期五下午4点，所有的抵抗都结束了，另有200名藏在地下的顽固分子也在6个小时后被彻底消灭。

一名军官在日记中潦草地写道，除了"碎石堆冲积扇"，这座城市基本上被摧毁殆尽。当天傍晚6点30分，第3师的士兵聚集在阿道夫·希特勒广场，在临时准备的旗杆上升起国旗，唱起该师的军歌《步兵之歌》（*The Dog-Faced Soldier*）。他们的师长奥丹尼尔少将跳着脚对手下高声喊叫："卡萨布兰卡！巴勒莫！安齐奥！罗马！孚日山！纽伦堡！"他的儿子在"市场花园行动"中死于荷兰。

第二天，该市举行了更为安静的庆典。由斯佩尔设计的齐柏林运动场位于该市的东南边。20世纪30年代，10万名忠实信徒经过一个专用铁路岔口被辗转运到这里参加纳粹集会。这座运动场的正面看台模仿帕加马大祭坛，顶上装饰着一个巨大的纳粹十字，十字周围用一个包铜花冠环绕。第十五集团军的随军拉比大卫·马克斯·艾希霍恩乘坐一辆雕刻着大卫之星的吉普车，带着从阿尔萨斯小镇阿格诺一个遭受重创的犹太人居住区找到的一本律法抵达这里。紧接着第二辆吉普车载着第45师的5个犹太士兵抵达广场。他们在齐柏林的指挥台前踟蹰片刻，便抬着藏经柜登上台阶，取出律法，进行感恩祷告和救助祷告。

美国陆军爆破人员随后将纳粹十字炸成齑粉，一支乐队演奏起《星条旗永

不落》。"一个人可以有信仰，但永远都无法完全领悟，"艾希霍恩在日记中写道，"我
从来没有对毁灭感到如此满足过。"

胜利者的污点

随着盟军距离德国东南部越来越近，战地记者们纷纷开始分析美军哪支部队
最有可能先邂逅苏联人。第 84 师的官兵们早就用西里尔字母喷好了欢迎标语牌；
两个身着哥萨克服装的"土匪"闯进第 69 师的一个指挥所，让大家喜出望外，
奔走相告，直到他们的口音泄露了他们的身份，原来是两名英国记者在搞恶作剧。
美国下令军队不要把炮弹打过易北河，以免误伤苏联友军，直到厚颜无耻的纳粹
国防军利用这个间歇在东岸惬意地晒日光浴，这条命令才被撤销。

为了避免误伤友军，最高统帅部和莫斯科协商采取识别信号：苏军使用红色
照明弹，坦克周身喷一道白色条纹；而美军用绿色照明弹，坦克周身喷两道白色
条纹。美军侦察兵举着望远镜在穆尔德河沿岸搜索被他们称为"G. 伊万"的友军。
4 月 23 日，一条消息大惊小怪地声称看到一辆苏联坦克，后来经认真察看才发
现是一座长满青草的小丘上系着一条晾衣绳。

美国最高统帅下令美军不得在超过河畔 5 英里的范围外活动。4 月 25 日星
期三，第一集团军第 69 师的 3 个巡逻队罔顾上层命令，冒险进入莱比锡东边的
穆尔德河的高地。

上午 11 点 30 分，在莱比锡一座小村庄，36 名美军士兵组成的巡逻队碰到
一名独自出行的苏联骑兵，这位骑手骑着一匹小矮种马，有明显的亚洲人特征。
他看到他们便迅速策马而去。再往易北河方向走 2 英里，他们在距离穆尔德河
25 英里左右的施特雷拉附近看到东岸的士兵胸前的奖章闪闪发光。他们强行征
用了一艘小帆船，用手和枪托划过河，与来自苏军第 175 步兵团的战友握手寒暄，
大家笑容满面，夸张地比画着手势。不过，用无线电发送给团部的信息错将施特
雷拉当成了 4 英里以南的格罗巴，美国陆军的侦察机在格罗巴不仅没有找到苏联
人，还遭到地面炮火的袭击，由此这条报告被斥失误。

2 个小时后，身材单薄的情报官威廉·D. 罗伯森少尉开着吉普车，带着 3 个
手下往北行驶 20 英里，来到一座 10 世纪河滨小城托尔高。一座玻璃厂冒着黑烟，
街道空空荡荡，只有栗子树和山楂树林立两旁，大街上除了几个获释的苦役和两

车喝得烂醉的德军士兵外空无一人，在城里可以听到从易北河畔传来的炮火声，不过也仅限于东岸。

罗伯森既没有带绿色照明弹也没有带无线电，于是他们砸碎麦肯森广场一家药店的玻璃门，搜集到足够的蛋彩画涂料，找到一张床单，在上面画上五条红色的条纹，在空白的地方涂满了蓝色的星星，做成一面简易国旗。他们爬上易北河畔雄伟的哈腾费尔斯城堡的城垛，让那面简易国旗迎风招展，高声喊道："停火！我们是美国人。美国。苏联。美国……我们没有照明弹！"

作为回答，苏联机枪朝着城墙发出一阵短促的、令人不安的射击，随后他们看到两名红军士兵爬上被摧毁的易北河桥那扭曲的大梁。罗伯森带着手下爬下楼梯去迎接他们。大家一起到对岸吃了一餐沙丁鱼，喝了几杯白兰地。直到下午树荫渐长的时候，罗伯森坐上吉普车，驶回乌尔岑的营地。临走前，他把苏军第58近卫师的4名士兵塞进吉普车，作为跟苏军会见的证据。

星期四上午，东岸和西岸的热烈会见如火如荼地进行着。一支由15辆吉普车组成的车队载着摄影记者和通信员抵达托尔高，发现尽管不时有杂乱的枪声表示庆贺，但那番情景仍像"一场爱荷华州野餐盛会"，一名中校如是描述道。苏联士兵洗劫了附近一家手风琴厂，河上飘扬起《草原之歌》的歌声。人们从托尔高赛艇俱乐部找来6艘涂过清漆的赛艇——这是能够找到的唯一的渡河工具，赛艇穿梭不停，把美国士兵和记者运到东岸，他们一边啃着黑面包和苹果，一边畅饮伏特加。

玛莎·盖尔霍恩后来写道："那些苏联人好像自从离开斯大林格勒就再也没时间洗澡。"不过他们的束腰外衣装饰着"象征他们英勇杀敌的数目可观的珐琅饰品"。红军卡车驾驶员"驾着马……倒有点儿像宾虚战车大赛。驮畜队上什么都有：铺盖卷、坛坛罐罐和弹药，还有女人"。车子上方不时传来"斯拉夫语的陡然大喝声，轮子压过鹅卵石道路发出铿锵之声"。美国士兵们拿打火机和指甲剪跟苏联士兵交换他们帽子上的闪闪红星。数百名获救的苏联苦役在西岸排起了长队，其中绝大部分是头戴彩色方巾的女人。他们在等着登上临时渡船，踏上漫长的回家旅程。

下午3点，第69师的师长埃米尔·F. 赖因哈特少将紧张不安地登上一艘摇摇晃晃的赛艇，一位身材壮硕的苏联母亲坐在船头，她的孩子躺在横跨船舷的婴儿车里。一名军官喊道："让那个女人下船，将军要用那艘船！"可是那个女人不肯下船，她像船头雕饰一样，笔挺地坐在那里纹丝不动，舵手只好载着那位母亲和她的孩子还有蹲在船舱里的将军向河中央划去。一位记者嘲讽道："赖因哈特运气还算不错了，华盛顿那时候只能站着。"到了对岸，一位苏联将军伸出双手迎向他，跟他打招呼。

★★★

现在盟军的战线完整地从北海一直延伸到乌拉尔，把德国切成两半，德意志帝国已经山河破碎。第 8 航空队已经没有什么目标需要摧毁，在 4 月 25 日进行最后一轮空袭后，他们就完成了任务，这轮轰炸跟托尔高的会师几乎发生在同一个时辰。从意大利起飞的第 15 航空队也于第二天停止出勤。

然而在北部，德军残部仍然通过石勒苏益格 – 荷尔斯泰因和梅克伦堡、勃兰登堡的部分地区，牢牢掌控着北海和波罗的海区域。但是这个区域已经不再与柏林相连：从北面和南面分头包抄柏林的苏军已经在柏林以西 20 英里的凯钦会师，正好就在 4 月 25 日那天。

苏联 250 万大军和 6 000 辆坦克势不可当，尽管在歼灭德军包括 90 个师的 3 个集团军群时伤亡惨重。从 4 月 16 日开始，他们在 3 个星期里共伤亡 30 万人，这场血战让艾森豪威尔坚决不进攻柏林的决定显得十分英明。柏林的噩梦开始了，至少有 9 万名德国妇女遭到强奸。很多女人为了免遭强奸，往脸上涂满污泥或点上红点假装患上了斑疹伤寒，但是苏军士兵没有放过她们。他们甚至拽下水龙头、拧下灯泡带回家，据为己有。在这座死气沉沉的首都里，素不相识的德国人见了面都会握握手相互勉励："保重。"有人在日记中写道："这座城市就像四处堆着砖瓦的丘陵，底下埋着尸体，其上是布满繁星的夜空；唯一会动的只剩下老鼠。"

在南部，帝国的领地已经减少到捷克斯洛伐克和南斯拉夫的一小部分，外加从黑森林通过下巴伐利亚直抵奥地利的蒂罗尔和林兹的一条狭长地带。4 月 23 日，第三集团军报告他们仅以 50 人的伤亡代价俘获德军官兵 9 000 人。帕奇的第七集团军从纽伦堡往南直扑迪林根，飞夺一座横跨多瑙河保存完好的桥梁。谢尔曼坦克车队乘胜追击，途经正在放牧的牛羊和正在犁田的农民，农民看到坦克队吓得目瞪口呆。第 10 装甲师一天内攻占 28 个城镇，连"全国堡垒"的影子都没看见。

盟军远征军最高统帅部在最近一份备忘录中不无遗憾地写道："我们和法国之间持续不断地出现各种误解。"或许，最后的战斗注定要被这种自北非战役以来具有法美联军特色的大混乱所玷污。在德国西南部，德弗斯将军早就在心中反复琢磨夺取斯图加特所要实现的三个目标：阻止敌第十九集团军潜逃；加快美国攻入奥地利西部的速度；悄悄抓捕远在黑欣根的威廉皇帝物理研究所的德国原子能科学家。按照德弗斯的命令，由法国军队负责攻占斯图加特，不过必须要等美军第 6 军从侧翼包围这座城市堵住敌人南逃的去路之后再采取行动。而其他的美军部队则赶在纳粹死硬分子联合起来进行垂死挣扎之前，抢先从这里攻入奥地利。

但是戴高乐将军有自己的算盘。华盛顿和伦敦还没有在德国境内划出战后分给法国的占领区。在即将对德意志第三帝国进行的致命一击中，德·拉特尔将军的第一集团军扮演的似乎是个小角色。斯图加特是通往多瑙河、巴伐利亚和奥地利的门户，按照戴高乐的推测，可以"促使我们取得法国占领区的意图得以实现"。何况，取得德国南部天主教的大片土地有利于提高法国的声望，或许还可以在阿尔萨斯附近建立一个法国的附属国。

在上级的敦促下，德·拉特尔迅速下令法军的一个军包围黑森林的南半部分，另一个军从南面和东面包围斯图加特。4 月 21 日，法军坦克驶入斯图加特市，两天后完全占领该市。4 月 24 日，德弗斯下令他麾下的法军离开斯图加特，戴高乐插手干预。他告诉德·拉特尔："我命令你留一支法国卫戍部队驻守斯图加特……直到划出法国占领区。"此外，法国战地指挥官们不必听从德弗斯和艾森豪威尔的命令。戴高乐说："法国军队的行为应当与法国国家利益相统一，军队应当为了国家利益而战斗。"德·拉特尔对德弗斯表示歉意，但宣称他"只能对法国政府负责"。第七集团军的参谋长在日记中发牢骚："鼠目寸光的政治，鼠目寸光的民族。"

德·拉特尔的参谋长报告说："我从未见过正直善良的德弗斯像这样怒不可遏。"特别是当他眼睁睁地看着德军第十九集团军大部逃走的时候，尽管他们只剩 1.7 万人了。伤害之后凌辱速至。第 6 军在接近多瑙河畔的乌尔姆市时，竟然发现德·拉特尔的坦克早在 10 个小时前就抵达该市了，而指定给法军的地区在该市 45 英里以外。德弗斯再次提出抗议："这种荒诞的行为不能出现，也不应该出现！"德·拉特尔借口说，这个城市对法国意义重大，因为这里曾经是拿破仑 1805 年追击奥地利军队的战场。这位法国将军再次违抗上级要求他马上撤离的命令，强攻此地，直到把三色旗插上乌尔姆上空。

德弗斯后来断言："德·拉特尔要做拿破仑。"现在，荒诞的局面变得十分凶险。德国平民跑到斯图加特寻求美国人的庇护，以躲避掠夺成性的法国殖民地部队。

一个嫁给德国人的英国女人说,她村子里"每个 12 岁到 80 岁的女性"都被侵犯,还说:"母鸡和女人是他们追逐的主要对象。"美军第 100 师向帕奇将军报告:"斯图加特的情况糟糕到令人难以想象……强奸、掠夺和抢劫等现象十分猖獗。"一名记者报道,成千上万的女人被赶进一条隧道里遭强暴。据说一名法军司令对此耸耸肩说道:"你能拿那些摩洛哥人怎么办?"

德弗斯在通知德·拉特尔"斯图加特一片混乱"之后,于 4 月 27 日星期五上午 9 点亲临该市视察,结果发现那些报道"极度夸大了事实":遭到强暴的女人不是 5 万人,而是"不到 2 000 人",其中一部分是被情绪激动的外籍劳工和变节的德国人强暴的。第七集团军冷淡地说:"法国人占领德国城市的程序跟美国军队的传统不一样。"

艾森豪威尔开始介入此事。4 月 28 日他打电话给戴高乐说,他要报告伦敦和华盛顿"我不敢再指望在未来派遣任何法国军队参战"。新上任的美国总统哈里·S. 杜鲁门也对戴高乐进行谴责。

但是,战争即将结束,不管是德弗斯还是最高统帅,都不想因为跟法国扯皮而延误战机。法国军队将暂时留在斯图加特。他们处置了几名强奸犯,这明显让德弗斯相信"情况好多了"。帕奇的大军现在正往南突进。美国间谍以智取胜,挫败法国同行,逮捕了他们在黑欣根找到的几名德国科学家,不过诺贝尔物理奖获得者维尔纳·海森堡头天骑着自行车逃往巴伐利亚,直到一周后才被俘。

对法国占领区的争论将一直持续到 6 月下旬正式协议签署为止。除了在柏林占有一席之地,巴黎还得到了莱茵兰向北一直延伸到雷马根的大片土地,但是不包括卡尔斯鲁厄、威斯巴登和戴高乐凯觎的斯图加特。美法之间的亲密友情可以追溯到美国独立战争时期,但是在二战期间,两国成了相互提防的盟友。他们互不信任,注定要塑造战后几十年的地缘政治状况。

德弗斯杜撰了一句漂亮的格言。他在给德·拉特尔的信中写道:"数月来我们并肩作战,通常都在同一条战线上。"

★★★

最后的怪物还在等着美国士兵发掘,这种怪物不仅再次印证纳粹的邪恶,还证实了战争不可阻挡的道德冲突,这种冲突甚至将正义置于险境。

慕尼黑西北 10 英里的达豪镇有一座火药厂,属巴伐利亚皇家陆军所有。

1933 年 3 月，这里接收了第一批俘虏，加上后来陆续接收的战俘共计 20 万人。在后来的 12 年里，从达豪集中营及转移到 170 个附属营地惨遭杀害的人接近1/4。4 月 28 日傍晚，主营地的纳粹旗帜纷纷降下，白旗冉冉升起，此时通电围栅后的囚犯只剩下来自 41 个国家的 3.1 万人。在获救后的头 4 个月里，陆续有 1.3 万人死亡，主要死于斑疹伤寒和饥饿。

曾经在阿莎芬堡和纽伦堡中与敌军激战的第 45 步兵师正朝慕尼黑进发。4 月 29 日星期六那个阴冷的早晨，他们抵达达豪镇。一名随军医生描写："这里有整齐的花坛、葱茏的树木、林立的店铺、往来的单车、尖塔教堂和水平如镜的河流。"第 157 步兵团的 I 连发现这座城市不只有这些。他们经过一个铁路岔道，朝监狱区走去。首先看到路旁有一列 39 节车厢的火车——由游览船、客车和货车组成。

2 310 具腐烂的尸体横七竖八地丢在车里和道旁，有的寸缕未着，有的穿着褴褛的蓝白条纹囚服，大多数都是被强行从布痕瓦尔德迁来后被饿死的波兰人。这种凄惨的情景让美国士兵目不忍睹。就在这时，4 名纳粹党卫军士兵高举着双手从藏身处走出来。一名中尉把他们赶进一辆货车车厢里，对着他们一口气把手枪里的子弹打了个精光。另一名士兵端着步枪朝那些还在呻吟的人连续开枪。中尉怒吼道："杂种！杂种！"

随着美国人朝营地的一个侧门走去，成千上万名囚徒站在栅栏边，哭声震天。一位古稀老者递给美国士兵一根沾满污渍的香烟。另一名狱友用英语说："收下吧，这是他在这个世界上唯一拥有的东西，是他的一切。"囚犯们把牢头和可疑的告密者逼到墙角，用铁铲痛揍他们。囚犯们咆哮着追逐来不及逃走的纳粹党卫军，他们有的穿着囚服冒充囚犯。一名士兵报告称："他们徒手把德国人撕成了碎片。"

当天下午抵达达豪的艾希霍恩拉比写道："我们站在那里袖手旁观，看着那些卫兵被活活打死。大家打得太卖力，以至于尸体都被撕扯开了……我们无动于衷地看着，就算看着一只狗被打成这样我们都不会如此漠然。"囚犯们用棍棒、石块往死去的和将死的德国人身上砸去，砸碎了他们的头骨，打断了他们的手指。一位目击者称："一个卫兵的尸体被撕碎后撒得到处都是，连胳膊都拉脱了。"进入监狱区后，I 连的官兵们把几十个德国人赶到煤场的一堵灰泥墙前，然后一名机枪手毫无征兆地端起三脚架上的轻机枪对着他们开火。其他人拿起卡宾枪和布朗宁自动步枪一齐对他们射击。一名军官站出来制止时，已经有 17 个德国人死亡。营里的军医拒绝为纳粹党卫军的伤员疗伤。

4月29日，美军第45和第42师的士兵到达了慕尼黑附近的达豪集中营。调查人员后来得出结论，义愤填膺的美军士兵至少处决了28名投降的党卫队看守。

同一天的同一时间，第42步兵师的先头部队抵达奥斯威辛集中营的大门，映入眼帘的是那块臭名昭著的大招牌，上书"Arbeit Macht Frei"，意为"劳动带来自由"。一名准将回忆道："愤怒的囚犯们号叫着冲破几个地方的通电铁丝网……在这个过程当中，有几人触电身亡。"16个德国人被人群从乌尔姆运河附近一座守卫塔里拖出来。目击者对他们是否进行过抵抗看法不一，不过都一致认为他们确实被缴械了，而后这16个人站成两排，第42师和第45师的士兵将他们射杀。7具尸体血肉模糊地被丢弃在运河边，其他的"伴着一声人类喉咙绝对发不出来的吼声"被扔进水里。

暴怒的情绪终于平息下来。医护人员到了，掘墓工人也到了。一名随军护士写信给丈夫："我不知道怎么跟你形容这里有多恐怖。"医生和士兵每次从营地出来浑身都撒满了DDT粉，活像一个个鬼魂。第45师的师长罗伯特·T. 弗雷德里克少将是最勇猛的军人，曾获得过8枚紫心奖章，就连他都觉得谈论达豪的情景让他浑身不自在。弗雷德里克对那些没有进去看过的下属说："我不想多说，总之就是一团糟。"

没过多久，第七集团军的监察长就来调查"所谓对德国卫兵的虐待事件"。杀戮事件的消息传到了艾森豪威尔的耳朵里，他马上从道德的制高点发表了一番高谈阔论，要求美军在欧洲的各师、各军和各集团军严查未经法律允许所进行的杀戮行为。艾森豪威尔说："如果我们这些对祖国荣耀负有责任的人姑息……武装力量的犯罪行为，就会削弱美国的道德立场，有损美国平等政策的美誉。"

监察长称，达豪至少有28个纳粹党卫军士兵在投降后遭到枪杀，他提出要以谋杀罪把4名美国士兵送上军事法庭。有人认为死亡人数不止这些，应该受到惩罚的人也不止4个。一名军事法官证实这种行为在"严格意义上违反了国际法，因为纳粹党卫军的卫兵似乎未经审判就被射杀了"。不过后来连一项起诉都没有提起，艾森豪威尔呼吁部将们遵守法律也没有起到任何作用。帕奇将军驳斥监察长报告的大部分内容，说他"明显缺乏对战争压力的理解"。很快接任帕奇成为第七集团军司令的海斯利普说："野战部队连续作战 30 天，已经极度疲乏，达豪的情景所带来的恐惧和震惊让他们精神错乱。"

毫无疑问，胜利者的公正确实是存在的，带着一股道貌岸然的酸腐味，提醒人们战场上往往都会留下荣誉和耻辱的痕迹，即使是解救者，回家时也可能带着污点或遭到诽谤。第七集团军一名护士温德雷中尉在写给家人的信中说起护理达豪幸存者的情景，她提出了一个令人痛苦的难题：

> 我今晚值夜班，守着一百名尸体般的病人和肢体……很多人都患有肺结核、斑疹伤寒、肠炎（持续腹泻）和巨大的褥疮……病人只穿了睡衣的上衣，因为他们上厕所时来不及脱裤子。
>
> 上帝，你在哪里？

作为特别指定的"元首之城"，慕尼黑被希特勒政权看作"运动之都"和"德国艺术之都"。对美国陆军而言，用艾森豪威尔的话来说，它是"纳粹禽兽的摇篮"。但是，为了避免该市遭到更为严重的破坏，德国起义者与纳粹党卫军奋战三天，以满怀激情阻止他们炸毁伊萨尔河上的桥梁。4 月 29 日，美军 4 个师获得空投的 40 万加仑汽油作为补充。第二天，他们发起对"元首之城"的袭击，午前从 10 座桥跨过伊萨尔河，抵达业已损毁的市中心。

240 毫米的榴弹炮"挨家挨户"地轰炸，进一步摧毁了这座废墟。到 4 月 30 日星期一夜幕降临之时，慕尼黑终于被攻陷。在每年举行庆典纪念 1923 年啤酒馆政变的统帅堂，美军士兵发现一条巨幅标语："我为自己是德国人而深感耻辱。"

同一天，在 300 英里以北，苏联人正在从柏林动物园附近一间堆满了德国士兵尸体的陈尸所搜罗纪念品。他们从穿着灰色野战服的尸体上拽下铁十字勋章和纳粹"卐"字章。其他红军部队准备在巴黎广场烤一头牛来庆祝"五一劳动节"。惊慌失措的柏林人挤在安哈尔特火车站下面的避难所里，里面屎尿横流，粪便积了脚踝那么深。一些纳粹党卫军的官兵都躲在施卢特伊斯啤酒厂后面集体自杀，不过这座首都仍旧到处有人发起抵抗，被一位苏联作家称为"垂死挣扎"。

在被苏联地图列为第 106 号目标的德国总理府地下，希特勒跟他的两个秘书和营养师一起吃完午餐。希特勒穿着制服上衣和黑色裤子。用餐之后，他跟手下一一握手道别，然后回到自己的书房。下午 3 点 30 分，伊娃·布劳恩穿着带白边的蓝色裙子走进书房。除了排气扇的嗡鸣声和远处炮火的隆隆声，书房里一片寂静。10 分钟后，副官打开书房门，发现布劳恩倒在沙发上，死于氰化物中毒。坐在她身旁的元首已经失去生命迹象，右边太阳穴被瓦尔特 PPK 7.65 毫米手枪打出了一个弹孔。

12 年零 4 个月后，第三帝国走向灭亡。人类若想了解这个政权的惨无人道，了解一个自恋狂煽动家如何毁掉一个国家、一个大洲乃至整个世界，恐怕需要花上几十年乃至几个世纪的时间。希特勒的传记作家伊恩·克尔肖写道："历史上从来没有哪次大毁灭被归咎于一个人，他是造成近代文明深度崩塌的主要煽动者。"在听到希特勒死讯时，斯大林停顿片刻，立马给他想好了墓志铭："这——就是那个浑蛋的下场。"

希特勒的心腹们把两具尸体包裹在毯子里，爬上四层楼来到布满弹坑的花园里。尸体浇上汽油后整整燃烧了 3 个小时，熊熊烈火中闪着令人愉悦的火苗。一名喝醉的纳粹党卫军警卫员朝着下面的掩体里高声喊道："元首烧起来了，你们要不要来看看？"一名司机后来抱怨排气扇从迷宫里吹出一股烤焦肉的恶臭味。他说："我们没地方躲。闻起来就像熏肉烧起来了一样。"

★★★

希特勒的死跟他的生都伴随着谎言。5 月 1 日星期二，德国电台并没有公开他自杀于破烂的地下室里，而是宣布他"与布尔什维克主义战斗到最后一刻"，"为德国献身"。新的纳粹国防军最高统帅发布命令说，元首"至死不渝"的精神是"每个士兵奋斗的榜样"。

但是瓦解的势态已经一泻千里，一切终将结束。5 月 2 日星期三下午 3 点，苏军最后一枚炮弹落在柏林，随后这里便陷入一片寂静，对德国人来说，这种寂静比炮火更可怕。这座没有防御能力、被掏空了内脏的城市即将被占领半个世纪之久。

沿着易北河正西 50 英里是辛普森的第九集团军掌控的美军左翼。为了躲避穷追不舍的红军，数十万"歇斯底里、鬼哭狼嚎的德国人"正逃往这里。芝加哥一家报社的记者詹姆斯·韦拉德写道:"我看见德军士兵为了抢着过河把老妇推下船。"尽管苏联的大炮往河岸进攻的声音、德军后卫部队冲锋枪还击的声音近在耳畔,人们还是争先恐后地涌来。

他们有的爬上被炸毁的铁路桥狭窄的人行道,有的给行李和自行车扎上救生筏,有的划着单人小船,有的把汽油罐做成浮圈。难民们"不断跳进流速极快的河里,河水不断把他们冲回岸上"。韦拉德接着写道:"死人、快要死的人和活人挤成一团糟。"

辛普森同意接受德军部队的投降,但他们必须带上自己的食物、炊事器具和医药用品。最后抵达西岸的有 7 万多人。他们一上岸就把武器装备统统丢到岸边,然后排成长长的几列,往战俘营走去。岸边的步枪、手枪和望远镜堆成了几座小山。一名德军上校报告称"很多无法渡过易北河的人都自杀了"。在每条战线的前沿,这种戏剧化场景都达到了高潮。

在意大利,来自 26 个国家的 150 万盟军于 4 月 23 日攻入波河流域。5 天后,墨索里尼和他的情妇被游击队员枪杀身亡,并被倒吊在米兰一座加油站生锈的横梁上。《纽约客》的菲利普·汉波格尔写道:"你会产生一种好戏即将落幕的感觉,觉得大局已定。"盟军部队很快席卷维罗纳、热那亚和威尼斯。4 月 29 日,在亚历山大元帅富丽堂皇的司令部卡塞塔,德国来使签署了无条件投降书。5 月 2 日中午,C 集团军群将近 100 万人投降,始于 5 年前的地中海战役就此结束。

沿着欧洲大陆的北缘,大量使用喷火器的加拿大军队攻入荷兰,紧迫感正在催促他们加快进度:饥饿的荷兰人现在只能依赖一点荨麻汤、洗衣用浆粉、偶尔找到的猫肉和狗肉及 1.4 亿吨山慈姑度日。据说,阿姆斯特丹太平间的守夜人要不停地摇晃钥匙,驱赶啃咬尸体的老鼠。此外,盟军工兵还担心德军炸毁海堤,淹没荷兰西部。于是他们通过秘密协议与德国人达成休战协定,并为运送救援物资留出安全通道。救援物资于 4 月 29 日开始空投,于 5 月 2 日开始走陆运。

H 集团军群的布拉斯科维茨将军和"荷兰要塞"的投降让荷兰上下一片沸腾:尽管 20 万平民仍旧饱受饥寒交迫之苦,但人们迫不及待地穿上橙色衣服,燃起篝火,载歌载舞,一副万人空巷的盛景。一名英国准将写道:"这里的人们显然是为了补偿他们这 5 年来所遭受的压迫之苦。"被俘的德国人穿着灰色的制服排成几列,朝登海尔德蜿蜒前行。他们将在那里登上渔船和小舟,然后渡过艾塞尔湖,踏上通往战俘营大门的漫长旅途。《每日电讯报》的记者马斯兰·甘德写道:

4月9日，加拿大士兵列队穿过一座荷兰小镇。饥饿的荷兰人已沦落到要吃荸荠汤、洗衣用浆粉、猫狗和郁金香球茎的地步。

"他们像流浪汉和罪犯一样灰头土脸地离开了。"

战俘们每180人分配到10匹马和5辆板车……每500人可以分到2辆自行车，用于送信……每个人在登上疏散筏之前都被搜过身，战利品一律不许带，只允许带一支钢笔和一只手表。丢在码头和仓库的东西堆积如山，其中有自行车、缝纫机、家具、收音机、杜松子酒、衣物和香水。

甘德接着写道："那是童话故事里令人欢喜的时刻。"

在更往东的地方，英军4个师从侧翼包围了不来梅港。经过5天激战后，该港口于4月27日被攻克。一名英国士兵发现，在这个被他称为"人世间最堕落的地方"的城市里，德国人"趁乱打劫、酗酒打架"。尽管艾森豪威尔不断催促，蒙哥马利依旧按照他那不紧不慢的节奏从下游渡过易北河，此时苏联人已经在向丹麦进军了。这是近乎赛跑的速度：5月2日，英军坦克攻克吕贝克，空降兵突进40英里，占领波罗的海的维斯马，封锁了日德兰半岛，赶在红军抵达前两个小时堵住丹麦的入口。5月3日，汉堡不战而降。负责掩护蒙哥马利右翼的第18空降军两天内俘获了25万战俘。

在英美联合大军中，最靠东的是第三集团军。捷克的村庄用花环在引道上搭建起漂亮的拱门，上面的标语写着"欢迎美国人"；而城镇的另一边也搭建起一模一样的拱门，标语写着"欢迎苏联人"。英国曾怂恿第三集团军抢先攻占布拉格，正如丘吉尔对杜鲁门所说的，这个战利品"可能会彻底改变捷克斯洛伐克的战后形势"。

艾森豪威尔对此很感兴趣，尽管马歇尔警告他"我不想仅仅出于政治目的而置美国人的性命于危险境地"。最终斯大林接受了美国在易北河停下脚步的要求。于是，最高统帅重申他之前的承诺：英美联军将沿着波希米亚的皮尔森和卡尔斯巴德一线停下脚步。巴顿的大军朝林兹和皮尔森突进，把萨尔茨堡留给第七集团军，把布拉格留给苏联。

5月2日，奥地利的游击队攻占了因斯布鲁克。两天后，第六集团军在暴风雪中进入该市，在一家带有网球场的高尔夫度假酒店扎营，这家酒店还有一支维也纳乐队。5月4日星期五上午11点，第411步兵团一支巡逻队跨过布伦纳山口与第五集团军的战友会合，这次欧洲和意大利战区的会师整整酝酿了两年时间。埃里希·布兰登贝格尔将军带着第十九集团军残部投降。他们精心安排了投降仪式，甚至还准备了书面手稿，详尽说明旗子、勤务兵、乐队队员甚至铅笔的摆放位置。美国军官既没有敬礼，也没有跟他们握手，不过倒是允许布兰登贝格尔的手下每10人保留一支手枪和10发子弹，以维持"内部治安"。

几乎就在同一个时辰，德弗斯乘坐指挥车，和帕奇、海斯利普和奥丹尼尔抵达慕尼黑东南部哈尔郊外林间一个雕刻家的工作室。工作室里摆满了石膏模型和雕像，从微雕到宏伟的纪念碑无所不有。赫尔曼·弗奇中将以立正姿势笔直地站在工作室里，准备率领他的第一集团军和G集团军群投降。德弗斯和他的副官坐在座位上，弗奇缓慢地撅着臀部鞠了一躬。他们简短地讨论了投降条款，包括如何通知远在阿尔卑斯山的德军部队战争已经结束。随后德弗斯重申，瑞士和捷克斯洛伐克之间的G集团军群的所有官兵将全部成为战俘。

德弗斯说："这是无条件投降。你明白吗？"整整一分钟，弗奇像身旁的雕塑一样僵硬地站在那里，一名目击者记录道："他脸部的肌肉抽搐着，像那些痉挛即将发作的人。"接着，他的头微微一甩，用标准的英语回答道："我可以非常肯定地告诉你，先生，以我的残存力量根本阻止不了局势的发展。"

★★★

再没有几个地方会比贝希特斯加登承载的日耳曼情感更沉重。慕尼黑往东南走80英里，就来到这座遥远的巴伐利亚村庄。希特勒在1923年发动政变失败后，退居在该地一座小木屋里，完成了《我的奋斗》第二卷的写作。这本书的畅销给他带来修建度假屋的资金。他的度假屋（后被称为"贝格霍夫"）修建在上萨尔茨山坡上，俯瞰着小镇。据说查理曼大帝曾率领他的神秘军团在这座山中蛰伏。纳粹的朋党们在这里购买房屋，围出一片田园式的飞地，可以尽情享受牧歌般的农牧生活（鲍曼在他的小道上摆放了 100 个蜂箱养蜂），也可以密谋统治世界。

为了筹备元首 50 大寿的寿礼，也为了安排外事接待，纳粹政府征用了近 4 000 名工人，在鹰巢附近建造了这座富丽堂皇的山巅城堡，跟鹰巢配套。这里既有必不可少的独特远景，又有墨索里尼赠送的卡拉拉白大理石豪华壁炉，火炉上方的墙壁上悬挂着一幅巴黎哥林壁饰挂毯，像一张动物的毛皮。访客沿着蜿蜒的道路爬上山，驶过 5 条在花岗岩的山体上凿出的隧道，而后乘坐一部配有威尼斯玻璃、绿色皮革长椅和黄铜配件的奥蒂斯电梯，再往上 400 英尺，才抵达这座城堡。

希特勒的度假屋坐落在遥远的巴伐利亚村落贝希特斯加登，这座豪华的山顶别墅被称作"鹰巢"，是纳粹党献给元首 50 岁生日的礼物。5 月初，希特勒在柏林自杀后不久，美军士兵占领了这片地区。

4 月 25 日，英国皇家空军轰炸机对这个小镇施以惩罚性的猛烈空袭，将鲍曼和戈林的住宅、希特勒的贝格霍夫和临近的纳粹党卫军营房炸为齑粉。备受鼓舞的抢劫者洗劫了上萨尔茨堡，偷走希姆莱的家具、鲍曼收藏的数千张水彩画和素描。5 月 1 日，元首的死讯促使纳粹党卫兵焚烧他们的私人物品。随着盟军逼近，他们最后将整座房屋付之一炬。

5 月 4 日下午 4 点，第 3 步兵师的两个营穿过开着野花的草甸，步履沉重地走进贝希特斯加登，火苗仍在舔舐着废墟。按照奥·丹尼尔将军的命令，萨拉赫河上的桥梁守卫森严，无论是法军第 2 装甲师还是第 101 空降师，都被他们阻挡在村庄外面。第十五集团军司令海斯利普将军告诉暴跳如雷的勒克莱尔将军："你们拿回了巴黎，又占领了斯特拉斯堡，不能再奢望贝希特斯加登。"美军士兵降下纳粹的国旗，撕成 2 英寸大小的碎片带回去作纪念。

尽管上萨尔茨堡遭到狂轰滥炸、焚烧和洗劫，但士兵们发现里面还有很多值得掠夺的东西。贝格霍夫地窖里到处都是印着字母"A.H."的餐桌布、茶杯和勺子，还有各种唱片、日期可以追溯到 1930 年的杂志，铺着绿色瓷砖的厕所里有马桶座圈。美国士兵抢走了照明器具、弹簧床垫、标明各战区统帅部战况的地图。一名从伊娃·布劳恩的衣橱穿过的军官说："让我印象最深刻的是她衣柜里的衣架，起码有两百多个。"隔壁的宾馆里有一台浓缩咖啡机、一个啤酒龙头和一些速冻冰激凌杯。

英国皇家空军没有轰炸鹰巢。不过，由于担心电梯里设有诱杀陷阱，于是士兵们辗转爬上陡峭的峰顶。侦察兵发现一间装有遮光布的餐厅，里面有 26 张椅子、各式家具和瑞士五针松的嵌板；还有一间崭新的厨房，里面配备了屠宰区，不过看样子从来没用过。墨索里尼进献的壁炉太大了，一名访客写道："一头公牛站在上面就像一口痰。"很快，一天内有 3 000 名盟军士兵涌上鹰巢参观，到了星期天，参观者达到 1 万人。无聊地嚼着口香糖的空降兵被拉去做导游。

从戈林住宅搜到的赃物数量庞大，种类繁多。很多赃物都塞在一间仓库里，仓库里还有一间大金库：1.8 万瓶红酒和白酒、5 000 台打火机大小的美乐时相机、12 个塞满女人内衣裤的衣箱、色情影片、一辆 14 座的梅赛德斯防弹车。

在附近的铁路隧道和其他储藏室里，空降兵们还发现他很多声名狼藉的艺术掠夺品。据说这些收藏品价值 5 亿美元，其中包括成百上千张伦勃朗、鲁宾斯和凡戴克等名家画作，还有一张维梅尔的画作《基督和通奸的女人》的赝品，此外还有圣徒、半人半兽和士兵的陶土像，挂毯、古董、金圣餐杯、瓷雕像。一间旅馆被改造成一个临时画廊，外面贴着一张海报，写着："赫尔曼·戈林艺术收藏品——感谢 101 空降师惠赠。"戈林的私人馆长躲在赃物中间被捕获，他叹口气说："唉，战争！再见，再见。"

戈林本人很快现身了，他要求在"改组德意志帝国"的工作上为艾森豪威尔效力。这位帝国元帅带着包括一个厨子、一个管家和一名贴身男仆在内的 75 名心腹随从，在萨尔茨堡东南 35 英里的地方被第 36 师抓获。他饱餐了一顿炸鸡，垂头丧气地在得州孤星旗前拍了照，脑袋垂在胸前的几枚铁十字勋章上。他晚上可以保留 4 支全自动手枪，以防遭到纳粹党卫军杀手的暗算。

达尔奎斯特将军在日记中写道："他是个肥胖粗俗的笨蛋，不停地说一切都是希特勒和里宾特洛普的错。"他戴着天蓝色的手套，在气氛轻松的法庭上对通信员们说，关于贝尔根 - 贝尔森和布痕瓦尔德的丑恶报道"纯粹是宣传"。他接着说：

"我不是先知，很难知道未来会怎样。"他的元帅权杖长 16 英寸，上面缀着 640 颗钻石、20 只金鹰和 20 枚白金十字，后来成为美国销售战时公债的道具。

接着又一根元帅权杖被缴获。德国最后的统帅部设在阿尔卑斯山里，这里是英美联军的死敌——凯塞林元帅的司令部。这位西线总司令正在奥地利边境沿线一辆五节车厢的火车上等待战争的结束。他错把两名跟踪他的记者当成了艾森豪威尔的特使，以为他们来协商投降事宜，于是邀请他们共进午餐，一同享用火腿、卷心菜、土豆和牛肉。发现自己搞错了之后，这位"微笑的阿尔伯特"笑着嘀咕："浑蛋。"

一位美军少校随后邀请凯塞林前往贝希特斯加登霍夫。在那里，他被安排住在最好的房间里，带着他的步枪、奖章和元帅权杖。他叹息"6 根权杖都被我留在了司令部的废墟里"。随后，他被关进卢森堡条件艰苦的牢房里，一名战犯审讯人员正在里面等着他。在离开之前，他被问到如何评价希特勒，这位陆军元帅深深地叹了口气，答道："希特勒是我见过的最非同凡响的历史人物。"

伟大的沉默

汉堡往东南 30 英里的吕讷堡石南草原景色宜人，在一片山毛榉和桦树林中，坐落着砖木结构的粉蓝色灰泥农舍，陆军元帅蒙哥马利最后的营地就驻扎在当地一座小山丘上。艾伦·穆尔黑德写道："美丽的田园风光绵延数英里，黛绿色的松树林，紫色的石南。"他觉得这里是"女巫、术士和精灵们的住处"。

英国士兵别出心裁，用左轮手枪和手榴弹在鲑鱼孵卵处钓鱼。吕讷堡北边的两座教堂尖顶高高耸立，在树林中如鹤立鸡群。当地几家挤满了德军伤兵的医院传来可怜的哀号声。废弃的纳粹空军营房上还有一条标语没来得及擦去，上面写着"元首永远是正确的"。一间储藏室里有精准的英格兰、苏格兰和苏联地图，提醒人们德意志那未酬的壮志雄心。

5 月 3 日上午 11 点 30 分，一辆德国箱式轿车在两辆英国装甲车的护送下，穿过文迪施埃菲尔恩村庄，在三辆悬挂着英国国旗的伪装活动房屋前停了下来。从轿车上下来 4 个人，其中两个穿着灰色的军大衣，另外两个穿着德国海军的皮大衣。中间那间活动房屋的门打开了，一个穿着军装上衣和卡其色裤子的小个子走了出来，他两只手背在后面扣着，神情十分严肃，来人正是蒙哥马利。

4 个德国人迅速立正，朝他敬了个礼，他漫不经心地用手指碰了碰黑色的贝雷帽。他大声喝道："你们是什么人？干什么来了？"一个脸色灰白、头戴鸭舌帽的瘦高个军官走过来自我介绍，说他是海军上将汉斯 - 格奥尔格·冯·弗里德堡。按照元首最后的政治遗嘱，海军总司令卡尔·邓尼茨继任成为该国残山剩水的元首，并临时定都靠近丹麦边界的弗伦斯堡。冯·弗里德堡接任邓尼茨成为海军总司令。

蒙哥马利嚷道："我可从来没听说过你们的名头。"此时一名英军参谋官跟同事窃语："他这辈子都在排演这个场景。"弗里德堡坚持按照邓尼茨的授意提出让波罗的海和柏林之间的德国海陆空三军向英国投降，以逃避苏军的报复。蒙哥马利说："绝对不行，那些军队正在跟苏联人作战，所以他们必须向苏联投降。这个问题就这么定了。"他只"以惯常的方式"接受个别散兵游勇的投降。

蒙哥马利掂量片刻，接着说："你们愿意让吕贝克和荷兰沿岸之间的德国军队向我投降吗？包括所有的增援部队，比如在丹麦的军队。"这是要求与第二十一集团军群作战的敌军投降，是战术投降，而不是挖莫斯科墙脚的战略投降。弗里德堡抗议说他无权这么做，蒙哥马利打断他的话："你当真了解当前的形势吗？"

他叫人拿来地图，迅速指出各条战线的德军都大难临头，然后义正词严地斥责德国设立集中营，给世界造成巨大的苦难，接着说道："你们最好去吃个午餐想清楚再说。"4名德国人被护送到一座帐篷里，坐在铺着白色床单的餐桌前吃饭。看着同伴就着瓶子啜饮红酒和法国白兰地，弗里德堡流下了眼泪，这就是穆尔黑德笔下"令人难堪的情景"。然后弗里德堡同意把蒙哥马利的提议向德国最高统帅汇报。他下午坐上车离开，答应第二天再来。

5月4日下午5点，蒙哥马利步伐轻松地走进吕贝克的媒体帐篷。汤普森写道，他"得意扬扬，双手插在浅蓝色粗呢大衣的口袋里"。蒙哥马利问记者们："有好茶吗？"一名上校很快跑来宣布弗里德堡率领代表团回来了。"百万大军即将投降，还不错嘛，百万大军哪，好家伙！""哈！他回来了。我料到他会回来，"蒙哥马利说，"让他们等着。"他东拉西扯地说了半天，才站起脚来。"现在咱们去出演最后一幕。那些德国军官到了，咱们去瞧瞧他们怎么说。"记者们说同意。

弗里德堡拖着沉重的步伐走进蒙哥马利的营房，简单聊了几句，说邓尼茨元帅（因读音问题总是被盟军士兵叫成"Donuts"，意为"甜甜圈"）同意英国提出的条件。邓尼茨还指示弗里德堡直接跟艾森豪威尔展开谈判。他显然希望能拖则拖，以争取更多时间让国防军官兵和德国难民逃往西方。蒙哥马利神采飞扬，指着墙上一张照片问："看看这张照片像不像龙德施泰特元帅本人？我一直都喜欢研究对手。"弗里德堡说:"像,太像了。"

下午 6 点 20 分,德国海军上将走出营房,和两个英国军官步行 50 码,来到一座帐篷。帐篷的门拉了上去,铺着军用毯子的方桌上摆着两个 BBC 麦克风。穆尔黑德写道:"那是个灰色的傍晚,灰色的石南,灰色的阴云,脸色灰白的德国人穿着灰色的外套。"蒙哥马利马上就到了。他对记者们低声说:"这是个伟大的时刻。"

弗里德堡从椅子上站起身僵直地向蒙哥马利敬礼。蒙哥马利在椅子上坐下来,他的传记作者写道,他"狐狸似的尖鼻子上架着一个质朴的玳瑁框眼镜,翻领下面挂着 5 排勋章,作战服胸袋上吊着一根小金链,精瘦的双手搁在桌子上"。他手里拿着一份标题为"投降协议"的文件,用尖利的嗓子大声读了七个段落,最后读道:"如对该投降条款的含义或解释有任何异议或争议,盟国拥有最终决定权。"他拿起一支笔,在墨水瓶里蘸了蘸,对弗里德堡说:"现在你们要在文件上签字。"

德国人签署完毕,蒙哥马利签上自己的名字后开始写"April"(4 月),结果发现错了,把"A"划掉,重新签署日期:"1945 年 5 月 4 日,18:30。"投降协定第二天早上 8 点生效,直到经最高统帅部的同意签署投降总协定取代该协定为止。他叹口气,坐下来,摘下眼镜说道:"这就算达成了正式投降协议。"

汤普森汇报称:"帐篷的门放了下来,我们走了出去。"为了纪念他所谓的"胜利山",蒙哥马利第二天下令在荒野上树起一根橡木匾。不到几个小时,牌匾就被人偷了,不过没人会忘记吕讷堡石南草原上发生的一切。蒙哥马利元帅在上床前写信给布鲁克描述当天的事件:"看来西欧的对德作战中,大英帝国的任务已经完成了。在大家的劝诱下,我今晚也喝了点儿香槟。"

5 月 5 日星期六,天气恶劣,送弗里德堡前往兰斯迅速结束战争的计划落了空。于是,弗里德堡驱车往南行驶 135 英里,而后乘坐一辆英国飞机前往盟国远征军最高统帅部。最高统帅部设立在现代技术男子学院,紧挨被熏得乌黑的铁路站场。傍晚 5 点多,弗里德堡抵达目的地。他在盥洗室里哼着歌换上新领圈,然后走进比德尔·史密斯二楼的办公室。不到 20 分钟,谈判就谈崩了。

史密斯和两年前曾经受命艾森豪威尔负责意大利投降协定谈判的斯特朗少将断然拒绝弗里德堡关于只向西线盟军投降的提议。德军必须同时向盟军最高统帅部和苏联最高统帅部同时无条件投降;否则,盟军最高统帅部"绝对"不会接受他们的任何条款。史密斯接着说,德国已陷入绝境。他指着座位前几张战区地图,还有一份专门拟订给弗里德堡看的计划,上面盟军的进攻箭头从东到西都指向纳

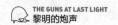
粹国防军在波西米亚和南斯拉夫的残部。弗里德堡的双眼再次涌出泪水，不过他仍坚称，全面投降的决定权掌握在邓尼茨手中。

史密斯走出大厅，看到艾森豪威尔正在办公室里踱步，一支接一支地抽烟。史密斯告诉他，弗里德堡要发电报请示邓尼茨，看来投降协议要花上几个小时甚至更久。这位德国海军上将被安置在哥迪诺街的一栋房子里，有卫兵看守，晚餐是带骨猪排、土豆泥和威士忌。凯·萨默斯比写道："打击太大了，每个人都情绪低落。"

艾森豪威尔带着他的苏格兰宠物犬泰莱克大步走出总部。他气冲冲地回到法式城堡，想要沉浸在威廉·克伊特·麦克唐纳德的《弹药筒狂欢节》（*Cartridge Carnival*）的故事情节里。那是一本低俗的西部小说，里面写的全是枪战、偷牛和赌博出老千。第二天早上，他写信给玛米："我本以为事情肯定会有进展，虽然很早就寝，但估计会在凌晨1点、2点、3点或4点被叫醒。结果没有任何进展。我很早就醒了过来，睁着眼一直睡不着，手头又没有什么像样的书看，只有《狂野西部》（*Wild Wests*）系列，这套书实在太差劲了，我用左手都比他们写得好。"

星期天傍晚6点，新的谈判者抵达兰斯，他是国防军最高统帅部作战部长阿尔弗雷德·约德尔将军。邓尼茨指示他"寻求西方的救赎"，并解释"我们为什么希望单独向美国人投降"。约德尔和弗里德堡一起走进史密斯的办公室，自鸣得意地告诉英国人和美国人："你们到最后肯定要跟苏联人斗。"

经过90分钟的讨价还价，史密斯向艾森豪威尔汇报，约德尔和弗里德堡不过是在拖延时间。最高统帅厉声说道："你告诉他们，从今天半夜12点钟算起，给他们48小时时间，然后我将封锁西线，一个德国人都不放进来。他们签不签都一样——不管他们耗多长时间。"约德尔发电报给弗伦斯堡的邓尼茨："艾森豪威尔坚持要我们今天签字……我觉得我们别无选择——要么一团糟，要么签字。"这位海军元帅发牢骚称这是"纯粹的勒索"，但也只好表示同意"全权代表签字"。

盟军最高统帅部的打字员们经过数日的反复推敲斟酌，终于拟订出英文版、法语版、俄语版、德语版的草稿。其实兰斯总部早在星期六那天就准备敲定最终版了，但有人认为那份文件不适用。那份"投降协定"的早期版本是去年夏天欧洲咨询委员会编纂并授权的，随后便通过了华盛顿、伦敦、莫斯科和巴黎的审核批准。而第二个版本则是在雅尔塔会议后起草的协议上稍加修订，增加了一条授权战胜国肢解德国的限制性条款。但是法国直到最近才知道这个秘密版本的存在，而且现在就连莫斯科的态度似乎也暧昧不明。

英美联合参谋长委员会没有明确使用哪个版本的协定。史密斯选择两个版本都弃之不用，转而拟订第三个版本，并以最近《星条旗报》刚刊登过的德国在意大利的投降协议为范本进行删改。一名曾经当过演员和剧院经理的英国军官根据史密斯和兰斯其他人提出的修订意见进行了修改。在美国驻伦敦大使馆的极力主张下，这个版本增加了一条"一般授权条款"，授权盟国在需要时可增加军事和政治附加条款。最高统帅部一名上尉不辞劳苦地把各种修正版翻译成德语，并且不停地在一旁呵斥打字员快打。

现在只能采用这种"速煮布丁式"的做法。文件删繁就简到 234 个字、5 个段落后，被匆匆送进打字小组。打字小组迅速打印出 8 份《军事投降法案》，每份都装订有纯灰色的封面。

5 月 7 日星期一下午 2 点，17 名记者和摄影师涌上一条石阶，穿过狭窄的走廊，来到最高统帅部二楼的作战室。这个暖和的老式房间战前曾是学子们打乒乓球和下象棋的活动室，30 平方英尺大的活动室里有 15 张没有衬垫的椅子和一张沉重的橡木桌。褪色的蓝色墙壁上挂着一幅挂毯似的巨幅地图，从地图上可以看到盟军从北极圈到爱琴海之间的部署和各飞机场的位置。还有显示天气状况、盟军伤亡情况和德军战俘数目的各种图表，现在德军战俘已达 7 位数。

"准备好，先生们，他们来了。"

屋子里顿时闪光灯此起彼伏，咔嚓声四起。约德尔和弗里德堡走到桌子跟前，目光呆滞地站在那里。现场一名目击者报告说，"身着戎装的德国人的到来增强了虚幻效果"。摄影师用小碎步一溜疾跑，弯腰屈腿，抓取镜头。紧随德国人身后走进房间的是 11 人组成的盟国代表团，其中包括斯帕茨将军和斯特朗将军、一名苏军少将和比德尔·史密斯。他们找到标着自己姓名的牌子后坐下。坐在记者席上的奥斯马尔·怀特写道，史密斯"脸色惨白、神情憔悴、精疲力竭"。在大厅楼下的办公室里，艾森豪威尔心不在焉地翻看着奥林匹克选手的分组情况，来回踱着步子，不停地抽着烟。

斯特朗在约德尔面前放了一份投降协议书文件。房间里安静得只听到相机按快门的声音和钢笔尖签字的唰唰声。史密斯等人在每张纸上署名会签后，约德尔站起身来，手指压在桌面上，身子微微向前倾，他用英语对史密斯说："我有话要说。"接着，他用德语说，斯特朗为他翻译："德国人民和德国武装部队，无论好歹，就此交给战胜国处理……此时我只能希望战胜国对他们宽大处理。"

投降仪式持续了 10 分钟。仪式结束后史密斯和斯特朗带着老泪纵横的约德尔去艾森豪威尔的办公室。这位最高统帅坐在一张摆着盟国小旗子的桌子后面，眼圈青紫，面颊凹陷。约德尔鞠了一躬。

"你理解刚才所签署的投降协定的条款吗？"艾森豪威尔问道。

"是，是。"

"如有违反投降条款的行为，你将以公职身份和个人身份负责。就这些。"

约德尔敬礼后动作漂亮地向后转，在最高统帅冰冷的目光中走了出去，去跟绞刑行刑者敲定最终行刑时间。

欧洲陷入一片寂静之中。艾森豪威尔勉强挤出一丝微笑说："我觉得该开瓶香槟庆祝一下。"软木塞蹿起来，只听到几声有气无力的欢呼声。摄影师来了，新闻影片摄制组也来了。各参谋员听从史密斯的建议，纷纷撰写电报，向下属各部队通报战争已经结束。他们拟稿子越来越浮夸，最高统帅向副官们表示感谢后，亲自口述道："盟军于 1945 年 5 月 7 日当地时间下午 2 点 41 分完成任务。艾森豪威尔。"

★★★

卡塞尔附近的宫廷酒店里依然弥漫着刺鼻的肥皂味和防腐剂味，最近，这里曾被一家军事医院征用。一个星期前，第十二集团军群总部从威斯巴登转移到这里，奥马尔·布拉德利住进二楼拐角处的房间。他睡觉时开着窗，枕头边放着一把口径为 3.8 毫米的骨柄手枪。星期一凌晨 4 点 45 分，一阵刺耳的电话铃声将他从酣梦中吵醒。听筒里传来艾森豪威尔歇斯底里的声音："布拉德吗？布拉德，仗打完了！"现在需要立即执行停火命令，但为了留出时间让德国通知他们在挪威的卫戍部队和大西洋 U 型潜艇部队，直到星期三夜间 11 点 01 分才正式接受德国的投降。

布拉德利从床上爬起来，一头灰发乱七八糟。他披上已经磨损的西点军校睡衣，打电话给他的集团军司令们：魏玛的霍奇斯、雷根斯堡的巴顿、布伦瑞克的辛普森、波恩的杰罗。布拉德利说："在适当的时候停火，没必要造成我军伤亡。"他穿上衣服，慢条斯理地下楼吃早餐，胳膊下面夹着一个帆布地图盒。他对一名参谋说："现在我们真的麻烦了，每个人都想马上回家去。"他打开地图的图板，抚平代表他麾下横跨 640 英里战线的 43 个师的小旗子，随后抓起一支鹅毛笔，在地图上写下最后一条记录——"D+335"，然后掀开遮光帘，凝视着外面阳光灿烂的世界。

魏玛的第一集团军情报处的日志写道："这是 11 个月来第一次没跟敌人

开火。"星期一早上 8 点 15 分，在布拉格以西 70 英里的第 1 师接到一条命令，要求"停止所有进攻"，第 1 师从 30 个月前登陆阿尔及利亚，已经获得 2.1 万枚紫心勋章。一名士兵说："这是个该死的时刻。"巴顿的司令部设在雷根斯堡德军以前的营房里。此时，他正在听取参谋们汇报他麾下 50 万将士的部署情况。和平对他没多少吸引力。他对一名副官嘀咕道："想知道日本的河长什么样吗？去看看能不能找几张日本的地形图。"他站起身来，带着白色的爱犬威利大步走出岗哨，打着响指走下营房的台阶。

德国投降的消息传开，一些喧闹的士兵们有的狂按汽车喇叭庆祝，有的"疯狂而危险"地开枪庆祝，萨尔茨堡附近一名士兵说"0.30 和 0.45 口径的子弹冰雹般落下来"。加文将军在日记中写道："是啊。整整两年了。你不知道是该哭泣还是该欢呼，或者干脆一醉了之。"第 3 装甲师为他们的胜利统帅艾森豪威尔干杯，从渡过莱茵河以来他们就在积攒香槟，为的就是迎接这一刻的到来。然而，很多人意兴阑珊，用穆尔黑德的话说，他们"怪异地漠然处之"。欢呼声似乎的确不

1945 年 5 月 11 日，获得胜利的美军指挥官，前排坐者（从左至右）：辛普森、巴顿、美国空军战略欧洲司令部指挥官卡尔·A. 斯帕茨将军、艾森豪威尔、布拉德利、霍奇斯、第十五集团军司令伦纳德·T. 杰罗中将。后排站立者（从左至右）：第 9 战术空中力量司令部的拉尔夫·F. 斯坦利准将，第 9 航空队司令霍伊特·S. 范登堡中将，比德尔·史密斯，第 19 战术空中力量司令部的奥托·P. 维兰德少将，第 29 战术空中力量司令部的理查德·E. 纽金特准将。

合时宜，毕竟，如此多人命丧黄泉，如此多人受伤残疾。

　　一名士兵在家信中写道："我本应欢喜万分，毕竟这是胜利时刻，可这一时刻更像高潮过后让人失落的苍白结局。那么多曾经跟我并肩作战的人，那么多跟我一样热爱生命却失去生命的人，今天无法跟我们一起庆祝。"很多战场都陷入怪异的深度沉默里，就连那些为自己竟然能活到战争结束而感到意外的人也因疲倦、麻木或焦虑而无法欢呼称颂。德弗斯也承认自己"情绪低落"。在图林根州，W.C.海因茨看到士兵们漫无目的地在紫丁香和鲜花盛开的苹果树中间徘徊，似乎为自己竟然身处如此祥和美丽的地方而感到困扰。海因茨写道："我们不知道该怎么打发时间。"

　　近 6 年来，太阳第一次照在没有战火硝烟的欧洲大地上。第 29 师的一名少校写道："到处都闪烁着光芒——卡车的灯光、吉普车的灯光、帐篷的灯光、手电筒的灯光、楼房的灯光、农舍的灯光。一切都被点亮了。"夜色在欧洲大陆上蔓延开来，从西边的维斯瓦河到奥得河，再到易北河、莱茵河和塞纳河，雷马根、圣维特、阿纳姆、圣罗、卡昂和奥马哈海滩的数千个战场笼罩在夜幕中。夜色褪去了，黎明又来临了。

◯ 后 记

战争尚未结束

伦敦《每日邮报》报告称，5 月 7 日星期一，12 名老者站在那儿，"手里攥着绳子，心中满怀希望，等待圣保罗大教堂敲响胜利的钟声，唱起凯旋的赞歌"，结果他们白等了几个小时：既没有听到胜利的钟声，也没有听到凯旋赞歌。因为莫斯科反对宣布战争结束，不接受盟军最高统帅部临时编纂的投降协议。他们要等东线的德军在柏林签署严格意义上的投降协议才肯作罢。欧洲的仗打完了，但是战争却没有结束。

兰斯举行庆典的消息早就泄露了出去；德国弗伦斯堡电台星期一也宣布战争结束了；目睹文件签署的美联社记者违背艾森豪威尔的新闻禁令，将消息传到纽约，纽约的媒体马上沸腾了。星期一下午 4 点 30 分，丘吉尔给斯大林发去电报："仿佛只有政府部门被蒙在鼓里。"

但是斯大林仍旧固执己见。数年来，纳粹一直声称德国军队在一战中并未战败，其原因就包括当时的停战协议是在法国领土上签署的，这次他们吸取教训，绝不允许再出现类似情况。丘吉尔和杜鲁门无奈地答应暂时不正式接受德国的投降。5 月 8 日星期二才算是欧洲战争胜利纪念日。艾森豪威尔派最高统帅部代表团前往德国卡尔斯鲁厄一所前军事工程学校和苏联人会合。

卡尔斯鲁厄在柏林中部往东南 10 英里处，德国人将在这里投降，不过，在

5月7日晚，欧洲战争正式结束的几个小时前，兴高采烈的美国人与英国人在伦敦市中心的皮卡迪利大街欢庆。

投降之前，他们还将循例拖上9个小时，叫嚷着讨价还价。戴高乐将军代表法国愤懑地谴责会议大厅摆设的国旗当中没有法国国旗。当他看到苏联裁缝草草缝制的三色旗，意见就更大了——那面三色旗用纳粹标语布、床单和牛仔布匆匆裁剪拼凑而成，而且，红、白、蓝三色布条不是竖着排列，而是横着的。困惑的哈里·布彻在卡尔斯鲁厄写信称："开战容易停战难。"

5月7日星期一下午6点，BBC宣布欧洲战场胜利纪念日只能等到第二天，但是满怀期待、躁动不安的人群仍然涌上皮卡迪利大街和特拉法尔加广场。《每日邮报》称："欧洲战争胜利纪念日可能要到明天，但是战争在今晚就算是结束了。"篝火映红了天边的云彩，让人想起1940年的闪电战。然而，随着战争胜利纪念日推迟一天的消息传开来，喜气洋洋的人们情绪低落了下来。警察吼道："快走开，都走！"

在巴黎，开始于星期一晚上的一场庆典到星期三中午就变成了一场混乱。载满美国士兵和法国美女的吉普车到处乱窜，人群高喊着："美国军队！万岁！"随着警报解除的号角声响起，城市教堂敲响了钟声，沸腾的人群载歌载舞涌上香榭丽舍大道，一时间，万人空巷。克勒贝尔大道一名目击者称，"到处都是"比肩接踵的人群。

协和广场上的人实在太多了，美国宪兵想要打开通往美国大使馆的门都很困难。成千上万的法国人和美国人一起高歌《共和国战斗之歌》，就算不会唱的也跟着哼起旋律。从战争开始后，凯旋门、歌剧院等标志性建筑再也没有亮过灯，而今夜却灯光灿烂。法国骑兵们头戴插着羽毛的头盔，骑着高头大马从马德琳驶来，马背上至少载着一名高声欢笑的女孩。法国炮手们在凡尔赛门前摆好榴弹炮，随时准备在巴黎大道上鸣放礼炮。

喜庆的氛围迅速席卷了其他国家和地区。在苏联，莫斯科红场附近的美国大使馆门前聚拢了大约 5 000 人，他们向美国盟友欢呼致意。人们在大街上看到美国人就举起来抛到半空，以示庆祝。大约 50 万参加庆典的人涌上纽约时代广场，《纽约时报》用醒目的巨幅标题写道："欧洲战争结束了！德国无条件投降！今天将成为欧洲战争胜利纪念日。"

在华盛顿，笼罩着国会大厦圆屋顶的灯光自从 1941 年 12 月起再也没亮过，今晚也灯光璀璨。大街上依旧安静，或许是因为冲绳战役异常艰苦，战士们还在浴血奋战。联邦官员星期二（5 月 8 日）仍旧必须照常汇报工作，而不能像和平时期那样无所事事。杜鲁门在面向全国人民的演讲中说："这是一个神圣而光荣的时刻，我们必须奋力拼搏，结束战争。现在我们只取得了一半胜利。西方解放了，但是东方仍受到阴险狡诈的日本人的奴役。"

欧洲战争胜利纪念日在市民口中的"瓦格纳式暴雨"和雷声中降临伦敦，这场雷雨惊醒了许多人，他们都以为德国的轰炸机又回来了。第二天上午 10 点左右，风雨渐渐停息，太阳跃出云层，圣保罗大教堂的敲钟人敲响了钟声。英国女孩们发间戴着玉米花和罂粟花，《纽约客》的莫莉·潘特·唐斯说她们像"一群叽叽喳喳、操着伦敦腔的鸟"。泰晤士河上的拖船拉响了代表"胜利"的莫尔斯电码笛声，小贩们在叫卖蒙哥马利头像制作的胸针，号手们吹响了"停火"的号角，格林公园的学生们把垃圾箱的盖子当作铙钹拍得震天响。

一箱又一箱贴着"不到凯旋夜决不开瓶"标签的威士忌和杜松子酒被送进成百上千家酒吧里，人们举杯畅饮。萨沃伊餐厅的菜单上增加了"尼斯风味胜利清炖肉汤"和"受奖的士兵"两道菜。白金汉宫外的人群欢呼着："我们要见国王！"国王出来了，带着王后和两位公主。这一天当中，他们已经六次走上阳台，冲人们频频挥手。在《不列颠颂》的歌声中，前英国民团成员放火焚烧了希特勒的肖像。中午刚过，丘吉尔从花园的大门离开唐宁街 10 号，钻进一辆汽车，从英国皇家骑兵卫队阅兵场驶往下议院，一路上人群都在冲着他欢呼。

首相到下议院去宣读投降公告，人们长时间起立鼓掌，欢声雷动。之后，他将率领国会议员们徒步游行，朝建于 12 世纪的圣玛格丽特教堂走去，在威斯敏斯特教堂举行感恩仪式，而后乘车到白金汉宫喝茶。车子在"维尼！维尼！"（温斯顿的昵称）的欢呼声中缓缓穿过拥挤的人群。剧作家诺埃尔·科沃德当时就站在白金汉宫外面，他在日记中写道："外面人群的嗓子都喊哑了，我想这可能是我们历史上最伟大的一天。"丘吉尔让助手给他取出一支雪茄，他当着欣喜若狂的人群点燃雪茄。"我必须为他们点上一支烟，"他透露说，"他们期待我这么做。"

黄昏时分，圣保罗大教堂的圆屋顶和十字架映着探照灯的光芒，仿佛"魔术师变出来的神奇珍宝"，一名目击者说。大本钟的钟面映着月华，熠熠发光。格林公园燃起一堆堆篝火，人们把树枝和散了架的椅子丢进火堆。夕阳西下，丘吉尔登上卫生部的阳台，看着白厅周围沸腾的人群，用粗壮的手指比出"V"字，说道："这是属于你们的时刻。在这片古老的土地上，是我们率先拿起了战刀反抗专横与暴虐。"枝形吊灯灯光摇曳，在人们头顶上洒下一片光明，人们手挽着手唱起埃尔加的《希望与光荣的土地》（*Land of Hope and Glory*）。人群一边唱着歌，一边呜咽，为失去的一切悲伤，为获取的胜利欢喜。

★★★

1945 年 9 月 2 日，日本投降。至此，长达 6 年零 1 天、席卷 60 多个国家和地区的第二次世界大战终于结束。在这 6 年里，死于这场战争的人数多达 6 000 万，其中包括近 1 000 万的德国人和日本人，以及两倍多（确切地说是 2 600 万）的苏联人，其中 1/3 是士兵。正如乔治·马歇尔所说，为了描述这个"伟大而可怕的时代"，许多新词应运而生，比如"种族灭绝"（Genocide，由希腊语意为"种族"的词"genos"和拉丁语意为"杀害"的词"cidere"合并而成。——译者注），而旧的词语也产生了新的用法，比如"大屠杀"（Holocaust，原指一群动物或人自然死亡或被他杀，这里指种族毁灭。——译者注）。

这场战争"野蛮而无情，正派人难以想象"。保罗·富塞尔中尉写道："真实的战争惨烈而讽刺，任何文学分析或哲学分析的力量都无法望其项背。"对受害者厄尼·派尔（随军记者，1945 年 4 月 18 日牺牲。——译者注）来说，这场蔓延全世界的战火完全是"一场大灾难"。

对同盟国来说，大败那些历史上最邪恶的敌人让他们获得了些许慰藉。一场关于人类生存的斗争取得了不容置疑的绝对胜利，正如布鲁克元帅等人所说的那样，"全能的上帝在看顾世人的命运"。在欧洲，西方的盟友们奋战 338 天，把战线向前推进了 700 英里，解放了数千万遭受压迫的人们，占领了 10 万平方英里的德国领土和奥地利领土，俘获敌军 400 多万人，消灭或重创敌军 100 多万人。到战争结束为止，西方国家的损失远小于苏联，但所取得的战果却最为丰硕，他们保住了欧洲大陆至关重要的区域。

英国一条军事格言说："没有跟德国人打过仗就不知道什么是战争。"现在，美国、苏联和其他国家都已深刻体验到什么是战争了。同盟国的凝聚力和一致对外确保了战争的胜利。当然，假如断章取义，单独去看某一天的战况，你可能会为错失的良机、愚蠢的个人失误所造成的损失、令人痛心的损耗而扼腕，甚至感到沮丧，进而质问军队：为什么不能再勇敢一点？就算不能，至少也应该聪明一点；为什么不能再聪明一点？就算不能，至少也应该灵活一点；为什么不能有先见之明？就算不能，至少也应该有点洞察力。然而，瑕不掩瑜，正如历史学家理查德·奥弗里所写的那样，同盟国"凝聚力强、一致对敌、协作良好"，从而赢得了战争，轴心国在这方面望尘莫及。

同盟国的领导层不像轴心国的领导层那样独裁专制，各同盟国之间相互制衡，从而减少了随心所欲和个人判断失误所造成的错误。战场是个演练场，可以证明个人能力和保持冷静的头脑是多么重要；而在现代战争中，除了这两个因素，灵活性、合作性、组织机构敏锐性和好运气这些让拿破仑受益匪浅的因素也十分重要。

特别是英美联军，只要回顾一下，在所有高度紧张的情景中都可以看到战略合作的影子：英国在 1942 年到 1943 年期间表现得极为谨慎，而在 1944 年到 1945 年，他们对美国大胆进取的作风让步，从而赢得了地中海战役的胜利，而地中海战役的胜利正是确保诺曼底登陆成功的至关重要的前奏。战争自此开始形成了三个战场的局势：北非战场、意大利战场和西欧战场，每个战场都影响着最后的格局，都有着举足轻重的地位。丘吉尔写的警句格言常常被人引用："只有一种情况比和盟友并肩作战更糟糕，那就是没有盟友与你并肩作战。"

1939 年，一位美国观察家曾经写道："我们必须增强捍卫文明的信心和勇气。"对于捍卫文明而言，信心和勇气同等重要，而更为重要的当属实质奉献。艾森豪威尔的 91 个师有 2/3 都来自美国，盟军 2.8 万架战斗机中有一半来自美国。美军 13 个师在欧洲战场上的伤亡率超过 100%，另外有 5 个师的伤亡率超过 200%，但美军的战斗力毫不含糊地维持到了战争的最后一刻。

整场战争耗费了美国纳税人 2 960 亿美元，相当于 2012 年的 4 万亿美元。

美国的军事预算迅猛增长 80 倍，为了给军事预算提供经济担保，罗斯福把税款从 400 万美元增长到 4 200 万美元。军队编制增加了 35 倍，海外基地和补给站多达 3 000 个。美国为每个海外作战的军人运输物资 4.5 吨，另外每个月还要再输送 1 吨物资。一名法国人在观察战时美国时写道："我感觉就好像美国人从德国军队中间挖了一条巴拿马运河似的。"

被丘吉尔说成是美国"机构奇迹"的枢纽往欧洲运送了战争物资 1 800 万吨，相当于 3 600 艘自由轮或 18.1 万节火车运送的货物：其中包括 80 万辆军车和号码从 2A 到 22EEE 不等的鞋子等各种物资。美国军需品工厂生产了 400 亿颗小型子弹、5 600 万枚手榴弹。从诺曼底登陆到欧洲战争胜利结束，美国士兵共发射 5 亿颗机枪子弹、2 300 万枚炮弹。一名使用炮弹相当奢侈的炮手宣称："我正在让美国纳税人为这堆小山买单。"没有人能反驳他的说法。

到 1945 年为止，战争所使用的舰船有 2/3 属于美国制造，世界上有一半的制成品都是美国生产的，其中包括军用物资和武器。敌人是被庞大而出色的后勤力量压垮的，是被从火力弹药、机动车、机械负重等各方面都远远超越德国的世界经济霸主粉碎的，这个经济霸主生产的轰炸机、炮弹、战斗机、运输机、迫击炮、机枪、卡车都远远超出了德国的产能，而这场战争也才仅仅消耗了美国国内生产总值的 1/3，远远低于任何一个主要交战国的战争消耗比例。德国一名战俘抱怨说："对你们来说打仗简直太容易了。"

其实并不容易。但是，美国在二战中以无可比拟的优势脱颖而出，那些无可比拟的优势确保了美国数十年的繁荣：工业基础未受损伤且蒸蒸日上，人们遭受的战争创伤相对较少，获得了廉价能源，获得世界上 2/3 的黄金储备，保持强烈的乐观主义。作为西欧、地中海和太平洋的大国，美国拥有原子武器和强大的海军和空军队伍，用历史学家 H.P. 威尔莫特的话来说，美国已经万事俱备，可以充分利用"欧洲对世界长达 4 个世纪的霸权走到了尽头的那一刻"。如果说战争消除了美国的孤立主义，那么它同时也催生了美国的卓越论，此外还鼓励了采取武力解决问题的倾向和导致他们将这一时代标榜为"美国世纪"的自负心理。正如约翰·亚当斯所写："权力总是认为自己拥有伟大的灵魂。"

战争是一种强大的催化剂，促使全国上下都发生了社会变迁。新技术——喷气机、电脑、弹道导弹、盘尼西林，迅速推动新兴产业的发展，而新兴产业的发展反过来吸引黑人工人从南部向北部移民，同时也鼓舞大家到新兴的西部寻找发展机遇。美国《退伍军人法》让数百万官兵走进大学学堂，促使社会产生前所未有的流动性。到战争结束为止，1 900 万美国妇女走进工厂参加工作，尽管战后她们迅速回归到战前的传统角色上，1947 年的就业率几乎跟 1940 年持平，但是被放出来的精灵再也不会乖乖回到瓶子里去了。

战争结束后，在军队中实施种族融合实验的几个步兵营也宣告解散，然而，人们几乎达成了共识，那就是黑人步兵精明能干，可以跟白人战友和睦共处。1948 年，一道总统令废止了军队的种族隔离制度，而长达 3 个世纪的种族压迫终于宣告结束。

诚然，地质板块开始移动。一名芝加哥来的黑人士兵看着运兵舰缓缓驶入纽约港感叹："回家真好。我为自己的国家感到骄傲，尽管它形状不规则。我觉得它会变得更美好。"

★★★

备受战火摧残的欧洲需要进行规模巨大的战后重建。正如派尔所说，战争的幸存者们必须"学会如何重建满目疮痍的世界"。第三帝国遗留的废墟已经被清理了，其中包括漂泊在挪威的 40 万德军部队。邓尼茨和他的政府投降后在弗伦斯堡忙碌了两个星期——写报告、交换备忘录、摆姿势合影留念，直到盟国远征军最高统帅部最终抵达这里将他们关进监狱。"我说什么都是多余的。"邓尼茨说。同盟国管制理事会将于 6 月初代表战胜国接管德国，英美联军将在一个月内划出苏联占领区。

最高统帅部从兰斯迁往法兰克福，"SHAEF"（盟国远征军最高统帅部）改为"USFET"（美军欧洲战场司令部）。与此同时，300 万大军班师回国。现在他们手头最重要的工作就是处理德国人留下的毒气弹药，单单美国和英国占领区就有 21.1 万吨，其中包括 9 万吨芥子气炸弹和 370 万枚毒气弹，这些弹药提醒人们，战争本来可能会更加残酷。军事当局曾考虑过将这些物资运往太平洋去对付日本人，后来发现美国堆积在欧洲和地中海的毒气弹已经足够。

"在欧洲大陆，我们尚未确定……'自由''民主'和'解放'是否遭到扭曲，是否偏离了我们理解的范畴"，丘吉尔 5 月中旬对英国人说，"我们应该继续向前，坚定不移、始终不渝、不屈不挠，直至我们完成使命，直至整个世界安全而干净"。要把世界清理干净，就需要对那些曾经屠杀了 600 万犹太人、50 万吉普赛人及其他人种的罪犯进行调查并发起诉讼。光是与集中营罪行相关的文件就搜出了 3 000 吨。在纽伦堡法院的第 600 号房间，最负盛名的战争犯罪法官将听取 360 位目击证人的证词，审阅 20 万份书面陈述。24 名主要纳粹被告中有 10 名于 1946 年 10 月在一所监狱健身馆里被绞死。

除此之外，同盟国的各国政府也发起了成百上千起审判。仅西方国家就逮捕 20 万人，对涉嫌重大战争罪的 5 000 多人提起诉讼。英国一座设在吕讷堡的军事法庭就贝尔根－贝尔森发生的罪行对 48 名被告进行审判，其中 11 名被判绞死，绞刑由一名流亡欧洲的经验丰富的刽子手执行。从 1945 年到 1948 年，美国军事法庭开庭 489 次，共审判 1 672 人，包括军官、政治家、外交官、工业家、医生及法官。

通往正义之路往往迂回曲折。在达豪法庭，74 名被告因涉嫌在突出部战役期间在马尔梅迪十字路口或附近谋杀美国士兵和比利时平民接受了审判，43 人被判处死刑，其中包括他们的指挥官约阿希姆·派普。然而，强迫犯人招供的情况屡有发生，其中包括恐吓被告人的亲属，刑讯逼供及采取其他办法诱供等。1956 年，派普从兰兹波格监狱获释后，找到一份工作，负责保时捷对美的销售工作，后来又在大众公司担任翻译。在纳粹党卫队退伍老兵协会中，他一直都表现得十分活跃。1976 年，派普死于一场火灾。他在阿尔萨斯的房子被一名杀手用燃烧弹炸毁，那名杀手还割断了当地消防部门的水管。这起案情一直悬而未决。

★★★

艾森豪威尔曾经宣布，战后他的"头号计划"就是"坐在安静的小溪畔钓鱼"，但他未能如愿，这位凯旋统帅注定要投身伟大的事业。他获得了众多荣誉，其中最有意思的是一张来自蒙哥马利的便条。那位元帅在这张措辞优雅的便条中写道："多亏你睿智的引导和友善的宽容，我对自己的错误一清二楚，我也知道自己不是个好下属，我喜欢自行其是。是你屡次在我暴躁执拗的时候仍旧引导我走在正确的道路上。"然而，任何赞誉都比不上马歇尔对他的称颂：

> 你在战争历史的长河里以最伟大的胜利完成了自己的使命……你创造了历史，有益于全人类的历史，你没有辜负我们对美国陆军军官的所有期望和钦佩。

艾森豪威尔还将继续为国效力 15 年，担任的职务从陆军参谋长、哥伦比亚大学校长、新北约军事盟军司令一直到美国总统。不过，现在他即将返回伦敦。3 年前他初次抵达那个城市时还是一名默默无闻的少将，负责制订解放欧洲的方案。现在，他想在海德公园安静地散步，人们却马上聚拢过来，朝他高喊："艾克！好艾克！"两名警卫不得不匆匆护送他返回都切斯特酒店。他开玩笑说："回到一个我能讲自己语言的国度感觉很好。"

6 月 12 日星期二，一对红棕色马匹拉着一辆敞篷式四轮马车，昂首阔步地朝伦敦市政厅驶去。古老的市政厅已有 800 年的历史，现在依然可以看到闪电战留下的斑驳疤痕。艾森豪威尔坐在这辆神气的马车上，准备到市政厅去接受荣誉之剑及英国的正式答谢。乐队演奏起汉德尔的《瞧那凯旋英雄来了》(*See the Conquering Hero Comes*)，警察骑着五匹白色的高头大马在前面引路，他们缓缓驶入格雷沙姆大街，成千上万名围观者高声欢呼，惊飞了教堂钟楼上的鸽子。市政厅内，弦乐团刚刚奏完一曲《我的故乡肯塔基》(*My Old Kentucky Home*)，就听到站在门口的市政官吆喝了一声："盟国远征军最高统帅！"

艾森豪威尔登上讲台，包括丘吉尔在内的英格兰大人物们对他鼓掌致意。整整 20 分钟，脸色苍白、稍显紧张的艾森豪威尔都没有看一眼讲稿，他滔滔不绝地谈起他们共同的奋斗目标、共同牺牲的代价和共同赢得的胜利。布鲁克在日记中写道："直到今天听到艾克的致辞，我才意识到他有多么伟大。"他的演讲中有一行将在 25 年后刻在他位于堪萨斯的墓碑上："如果一个人所获得的喝彩来自于追随者的鲜血和朋友们的牺牲，那他必须永远保持谦恭。"

★★★

鲜血是必需的代价，付出的牺牲远超想象。从诺曼底登陆日算起，西方盟国陆军的伤亡人数超过 75 万，其中死亡 16.5 万人。除此之外，海军伤亡人数 1 万，其中死亡人数多达一半；空军伤亡人数 6.2 万，其中死亡人数也多达一半。在欧洲失踪的盟军飞机达 1.2 万架。

11 个月来，英国、加拿大、波兰及第二十一集团军群协调作战的部队在战斗中损失共计 19.4 万人，其中 4.2 万人战死。法国在欧洲西北部的战役中伤亡人数多达 6.9 万，其中死亡人数达 1.26 万。即便如此，与其他参战国家相比，他们的损失还不算特别严重。1915 年到 1924 年出生的德国男性有 1/3 死亡或失踪。1.9 亿苏联人当中约 14% 死于战争期间，单是死于斯大林格勒战役的红军人数就超过了美国陆军在整场战争中的死亡人数。不过，苏联军队消灭的德军人数大约为英美联军总共消灭的德军人数的 9 倍。

最后一年战争高潮时期，美国军队在西方各国军队当中，损失最为严重：在西欧，美军伤亡达 58.7 万人，其中死亡 135 576 人，几乎是美军在全世界范围伤亡人数的一半。在 36.1 万名受伤的美军士兵中，有些幸运者只受了皮肉伤，就像那些老兵数年后写的那样："以前有个弹壳碎片钻进我的食指，现在还看得到疤痕，一天下午聊天的时候又鼓了起来。"其他人就没那么幸运了，战场上退下来的伤兵中有 1 700 名失明，1.1 万名四肢至少一肢麻痹。陆军中被截肢的多达 1.8 万人，大部分都是在 1944 年 6 月后受的伤。仅密歇根一家医院接收的截肢伤员就超过了一战期间美国陆军截肢伤员的总人数。一名外科医生后来说："有时候根本记不得他们的名字，但是无法忘记他们的假肢。"

欧洲战争期间，有 7.5 万美国人被列为失踪人员或被俘人员，直到战争结束，仍有数千人不知所终，让深爱他们的人痛心不已。4 月 18 日，纽约布朗克斯区的迈拉·A. 斯塔拉切纳得知一等兵伯尼·斯塔勒失踪的消息后曾写道："吾爱，今晚一定走进我梦，告诉我你还好好地活在人世。我恳求你！我知道你很想告诉我。"一等兵斯塔勒失踪之谜很快被揭开了：他一个月前就丧生在德军的炮弹下，年仅 19 岁。而很多人一直杳无音讯。大约有 2.5 万名美军士兵躺在欧洲大陆的孤坟里，其中很多人的身份都无法判定。

投降文件上的墨迹还没有干透，机动队便马上出发遍寻欧洲，去搜寻死者和失踪者，其中包括 1.4 万名不知所终的士兵。他们可能深入敌后在空袭中牺牲，也可能在德国的战俘医院里殒命。不仅是在欧洲，从北极圈到开普敦，从亚速尔群岛到伊朗，行动队都展开了全面搜寻工作。

墓地登记管理处努力确定分散在 86 个国家 450 个墓地的 25 万名美国死者的身份，450 座墓地中有 2/3 都在欧洲和地中海。在大海上失踪的 4.4 万人再也没办法找到了。

几周内，捷克斯洛伐克就挖掘出 700 具尸体。苏联勉强同意美国 3 个搜索小分队到德国东部的田间地头去搜索美军的尸体，结果在分散的零星坟墓里找到几百具美国将士的尸体。在低地国家找到 1 300 具美国将士的尸体，很多都葬身于"市场花园计划"的洼地。许特根森林和齐格菲防线周围密布着数百万枚地雷，

1945 年 5 月，荷兰马赫拉滕美军公墓，阵亡将士纪念日仪式结束时，一名号手吹响了安息号。

在附近进行搜寻十分危险。但是，经过 9 个月的辛苦工作，搜索分队在当地大大小小的战场上找到了 6 220 具美国人的尸体。

3 年来，从欧洲的田野、丛林、果园和地窖找到的美国将士遗体共计 16 548 人；在后来的几十年里，又陆续在这些地方发现一些死者的遗骸：今天在这里发现一个颅骨，明天在那里找到一节腿骨。

随着搜寻工作的开始，德国领土上 12 座美军墓地全部被清空，没有一具美国将士的遗体被丢在前德意志帝国。成千上万（之后几十万）的遗体被迁往 38 座临时墓地，这 38 座墓园大部分在法国，其中 10 座最后变成了永久性的美国将士陵园。从第九集团军在马赫拉滕的墓园就可以看出人们对这些死者的关怀和爱戴。1945 年 5 月 30 日，美国阵亡将士纪念日那天，荷兰的市民从 60 个村庄采来各色鲜花，撒在 1.7 万座墓碑的周围，像铺了一床七彩的锦被。

一座精心修建的坟墓所蕴含的力量无可估量。理查德·詹姆斯·奥莫里少校去世时，他的女儿帕特里夏·奥莫里才刚满 1 岁。他是第 12 步兵团的一位营长，在诺曼底登陆战役中中弹身亡。帕特里夏后来到奥马哈海滩的科勒维尔扫墓，她写到自己第一次看到父亲的墓碑时的情景：

> 我号啕痛哭，为自己能够来到这里而高兴，也为父亲的逝世而悲痛。我为自己一直渴望却从来没有得到过的父爱痛哭，为自己想要说给父亲听和想要父亲说给自己听的那些话而痛哭。我哭得昏天黑地，死去活来。

1947 年，27 万名葬身海外的死者确定了身份，其直系亲属将提交第 345

号军需官通用表，确定他们选择让死者返回美国还是让死者和战友一起葬在国外。全世界范围内有 60% 的美国死者遗体将按照亲属要求返回故乡，平均每具遗体要耗费美国政府 564.5 美元，也只有富裕的战胜国才有这种实力，足以承担起空前绝后的护送遗体回国的任务。在欧洲，当年 7 月就开始了坟墓挖掘工作：每座坟墓都用手掘开，遗体上撒了由甲醛、氯化铝、熟石膏、木屑和黏土混合而成的尸体防腐剂。每具遗体都裹在毯子里，枕着枕头，装进铺着人造丝的金属棺材里。

美国劳工罢工致使制造棺材的钢材急缺。另外，尽管政府代表跑到全国各地殡葬培训机构招募人才，但职业入殓师仍旧严重紧缺，这也导致护送遗体回国的工作一再推迟。瑟堡和加的夫等地的仓库都堆满了尸体。最后，21 艘幽灵船终于从欧洲起航，第一艘"康诺利"号载着 5 060 名将士的遗体沿着斯海尔德河溯流而上。3 万名比利时人站在安特卫普的码头为死者送行，他们郑重其事地保证一定会照顾好留在欧洲那 10 座墓地的 6.1 万名美国将士，有人发誓说，我们会"像照顾我们自己的孩子那样照顾他们的坟墓"。

10 月 27 日星期六，"康诺利"号停靠在纽约港，装卸工用特制的吊索将棺材吊上岸，一次可以吊两具。棺材上岸后，大部分被送上火车，横跨整个国家回到他们的故乡，而后入土为安。在车站等待的人群当中有一位鳏夫，名叫亨利·A. 莱特，住在斯普林菲尔德附近密苏里州西南部的一个农场里。他的三个儿子的遗体陆续抵达当地火车站：首先是弗兰克·H. 莱特中士，1944 年圣诞节前夕在突出部战役中牺牲；然后是二等兵哈罗德·B. 莱特，1945 年 2 月 3 日因伤口感染死于德国战俘营；最后是二等兵埃尔顿·E. 莱特，1945 年 4 月 25 日，即战争结束前两个星期在德国丧生。

头发花白、弯腰驼背的老莱特默默地看着棺材一具接一具被抬进几个儿子出生的卧室里。邻居们往地板上撒上玫瑰花，陪着老莱特一起守夜。第二天上午，他们抬着三兄弟到山顶墓地，在浅灰色的天空下，将他们三人肩并肩埋葬在一起。82 357 名死者陆续从欧洲返回美国，随之回国的还有他们的遗物。堪萨斯市军需库的陆军遗物管理处位于莱特农场以北 200 英里，他们把密苏里河湾附近哈德斯蒂大道 601 号的大仓库塞得满满当当的，里面全是死者的遗物。陆军遗物管理处成立于 1942 年 2 月，刚开始只有几名雇员，是个规模很小的机构，现在它拥有上千名工人，截至 1945 年 8 月，他们每个月要处理 6 万批货物，全部都是从世界各地返回美国的死者的遗物。

日复一日，海运集装箱通过货运火车运到卸货码头，而后由起卸机运上仓库的 10 楼。10 楼的流水线作业效率非常高，他们用传送带将集装箱从一个工作台传送到下一个工作台，到了 7 楼，检查员们就从木条箱里翻出机密文件、色情书刊、弹药，甚至还有火辣的情书，避免让已经悲痛万分的寡妇雪上加霜。

哈德斯蒂大道奉行一条原则："假设你自己是那个士兵，把所有你不想让家人看到的东西取出来。"工人用研磨砂轮和牙医的钻头磨去腐蚀的地方，并擦去头盔上的血迹；洗衣女工费尽力气刷洗野战服和军装衬衫上的血迹。他们把每个整理过的集装箱贴上详细的装箱清单，然后堆进储物仓里。与此同时，隔壁房间一大群打字员忙着给死者家属写信，一个月大约要寄出 7 万封信件，询问应该把死者的遗物寄往哪里。

数年来，遗物管理处的检查员们看到过五花八门的遗物，其中包括挂毯、敌军战刀、德国机枪、意大利手风琴、装满钻石的烟袋、象牙、小型头像雕塑、日本救生筏等。堪萨斯市收到了成千上万本日记，其中有一本很小的笔记本是赫歇尔·G. 荷顿中尉的。29 岁的荷顿中尉来自伊利诺伊州的奥罗拉，在新几内亚和日本人交火时，他的左腿和左臀中弹。他挣扎着爬到一座长满枯草的小棚屋里，挺了几天后孤独地死去。这期间他用那个笔记本写了一封信，信中写道："我亲爱的父亲、母亲和妹妹，我躺在这个可怕的地方，并没有责怪上帝为什么抛弃我，但是我实在想不通，他为什么要让我受尽折磨？"

这个最难以解释的谜有待生者继续思索。正如军官兼哲学家 J. 格伦·格雷所说，那些幸存者也需要"通过一段伟大的抒情诗歌般的人生历程"努力适应人类历史上最惨烈的灾祸。用 A.J. 雷柏林的话说，战争的高强度、战友的情谊和高度的责任感让很多人产生"一种可歌可泣的怀旧之情"。雷柏林后来写道："那个时代充满了确定性，从那以后，我很少那么肯定自己所做的一定是正确的。"曾成功完成 50 次轰炸任务的一名陆军航空兵说："我从来没有觉得自己活得那么真切，地球和周围的一切在我眼中从来不曾这么敏锐而鲜明。"一名工兵陷入沉思，他回忆道："我们在一起的那些时光太棒了，我觉得穷此一生，我们也不可能再拥有那样美好的时光了。"

他们经过了战火的淬炼。"我们的强大堪比我们的祖先。"加文写信给女儿说。艾伦·穆尔黑德目击了整场战争所造成的血腥灾难，他认为，人们"随处都可以发现自己的伟大之处"。

遭遇空袭的高射炮手和登陆舰上的士兵当时非常明确地感到，他们所做的一切都是绝对正确的，他们在尽自己的绵薄之力。当时确实有一种非凡的满足感，一种人生价值得以实现的良好感觉……这种短暂的高尚事业让人们前仆后继地投入战斗，直到最后战争结束，它让整部英勇的历史重新焕发光彩。

在穆尔黑德看来，享此荣耀的士兵"在那一刻变成了一个完整的人，身上体现出高贵的气度"。很多没有在战争中牺牲的人安享晚年，半个世纪后在床上死去，对他们来说，战争的喧嚣只是渐行渐远，但是永远都不曾消失殆尽。他们知道，正如奥斯马尔·怀特所知道的那样，"生者肩负着死者托付的重任"。这也是人生崇高境界的组成部分。

"直到最后一名老兵与世长辞，战争才算真正结束。"第 26 师一名步兵说道。第二次世界大战期间，16 112 566 名美国人穿上了军装，到 2014 年下半年为止，这些人尚在人世的估计只剩下 100 万人。再过 10 年，也就是到 2024 年，幸存人世的老兵可能都不到 10 万人了。据美国政府的人口统计学家预计，能够活到 2036 年的二战老兵不超过 400 人，还不到一个步兵营人数的一半。

然而，就算最后一名老兵也进了坟墓——希望泥土压在他骨头上的时候能轻一点，他曾经为之奋斗的事业也会永垂不朽。战争和战争所承载的一切——高贵、邪恶、无可估量的伤痛，将会引领我们一路向前，直到传给我们的下一代。

致　谢

终于到了这一天。自我落笔起的 14 年后,二战史诗·解放三部曲的最后一卷完结了。为了讲述地中海和西欧的战争史,我花费了盟军打赢这场战争的时间的两倍。我在许多方面受到过他人帮助,他们的名字远非一张名单、一篇致谢就能道尽。对于那些一路伴我走过的人,我的歉意与感激永远无法用言语表达。

三部曲的出版,激励了很多老兵与其后代们,以及许多对第二次世界大战感兴趣或有所研究的人。他们向我提供了口述的回忆,以及各式各样关于西欧战役的材料。

我很幸运,有 7 位学识渊博的历史学家为我审读部分或全部手稿。我对他们的宝贵建议无比感激,并对书中的每个史实错误和判断偏颇承担所有责任。他们是塔米·戴维斯·比德尔、罗杰·西里洛、蒂莫西·K. 嫩宁格、马克·A. 斯托勒、詹姆斯·科特·惠勒、戴维·T. 宗贝茨基、约瑟夫·巴尔科斯基。尤其感谢巴尔科斯基,他是诺曼底历史的记录者,并慷慨阅读了本书全文两次。

另外,我要向数百位呕心沥血书写 70 年前历史的历史学家、传记作者等致以我最深的感谢,他们为后来的学术工作打下了坚实基础。114 卷的官方历史《第二次世界大战中的美国军队》,即人们所知的"绿色系列",对我来说是无价之宝。同样的著作还有英国官方历史《第二次世界大战史》《第二次世界大战中的空军》等。从短篇论文、期刊文章到卷帙浩繁的诸多研究文献,不一而足。

但本书与它的两位前辈一样,核心内容来自于当时的第一手材料,包括日记、信件和未公开出版的手稿,以及官方记录、行动后的报告、战争采访等。我很感激档案保管员、历史学家和图书管理员们在用心寻找那数千份文件时表现出的专业精神和耐心。这些工作始于马里兰大学帕克分校的国家档案与记录管理局,从

1999 年 1 月起，我花费数月时光浸泡其中。感谢理查德·博伊兰、蒂莫西·马利根、拉里·麦克唐纳、莎伦·卡利、特里萨·罗伊。尤其感谢我的好友蒂姆·嫩宁格，他是现代军事记录主管，没有他，就没有三部曲的诞生。

美国陆军传统与教育中心军事历史研究所位于宾夕法尼亚州卡莱尔县，它仍是世界上最伟大的军事档案馆，对任何研究第二次世界大战的人来说，这里都是无价的圣地。仅仅是写下这本书的过程中，我就前往军事历史研究所"朝圣"了23 次，每次至少待上 2 ～ 3 天。我总共去了 69 次。我要感谢那里所有的工作人员，尤其是陆军传统与教育中心主管马修·道森上校、军史研究所主管康拉德·C. 克兰、高级技术信息专家理查德·L. 巴克、摄影策展人莫利·A. 邦帕内，以及斯蒂芬·拜伊、特里·福斯特、罗德尼·弗伊蒂克、汤姆·亨德里克斯、克里夫顿·海特、格雷·约翰森、戴维·A. 基奥、迈克尔·E. 林奇、杰西卡·希茨、梅利莎·K. 韦弗德。还要特别感谢理查德·J. 萨默斯。

对于附近的美国陆军战争学院，我要感谢现任校长安东尼·A. 库克罗三世少将，还有他的前任小戴维·H. 亨通中将和格雷格·F. 马丁少将；还有图书馆馆长博赫丹·I. 克哈提亚克，我的好友、已退休的前联合教官查尔斯·D. 艾伦上校。位于华盛顿特区麦克奈尔堡的美国陆军军事历史中心再次向我提供了大量的专业知识和难以计数的珍贵文件。我要感谢军事历史执行主管及主席罗伯特·J. 达尔桑德罗，首席历史学家理查德·W. 斯图尔特；历史资源分部主管弗兰克·R. 夏尔，还有小戴维·W. 霍根和贝斯·麦肯齐。

我很幸运，于 2008 年和 2010 年两次在斯坦福大学胡佛战争、革命暨和平研究所举办媒体联谊会。我要感谢戴维·布雷迪和麦卡拉，还有档案保管员卡罗尔·A. 李登汉及助理档案保管员布拉德·鲍尔。感谢乔治·P. 舒尔茨对我的热忱鼓励。

2009 年，我获得了柏林美国学会的阿克塞尔·施普林格·柏林奖学金。柏林美国学会是一个专门面向学者和艺术家的培养机构，我要感谢执行主管格雷·史密斯和他所有下属。

通过芝加哥大学杰夫·麦特卡尔夫学者计划，我在 2010 年夏天幸运地从天赋异禀且勤奋的托梅克·布鲁塞维奇那里得到了研究帮助。他当时是芝加哥大学的学生，现在则是哈佛大学的研究生。在第三本书的写作过程中，我同样感激埃拉·霍夫曼和埃里克·戈德斯坦的研究帮助。还有我的孩子，现于辛辛那提当外科住院医师的萨拉·J. 阿特金森和现于华盛顿司法部担任律师职务的拉什·阿特金森。

美国陆军协会热情的鼓励和慷慨的帮助，在我整个写作过程中非常重要。我尤其要感谢协会主席、前陆军参谋长戈登·R. 沙利文将军（已退休），以及小西奥多·G. 斯特鲁普少将（已退休）、托马斯·G. 雷姆少将（已退休）。

在纽约 Hyde Park 镇的富兰克林·D. 罗斯福总统图书馆，我要感谢馆长辛西娅·M. 科赫，以及监管档案管理员罗伯特·克拉克。同样，在堪萨斯州阿比林市的德怀特·D. 艾森豪威尔总统图书馆，我要感谢档案管理员克里斯多夫·亚伯拉罕森的帮助。

我要再次感谢弗吉尼亚州列克星敦市弗吉尼亚军事学院的乔治·C. 马歇尔学术图书馆。感谢研究和学术项目主管乔安妮·D. 哈托格，图书馆和档案室主任保罗·B. 巴伦，乔治·C. 马歇尔基金会会长布莱恩·D. 肖，还有弗吉尼亚军事学院负责人 J.H. 宾福德·皮艾三世将军（已退休），小马尔科姆·"奇普"·缪尔教授和查尔斯·F. 布劳尔四世将军（已退休）。

我要第三次感谢那个举世无双的军事档案馆，伊利诺伊州惠顿市美国陆军第一师博物馆的罗伯特·R. 麦考米克上校研究中心。我要特别感谢坎提格尼美国陆军第一师基金会执行主管保罗·H. 赫伯特上校（已退休），研究中心主管埃里克·吉莱斯皮和历史学家安德鲁·E. 伍兹的帮助。感谢诺曼底登陆档案馆和其他由马里兰州巴尔的摩市第五军团枪械库的马里兰军事历史学会提供的关于第29 轻步兵师的材料。感谢韦德·米纳米，尤其感谢乔·巴克斯基。

位于新奥尔良的国家二战博物馆对我的鼓励和帮助同样颇多。感谢博物馆主席兼 CEO 戈登·H. "尼克"·米勒，还有斯蒂芬·沃森、杰里米·柯林斯、林德赛·巴尔内斯、辛迪·麦柯迪、汤姆·捷坎斯基、斯特西·佩卡姆和萨姆·韦格纳。

堪萨斯州莱文沃斯市的美军联合兵种研究图书馆为我提供了一系列与众不同的历史材料。我要对埃德温·B. 布格斯、拉斯蒂·P. 拉弗蒂、凯思林·M. 布克和伊丽莎白·J. 梅里菲尔德说一声："谢谢。"

在弗吉尼亚州贝尔佛尔堡美国陆军工程兵团的历史办公室，我要感谢迈克尔·J. 布罗德黑德，约翰·朗奎斯特和马修·T. 皮尔西。在纽约西点军校美国军事学院图书馆的特藏档案室，我要感谢苏珊娜·M. 克里斯托弗、苏珊·M. 林特尔曼、艾丽西亚·M.莫尔丁·韦尔和瓦莱丽·达达特。我还要感谢马里兰首府安纳波利斯市美国海军学院历史遗物收藏室经理加尼斯·乔根森，以及华盛顿特区海军历史和遗产司令部的约翰·W.格雷科。

在英国，我要感谢英国国家档案馆的全体员工。在伦敦国王学院李德·哈特军事档案中心，我要感谢凯特·奥布里恩、弗朗西斯·帕特曼、莉安妮·史密斯和档案服务主任帕特里夏·J.梅思文。再次衷心感谢帝国战争博物馆档案部的罗德里克·萨德达比和他的下属。在德国，感谢迈克尔·艾普肯汉斯和马库斯·波尔曼。

感谢俄亥俄大学图书馆档案特藏部门的道格·麦克坎比——著名的科尼利厄斯·瑞恩收藏室也在这所大学内。我还要感谢弗罗里达大学历史部门萨缪尔·普罗克特口述历史项目中朱利安·M.普里桑特斯和迪安·费斯切勒的帮助。同样，我要感谢诺克斯维尔田纳西大学战争和社会研究中心项目经理辛西娅·L.丁克尔的帮助。

宾夕法尼亚约克郡遗产信托的图书馆和档案室主任莱纳·弗尔翰·沙尔非常慷慨地帮助我寻找雅各布·L·德弗斯的资料。感谢美国战役纪念碑委员会的约翰·W.尼克尔森准将（已退休）和玛莎·赛尔；还有伊利诺伊州奥罗拉市公共艺术委员会和共和国大军博物馆馆长丽纳·丘奇。

对任何军事历史研究者而言，实地考察至关重要。从20世纪90年代中期起，我走访了书中提到的绝大部分欧洲战场。我当时担任《华盛顿邮报》柏林分部主编。好几次，我很幸运地有机会和职业军人一起调查了阿登、许特根森林和科尔马的地势。对此，我特别要感谢美军的蒙哥马利·C.梅格斯将军和卡特尔·F.哈姆将军。

我还要感谢驻欧洲的美国陆军，尤其是两位前陆军史主席威廉姆·A.斯托夫特少将（已退休）和哈罗德·尼尔森准将（已退休），还有优秀的历史学家团队：斯科特·惠勒、安德鲁·N.莫里斯和莱恩·范·阿斯达尔。

这是我和我的编辑，同时也是我的亲密好友约翰·斯特林一起合作的第6本书。这6本书加起来超过3 700页，每一页都有约翰·斯特林的贡献。在亨利霍尔出版社，还有其母公司麦克米伦出版公司里，我想感谢约翰·萨金特、史蒂夫·鲁宾、玛吉·理查兹、帕特·艾斯曼、卡蒂·库兹曼、肯·罗素、梅丽尔·莱瓦维、埃米·艾侃达、查克·汤普森和穆里尔·乔根森。约兰塔·贝纳拉审校了三部曲的所有文字，大大小小的修改，让这三本书增色不少。

三部曲英文版中所有 68 幅地图要归功于绘图大师吉恩·索普。整个工作过程中，他都是一位令人愉快、富有启发性的伙伴。我 27 年的朋友和代理人拉菲·沙加林同我一路走来，伴我左右。

我还要感谢安东尼·比弗、本·布莱德利、汤姆·布罗考、斯蒂芬·克尔、小伦纳德·唐尼、格伦·弗兰克尔、唐纳德·E.格拉哈姆、肯·赫克勒、弗雷德·海亚特、罗伯特·G.凯瑟、路易斯·利比、戴维·H.彼得雷乌斯、凯瑟琳·B.雷诺兹、韦恩·R.雷诺兹、托马斯·E.里克斯、威廉姆·B.舒尔茨、鲍勃·伍德沃德和我的抄写员戴维·马拉尼斯。尤其感谢马克斯·哈斯廷斯爵士和他的夫人佩妮，感谢他们的热忱和友谊。

十分感谢下列人士允许我引用各种各样的资料。感谢阿尔曼的蒙哥马利子爵允许我引用其父亲伯纳德·L.蒙哥马利元帅的文章；感谢罗杰·柯克提供的海军上将艾伦·柯克的口述史；感谢维吉尼亚·P.蒙哥马利，允许我引用其父亲前陆军部长罗伯特·P.帕特森未出版的回忆录；感谢乔治·帕顿·"帕特"·沃特斯，允许我引用由其父亲、美国四星上将约翰·K.沃特斯保存的被俘时期的日记；感谢玛格特·泰勒允许我引用他父亲威廉姆·斯蒂尔·布朗利的日记《安全到家》；感谢安妮特·康韦允许我引用其父亲 L. F. 斯金纳的著作《星期天工作的男人》；感谢马维斯·琼斯，允许我引用其丈夫 E. 琼斯中校的文章；感谢达尼·史密斯允许我引用其父亲 J.H. 帕特森上校的日记。

还要感谢国王学院李德·哈特军事档案中心的受托人，感谢他们收藏李德·哈特上尉、陆军元帅阿兰布鲁克勋爵、J.B. 丘彻少将、弗朗西斯·德·甘冈少将、陆军准将杰弗里·罗伯茨爵士、H.L. 伊斯梅将军、T.G. 林赛上校、J.S.W. 斯通准将和 R.W.W. "切斯特"·威尔莫特的资料。感谢伦敦帝国战争博物馆的受托人收藏 E.M. 埃利奥特少将的资料。

书中一些引文无法确定版权所有人，或遇到编辑过程中未能及时请求版权的情况时，我会在后续版本中将之纳入致谢。

除了其他人，我还要感谢一个人。虽然这份感激无法用言语表达，但是谢谢你，简，无论是作为我的妻子，还是作为陪我走过 34 年人生路的伴侣。

海派阅读
GRAND CHINA

×

**READING
YOUR LIFE**

人与知识的美好链接

近 20 年来，中资海派陪伴数百万读者在阅读中收获更好的事业、更多的财富、更美满的生活和更和谐的人际关系，拓展他们的视界，见证他们的成长和进步。

现在，我们可以通过电子书、有声书、视频解读和线上线下读书会等更多方式，给你提供更周到的阅读服务。

☆ 微信搜一搜

🔍 海派阅读

关注**海派阅读**，随时了解更多更全的图书及活动资讯，获取更多优惠惊喜。还可以把你的阅读需求和建议告诉我们，认识更多志同道合的书友。让海派君陪你，在阅读中一起成长。

也可以通过以下方式与我们取得联系：

📱 采购热线：18926056206 / 18926056062　　📞 服务热线：0755-25970306

💻 投稿请至：szmiss@126.com　　　　　　　　🌐 新浪微博：中资海派图书

更 多 精 彩 请 访 问 中 资 海 派 官 网　（ www.hpbook.com.cn ›）